Les grandes décisions

de la cour commune de justice et d'arbitrage

de l'OHADA

Etudes Africaines

Collection dirigée par Denis Pryen et François Manga Akoa

Dernières parutions

O.I.F.2.D, *Guide des valeurs de la Démocratie*, 2010.

Pascal Alain LEYINDA, *Ethnomotricité et développement. Jeux traditionnels chez les Ndzébi du Congo-Brazzaville*, 2010.

Stanislas BALEKE, *Éducation, démocratie et développement. Une pédagogie pour aujourd'hui en Afrique*, 2010.

Alexandre MOPONDI Bendeko Mbumbu, *Approches socioculturelles de l'enseignement en Afrique subsaharienne*, 2010.

Léon NOAH MANGA, *Pratique des relations du travail au Cameroun*, 2010.

Fred-Paulin ABESSOLO MEWONO, *L'automobile au Gabon. 1930-1986*, 2010.

Bouopda Pierre KAME, *Les handicaps coloniaux de l'Afrique noire*, 2010.

Mustapha NAÏMI, *L'Ouest saharien : continu et discontinu*, 2010.

Jean-Marc ESSONO NGUEMA, *L'impossible alternance au pouvoir en Afrique centrale*, 2010.

Issiaka-Prosper L. Lalèyê, *20 questions sur la philosophie africaine*, 2010.

Jean-Emery ETOUGHE-EFE, *La restauration informelle en Afrique subsaharienne*, 2010.

SENIO WARABA-DAH-DJI, *Côte d'Ivoire, il faut sauver « le soldat FESCI »*, 2010.

Pierre-Kashadile BUKASA-MUTEBA, *Le tribalisme. Analyse des faits et comportements en République démocratique du Congo*, 2010.

Mahmoud BEN SAÏD, *La Transition préméditée*, 2010.

El Hadji Séga GUEYE, *La Précarité du travail au Sénégal. L'expérience des employés de la Sococim et des ICS*, 2010.

Esther T. N. TALLAH, *Guide pratique de lutte contre le paludisme*, 2010.

Ernest MENYOMO, *Descartes et les Africains*, 2010.

Sous la direction de

Paul Gérard POUGOUE, Sylvain Sorel KUATE TAMEGHE

Les grandes décisions

de la cour commune de justice et d'arbitrage de l'OHADA

L'Harmattan

5-7, rue de l'École-Polytechnique ; 75005 Paris

http://www.librairieharmattan.com
diffusion.harmattan@wanadoo.fr
harmattan1@wanadoo.fr

ISBN : 978-2-296-12158-4
EAN : 9782296121584

Nous adressons nos remerciements au Fonds de recherche sur le climat d'investissement et l'environnement des affaires en Afrique (FR CIEA), à TrustAfrica, au Groupe de recherche en intelligence artificielle et sciences de gestion (GRIAGES) qui ont bien voulu supporter l'essentiel des dépenses provoquées par l'élaboration de cet ouvrage.

LISTE DES CONTRIBUTEURS

Vincelline AKOMNDJA AVOM, Chargée de cours, Université de Yaoundé II

Pulchérie AMOUGUI GALOUA, Chargée de cours, Université catholique d'Afrique Centrale

Joseph-Alain BATOUAN BOUYOM, Assistant, Université de Yaoundé II

Athanase FOKO, Chargé de cours, Université de Ngaoundéré

Joseph FOMETEU, Maître de conférences, Université de Ngaoundéré

Anne-Marie FONE MDONTSA, Chargée de cours, Université de Yaoundé II

Pierre Etienne KENFACK, Chargé de cours, Université de Yaoundé II

Alain KENMOGNE SIMO, Maître de conférences agrégé, Université de Yaoundé II

Jacqueline KOM, Chargée de cours, Université de Yaoundé II

Sylvain Sorel KUATE TAMEGHE, Chargé de cours, Université de Yaoundé II

Serge-Patrick LEVOA AWONA, Assistant, Université de Ngaoundéré

Robert NEMEDEU, Maître de conférences agrégé, Université de Yaoundé II

Jean Claude, NGNINTEDEM, Chargé de cours, Université de Ngaoundéré

Rachel Yvette NGO NDIGUI, avocate, Barreau de l'Essone, Evry

Monique Aimée NJANDEU née MOUTHIEU, Chargée de cours, Université de Yaoundé II

René NJEUFACK TEMGWA, Chargé de cours, Université de Dschang

Denis Roger SOH FOGNO, Assistant, Université de Dschang

Eloie SOPGUI, Chargé de cours, Université de Yaoundé II

Moïse TIMTCHUENG, Chargé de cours, Université de Dschang

Alex TJOUEN, Assistant, Université de Yaoundé II

Alain-Douglas WANDJI KAMGA, Assistant, Université de Yaoundé II

SOMMAIRE

PRINCIPALES ABREVIATIONS

Adde : Ajouter
Al. : Alinéa
Art. : Article
Art. : Article
A.U.A. : Acte uniforme relatif au droit de l'arbitrage
A.U.D.C.G. : Acte uniforme relatif au droit commercial général
A.U.D.S.C.GIE : Acte uniforme relatif au droit des sociétés commerciales et du groupement d'intérêt économique
A.U.P.C.A.P. ou A.U.P.C. : Acte uniforme portant organisation des procédures collectives d'apurement du passif
A.U.P.S.R.V.E. ou A.U.V..E. : Acte uniforme portant organisation des procédures simplifiées de recouvrement et des voies d'exécution
A.U.S. : Acte uniforme portant organisation des sûretés
B.E.A.C. : Banque des Etats de l'Afrique Centrale
Bull. civ. : Bulletin des arrêts de la Cour de cassation, chambres civiles
C. ou C/ : Contre
C.A. : Cour d'appel
C.A.D.H. : Cahier africain des droits de l'homme
C.C.J.A. : Cour commune de justice et d'arbitrage (OHADA)
C.E.M.A.C. : Communauté économique et monétaire de l'Afrique centrale
Cf. : Confère
Chr. : Chronique
Civ. : Cour de cassation, chambre civile
Com. : Cour de cassation, chambre commerciale
Crim. : Cour de cassation, chambre criminelle
C.S. : Cour suprême
D. : Recueil Dalloz
Dir. : Sous la direction de
Et s. : Et suivant (es)
Gaz. Pal. : Gazette du palais
Ibid. : Au même endroit
In : Dans
Infra : Plus bas

I.R. : Informations rapides (Recueil Dalloz)
J.C.P. : Juris-classeur périodique, Semaine juridique
J.P. : Juridis périodique
L.G.D.J. : Librairie générale de droit et de jurisprudence
N° : Numéro
Not. : Notamment
Obs. : Observations
OHADA : Organisation pour l'harmonisation en Afrique du droit des affaires
Ord. : Ordonnance
P. : Page
Préc. : Précité
P.U.A. : Presses universitaires d'Afrique
P.U.C.A.C. : Presses de l'université catholique d'Afrique centrale
R.A.-C.C.J.A. : Règlement d'arbitrage de la CCJA
Rec. : Recueil des arrêts de la CCJA
SA : Société anonyme
SARL : Société à responsabilité limitée
Rev. Dr. Afric. : Revue de droit africain
Rev. Dr. Inter. Comp. : Revue de droit international et de droit comparé
R.C.C.M. : Registre du commerce et du crédit mobilier
R.C.D.A. : Revue camerounaise du droit des affaires
Rev. Huissiers : La revue des huissiers de justice
R.I.D.C. : Revue internationale de droit comparé
R.J.A. : Revue juridique africaine
R.R.J. : Revue de la recherche juridique
R.T.D. civ. : Revue trimestrielle de droit civil
R.T.D. com. : Revue trimestrielle de droit commercial
Somm. : Sommaire
Spéc. : Spécialement
Supra : Plus haut
T. : Tome
T.G.I. : Tribunal de grande instance
T.P.I. : Tribunal de première instance
T.R.H.C. : Tribunal régional hors classe de Dakar
T.R.N. : Tribunal régional de Niamey
Ord. : Ordonnance
P. : Page ou pages
Soc. ou Sté : Société
U.C.A.C. : Université catholique d'Afrique centrale
V. : Voir
Vol. : Volume

AVANT-PROPOS

En créant entre les Etats parties au traité OHADA une Cour commune de justice et d'arbitrage, les rédacteurs de ce traité ont eu à l'idée de dynamiser par ce moyen l'œuvre d'uniformisation en cours du droit des affaires en Afrique, notamment en s'assurant que les règles édictées sont interprétées et appliquées de la même manière dans l'ensemble des Etats membres. Pour y parvenir, deux missions ont, concrètement, été assignées à la Haute juridiction : une mission consultative consistant à donner des avis sur toute question en lien avec l'interprétation et l'application du traité et des Actes uniformes qui en sont issus ; une mission juridictionnelle consistant à se prononcer, spécialement par la voie du recours en cassation, sur les décisions rendues en instance et en appel par les juridictions nationales.

Une décennie après l'adoption des premières règles uniformes, il n'était pas prématuré de prendre la mesure de l'activité de la cour. Quelques interrogations sont apparues autour desquelles l'exercice peut se structurer : quelle est l'incidence de l'activité de la Haute juridiction sur la jurisprudence des juridictions étatiques ? Est-elle parvenue, dans les domaines concernés par les différents Actes uniformes actuellement en vigueur, à jouer son rôle unificateur en évitant les divergences de solutions dans l'espace juridique que couvre l'OHADA?

L'importance de telles interrogations se perçoit aisément lorsqu'on a présent à l'esprit que la création de l'Organisation a essentiellement répondu aux exigences d'entrepreneurs et d'investisseurs, notamment étrangers. Invités à s'installer dans les Etats membres de l'organisation afin de stimuler la croissance et juguler la crise économique, ils n'avaient de cesse de souligner l'obsolescence des textes et les décalages entre les législations des pays africains, lesquels selon eux brouillaient la lisibilité des règles en vigueur, accroissant par contrecoup les risques d'exploitation. L'ambition de l'œuvre d'harmonisation du droit des affaires était donc, et le traité de Port-Louis le mentionne fort opportunément, de mettre un terme à l'insécurité juridique et judiciaire observée dans un nombre important d'Etats africains, afin de les rendre plus attractifs pour les investisseurs.

Si tel était l'objectif à atteindre, il ne fait pas de doute que l'analyse des décisions les plus importantes prononcées par la Cour commune de justice et d'arbitrage devrait favoriser la prévisibilité des solutions aux litiges opposant les acteurs de la vie des affaires. Parallèlement elle devrait, même subsidiairement, renseigner sur d'autres préoccupations en rapport avec la réception du droit issu du traité OHADA. Au-delà, elle pourrait permettre d'ébaucher les axes d'une récriture de quelques-unes des prévisions des Actes uniformes déjà adoptés et entrés en vigueur, soit que ces axes s'inspirent de la jurisprudence de la Haute juridiction communautaire, soit qu'ils s'en écartent.

On s'en aperçoit, l'élaboration des « Grandes décisions de la CCJA » supposait un minimum de rigueur et une stratégie au plan méthodologique. L'organisation de la préparation de l'ouvrage y relatif suffit à s'en convaincre résolument.

La première étape fut celle de la collecte des données. Ici, il s'est agi, d'une part, de rechercher et d'exploiter les banques de données qui avaient déjà par le passé rassemblé des décisions appliquant le droit issu du traité de Port-Louis ; d'autre part, et pour reprendre une formule usitée en sciences sociales, de « descendre sur le terrain » afin de récolter d'autres jugements et arrêts rendus dans les ressorts judiciaires de différents Etats membres de l'OHADA. Dans le détail, une équipe a œuvré en Côte d'Ivoire, au siège de la Cour commune de justice et d'arbitrage et au greffe des cours et tribunaux de ce pays, au rassemblement des décisions prononcées localement ; une deuxième équipe a travaillé au Sénégal, au Bénin, au Niger et au Mali à collecter les décisions prononcées sur la base du droit issu du traité OHADA ; un troisième groupe a réuni, en Afrique centrale, les jugements et arrêts rendus dans les ressorts judiciaires les plus représentatifs au Cameroun, au Congo, au Gabon. Au total, 3042 ordonnances, jugements, avis et arrêts ont été rassemblés, représentant environ 15 525 pages de littérature. Parmi eux, 371 décisions émanaient de la Cour commune de justice et d'arbitrage, 2631 des juridictions nationales.

La deuxième étape fut celle du dépouillement des données et du choix des « grands arrêts ». Elle s'est opérée, patiemment, en trois phases. Dans un premier temps, il a fallu constituer, en autant d'exemplaires qu'il y avait de personnes impliquées dans l'opération d'annotation, des dossiers regroupant l'ensemble de la littérature recensée. Dans un deuxième temps, il a fallu tenir, à chacun des auteurs pressentis, l'ensemble des données jurisprudentielles récoltées. Leur tâche consistait alors à prendre connaissance de la totalité des documents et esquisser des propositions devant servir comme base de discussion à l'occasion de la tenue de l'atelier de dépouillement et de choix des « grands arrêts ». Dans un troisième moment, les annotateurs disponibles ont été réunis afin de confronter les choix opérés à l'issue de lectures isolées. Au terme de cet exercice au sein d'ateliers constitués au regard des sensibilités disciplinaires des participants, il a été sélectionné une liste des « grandes décisions » parmi les arrêts rendus par la Cour commune de justice et d'arbitrage sur la période comprise entre juillet 1999, date de ses premiers avis, et décembre 2008, époque de la collecte des données triées. Soixante sept décisions considérées comme majeures ont été retenues pour faire l'objet tantôt de commentaires individualisés, tantôt de commentaires conjoints.

La troisième étape, non moins importante, fut celle de pré-validation des annotations. Les contributions des uns et des autres furent soumises à l'examen critique d'évaluateurs n'ayant pas annoté. A l'issue de cette épreuve, et conformément au chronogramme d'exécution du travail initialement arrêté, un atelier de pré-validation des annotations a été organisé à Yaoundé, à l'Université Catholique d'Afrique Centrale. Il a offert l'occasion de confronter les opinions des contributeurs et des évaluateurs, l'idée étant de préciser ce qui était attendu en vue de corrections harmonieuses.

Dans le prolongement de cette étape, et ce n'était pas la moindre des difficultés, il restait encore à réfléchir à l'ossature de l'ouvrage sanctionnant cette recherche particulière. A cet égard, on a tout d'abord pensé que la composition idéale serait celle qui présente les commentaires en s'en tenant à la chronologie des décisions examinées. Ce schéma n'a cependant pas prospéré car les « grands arrêts » devraient permettre aux praticiens du droit, universitaires, opérateurs économiques et citoyens d'accéder au plus vite, de manière synthétique et illustrée, à la solution retenue par les juges en vue du règlement d'un problème juridique précis. En conséquence, il a été résolu non seulement de regrouper les annotations autour des règles utilisées par les magistrats dans les espèces sélectionnées, mais aussi de reproduire les extraits les plus importants permettant de comprendre le raisonnement développé par ces derniers. A regarder de près, cela revenait à structurer l'ouvrage autour de six parties correspondant aux Actes uniformes visés dans les différends portés à la connaissance de la Haute juridiction communautaire. Ont ainsi été mis à l'écart l'Acte uniforme relatif au droit comptable et l'Acte uniforme relatif aux contrats de transport de marchandises par route qui, à ce jour, n'ont pas ouvertement été évoqués à l'appui d'un pourvoi. A l'inverse, le Règlement de procédure de la Cour commune de justice et d'arbitrage n'a pas été sacrifié. Simplement, les arrêts qui ont donné l'occasion de l'appliquer ont été joints à ceux en rapport avec les procédures forcées de recouvrement.

Au terme d'un tel labeur, voulu à la fois scientifique et pédagogique, on ne peut ne pas avoir une dette de reconnaissance au profit de ceux qui, à des titres divers, y ont collaboré. On ne peut pas non plus ne pas remercier avec chaleur TrustAfrica qui a bien voulu supporter, par le truchement d'une subvention accordée dans le cadre de son programme d'amélioration du climat de l'investissement en Afrique, l'essentiel des dépenses provoquées par l'élaboration de cet ouvrage. Enfin on doit savoir gré au Groupe de recherche en intelligence artificielle et sciences de gestion, puis à l'Université catholique d'Afrique centrale, d'avoir généreusement offert le cadre convivial des échanges ayant servi à mettre au point ce livre.

Reste à espérer, cela réservé, que les observations des utilisateurs des « Grandes décisions de la CCJA » incitent à améliorer leur contenu à la suite de mises à jour régulières. La crédibilité de l'ouvrage en dépend, cela d'autant plus que l'œuvre d'uniformisation du droit des affaires engagée au sein de l'OHADA est loin d'avoir pris fin.

Sylvain Sorel Kuaté Tameghé,
Habilité à diriger des recherches,
Chargé de cours à l'Université de Yaoundé II,
Associé à l'Université Catholique d'Afrique Centrale.

PREFACE

La présente initiative vient à propos. Il était en effet temps de rendre compte de la vitalité du droit OHADA par le biais d'une étude intelligente de la jurisprudence de la Cour commune de justice et d'arbitrage.

L'œuvre du législateur OHADA est déjà immense depuis l'entrée en vigueur en septembre 1995 du traité créant l'Organisation pour l'harmonisation en Afrique du droit des affaires : plusieurs Actes uniformes avec plus de 2000 articles. Mais quelles que soient la densité et la qualité de la loi, il revient aux juges, pour reprendre les justes expressions de Pierre Hébraud, la mission d'appliquer cette dernière, donc de l'interpréter en la modelant ou la complétant au besoin. Cette mission prend un relief tout particulier s'agissant de l'OHADA. N'est-elle pas déjà sur la voie de la constitution d'un véritable ordre juridique ? En mettant en exergue la relation entre l'effet direct des normes contenues dans les Actes uniformes et la compétence de la CCJA sur l'interprétation, prolongeant ainsi l'uniformisation du droit des affaires dans l'ensemble des Etats signataires du traité de Port-Louis, l'on n'est pas loin de l'affirmer.

L'on saisit du coup la place singulière de la Cour commune de justice et d'arbitrage, conçue par les pères fondateurs de l'OHADA comme une expression d'un pouvoir judiciaire communautaire. Véritablement, il était devenu incongru de s'en tenir aux textes - quelle que soit par ailleurs leur exhaustivité intrinsèque - sans sonder profondément la jurisprudence. Il fallait absolument les « Grandes décisions de la CCJA ».

Les rédacteurs rendent ainsi un service précieux à tous ceux qu'intéresse le droit OHADA, soit pour son étude, soit pour son utilisation. Le service doit être apprécié à sa juste valeur tant les difficultés étaient nombreuses et délicates. En effet, le nombre des décisions de la CCJA croît considérablement. Au moment où le présent ouvrage prend corps, l'on en dénombre environ 371. Il fallait faire un choix. Le premier obstacle était d'ordre matériel, celui d'un ouvrage trop volumineux. Le deuxième obstacle, d'ordre intellectuel, était le discernement afin de retenir la décision présentant un intérêt théorique et pratique certain. Le troisième obstacle, d'ordre politique, était le degré de réception, dans les Etats, du droit issu de l'OHADA. A cet égard, le souci des rédacteurs était de ne pas étudier la jurisprudence de la CCJA de manière désincarnée mais en rapport avec la pratique des juridictions nationales. La démarche est tout à fait judicieuse pour vérifier le degré d'efficacité du droit OHADA, les nuances d'analyse entre les juridictions nationales et entre celles-ci et la CCJA.

L'avant-propos donne des explications sur les critères qui ont guidé leur choix et le plan adopté. Sur ce dernier point, on pouvait hésiter entre un classement par matière et une présentation chronologique. Les deux ont été combinés en structurant l'ouvrage autour des matières objet des Actes uniformes et en organisant le commentaire de façon chronologique à l'intérieur de chaque sous-partie. Cette approche méthodologique donne la possibilité de dégager les traits d'évolution d'ensemble. Le lecteur appréciera les difficultés du choix et tolèrera d'autant quelques manques de rigueur dans l'opération, somme toute, toujours marquée par le souci de faire de façon exhaustive le point sur la question précise traitée à travers les différentes décisions. L'utilisateur apréciera la connaissance des matières abordées, la profondeur des commentaires, la subtilité de l'analyse, l'équilibre du jugement.

En préfaçant cet ouvrage, il me plaît de rappeler la grande satisfaction d'un travail d'équipe que j'ai eu à cordonner avec Monsieur Kuaté Tameghé Sylvain Sorel. L'option a en effet été d'associer à l'effort collectif de réflexion un maximum de collègues. Les critères de sélection étaient l'amour du droit et le culte du modèle d'intégration juridique de l'OHADA. Le risque était des morceaux d'inégale intensité. Mais c'était l'occasion pour les plus expérimentés de mûrir, pour les moins expérimentés d'éclore.

L'ensemble est de bonne facture. C'est le lieu de relever la puissance de travail des annotateurs, de saluer leur témérité, de les féliciter et de les exhorter à aller toujours vers les cimes et ne pas fléchir dans la voie exigeante de l'enseignement et de la recherche dans laquelle ils se sont engagés.

Puissent ces « Grandes décisions de la CCJA » renforcer l'engouement pour l'OHADA et contribuer au développement de l'ordre juridique qui en découle.

Paul-Gérard Pougoué,
Agrégé des Facultés de droit,
Professeur à l'Université de Yaoundé II,
Diplômé d'honneur de l'OHADA.

Première partie

DROIT COMMERCIAL GENERAL

CCJA, arrêt n°036/2008, 03 juillet 2008
Société Burkina et Shell c/ Ouedraogo Sibiri Philippe

(...)

Sur le moyen unique

Attendu que le pourvoi fait grief à l'arrêt attaqué d'avoir violé l'article 85 de l'Acte uniforme portant sur le droit commercial général, en ce qu'en portant le nouveau loyer à 400.000 francs cfa, les juges du fond ont, non seulement procédé à une augmentation de plus de 300%, mais aussi n'ont pas pris en compte les loyers pratiqués dans les locaux similaires comme l'exige l'article 85 de l'Acte uniforme susvisé ; que la société Burkina et Shell fait observer également que l'augmentation pratiquée ne saurait trouver son fondement dans l'exploitation complémentaire du terrain, puisque le contrat conclu avec Ouedraogo Sibiri Philippe consistait en l'exploitation d'un terrain nu aux fins de construction de toutes installations nécessaires à la vente de produits pétroliers ; que toujours selon la requérante, il s'ensuit que le bail ne concernant que le terrain nu, seule sa valeur locative devait servir de référence à la révision ; que la révision ayant pris en compte les constructions et installations réalisées traduit une application erronée de la loi et une mauvaise appréciation des faits par le juge d'appel, car si l'on estime les constructions érigées contraires à l'objet du contrat, cela ne devrait donner lieu qu'à une résolution judiciaire pour inexécution des obligations contractuelles ; que la base de révision ne pouvant non plus avoir pour assiette les chiffres d'affaires réalisés par la requérante qui soutient que le terrain litigieux n'est pas situé dans un centre commercial et que ni le jugement n°236/2003 ni l'arrêt querellé n'ont retenu ce critère ; que la requérante relève que la superficie de 2020 m2 invoquée par son adversaire n'est pas conforme à la superficie mentionnée dans le permis d'exploiter qui l'évalue à 1218 m2 ; qu'elle fait remarquer que l'argument soulevé par monsieur Ouedraogo Sibiri Philippe tendant à justifier la révision du loyer par la transformation des lieux loués, n'ayant pas été soulevé devant les juridictions de fond est un moyen nouveau qui ne saurait être présenté pour la première fois devant la cour de céans ; qu'elle relève qu'aux termes de l'article 85 de l'Acte uniforme susvisé, la fixation du nouveau loyer prend en compte : la situation des locaux ; leur superficie ; l'état de vétusté et le prix des loyers commerciaux similaires couramment pratiqués ; qu'en application de ce dernier alinéa, le juge peut rechercher des critères à même de permettre la détermination d'un taux variable ; que l'article 21 du décret n°52-765 du 30 juin 1952 réglementant les rapports entre locataires et bailleurs en ce qui concerne le renouvellement des baux d'immeubles ou des locaux à usage commercial, industriel ou artisanal en Afrique occidentale française, dispose que le taux de variation du coût des loyers ne peut excéder 25% ; que pour toutes les raisons qui précèdent, la requérante demande à la cour de céans de casser et d'annuler l'arrêt n°84 rendu le 16 juillet 2004 par la cour d'appel de Ouagadougou ;

Mais attendu, d'une part, qu'aux termes de l'article 85 de l'Acte uniforme précité, « A défaut d'accord écrit entre les parties sur le nouveau montant du loyer, la juridiction compétente est saisie par la partie la plus diligente pour fixer le montant du nouveau loyer, la juridiction compétente tient notamment compte des éléments suivants : la situation des locaux ; leur superficie ; l'état de vétusté ; le prix des loyers commerciaux couramment pratiqués dans le voisinage pour des locaux similaires ; d'autre part, selon l'article 102 du même Acte uniforme, les dispositions de l'article 85 sont d'ordre public ; que ledit article ayant donné pouvoir au juge de fixer le montant du loyer en considération des éléments suscités, il ne saurait lui être opposé les dispositions du décret susvisé ; qu'en outre, non seulement cet article 85 donne un pouvoir discrétionnaire d'appréciation aux juges du fond, mais il fixe également la liste des éléments dont le juge tient compte et de laquelle est exclu le montant du tau de variation de 25% prescrit par le décret n°52/765 du 30 juin 1952 ; d'où il suit que cette disposition du décret étant contraire à l'article 85 de l'Acte uniforme susvisé, le moyen doit être rejeté parce que non fondé…

OBSERVATIONS

La spécificité du bail commercial notamment à travers le renforcement des prérogatives du preneur provoque en permanence de sérieuses confusions et malentendus entre les parties. Celles-ci apprécient souvent maladroitement les prérogatives qui leur sont conférées soit à l'occasion de la demande de renouvellement du bail (*CCJA, arret n°005 du 30 mars 2006, Société Ponty SARL c/ Société Ponty immobilière S.A, Juridis Périodique n°70, avril-juin 2007, p. 73, note F. Anoukaha. En l'espèce, le preneur était forclos pour n'avoir pas respecté le délai légal de trois mois requis pour la demande de renouvellement du bail à durée déterminée. En revanche, le bailleur est réputé avoir accepté le principe du renouvellement lorsque le preneur, s'étant opposé par acte extra judiciaire au congé formulé, n'a obtenu aucune réponse de son bailleur. Toutefois, en cas de non contestation du congé servi à un locataire bénéficiaire d'un contrat de bail commercial à durée indéterminée, ledit contrat prend fin à la date fixée par le congé ; de sorte que l'expulsion de celui-ci peut s'obtenir par la voie de référé : CA de Dakar,Chambre civile et commerciale, arrêt du 27 décembre 2002 Mamadou Sow contre Cheikh Fall, Ohadata J-03-84*), soit pour obtenir une indemnité d'éviction après résiliation du bail (*CCJA, arrêt n°33 du 26 mai 2005, Koita Bassidiki c/ Fabris Oscar Adone, Recueil de Jurisprudence de la CCJA, n°5, janvier. juin 2005, vol. 2, p.9 : en l'espèce, la cour a confirmé une décision d'appel octroyant une indemnité d'éviction au preneur malheureux après avoir relever, sur la base des plans et devis versés au dossier de la procédure, que le bailleur « a décidé de démolir son immeuble pour le reconstruire selon un plan différent du premier » ; Même si le locataire venait à contester le congé régulièrement servi, c'est à bon droit que le renouvellement lui serait refusé. Seulement, dans cette hypothèse, c'est encore à bon droit qu'il lui serait versé une indemnité d'éviction, CCJA, arrêt n°030/2007 du 22 novembre 2007, Note J. Kom dans cet ouvrage. Contra : CA de Yaoundé, arrêt n°282/civ., 23 juin 2004, Société Chinatown SARL c/ Meuyou Michel, Juridis Périodique n° 72, octobre- décembre 2007, p. 99, note F. Anoukaha. En l'espèce, le preneur avait violé les obligations contractuelles en cédant le bail sans en informer le bailleur qui entendait exercer sa reprise pour reconstruire. L'expulsion du locataire a été prononcée sans indemnité d'éviction*) , soit par l'usage qu'ils font de cette propriété commerciale (*il a ainsi été décidé que Lorsque le preneur d'un bail commercial reconnaît devoir 33 mois de loyers impayés, qu'il perçoit des loyers de sous-locataires dont il ne reverse rien au propriétaire, la résiliation du bail et l'expulsion doivent être ordonnées et l'exécution provisoire ordonnée, Tribunal de commerce de Bamako, jugement n° 116 du 29 mars 2000, Archevêché de Bamako c/ Ibrahim Sylla, Ohadata J-02-42 ; dans le même sens, Tribunal régional hors classe de Dakar, jugement du 10 juillet 2002, Hoirs Seynabou Bass contre Astou Sow, Ohadata J-03-40*), soit encore pour faire évoluer le loyer par rapport à l'environnement économique comme c'est le cas en l'espèce.

La fixation du loyer initial est une expression de la liberté contractuelle (*F. Dekeuwer-Défossez, Droit commercial, 5e éd., Montchrestien, n°386*). Cette liberté innerve également la détermination du loyer de renouvellement du bail commercial. Les parties peuvent ainsi insérer dans leur contrat une clause recette, une clause d'indexation (*Joël Monéger, note sous Cass. 3e civ., 27 janv. 1999, SA Intexal et A. c/ Sté Centre commercial de la Défense, RTD Com. 1999 p. 368*), ou toute autre référence permettant de réviser le loyer automatiquement sans qu'on ait à recourir au jeu des mécanismes de révision légale. Lorsque c'est le cas, la stipulation contractuelle s'impose à elles et tient lieu de loi à leur égard dans les termes de l'article 1134 C.civ. Ainsi a-t-il été décidé que les parties ayant inséré dans les seuls protocoles d'accord, dûment signés d'elles, des stipulations relatives à la modification du loyer objet du bail, seules ces clauses doivent trouver application pour la révision des loyers, les conventions légalement formées tenant lieu de loi à ceux qui les ont faites (*CCJA, arrêt n°4 du 09 mars 2006, Aka Belinda c/ Société ivoirienne de promotion de promotion de supermarché dite PROSUMA, obs. A. Foko, dans cet ougrage.*) Toujours en ce sens, le contrat de bail ayant prévu la date à laquelle une révision était envisageable, le bailleur ne pouvait pas procéder à une révision du loyer avant cette date (*Tribunal de première instance de Gagnoa, jugement n°61, 18 juin 2001, F.Y c/ La*

Coopec de Guiberoua, Le Juris Ohada, n°1/2005, janvier-mars 2005, p. 48, ohadata, J-05-197).

Mais cette liberté contractuelle est limitée par un statut légal partiellement d'ordre public, caractérisé par une réglementation très contraignante (*Séverine Werthe Talon, Loyer de renouvellement du bail commercial : une liberté contractuelle illimitée ?, D. 2004 p. 2221 ; Joël Monéger, Baux commerciaux : statut ou liberté contractuelle, AJDI 2000 p. 484 ; Louis Rozès, L'exception locative française, AJDI 2000 p. 480*). Le désir n'est pas seulement de protéger le preneur. Il a même été jugé en droit français qu'en présence d'une clause d'échelle mobile, le bailleur peut encore demander l'adaptation du loyer du bail commercial à la valeur locative lorsque le jeu de l'échelle mobile entraîne déjà une hausse supérieure à 25% (*Cour de cassation, 3e civ., 16 juin 1993,D. 1993 p. 168*). Il s'agit d'une application de l'article 28 du décret n° 53-960 du 30 septembre 1953 qui dispose que par dérogation à son article 27, si le bail est assorti d'une clause d'échelle mobile, la révision pourra être demandée chaque fois que, par le jeu de cette clause, le loyer se trouvera augmenté ou diminué de plus d'un quart par rapport au prix précédemment fixé contractuellement ou par décision judiciaire ; le juge devra adapter le jeu de l'échelle mobile à la valeur locative au jour de la demande.

En revanche, lorsqu'aucune prévision contractuelle n'a été établie, la révision du loyer du bail commercial obéit au jeu des mécanismes légaux. Et s'agissant d'un droit subjectif, les titulaires doivent savoir l'exercer, le cas échéant, ne pas se prévaloir d'une augmentation « faute par le requérant de produire une déclaration verbale de bail sur l'avenant constatant l'augmentation sollicitée » (*TGI de la Menoua, jugement n°02/CIV/TGI du 10 octobre 2005, affaire Kendem Maurice c/ Amicale la Renaissance représentée par Dongmo Etienne, Ohadata J-07-43*).

Cet arrêt rendu le 03 juillet 2008 par la Cour commune de justice et d'arbitrage de l'organisation pour l'harmonisation en Afrique du droit des affaires, deuxième chambre, confirme le principe selon lequel en l'absence de stipulation contractuelle conséquente, la révision du loyer du bail commercial répond à des critères appréciés discrétionnairement par les juges du fond. Si la liberté contractuelle reste illimitée en la matière (*cass. Civ. 3e, 10 mars 2004, D. 2004, AJ, p. 878, obs. Y. Rouquet ; Séverine Werthe Talon, Loyer de renouvellement du bail commercial : une liberté contractuelle illimitée ?, D. 2004 p. 2221*), sa carence restaure au juge un pouvoir d'opportunité étroitement encadré.

Les faits ayant donné lieu à cette décision sont les suivants : le 30 janvier 1991, la société Burkina et Shell a pris à bail un terrain nu de 2020 m2 appartenant en propriété au sieur Ouedraogo Sibiri Philippe à raison de 100.000 francs cfa le loyer mensuel. Le 26 février 2002, le bailleur manifeste sans succès au locataire son intention de réviser le loyer à la hausse en le portant à 800.000 francs cfa. Face au mutisme du locataire, celui-ci saisit le tribunal de grande instance de Ouagadougou pour faire entendre sa cause. Bien plus, pour éviter pareille situation, le bailleur souhaite que soit dit dans la décision que le loyer sera révisé à concurrence de 30% de son montant en cours à l'expiration de chaque période triennale. Le tribunal accède partiellement à la demande en relevant le loyer à 400.000 francs. Le reste des prétentions est simplement rejeté. Suite à l'appel du locataire, la décision d'instance est confirmée par la cour d'appel de Bamako. Il est en effet reproché à l'arrêt querellé d'avoir, d'une part, tenu compte de l'exploitation complémentaire pratiquée sur le terrain en l'occurrence les constructions et installations nécessaires à la vente de produits pétroliers réalisées par le locataire alors que le contrat initial portait sur un terrain nu dont seule la valeur locative devrait servir de référence à la révision. D'autre part, l'idée de révision intervenant dix ans après la conclusion du bail initial, la base de la révision est contestée dans la mesure où elle ne s'inscrit pas dans la fourchette de 25% prescrite par l'article 21 du décret n°52-765 du 30 juin 1952 réglementant les rapports entre locataires et bailleur en ce qui concerne le renouvellement des baux d'immeubles ou de locaux à usage commercial, industriel ou artisanal en Afrique occidentale française.

La cour commune de justice et d'arbitrage, au visa de l'article 85 de l'Acte uniforme portant droit commercial général, confirme la décision d'appel querellée en précisant que « non seulement cet article 85 donne un pouvoir discrétionnaire aux juges du fond, mais il fixe également la liste des éléments dont le juge tient compte et de laquelle est exclu le montant du taux de variation de 25% prescrit par le décret n°52-765 du 30 juin 1952 ». Cette position confirme une révision judiciaire du loyer du bail commercial de plus de 300% et indique s'il en fallait l'étendue du pouvoir discrétionnaire conféré aux tribunaux en la matière.

La solution se justifie certainement. Mais au fond, l'arrêt manque de consistance dans la mesure où la cour n'a pas tranché voire a éludé la délicate question de la prise en compte voire de l'influence des constructions réalisées par le preneur sur l'immeuble objet du calcul du nouveau loyer. Comment déterminer la valeur du loyer du bail commercial renouvelé lorsque le preneur a réalisé des constructions sur le terrain du bailleur ? (*V. Tellier, L'accession immobilière et le renouvellement du bail commercial, D. 2007 p. 1188*). La problématique ici renvoie à la question fondamentale de la méthode judiciaire de fixation du loyer à la valeur locative.

Il s'agit pourtant d'une question importante destinée à éclairer les preneurs de longue durée sur la prise en compte des investissements apportant une plus value à l'immeuble loué dans la détermination des montants ultérieurs du loyer à l'occasion du renouvellement du bail.

Cette préoccupation invite à s'étendre davantage, du moins, à opérer un retour sur la notion de valeur locative notamment lorsque l'objet du bail porte sur un terrain nu sur lequel a été édifié les constructions. Il reste que, lorsque les parties ne parviennent pas à se mettre d'accord, cette valeur locative doit être opportunément appréciée par les juges conformément aux critères retenus dans l'Acte uniforme relatif au droit commercial général. Finalement, la fixation du loyer du bail renouvelé est confiée par l'Acte uniforme au pouvoir discrétionnaire du juge (I) auquel l'arrêt commenté offre l'occasion de scruter l'exercice qu'il en fait (II).

I. Le pouvoir discrétionnaire du juge dans la fixation du loyer renouvelé

L'article 85 AUDCG énumère de façon simplement indicative les critères auxquels les tribunaux doivent se référer pour fixer le loyer du bail renouvelé. L'emploi de l'adverbe notamment en est une illustration évidente, justifiant que le juge, lorsque les circonstances le permettent, puissent faire valoir son sens de créativité et de dynamisation du droit en créant de critères nouveaux.

Les critères annoncés à l'article 85 portent sur la situation des locaux, leur superficie, l'état de vétusté, le prix des loyers commerciaux couramment pratiqués dans le voisinage pour les locaux similaires. Ils constituent ce qui est qualifié de valeur locative. Il s'agit d'une référence destinée à orienter le juge pour déterminer le montant des loyers des baux à renouveler ou à réviser

A l'observation, il se dégage deux éléments tenant au local considéré et deux éléments tenant à son environnement. Dans l'ensemble, on remarque l'insuffisance des éléments définissant la valeur locative. Il est question à partir des hypothèses de résoudre les équations qu'impose la mathématique des baux commerciaux (*J. Monéger, La mathématique des baux commerciaux, in Drôle(s) de droit(s), Mélanges en l'honneur de Elie Alfandarie, Dalloz, p. 117*). Le constat de l'auteur est clair : « les équations du droit donnent des résultats en termes monétaires » (*J. Monéger, La mathématique des baux commerciaux, op. cit*).

D'une part, La valeur locative n'intègre pas le chiffre d'affaires réalisé par le preneur. Pourtant il faut parvenir au prix du marché. Lorsqu'un locataire prend à bail des locaux, il examine avant tout, pour accepter tel ou tel montant de loyer, le chiffre d'affaires qu'il espère réaliser dans les lieux loués, les résultats escomptés, ses marges. Ainsi, dans la réalité du marché, la valeur locative dépend directement du chiffre d'affaires du locataire. Mais en se référant au prix des loyers commerciaux couramment pratiqués dans le voisinage pour les locaux similaires, on peut parvenir à établir un prix conforme à l'indice du marché. il s'agit d'une simple espérance, car le constat est fait que les hausses excessives ne pouvant résulter que de nouveaux baux, leur effet est relativement tempéré par leur caractère minoritaire au sein de l'ensemble des prix pratiqués par le voisinage (*F. Dekeuwer-Défossez, Droit commercial, op.cit, n°387).*

D'autre part, l'arrêt de la CCJA manque de motivation. Aucune précision n'est faite concernant les améliorations apportées aux lieux loués par le preneur au cours du bail à renouveler. L'arrêt querellé illustre cette hypothèse dans la mesure où le preneur a pris à bail un terrain nu sur lequel il a édifié une station d'essence comprenant 6 pompes, une boutique de lubrifiants, un magasin, un compartiment de lavage de véhicules et un compartiment dans lequel se font les graissages ainsi qu'un kiosque à café, un restaurant et un télécentre.

L'arrêt de la CCJA aurait gagné en pertinence si la haute juridiction apportait des précisions sur le régime des constructions réalisées par le preneur. Il aurait été opportun que la décision rendue indique s'il a été ou non pris en compte ces améliorations dans le calcul du nouveau loyer. Ce qui est discuté ici est la prise en compte des constructions dans le calcul du nouveau loyer. Au fond, cette préoccupation soulève la problématique de l'accession immobilière lors du renouvellement du bail. Evidemment, s'agissant d'un nouveau bail, on est fondé à croire que le bailleur doive tenir compte de l'état actuel de l'immeuble. Mais, cette position perd de vue l'enrichissement apporté à l'immeuble. Les Etats membres de l'OHADA appliquant dans une grande majorité le code civil napoléonien, les juge de la CCJA auraient du invoquer la disposition de l'article 555 dudit code qui règle le sort des constructions et ouvrages faits par un tiers sur le terrain d'autrui. Le propriétaire du sol a le choix, en cas de mauvaise foi du constructeur, de conserver la construction ou d'en demander la démolition. Pour l'application de cet article 555, preneur et bailleur sont certes parties au contrat mais, dès lors que la convention n'a pas réglé l'avenir des constructions, la question sort de la relation contractuelle. Puisque sur ce sujet le contrat est muet, les parties redeviennent tiers l'une par rapport à l'autre.

En droit français, l'article 23-3 al 2 du décret du 30 septembre 1953 tel que modifié par le décret n°72-561 du 3 juillet 1972 prescrit que « les améliorations apportées aux lieux loués au cours du bail à renouveler ne sont prises en considération que si, directement ou indirectement, (...), le bailleur en a assumé la charge ». Ainsi, le bailleur ne peut bénéficier du déplafonnement en invoquant les travaux réalisés par le preneur lorsqu'il n'a pas participé à leur financement (*Véronique Tellier, L'accession immobilière et le renouvellement du bail commercial, D. 2007 p. 1188 et s.)*. La jurisprudence semble ne pas admettre cette éventualité en droit OHADA. Le tribunal régional hors classe de Dakar affirme en ce sens que, « conformément aux dispositions de l'article 85 de l'Acte uniforme relatif au droit commercial général, l'expert n'a pas à prendre en compte l'amélioration des lieux dont la charge est rapportée par le preneur » *(Tribunal régional hors classe de Dakar, n°153 du 22 janvier 2002, Kamil Akdar c/ Mohamed Fettouny, Ohadata J-05-58)*. Cette position ne semble pas équitable. Comment comprendre que la révision du loyer de renouvellement prenne en compte l'état de l'immeuble sans considérer que cet état, apprécié au jour du renouvellement a connu des améliorations du fait du preneur ? Le problème ne se poserait pas si cette amélioration découle des travaux réalisés par le bailleur.

Mais lorsqu'elles sont le fait du preneur, on peut regretter que la législation OHADA ne soit pas incitative.

Cette logique juridique conduit à une polarisation des difficultés. Sauf à rechercher un certain statut quo caractérisé par le refus systématique des bailleurs à toute initiative d'amélioration et d'extension des lieux loués. En effet, lorsque ces améliorations sont effectuées sans réserve des bailleurs, le problème est reporté à la fin du contrat et ainsi, le bailleur court de grosses indemnisations sans qu'il soit garanti qu'il dispose de telles sommes au moment indiqué.

Le droit OHADA ne se préoccupe des améliorations apportées à l'immeuble loué qu'à la fin du contrat de bail. Aux termes de l'article 99 de l'AUDCG, « Le preneur sans droit au renouvellement, quel qu'en soit le motif, pourra néanmoins être remboursé des constructions et aménagements qu'il a réalisés dans les locaux avec l'autorisation du bailleur. A défaut d'accord entre les parties, le preneur pourra saisir la juridiction compétente dès l'expiration du bail à durée déterminée non renouvelé, ou encore dès la notification du congé du bail à durée indéterminée ». Il s'en suit qu'à défaut d'accord entre les parties, l'ex- locataire doit saisir la juridiction nationale compétente. Si Le bail prévoyant que tous travaux et embellissements faits par le preneur, même avec l'autorisation du bailleur, resteront à la fin du bail, la propriété de celui-ci, sans le versement de la moindre indemnité ; il s'ensuit que le preneur n'a droit à aucune indemnité pour les constructions réalisées par lui sans l'autorisation du propriétaire (*CA Port-Gentil, 9-12-1999, Sté Kossi c/ Paroisse Saint-Paul des Bois, Penant n°837, septembre-décembre 2001, p. 345 ; www.ohada.com , Ohadata J-02-45*). En revanche, lorsque le contrat de bail ne contient aucune stipulation en ce sens et que les travaux ont été réalisés sans aucune réserve du bailleur, c'est à bon droit que lesdits travaux évalués par un expert soient homologués et le bailleur condamné à payer la somme représentant le montant des frais des travaux et aménagements faits (*CS de Côte d'Ivoire, Chambre judiciaire, formation civile, arrêt n° 447 du 8 juillet 2004, Kouamé Aduo Luc c/ El Barie Mohamed, Actualités Juridiques, n° 49, 2005, p. 223, Ohadata J-05-354*)

Par ailleurs, la prise en compte des facteurs locaux de commercialité qui s'induit de la situation des locaux n'est pas étroitement encadrée en droit OHADA. Cette prise en compte n'est sujette à aucune condition comme une modification matérielle notable par exemple. Il est vrai que le recours à un concept tout aussi vague est de nature à alimenter le contentieux. Mais il s'agit également d'un mécanisme de rigueur, limitant sérieusement les augmentations fantaisistes du loyer à renouveler (*Marie-Laurence Sainturat, La révision à la baisse du loyer ne peut intervenir qu'en présence d'une modification matérielle des facteurs locaux de commercialité, D. 2001 p. 1798*). La requérante soutient pourtant en l'espèce que le terrain litigieux n'est pas situé dans un centre commercial. Le juge ne s'étend pas sur cet argument. Dans l'hypothèse d'un arrêt de principe, on peut regretter cette absence de pédagogie jurisprudentielle.

Quid de la diminution de l'immeuble loué notamment par la faculté de reprise des locaux accessoires pour des raisons d'habitation (*Voir art. 96,* AUDCG : Le bailleur peut en outre, sans versement d'indemnité d'éviction, refuser le renouvellement du bail portant sur les locaux d'habitation accessoires des locaux principaux, pour les habiter lui-même ou les faire habiter par son conjoint ou ses ascendants, ses descendants ou ceux de son conjoint). En France, La loi ENL du 13 juillet 2006 portant engagement national pour le logement, créé un article L. 145-23-1 et modifie l'article L. 145-4 du Code de commerce. A son article 45, il autorise, dans des conditions bien déterminées, les propriétaires de locaux d'habitation donnés en location accessoires à des locaux commerciaux à les reprendre, sans indemnité, en vue de leur remise sur le marché locatif. Les locaux concernés sont des locaux d'habitation désignés comme tels dans le bail et affectés à cet usage (*J.-P. Blatter, Loi ENL et baux commerciaux : AJDI 2006, p. 625*). Cette reprise partielle a des conséquences sur le montant du loyer. Le dernier alinéa de l'article L. 143-23-1 du Code de commerce dispose qu'en cas de reprise, le loyer du bail est diminué pour tenir compte des surfaces retranchées. Cette disposition presque anodine sera pourtant un véritable terrain de bataille. Même s'il est précisé que cette reprise ne constitue pas en elle-même une modification notable des éléments de la valeur locative, rien dans la loi ne semble s'y opposer. Si le fonds est de ceux pour lesquels un bail conférant un droit au logement dans une partie accessoire de l'immeuble est très important (bar, pharmacie, etc.), il ne fait pas de doute que l'exercice du droit de reprise aura un effet sensible (*H. Kenfack et J. Monéger, Chronique sur le bail commercial, La Semaine Juridique Notariale et Immobilière n° 24, 15 juin 2007, 1192, spéc. n° 10*).

Pour autant, le pouvoir discrétionnaire laissé aux mains des juges par l'Acte uniforme relatif au droit commercial général devrait être utilisé pour compléter les carences légales pour que les solutions prononcées soient plus équitables.

II. L'exercice de son pouvoir discrétionnaire par le juge

En cas de désaccord entre les parties sur le nouveau montant du loyer, il revient au juge de fixer le montant en tenant compte de la situation des locaux, de leur superficie, de leur état de vétusté et du prix des loyers commerciaux couramment pratiqués dans le voisinage pour des locaux similaires et en usant de son pouvoir discrétionnaire (*CA d'Abidjan, arrêt n° 236 du 10 février 2004, Société de coordination et d'ordonnancement Afrique de l'Ouest c/ Caisse autonome d'amortissement,Ohadata J-04-495*). Le juge de l'OHADA ne connaît pas de limite objective dans son rôle de fixation du montant du nouveau loyer. A la limite, le droit OHADA n'offre pas un encadrement étroit de la réglementation des loyers de renouvellement des baux commerciaux. Les critères de références énumérés ne sont qu'indicatifs et ne permettent en réalité pas de niveler autrement les prix.

Aucun plafond ne lui est imposé. Le droit antérieur notamment l'article 21 du décret n° 52-765 du 30 juin 1952 réglementant les rapports entre locataires et bailleurs en ce qui concerne le renouvellement des baux d'immeubles ou des locaux à usage commercial, industriel ou artisanal en Afrique occidentale française, disposait que le taux de variation du coût des loyers ne peut excéder 25%. Ce décret ainsi que la disposition annoncée ont été abrogés avec l'entrée en vigueur de l'Acte uniforme portant droit commercial général. En effet, les dispositions de l'article 85 AUDCG sont d'ordre public (*Voir art 102 AUDCG, Cf. les observations sous cet article précisément la jurisprudence sur la question in OHADA, Traités et actes uniformes commentés et annotés, Juriscope 2008)*. Mais les parties peuvent librement s'inspirer de la loi nationale dans les stipulations de leur contrat pour prévoir l'échelle de révision du bail conclu. Il a été décidé que lorsque les parties en ont convenues, la clause de révision contenue dans un contrat de bail commercial prescrivant la révision de loyer dans les conditions prévues par la loi nationale n'est pas contraire à l'Acte uniforme relatif au droit commercial général (*CCJA, arrêt n°4 du 09 mars 2006, A.B c/ Société ivoirienne de promotion de promotion de supermarché dite PROSUMA, note A. Foko dans cet ouvrage*).

En revanche, ce plafonnement reste de mise en droit français. L'article 23-6 du décret du 30 septembre 1953 tel que modifié par la loi n°88-18 du 5 janvier 1988 dispose que « le taux de variation du loyer applicable lors de la prise d'effet du bail à renouveler, si sa durée n'est pas supérieure à neuf ans, ne peut excéder la variation de l'indice national trimestriel mesurant le coût de la construction publié par l'institut national de la statistique et des études économiques intervenue depuis la fixation initiale du loyer du bail expiré ...». La doctrine s'accorde à dire que c'est un mécanisme qui limite les augmentations de loyer (*Jehan-Denis Barbier, Le loyer entre plafond et marché, AJDI 2000 p. 495*). Même le déplafonnement étroitement encadré par cet article a été jugé à plusieurs reprises difficilement admissible car, en procédant ainsi, les parties restreignent le droit de jouissance du locataire (*Cass. 3e civ. 16 juillet 1986, Gaz. Pal. 1987, 1, p. 17, note J.-D. Barbier ; CA Paris 26 mai 1994, Loyers et copr. 1994, n°344, note Ph.-H. Brault ; Christophe Denizot, Le déplafonnement du loyer du bail renouvelé nécessite une modification notable, AJDI 2005, p. 27 ; Yves Rouquet, Déplafonnement : les travaux d'amélioration réalisés par le locataire ne peuvent être pris en compte que lors du second renouvellement, D. 2001 p. 310*). Commentant la jurisprudence, un auteur observera d'ailleurs que le plafonnement est désormais traqué par la cour de cassation *(Cass. 3è civ., 13 juil. 1999, JCP E 1999, p. 1923, note J. Monéger ; V. J. Monéger, Douze ans de baux commerciaux- 1993-2005, 2e éd. Litec 2006, n° 330*). En observant que l'indice peut varier en sens contraire que la valeur locative, la doctrine a affirmé dans cette occurrence, la variation du loyer révisé n'a pas de bon sens (*J. Monéger, La mathématique des baux commerciaux, op.cit, p.141*). La cour de cassation vient de le redire clairement dans un arrêt du 16 décembre 1998 en énonçant : le loyer révisé devait être égal à la valeur locative, celle-ci eut-elle varié en sens inverse de l'indice » (*Civ. 3e, SCI de l'Hôtel de ville de Saint-lô c/ Sté Leroy distribution : Juris-Data, n° 004836, Bull civ. III, n° 246 ; D. affaires 1999, p. 407, obs. Y.R ; RTD imm. 1999, p.323, obs. J. Derruppé)*. Cette recherche du bon sens laisse penser et légitimement, que l'ouverture et la liberté offerte au juge de l'OHADA qui ne se réfère qu'aux déterminants locatifs, conduiraient à la fixation d'un loyer caractérisant un équilibre. N'a-t-il pas été observé que « la propriété commerciale s'explique par la recherche d'un équilibre contractuel » (*E. Alfandari, Droit des affaires, Litec, Paris, 1993, n°305*).

Le juge de l'OHADA peut donc parvenir à la fixation d'un prix du marché s'il s'inspire essentiellement du dernier élément de l'article 85 à savoir le prix des loyers commerciaux couramment pratiqués dans le voisinage pour les locaux similaires. Il a ainsi été décidé que le loyer pouvait connaître une augmentation lorsqu'il n'est sérieusement contesté que l'ensemble des loyers a connu une augmentation sensible, du fait de la situation économique générale marquée par une élévation des coûts (*CA d'Abidjan. n° 1009, 14 novembre 2000, Société des Transports Saint Christophe c/ Société Serifa, Le Juris-Ohada, n°3/2003, Ohadata J-03-114*). Les motifs du juge d'instance dans l'espèce commentée révèlent remarquablement la recherche d'une justice économique et la volonté de parvenir à un prix du marché, orienté vers les pratiques de voisinage : « Attendu que le bailleur produit au dossier des procès-verbaux de constat, d'autres locaux similaires situés à Ouagadougou et loués par des sociétés pétrolières de la place ; que les taux pratiqués sont partout supérieurs à celui concernant Ouedraogo Sibiri Philippe, d'abord en ce qui concerne la superficie du terrain qui est de 2020 m2 ; attendu qu'outre l'objet initial qui était la vente de produits pétroliers, Burkina et Shell a édifié d'autres constructions sur la parcelle pour autres exploitations en l'occurrence un télécentre secrétariat public, un kiosque à café, une débiterie (*vente de viande grillée*) et un restaurant ; que cette exploitation complémentaire constitue une autre utilisation des lieux loués qui profite exclusivement au locataire ; que cet état de fait constitue une injustice pour le bailleur et doit être réparée » *(TGI Ouagadougou, jugement n° 236, 14 mai 2003, Ouegraogo Sibiri Philippe c. Burkina et Shell, Ohadata J-04-243 ; Dans le même sens, TPI Cotonou , jugement n° 018/ 2ème C-Com du 10 mai 2001 ; R.G. n°021/2000, Madame Adjaohoun Odette c. Héritiers Assouramou Mathias, Ohadata J-04-401 ; TPI Bangangté,n°10/Civ,17 avril 2003, affaire Tchoumba Dieudonné c. Société G.D.B, Ohadata J-05-166).*

Il revient aux juridictions, dans le cadre de l'usage de leur pouvoir discrétionnaire d'appréciation, de ne pas perdre de vue l'enjeu essentiel de la réglementation du bail commercial. Il s'agit en tout point de vue de protéger le locataire commerçant, la fixation judiciaire du loyer commercial étant liée à la propriété commerciale. C'est bien la modération du loyer lors du renouvellement du bail qui constitue le principal instrument de protection de cette propriété (*Catherine Saint Geniest-Combastet, La dualité de valeurs : La fixation par le juge des loyers, AJDI 2003 p. 905 ; Michel Nicodème, Comment estimer les valeurs locatives ? L'importance des valeurs de marché, AJDI 1996 p. 673*). S'agissant d'une matière faisant intervenir des notions économiques, les juges peuvent solliciter l'avis d'experts. Ces derniers devraient dans tous les cas établir un rapport fondé sur les éléments d'appréciation déterminés à l'article 85 précité. C'est en ce sens qu'il faut comprendre le jugement du tribunal régional hors classe de Dakar qui décide que « Le rapport d'expert fondé sur des éléments d'appréciation ainsi précisés et sur la surface des locaux peut être homologué valablement et le taux du loyer ainsi déterminé applicable à compter du jugement » (*TRH Dakar, 2 juillet 2002, Moussa Ndiaye et Seynabou Seye contre GIE PROMO Ciné*).

René Njeufack Temgwa,
Chargé de cours, Universisité de Dschang.

CCJA, arrêt n°002/2007, 1er février 2007
Société Unilever Côte d'Ivoire SA c/ Société de distribution des produits alimentaires de marchandises dite Sodispram SA

(...)

Attendu qu'il résulte des pièces du dossier de la procédure que la société Unilever Côte d'Ivoire S.A. s'est engagée par une convention de fournitures de marchandises à livrer à crédit à la Sodispam S.A. avec laquelle elle avait noué des relations d'affaires, divers produits que celle-ci commandait ; qu'afin de permettre à la société Sodispam S.A. de lui payer ses approvisionnements, la société Unilever Côte d'Ivoire S.A. a consenti à celle-ci un crédit d'un montant de 580 000 000 francs cfa garanti à concurrence de 335 000 000 francs cfa par deux cautions constituées par la Banque internationale pour le commerce et l'industrie de Côte d'Ivoire et la Bank of Africa ; qu'après avoir honoré les premières commandes de la Sodispam S.A., la société Unilever Côte d'Ivoire S.A., soutenant que des traites tirées par elle et acceptées par la Sodispam S.A. en paiement de certaines livraisons de marchandises demeurent impayées a, d'une part, interrompu l'exécution de la convention susindiquée, d'autre part, réduit de 100 000 000 francs cfa le montant du crédit accordé à la Sodispam S.A. et, enfin, renouvelé les cautionnements ; que prétendant que les agissements de la société Unilever Côte d'Ivoire S.A. avaient compromis sa situation financière, la Sodispam S.A., par requête en date du 02 septembre 2001, a saisi la juridiction des référés d'Abidjan afin de solliciter, en application de l'article 245 de l'Acte uniforme portant sur le droit commercial général, la suspension du paiement desdits effets de commerce demeurés impayés, ainsi qu'une expertise comptable ayant pour objet de déterminer le préjudice subi du fait « des agissements » susindiqués de la société Unilever Côte d'Ivoire S.A. ; que par ordonnance de référé..., ladite juridiction des référés a fait droit à la requête de la Sodispam S.A. ; que par arrêt..., la cour d'appel d'Abidjan a confirmé ladite ordonnance entreprise ;

Sur le premier moyen

Attendu que la société Unilever Côte d'Ivoire S.A. reproche à l'arrêt attaqué d'avoir ordonné, d'une part, en application de l'article 245 de l'Acte uniforme portant sur le droit commercial général, la suspension de paiement des traites litigieuses, alors qu'en ayant livré les marchandises commandées par la société Sodispam S.A., en paiement desquelles elle avait tiré sur cette dernière, qui les avait acceptés, les effets de commerce, il ne pouvait lui être reproché ni une insuffisance dans sa capacité d'exécution, ni une insolvabilité, ni une manière défectueuse d'exécuter le contrat conclu entre les parties, d'autre part, une expertise comptable destinée à établir le préjudice subi par la société Sodispam S.A. alors que cette dernière, de par son acceptation desdits effets de commerce, était obligée de les payer à leur échéance, de sorte que la cour d'appel d'Abidjan n'a pas donné de base légale à sa décision, laquelle doit être cassée ;

Attendu qu'il ressort des pièces de la procédure que les effets de commerce suspendus, avaient été émis par la société Sodispam S.A. en règlement de commandes de marchandises passées et à elles livrées par la société Unilever Côte d'Ivoire S.A., ce qui rendait en tout état de cause obligatoire leur paiement à cette dernière, paiement qui avait d'ailleurs été requis par « une sommation interpellative de payer » la somme due de 432.182.621 francs cfa ..., demeurée infructueuse ; que dans ces circonstances, en statuant comme il l'a fait alors, d'une part que, l'exception d'inexécution prévue par l'article 245 susindiqué ne pouvait être opposée au paiement desdits effets de commerce qu'en considération des conditions strictes prévues par la législation sur les instruments de paiement, lesquelles ne pouvaient être appréciées par le juge des référés, alors, d'autre part, qu'il n'appartenait pas à celui-ci de prononcer la mesure tendant à l'allocation de dommages-intérêts, la cour d'appel d'Abidjan, statuant en référé, a excédé les limites de sa compétence ; qu'il échec en conséquence de casser l'arrêt attaqué, et d'évoquer sans qu'il soit besoin de statuer sur le premier moyen ;

Sur l'évocation

Attendu que la société Unilever Côte d'Ivoire S.A. soulève « in limine litis », d'une part, l'incompétence du juge des référés en ce qu'il se pose des questions de fond à résoudre dans le domaine du contrat commercial, qu'en outre le juge des référés ne peut désigner un expert comptable et ordonner la suspension du paiement des traites émises et valables au regard de la législation sur les instruments de paiement ;

Attendu que pour les mêmes motifs que ceux relevés lors de l'examen du moyen de cassation retenu, il y a lieu de dire et juger, qu'en la cause le juge des référés était incompétent et qu'il échet par conséquent d'infirmer, en toutes ses dispositions, l'ordonnance entreprise ...

OBSERVATIONS

L'article 245 de l'Acte uniforme portant sur le droit commercial général permet à l'une des parties de demander à la juridiction compétente l'autorisation de différer l'exécution de ses obligations lorsqu'il apparaît, après la conclusion du contrat, que l'autre partie n'exécutera pas une partie essentielle de ses obligations du fait d'un certain nombre d'éléments qu'il énumère. L'arrêt commenté, dont les extraits sont rappelés ci-dessus, illustre à merveille les difficultés suscitées par l'application de ce texte, notamment lorsque l'obligation dont il s'agit de différer l'exécution est relative au paiement du prix de marchandises réglées par des effets de commerce. En l'espèce, une convention est conclue entre deux sociétés en vertu de laquelle l'une s'engage à livrer à crédit des marchandises à l'autre sur commande de cette dernière. Pour permettre le paiement des approvisionnements, la première société, qui s'est engagée à la fourniture des marchandises, a consenti un crédit de 580 000 000 francs cfa à la deuxième. Après avoir honoré les premières commandes, la société débitrice de la livraison décide, entre autres, d'interrompre l'exécution de la convention parce que des traites tirées par elle et acceptées par l'autre société en paiement de certaines livraisons de marchandises demeurent impayées et de diminuer de 100 000 000 francs cfa le montant du crédit accordé à la société créancière de la livraison. Prétendant que ces agissements de la société débitrice de la livraison ont compromis sa situation financière, la société créancière saisit la juridiction des référés d'Abidjan « afin de solliciter, en application de l'article 245 de l'Acte uniforme portant sur le droit commercial général, la suspension du paiement desdits effets de commerce demeurés impayés, ainsi qu'une expertise comptable ayant pour objet de déterminer le préjudice subi » du fait « des agissements » de la société débitrice. Par ordonnance de référé n°4494/2002 du 18 septembre 2002, la juridiction des référés saisie fait droit à sa requête. La cour d'appel d'Abidjan devant laquelle elle a relevé appel ayant confirmé l'ordonnance entreprise, la société débitrice a formé pourvoi devant la C.C.J.A. reprochant à l'arrêt attaqué d'avoir ordonné la suspension de paiement des traites litigieuses en application de l'article 245 susindiqué alors qu'il ne pouvait lui être reproché « ni une insuffisance dans sa capacité d'exécution, ni une insolvabilité, ni une manière défectueuse d'exécuter le contrat », les traites, qui avaient été acceptées par la société créancière de la livraison, ayant été tirées en paiement des marchandises que cette dernière avait commandées et qui avaient été livrées. Le pourvoi qu'elle a formé reproche également à la cour d'appel d'avoir ordonné « une expertise comptable destinée à établir le préjudice subi » par la société défenderesse, alors que cette dernière, « de par son acceptation desdits effets de commerce, était obligée de les payer à leur échéance ». La décision rendue par les juges du fond ivoiriens soulevaient un double problème que les juges de la C.C.J.A. devaient trancher : tout d'abord, un problème de forme relatif à la compétence de la juridiction des référés pour statuer en la cause, et, ensuite, un problème de fond concernant la validité des décisions prises et, notamment, celle de suspendre le paiement de traites émises pour le règlement de marchandises commandées et livrées. Après avoir cassé l'arrêt de la cour d'appel d'Abidjan, la C.C.J.A. a évoqué l'affaire, reçu l'exception d'incompétence de la juridiction des référés soulevée « in limine litis » par le demandeur, déclaré cette juridiction incompétente pour statuer en la cause, infirmer l'ordonnance querellée en toutes ses dispositions et ordonné sa rétractation. L'arrêt entrepris était donc irrégulier aussi bien sur le plan de la forme que du fond.

En ce qui concerne la forme, le problème concerne la compétence du juge des référés pour ordonner la suspension du paiement des effets de commerce et l'allocation des dommages -intérêts. La compétence du juge des référés ne portant pas sur le principal, l'une des conditions généralement exigée est « l'absence de contestation sérieuse » (*il existe néanmoins des cas dans lesquels cette condition n'est pas exigée ; c'est le cas, par exemple, pour le référé probatoire ou lorsque le juge des référés statue sur les difficultés d'exécution d'un jugement ou d'un autre titre exécutoire, voir J. Héron, par Thierry Le Bars, Droit judiciaire privé, Montchrestien, coll. Domat Droit privé, 3e éd., 2006, n°s 371 et s, p. 315 et s. ; L. Cadiet, Droit judiciaire privé, Litec, 1992, n°s 1000 et s., pp. 526 et s.*) ; cette exigence s'explique par le caractère essentiellement provisoire (*il convient néanmoins de faire attention à ce caractère car, dans certains cas, la décision de référé peut rendre la saisine du juge du principal inutile et devenir ainsi l'unique instance pour l'affaire concernée ; ce serait le cas si, par exemple, le montant de la provision accordée par le juge des référés est égal à celui des dommages -intérêts que pourrait accorder le juge du principal*) de sa décision (*La décision ici est provisoire par sa nature et non en raison de son contenu : sur cette distinction des jugements ou décisions provisoires, voir J. Héron, par Thierry Le Bars, Droit judiciaire privé, Montchrestien, coll. Domat Droit privé, 3e éd., 2006, n°371, p. 301*) et le souci d'éviter que celle-ci ne préjudicie pas au fond, que seul peut connaître le juge saisi du principal (*La décision du juge des référés ne préjuge donc pas du principal ; elle n'a alors pas autorité de chose jugée par rapport au principal : le juge du principal n'est pas lié par elle*). Mais, probablement plus que les autres conditions du référé, la notion de « contestation sérieuse » peut être difficile à cerner (*ce qui explique, peut-être, qu'elle ne soit définie ni par le législateur, ni par la jurisprudence*). Néanmoins, dans le cas d'espèce, il y a lieu de penser, comme les juges de la C.C.J.A. l'ont fait, que le juge des référés était allé au-delà de ses compétences, ne serait-ce que parce que sa compétence se limite à l'octroi des provisions et non des dommages – intérêts. En conséquence, nous ne nous attarderons que sur le problème de fond qui est relatif à la régularité de la suspension du paiement des traites. A ce sujet, pour ordonner la suspension du paiement des traites, les juges se sont fondés sur l'article 245 AUDCG. Même en supposant que cet article était applicable en l'espèce, la régularité de leur décision ne coulerait pas de source (I). Il en est de même si on apprécie leur décision par rapport au droit cambiaire (II) qui semblait s'imposer ici.

I. L'appréciation de la régularité de la suspension du paiement des traites par rapport au droit commercial général

La suspension du paiement des traites a été ordonnée dans le cas d'espèce en application de l'article 245 AUDCG. Sous l'angle du droit commercial général, l'appréciation de la régularité de la suspension du paiement des traites tirées par la société Unilever Côte d'Ivoire S.A. et acceptées par la société Sodispam S.A. passe donc par la vérification de sa conformité à ce texte. Selon cet article, « une partie peut demander à la juridiction compétente l'autorisation de différer l'exécution de ses obligations lorsqu'il apparaît, après la conclusion du contrat, que l'autre partie n'exécutera pas une partie essentielle de ses obligations ». Ce texte, qui constitue en réalité une application de l'exception d'inexécution, complique un peu sa mise en œuvre (*Voir du même avis, OHADA, Traité et actes uniformes commentés et annotés, juriscope, 3e édition, 2008, p. 295*) en la plaçant sous le contrôle judiciaire *a priori* (*Dans le mécanisme du droit commun, l'intervention du juge se fait a posteriori*) et en la limitant à des faits qu'il énumère limitativement (*puisque, contrairement à d'autres hypothèses, comme à l'article 94 alinéa 2, le législateur n'utilise pas l'adverbe « notamment » ici*). Ces faits, qui selon l'article 245 AUDCG peuvent justifier la mise en œuvre de l'exception d'inexécution, sont : grave insuffisance dans la capacité d'exécution, insolvabilité et manière dont l'autre partie s'apprête à exécuter ou exécute le contrat. Ce texte assigne donc un champ d'application précis à cette exception et pose des conditions également précises pour son application.

En ce qui concerne son champ d'application, l'article 245 AUDCG n'est applicable que s'il apparaît, « après la conclusion du contrat, que l'autre partie n'exécutera pas une partie essentielle de ses obligations ». Peut-on considérer dans le cas d'espèce que tel était le cas ? Autrement dit, apparaissait-il que la société Unilever Côte d'Ivoire S.A. n'exécutera pas une partie essentielle de ses obligations ? Il est difficile de répondre par l'affirmative dans la mesure où, dans le cas d'espèce, les traites litigieuses avaient été tirées pour régler des marchandises déjà livrées. On peut donc raisonnablement penser que la société avait déjà exécuté son obligation. Mais, il est aussi possible de soutenir que compte tenu de la nature successive de l'obligation dans l'espèce, l'exécution doit s'entendre comme l'achèvement des livraisons promises. La consécration d'une telle position donnerait un moyen Dans ce cas, l'exception d'inexécution consacrée par l'article 245 AUDCG pourrait être mise en œuvre même pour refuser de payer des marchandises déjà livrées ; le créancier de la livraison disposerait alors d'un moyen de pression sur le débiteur pour l'amener à poursuivre les livraisons jusqu'au bout. Si la solution est protectrice du créancier de la livraison, il y a lieu de craindre qu'elle ne soit injuste vis-à-vis du débiteur, surtout si, comme il est probable dans le cas d'espèce, l'engagement à fournir a été contracté sans délai.

En supposant même que l'interprétation ci-dessus soit adoptée, et donc que l'on se trouve dans le champ d'application de l'article 245 AUDCG, ses conditions étaient-elles réunies ?

Il s'agit de savoir si l'un des faits visés par cet article était présent dans le cas d'espèce. A ce sujet, on peut répondre par la négative car, il n'y a ni grave insuffisance dans la capacité d'exécution de la société Unilever Côte d'Ivoire (elle a exécuté jusque-là sans difficulté), ni insolvabilité de sa part (aucun élément dans l'arrêt ne permet de penser le contraire) et la manière dont elle a exécuté le contrat jusque-là ne semble pas avoir causé une quelconque insatisfaction à la société Sodispam S.A.

Sur le plan du droit commercial général, cette suspension a donc été ordonnée à tort puisqu'elle ne rentre pas dans le domaine d'application de l'article 245 AUDCG et ne remplit pas ses conditions d'application. On imagine aisément qu'il en était de même sur le plan du droit cambiaire.

II. L'appréciation de la régularité de la suspension du paiement des traites par rapport au droit cambiaire

Le besoin de sécurité que l'on retrouve en droit commercial de manière générale est davantage présent dans le droit cambiaire (cf., *F. Perechon, Entreprises en difficulté, Instruments de crédit et de paiement, L.G.D.J., 2e éd., n°602, p. 351*). C'est la raison pour laquelle le formalisme y est accentué (*une grande importance est accordée à l'apparence du titre afin de faciliter sa circulation rapide et sûre*) et que tout y est mis en œuvre pour garantir le paiement des effets à leur porteur à l'échéance (*inopposabilité des exceptions, indépendance des signatures, garantie solidaire du paiement des signataires…*), spécialement lorsque, comme en l'espèce, les effets ont été acceptés par le tiré. En effet, l'acceptation fait partie des mécanismes qui accroissent la sécurité des effets de commerce et donnent au porteur l'assurance d'être payé à l'échéance. Selon l'article 98 alinéa 1, « par l'acceptation, le tiré s'oblige à payer la lettre de change à l'échéance ». L'acceptation ferait donc désormais du tiré le débiteur principal de la lettre. Etant entré dans les liens du change, la règle de l'inopposabilité des exceptions interdit au tiré accepteur de refuser de payer un porteur de bonne foi en invoquant des raisons qui auraient pu prospérer sur le plan extra - cambiaire. Cette solution s'explique par le fait que l'acceptation suppose la provision, c'est-à-dire qu'elle fait présumer l'existence de la provision (*il appartient donc au tireur de constituer la provision et, en principe, de rapporter la preuve de son existence)* ; en d'autres termes, elle fait présumer que le tiré est débiteur du tireur et c'est à lui qu'il revient de démontrer l'absence de provision (*l'acceptation de la traite opère un renversement de la charge de la preuve*). Il y a donc un grand risque à accepter une lettre de change. Pourtant, elle est souvent acceptée avant même que le tireur n'ait fait provision : c'est le cas, par exemple, lorsque l'acheteur pense que les marchandises lui seront livrées comme convenu. Ce qui en matière de convention de fourniture de marchandises est très courant dans la pratique, le vendeur faisant garantir l'opération en tirant des traites que l'acheteur accepte avant même que les marchandises ne lui soient livrées. Heureusement, la doctrine majoritaire est d'avis aujourd'hui que la présomption de provision qui découle de l'acceptation de la lettre est simple (*F. Perechon, op. cit., n°663, p. 394*) ; ce qui donne la possibilité au tiré accepteur de démontrer que le tireur n'a pas constitué fourni la provision. Lorsque l'on se trouve dans les rapports entre le tiré accepteur et le porteur et que ce dernier est de bonne foi, cette preuve peut être inefficace du fait de la règle de l'inopposabilité des exceptions. Par contre, si, comme en l'espèce, on se trouve dans les rapports entre tireur et tiré accepteur (*même en supposant que ce soit la casquette de porteur que le tireur arbore, la preuve de la non livraison des marchandises ferait de lui un porteur de mauvaise foi. Or, la règle de l'inopposabilité des exceptions ne joue pas vis-à-vis d'un tel porteur*), cette preuve, qui peut se faire par tous moyens, peut lui permettre de résister à l'action en paiement ou de se faire rembourser les sommes qu'il a payées à un porteur de bonne foi. Elle consisterait à démontrer qu'il n'y a pas eu de livraisons de marchandises. Donc, même soulevée devant le juge compétent, la suspension du paiement des traites ne pouvait se justifier que si la société Sodispam S.A. établissait que les marchandises n'ont pas été livrées. Or, il ressort clairement des faits de l'espèce qu'il s'agissait de traites tirées en paiement de livraisons déjà effectuées et demeurées impayées. Il ne pouvait donc y avoir suspension de leur paiement.

Le renversement de la charge de la preuve de la provision que suscite l'acceptation de la traite crée assurément une difficulté procédurale pour le tiré puisqu'il est possible de perdre un procès simplement parce qu'on n'a pas pu apporter la preuve de ses allégations. Dans cette perspective, un renversement de la charge de la preuve apparaît comme une difficulté en moins qui met le risque plutôt sur l'adversaire. Dès lors, on peut s'interroger sur cette pratique courante consistant à accepter des traites avant la constitution de la provision. Au-delà du fait que l'acceptation accroît les chances de conclusion de l'opération, il convient de signaler que si le principe est qu'elle est facultative, elle est obligatoire dans certains cas soit du fait de la volonté des parties, soit du fait de la loi. En vertu de l'article 94 alinéa 9, par exemple, « lorsque la lettre de change est créée en exécution d'une convention relative à des fournitures de marchandises et passée entre commerçants, et que le tireur a satisfait aux obligations résultant pour lui du contrat, le tiré ne peut refuser à donner son acceptation dès l'expiration d'un délai conforme aux usages normaux du commerce en matière de reconnaissance des marchandises ». Dans le cas d'espèce, soit l'acceptation a été donnée dès l'origine pour faciliter l'engagement de la société Unilever Côte d'Ivoire S.A. - elle procéderait alors du réalisme - soit elle a été donnée après les livraisons et, la société Sodispam S.A. était alors tenue de la donner. A défaut, elle s'exposerait, selon l'alinéa 10 de l'article 94, à la déchéance de plein droit du terme à ses frais et dépens.

Si sur le plan cambiaire, le tiré accepteur peut résister à l'action en paiement, dans le cas d'espèce, les conditions de la suspension du paiement des traites n'étaient pas réunies. De ce fait, la décision rendue par les juges de fond ivoiriens était irrégulière aussi bien sous l'angle strictement du droit commercial que sous celui du droit cambiaire.

Alain Kenmogne Simo,
Maître de conférences Agrégé, Université de Yaoundé II.

CCJA, arrêt n°004/2006, 9 mars 2006
Aka Bélinda c/ Société ivoirienne de Promotion de Supermarchés dite PROSUMA

(...)

Vu les dispositions des articles 13, 14 et 15 du Traité relatif à l'harmonisation du droit des affaires en Afrique ;

Vu le Règlement de procédure de la Cour commune de justice et d'arbitrage de l'OHADA.

Attendu qu'il ressort des pièces du dossier de la procédure que Madame Aka Bélinda possède à Abidjan - Il Plateaux un terrain non bâti que ses ascendants, alors qu'elle était mineur, avaient entrepris d'exploiter et de rentabiliser ; que ces derniers, pour ce faire, conclurent avec PROSUMA deux protocoles d'accord en dates des 29 décembre 1995 et 23 octobre 1996 aux termes desquels cette dernière préfinancera la construction sur ledit terrain d'un immeuble à la fois à usage commercial - il devait en effet abriter un supermarché - et d'habitation ; qu'en contrepartie de la construction de cet immeuble, PROSUMA devait bénéficier d'un bail dont les deux protocoles précités fixaient les modalités, notamment le quantum du prix des loyers et le mode de révision de ceux-ci ; que cependant, par divers courriers en date des 18 octobre 1999 et 11 janvier 2000, Madame Aka Bélinda et son conseil réclamaient à PROSUMA qui occupait les locaux, objet du bail, une révision à la hausse du montant des loyers ; que cette réclamation n'ayant pas été suivie d'effet, par exploit en date du 28 mars 2002, Madame Aka Bélinda donnait « assignation en référé aux fins de révision du loyer d'un bail » à PROSUMA pour comparaître devant le président du tribunal de première instance d'Abidjan ; que celui-ci, sur la base de cette saisine, rendait l'ordonnance de référé n°3840 du 31 juillet 2002 qui déboutait Madame Aka Bélinda de sa demande ; que par exploit en date du 07 février 2003, Madame Aka Bélinda relevait appel de l'ordonnance de référé précitée devant la cour d'appel d'Abidjan, laquelle, par arrêt avant-dire droit n°215 du 25 février 2003, déclarait recevable son appel et, sur le fond, rendait l'arrêt confirmatif n° 350 du 25 mars 2003, objet du présent pourvoi en cassation ;

Sur le deuxième moyen pris en sa première branche et le troisième moyen

Vu l'Acte uniforme portant sur le droit commercial général

Attendu qu'il est reproché à l'arrêt attaqué d'avoir violé l'article 84, alinéa 2, de l'Acte uniforme susvisé en ce que la cour d'appel, en affirmant dans ses motifs que « le loyer du contrat de bail dont s'agit est révisable à l'expiration de chaque période triennale en tenant compte de l'indice prévu aux articles 29 et 34 de la loi 80-1069 du 13 septembre 1980 », fait siennes les dispositions de l'alinéa 2 dudit article en reconnaissant que le loyer des immeubles mis en location est révisable chaque trois ans, lesdites dispositions ayant en effet prévu que « le loyer est révisable dans les conditions fixées par les parties ou, à défaut, à l'expiration de chaque période triennale » ; qu'ainsi, bien qu'ayant reconnu la justesse de la demande de la requérante et affirmé elle-même que le loyer est révisable chaque trois ans, la cour d'appel n'a pas procédé à cette révision en fixant le nouveau montant ; qu'en statuant comme elle l'a fait, ladite cour a violé les dispositions pertinentes et non équivoques de l'alinéa 2 de l'article 84 et la convention des parties ; qu'il est également reproché à l'arrêt attaqué un défaut de base légale résultant de l'absence, de l'insuffisance, de l'obscurité ou de la contrariété des motifs en ce que dans l'exposé de ceux-ci, la cour d'appel, après avoir déclaré que « c'est à tort que l'appelante conteste l'ordonnance entreprise qui procède d'une saine application du droit », a affirmé « qu'il convient donc de rejeter son appel non fondé et de confirmer l'ordonnance entreprise en substituant aux motifs invoqués par le premier juge, les motifs ci-dessus » ; qu'en se déterminant ainsi, l'arrêt attaqué a fait à la fois siennes les motifs de l'ordonnance entreprise, qu'il estimait pourtant avoir été parfaitement rendue, et les a rejetés dans le même temps pour leur substituer d'autres motifs ; qu'il est enfin reproché à l'arrêt attaqué une obscurité ou une insuffisance de motifs en ce qu'il apparaît incompréhensible que la cour d'appel, qui a elle-même reconnu le caractère révisable du loyer chaque trois ans, ait pu déclarer non fondée la demande de révision dudit loyer de la requérante ; qu'il s'évince des griefs ci-dessus exposés que l'arrêt attaqué doit être cassé ;

Attendu que pour débouter la requérante de sa demande de révision de loyers, la cour d'appel a relevé que « c'est à tort que l'appelante conteste l'ordonnance entreprise qui procède d'une saine application du droit. En effet, d'une part, s'agissant, en l'espèce d'un bail à usage commercial, seules les dispositions de l'Acte uniforme portant droit commercial général sont applicables et non la loi 77-995 du 18 décembre 1977 réglementant les rapports entre bailleurs et locataires des locaux à usage d'habitation et à usage professionnel et son décret d'application n°79-715 du 02 octobre 1979. D'autre part, il résulte de l'examen du contrat de bail liant les parties que celui-ci stipule dans la rubrique « révision de loyer » que « le loyer ci-dessus spécifié sera révisable à l'expiration de chaque période triennale dans les conditions prescrites par la loi n° 80-1069 du 13 septembre 1980 et selon les variations de l'indice prévu aux articles 29 et 34 de ladite loi concernant les loyers d'immeubles à usage commercial, industriel ou artisanal »...Ces stipulations ne sont nullement contraires aux dispositions de l'article 84 de l'Acte uniforme [précité] lesquelles prévoient que « les parties fixent librement le montant du loyer, sous réserve des dispositions législatives ou réglementaires applicables. Le loyer est révisable dans les conditions fixées par les parties, ou à défaut, à l'expiration de chaque période triennale »...Il résulte de ce qui précède que le loyer du contrat de bail litigieux est révisable à l'expiration de chaque période triennale en tenant compte de l'indice prévu aux articles 29 et 34 de la loi n°80-1069 du 13 septembre 1980... Cette prescription, contrairement à l'opinion de l'appelante, est parfaitement légale en matière de bail commercial...» ;

Attendu qu'il ressort de l'examen des pièces du dossier de la procédure que les seules conventions dûment signées par les parties litigantes sont constituées des protocoles d'accord en dates des 29 décembre 1995 et 23 octobre 1996 qui fixent les modalités de révision du loyer des locaux, objet du bail ; que s'agissant du contrat de bail invoqué par la cour d'appel et qui, selon celle-ci, contient des dispositions qui ne sont nullement contraires à celles de l'article 84 de l'Acte uniforme susvisé dès lors qu'il y est stipulé que « le loyer... sera révisable à l'expiration de chaque période triennale dans les conditions prescrites par la loi n° 80-1069 du 13 septembre 1980 et selon les variations de l'indice prévu aux articles 29 et 34 de ladite loi concernant les loyers d'immeubles à usage commercial, industriel ou artisanal », ledit contrat notarié n'est ni daté, ni signé et enregistré alors même qu'il est de principe, à cet égard, que l'acte qui n'est point authentique par l'incompétence ou l'incapacité de l'officier, ou par un défaut de forme, vaut comme écriture privée, s'il a été signé des parties ; que tel n'étant pas le cas, ce contrat de bail ne revêt aucune valeur légale ; qu'il s'ensuit qu'en se fondant sur un tel contrat pour affirmer, d'une part, que « l'ordonnance entreprise procède d'une saine application du droit » en ce qu'elle avait débouté la requérante de sa demande de révision de loyer aux motifs que celle-ci ne pourrait être possible « qu'à partir de la 7ème année » conformément aux clauses des protocoles consensuels précités, et en retenant, d'autre part, que « ...le loyer du contrat de bail litigieux est révisable à l'expiration de chaque période triennale en tenant compte de l'indice prévu aux articles 29 et 34 de la loi 80-1069 du 13 septembre 1980 » qui sont, selon elle, non contraires à l'article 84, alinéa 2, de l'Acte uniforme susvisé, la cour d'appel n'a pas légalement justifié sa décision et a, par ailleurs, soutenu à la fois et dans la même décision la primauté et l'effet obligatoire des conventions dûment signées par les parties, lesquelles, de ce fait, constituent leur loi et la révision de celles-ci dans les conditions fixées à l'article 84, alinéa 2, de l'Acte uniforme susvisé ; que ces deux motifs étant, à l'évidence, contradictoires et s'annulant nécessairement l'un l'autre, dès lors, l'arrêt attaqué doit également être considéré comme étant dépourvu de tout motif ; qu'il échet, en conséquence, de le casser et d'évoquer, sans qu'il soit besoin de statuer sur les autres moyens ;

Sur l'évocation

[…] Sur la demande de l'appelante relative à l'annulation du bail.

Attendu que l'appelante se fonde essentiellement sur les dispositions de la loi 77-995 du 18 décembre1977 réglementant les rapports des bailleurs et des locataires des locaux d'habitation ou à usage professionnel et sur le décret n° 79-715 du 02 octobre 1979 fixant les modalités d'application de ladite loi pour demander l'annulation du bail la liant à l'intimée ;

Mais attendu que l'article premier de la loi 77-995 du 18 décembre 1977 précitée énonce que ses dispositions « sont applicables aux rapports entre bailleurs et locataires ou occupants des locaux appartenant aux catégories suivantes: 1° locaux à usage d'habitation ; 2° locaux à usage professionnel sans caractère commercial, industriel ou artisanal.

Attendu que s'agissant en l'espèce d'un bail commercial, au demeurant caractérisé comme tel par l'appelante elle-même qui invoque à cet égard l'article 84 de l'Acte uniforme susvisé lequel ne s'applique nécessairement aux termes de l'article 69 du même Acte uniforme qu'aux « baux portant sur des immeubles rentrant dans les catégories suivantes : 1°) locaux ou immeubles à usage commercial, industriel, artisanal ou professionnel ; 2°) locaux accessoires dépendant d'un local ou d'un immeuble à usage commercial, industriel, artisanal ou professionnel ; 3°) terrains nus sur lesquels ont été édifiés, avant ou après la conclusion du bail des constructions à usage industriel, commercial, artisanal ou professionnel, si ces constructions ont « été élevées ou exploitées avec le consentement du propriétaire, ou à sa connaissance », l'appelante ne saurait se prévaloir de la violation de la loi 77-995 précité et de son décret d'application pour demander l'annulation du bail ; qu'il y a lieu en conséquence de déclarer cette demande non fondée et de la rejeter ;

Sur la demande de l'appelante relative à la révision des loyers

Attendu qu'il est constant comme résultant des pièces du dossier de la procédure que les parties ont inséré dans les seuls protocoles d'accord dûment signés d'elles et en dates des 29 décembre 1995 et 23 octobre 1996 des stipulations relatives à la modification du loyer des locaux, objet du bail ;

Attendu qu'il est de principe, d'une part, que les conventions légalement formées tiennent lieu de loi à ceux qui les ont faites et, d'autre part, qu'il n'appartient pas aux tribunaux de compléter ni de modifier la clause de révision adoptée par les parties ; que dès lors, c'est à bon droit qu'en se fondant sur les stipulations des protocoles d'accord précités, le premier juge a débouté l'appelante de son action tendant à la révision de loyers ; qu'il y a lieu en conséquence, par adoption de ses motifs, de confirmer l'ordonnance de référé n°3840/2002 entreprise et de débouter Madame Aka Bélinda de toutes ses demandes, fins et conclusions…

OBSERVATIONS

Décidément, la question de la supranationalité des actes uniformes n'est pas encore évacuée des litiges au sein des Etats membres de l'Organisation pour l'harmonisation en Afrique du droit des affaires (*voir F.M. Sawadogo, La problématique de la cohabitation des ordres juridiques OHADA, UEMOA, CEDEAO, Actes du colloque sur la mise en cohérence des processus d'intégration économique et juridique, Ouagadougou, 8, 9,10 janvier 2007*). On la croit réglée, mais comme un phénix, elle renaît de ses cendres. Pourtant, il ressort clairement de l'article 10 du traité OHADA que les Actes uniformes sont directement applicables et obligatoires dans les Etats parties nonobstant toute disposition contraire du droit interne, antérieure ou postérieure (*à propos la suprématie des textes OHADA sur les textes nationaux, voir notamment arrêt n°003 du 11 oct. 2001, affaire époux Karnib, Juris ohada, n° 2/02, p. 24 ; arrêt n°03 du 10 janv. 2002, Juris ohada, n°2-02 ; arrêts n°12 et 13 du 18 avril 2002, Juris ohada, n°3/02, pp. 3 et 10, arrêt n°18 du 27 juin 2002, Juris ohada, n°4/02, p.52*).

C'est du moins ce que la Cour commune de justice et d'arbitrage tenait à préciser dans l'arrêt reproduit. En l'espèce, Madame Aka Bélinda possède à Abidjan- II Plateau un terrain non bâti que ses ascendants, alors qu'elle était mineure, avaient entrepris d'exploiter et de rentabiliser. Pour ce faire, ces derniers conclurent avec la Société ivoirienne de promotion de supermarchés (PROSUMA), deux protocoles respectivement le 29 décembre 1995 et le 23 octobre 1996, aux termes desquels celle-ci préfinancera la construction sur ledit terrain d'un immeuble à la fois à usage commercial et d'habitation. En contrepartie de la construction de cet immeuble, PROSUMA devait bénéficier d'un bail dont les deux protocoles précités fixaient les modalités, notamment le *quantum* du prix des loyers et le mode de révision de ceux-ci. Cependant, par divers courriers datant des 18 octobre 1999 et 11 janvier 2000, Madame Aka Bélinda et son conseil réclamaient à PROSUMA qui occupait les locaux objet du bail, une révision à la hausse du montant des loyers en application d'une loi ivoirienne de 1977 et d'un décret de 1979. De ces faits se dégagent deux questions essentielles qui méritent de retenir l'attention : le champ d'application du droit OHADA au bail commercial (I) et les modalités de révision de celui-ci (II).

I. La détermination du champ d'application du statut des baux commerciaux

La détermination des baux régis par l'Acte uniforme relatif au droit commercial général (a*dopté le 17 avril 1997, ce texte est entré en vigueur le 1er janvier 1998. Pour un commentaire avisé, voir Akuété Pedro Santos, in Actes uniformes commentés et annotés, Juriscope, 3eéd. 2008. Dans le même sens, A. Fénéon* *et J.-R. Gomez, OHADA, harmonisation du droit des affaires, Droit commercial général, commentaires, édicef, Paris 1999*) passe par deux critères : le critère territorial et le critère matériel.

Du point de vue territorial, la nouvelle législation sur le bail commercial s'applique dans les villes de plus de 5.000 habitants, rabaissant ainsi considérablement le plancher qui était antérieurement fixé à 25.000 habitants (*A.P. Santos et J. Yado Toé, Droit commercial général, Bruylant, Bruxelles, 2002, n° 271, p.170*).

Sur le plan matériel, certaines conditions sont exigées pour que le contrat de bail soit régi par l'Acte uniforme portant droit commercial général. Tout d'abord, il faut que le bail porte sur des locaux ou immeubles à usage commercial, industriel, artisanal ou professionnel (*article 69 de l'AUDCG*). Cette destination doit obligatoirement résulter du contrat de bail (*par exemple l'exploitation d'un maquis, c'est-à-dire d'un restaurant-bar. Voir CA d'Abidjan, arrêt n°373, du 02 février 2004, affaire Asseu Yoa Marie-Louise c/ Adama N. Odette, ohadata, J-04-497*) et toute modification ultérieure de cette destination ne sera valable que si elle est le fait des parties à l'accord initial (*cette modification ultérieure de la destination de l'immeuble encore appelée « déspécialisation » peut être partielle ou plénière. Sur la dualité de la déspécialisation ; Y. Guyon , Droit des affaires, droit commercial général et sociétés, t.1, 11e éd., Economica, Paris 2001, n° 669, pp. 716 et s.*). Mais il faut relever que conformément aux dispositions de l'*AUDCGIE*, le bail commercial peut également concerner les terrains nus sur lesquels sont édifiées des constructions.

Les contrats relevant du statut des baux commerciaux portent en principe sur des locaux principaux, mais ils peuvent porter également sur des locaux accessoires à ces derniers. S'agissant des locaux principaux, l'article 69, alinéa 1er vise les lieux clos et couverts qui permettent d'accueillir la clientèle de l'exploitant (*voir A. Fénéon et J.-R. Gomez, op. cit., p. 56 ; Y. Guyon, op. cit., n° 650, p.702*). Sont par conséquent exclues les installations mobiles ou démontables (*civ. 3, 24 oct. 1999, D., 1970, 64 ; cpr. civ. 3, 25 janv. 1977, Bull. civ. III, n° 38, p.29*) telles que les kiosques, et les baraques sans attache fixe au sol, les vitrines d'exposition (*Tribunal de grande instance de Paris, 13 janvier 1967, JCP 1967, II, 15096*), les emplacements sur les murs d'une galerie d'une peinture donnant lieu à une utilisation intermittente et non exclusive (*Civ. 3, 20 nov. 1991, Bull. civ. III, n°280, p.165*). Dans le même sens, dans un arrêt du 05 juillet 1995, la Cour de cassation française décidait qu'un emplacement délimité sur le sol d'un hypermarché par des cloisons légères à hauteur d'homme ne peut constituer un local (*J.-P. Blatter, obs. AJPI 1996, p. 146*). L'hésitation est parfois possible, notamment en ce qui concerne les stations-service distributrices de carburant.

Dans le cas d'espèce, nous sommes bien en présence d'une part, des locaux principaux qui abritent le supermarché PROSUMA et d'autre part, des locaux accessoires qui servent d'habitation.

Pour ce qui est des locaux accessoires justement, l'article 69, alinéa 2 de l'Acte uniforme relatif au droit commercial général n'envisage que le cas où ils appartiennent à des propriétaires différents. Il pose à cet égard une double exigence : en premier lieu, la location desdits locaux doit avoir été faite en vue de l'utilisation jointe que leur destinait le preneur. En second lieu, cette destination doit avoir été connue du bailleur au moment de la conclusion du contrat de bail. Comme locaux accessoires, on peut avoir les ateliers et entrepôts, les magasins, les réserves et le logement (*J. Gatsi, Pratique des baux commerciaux dans l'espace OHADA, 2e éd., collection droit des affaires, Presses Universitaires Libres, Douala, 2008, p. 21*). Les locaux accessoires sont donc protégés au même titre que les locaux principaux, spécialement lorsque leur privation est de nature à compromettre l'exploitation du fonds. En droit français par exemple, les baux des locaux accessoires sont soumis à l'application de la loi, à la double condition que leur privation soit de nature à compromettre l'exploitation du fonds et qu'ils appartiennent au propriétaire des locaux servant à l'exploitation de l'établissement principal, ou à défaut, que leur propriétaire les ait donnés en location en sachant qu'ils serviraient à l'exploitation de l'établissement principal. Hormis les locaux et les immeubles bâtis, l'AUDCG règle également le sort des terrains nus sur lesquels sont bâtis des constructions à caractère commercial, industriel, artisanal ou professionnel (*article 69 alinéa 3, AUDCG*).

Il en est ainsi si ces constructions ont été élevées ou exploitées avec le consentement du propriétaire ou à sa connaissance (*A. P. Santos et J. Yado Toé, op. cit., n°272, p. 170 ; civ. 3, 16 mars 1988, D., info. rap., 90*).

Dans le présent arrêt, les constructions faites sur le terrain non bâti de madame A.B. avaient été préfinancées par la Société ivoirienne de promotion de supermarché en contrepartie du bail. L'application de l'AUDCG, en l'espèce ne souffre donc d'aucun doute si l'on s'en tient aux dispositions pertinentes de l'article 69, alinéa 3.

A défaut de constructions et en présence d'un simple aménagement du terrain (*Y. Guyon, op. cit., n°650, p.701*), l'Acte uniforme relatif au droit commercial général ne peut en principe être appliqué. Sont donc exclus, les terrains loués nus et le restant, même s'ils sont affectés à un usage commercial, industriel, artisanal ou professionnel (*J. Gatsi, op. cit., p.24*). L'admission des terrains nus sur lesquels le locataire a édifié des constructions dans le domaine d'application du statut des baux commerciaux est une innovation de l'AUDCG. Dans les législations antérieures de certains Etats membres de l'OHADA, le statut des baux commerciaux était applicable seulement aux immeubles bâtis (*voir Universités francophones, Droit commercial et des sociétés en Afrique, Edicef, 1988, pp.32 et s.*). La prise en compte des terrains nus sur lesquels sont bâtis des constructions à caractère commercial, industriel, artisanal ou professionnel par le locataire participe de l'élargissement du champ du statut des baux commerciaux (*voir P.-G. Pougoué et A. Foko, Le statut du commerçant dans l'espace*

OHADA, PUA, 2005, pp. 115 et s. ; J.Nguebou, Le droit commercial général dans l'Acte uniforme OHADA, collection droit uniforme, PUA, 1998, p.86. En droit comparé, B. Saintourens, Le bail commercial des non-commerçants, Les activités et les biens de l'entreprise, Mélanges offerts à Jean Derrupé, Litec, 1991, pp.93 et s.).

De tout ce qui précède, on constate que c'est à bon droit que les juges ont décidé de l'application de l'Acte uniforme portant droit commercial général au détriment du droit ivoirien. En effet, madame A.B. avait saisi les juges pour demander la nullité du contrat de bail la liant à PROSUMA, au motif que les clauses de variation automatique des loyers sont interdites et réputées non écrites par la loi interne, d'où la demande en nullité desdites stipulations. Or, selon les juges, l'article 1er de la loi interne ivoirienne dont elle se prévaut, en l'occurrence, la loi n°77-995 du 18 décembre 1977 réglementant les rapports des bailleurs et des locataires des locaux d'habitation ou à usage professionnel ainsi que le décret n°79-715 du 02 octobre 1979 fixant les modalités d'application de ladite loi ne s'applique qu'aux :

« 1° locaux à usage d'habitation » et aux ; « 2° locaux à usage professionnel ». (*Cette dernière exigence n'est d'ailleurs pas facile à remplir. Ainsi, on a pu décider que la CCJA n'est pas compétente lorsqu'un parti politique conclut un bail, pour défaut de caractère professionnel. Voir CCJA,arrêt n°056/2005 du 15 déc. 2005, affaire Rassemblement des républicains dit RDR c/ Fonds de développement et de promotion des activités des producteurs de café et de cacao dit RDPCC, ohadata J-06-30*).

Le bail contesté n'étant donc pas de ceux visés par la loi interne, mais plutôt entrant dans la catégorie des baux commerciaux telle que prévue par l'article 69 de l'Acte uniforme relatif au droit des sociétés commerciales et du groupement d'intérêt économique, et notamment eu égard à la suprématie de ce dernier texte sur le précédent, il convenait dès lors de lui appliquer le droit uniforme au détriment de la loi interne ivoirienne. En conséquence, c'est à bon droit que les juges ont rejeté la demande en nullité du bail en question, ce qui peut amener à s'interroger sur la suite réservée à la demande en révision du bail.

II. La précision des modalités de révision du bail commercial

La matière des baux commerciaux est globalement d'ordre public (*voir art. 102 AUDCG : sont d'ordre public les dispositions des articles 69, 70, 71, 75, 78, 79, 85, 91, 92, 93, 94, 98 et 101 de l'Acte ; CA Dakar, arrêt n° 144 du 03 oct. 2002, ohadata com, ohadata J-05-59*), ce qui semble exclure le recours à l'arbitrage. Mais, la fixation du loyer conserve un caractère contractuel (*Y. Guyon, op. cit., n° 677, p. 724*).

Le principe en ce dernier domaine est donc celui de la liberté contractuelle (*CA Abidjan, arrêt n°350 du 25 mars 2003, Juriscope, org. ohadata.com, ohadata, J-03-275 ; Tribunal de première instance de Gagnoa, jugement n°61 du 18 juin*

2001, F.Y. c/ La Coopec de Guiberoua, Juris Ohada, n°1/2005, janv.-mars, 2005, p. 48, ohadata, J-05-19 ; Tribunal de première instance de Cotonou, jugement n°018/ 2ème C-COM, RG n°021/2000, Madame Adjanohoun Odette c/ Héritiers Assouramanou Mathias, ohadata J-04-401). Cependant, lorsque les parties n'ont pas conclu un accord ou alors lorsqu'elles n'ont pas prévu dans leur contrat une clause de révision, elles doivent faire recours au juge à l'expiration de chaque période triennale pour la fixation du loyer révisé (*Tribunal de première instance de Banganté, n°10/civ., 17 avril 2003, Tchoumba Dieudonné c/ Société générale de distribution (GDB), ohadata J-05-166 ; Tribunal de première instance de Cotonou, jugement n°018/ 2ème C-Com, RG n°021/2000, Madame Adjanohoun Odette c/ Héritiers Assouramanou Mathias, ohadata, J-04-288).*

Au moment de la conclusion du bail, elles ne subissent aucune contrainte en ce qui concerne le loyer initial dont la fixation résulte du jeu de l'offre et de la demande. Aucun maximum n'est imposé, la seule exigence qui ressort du droit commun étant que le prix soit réel et sérieux (*Y. Guyon, op. cit., n° 674, pp. 720 et s. ; J. Gatsi, op. cit., n° 545, p. 283 ; M. Pédamon, Droit commercial, commerçants et fonds de commerce, concurrence et contrats de commerce, précis Dalloz, 2e éd., Paris 2000, n°338 p.261*). Pendant longtemps, le bailleur exigeait un pas-de-porte qui tend aujourd'hui à disparaître (*Y. Guyon, op. cit., n° 674, p. 721 ; M. Pédamon, op. cit., n°338, p.261 ; A.P. Santos et J. Yado Toé, op. cit., n° 310, p.192*), bien que cette pratique soit licite (*Civ. 3, 15 févr. 1995, Bull. civ. III, n° 50, p. 35 ; civ. 3, 12 oct. 1976, RDC, 1977, 280 ; civ. 3, 11 oct. 1978, Rev. Loyers, 1979, 39 ; civ. 3, 23 janv. 1980, Bull. civ. III, n° 21, p.14*).

Le principe de la liberté contractuelle applicable permet aux parties de fixer un loyer adapté à l'état de l'immeuble loué ou en mettant sur pied des conditions de révision qui leur sont convenables. Mais cette liberté ne comporte pas la faculté de conclure un bail perpétuel. Un tel bail serait nul parce que contraire à la prescription de l'article 1709 du code civil qui impose que la jouissance d'une chose soit accordée pour un certain temps (*A. P. Santos et J. Yado Toé, op. cit., n° 228, p.180*).

Sur l'application du principe de la liberté contractuelle dans la révision des baux commerciaux, le juge s'est prononcé avec netteté : « les stipulations relatives à la modification du loyer des baux doivent trouver application pour la révision des loyers, les conventions légalement formées (tenant) lieu de loi à ceux qui les ont faites » (*voir article 1134, alinéa 1er du code civil sur la force obligatoire des conventions*).

Selon l'article 84 de l'Acte uniforme relatif au droit commercial général, le loyer est révisable dans les conditions fixées par les parties ou à défaut à l'expiration de chaque période triennale. Les parties bénéficient aujourd'hui d'une plus grande liberté dans la révision du loyer. Il suffit qu'elles usent de cette liberté dans une clause de leur contrat de bail. L'Acte uniforme relatif au droit des sociétés commerciales et du groupement d'intérêt économique leur accorde par ailleurs la possibilité de révision tous les trois ans, uniquement en cas de silence des parties au contrat. Lorsque le contrat prévoit par exemple une date à laquelle une révision était envisageable, le bailleur ne peut procéder à une révision du loyer avant cette échéance (*voir Tribunal de première instance de Gagnoa, jugement n°61 du 18 juin 2001, affaire F.Y. c/ La Coopec de Guiberoua, Juris ohada, n°1/2005, janv.-mars, 2005, p. 48, ohadata J-05-19, op. cit.*).

C'était d'ailleurs le cas dans le présent arrêt où les clauses des protocoles d'accord consensuels conclus par les parties prévoyaient que la révision ne pourrait être possible qu' « à partir de la 7e année ». Mais compte tenu du fait que cette durée n'était pas encore arrivée à expiration, le principe même de la révision n'était pas possible. Le second protocole d'accord conclu en 1996 et qui prévoyait les modes d'augmentation automatique du loyer jusqu'à la 7e année devait arriver à expiration en 2003. Or, dans le cas d'espèce, la requérante, Madame Aka Bélinda a saisi les juges par acte extrajudiciaire en 2002, soit un an avant la date d'expiration du protocole d'accord.

C'est une fois de plus à bon droit que ces derniers ont jugé qu'il ne leur appartient pas de compléter ni de modifier la clause de révision adoptée par les parties, les conventions légalement formées tenant lieu de loi à ceux qui les ont faites. Ainsi, en application des clauses contractuelles, le loyer du bail commercial peut être révisé à tout moment selon la volonté des parties, à condition toutefois que le bail soit conclu pour une durée au moins égale à deux ans, sinon, le statut du bail commercial ne lui sera pas appliqué (*civ. 3, 10 janv. 1990, Bull. civ. III, n° 11, p. 7 ; RTD com., 1991, 561, note Pédamon ; 1er juin 1994, JCP, 1995, éd. E, II, 740, note Raynard ; 24 nov. 1999, Bull. civ. III, n° 221, p. 155 ; Defrénois 2000, p. 578, note S. Duplan*).

Si les parties ne s'accordent pas sur le moment de la révision du loyer, elles ne pourront le faire qu'à l'expiration de chaque période triennale. Mais lorsque le loyer a été payé en totalité d'avance, la révision devient matériellement impossible, la dette étant éteinte. (*J. Gatsi, op. cit., p.75*). Même le juge se trouve dans l'impossibilité de le faire.

La révision triennale du loyer en cas de carence de la volonté des parties a un caractère légal, mais elle n'est pas automatique ; elle doit être demandée par le bailleur (*Y. Guyon, op. cit., n° 674, p. 721*).

C'est en considération de la valeur locative que les juges fixent le montant du loyer révisé (*voir Tribunal de grande instance de la Menoua à Dschang, jugement civil, n°02 du 10 oct. 2005, Kendem Maurice c/ Amicale la Renaissance représentée par Dongmo Etienne, ohadata, J-07-43 ; CA Ouagadougou, arrêt, n° 84 du 16 juill. 2004, affaire Burkina & Shell c/ Ouédraogo Sibiri Philippe, ohadata, J-05-228 ; CA d'Abidjan, arrêt n°236 du 10 févr. 2004, affaire Société de coordination et d'ordonnancement Afrique de l'Ouest dite SCO c/ Caisse autonome d'amortissement dite CAA, ohadata, J-04-495*). Ils tiennent compte en cette matière de certains éléments comme le lieu de situation des locaux objet du bail, de leur superficie, leur état de vétusté et le prix des loyers commerciaux couramment pratiqués dans le voisinage pour des locaux similaires (*voir article 85 alinéa 2, AUDCG*).

Bien plus, les juges peuvent au besoin faire recours aux services d'un expert (voir *TRHC Dakar, jugement, n°1592 du 28 août 2001, affaire Abdarakhmane Niakaté, représentant Agence Marega c/ Abdel Magib Laklalech, ohadata, J-05-57 ; Tribunal régional hors classe de Dakar, jugement, n°153 du 22 janvier 2002, affaire Kamil Akdar c/ Mohamed Fettouny, ohadata, J-05-58)*.

Dans le cas d'espèce, Madame Aka Bélinda demande la révision des loyers à la hausse et ceci à l'appui d'une expertise qu'elle a commandité de manière unilatérale. Elle prétend vouloir faire usage du délai légal triennal pour la révision du contrat de bail la liant à la société PROSUMA, alors même qu'il est de principe que ce délai n'est applicable que si la volonté des parties fait défaut dans ce sens. Dans cette affaire, les parties avaient bien stipulé dans les protocoles d'accord que la révision ne sera possible qu'à partir de la 7è année. Non seulement, l'expertise commanditée par la requérante n'avait pas un caractère contradictoire, mais en plus, le principe même de la révision n'était pas possible. C'est à juste titre que les juges ont décidé qu'il ne leur appartient pas de modifier ni de compléter la clause de révision adoptée par les parties.

S'agissant du moment de la demande en révision du loyer, elle ne saurait intervenir en cours de bail. Le délai de trois ans au-delà duquel la demande en révision devient recevable court du jour de la prise d'effet du bail ou de la précédente révision. Cette demande doit préciser le montant du loyer sollicité ou offert. Les contestations relatives à la fixation du loyer du bail révisé ou renouvelé sont de la compétence du juge des référés (*voir CA centre, arrêt, n° 346/ civ. du 16 août 2002, affaire Noussi Mba et Noussi Atangana Edy c/ Tchanlawi Hélène, Toukam Jacques et autres, ohadata, J-04-469)*. Il en est de même des conflits visant l'expulsion du locataire (*CA du centre, arrêt, n° 333/ civ. du 02 août 2002, affaire Kingué Paul Eric contre Hajal Massad, ohadata, J-04-470)*. Toutes les autres contestations, dont la résiliation sont de la compétence du tribunal du lieu de situation de l'immeuble (v*oir Tribunal régional hors classe de Dakar, jugement du 03 déc. 2002, affaire Oumar Keindé-société Atec c/ Alassane Diagne, Mame Anta Gueye, Amadou Bassirou Ly, ohadata, J-03-204 ; CA du Centre à Yaoundé, arrêt n°222/civ. du 14 mars 2003, Sieur Ngounoun Ngatcha Benjamin c/ Sieur Noumessi Gilbert dit Jogo, ohadata J-06-98*). En déclarant par exemple la juridiction présidentielle incompétente en application de l'article 101 de l'Acte uniforme relatif au droit des sociétés commerciales et du groupement d'intérêt économique, la cour d'appel a fait une saine application de la loi (v*oir CCJA, arrêt n°011 du 26 février 2004, affaire R. c/ T., Juris ohada, n° 2/2004, juin-août 2004, p. 17, note Brou Kouakou Mathurin, Recueil de jurisprudence de la CCJA, n°3, janvier-juin 2004, p. 64, ohadata J-04-296*).

Les parties qui s'accordent sur le nouveau loyer doivent le consigner dans un écrit (*article 85, AUDCG*) qui peut prendre la forme d'un avenant ou d'un échange de lettres. Le fait que la procédure soit écrite est assez exceptionnel devant les juridictions de l'ordre judiciaire (*civ. 3, 26 juin 1991, D., 1993, 3, note Y. Reinhard ; F. Auque, Baux commerciaux, la compétence recomposée,*

JCP, 1999, éd. E, 249 cité par Y. Guyon, op. cit., n° 677, p. 724). Les parties doivent rédiger des mémoires qui énoncent leurs prétentions et les moyens invoqués. Pratiquement, le juge ordonne presque toujours une expertise, ce qui fait que la procédure, bien que d'urgence et à jour fixe, dure en réalité longtemps.

Athanase Foko,
Chargé de cours, Université de Ngaoundéré.

CCJA, arrêt n°017/2006, 26 octobre 2006
Société nationale des télécommunications dite Sonatel c/ Société d'exploitation de la clinique Sokhna Fatma

(...)

Attendu qu'il résulte de l'examen des pièces du dossier de la procédure qu'un bail d'une durée de trois ans renouvelable avait été passé le 17 avril 1975, pour prendre effet à compter du 1er juillet 1975 entre la société d'exploitation de la clinique Sokhna Fatma et Madame Mbacké Mame Diarra B. D. et portant sur un immeuble à usage de clinique sis au Km4 de la route de Ouakam... ; que par acte notarié en date du 06 avril 1978, ... la Sonatel avait acquis la propriété de l'immeuble précité ; que par exploit d'huissier en date du 24 avril 1998, la Sonatel avait donné congé à la Société d'exploitation de la clinique Sokhna Fatma pour le terme du 30 octobre 1998 ; que la Société d'exploitation de la clinique Sokhna Fatma, contestant le congé, avait saisi le juge des loyers aux fins de voir fixer le montant de l'indemnité d'éviction auquel elle avait droit ; que ... le tribunal régional hors classe de Dakar déclarait l'action de la Société d'exploitation de la clinique Sokhna Fatma recevable et bien fondée, fixait l'indemnité d'éviction à la somme de 65 000 000 francs cfa ... ; que sur appel principal relevé par la Sonatel et sur appel incident relevé par la Société d'exploitation de la clinique Sokhna Fatma, la chambre civile de la cour d'appel de Dakar confirmait ... le jugement entrepris en ce qu'il a fixé l'indemnité d'éviction à 65 000 000 francs cfa et condamnait également la Sonatel à payer à la Société d'exploitation de la clinique Sokhna Fatma la somme de 25 316 688 au titre du remboursement des investissements réalisés...

Sur le quatrième moyen

(...)

Attendu qu'il est fait grief à l'arrêt attaqué d'avoir violé l'article 94 de l'Acte uniforme susvisé en ce que la cour d'appel, après avoir condamné la Sonatel au paiement d'une indemnité d'éviction, a en plus condamné celle-ci au remboursement des prétendus investissements alors que, selon le moyen, l'alinéa 2 de l'article 94 de l'Acte uniforme susindiqué énumère, parmi les éléments à prendre en considération dans la détermination de l'indemnité d'éviction, le montant des investissements réalisés par le preneur ; que pour fixer l'indemnité d'éviction, la cour d'appel a, dans le terme de l'alinéa 2 de l'article 94 susvisé, considéré « qu'il n'est pas discuté que la Société d'exploitation de la clinique Sokhna Fatma a réalisé des investissements sur le local loué pour le rendre fonctionnel pour sa destination... qu'ainsi la cour possède des éléments d'appréciation pour dire et juger que la somme retenue par le juge d'instance au titre d'indemnité d'éviction est suffisamment justifiée dans son montant... » ; que toutefois, ce même élément a été repris par la cour pour servir de base à une autre condamnation en paiement au titre des mêmes investissements puisque la cour condamne de manière spécifique la Sonatel à payer le montant prétendu des investissements réalisés par la clinique Sokhna Fatma, en plus de l'indemnité d'éviction » ; que ce faisant, la cour a violé le texte visé au moyen en ce qu'elle a indûment et spécifiquement condamné Sonatel à payer une somme qui est censée avoir déjà été prise en compte dans le cadre de l'évaluation de l'indemnité d'éviction...

OBSERVATIONS

Lorsque le preneur remplit certaines conditions, l'Acte uniforme OHADA relatif au droit commercial lui reconnaît un droit au renouvellement de son bail (*Selon l'article 91, ces conditions ont trait à la durée de l'exploitation et au respect des conditions du bail ; sur quelques modalités de ce droit au renouvellement, voir dans ce même ouvrage les commentaires de J. Kom et de J.C. Ngnintedem*). Néanmoins, ce droit au renouvellement n'est pas absolu puisque le bailleur peut s'y opposer. Seulement, il ne peut le faire, en principe (*l'article 95 AUDCG prévoit des hypothèses dans lesquelles il peut s'y opposer sans avoir à régler d'indemnité d'éviction*), qu'en « réglant au locataire une indemnité d'éviction » (*cette exigence de l'article 94 alinéa 1 AUDCG assure au droit au renouvellement du preneur une efficacité certaine qui peut justifier que certains parlent à son sujet de propriété commerciale, voir, par exemple, Y. Reinhard, Droit commercial – Actes de commerce, commerçants, fonds de commerce, Litec, 4e éd., 1996, n°511 et s., p. 354 et s*). La présente espèce illustre à merveille les problèmes que peut susciter cette indemnité : après une vingtaine d'années d'exécution d'un contrat de bail, le bailleur donne congé au preneur. Ce dernier estimant que les conditions du droit au renouvellement de son bail sont réunies saisit le juge pour que le montant de son indemnité d'éviction soit fixé. Par jugement n°647 du 13 avril 1999, les premiers juges fixent cette indemnité à 65 000 000 francs cfa et condamnent le bailleur à lui verser cette. Les deux parties ayant relevé appel de la décision, la cour d'appel de Dakar confirment le montant de l'indemnité d'éviction et condamne en outre le bailleur à payer au preneur la somme de 25 316 688 francs cfa au titre du remboursement des investissements réalisés. Le bailleur se pourvoit en cassation, initialement devant la cour suprême du Sénégal et, ensuite, devant la C.C.J.A. Le défendeur au pourvoi demande à la haute juridiction de se dessaisir au profit de la cour suprême du Sénégal au motif qu'il y a litispendance. Etant donné qu'il s'agissait effectivement de la même affaire portée devant deux juridictions, il y avait litispendance. Dès lors, la question était de savoir en pareil cas, si la litispendance est une cause de dessaisissement de la C.C.J.A. Ne s'étant pas dessaisie, la C.C.J.A. a dû se prononcer sur fond et, notamment sur la question du montant de l'indemnité d'éviction et de son cumul avec une indemnité de remboursement des investissements réalisés. Usant de la possibilité que lui offre le Traité relatif à l'harmonisation du droit des affaires en Afrique, la C.C.J.A. a cassé l'arrêt de la Cour d'appel et évoqué l'affaire. On peut donc relever qu'il y avait en l'espèce un problème de forme relatif à la litispendance et un problème de fond ayant trait à l'indemnité d'éviction due par le bailleur au preneur.

En ce qui concerne la litispendance, il convient de dire que la suprématie conférée par le Traité OHADA à la C.C.J.A. sur les juridictions nationales suprêmes (*sur le conflit de compétence entre la Cour commune de justice et d'arbitrage et les juridictions suprêmes nationales, voir parmi les références récentes : P.-G. Pougoué et Y. R. Kalieu, Introduction critique à l'OHADA, Yaoundé, PUA, 2008, 225p ; A.-F. Tjouen, Les rapports entre les juridictions suprêmes nationales et la cour commune de justice et d'arbitrage de l'organisation pour l'harmonisation en Afrique du droit des affaires, Thèse, Paris II, 2006, 412p ; S. P. Levoa Owona, Les compétences juridictionnelles dans l'espace OHADA et l'espace CEMAC, Thèse, Université de Yaoundé II, 2009, pp. 293 et s. ; Ibrahim Ndam, Le pourvoi devant la cour commune de justice et d'arbitrage, Thèse, Université de Yaoundé II, 2009, pp. 144 et s. ; E.A. Assi, « La cour commune de justice et d'arbitrage de l'OHADA : un troisième degré de juridiction ? », RIDC, n°.4, oct.-déc. 2005, pp. 944 et s.*) justifie que ce soit ces dernières qui sursoient à statuer lorsque la même affaire est portée en même temps devant elles et devant la C.C.J.A., quel que soit l'ordre de saisine (*De manière générale, le respect de cette suprématie de la Cour commune de justice et d'arbitrage ne peut être véritablement assuré que si les juridictions suprêmes nationales et, surtout, les parties jouent le jeu*).

Quant à l'indemnité d'éviction qui est due au preneur lorsque le bailleur s'oppose à son droit au renouvellement du bail, le cas d'espèce montre qu'elle peut soulever des problèmes relativement à son principe même (I) et à son montant (II).

I. Le principe de l'indemnité d'éviction

L'indemnité d'éviction vise à compenser les risques auxquels s'expose le preneur qui est contraint par le bailleur de quitter les lieux loués (*pour Y. Reihard, elle représente pour le locataire « la contrepartie financière exacte des avantages que lui aurait procuré le renouvellement », Droit commercial – Actes de commerce, commerçants, fonds de commerce, Litec, 4e éd., 1996*). De ce fait, elle n'est due que si le bailleur refuse de renouveler le bail (*le bailleur a un droit discrétionnaire*). Dans le cas d'espèce, pour démontrer que le preneur n'a pas droit à une indemnité d'éviction, le bailleur semble nier le fait qu'il a refusé de renouveler le bail (A) et, même en supposant qu'il l'ait fait, il prétend justifier d'un motif grave et légitime (B).

A. L'existence d'un refus de renouvellement du bail commercial

En ce qui concerne l'inexistence d'un refus de renouvellement de sa part, le bailleur invoque le fait que le preneur a quitté volontairement les lieux. Compte tenu de la nature du contrat qui lie les deux parties, l'argument aurait pu être admis. En effet, lorsque l'on est en présence d'un contrat à durée déterminée, le preneur qui veut profiter de son droit au renouvellement, doit le demander par acte extrajudiciaire au plus tard trois mois avant l'expiration du bail. Dans ce cas, soit il effectue la demande et il peut être aisé de savoir si le bailleur l'a acceptée ou pas (*selon l'alinéa 3 de l'article 92, si le bailleur n'a pas fait connaître sa réponse à la demande de renouvellement au plus tard un mois avant l'expiration du bail, il est réputé avoir accepté le principe du renouvellement*) ; soit le preneur ne l'effectue pas, et n'ayant plus droit au renouvellement de son bail (*L'alinéa 2 de l'article 92 sanctionne la non formulation de la demande dans le délai de la déchéance*), la question de l'indemnité d'éviction ne se pose pas. La situation n'est pas aussi simple lorsque le contrat est à durée indéterminée (*Dans le cas d'espèce, la relation qui avait commencé par un bail à durée déterminée avait été transformée, selon les juges, en contrat à durée indéterminée par sa poursuite au-delà du terme prévu ; l'article 92, qui ne concerne que le bail à durée déterminée, n'était donc pas applicable en l'espèce*). Le bénéficiaire de ce type de bail a aussi droit au renouvellement de son contrat (*cf. article 91, AUDCG*). Seulement, doit-il aussi le demander, comme le preneur dont le contrat est à durée déterminée ? Si oui, à quel moment ? Etant donné que par définition son contrat n'a pas de terme, on ne peut lui exiger de le faire tant de temps avant la date d'expiration. S'il doit demander le renouvellement de son bail dans un délai quelconque, celui-ci ne peut courir qu'à partir du moment où le bailleur lui signifie le congé. C'est le sens de l'article 93 alinéa 2 de l'Acte uniforme relatif au droit commercial général. Le problème qui se pose est de savoir si une signification de la part de congé émanant du bailleur peut valoir refus. Certains auteurs semblent accueillants vis-à-vis de cette idée (*il s'agit des auteurs du « Code vert » qui citent une décision de la Cour d'appel d'Abidjan (arrêt n° 1205 du 29 novembre 2002, Ohada.com/Ohadata J-03-07) selon laquelle « la notification d'un congé au preneur équivaut à un refus de renouvellement du bail de la part du bailleur », cf. OHADA, Traités et actes uniformes commentés et annotés, juriscope, 3e éd., 2008, p. 250*). Pour notre part, dans les contrats à durée indéterminée, la seule signification du congé par le bailleur ne devrait pas équivaloir au refus du renouvellement ; il s'agit seulement de l'exercice d'un droit puisque l'article 93 alinéa 1 AUDCG donne la possibilité à toute partie de mettre un terme au bail (*Le texte exige seulement de donner congé par acte extrajudiciaire au moins six mois à l'avance (i.e. six mois avant la date souhaitée pour la résiliation*). Décider le contraire équivaudrait à dire que le bailleur ne doit jamais user de cette faculté reconnue à chacune des parties puisque dès qu'il le ferait, il serait en situation de devoir une indemnité d'éviction au preneur. Le refus du bailleur ne devrait pouvoir être établi que si après la signification du congé, le preneur a invoqué son droit au renouvellement et le bailleur s'y est opposé. L'affirmation de certains auteurs selon laquelle « c'est l'opposition au congé du bailleur qui fait naître au profit du preneur le droit au renouvellement du bail » est susceptible de corroborer notre opinion (*cf. A.P. Santos et J. Y. Toé, OHADA, Droit commercial général, coll. Droit uniforme africain, Bruylant, Bruxelles, 2002, n°304, p. 188*) puisque si c'est la contestation du congé faite par le preneur qui fait naître son droit, cela signifie logiquement que la signification du congé ne peut pas être la manifestation du refus du bailleur : le droit doit préexisté au refus. La contestation met le bailleur en situation d'accepter (en renonçant au congé) ou de refuser (en réitérant sa volonté de mettre fin au bail) le renouvellement du bail. Même si ces auteurs ne visent pas spécialement ou uniquement le cas du bail à durée indéterminée, il est aisé de comprendre que c'est ce type de bail qui est concerné, ne serait-ce que parce que c'est à son sujet que l'article 93 AUDCG parle de donner congé (en plus, les contrats à durée déterminée prennent fin normalement à leur terme, la cessation anticipée étant étroitement limitée). Toutefois, selon d'autres auteurs, les juges décideraient le contraire (*voir OHADA, Traités et actes uniformes commentés et annotés, juriscope, 3e éd., 2008, p. 250 et la décision de la cour d'appel d'Abidjan qu'ils citent*). La rédaction de l'arrêt ne permet pas de savoir avec précision si le preneur a d'abord manifesté son intention de profiter de son droit au renouvellement du bail ou s'il a directement saisi les juges pour faire fixer le montant de l'indemnité dès qu'il a reçu la signification du congé (*le silence du preneur sur cet aspect laisse croire que c'est cette dernière hypothèse qui est la plus probable*). Dans ces conditions, il est difficile d'apprécier si les juges ont eu raison ou pas de considérer qu'il y a eu refus de renouvellement de la part du bailleur.

Mais, en supposant que le locataire ait manifesté sa volonté de jouir de son droit au renouvellement et que le bailleur ait véritablement manifesté son opposition, la circonstance que le preneur a quitté volontairement les lieux devient inopérante de manière générale et, spécialement dans le cas d'espèce. En effet, on ne saurait inciter les locataires à attendre le début de l'expulsion sans courir le risque d'encourager des affrontements, des destructions, voire des atteintes à l'intégrité physique ou à la vie. Surtout si, comme en l'espèce, il s'agit d'une clinique. S'il y a un reproche à faire aux juges, ce n'est certainement pas de n'avoir pas pris en compte le départ volontaire, mais, peut-être, de n'avoir pas caractérisé suffisamment le refus du bailleur pour un contrat qui, comme ils l'ont démontré, était devenu à durée indéterminée. Espérons simplement qu'ils n'aient pas considéré que le simple fait de donner congé équivalait à un refus de renouvellement.

En supposant qu'il y avait refus de renouvellement, l'indemnité d'éviction pouvait-elle être neutralisée par l'existence d'un motif grave et légitime ?

B. L'existence d'un motif grave et légitime de refus de renouvellement

Après avoir posé que le bailleur peut s'opposer au droit au renouvellement du bail à durée déterminée, ou indéterminée, sans avoir à régler d'indemnité d'éviction s'il justifie d'un motif grave et légitime, le législateur OHADA ajoute que « ce motif doit consister, soit dans l'inexécution par le locataire d'une obligation substantielle du bail, soit encore dans la cessation de l'exploitation du fonds de commerce » (*Cf. article 95 alinéa 1 et 2, AUDCG*). A priori, il est possible de penser que cette disposition ne pose pas de problème puisque l'emploi du verbe « doit » montre le caractère limitatif des hypothèses envisagées. Mais seulement, si la notion de « cessation de l'exploitation du fonds de commerce » peut ne pas susciter de difficultés particulières, il n'en est pas nécessairement de même pour celle « d'inexécution par le locataire d'une obligation substantielle du bail ». Dans le cas d'espèce, le bailleur prétend disposer d'une inexécution pareille dans le non paiement des loyers de mars à septembre 1998. Si le paiement des loyers constitue indiscutablement une obligation substantielle du locataire (*Dans le chapitre III du Titre I du Livre III qui traite des obligations du preneur, c'est la première obligation qui lui est imposée, cf. article 80)*, le bailleur ne peut être dispensé du paiement de l'indemnité d'éviction que s'il apporte la preuve de l'inexécution de cette obligation. Or, dans le cas d'espèce, les juges de la C.C.J.A. déclarent que cette preuve n'a pas été apportée. La condamnation du bailleur au versement d'une indemnité semble justifiée ; elle l'est d'autant plus que le législateur ne se contente pas d'une inexécution ; il exige que les faits invoqués se soient poursuivis ou renouvelés plus de deux mois après mise en demeure du bailleur, par acte extrajudiciaire, d'avoir à les faire cesser (*Le législateur fait preuve d'une mansuétude certaine à l'égard du preneur et évite que le non paiement de loyers ne soit utilisé comme un prétexte ; il faut que le preneur ait fait preuve d'un minimum de témérité*). Or, non seulement le bailleur n'a pas établi l'existence de loyers impayés, mais aussi il n'établit pas avoir effectué une mise en demeure demeurée infructueuse plus de deux mois. Sa condamnation au versement d'une indemnité d'éviction apparaît donc comme étant justifiée. Quid alors du montant de cette indemnité ?

II. Le montant de l'indemnité d'éviction

Si le principe même de l'indemnité d'éviction suscite des difficultés, on peut comprendre qu'il en soit de même de son montant, *a fortiori*. En principe, cette fixation est l'œuvre des parties (*dans la pratique, cela est rarement le cas, cf. Y. Guyon, Droit des affaires, tome 1, Droit commercial général et sociétés, Economica, 9e éd., n° 686, p.709*); mais à défaut, l'article 94 alinéa 2 donne le pouvoir au juge de la fixer. Quels sont les éléments que le juge peut prendre en considération et cette indemnité peut-elle être cumulée avec une indemnité de remboursement des investissements réalisés par le preneur ?

A. Les éléments de fixation du montant de l'indemnité d'éviction

En ce qui concerne les éléments à prendre en compte pour la fixation de l'indemnité lorsque, comme en l'espèce, les parties n'ont pas pu parvenir à un accord, l'accord 94 alinéa 2 dispose que « l'indemnité est fixée par la juridiction compétente en tenant compte notamment du montant du chiffre d'affaires, des investissements réalisés par le preneur, et de la situation géographique du local » (*en France, elle est, en principe, égale à la valeur marchande du fonds, augmentée éventuellement des frais normaux de déménagement et de réinstallation, ainsi que des frais et droits de mutation à payer pour un fonds de même valeur, cf. art. 8 du décret du 30 septembre 1953*). L'utilisation de l'adverbe « notamment » montre que la liste n'est pas exhaustive. Ce qui semble se dégager de cette disposition c'est l'idée que le législateur veut éviter au preneur de subir un préjudice non réparé du fait du non renouvellement de son bail en essayant d'équilibrer les deux branches de l'alternative : renouvellement ou indemnité (*l'article 8 du décret du 30 septembre 1953 suscité dispose que l'indemnité doit être égale au préjudice causé au locataire par le défaut de renouvellement*). Les juges doivent donc pouvoir prendre en compte tous les éléments qui peuvent permettre d'évaluer le préjudice. Dans le cas d'espèce, les juges ont essayé de caractériser l'existence du préjudice en invoquant la perte de clientèle qui va résulter du changement de lieu d'exploitation de la clinique. Il apparaît que pour fixer le montant de l'indemnité à 65 000 000 francs cfa, les juges ont utilisé au minimum les trois éléments énumérés dans l'article 94 alinéa 2. En effet, on peut lire : « Attendu qu'à l'appui de sa demande d'indemnité d'éviction, la clinique Sokhna Fatma a produit les états financiers des années 1995, 1996 et 1997... ; qu'il n'est pas non plus discuté que la clinique a réalisé des investissements sur le local loué pour le rendre fonctionnel pour sa destination... ; qu'en plus la dite clinique était située sur la route de Ouakam dans une zone fréquentée dans le quartier résidentiel du point E... ».

S'agissant des investissements réalisés par le preneur dans le cas d'espèce, la question que l'on peut poser est de savoir comment interpréter le fait qu'ils ont été réalisés pour rendre le local fonctionnel pour sa destination. Cela signifie-t-il qu'ils ont reçu l'assentiment du bailleur ou plutôt qu'ils étaient nécessaires ? La décision des juges aurait-elle été la même (dans le principe et dans le montant) si, sans être nécessaires, les investissements avaient été faits sans l'avis du bailleur ? Dans le cas d'espèce, la question ne s'est pas posée (*ce qui laisse croire probablement que le bailleur avait été informé ou qu'il ne contestait pas la nécessité des investissements*) ; le bailleur a plutôt contesté le cumul de cette indemnité avec le remboursement des investissements réalisés.

B. La possibilité de cumul de l'indemnité d'éviction avec le remboursement des investissements réalisés

L'indemnité d'éviction semble être une indemnité visant à réparer le préjudice que le preneur subit du fait d'être contraint au déplacement, lorsqu'un élément a déjà été pris en compte pour la fixation de son montant, il ne saurait faire encore l'objet d'une indemnisation à part. Cela reviendrait à violer le principe de la réparation intégrale qui plafonne la réparation à la hauteur du dommage (*En l'état actuel, le principe des dommages et intérêts punitifs n'a pas encore été consacré dans la zone OHADA*). Il paraît dès lors surprenant que les juges de la cour d'appel d'Abidjan, au lieu de se contenter de confirmer la décision des premiers juges, ont, en outre, condamné le bailleur à rembourser le montant des investissements réalisés par le preneur alors qu'ils avaient déjà pris en compte ces réalisations dans la fixation de l'indemnité. Pour permettre un vrai contrôle de la fixation de ce montant, ne faut-il pas aller plus loin et exiger que les juges du fond détaillent avec précision les éléments pris en compte pour fixer l'indemnité d'éviction, c'est-à-dire qu'ils ne se contentent pas d'indiquer les éléments pris en compte, mais qu'ils chiffrent chacun d'eux ?

Alain Kenmogne Simo,
Maître de conférences Agrégé, Université de Yaoundé II.

CCJA, arrêt n°053/2005, 15 décembre 2005
Société Société Côte d'Ivoire céréales c/ Société Shanny consulting

(...)

Vu les dispositions des articles 13 et 14 du Traité relatif à l'harmonisation du droit des affaires en Afrique ;

Vu le Règlement de procédure de la Cour commune de justice et d'arbitrage de l'OHADA ;

Attendu qu'il ressort des pièces du dossier de la procédure , que par contrat en date du 12 octobre 1999, la société Côte d'Ivoire céréales a confié à la société Shanny consulting, la commercialisation publicitaire et promotionnelle de ses produits pour la période allant d'octobre 1999 au 1er septembre 2000, moyennant le paiement d'un prix forfaitaire de 75 000 000 francs cfa ; que le 29 septembre 2000, la société Côte d'Ivoire céréales a adressé à la société Shanny consulting, une lettre signée de son directeur général, Monsieur Daouda Kanté, et libellée comme suit : « suite à l'entretien du 08 septembre 2000 entre vous, d'une part, et d'autre part, Monsieur Kanté Daouda, PDG et Madame Diane Maoua, DGA du groupe Domak Côte d'Ivoire céréales, nous avons revu le contenu de notre entretien par rapport à notre situation actuelle. Partant de là, nous venons très respectueusement, vous proposer l'apurement de votre solde dans nos livres, à savoir : 30 000 000 + 10 000 000 - 13 100 000 = 26 900 000 francs cfa. Solde que nous comptons régler selon nos possibilités en 12 mois, à compter de fin décembre 2000, soit pour chaque mensualité 2 241 667 francs cfa, jusqu'à l'extinction de la dette, qui interviendra fin novembre 2001 » ; que la société Côte d'Ivoire céréales n'ayant pas honoré ses engagements, Shanny consulting l'a assignée en paiement de la somme de 26 900 000 francs cfa devant le président du tribunal de première instance de Yopougon ; que par ordonnance d'injonction de payer n°92/2001, rendue le 27 mars 2001, ladite juridiction a fait droit à la demande de paiement précitée ; que la société Côte d'Ivoire céréales a formé opposition devant la même juridiction qui, par jugement n°178 du 19 février 2003 a rétracté l'ordonnance susvisée ; que sur appel formé par la Société Shanny consulting contre le jugement n°178, la cour d'appel d'Abidjan a rendu le 04 février 2003, l'arrêt n°108 dont pourvoi, et qui a infirmé le jugement entrepris et condamné la société Côte d'Ivoire céréales à payer à la société Shanny consulting, la somme de 24 658 133 francs cfa ;

Sur les deux moyens réunis

Vu l'article 5 de l'Acte uniforme relatif au droit commercial général :

Attendu qu'il est reproché à l'arrêt attaqué, d'une part, d'avoir retenu que la lettre en date du 29 septembre 2000, par laquelle la société Côte d'Ivoire céréales a proposé à la société Shanny consulting apurement du solde de leur compte, d'un montant de 26 900 000 francs cfa, s'analysant en une reconnaissance de dette, alors que celle-ci n'était pas manuscrite par la société Côte d'Ivoire céréales et ne comportait la mention « bon et approuvé », comme l'exige l'article 1326 du code civil ; qu'en statuant ainsi, la cour d'appel a violé l'article susvisé ; d'autre part, d'avoir fait droit à la demande de paiement de la somme de 26 900 000 francs cfa formulée par la société Shanny consulting, sans vérifier si cette dernière avait exécuté toutes ses obligations contractuelles ; qu'ainsi, l'arrêt attaqué est sans fondement et doit être cassé ;

Mais attendu que l'article 1326 du Code civil ne s'applique pas lorsqu'il s'agit, à l'égard des commerçants, de prouver des actes de commerce, lesquels, conformément à l'article 5 de l'Acte uniforme relatif au droit commercial général, se prouvent par tous moyens ;

Attendu que par lettre en date du 29 septembre 2000 adressée à la société Shanny consulting, la société Côte d'Ivoire céréales ayant pour activité la commercialisation du maïs et du riz, s'était engagée à apurer le solde du compte existant entre elles ; que dès lors, en retenant que ladite lettre valait reconnaissance de dette de la société Côte d'Ivoire céréales à l'égard de la Société Shanny consulting, l'arrêt attaqué se trouve légalement justifié au regard des seules dispositions de l'article 5 de l'Acte uniforme susvisé ; que par voie de conséquence, la cour d'appel d'Abidjan, à qui il est reproché d'avoir omis de vérifier si la société Shanny consulting avait exécuté toutes ses obligations contractuelles, n'avait pas à effectuer de recherche sur ce point excipé par la requérante ; d'où il suit que les moyens ne sont pas fondés et doivent être rejetés…

OBSERVATIONS

Si « la liberté de la preuve ne signifie pas absence de preuve, mais liberté dans le choix des moyens » (*J.-P. Leclere, La facture électronique fait ses preuves, L'usine nouvelle, n° 2388, 26 novembre 1992*), il va sans dire que l'inexhaustivité de ces moyens au regard de la métamorphose aujourd'hui observée au niveau des mécanismes de transaction, est de nature à complexifier la tâche du juge. Faire la part des choses, c'est-à-dire fournir chaque fois la précision quant à l'application des règles de droit civil et celles de droit commercial peut dans certaines circonstances être malaisé. Les juges de la CCJA ont assurément pu apprécier la véracité de ces propos lorsqu'ils ont été interpellés pour se prononcer dans l'affaire société Côte d'Ivoire céréales contre société Shanny consulting *(arrêt n° 053/2005 du 15 décembre 2005).*

En l'espèce, la société Côte d'Ivoire céréales a confié par contrat en date du 12 octobre 1999, à la Shanny consulting, la commercialisation publicitaire et promotionnelle de ses produits pour une période comprise entre octobre 1999 et septembre 2000, contre versement d'une somme d'argent s'élevant à 75 000 000 francs cfa. Cependant, le 29 septembre 2000, la société bénéficiaire de la prestation a adressé une lettre écrite des mains de son PDG, dans laquelle proposition était faite d'apurer dès décembre 2000 et ce, en douze mensualités, le solde de la société prestataire de service, dont le montant s'élevait à 26 900 000 francs cfa. Promesse non tenue par la suite et qui a justifié que la Société Shanny consulting l'assigne en paiement de 26 900 000 francs cfa devant le président du tribunal de première instance de Yopougon en Côte d'Ivoire.

Celle-ci a obtenu gain de cause traduite par l'ordonnance d'injonction de payer n°92/2001 rendue le 27 mars 2001 contre la société Côte d'Ivoire céréales qui tout de suite a formé avec succès une opposition ayant conduit à la rétractation de l'ordonnance susvisée. Loin de s'avouer vaincue et convaincue, la société Shanny a interjeté appel dont l'arrêt infirmatif condamnant la Société Côte d'Ivoire céréales à payer à la demanderesse la somme de 24 658 133 francs cfa, a conduit cette dernière à se pourvoir en cassation devant la CCJA, conformément aux dispositions du Traité instituant l'OHADA.

C'est dans cette ambiance que les juges communautaires ont été amenés à se prononcer sur la règle générale qui gouverne les modalités de production de la preuve en droit commercial. Leur était également échu d'apporter une lumière sur les conditions de validité d'une lettre de reconnaissance de dette entre deux commerçants surtout que la notion est appréhendée et réglementée par le droit civil, alors que le droit commercial est resté silencieux à ce propos.

En déclarant que la validité de la reconnaissance de dette en matière commerciale est tributaire non pas des conditions exigées par l'article 1326 du Code civil notamment le manuscrit et la mention « bon et approuvé », mais plutôt des exigences simplifiées de l'article 5 de l'Acte uniforme portant droit commercial général, les juges se sont ainsi investis à réaffirmer le principe de la liberté de la preuve en matière commerciale (I). De ce fait, il conviendrait de préciser quelques implications de ce principe au regard de la reconnaissance de dette par exemple (II).

I. La réaffirmation du principe de la liberté de la preuve en matière commerciale

Si cette réaffirmation se décline aisément de l'examen des conditions classiques d'application du principe de la liberté de preuve (A), une certaine nuance reste cependant à relever au niveau des modalités d'application de ce principe (B).

A. Une considération certaine des conditions classiques d'application de la liberté de la preuve

Le principe de la liberté de preuve en matière commerciale obéit à des exigences à la fois d'ordre subjectif et d'ordre objectif. En effet, l'article 5 AUDCG dispose que « *les actes de commerce peuvent se prouver par tous moyens à l'égard des commerçants* ».

Il faut donc en déduire que cet article ne s'applique que si l'acte est commercial et les parties commerçantes. Selon l'article 2 de l'Acte uniforme, « *sont commerçants ceux qui accomplissent les actes de commerce, et en font leur profession habituelle* ». C'est dire que contre le débiteur commerçant, le non commerçant peut exciper de tous les moyens de preuve (*Cass. civ., 1er juil. 1908, S. 1909, I, 11; Cass. civ., 8 févr. 2000, Bull. civ. I, n° 35 ; D. 2000, 135, obs. J. Daleau; RTD com. 2000, 704, obs. J. Derruppé*). Mais le commerçant qui veut prouver contre un débiteur non commerçant doit le faire selon les règles de droit civil (*Cass. civ. 1ère, 2 mai 2001, D. 2001, 1950, obs. A. Liénhard*). A cet égard, la distributivité, qui oblige le commerçant à se préconstituer des preuves dans des conditions difficilement compatibles avec les exigences du commerce a été critiquée par la doctrine *(G. Ripert, R. Roblot, Droit commercial, tome 1, 17ème éd., LGDJ, p. 237, n° 345 qui estiment qu'il serait préférable de généraliser le principe de la liberté des preuves, comme l'avait fait la Chambre des requêtes en 1935. Adde : Req., 4 juil. 1935, D.H. 1935, 490 dans lequel cette juridiction se prononce pour la liberté commerciale des preuves à l'égard des deux parties dans une discussion portant sur le paiement et la restitution d'un prix de vente. De même, J. Nguebou Toukam souligne qu'il est anormal que la preuve d'un même acte soit différente selon la partie qui l'invoque : Voir, Cours de droit commercial général, Cameroon university press, série Droit et sciences politiques, n° 91, p. 64)* bien qu'il soit fermement maintenu par la jurisprudence dans un souci de protection du cocontractant civil. Pourtant, ce principe pourrait se comprendre aisément ; en effet, il semble que la partie commerçante n'a nul besoin de la protection conférée par les règles de preuve, contrairement à la partie non commerçante. Cette justification d'ordre général explique que le régime de preuve ne varie pas en fonction de la juridiction saisie (pour un exemple d'application des règles civiles de la preuve devant les juridictions commerciales : Cass. com., 7 juin 1994, n° 92-18 218) mais seulement en fonction de l'objet de la preuve du point de vue du défendeur (*M. de Juglart, Traité de droit commercial, t. 1, par E. du Pontavice et J. Dupichot, Montchrestien, 1988, n° 86-1)*.

Un acte commercial au regard d'un négociant sera donc soumis au principe de la liberté de preuve, quand bien même le litige est tranché devant la juridiction civile. A l'inverse, la partie non commerçante bénéficiera de la protection de la preuve écrite même devant la juridiction commerciale (*D. Houtcieff, Droit commercial, Armand Colin, 2005, n° 312, p. 126)*.

Néanmoins, on tient compte des exceptions à la preuve écrite admise en droit civil : obligations inférieures à un certain montant (l'article 1341 du Code civil indique la somme de 500 ff, ce qui correspond aujourd'hui en valeur nominale à la somme de 5000 fcfa car la parité est considérée non pas après la dévaluation du franc cfa, mais bien avant, au moment de l'indépendance lorsque 1 ff correspondait à 10 fcfa), commencement de preuve par écrit, impossibilité morale de se procurer un écrit (la jurisprudence française, consacrée par la loi du 12 juillet 1980 (article 1348 du Code civil), admet la dispense de preuve et reconnaît l'impossibilité morale comme justification suffisante. En effet, le commerçant est dans l'impossibilité morale de faire signer un acte écrit par chacun de ses clients (*Cass. com., 12 oct. 1982, Bull. cass. 1982, 4, n° 312 ; RDC 1984, p. 324, obs. Hépard et Bouloc)*.

Par ailleurs, l'article 39 AUDCG précise que les personnes physiques et morales assujetties à l'immatriculation au registre qui n'ont pas requis celle-ci dans les délais prévus, ne peuvent se prévaloir jusqu'à leur immatriculation, de la qualité de commerçant. Ainsi, pour se prévaloir de la qualité de commerçant et utiliser par conséquent les modes de preuve du droit commercial, notamment ses livres de commerce ou invoquer la compétence des juridictions commerciales à raison d'actes de commerce par accessoire, il faut se faire immatriculer au registre de commerce et du crédit mobilier.

Les règles de preuve en matière commerciale sont largement construites autour des livres de commerce qui sont un outil de gestion de l'entreprise et font partie des obligations du commerçant. Ils permettent de connaître ses résultats et son évolution, par une comparaison entre ses bilans successifs ou par un rapprochement entre les bilans d'entreprises similaires dressés dans les mêmes conditions de régularité, de fidélité et de comparabilité (article 8 alinéa 3 de l'Acte uniforme relatif au droit comptable).

Les livres de commerce font preuve (parce qu'ils servent de moyens de preuve, ils doivent être conservés pendant dix ans : article 21 de l'Acte uniforme relatif au droit comptable) à l'encontre de celui qui les tient. Mais, la comptabilité peut aussi être utilisée par le commerçant qui la tient à l'encontre de ses adversaires. Cela est possible lorsqu'il souhaite prouver contre un autre commerçant (jamais contre une personne civile). En outre, il ne peut se prévaloir de sa comptabilité que si elle est régulière (article 15, AUDCG).

La réaffirmation du principe de la liberté des preuves en matière commerciale est avérée dans le cas d'espèce et son application est consacrée par la CCJA (*ohadata, J-02-72 ; CCJA, arrêt n° 010/2002 du 21 mars 2002, Société négoce Ivoire c/ Société GNAB, Le Juris Ohada, n° 4/2002, p. 33, note M. E. Beira ; Recueil de jurisprudence CCJA, n° spécial, janv. 2003, p. 23*). Ce principe profite au commerçant qui remplit ses obligations professionnelles. Toutefois, une certaine nuance doit être relevée dans ses modalités d'application.

B. Une certaine nuance dans les modalités d'application de la liberté de la preuve

L'application du principe de la preuve par tous moyens en matière commerciale connaît quelques limites.

En droit civil, l'article 1341 du Code civil dispose que la preuve d'acte portant sur une somme supérieure à 500 ff se fait en principe par écrit (système de la preuve préconstituée). En droit commercial, la preuve est libre selon les dispositions de l'article 5 de l'Acte uniforme. Cette règle traditionnelle, de portée générale, a pour but de faciliter le dénouement rapide des transactions. (*Les actes de commerce ne sont donc pas soumis aux formalités des articles 1325 et 1326 du Code civil lesquels prévoient les formalités du double,pour les contrats synallagmatiques ; et de la mention écrite de la main du souscripteur, de la somme ou de la quantité en toutes lettres et en chiffres pour les contrats unilatéraux).* Dès lors, si un écrit a été dressé, la preuve contraire peut être apportée librement. Pratiquement, la preuve pourra être faite par témoignage ou par présomption, ou par les documents comptables, et même les procédés plus récents tels que les photocopies, les microfilms, le télex...

La preuve du caractère commercial de l'acte doit être rapportée notamment celle de l'intention de revendre avec un bénéfice par celui qui invoque le fait dont il se prévaut. En raison de la difficulté de preuve, les tribunaux considèrent souvent le nombre et la fréquence des achats et des reventes. En ce sens, certains auteurs ont estimé que l'achat pour revendre, qui est théoriquement toujours un acte de commerce, apparaît en pratique comme un acte de commerce seulement s'il est effectué à titre professionnel ; c'est donc en pratique la répétition qui démontre la recherche du profit ; c'est elle qui démontre la spéculation (*Cass. civ., 30 juil. 1912, D.P. 1914, I, 86 ; Paris, 13 janv. 1976, JCP 1977, II, 18 576, note Boitard, RTD civ. 1977, p. 73*). Toutefois, il peut arriver que la jurisprudence retienne le caractère spéculatif d'actes même isolés. Elle a ainsi admis le caractère commercial d'une opération isolée d'achat pour revendre des droits d'exploitation cinématographique *(Paris, 2 nov. 1988, D. 1989, somm. p. 252, obs. T. Hassler).*

Par ailleurs, il peut s'avérer difficile de déterminer la destination d'un acte effectué par un commerçant. Un emprunt, par exemple, peut être professionnel ou personnel. Dans le doute, on présume que les opérations accomplies le sont pour le commerce (*déjà, sous l'empire du Code de commerce, la jurisprudence avait renforcé l'autorité de la règle de l'accessoire, en dispensant le commerçant d'apporter la preuve que l'acte est relatif à l'activité exercée. Ainsi, elle affirmait que tout acte fait par un commerçant bénéficie d'une présomption de commercialité par accessoire : Aix, 8 juil. 1947, D. 1947, 456. Mais cette présomption étant simple, les tiers ou le commerçant lui-même peuvent administrer la preuve contraire : Aix, 8 juil. 1947 précité ; Lille, 6 juin 1960, D. 1960, somm. 114*).

De même, la preuve de la qualité de commerçant n'est pas aisée lorsque les époux exploitent ensemble un fonds de commerce notamment lorsqu'ils ne concluent aucun contrat et agissent de manière informelle. Cette situation n'ayant pas été envisagée par le législateur, l'on estime qu'un époux qui participe avec son conjoint à l'exploitation d'un fonds de commerce peut avoir la qualité de commerçant dès lors qu'il a personnellement exercé des actes de commerce (*J. Nguebou Toukam, Cours de droit commercial général précité, n° 182, pp. 124-125*). Cette solution semble se justifier par le fait qu'il serait injuste de décider qu'un seul des époux est commerçant et dégager l'autre de toute responsabilité pécuniaire alors qu'ils ont exploité ensemble. Il pourrait y avoir fraude des époux consistant à n'immatriculer au registre du commerce et du crédit mobilier que celui d'entre eux qui n'a aucun actif à offrir au gage des créanciers (*Voir sur l'ensemble de la question, J. Nguebou Toukam, L'entreprise familiale : une étude de droit camerounais, Juridis Info n° 21-22*).

Au-delà de ces difficultés relevées dans l'application du principe de la liberté de preuve en matière commerciale, il convient de relever les limites apportées à celui-ci. Le droit commercial s'accommode du formalisme toutes les fois que celui-ci favorise le développement des affaires par la sécurité qu'il procure (*Santos A.P.et Yado Toé J., OHADA, Droit commercial général, collection Droit uniforme Africain, Juriscope, Bruylant , Bruxelles, 2002, n° 43, p. 25*). Ainsi, la plupart des contrats relatifs à la navigation maritime doivent, pour des raisons diverses, être passés par écrit, le contrat de transport terrestre de marchandises donne lieu à la délivrance de la lettre de voiture ; la vente du fonds de commerce doit être faite par écrit. Pour les contrats passés à la bourse, l'opération donne lieu à la délivrance d'un bordereau. Dans certains cas, la conclusion du contrat n'obéit à une aucune règle de forme mais lorsqu'un écrit est dressé, la preuve devra se faire par écrit et en son absence, par tous moyens (c'est notamment le cas de l'article 144 alinéa 2, AUDCG, relatif au mandat de l'intermédiaire ; il en est de même de l'article 208 alinéa 2 du même Acte, sur la vente commerciale).

En droit des sociétés, le contrat de société doit être fait par écrit (article 10 de l'Acte uniforme relatif au droit des sociétés commerciales et du groupement d'intérêt économique (AUSCG). De même, pour un certain nombre de contrats usuels, le droit moderne impose l'observation des formes précises pour la protection des consommateurs (*G. Ripert et R. Roblot, Droit commercial, op. cit., n° 343, p. 236. Il s'avère ainsi impossible de dire d'une façon générale quelle est la valeur juridique de l'écrit qui est dressé dans ces différents cas car cette rédaction est inspirée par des motifs divers : la sanction de l'omission ou de l'irrégularité n'est donc pas toujours la même*). L'on s'aperçoit que même en l'absence de prescription légale, les partenaires commerciaux conviennent souvent de rédiger un écrit pour se prémunir contre d'éventuelles contestations. Les exigences de la comptabilité, l'obligation faite aux professionnels de délivrer des factures renforcent cette tendance.

La règle de la liberté de preuve en matière commerciale trouve une autre limitation dans l'importance croissante des mécanismes juridiques notamment en droit cambiaire. Celui qui veut profiter des avantages que comporte leur emploi doit se soumettre aux formes légales. Toutes les fois qu'un commerçant recourt à l'usage de titres (lettre de change, chèque, récépissé-warrant, bordereau de cession de créances professionnelles), il est nécessaire de les établir sous une forme légale. Il en est ainsi lorsqu'il fait une opération qui implique une inscription en compte (monnaie scripturale, titres dématérialisés) ; le compte qui lui est ouvert revêt une certaine forme. Mais l'essor de l'informatique et de la télématique introduit un élément perturbateur dans le développement des titres, parce que l'emploi de l'ordinateur implique la disparition du « *support papier* ». De même, ces procédés posent des problèmes nouveaux, dans les relations entre professionnels, ou entre professionnels et clients en ce qui concerne leur fiabilité comme mode de preuve (*G. Ripert et R. Roblot, op. cit., n° 342, p. 235, pensent qu'elle dépend de deux facteurs : les aller et retours d'informations et leur validation. Cette validation peut être effectuée par un tiers apte à en certifier l'existence. Ainsi, dans les rapports entre entreprises, le système dénommé Echange des données informatisées (E.D.I.) est susceptible de constituer une preuve. Par ailleurs, la Cour de Montpellier a décidé que le fonctionnement régulier du système pouvait constituer une preuve suffisante dans une situation où la preuve pouvait être faite par tous moyens : Montpellier, 9 avr. 1987, JCP 1988, 2, 20 984, note Boizard ; D.S. 1989, 359, note A. Benabent. Voir également : Chamoux, Le microfilm au regard du droit des affaires, JCP 1975, I, 2725 ; Huet, Formalisme et preuve en informatique et télématique, JCP 1989, I, 3406 ; La valeur juridique de la télécopie comparée au télex, D. 1992, II, 23*).

Sous un autre angle, l'avènement de l'Internet et son rapide développement dans l'échange d'informations entre entreprises ou entre entreprises et clients soulèvent des difficultés liées au caractère libéral de ce système de communication. Comment assurer la confidentialité des informations, vérifier la signature, la source des données, prouver la remise au destinataire c'est-à-dire garantir la fiabilité d'un commerce électronique? (le commerce électronique présente trois caractéristiques : l'immatérialité des échanges, l'interactivité et l'internationalité des relations. Le développement d'un tel commerce devrait conduire à certaines adaptations des règles classiques notamment sur le régime de preuve et à la création de concepts et de contrats nouveaux. Malheureusement, le législateur OHADA n'a pas encore assuré son encadrement juridique). La réponse peut être trouvée dans la cryptologie (*G. Ripert R. Roblot, op. cit., n° 342, p. 235)*. Ce système permet de garantir la fiabilité et l'intégrité des informations échangées, notamment en rendant illisible et infalsifiable le contenu du message et/ou le nom de son émetteur, et visible tout essai de modification non autorisée (la France a adopté en la matière deux décrets : le premier définit les conditions dans lesquelles sont souscrites et accordées les autorisations concernant les moyens et prestations de cryptologie (*D. 98-101, 24 février 1998)* et le second prévoit les conditions dans lesquelles sont agréés les organismes gérant pour le compte d'autrui des conventions secrètes de cryptologie (*D. 98-102, 24 février 1998)*.

Le souci de précision a amené par ailleurs les juges de la CCJA à se pencher sur la portée de la preuve en matière commerciale.

II. La précision sur la portée de la preuve en matière commerciale

L'application du principe de la liberté de preuve en matière commerciale au-delà du fait qu'elle engendre un certain nombre de conséquences (A), conduit par ailleurs à examiner les palliatifs à l'effet recherché d'une contestation du principe de la preuve par tous moyens (B).

A. Les implications traditionnelles de la preuve en matière commerciale

Elles sont relatives à la compétence des tribunaux et à la détermination de la loi applicable en cas de conflit.

S'agissant de la compétence *ratione personae*, il faut préciser que les juridictions commerciales connaissent des contestations relatives aux engagements entre commerçants, entre établissements de crédit ou entre eux. Elles sont compétentes dès lors que deux commerçants sont en cause (à cet égard, la référence aux établissements bancaires est inutile : l'activité bancaire est une activité commerciale). Dans l'hypothèse de l'acte mixte, le dualisme de l'acte de commerce débouche sur une dualité de régime (c'est le principe de la distributivité ou principe dualiste). La règle est théoriquement simple : en cas de présence au litige d'une partie non commerçante agissant en qualité de demanderesse, celle-ci dispose d'une option : elle peut choisir d'attraire le défendeur commerçant devant la juridiction civile ou commerciale tandis que la partie commerçante ne peut se plier qu'aux exigences du droit commun c'est-à-dire attraire la partie civile devant sa juridiction naturelle à savoir une juridiction civile.

L'application des principes généraux de la procédure commande que la juridiction compétente en matière civile comme en matière commerciale soit en vertu du droit commun, celle du lieu où demeure le défendeur. A ce titre, l'on peut penser que dans le commerce électronique, la localisation du domicile du défendeur ne posera de problème que si le contrat peut être qualifié d'international c'est-à-dire s'il comporte des éléments d'extranéité suffisants pour qu'émerge la question du choix entre plusieurs systèmes juridiques différents (la localisation des établissements de commerce est par exemple un excellent moyen de détecter la présence de cet élément d'extranéité. En cas de litige, le professionnel cherchera d'abord à connaître le tribunal compétent pour régler le conflit, puis la loi applicable au contrat). La convention de Bruxelles spécifie que lorsque le défenseur est domicilié dans un Etat de la Communauté européenne, le tribunal compétent sera celui de son domicile. Le droit français consacre lui aussi le principe de la compétence du domicile du défendeur et prévoit en plus que le tribunal compétent peut aussi être celui du lieu de la livraison du bien ou de l'exécution de la prestation de services (*il faudra alors déterminer le lieu de l'exécution en ligne ou hors ligne : à ce titre, B. Faraggi, Architectures marchandes et portails B to B, Dunod, Paris, 2001, pense que le lieu d'exécution en ligne sera le lieu d'expédition ou le lieu de réception des marchandises alors que le lieu de l'exécution hors ligne sera plutôt le lieu de livraison de marchandises)*.

Pour les sociétés commerciales, le tribunal territorialement compétent est celui du lieu du siège social. Mais en application de la jurisprudence dite des gares principales ou des succursales multiples, le demandeur peut assigner devant le tribunal du lieu d'une succursale, si le litige relève de l'activité de cette dernière.

En ce qui concerne les règles de l'exécution des obligations, la solidarité sera présumée à l'encontre des codébiteurs à l'égard de qui la dette est commerciale. La mise en demeure, la liquidation des biens, toutes les modalités d'exécution des obligations en général, s'appliquent en tenant compte de la personne du débiteur. De la même manière, il n'est pas admis la validité de la clause compromissoire (c'est celle qui attribue à l'avance à une juridiction arbitrale les litiges qui pourront naître de la convention conclue. Elle intervient donc avant la survenance du litige et se distingue ainsi du compromis par lequel les parties soumettent à l'arbitre le lige déjà né) dans les actes mixtes. On estime qu'elle présente des dangers lorsqu'elle est adoptée par un contractant peu apte à saisir sa signification exacte ; elle risque alors de conduire par la force de l'habitude à une désaffection à l'égard des juridictions officielles. C'est pourquoi la clause est valable en droit commercial (*ohadata, J-03-28 ; CA Abidjan, arrêt n° 1032 du 30/07/2000, affaire SCI les tisserins c/ Dame Coste épouse Diomane*) et est au contraire prohibée dans les conventions purement civiles ainsi qu'en dispose l'article 2061 du Code civil (*J. Nguebou Toukam, Cours de droit commercial, op. cit, pp. 64-65)*.

La solution est différente en matière de prescription. En effet, l'article 18 AUDCG prévoit que « les obligations nées à l'occasion de leur commerce entre commerçants, ou entre commerçants et non commerçants, se prescrivent par cinq ans si elles ne sont pas soumises à des prescription plus courtes » (*cela s'explique par le fait que la sécurité et la rapidité des transactions en droit commercial s'accommodent mal de la nécessité de faire peser indéfiniment la menace de poursuite judiciaire sur les débiteurs : dans ce sens, A.P. Santos et J. Yado Toé, op. cit., n° 46, p. 27 ; Boris Martor et autres, Le droit uniforme africain des affaires issu de l'OHADA, Litec 2004, n° 147, p. 38)*. Cet article est applicable aussi bien en matière d'acte de commerce que d'acte mixte (*ohadata, J-04-381 ; CCJA, arrêt n° 20 du 17/06/2002, affaire E. A. J. C. I. c/ G., Le Juris Ohada, n° 3/2004, juil.-oct. 2004, p. 6, note M. Brou Kouakou- Recueil de jurisprudence de la CCJA, n° 3, janv.-juin 2004, p. 69; ohadata, J-07-36 ; CA Abidjan, arrêt n° 436 du 15/04/2005, affaire B. Y. c/ SIFCA-SA, Le Juris Ohada, n° 4/2006, p. 43 ; ohadata, J-03-27 ; CA Abidjan, arrêt n° 683 du 31/05/2002, Zarour Gassane c/ Ehua Julien*). Quelle est la portée analytique de la reconnaissance de dette ?

B. Les palliatifs à l'effet recherché d'une contestation du principe de la preuve par tous les moyens

Les juges de la CCJA, déclarent que la validité de la reconnaissance de dette en matière commerciale est tributaire non pas des conditions exigées par l'article 1326 du Code civil mais plutôt du principe de la liberté de preuve consacré par l'article 5 de l'AUDCG. Ils invitent de ce fait à se fixer définitivement sur l'idée selon laquelle, la sanction du non respect de la formalité ne devrait altérer que l'acte instrumentaire en lui ôtant sa force obligatoire spécifique, sans affecter la validité de l'opération relatée. Le rejet de la preuve laisse par principe subsister la validité de l'obligation.

Par ailleurs, il y a lieu de soutenir que l'acte instrumentaire lui-même, s'il perd sa qualité d'acte sous seing privé, peut conserver, par requalification, la qualité de commencement de preuve par écrit (*selon l'article 1347 du Code civil, il s'agit de tout acte par écrit qui est émané de celui contre lequel la demande est formée, ou de celui qu'il représente, et qui rend vraisemblable le fait allégué. Voir F. Terré, Introduction générale au droit, 5ème éd., 2000, Précis Dalloz, n° 542, p. 556)*. Dans ce cas, il peut servir comme moyen de preuve en droit commercial. Il en est ainsi d'une reconnaissance de dette qui est valable même si elle n'est pas conforme aux exigences formelles de la preuve littérale (notamment en cas d'absence de la « *mention bon et approuvé* » en cas d'engagement unilatéral de payer une somme d'argent). A ce titre, elle oblige celui contre qui on s'en prévaut. Par conséquent, après mise en demeure, le juge pourra ordonner un paiement dont l'exécution peut être forcée et qui portera sur l'intégralité du patrimoine du débiteur commerçant. C'est donc à bon droit que les juges de la CCJA la valident surtout qu'il est admis que le demandeur à l'allégation peut être autorisé à compléter la preuve fournie, « *commencée* » en produisant des témoignages ou en articulant des présomptions (*F. Terré, Introduction générale au droit, op. cit., n° 554, p. 563)*. Certes, des actes d'exécution peuvent consolider un commencement de preuve par écrit. Toutefois, sa prise en considération ne saurait priver les juges de leur pouvoir souverain d'appréciation (*Cass. civ. 1ère, 12 juil. 1972, Bull. civ. I, n° 185, p. 161; Cass. civ. 3ème, 29 févr. 1972, Bull. civ. III, n° 143, p. 102 ; ohadata, J-02-72 ; CCJA, arrêt n° 10/2002 du 21 mars 2002, Société Négoce Ivoire c/ Société GNAB précité, note M. E. Beira)*.

Dès lors la demanderesse aurait pu orienter sa contestation dans le fond et non sur la forme, non pas pour contester l'existence de la reconnaissance de dette, mais plutôt son exécution ; la demande aurait pu de ce fait se fonder sur :

- l'exception d'inexécution : désignée couramment par les termes latins d' « *exceptio non adimpleti contractus* », c'est un moyen de défense du contractant à qui on demande l'exécution de ses obligations, alors que le demandeur n'avait pas exécuté celle qu'il avait lui-même à son égard. Le contractant qui invoque l'exception d'inexécution ne prétend pas rompre le lien contractuel comme dans l'hypothèse de la résolution ; il suspend simplement ses propres prestations, aussi longtemps que son cocontractant n'exécute pas ce qu'il lui doit.

Cependant, pour que ce moyen aboutisse, il faut que les deux obligations soient issues du même contrat. La jurisprudence retient qu'on ne peut refuser d'exécuter une obligation née d'un contrat au motif que le créancier n'a pas exécuté une obligation née d'un contrat différent. C'est dire qu'il doit exister entre les deux obligations un lien de réciprocité et d'interdépendance (*Soc. 10 avril 1959, D. 1960, 61)*. Or, dans l'arrêt, il est effectivement question de deux contrats distincts entre la Société Côte d'Ivoire céréales et la société Shanny Consulting, à savoir d'une part, le contrat de commercialisation publicitaire et promotionnelle des produits agricoles, et d'autre part, d'une reconnaissance de dette. Ce qui revient littéralement à dire que ce moyen ne saurait aboutir, la notion de contrat synallagmatique imparfait (c'est un nom parfois donné à un contrat unilatéral dans les cas où, postérieurement à la conclusion du contrat, celui des contractants qui n'assumait jusqu'alors aucune obligation - ex. le déposant dans le dépôt gratuit - devient obligé envers son cocontractant par suite d'un fait relatif à l'exécution du contrat - ex. il est tenu de rembourser au dépositaire les dépenses faites pour la conservation de la chose déposée - : *G. Cornu, Vocabulaire juridique, Association Henri Capitant, 6ème éd., PUF, 2004, p. 850)* ne pouvant non plus être accréditée dans le cas d'espèce.

- la compensation : c'est l'extinction simultanée de deux obligations de même nature existant entre deux personnes réciproquement créancières et débitrices l'une de l'autre (*F. Terré, P. Simler et Y. Lequette, Droit civil, Les obligations, 8ème éd., Précis Dalloz, 2002, n° 1390, p. 1283)*. Il en est ainsi lorsque, pour une raison quelconque, un débiteur devient lui-même créancier de son créancier. L'extinction est totale si les deux obligations sont d'égal montant. Plus souvent, les obligations étant de montant inégal, elle n'est que partielle, à concurrence du plus faible des deux montants. Si la Société Côte d'Ivoire céréales estime avoir subi une perte évaluable en argent du fait de l'inexécution de ses obligations par la société Shanny Consulting nées du contrat de commercialisation, droit lui serait reconnu d'invoquer devant le juge la compensation pour justifier le non paiement de la dette qu'atteste une lettre de reconnaissance.

Le principe de la liberté de preuve en matière commerciale déroge au principe de la preuve par écrit du droit civil. Il signifie que la preuve des actes de commerce peut être rapportée par tous moyens à l'égard des commerçants. Ainsi, elle peut résulter d'une reconnaissance de dette voire d'un commencement de preuve par écrit comme c'est le cas dans l'arrêt soumis à notre analyse, des témoignages ou des présomptions, des documents comptables et même des procédés plus récents tels que les photocopies, les microfilms, le télex, la télécopie, l'écrit électronique, ...

Le débat sur le principe de la liberté des preuves en matière commerciale se renouvelle à cause de la renaissance du formalisme. Il y a lieu de penser que ce dernier, loin d'être un obstacle à la conclusion des actes, la facilite bien souvent en renforçant la sécurité des transactions ; il évite toute discussion ultérieure sur la formation du contrat et sur son interprétation et empêche par conséquent les surprises des clauses particulières par la précision des textes imprimés. On peut alors comprendre la précaution des partenaires commerciaux qui, même en l'absence de prescription légale, optent pour la rédaction d'un écrit. Ainsi, pour préserver la sécurité nécessaire de l'écrit électronique, il n'est pas exclu que pour les contrats importants entre professionnels et même pour ceux conclus avec les consommateurs, les intéressés recourent au cryptage ou à un tiers certificateur (sorte de personnage à mi-chemin entre l'établissement financier et le notaire, auquel chaque contractant peut s'adresser, afin de vérifier que celui qui lui adresse un message signé est bien celui qu'il prétend).

Par ailleurs, le rôle important d'appréciation conféré aux juges amène les commerçants à hésiter à s'en remettre à la liberté de preuve (*L. Ruet, Quelques remarques sur l'office du juge et la preuve en droit commercial, RTD com. 1991, 151 ; P. Gode, Le mensonge dans le procès civil, in Etudes dédiées à A. Weil, Dalloz-Litec, 1983, p. 259, n° 11*).Toutefois, bien qu'il connaisse de nombreuses limites, ce principe demeure la règle en matière commerciale car il a pour but de faciliter le dénouement rapide des transactions.

Mme Monique Aimée Njandeu née Moutieu,
Chargée de cours, Université de Yaoundé II.

CCJA, arrêt n°064/2005, 22 décembre 2005
Sany Quincaillerie c/ Subsahara Services Inc.

(...)

Sur le premier moyen

Attendu qu'il est reproché à l'arrêt attaqué d'avoir violé l'article 207 alinéa 1er de l'Acte uniforme portant sur le droit commercial général, en ce que la cour d'appel de Ndjamena, pour statuer comme il a été indiqué ci-dessus, soutient que « les usages entre Subsahara et Sany quincaillerie avaient été jusqu'alors de toujours considérer que les appels d'offres de Subsahara services Inc. avaient la simple valeur d'un appel à provision de prix et appel étant suivi de différentes offres émanant de son fournisseur tchadien ; ce n'est que dans un troisième temps que Subsahara désigne le fournisseur retenu » alors que, selon le moyen, les usages auxquels ont consenti Subsahara et Sany quincaillerie ainsi que les habitudes qui se sont établies dans leurs relations commerciales pendant plus de deux ans, sont guidés par la rapidité et la confiance et basés sur la réquisition qui suffit à passer la commande des réceptions et parfois même sans elle, Sany quincaillerie a fait des livraisons à Subsahara, qui ont été payées ;

Attendu que les articles 206 alinéa 1er et 207 alinéa 1er de l'Acte uniforme précité disposent respectivement : « en matière de vente commerciale, la volonté et le comportement d'une partie doivent être interprétés selon l'intention de celle-ci, lorsque l'autre partie connaissait ou ne pouvait ignorer cette intention » et « les parties sont liées par les usages auxquels elles ont consenti et les habitudes qui se sont établies dans leurs relations commerciales » ;

Mais attendu qu'il n'est pas contesté que Subsahara services Inc. a adressé un document intitulé « appel d'offres » à Sany quincaillerie et à plusieurs autres entreprises en se réservant le droit de « ne pas donner de suite ou de ne donner suite que partiellement à cet appel d'offres » ; qu'au regard des dispositions de l'article 206 alinéa 1er sus énoncées, le juge ne peut se livrer à l'interprétation des usages et des habitudes en application de l'article 207 que si l'intention des parties n'est pas ou est mal exprimée ; qu'en l'espèce, de façon manifeste, Subsahara services Inc. n'entendait pas être liée par la réponse à l'appel d'offre, d'autant que Sany quincaillerie ne pouvait ignorer ces procédures d'appel d'offres dans le cadre desquelles elle s'était portée candidate à plusieurs reprises et avait ainsi remporté différents marchés ; qu'il s'ensuit que le moyen n'est pas fondé et doit être rejeté ;

Sur le second moyen

Attendu qu'il est également reproché à l'arrêt attaqué, d'avoir violé l'article 210 de l'Acte uniforme portant sur le droit commercial général, en ce que la cour d'appel de N'djamena a, à tort, estimé que les offres ou réquisitions adressées à Sany quincaillerie n'indiquent pas la volonté de son auteur d'être lié en cas d'acceptation, alors que, selon le moyen, les réquisitions sont bien des propositions de conclure un contrat de vente adressées par Subsahara services à Sany quincaillerie et désignant expressément la nature et la quantité des marchandises ; qu'en raisonnant ainsi, la cour d'appel de N'djamena a violé la loi par fausse application et sa décision mérite cassation ;

Attendu qu'aux termes de l'article 210 alinéa 1er de l'Acte uniforme précité, « une proposition de conclure un contrat adressée à une ou plusieurs personnes déterminées constitue une offre, si elle est suffisamment précise et si elle indique la volonté de son auteur d'être lié en cas d'acceptation » :

Mais attendu, en l'espèce, que s'il est établi comme résultant de l'examen des pièces du dossier que la lettre d'appel d'offres de Subsahara services inc. est suffisamment précise du fait d'avoir désigné les marchandises, fixé la quantité et donné les indications permettant de déterminer le prix, elle n'indique pas en revanche la volonté de son auteur d'être lié en cas d'acceptation d'autant qu'il « se réserve le droit de ne pas donner suite ou de ne donner suite que partiellement à cet appel d'offre » ; qu'en statuant comme elle l'a fait, la cour d'appel de N'djamena a exactement appliqué la loi ; qu'il s'ensuit que ce second moyen, également non fondé, doit être rejeté…

OBSERVATIONS

La présente affaire illustre l'ambiguïté qui caractérise les relations d'affaires entre parties lorsque s'établissent des usages et la poursuite des contrats par tacite reconduction. Dans cette espèce où les faits sont assez complexes, des relations commerciales s'étaient établies pendant plusieurs années entre la société Subsahara services inc et Sany quincaillerie, consistant à adresser d'importantes commandes sans que des offres aient nécessairement été faites au fournisseur. Sur la foi de ces habitudes, Sany quincaillerie avait livré des équipements et matériels à la suite d'appels d'offres émis par Subsahara services. Après refus de ce dernier de prendre livraison des marchandises fournies, la quincaillerie pratiquait le 07 février 2003 une saisie conservatoire de 450.645.701 francs cfa sur la créance de Subsahara services entre les mains de la Société générale tchadienne de banque (SGTB). Par la suite, elle l'assigna le 14 février 2003 devant le tribunal civil de Ndjamena en paiement de la créance objet de la saisie. Par jugement du 11 juin 2003, ce tribunal condamnait

Subsahara services à payer à Sany quincaillerie la somme de 410.655.701 francs en principal et 5.000.000 francs à titre de dommages et intérêts. Sur appel des parties, la cour d'appel de Ndjamena, par un arrêt du 7 mai 2004 confirmait le jugement en déclarant l'assignation de Sany quincaillerie recevable, mais infirma toutes ses autres dispositions. Elle porta alors l'affaire devant la CCJA qui, dans son arrêt n°064/2005 rendu le 22 décembre 2005, rejeta le pourvoi de Sany et logiquement, la condamna aux dépens.

Deux questions essentielles étaient posées. Y avait-il, dans les circonstances de cette cause, offre de contracter ? L'acceptation de Sany quincaillerie était-elle suffisante pour établir un lien contractuel avec la société Subsahara ?

Les juges du tribunal civil de Ndjamena y avaient répondu par l'affirmative en accédant à la demande de la quincaillerie et en condamnant la société Subsahara services à payer la créance litigieuse et des dommages et intérêts. Ce sont les juges de la cour d'appel, confortés dans leur position par ceux de la CCJA qui ont infirmé la décision dans ses dispositions favorables à Sany quincaillerie.

En statuant ainsi, ils reconnaissent que ce qui était considéré comme manifestation de la volonté de la Subsahara n'équivalait pas à une offre de contracter ; que Sany quincaillerie était censée le savoir eu égard aux relations ayant par le passé uni les deux entreprises, et surtout au contenu de la proposition de contracter faite par la partie adverse.

Une telle décision invite à présenter les conditions d'existence de l'offre en matière commerciale (I) ; puis à décliner les conséquences de l'inexistence de l'offre (II).

I. Les conditions d'existence de l'offre en matière commerciale

La proposition faite par la société Subsahara services avait-elle les caractéristiques requises pour être qualifiée d'offre de sorte que la survenance d'une acceptation aboutisse à la conclusion du contrat ?

En France, la règle est que l'offre est « une manifestation de volonté unilatérale suffisamment précise, ferme et dépourvue d'équivoque pour que l'acceptation de celui auquel elle a été adressée suffise à former le contrat » (*Cf. J. Ghestin, Traité de droit civil. La formation du contrat, LGDJ 1993, p. 266, n° 297 ; Com., 6 mars 1990, JCP 1990. II.21583, obs. B. Gross).*

Dans l'Acte uniforme relatif au droit commercial général, il apparaît à la lecture de l'article 210 que la proposition de conclure ne devient une offre que si elle est adressée à une ou plusieurs personnes déterminées et est suffisamment précise et ferme pour que son acceptation fasse naître le contrat.

A. La précision et la fermeté de la proposition de contracter

L'offre de contracter se définit comme une proposition qui comporte tous les éléments du contrat projeté. Puisqu'elle a vocation à exprimer dores et déjà le consentement de son auteur, l'offre doit être précise et ferme pour pouvoir être acceptée telle qu'elle et donc pour que le contrat en découle sans autre formalité ni contestation (*sur les caractères de l'offre, voir A. P. Santos, J.-Y. Toé, Droit commercial général, Bruylant, Bruxelles, 2002, p. 373)*. La proposition de Sany quincaillerie remplissait-elle ces conditions ? Il ne peut y être apporté réponse que si l'on a une idée des contours de l'exigence.

A cet égard, il est considéré que l'offre précise est celle qui comporte les éléments essentiels du contrat projeté, même si elle ne constitue pas en soi un projet complet de contrat. Qu'entend-on par éléments essentiels du contrat ? Dans le cadre de la vente, il s'agit incontestablement de la chose à vendre et du prix. C'est du moins ce que donne à penser l'article 210 alinéa 2 de l'Acte uniforme relatif au droit commercial général lorsqu'il prescrit qu'une proposition n'est suffisamment précise que si elle désigne les marchandises et, expressément ou implicitement, fixe la quantité et le prix ou donne des indications permettant de les déterminer.

Dans « l'appel d'offre » au cœur du débat à l'audience de la CCJA du 22 décembre 2005, l'auteur avait fourni des indications au sujet des marchandises recherchées et sur leur qualité. Sans avoir fixé le prix, il avait néanmoins renseigné sur les critères permettant de le déterminer. Cette manière de procéder semblait d'ailleurs caractériser la vente commerciale, laquelle suscite presque toujours des discussions plus ou moins longues visant à affiner les contours de l'opération envisagée.

L'offre susceptible d'engager son auteur doit être précise ; mais elle doit également être ferme. La fermeté de l'offre suppose que son auteur manifeste sans équivoque sa volonté d'être lié au cas où surviendrait une acceptation. Il n'en est pas ainsi lorsque la proposition de contracter, adressée à une personne déterminée et contenant les éléments essentiels du contrat projeté, comporte des réserves susceptibles d'aboutir à une rétractation totale ou partielle de celle-ci.

Dans l'affaire Sany quincaillerie, la proposition de contracter était assortie de réserves selon lesquelles l'auteur s'octroyait le droit de ne pas donner suite ou de ne donner que partiellement suite à cet appel d'offre. C'est dire qu'il ne s'agissait pas d'une offre mais d'une invitation à négocier, aucun consentement n'étant encore donné. Si le projet était seulement d'explorer la possibilité d'une négociation, on doit en inférer que son initiateur n'est pas lié. En effet, il est unanimement admis que les pourparlers peuvent être rompus à tout moment. La seule limite à ce principe réside dans un devoir général de bonne foi et de loyauté.

Puisque l'auteur de l'appel d'offre se réservait la possibilité de réfléchir après l'acceptation au cas où il ne serait pas satisfait, on peut affirmer sans risque de se tromper qu'il n'y avait pas d'offre susceptible de produire des effets de droit et notamment la conclusion du contrat ; la volonté de son auteur d'être lié en cas d'acceptation faisant défaut. Il se comprend alors que la CCJA ait estimé que « s'il est établi comme résultant de l'examen des pièces du dossier, que la lettre d'appel d'offres de Subsahara services Inc. est suffisamment précise du fait d'avoir désigné les marchandises, fixé la quantité et donné les indications permettant de déterminer le prix, elle n'indique pas en revanche, la volonté de son auteur d'être lié en cas d'acceptation, d'autant qu'il « se réserve le droit de ne pas donner suite ou de ne donner suite que partiellement à cet appel d'offre ». Elle conclut alors, se conformant à sa propre jurisprudence *(arrêt n° 064, 22 décembre 2005, recueil de jurisprudence CCJA n° 6, juin-décembre 2005, p. 54 ; ohada, J-06-39)*, que le moyen n'est pas fondé et doit être rejeté. Reste, cela réservé, à s'intéresser au destinataire de la proposition de contracter.

B. La détermination du destinataire de la proposition de contracter

D'après l'article 210 alinéa 1er de l'Acte uniforme relatif au droit commercial général, une proposition ne constitue une offre au sens juridique du terme que si elle est adressée à une ou à plusieurs personnes déterminées. Cette condition était-elle remplie dans l'affaire Sany quincaillerie ?

Une réponse affirmative semble s'imposer, d'autant plus que la lettre d'appel d'offre était adressée à plusieurs fournisseurs tchadiens, notamment à l'entreprise Sany quincaillerie. Elle indiquait les destinataires de la proposition de contracter, de telle sorte que n'importe quel commerçant ne pouvait se porter candidat en vue de la conclusion du contrat. A l'évidence, il s'agissait d'une offre adressée à plusieurs personnes déterminées, laquelle est à distinguer de l'offre adressée public qui, on ne le sait que trop, est considérée comme une simple invitation à entrer en pourparlers par les rédacteurs de l'Acte uniforme relatif au droit commercial général.

Bien que susceptible de réduire le contentieux en amont de la vente, cette exigence ne constitue pas moins une entrave à la formation de nombreux contrats commerciaux. En effet, dans la pratique des affaires, la plupart des commerçants sont en état d'offre permanente vis-à-vis du public parce qu'ils proposent leurs marchandises soit en les exposant à l'étalage, soit en diffusant des catalogues ou en ayant recours à la publicité. Dès lors, le contrat est souvent formé par la seule déclaration de volonté si le prix et les marchandises sont proposés par le vendeur.

Quoi qu'il en soit, le constat peut être fait, ici, que les exigences du droit OHADA paraissent plus formalistes que celles du droit civil. Un tel constat ne peut ne pas surprendre lorsqu'on se souvient qu'il est d'ordinaire enseigné, en matière commerciale, que le formalisme est limité. Ce recul du formalisme expliquerait ou justifierait les relâchements souvent observés dans les relations d'affaires lorsqu'elles sont suivies et reposent sur la confiance. C'est dire que la solution retenue par les juges de la CCJA consistant à remettre en cause l'existence de l'offre en semblable occurrence conduit à s'interroger sur la pérennité des relations commerciales fondées sur les usages établis entre parties.

Ce schéma contraste avec celui qui a cours sous d'autres cieux ; en France notamment. Ici en effet, la cour de cassation a posé en principe que « l'offre faite au public lie le pollicitant à l'égard du premier acceptant, dans les mêmes conditions que l'offre faite à une personne déterminée ». Si l'affaire Sany quincaillerie avait donc été portée à sa connaissance, et à supposer que l'offre fut sans réserve, elle aurait pu connaître un autre dénouement. En effet, il ne faisait aucun doute que Subsahara services avait à maintes reprises adressé un document intitulé « appel d'offre » à cette dernière et à plusieurs autres entreprises. Etant entendu que la société Sany quincaillerie s'était portée candidate plusieurs fois et avait emporté plusieurs marchés, elle ne pouvait ignorer ces procédures d'appels d'offre adressées indifféremment aux entreprises susceptibles de satisfaire à ses besoins en équipements et matériels divers. (*Sur l'originalité de l'offre et de l'acceptation en droit OHADA, voir not. Kuaté Tameghé S.S., La vente commerciale dans l'Acte uniforme relatif au droit commercial général, mémoire de DEA, Dschang, 1999, p. 37 et s. Egalement, Nguebou Toukam J., Le droit commerciale général dans l'Acte uniforme OHADA, PUA, Yaoundé, 1998, p. 67 et 68.*)

II. Les conséquences de l'inexistence de l'offre en matière commerciale

L'inexistence d'une offre valable conduit à conclure qu'il n'y avait pas vente entre Sany quincaillerie et Subsahara services (A). Par conséquent, la saisie visant à obtenir l'exécution d'une quelconque obligation ne pouvait pas être opportune (B).

A. L'absence de lien contractuel

Le contexte juridique de l'affaire examinée n'aurait pas dû prêter à controverses. A l'analyse des critères de l'offre, force est de relever le manque de fermeté dans la lettre de Subsahara services. C'est bien ce qui a amené les juges de la cour d'appel, puis ceux de la CCJA à conclure qu'il y avait pas d'offre au sens du droit commercial. Et si l'auteur de la lettre d'appel d'offre a manifesté expressément la volonté qu'il « se réserve le droit de ne pas donner suite ou de ne donner suite que partiellement à cet appel d'offre », l'on peut s'interroger sur l'opportunité pour les juges du fond de procéder à l'interprétation de l'intention des parties, puisqu'elle paraît clairement exprimée. Les critères de validité de l'offre précédemment évoqués n'étant pas réunis, les juges se devaient de conclure sans hésitation qu'il n'y avait ni offre valable ni contrat conclu entre parties ainsi que le prétendait Sany quincaillerie. Ils auraient d'autant plus été fondés à conclure ainsi que les articles 206 alinéa 1er et 207 AUDCG prescrivent que, « En matière de vente commerciale la volonté et le comportement d'une partie doivent être interprétés selon l'intention de celle-ci, lorsque l'autre partie connaissait ou ne pouvait ignorer cette intention » ; « les parties sont liées par les usages auxquels elles ont consenti et les habitudes qui se sont établies par les usages auxquels elles ont consenti et les habitudes qui se sont établies dans leurs relations commerciales ».

Le sens de ces formules est univoque : l'Acte uniforme reconnaît aux usages une place considérable et suggère aux magistrats la possibilité d'y avoir recours pour interpréter les clauses du contrat et rechercher ce que les parties ont réellement souhaité. Cela signifie qu'ils ne devraient être amenés à invoquer les usages afin de déterminer l'intention des parties que dès lors que celle-ci n'est pas clairement exprimée. Dans cette hypothèse, l'interprétation peut les amener à éclairer, préciser ou combler les lacunes des contractants dans leurs stipulations et non à suppléer leurs intentions. En revanche, lorsque la volonté des parties s'est clairement et précisément manifestée dans la convention, les juges ont l'obligation d'appliquer le contrat formé sans autre formalité d'interprétation ou de forçage.

Dans l'affaire commentée, c'est sur l'intention de Subsahara services d'être liée en cas d'acceptation de son appel d'offre que les juges devaient se prononcer. Or cette volonté ne devait donner lieu à interprétation que si elle était susceptible de plusieurs significations contradictoires. D'après les pièces du dossier de l'appel d'offre, les propositions ne recelaient ni d'obscurité ni d'ambiguïté ni d'insuffisances. La volonté de Subsahara services étant de ne pas s'engager directement dès l'acceptation de l'appel d'offre. Dans ces circonstances, les juges auraient dû conclure d'office à l'inexistence du contrat entre les parties ; ce qui aurait nécessairement conduit à se demander si le recours à l'exécution forcée n'avait pas un caractère abusif.

B. L'inopportunité d'une saisie

La conclusion d'une vente commerciale a comme conséquence de créer des obligations au profit et à la charge de ceux qui y prennent part. Tandis que le vendeur est notamment tenu de livrer les marchandises, d'une obligation de garantie et de conformité ; l'acheteur doit, pour l'essentiel, payer le prix et prendre livraison (*TGI Ouagadougou, 26 mars 2003, NJM c. RJF, ohadata, J-05-42, CA Abidjan n° 667, 01 janv. 2001, Lotus import c. société Skalli Fortant de France, ohadata, J-02-174, CA Cotonou, n° 21/2000, 27 janv. 2000, Société des ciments d'Onigboglo c. Société groupe MYC international sarl, ohadata, J-06-67*). Au cas où l'une des parties ne s'exécute pas, la règle est que l'autre peut l'y contraindre. Aussi s'explique t-il que les pères fondateurs de l'OHADA aient prioritairement songé à l'élaboration d'un Acte uniforme consacré aux procédures simplifiées de recouvrement et aux voies d'exécution, lequel reconnaît et organise diverses saisies auxquelles les parties à une vente commerciale peuvent avoir recours dans l'hypothèse de l'inexécution.

Si tels sont les principes, il apparaîtra dans l'affaire Sany quincaillerie que la saisie conservatoire par elle pratiquée n'aurait pas pu être menée de bout en bout. C'est que, comme le révèlent les données de l'espèce, elle avait été engagée pour obtenir le paiement forcé du prix des marchandises d'une part, la réparation du préjudice résultant de ce que le saisissant considérait comme un refus de payer d'autre part. En décidant qu'aucun contrat ne liait Sany quincaillerie à Subsahara services, la cour d'appel de Ndjamena d'abord, et la CCJA ensuite, rendaient implicitement caduque la saisie conservatoire entreprise.

Doit-on en inférer qu'elle était abusive ? Il est permis d'hésiter. En effet, il est prévu à l'article 54 de l'Acte uniforme portant organisation des procédures simplifiées de recouvrement et des voies d'exécution que « toute personne dont la créance paraît fondée en son principe peut, par requête, solliciter de la juridiction compétente (...) l'autorisation de pratiquer une mesure conservatoire sur tous les biens mobiliers corporels ou incorporels de son débiteur, sans commandement préalable, si elle justifie de circonstances de nature à en menacer le recouvrement ».

Le sens de cette disposition ne souffre d'aucune ambiguïté : il suffit que la créance paraisse fondée, que des circonstances existent qui soient susceptibles de compromettre le recouvrement pour que cette voie de droit puisse être mobilisée. Or, dans le cas d'espèce, à partir du moment où il était considéré par le saisissant que le contrat était conclu, à partir du moment où des marchandises avaient été expédiées, l'idée d'une créance en germe n'était pas saugrenue (*voir dans cet ouvrage, le commentaire de Pierre Etienne Kenfack sous CCJA, arrêt n°014/2007 du 29 mars 2007, Société internationale de commerce des produits tropicaux c/ Société Gestion ivoirienne de transport maritime ; n°06/2002 du 21 mars 2002, Michel Ngmako c/ Guy Deumany Mbouwoua*). Elle l'était d'autant moins que Sany quincaillerie avait mis en œuvre les mesures nécessaires à l'obtention d'un titre exécutoire, se conformant ainsi à l'article 61 de l'Acte uniforme portant organisation des procédures simplifiées de recouvrement et des voies d'exécution.

Jacqueline Kom,
Chargée de cours, Université de Yaoundé II.

CCJA, arrêt n°006/2003, 24 avril 2003
Koné Fatoumata c/ Kinda Augustin Joseph

(…)

Attendu qu'il ressort des pièces du dossier de la procédure que, par contrat de bail en date des 22 mars et 02 juillet 1996…, Monsieur K.A. a donné à bail à Madame K.F., un immeuble commercial à usage d'hôtel… ; qu'il résulte notamment dudit contrat, d'une part, que « le bail est consenti et accepté pour une durée de trois, six ou neuf années entières et consécutives, qui commence à courir le 1er octobre 1996 pour se terminer le 30 septembre 1999, 2002 ou 2005 ; ledit bail étant résiliable à l'expiration de chacune des périodes triennales, à charge par le preneur de prévenir le bailleur six mois à l'avance et par acte extrajudiciaire, dans les conditions prévues à l'article 5 de la loi du 13 septembre 1980 » ; que, d'autre part, « … et à défaut de paiement d'un seul terme de loyer ou de charge, à son échéance, ou d'inexécution d'une quelconque des clauses et conditions du bail, le contrat sera résilié de plein droit, si bon semble au bailleur, et sans formalités judiciaires, un mois après un commandement de payer ou de remplir les conditions du bail, par acte extrajudiciaire, annonçant la volonté du bailleur d'user du bénéfice de cette clause, et demeurée sans effet, quelle que soit la cause de cette carence, et nonobstant toutes consignations ultérieures ; l'expulsion sera prononcée par simple ordonnance de référé, le tout sans préjudice de tous dommages et intérêts… »

Sur le premier moyen

Attendu que le pourvoi fait grief à l'arrêt attaqué, d'avoir violé l'article 101 de l'Acte uniforme portant sur le droit commercial général, ou commis une erreur dans son application ou son interprétation, en ce que la cour d'appel a confirmé l'ordonnance d'expulsion… en toutes ses dispositions, alors que les règles élémentaires de procédure n'ont pas été respectées ; qu'en effet, selon le moyen, « force est de constater que ce n'est qu'après l'ordonnance d'expulsion n° 5831 du 30 décembre 1998, frappée d'appel et en cours d'appel, que Monsieur K.A. a produit au dossier de la cour, un commandement de payer en date du 09 novembre 1998 servie à mairie ; qu'en délivrant aussi bien le prétendu commandement de payer que l'assignation en expulsion à la mairie, alors que le défendeur connaît non seulement le domicile réel de la demanderesse au pourvoi, mais aussi son domicile professionnel…, l'intention malveillante était de laisser Madame K.F. dans l'ignorance de la procédure diligentée contre elle, de manière à l'empêcher d'assurer valablement sa défense…

Mais attendu que l'article 101 de l'Acte uniforme portant sur le droit commercial général dispose qu' »à défaut de paiement du loyer ou en cas d'inexécution d'une clause du bail, le bailleur pourra demander à la juridiction compétente la résiliation du bail et l'expulsion du preneur, et de tous occupants de son chef, après avoir fait délivrer, par acte extrajudiciaire, une mise en demeure d'avoir à respecter les clauses et conditions du bail.

Cette mise en demeure doit produire, sous peine de nullité, les termes du présent article et informer le preneur qu'à défaut de paiement ou de respect des clauses et conditions du bail dans un délai d'un mois, la résiliation sera poursuivie… » ;

Attendu en l'espèce qu'il ressort des pièces du dossier de la procédure, que par acte extrajudiciaire en date du 09 novembre 1998 reproduisant les termes de l'article 101 de l'Acte uniforme portant sur le droit commercial général, un commandement « d'avoir dans un délai de un (01) moi, … à payer… la somme en principal de 20.100.000 francs cfa représentant les loyers échus et impayés de la période d'août 1996 à novembre 1998, soit 24 mois… » a été servi par le bailleur à la requérante, préalablement à l'assignation en référé-expulsion en date du 15 décembre 1998 de celle-ci ; que la requérante, sans préciser en quoi la disposition sus énoncée a été violée, se borne à déplorer le mode de remise dudit acte qui a été faite à mairie alors que la signification à mairie est prévue à l'article 251 du code ivoirien de procédure civile, commerciale et administrative ; que c'est suite aux diligences infructueuses constatées lors de la remise de « l'exploit contenant sommation de payer » à la personne même de la requérante que l'huissier instrumentaire a procédé comme il l'a fait et a avisé l'intéressée par lettre recommandée avec demande d'avis de réception conformément aux prescriptions de l'article précité ; que dès lors, la procédure ainsi suivie est régulière et l'article 101 de l'Acte uniforme portant sur le droit commercial général n'ayant nullement été violé, le moyen doit en conséquence être rejeté…

OBSERVATIONS

Par contrat notarié conclu en date des 22 mars et 02 juillet 1996, Monsieur K.A. donne à bail à Madame K.F., un immeuble commercial à usage d'hôtel. De ce contrat qui a été consenti et accepté pour une durée de trois, six ou neuf années consécutives, il résulte que, « à défaut de paiement d'un seul terme de loyer ou de charge, à son échéance, ou d'inexécution d'une quelconque des clauses et conditions du bail, le contrat sera résilié de plein droit, si bon semble au bailleur, et sans formalités judiciaires, un mois après un commandement de payer ou de remplir les conditions du bail, par acte extrajudiciaire, annonçant la volonté du bailleur d'user du bénéfice de cette clause, et demeurée sans effet, quelle que soit la cause de cette carence, et nonobstant toutes consignations ultérieures ; l'expulsion sera prononcée par simple ordonnance de référé, le tout sans préjudice de tous dommages et intérêts ». Estimant que le preneur lui doit des arriérés de loyers, le bailleur l'assigne en référé expulsion après une mise en demeure d'avoir à s'acquitter de sa dette dans le délai de un mois demeurée infructueuse. Par ordonnance de référé rendue par le juge des référés du tribunal de première instance d'Abidjan, il est fait droit à la demande du bailleur aux motifs que « la défenderesse ne fait pas la preuve qu'elle s'est acquittée des sommes qui lui sont réclamées » et « qu'elle reste devoir à Monsieur K.A., la somme de 21.600.000 francs cfa, représentant 25 mois de loyers échus ». Dame K.F. qui conteste la décision relève appel de l'ordonnance le 25 février 1999, mais le 23 mars 1999, la cour d'appel d'Abidjan confirme la décision du juge des référés. D'où le pourvoi formé par Dame K.F. devant la cour suprême ivoirienne qui, conformément à l'article 15 du traité relatif à l'harmonisation du droit des affaires en Afrique, a renvoyé l'affaire devant la C.C.J.A.

Les juges de cette haute juridiction devaient donc se prononcer sur la question de savoir si l'expulsion de dame K.F. était justifiée. Pour valider son expulsion, en dehors de l'exception relative à la communication des pièces, ces juges ont dû vérifier sa régularité procédurale, c'est-à-dire la régularité de la procédure suivie pour l'expulsion. Ils ont également vérifié l'existence d'un motif valable d'expulsion, c'est-à-dire l'existence d'une créance (ou d'une dette) de loyers impayés. Bien que la logique commandait de vérifier d'abord ce dernier aspect avant le premier, nous aborderons les deux aspects dans l'ordre dans lequel ils ont été présentés et traités.

I. La régularité de la procédure d'expulsion de Dame K.F.

Pour que la procédure d'expulsion du preneur qui n'a pas payé le loyer ou respecté une clause du bailleur soit régulière, il faudrait, selon l'article 101 AUDCG, qu'une mise en demeure lui soit adressée. Et cette mise en demeure doit respecter deux séries de conditions : d'une part, des conditions de fond ayant trait à son contenu et, d'autre part, des conditions de forme. Dans le cas d'espèce, la contestation semblait porter uniquement sur la forme puisque seule la régularité de la signification était en cause. Néanmoins, avant d'aborder cet aspect, il conviendra de rappeler au préalable quelles sont les exigences que l'Acte uniforme OHADA portant sur le droit commercial général impose pour que le contenu du commandement soit régulier.

A. Le contenu régulier du commandement servi à Dame K.F.

L'Acte uniforme OHADA portant sur le droit commercial général, dans son article 101, réglemente avec précision le contenu de la mise en demeure que le bailleur doit adresser au preneur préalablement à la demande de résiliation et d'expulsion. Les exigences posées par ce texte semblaient avoir été respectées dans le cas dans l'espèce ; en tout cas, la demanderesse n'apportait pas la preuve de leur violation. Aux termes de cet article, lorsque le loyer n'a pas été payé ou lorsqu'une clause du bail a été inexécutée, le bailleur peut demander à la juridiction compétente (*La résiliation du bail pour inexécution semble donc être placée sous contrôle judiciaire. En ce sens, voir OHADA, Traite et actes uniformes commentés et annotés, juriscope, 3e édition, 2008, p. 254. Ce contrôle judiciaire de la résiliation pose le problème du sort des clauses résolutoires expresses*) la résiliation du bail et l'expulsion du preneur après avoir fait délivrer une mise en demeure d'avoir à respecter les clauses et conditions du bail » (*Cf. article 101 alinéa 2 AUDCG*). L'alinéa 3 de cet article exige que cette mise en demeure reproduise les termes de l'article 101 AUDCG et informe le preneur qu'à défaut de paiement ou de respect des clauses et conditions du bail dans un délai d'un mois, la résiliation sera poursuivie. Or, les juges ont relevé que M. K.A. a servi le 09 novembre 1998 à Madame K.F. par Monsieur K.A. un commandement « d'avoir dans un délai d' un (01) mois, ... à payer ... la somme en principal de 20.100.000 FCFA, représentant les loyers échus et impayés de la période d'août 1996 à novembre 1998, soit 24 mois... ».

Comme les juges du fond ivoiriens l'ont décidé, approuvés en cela par ceux de la C.C.J.A., ce commandement, qui reproduisait également les termes de l'article 101 AUDCG, était donc régulier. Mais pour fonder une expulsion régulière, cette première régularité ne suffisait ; encore fallait-il que la mise en demeure soit également régulière sur le plan de la forme.

B. Le respect des conditions de forme de la mise en demeure de Dame K.F.

La question de la régularité de la forme de la mise en demeure revêt deux aspects : qui doit la faire servir et à qui doit-elle la servir. Si l'Acte uniforme a explicitement réglementé le premier aspect, il n'en est pas de même du second.

En ce qui concerne le premier aspect, la notification d'un acte de procédure présente une importance indéniable (*En effet, les règles y relatives sont susceptibles de contribuer à l'efficacité du contradictoire ; voir L. Cadiet, Droit judiciaire privé, Litec, 1992, n° 878, p. 461*). Théoriquement, elle peut s'effectuer de plusieurs manières : par huissier (il s'agirait alors de signification), par poste, par remise directe à son destinataire contre récépissé…(*Sur le régime général de la notification des actes de procédure, voir, en plus des ouvrages de droit judiciaire privé, Cosnard, « La lettre missive, acte de procédure », D. 1960, chr. 97 ; Debray, « La lettre recommandée dans la procédure civile et commerciale », D. 1968, chr. 155 ; Viatte, « La signification des actes d'huissiers de justice », Gaz. Pal. 1973, 498 ; Beraud, « Peu recommandable, la lettre recommandée », Ann. Loy., 1981, 527 ; Hanine, « Observations sur les modalités de signification des actes de procédure », Rev. Huiss. 1985, 406 ; M. H. Renaut, « Les diligences de l'huissier de justice en matière de signification », Rev. Huiss. 2001, p. 216 ; D. D'ambra, « L'application de l'article 659 du nouveau Code de procédure civile et le procès équitable », Rev. Huiss. 2004, p. 16*). De tous ces modes, la signification présente des garanties qui en font le procédé normal de notification des actes de procédure ; d'où la possibilité offerte aux parties d'y recourir même lorsque les textes ont prévu un autre mode de notification (*Voir en ce sens, J. Héron par Th. Le Bars, Droit judiciaire privé, Montchrestien, coll. Domat Droit privé, 3e éd., 2006, n°158, p. 130*). L'article 101 AUDCG exige que le bailleur fasse délivrer la mise en demeure par acte extrajudiciaire, c'est-à-dire, conformément à la définition que l'on en donne généralement, un acte signifié par un huissier de justice et produisant des effets juridiques en dehors de toute procédure (*Voir Lexique des termes juridiques, Dalloz, 13e éd., p. 11*). En optant ainsi pour la signification, l'Acte uniforme prend le parti d'insuffler un certain formalisme à la notification de la mise en demeure en matière d'expulsion et de résiliation du bail pour non paiement de loyer ou inexécution d'une clause (*formalisme qui se comprend aisément, compte tenu de l'importance de la notification des actes de procédure*). Dans le cas d'espèce, la mise en demeure a été effectuée par un commandement, c'est-à-dire par un acte signifié au débiteur par l'intermédiaire d'un huissier de justice et l'invitant à payer sous peine d'autres mesures juridiques (*généralement, sous peine d'être saisi, mais dans le cas d'espèce, sous peine d'être expulsé*). Sur ce point, la mise en demeure effectuée par le sieur K.A. était donc régulière.

S'agissant du deuxième aspect - qui seul a été abordé dans le cas d'espèce - il concerne la question de savoir si la signification doit être faite à personne ou si elle peut être faite autrement. Le silence de l'Acte uniforme sur la question oblige à recourir au droit commun. Le souci d'assurer ou d'accroître le caractère contradictoire de la procédure fait en sorte que le principe en la matière est la signification à personne (*ce principe a été introduit au Cameroun par l'arrêté du 16 décembre 1954 portant codification et réglant la procédure en matière civile et commerciale devant les tribunaux français du Cameroun. Aux termes de l'article 7 de ce texte, « Toutes assignations seront faites à personne ou domicile… » (voir Codes et lois du Cameroun, t. II, p.513*). En effet, ce mode de signification est celui qui est le plus à même de donner l'assurance que le destinataire de l'acte en a pris connaissance (ce qui lui donne les possibilités de bien assurer la défense de ses intérêts). C'est pourquoi il est admis qu'elle peut être faite en tout lieux : à domicile ou au travail, par exemple (mais l'huissier ne peut pas pénétrer de sa propre autorité dans un lieu privé). Toutefois, le formalisme des actes de procédure ne vise pas uniquement la protection du défendeur : si seule la signification à personne avait été retenue, il y aurait eu lieu de craindre pour le demandeur car, l'exercice de ses droits pourrait être paralysé par le refus du défendeur de collaborer au procès ou par sa fuite (*Voir en ce sens, J. Héron, par Th. Le Bars, Droit judiciaire privé, op. cit., pp. 129 et s.*). La prise en compte de ses intérêts a amené le législateur à prévoir l'assignation à domicile (même lorsqu'elle n'est pas faite à la personne même du débiteur, l'assignation à domicile donne un maximum de chance au destinataire de l'acte d'en prendre connaissance, d'autant plus que la remise est généralement faite à un proche). Mais lorsqu'il est difficile ou impossible de toucher le défendeur en personne ou à son domicile, la signification peut prendre d'autres modes (*ces autres modes présentent d'autant plus d'intérêt que la jurisprudence avait tendance à avoir une conception stricte de la notion de domicile, cf. Civ. 3e, .12 mai 1993, Bull. civ. III, n° 69*), notamment la signification à parquet (*Ce mode de signification est généralement utilisé lorsque le destinataire de l'acte est domicilié à l'étranger ; pour une application, voir CCJA, 1ère chambre, arrêt n°14 du 29 juin 2006, Affaire Société Equipagro Côte d'Ivoire c/ B.K., in Le Juris-OHADA, n°4/2006, p.19*) ou à mairie. En ce qui concerne cette dernière forme de signification, comme le relèvent les juges de la C.C.J.A., elle est autorisée en droit ivoirien (*Ce mode a disparu en droit français depuis la réforme opérée par le décret n°2005-1678 du 28 décembre 2005*) par l'article 251 du code de procédure civile, commerciale et administrative (*l'article 7 de l'arrêté du 16 décembre 1954 suscité, après avoir indiqué les modes principaux de signification (à personne et à domicile), ajoute que « mais si l'huissier ou l'agent d'exécution ne trouve au domicile, ni la partie, ni aucun de ses parents ou serviteurs, ou si ceux-ci refusent de recevoir la copie, il remettra sans délai la copie au maire ou adjoint de la commune ou au fonctionnaire en faisant fonction… »*.

Mais, il ne faudrait pas que le recours aux autres modes soit une manière de diminuer les chances du destinataire de l'acte d'en être effectivement informé. C'est ce que semblait vouloir insinuer la demanderesse en évoquant le fait que le défendeur connaissait non seulement son domicile réel, mais aussi son domicile professionnel. Les juges de la C.C.J.A. n'ont manifestement pas relevé une malice de la part du bailleur puisqu'ils affirment que « c'est suite aux diligences infructueuses constatées lors de la remise de l'exploit contenant sommation de payer à la personne même de la requérante que l'huissier instrumentaire a procédé comme il l'a fait » (si l'exploit laissé à la mairie fait effectivement état de réelles diligences demeurées infructueuses, il y a lieu d'approuver la décision des juges). D'ailleurs, pour accroître les chances du destinataire d'être effectivement informé, les droits qui autorisent ce procédé de signification imposent à l'huissier l'accomplissement de diligences supplémentaires. C'est le cas de l'article 251 du code ivoirien de procédure civile, commerciale et administrative qui lui impose d'aviser le destinataire par lettre recommandée avec accusé de réception. L'huissier ayant accompli cette diligence dans le cas d'espèce, c'est à raison que la signification a été jugée régulière.

Si la procédure d'expulsion de Dame K.F. apparaît en définitive comme étant régulière, l'expulsion elle-même ne pourrait l'être que si elle était débitrice de loyers impayés. Or, dame K. F. prétendait ne pas (ou plus) l'être.

II. L'existence d'une dette de loyers à la charge de Dame K.F.

Dans le cas d'espèce, il ne fait pas de doute que le sieur K.A. n'a pas perçu certains loyers de dame K.F. ; ce qui, a priori, fait de celle-ci sa débitrice. Simplement, cette dernière prétend ne plus l'être pour avoir payé la dette du sieur K.A. vis-à-vis de l'administration fiscale. Affirmer donc qu'elle était débitrice de loyers impayés dans le cas d'espèce, alors qu'elle avait payé les dettes du sieur K.A. vis-à-vis de l'administration fiscale, pourrait laisser croire que les paiements effectués n'avaient pas de caractère libératoire. En réalité, il n'en est pas ainsi. Malgré le caractère libératoire des dits paiements (A), il subsistait une dette de loyers à sa charge du fait de l'insuffisance des paiements effectués (B).

A. Le caractère libératoire des paiements effectués à l'administration fiscale par Dame K.F.

Dame K. F. qui doit des loyers impayés au sieur K.A. prétend avoir été libérée par les paiements qu'elle a effectués à l'administration fiscale. Ce qui pose le problème de savoir qui peut être accipiens, c'est-à-dire, à qui le paiement doit-il être effectué pour être libératoire. Si en règle générale, c'est au créancier que le paiement doit être effectué (*c'est ce qui ressort de l'article 1239 du Code civil en vertu duquel « le paiement doit être fait au créancier... »*), même lorsqu'il est fait à un tiers, le paiement peut aussi être valable ; c'est le cas, notamment lorsqu'il s'agit d'un tiers habilité (conventionnellement, judiciairement ou légalement). Les juges doivent vérifier si le tiers qui a reçu le paiement avait pouvoir de le faire. A ce sujet, la cour de cassation française a eu à décider qu'une demande en résiliation de bail pour non-paiement des loyers ne peut être rejetée au motif que le locataire a versé les loyers entre les mains d'un notaire, sans rechercher si ce dernier avait pouvoir de les recevoir pour le bailleur (*Cf. Civ. 3e, 2 mars 1977, Bull. civ. III, n°105 et 5 mars 1997, Bull. civ. III, n°46*). Dans le cas d'espèce, s'agissant d'un avis à tiers détenteur, on peut penser que les juges n'avaient pas pareille obligation puisque l'administration tire son pouvoir de recevoir paiement de la loi. En tout état de cause, même en supposant que l'hypothèse ne puisse être rangée dans celle d'un tiers habilité, le paiement effectué demeurerait néanmoins valable et libératoire pour avoir profité au créancier (*Cf. article 1239 du Code civil*). Il est donc clair que lorsque le débiteur reçoit de l'administration fiscale un avis à tiers détenteur, le paiement qu'il effectue à cette dernière le libère à l'égard du créancier. Cette interprétation se justifie d'autant plus que l'avis à tiers détenteur est assimilable à une saisie. Or, selon l'article 1242 du Code civil, « le paiement fait par le débiteur à son créancier, au préjudice d'une saisie ou d'une opposition, n'est pas valable à l'égard des créanciers saisissants ou opposants : ceux-ci peuvent, selon leur droit, le contraindre à payer de nouveau... ». Les juges de la CCJA le reconnaissent d'ailleurs clairement lorsqu'ils affirment que «... il est exact que les paiements effectués entre les mains de l'Administration fiscale, libèrent le débiteur à l'égard de sont créanciers ...». Mais pour qu'il en soit ainsi, il faudrait que la preuve du paiement soit établie. C'est ce que les juges de la CCJA ont clairement affirmé. Dans le cas d'espèce, la demanderesse prétendait avoir apuré un passif d'impôts fonciers de 90780.329 FCFA afférents à l'immeuble objet du bail. Le droit commercial n'ayant pas prévu de règle générale dérogatoire au droit commun en matière de charge de la preuve, il y a lieu de recourir aux règles édictées par l'article 1351 du Code civil. Selon ce texte, « celui qui réclame l'exécution d'une obligation doit la prouver. Réciproquement, celui qui se prétend libéré doit justifier le paiement ou le fait qui a produit l'extinction de son obligation ». Donc, dès que le bailleur établi que le preneur lui doit des loyers, c'est à ce dernier qu'il appartient d'apporter la preuve des paiements s'il prétend être libéré. Dans le cas d'espèce, il appartenait donc à la demanderesse d'apporter la preuve du paiement qu'elle prétendait avoir effectué. Une décision de la C.C.J.A. rendue le 26 octobre 2006 (*arrêt n°017/2006 du 26 octobre 2006, affaire Sonatel c/ Société d'exploitation de la clinique Sokhna Fatma*) aurait pu semer le doute car, dans cette décision, on peut lire : « Attendu que la Sonatel prétend justifier d'un motif grave et légitime ... pour s'opposer au droit au renouvellement du bail sans règlement d'une indemnité d'éviction, dans le non paiement des loyers ... mais n'apporte pas la preuve du non paiement desdits loyers... ». Mais, en réalité, cette décision est bien conforme aux règles du droit commun de la preuve. En effet, le preneur ayant établi la preuve de son droit au renouvellement, il appartenait au bailleur, s'il veut refuser le renouvellement sans payer d'indemnité, d'apporter la preuve que cette indemnité n'était pas due ; autrement dit, de détruire la prétention du preneur en démontrant qu'il est débiteur de loyers (*voir le commentaire de cet arrêt dans ce même ouvrage par nous-même*). En tout état de cause, pour établir le paiement dans le cas d'espèce, dame K.F. invoquait l'idée que, selon sa comptabilité, les loyers ont été régulièrement versés à l'administration fiscale. Etait-ce un mode de preuve opératoire ? Si le commerçant peut invoquer ses livres comptables pour faire preuve (*la tenue d'une comptabilité régulière fait partie des obligations légales du commerçant*), c'est à la condition non seulement qu'ils soient tenus régulièrement, mais aussi qu'ils soient invoqués contre un commerçant (*lorsque ce sont les livres du créancier qui sont invoqués par le débiteur, la Cour de cassation française considère que cela peut valoir ratification. C'est ainsi qu'elle a eu à admettre comme reconnaissance implicite du paiement, l'inscription au débit du compte courant d'un président de conseil d'administrationqui, ayant personnellement encaissé les traites, s'était abstenu d'en reverser le montant à la société créancière ; cf. Com. 12 juillet 1993, Bull. Civ., IV, n°303*). Ce qui ne semblait pas être le cas en l'espèce. Il appartenait donc au débiteur de prouver que le paiement qu'il a effectué à l'administration fiscale était susceptible d'éteindre sa dette vis-à-vis de son bailleur. Ce que dame K.F. n'a manifestement pas réussi à faire puisque les juges du fond ont relevé que seuls certains loyers ont été payés et qu'elle demeurait débitrice de 19 mois de loyer.

B. Les conséquences de la subsistance de loyers impayés

En dépit du caractère libératoire des paiements qu'elle a effectués, dame K.F. demeurait encore débitrice de loyers impayés vis-à-vis du sieur K., le montant des loyers impayés n'ayant certainement pas été absorbé par les paiements faits à l'administration fiscale. Or, le contrat conclu par les parties accordait au bailleur la faculté de faire résilier le contrat de plein droit si un seul terme de loyer n'est pas payé. Mais la question que l'on peut se poser est de savoir quelle est la portée de ce type de clause, étant donné que l'Acte uniforme place la résolution du bail sous le contrôle judiciaire. Autrement dit, si au lieu de demeurer débitrice de 19 mois de loyer, dame K.F. n'en devait, par exemple, qu'un ou deux mois, les juges auraient-ils ordonné son expulsion ? Si oui, son pourvoi aurait-il été également rejeté ? La réponse à cette question est assez complexe car, si on veut laisser une possibilité aux clauses de résolution de prospérer, il faudrait répondre par l'affirmative. Mais, il se poserait alors la question de l'intérêt d'avoir placé la résolution et l'expulsion sous le contrôle *a priori* du juge (*Dans la résolution de plein droit du droit commun, ce n'est que si la partie victime de la résolution conteste que le juge sera saisi ; le contrôle de ce dernier s'effectue donc a posteriori.*). A moins de penser qu'il s'agit juste d'une mesure de prudence à visée économique destinée à éviter qu'une exploitation commerciale florissante ne soit compromise du fait d'une expulsion prématurée. En tout état de cause, dans le cas d'espèce, l'ampleur des loyers impayés justifiait pleinement la décision rendue par les juges.

Alain Kenmogne Simo,
Agrégé des Facultés de droit,
Maître de conférences, Université de Yaoundé II.

1ère espèce : CCJA, avis n°001/2003/EP, 04 juin 2003

2ème espèce : CCJA, arrêt n°011/2004, 26 février 2004
Rafiu Oyewemicontre Tony Anthony

1. CCJA, avis n°001/2003/EP, 04 juin 2003

Vu le Traité relatif à l'harmonisation du droit des affaires en Afrique, notamment en ses articles 10 et 14 ;

Vu le Règlement de procédure de la Cour commune de justice et d'arbitrage, notamment en ses articles 9, 53, 54, 55 et 58 ;

Vu la demande d'avis consultatif de la République du Sénégal formulée par lettre n° 00800/MJ/MCS en date du 28 février 2003 du Garde des sceaux, Ministre de la justice, enregistrée au greffe de la cour le 26 mars 2003 et ainsi libellée :

"Sur le fondement de l'alinéa 2 de l'article 14 du Traité relatif à l'harmonisation du droit des affaires en Afrique, j'ai l'honneur, au nom de l'Etat du Sénégal, de soumettre à la Cour commune de justice et d'arbitrage, la demande d'avis consultatif ci-jointe, que m'a fait parvenir le président du tribunal régional hors classe de Dakar.

L'avis de votre auguste cour sur la détermination de la juridiction compétente dont fait état l'article 101 de l'Acte uniforme relatif au droit commercial général est sollicité."

Emet l'avis ci-après :

Sur l'unique question de la détermination de la juridiction pouvant connaître de l'action en résiliation du bail commercial, au sens de l'article 101 de l'Acte uniforme portant sur le droit commercial général

Sauf si les Actes uniformes ont eux-mêmes fixé des règles propres de procédure qui ont spécialement désigné les juridictions compétentes pour statuer sur les différends nés de leur application, la détermination de " la juridiction compétente ", expression consacrée et souvent employée par le législateur communautaire OHADA, relève du droit interne et en particulier, de l'organisation judiciaire de chaque Etat partie.

En conséquence, les dispositions d'ordre public de l'article 101 alinéa 2 de l'Acte uniforme portant sur le droit commercial général se référant expressément, en matière contentieuse, à l'expression précitée, il incombe à la juridiction nationale, saisie d'une demande de résiliation du bail commercial, de rechercher dans les règles du droit interne de son Etat, si elle est compétente *ratione materiae* pour connaître de ladite demande, étant précisé que le terme " jugement " est utilisé à l'alinéa 5 dudit article, dans son sens générique et désigne toute décision de justice. »

2. CCJA, arrêt n°011/2004, 26 février 2004, Rafiu Oyewemi c/ Tony Anthony

(...)

Vu les articles 14, 15 et 16 du Traité relatif à l'harmonisation du droit des affaires en Afrique ;

Vu le Règlement de procédure de la Cour commune de justice et d'arbitrage de l'OHADA ;

Attendu qu'il ressort des pièces du dossier de la procédure que par contrat de bail en date du 24 février 1996, Monsieur R. avait donné en location à Monsieur T. un magasin à usage commercial situé au Mirador d'Adjamé moyennant un loyer mensuel trois cent mille (300.000) francs cfa ; qu'à la date du 30 janvier 2001 estimant que Monsieur T. restait lui devoir la somme de quatre millions six cent mille (4.600.000) francs cfa représentant quinze (15) mois de loyers échus et impayés allant de novembre 1999 à janvier 2001 auxquels il faut ajouter cent mille (100.000) francs cfa de reliquat du mois d'octobre 1999, Monsieur R. assignait le locataire en expulsion devant le juge des référés du tribunal de première instance d'Abidjan, lequel avait, par Ordonnance n°634 du 14 février 2001, ordonné l'expulsion de Monsieur T. des lieux qu'il occupe tant de sa personne, de ses biens que tous occupants de son chef pour non-paiement de loyers ; que sur appel de T. la cour d'appel d'Abidjan rendait l'arrêt n°535 du 08 mai 2001, dont pourvoi ;

Sur le premier moyen

Vu l'article 101 de l'Acte uniforme portant sur le droit commercial général ;

Attendu qu'il est fait grief à l'arrêt attaqué d'avoir violé l'article 101 de l'Acte uniforme susvisé ou d'avoir commis une erreur dans son application ou son interprétation en ce que la cour d'appel, pour infirmer l'ordonnance n°634 du 14 février 2001 a soutenu que selon les dispositions de l'article 101 du traité OHADA relatif au droit commercial général et principalement au bail commercial, la résiliation d'un contrat de bail ne peut être prononcé que par jugement alors que, selon le requérant, nulle part dans ce texte n'apparaît l'affirmation soutenue par la cour d'appel ; que l'article 101 demande simplement de porter la demande de résiliation du contrat de bail devant la juridiction compétente et cette juridiction n'est pas expressément déterminée par ledit article ; que le traité OHADA ne qualifie jamais une décision en fonction de la juridiction qui l'a rendue mais utilise le terme de «jugement» qui est le terme général pour désigner toute décision rendue par une autorité juridictionnelle ; que cela s'explique par le fait que les textes du traité OHADA s'appliquent dans plusieurs Etats qui n'ont pas forcément la même organisation judiciaire de telle sorte qu'une décision rendue par l'un pourra s'appeler jugement ou ordonnance et vice-versa dans l'autre ; que lier donc la compétence de la juridiction dans le cas d'espèce à la notion de «jugement» utilisée par l'article 101 est assurément une erreur dans l'application ou l'interprétation de cette disposition ;

Mais attendu qu'aux termes de l'article 101 de l'Acte uniforme susvisé «le preneur est tenu de payer le loyer et de respecter les clauses et conditions du bail.

A défaut de paiement du loyer ou en cas d'inexécution d'une clause du bail, le bailleur pourra demander à la juridiction compétente la résiliation du bail et l'expulsion du preneur et de tous occupants de son chef, après avoir fait délivrer, par acte extrajudiciaire, une mise en demeure d'avoir à respecter les clauses et conditions du bail... » ;

Attendu que l'Acte uniforme sus indiqué ne précisant pas quelle est la juridiction compétente en la matière, il y a lieu de se référer à la législation interne de chaque Etat partie afin de déterminer la juridiction devant laquelle il faut introduire la demande; qu'à ce propos la loi ivoirienne n°80-1069 du 13 septembre 1980 dispose en son article 36 que « les contestations relatives à la fixation du prix du loyer du bail révisé ou renouvelé sont portées devant le président du tribunal de première instance ou le juge de section qui statue comme en matière de référé.

Les autres contestations sont portées devant le tribunal ou la section de tribunal qui statue suivant la procédure de droit commun et qui peut accessoirement se prononcer sur les demandes mentionnées à l'alinéa précédent.

La juridiction territorialement compétente est celle du lieu de la situation de l'immeuble » ;

Attendu qu'il résulte des dispositions sus-énoncées qu'en dehors des contestations relatives à la fixation du prix du loyer du bail révisé ou renouvelé qui sont de la compétence du juge des référés, toutes les autres contestations sont de la compétence du tribunal ou de la section de tribunal du lieu de la situation de l'immeuble ; qu'en conséquence, en déclarant la juridiction présidentielle incompétente en application des dispositions de l'article 101 de l'Acte uniforme susvisé, la cour d'appel d'Abidjan, nonobstant le sens qu'elle donne à tort au terme «jugement», n'a en rien violé ledit article ; qu'il s'ensuit que le premier moyen doit être rejeté ;

Sur le deuxième moyen

Attendu qu'il est reproché à l'arrêt attaqué une omission de statuer en ce que la cour d'appel ayant sollicité les observations des parties sur l'application de l'article 36 de la loi n° 80-1069 du 13 septembre 1980 est cependant restée muette sur ces moyens et observations dans ses motifs car non seulement elle n'en a pas tenu compte mais elle n'y a plus fait allusion dans sa décision ;

Mais attendu que sur ce point, l'arrêt attaqué, en retenant qu' «... en se déclarant compétent et en statuant comme il l'a fait, le juge des référés a violé les dispositions de l'article précité [article 101 de l'Acte uniforme portant sur le droit commercial général] ; qu'en conséquence, il importe d'infirmer l'ordonnance querellée et statuant à nouveau de déclarer le juge des référés incompétent», a implicitement répondu aux observations des parties relatives à l'applicabilité de l'article 36 de la loi n°80-1069 du 13 septembre 1980 puisque l'article 101 sus indiqué sur lequel s'est fondé l'arrêt pour déclarer le juge des référés incompétent ne détermine pas le juge compétent mais renvoie chaque Etat partie à sa propre législation en la matière ; qu'il s'ensuit que ce deuxième moyen n'est pas fondé et doit être rejeté ;

Sur le troisième moyen

Attendu qu'il est fait grief à l'arrêt attaqué d'avoir manqué de base légale résultant de l'insuffisance ou obscurité de motifs en ce que selon le requérant « les motifs développés au soutien de la décision de la cour se limitent à un commentaire portant sur l'article 101 du Traité OHADA portant droit commercial général... que de tels motifs obscurs ou insuffisants ne peuvent fonder avec clarté la décision de la cour… que l'arrêt attaqué encourt le grief de manque de base légale pour insuffisance et obscurité des motifs» ;

Mais attendu que ce moyen ne précise ni la partie critiquée de l'arrêt ni en quoi ce dernier encourt le reproche qui lui est fait; qu'il s'ensuit que le moyen doit être déclaré irrecevable…

OBSERVATIONS

En dépit des réalisations marquantes et de l'effectivité avérée de l'unification du droit des affaires sous les auspices de l'Organisation pour l'harmonisation en Afrique du droit des affaires, certains aspects de la réglementation des activités commerciales sont encore sujets à des incertitudes législatives et à des hésitations jurisprudentielles dans les Etats membres de ladite Organisation (*voir à ce propos, J. Issa-Sayegh, Le bilan jurisprudentiel du droit uniforme OHADA : Incertitudes législatives et turbulences jurisprudentielles, www.institut-idef.org/Le-bilan-jurisprudentiel-du-droit.html, 27 janvier 2009, 22 p.).* Le domaine par excellence de ces incertitudes semble être celui des règles de compétence juridictionnelle incluses dans quelques-uns des Actes uniformes. A l'observation, presque toutes les dispositions desdits Actes qui renvoient purement et simplement à la « *juridiction compétente* » ont engendré des débats ou des controverses. Même le droit commercial général n'y a pas échappé, notamment lorsqu'il était question de déterminer la juridiction compétente pour connaître d'une résiliation du contrat de bail commercial pour non paiement des loyers. Pour y apporter une solution, la Cour commune de justice et d'arbitrage de l'OHADA a successivement été saisie par voie consultative et par voie contentieuse. Suite à ces saisines, elle a rendu le 04 juin 2003 l'avis n° 001/2003/EP, et le 26 février 2004 l'arrêt n°011 (relatif à l'affaire Rafiu Oyewemi contre Tony Anthony). Ces deux décisions sont au centre de la présente réflexion.

D'un côté, sur sollicitation du président du tribunal régional hors classe de Dakar, la République du Sénégal, par l'intermédiaire de son Ministre de la justice, demanda par lettre n°00800/MJ/MCS en date du 28 février 2003 un avis consultatif à la CCJA, sur la question de la détermination de la juridiction compétente dont fait mention l'article 101 de l'Acte uniforme OHADA portant droit commercial général (AUDCG). Des annexes à cette demande d'avis, il découle qu'une controverse est née au Sénégal sur la question, mettant aux prises trois positions différentes. La première est celle en faveur de l'exclusion totale de la compétence du juge des référés en la matière, dans la mesure où celui-ci ne rend pas des jugements, mais plutôt des ordonnances, tandis que l'article 101 alinéa 5 de l'AUDCG parle de « jugement » lorsqu'il fait référence à la décision prononçant la résiliation du bail commercial. La deuxième tendance est celle qui admet restrictivement la compétence du juge des référés, conditionnée par l'insertion dans le contrat de bail commercial d'une clause résolutoire de plein droit en cas de non paiement des loyers. La troisième position, plus modérée, considère comme maintenue intacte la compétence du juge des référés dans les situations d'urgence, car le terme « jugement » est employé dans le sens général par l'article 101 de l'AUDCG.

De l'autre côté, sur renvoi de la Chambre judiciaire de la Cour suprême de Côte d'Ivoire en date du 04 décembre 2001, la CCJA s'est prononcée sur l'issue de l'affaire opposant le Sieur Rafiu Oyewemi au Sieur Tony Anthony. Dans cette affaire, les parties avaient conclu un bail le 24 février 1996, par lequel l'une d'entre elles devait disposer d'un magasin à usage commercial moyennant un loyer mensuel de trois cent mille (300 000) francs cfa. Après s'être régulièrement acquitté des premières mensualités, le Sieur Tony ne respecta plus ses obligations contractuelles. C'est ainsi qu'à la date du 30 janvier 2001, estimant que ce dernier restait lui devoir au moins quinze mois de loyers échus et impayés, correspondant à la période allant de fin octobre1999 à janvier 2001, Rafiu assigna son locataire en expulsion devant le juge des référés du tribunal de première instance d'Abidjan. Faisant suite à sa demande, celui-ci, par ordonnance n°634 du 14 février 2001, autorisa l'expulsion du locataire des lieux qu'il occupait, pour non-paiement de loyers.

Arguant de ce que la juridiction présidentielle était incompétente pour connaître du contentieux de la résiliation d'un bail commercial et de l'expulsion conséquente du preneur, sieur Tony fit appel de ladite ordonnance. Par un arrêt rendu le 08 mai 2001, la cour d'appel d'Abidjan infirma l'ordonnance entreprise, déclarant qu'en application des dispositions de l'article 101 de l'AUDCG, la juridiction présidentielle est effectivement incompétente, et que cette incompétence est entre autres fondée sur le fait qu'aux termes dudit article, la résiliation d'un contrat de bail ne peut être prononcée que par « jugement ».

Se sentant lésé par la décision et, contestant ce raisonnement de la cour d'appel, Rafiu se pourvut en cassation devant la Cour suprême de Côte d'Ivoire qui, en application de l'article 15 du Traité OHADA (lequel prévoit le renvoi par les juridictions nationales des affaires soulevant des questions relatives à l'application des Actes uniformes), transféra ledit pourvoi devant la CCJA. De ce pourvoi, il ressort que Rafiu fait grief à la cour d'appel d'avoir commis une erreur dans l'application ou l'interprétation de l'article 101 de l'AUDCG en statuant comme elle l'a fait, dans la mesure où l'article 101 en cause prévoit simplement de porter la demande de résiliation devant la juridiction compétente, sans expressément déterminer la juridiction en question. Dès lors, soutient-il, lier la compétence de la juridiction à la notion de « jugement » utilisée par ledit article est une erreur dans l'interprétation de cet article.

De l'examen de la demande d'avis et du pourvoi soumis à l'appréciation de la Haute juridiction communautaire, il découle que la question à elle posée était celle de savoir quelle est, au regard de l'article 101 de l'AUDCG, la juridiction compétente pour connaître de l'action en résiliation d'un contrat de bail commercial ? Plus précisément, cette action relève-t-elle de la compétence d'une juridiction présidentielle (juge des référés) ou de celle d'un tribunal (juge du fond) ?

Sans opter pour l'une quelconque des deux catégories de juridictions, la CCJA a décidé que l'article 101 en cause se contente de disposer que la demande de résiliation est portée devant la juridiction compétente, que le mot « jugement » n'y est employé que dans son sens générique. Que par conséquent, à défaut d'une désignation spéciale de la juridiction compétente par un Acte uniforme, cette désignation relève de l'organisation judiciaire de chaque Etat partie (I). De cette décision, il apparaît implicitement qu'en fonction des prévisions des droits processuels nationaux, la juridiction compétente pourra indifféremment être une juridiction présidentielle ou une juridiction du fond. Or il arrive que l'organisation judiciaire diffère d'un Etat à un autre. Conclure sur une désunification ou sur une non uniformisation du contentieux de la résiliation du bail commercial dans l'espace OHADA ne serait dès que logique, ce d'autant plus que l'étude comparative de certaines jurisprudences nationales tend à le confirmer (II).

I. Le recours aux droits nationaux pour la détermination de la juridiction compétente pour connaître de la résiliation du bail commercial

Aussi bien dans l'avis donné à la République du Sénégal que dans la décision rendue dans l'affaire Rafiu Oyewemi contre Tony Anthony, la position de la CCJA est unique : « Sauf si les Actes uniformes ont eux-mêmes fixé des règles propres de procédure qui ont spécialement désigné les juridictions compétentes pour statuer sur les différends nés de leur application, la détermination de la "juridiction compétente" ... relève du droit interne et en particulier, de l'organisation judiciaire de chaque Etat partie ».

Le renvoi au droit processuel de chaque Etat partie pour la désignation de la juridiction compétente est ainsi conditionné par l'absence dans les Actes uniformes, et en l'occurrence dans l'AUDCG, des règles permettant de désigner spécialement la juridiction compétente pour connaître de la demande en résiliation du bail commercial (A). Une fois cette condition remplie, toutes les règles de compétence nationales s'appliquent sans aucune limitation (B).

A. Un recours conditionné par l'inexistence de règles spécifiques de procédure dans l'AUDCG

Dans les Actes uniformes OHADA, l'absence de règles de procédure spéciales résulte très souvent de l'emploi d'expressions à portée générale relatives au droit processuel. En ce qui concerne les dispositions de l'AUDCG et, plus particulièrement, celles de son article 101, deux d'entres-elles permettent plus ou moins aisément de confirmer cette généralité, et partant, l'inexistence de règles spécifiques de procédure permettant de désigner expressément la juridiction compétente pour connaître des demandes en résiliation des baux commerciaux pour inexécution ou pour exécution irrégulière de ses obligations par l'une des parties contractantes.

La première est celle de « juridiction compétente ». Elle est contenue dans l'alinéa 2 de l'article 101 visé qui prévoit qu' « A défaut de paiement du loyer ou en cas d'inexécution d'une clause du bail, le bailleur pourra demander à la juridiction compétente la résiliation du bail et l'expulsion du preneur... ». Cette expression est consacrée et très régulièrement usitée par le législateur OHADA (*Voir l'article 27 (2) de l'AUCTMR ; les articles 3, 5, 8, 11, 12 ... de l'AUPCAP ; les articles 3, 4, 5, 8, 9, 11 ... de l'AUPSRVE ; les articles 5, 16, 56, 58, 62 ... de l'AUS ; les articles 36, 59, 60, 75, 127 ... de l'AUSCGIE ; les articles 1, 14, 20, 25 ..., et bien évidemment, 101 de l'AUDCG, pour ne citer que ces Actes uniformes*). Il s'agit d'une formule « fourre-tout », qui ne renvoie ni à une règle de compétence matérielle, ni à une règle de compétence territoriale. A elle seule, elle ne saurait désigner spécialement une juridiction donnée. La juridiction compétente à laquelle il est fait référence peut dès lors être une juridiction arbitrale, une juridiction ad hoc, une juridiction de l'ordre judiciaire (civile, commerciale, criminelle ou sociale), une juridiction administrative et même, constitutionnelle. Dans le même sens, il peut indifféremment s'agir d'une juridiction présidentielle ou d'une juridiction de fond. Inéluctablement, cette expression manque donc de précision. Il se comprend alors, à la suite de l'un des plaideurs, que les juges de la Cour d'appel ont eux aussi admis, certes de façon implicite, la portée très générale de l'expression « juridiction compétente ». C'est ce qui expliquerait qu'ils aient plutôt fondé leur argumentation sur la notion de « jugement ».

La seconde expression pouvant permettre de faire référence de manière générale à la compétence juridictionnelle sans toutefois désigner un type de juridiction spécifique est la notion de « jugement ». Elle a également été utilisée par le législateur OHADA à l'article 101 alinéa 5 de l'AUDCG. Mais comme le révèle d'une part l'affaire Rafiu O., par le pourvoi renvoyé devant la CCJA, et d'autre part la demande d'avis du Sénégal rédigée à la suite d'une controverse doctrinale et jurisprudentielle, la généralité de cette notion ne fait nullement l'unanimité. Les différences de vues, et partant, l'origine de la controverse, tiennent en la nature ambivalente, à la double acception du terme « jugement ». Tout le monde s'accorde à dire que celui-ci a deux sens, dont l'un strict, et l'autre large. Cependant, les parties en présence ne s'entendent pas sur le sens retenu par le législateur OHADA lors de la rédaction de l'article 101 alinéa 5 de l'AUDCG.

Pour les partisans de l'acception stricte de la notion de « jugement » prévue dans cet alinéa, elle renvoie à une décision rendue par un tribunal statuant dans sa composition ordinaire, c'est-à-dire, sur le fond du litige. Par conséquent, en décidant que la résiliation du bail commercial doit intervenir par « jugement », les rédacteurs de l'AUDCG ont automatiquement exclu la compétence du juge des référés qui, la règle est connue, ne doit pas porter préjudice au principal, et rend non pas des jugements, mais plutôt des « ordonnances ». Cette position a eu à rallier un certain nombre de juges et de praticiens longtemps avant les décisions commentées (*Voir not. : CS de Côte d'Ivoire, n°209 du 6 avril 2000, Société SPROMACI contre Able Akétéblé Frédéric, www.ohada.com/ohadata J-02-86 ; CA du Centre (Yaoundé), arrêt n° 222/CIV du 14 mars 2003, Sieur Ngounoun Benjamin contre Sieur Noumessi Gilbert, ohadata J-06-98 ; CA du Centre, n° 333/Civ, 02 août 2002, Kingué Paul Eric contre Hajal Massad, ohadata, J-04-470 ; CA d'Abidjan, n°334/2001, 20 mars 2001, Société Côte d'Azur Fleurs conte S., ohadata, J-04-113 ; CA d'Abidjan, n°301,09 mars 2001, O. contre Dame A., ohadata, J-03-199 ; CA du Littoral, n°27/réf., 27 décembre 1999, RCDA, p. 41 ; CA du Littoral (Douala), arrêt n° 90, réf. du 19 juillet 1999, RCDA, p. 49*). Elle a été soutenue par la cour d'appel d'Abidjan dans notre espèce, ce qui a principalement fondé le pourvoi du sieur Rafiu O., tel que l'illustre indirectement la motivation du rejet du 1er moyen à ce pourvoi par la CCJA qui a confirmé la décision de cette juridiction « *nonobstant le sens qu'elle (la CA d'Abidjan) donne à tort au terme "jugement"* ».

Par contre, pour les partisans de l'acception large, le terme « jugement », tel qu'employé à l'article 101 alinéa 5 de l'AUDCG, ne renvoie qu'à l'expression générale de « décision de justice », par opposition à son sens spécial et restrictif. C'est à cette conception que s'est rallié Monsieur Rafiu. Ce dernier est d'ailleurs allé plus loin en justifiant cette acception par le fait que, les textes OHADA s'appliquant dans plusieurs Etats qui n'ont pas forcément la même organisation judiciaire, une décision rendue par l'un pourra s'appeler jugement ou ordonnance, et vice-versa dans l'autre. Ainsi, ce serait une erreur d'interprétation de l'article 101 que de lier la compétence juridictionnelle à la notion de « jugement » strictement entendue, car il s'agit d'un terme générique qui ne suffit pas à lui seul à enlever au juge des référés sa compétence traditionnelle.

Appelée à départager les thèses en conflit dans nos deux décisions, la CCJA a opté pour la conception large du « jugement ». Mais il faut dire qu'en réalité, la controverse engendrée par l'article 101 alinéa 5 en cause est en partie imputable au législateur OHADA qui s'est écarté des sentiers battus, en évitant de faire usage de l'expression « décision de justice » jusqu'ici rencontrée dans les autres Actes uniformes.

En dépit de cet écueil, et pour faire le point, on retiendra deux choses. D'une part, qu'en ce qui concerne la résiliation judiciaire du bail commercial, les dispositions de l'article 101 de l'AUDCG ne permettent pas de désigner spécialement la juridiction compétente pour connaître de l'action en résiliation, dans la mesure où le terme « jugement » qui y figure doit s'entendre dans son sens large. D'autre part que, face à cette absence de règles processuelles précises et spéciales, la CCJA affirme, conformément à l'esprit du législateur, que la détermination de la juridiction compétente doit se faire par référence aux règles nationales relatives à l'organisation judiciaire, sans limitation aucune.

B. Un recours illimité quant à sa portée

Face au silence de l'AUDCG, « il y a lieu de se référer », dit la Haute juridiction communautaire dans l'arrêt n°11 du 26 février 2004 au centre de l'analyse, « à la législation interne de chaque Etat partie afin de déterminer la juridiction devant laquelle il faut introduire la demande de résiliation du bail ». Mais peut-on, au regard de cette affirmation, conclure que les règles nationales s'appliquent systématiquement à la détermination de la compétence territoriale et de la compétence matérielle ? La réponse est logiquement affirmative.

Certes, en ce qui concerne la compétence *ratione loci*, le recours aux règles fixées par le droit interne de chaque Etat membre semble *a priori* limité à la lecture des prévisions de l'article 100 de l'AUDCG. En effet, cet article précise spécifiquement la compétence territoriale pour tout litige relatif à un bail commercial en ces termes : « *Les contestations découlant de l'application des dispositions du Titre-I* (intitulé : Bail commercial) *du présent Livre sont portées à la requête de la partie la plus diligente, devant la juridiction compétente dans le ressort de laquelle sont situées les locaux donnés à bail* ». Il en découle que sur plan territorial, la juridiction compétente pour connaître de tout litige relatif à un bail commercial (et par conséquent d'une action en résiliation de celui-ci) est celle du lieu de situation des locaux loués.

Toutefois, la portée de cette attribution de compétence doit être relativisée. Sa force obligatoire dépend en réalité de la valeur de l'article 100. Or par référence à l'article 102 de l'AUDCG, les dispositions de l'article 100 ne sont pas d'ordre public. Elles ne s'imposent en définitive ni aux parties au bail qui peuvent y déroger en prévoyant des clauses attributives de compétence, ni aux législateurs nationaux qui peuvent décider autrement sur la question. Dès lors, conformément à la théorie de la norme supplétive, il faudrait attendre l'hypothèse de silence des parties et du droit interne de l'Etat partie concerné pour envisager la détermination de la compétence territoriale en matière de résiliation judiciaire du bail commercial conformément aux prévisions de l'article 100 de l'AUDCG.

Par ailleurs, il semble opportun de noter que le fait d'ôter tout caractère d'ordre public à l'article 100 le vide quasiment de son intérêt, car les règles de compétence qu'il prévoit sont classiques. Il suffit, pour s'en convaincre, de se référer à l'article 36 alinéa 3 de la loi ivoirienne n°80-1093 du 13 septembre 1980 qui a été appliqué par la CCJA dans l'affaire Rafiu O. Aux termes de cet article, en matière de contentieux relatif à un bail commercial, « *La juridiction territorialement compétente est celle du lieu de situation de l'immeuble* ».

Quoi qu'il en soit, par sa nature supplétive, l'article 100 de l'AUDCG conforte la première place laissée au droit interne de chaque Etat dans la détermination des règles de compétence juridictionnelle *ratione territoriae* s'agissant des litiges relatifs à la résiliation d'un bail commercial. La solution retenue par la CCJA paraît d'autant plus cohérente que la compétence territoriale n'avait pas encore posé problème à cette date et n'était pas au centre des préoccupations des parties dans l'arrêt du 26 février 2004 et dans l'avis du 04 juin 2003.

Effectivement, en pratique, c'est à propos de la détermination de la compétence *ratione materiae* que le silence du droit OHADA suscitait un trouble chez les praticiens. A ce niveau, aucune règle, même supplétive, n'a été prévue par l'AUDCG. Fidèle à cette logique, la CCJA a affirmé dans l'avis n°1/2003/EP du 04 juin 2003 qu'en de telles circonstances, « *il incombe à la juridiction nationale, saisie d'une demande de résiliation du bail commercial, de rechercher dans les règles du droit interne de son Etat, si elle est compétente ratione materiae pour connaître de ladite demande* ». Il peut donc arriver que la répartition de la compétence matérielle en question aboutisse à l'attribution de l'examen des litiges relatifs à l'exécution du bail commercial à une juridiction ou une catégorie de juridictions spécifique ou, plutôt, qu'elle procède à une distribution des domaines de compétence en fonction de la nature des prétentions des parties au litige. Dans cette dernière hypothèse, il arrivera que la juridiction présidentielle bénéficie d'une partie de la compétence matérielle, et qu'une ou plusieurs autres juridictions du fond se voient attribuer l'autre partie.

La seconde approche de la répartition des compétences est celle que l'on retrouve fréquemment dans les droits processuels nationaux des Etats parties à l'OHADA. Pour s'en tenir aux législations des deux Etats directement impliqués dans les décisions de la CCJA actuellement commentées, l'on notera qu'en droit sénégalais, le contentieux de la résiliation du bail commercial est partagé entre les juridictions du fond et les juridictions présidentielles. Par application des dispositions de l'article 247 du Code de procédure civile sénégalais, le juge des référés y conserve sa compétence générale. Aussi peut-il être valablement saisi en tant que juge de l'urgence pour tout contentieux relatif à la résiliation d'un bail commercial ne nécessitant pas qu'il soit statué sur le fond, notamment pour constater l'inexécution du contrat et l'effectivité de la résolution. Quant aux contestations sérieuses, elles relèvent de la compétence des tribunaux ordinaires. Cependant, au Sénégal et bien au-delà, jusqu'à la saisine de la CCJA, les juges de référés n'avaient reconnu leur compétence que lorsqu'une clause résolutoire de plein droit avait initialement été insérée dans le contrat de bail (*voir CA du Centre, arrêt n°208/Civ,10 mars 2000, Revue camerounaise de droit des affaires, p. 54 ; TRHC Dakar, ord. n°1326, 30 novembre 1998,Indivision Pierre-Michel-Robert Lahoud contre Ibrahima Doumbya, www.ohada.com/Ohadata J-05-67*).

En droit ivoirien par contre, la juridiction présidentielle a vu sa compétence restreinte aux contestations relatives à la fixation du prix du loyer du bail révisé ou renouvelé (*voir l'article 36 alinéa 1 de la loi n° 80-1069 précitée*). Il s'ensuit que toutes les autres contestations, au rang desquelles la demande de résiliation du bail commercial, relèvent de la compétence des tribunaux de droit commun (*article 36 alinéa 2 de la même loi*). En d'autres termes, la juridiction présidentielle n'est pas compétente pour connaître des actions en résiliation des baux commerciaux. Ainsi s'explique-t-il que la CCJA ait, à la suite de la cour d'appel d'Abidjan, conclu à un rejet du pourvoi dans l'affaire Rafiu O., et donc à l'infirmation de l'ordonnance rendue le 14 février 2001 par le président du TPI d'Abidjan qui s'était initialement reconnu compétent.

Tel qu'on peut le constater, le recours aux droits nationaux pour la détermination de la juridiction compétente pour connaître de la résiliation des baux commerciaux est consacré par l'AUDCG et réitéré par la Haute juridiction communautaire. Par ce renvoi, ni le droit OHADA, ni la CCJA ne consacre l'incompétence du juge des référés en la matière. Celle-ci reste entièrement tributaire de l'organisation judiciaire interne de chaque Etat partie. Toutefois, le fait que le recours aux droits nationaux débouche sur une diversification des juridictions compétentes mérite que l'on s'attarde sur les implications réelles d'un tel renvoi sur l'œuvre d'uniformisation du droit et de la jurisprudence au sein de l'espèce OHADA.

II. La désunification de l'organisation du contentieux de la résiliation du bail commercial dans l'espace OHADA

A la limite gênante pour la sécurité judiciaire et, partant, des investissements, la désunification de l'organisation du contentieux de la résiliation du bail commercial est réelle, tant les prévisions législatives sont diverses, et les positions jurisprudentielles parfois hésitantes et divergentes (B). Cette réalité trouve pourtant son fondement dans la non ingérence directe de l'OHADA dans l'organisation judiciaire des Etats membres (A).

A. Une désunification justifiée par la non ingérence directe de l'OHADA dans l'organisation judiciaire des Etats membres

Comme le soutiennent les tenants de la conception large de la notion de « jugement » usitée par l'article 101 de l'AUDCG, l'un des avantages du recours aux droits nationaux pour la détermination de la juridiction effectivement compétente pour connaître de l'action en résiliation du bail commercial est de ne pas impliquer les règles communautaires dans les questions tenant à l'organisation judiciaire des Etats parties à l'OHADA.

A priori, l'on pourrait voir dans cette non ingérence une illustration du souci de mettre à la disposition du plaideur des décisions de justice immédiatement exécutoires au niveau national. Mais une telle non ingérence n'a pour principal fondement que le maintien ou mieux, la sauvegarde de la souveraineté des Etats membres de l'OHADA en matière d'organisation judiciaire. Cette préservation de souveraineté est légalement justifiée et codifiée. Il suffit de se rappeler qu'en adhérant à l'OHADA, les Etats concernés n'ont consenti qu'à se dessaisir de leur pouvoir législatif (et donc d'une partie de leur souveraineté) dans le cadre de l'élaboration des règles matérielles de droit privé relatives à la vie des affaires. La liste des matières rentrant dans le champ de l'harmonisation, telle que prévue à l'article 2 du Traité constitutif, l'illustre parfaitement, dans ce sens où elle ne fait nullement mention du droit processuel ou de l'organisation de la justice.

Toutefois, il faut dire qu'en pratique ce retrait de l'OHADA de l'organisation judiciaire semble, en certaines circonstances, avoir beaucoup plus d'inconvénients que d'avantages. D'ailleurs, si l'on garde en vue l'objectif d'uniformisation, voire, d'unification du droit et de la jurisprudence des affaires qui est intrinsèque à l'OHADA, l'on serait enclin à conclure que la non ingérence en question a plus d'inconvénients. Elle pourrait par exemple expliquer pourquoi des controverses doctrinales et jurisprudentielles existent dans presque tous les cas où un Acte uniforme renvoie à une juridiction compétente quelconque (*A côté de la controverse relative à l'article 101 de l'AUDCG, l'on a notamment, en bonne place, celle relative à l'article 49 de l'Acte uniforme portant organisation des procédures simplifiées de recouvrement des créances et des voies d'exécution. Pourtant, dans sa lettre, cet article est plus précis sur la désignation du juge compétent pour régler des difficultés d'exécution. Mais cette précision n'a pas pu empêcher que s'ouvre là aussi une querelle opposant les partisans du recours au juge des référés à ceux de la création d'une juridiction nouvelle sui generis. Il a fallu une intervention de la CCJA qui a tranché en faveur de la compétence du juge des référés pour mettre fin à cette controverse*). De telles incertitudes auraient certainement pu être réglées si l'uniformité régnait au niveau législatif. Mais c'est à ce niveau que se trouve la cause majeure et objective des divergences dont la conséquence est la désunification du contentieux du bail. C'est du moins la conclusion à laquelle l'on parvient à la suite de l'examen des systèmes juridiques des Etats membres de l'OHADA, et particulièrement de ceux dans lesquels le contentieux de la résiliation des baux commerciaux est jusqu'à l'heure le plus dynamique, à savoir les systèmes camerounais, ivoirien et sénégalais.

L'étude comparative des règles processuelles en vigueur dans ces trois Etats permet aisément de constater que, d'une part, en droit ivoirien, conformément à l'article 36 de la loi n° 80-1069 du 13 septembre 1980 qui établit une distinction entre les contestations ressortissant de la compétence de la juridiction présidentielle et celles dévolues au Tribunal, le juge des référés y est incompétent pour connaître de tout contentieux portant sur la résiliation d'un bail commercial. Dans cet Etat partie à l'OHADA, il s'agit d'une compétence exclusive du tribunal, juge du fond. D'autre part, au Cameroun et au Sénégal, en application des dispositions des articles 182 et 247 de leurs codes de procédure civile respectifs, le juge des référés conserve sa compétence traditionnelle. Dès lors, même en matière de résiliation judicaire d'un bail commercial, il sera compétent chaque fois qu'il sera saisi par une action l'invitant à statuer d'urgence, sans préjudicier au fond. En ce qui concerne la compétence matérielle des juges du fond, elle reste acquise dans tous les autres cas.

Ainsi, le fondement principal et objectif de la désunification du contentieux de la résiliation du bail commercial est législatif. Il consiste en une diversification des approches étatiques dans l'organisation du contentieux considéré. La conséquence immédiate est que, si dans la majeure partie des cas controversés il a généralement été mis fins aux hésitations jurisprudentielles suite à l'intervention de la Haute juridiction communautaire, en matière de contentieux de la résiliation du bail commercial, celles-ci perdurent, en dépit des solutions données par la CCJA dans les décisions annotées, à savoir l'avis du 04 juin 2003 et l'arrêt du 26 février 2004. Un tour d'horizon de la jurisprudence postérieure auxdites décisions permet de le confirmer.

B. Une désunification réelle au regard de la jurisprudence postérieure aux décisions de la CCJA

À côté du fondement objectif de la désunification déplorée, qui, rappelons-le, consiste en l'existence des divergences législatives sur la répartition de la compétence matérielle relative au contentieux de la résiliation du bail commercial, l'on rencontre en pratique un élément subjectif de cette désunification qui trouve son origine dans l'office (la liberté d'appréciation) même des juges nationaux. En réalité, principalement dans les pays où le concours de compétences entre le juge des référés et les juges du fond n'a pas été exclu en ce qui concerne la résiliation judiciaire du bail commercial, l'unanimité à du mal à se faire au sujet des conditions et des limites du domaine d'intervention de la juridiction présidentielle. Mais encore, nonobstant des solutions données par la CCJA, il arrive qu'indépendamment des règles processuelles nationales, l'incompétence du juge des référés soit déclarée par référence à l'article 101 de l'AUDCG.

La jurisprudence camerounaise est sur ce point l'une des plus controversée. Aux lendemains de l'avis que la CCJA a rendu suite à la demande du Sénégal, le tribunal de première instance de Douala, statuant en qualité de juge des référés, se prononçait favorablement sur sa compétence en décidant qu'en l'absence de contestation sérieuse, le juge de référé est compétent pour constater la résiliation du contrat de bail et ordonner l'expulsion du preneur (*TPI de Douala-Bonanjo, ordonnance n°756, 8 juillet 2003, Tchoube Joseph c/ Agbai Okodji, Ohadata J-04-451*). Quelques mois plus tard, toujours en 2003, les juges de la cour d'appel abondaient dans le même sens, en s'attardant par la même occasion sur l'impact de la clause résolutoire insérée dans le bail sur la compétence de la juridiction présidentielle (*CA du Centre, n°108/ Civ, 12 décembre 2003, Fomaka Gwei Isaac c/ La Sierka, ohadata J-04-204, d'où il ressort en substance que lorsque un contrat de bail commercial contient une clause résolutoire de plein droit, celle-ci doit être mise en œuvre sans qu'il soit nécessaire de recourir au juge des référés ; que néanmoins, ce dernier est compétent s'il est saisi par l'une des parties pour constater la résiliation dudit contrat*).

Après s'être prononcées en 2003 en faveur de la compétence du juge des référés en cas d'absence de contestation sérieuse, dès 2004, les juridictions camerounaises du 1er degré reviendront sur leur position, violant non seulement les prévisions de l'article 101 de l'AUDCG, mais encore, refusant notoirement de s'aligner sur les solutions dégagées par la CCJA et suivies par les juridictions du second degré.

D'un côté, en 2004 la cour d'appel du centre réaffirmait sa position sur la compétence éventuelle de la juridiction présidentielle en statuant que la juridiction déterminée par les articles 100 et suivants de l'AUDCG est celle prévue par la loi interne de chaque Etat partie. Qu'ainsi, en matière d'expulsion consécutive à une exécution irrégulière du contrat de bail, il peut s'agir du juge des référés désigné par les plaideurs (*CA du Centre, arrêt n°124/De, 19 mars 2004, Le groupe SOCOPAC/FOMUP c. La SCI des frères réunis, ohadata J-04-207*). Elle faisait par là une application fidèle de la solution donnée auparavant par la CCJA.

Cependant, de l'autre côté, le tribunal de première instance de Bafoussam statuant comme juge des référés opérait un revirement qui ne pouvait témoigner que d'une mauvaise connaissance du droit et de la jurisprudence relative à l'article 101 de l'AUDCG. Se prononçant sur une action en résiliation judiciaire d'un bail commercial dont elle était saisie, la juridiction présidentielle décida « *Qu'il résulte des dispositions combinées des textes susvisés (article 101 de l'AUDCG, alinéa 2, 3 et 5) d'une part que le double délai d'un mois imposé au demandeur en résiliation et en expulsion atteste à suffire qu'il n'y a pas urgence à ordonner les mesures sollicitées en l'espèce, ce qui justifie l'incompétence du juge des référés qui, au sens des dispositions de l'article 182 du code de procédure civile et commerciale, est juge de l'urgence et du provisoire ; -Que d'autre part, la nature de la décision à rendre par le juge saisi est, aux termes de l'alinéa 5 du même Acte uniforme, un jugement rendant a priori le juge des référés incompétent, celui-ci ne statuant que par ordonnance et non par jugement ; -Qu'il s'en suit que le juge des référés est incompétent à statuer sur la demande en résiliation et en expulsion en matière de bail commercial ; les dispositions de l'article 101 de l'Acte uniforme OHADA susvisé étant d'ordre public ainsi qu'il ressort de l'article 102 du même Acte ; -Qu'il échet de nous déclarer incompétent et de renvoyer le demandeur à mieux se pourvoir* » (*TPI Bafoussam, ord. n° 65, 30 avril 2004, Fonko Jean c. Noutou Eric, ohadata, J-05-06*).

En 2005, avec moins de maladresse, le TPI de Douala rejoignit cette position en décidant que le juge de l'urgence, juge de l'exécution, est incompétent à connaître des demandes en expulsion ou de paiement des arriérés de loyers qui ne constituent ni une demande relative à une mesure d'exécution forcée, ni une saisie conservatoire conformément aux exigences de l'article 49 l'Acte uniforme portant organisation des procédures simplifiées de recouvrement des créances et des voies d'exécution (*TPI Douala Ndokoti, ord. n°147/074-05, 27 janvier 2005, affaire Société ANFI c/ Wea Marguerite, ohadata, J-05-145, note J. Gatsi*).

C'est ainsi que, à défaut d'une unanimité sur la compétence de la juridiction présidentielle en matière de résiliation du bail commercial, la controverse reprit corps au sein de la jurisprudence camerounaise, malgré l'intervention de la CCJA. Pourtant, parallèlement, la compétence des juges du fond ne souffre d'aucune contestation (*voir notamment, TPI de Bafoussam, n° 48 du 25 juin 2004, Paroisse de la cathédrale de Bafoussam c. Chedjou Chretien, ohadata J-07-67 ; TGI de la Menoua, n° 02/CIV/TGI du 10 octobre 2005, affaire Kendem Maurice c. Amicale La Renaissance, ohadata, J-07-43*).

Cette instabilité jurisprudentielle n'est pas l'apanage des seules juges camerounais. En côte d'Ivoire également, des hésitations identiques sur la compétence des juges de référés ont été observées bien après les interventions de la CCJA. Dans ce sens, la cour d'appel d'Abidjan a retenu, en dépit des prévisions de l'article 36 de la loi ivoirienne n° 80-1069 du 13 septembre 1980 qui semblaient fonder l'ordonnance de la juridiction présidentielle, que le juge des référés est compétent pour ordonner le maintien sur les lieux d'un locataire disposant d'un bail commercial dont l'expulsion est poursuivie sans que congé lui ait été donné. Et en l'espèce, « *il apparaît évident que la Mairie d'Adjamé ne s'est pas confirmée à l'article 101 susvisé de sorte qu'en raison de cette évidence le juge des référés aurait dû retenir sa compétence* » (*CA Abidjan, n°774, 09 juillet 2004, Société Sotransya c/ Société IBN Transports, ohadata J-05-326*). Cette décision n'est certes pas directement contraire à l'article 101 de l'AUDCG, mais sa conformité au droit processuel ivoirien peut être remise en cause. Il suffit pour ce faire de tenir compte de la position de la CCJA dans l'affaire Rafiu O., puis de la confronter à la motivation de la même cour d'appel dans une affaire précédente où elle a annulé une ordonnance relative à la résiliation d'un bail commercial et à l'expulsion du preneur en estimant le juge des référés incompétent pour connaître d'un tel litige (*CA d'Abidjan, arrêt n°472, 02 avril 2004, Assane Gueu Gueu c/ Koffi Jacques, ohadata, J-05-286*).

Fort heureusement, la controverse semble circonscrite aux Etats camerounais et ivoirien. Au Sénégal, la jurisprudence après l'avis n° 1/2003/EP du 04 juin 2003 et l'arrêt n°11 du 26 février 2004 de la CCJA tranche jusqu'ici avec l'ambiguïté antérieure. De l'admission conditionnée (*CA de Dakar, Chambre civile et commerciale 1, arrêt n° 38, 18 janvier 2002, Indivision Pierre, Michel et Robert Lahoud c. Ibrahima Doumbouya, op. cit., ohadata J-05-72*) à la dénégation de toute compétence à la juridiction présidentielle (*Tribunal régional hors classe de Dakar, ord. n°905, 22 juillet 2002, Sté civile immobilière BIR c. Youssoupha Mbow, ohadata J-02-195*), on est passé, conformément à l'article 247 du Code de procédure civile sénégalais, à la reconnaissance de cette compétence dans les hypothèses d'urgence ou de contestations non sérieuses (*notamment, TRHC Dakar, ord.n° 1615, 6 octobre 2003, Alamadies immobilier SARL c/ Société moustiques, ohadata, J-04-271*).

En définitive, si la désunification du contentieux de la résiliation du bail commercial était envisageable au regard de la diversité, voire de la divergence des prévisions législatives des Etats membres de l'OHADA sur l'organisation judiciaire, l'on était loin de penser qu'après la double intervention de la CCJA, la jurisprudence demeurerait indécise et controversée sur la question de la compétence du juge des référés en matière de résiliation judiciaire du bail commercial. Le fait que cette controverse perdure devrait interpeller le législateur OHADA et la Haute juridiction sur au moins deux points : la garantie de l'uniformisation de la jurisprudence OHADA par le respect de l'autorité des décisions et Avis rendus par la CCJA d'une part, et l'atténuation des implications néfastes relatives à délimitation du domaine d'intervention de l'OHADA, d'autre part. La sécurité judiciaire recherchée par cette organisation en dépend.

Joseph-Alain Batouan Bouyom,
Assistant, Université de Yaoundé II.

Deuxième partie

DROIT DES SOCIETES COMMERCIALES ET DU GIE

CCJA, arrêt n°034/2008/PC, 03 juillet 2008
Bassirou Ka c/ Abdoulaye Cisse, Mohamed El Bechir Sissoko et Djibril Cisse

(...)

Sur le moyen unique, en ses trois branches

Attendu, d'une part, que le pourvoi reproche à l'arrêt attaqué d'avoir violé l'article 339 de l'Acte uniforme relatif au droit des sociétés commerciales et du groupement d'intérêt économique, en ce que la cour d'appel de Bamako, pour confirmer le jugement n°91 rendu par le tribunal de commerce de ladite ville le 15 janvier 2003, a décidé que « contrairement aux indications du procès-verbal litigieux, les intimés n'ont pas été convoqués et ne se trouvaient pas à ladite révision. Autrement dit, la cour d'appel de Bamako considère le procès verbal de l'assemblée générale comme un faux. Il y a d'abord lieu de préciser que le procès-verbal en cause a été ensuite enregistré le 12 juillet 2001, donc il ne date pas du 29 janvier 2001. Il est évident que la cour d'appel de Bamako ne pouvait parvenir à pareilles conclusions en l'absence de toute inscription de faux ou, à la limite, de toute vérification d'écriture dès lors que la procédure a été marquée par un incident provoqué par la dénégation ou la méconnaissance d'écriture ou de signature d'un acte sous- seing privé. La cour d'appel ne pouvait refuser foi à l'acte désavoué et ainsi conclure à sa fausseté alors que de telles conclusions ne pouvaient provenir que d'une inscription de faux ou par suite d'une vérification d'écriture. Or, de la résolution de l'incident de faux dépendait une saine application des dispositions invoquées par les requérants devant la cour d'appel de Bamako, en l'occurrence les articles 339, 29, 98 et 257 et suivant de l'Acte uniforme relatif au droit des sociétés commerciales et du groupement d'intérêt économique ; qu'il suit que son arrêt doit être cassé » ; que d'autre part, il est reproché à l'arrêt attaqué d'avoir violé les article 100, 101 et 105 de l'Acte uniforme relatif au droit des sociétés commerciales et du groupement d'intérêt économique, en ce « que le point relatif à la société dont il s'agit, laquelle a fait l'objet d'un certificat d'immatriculation délivré par le greffe du tribunal de commerce de Bamako n'a pas été discuté par la cour d'appel qui se trouve pourtant en présence d'un acte authentique ; que ce fait mérite que l'arrêt attaqué soit cassé » ; que par ailleurs, le pourvoi reproche à l'arrêt déféré d'avoir violé les articles 317 et 318 du même Acte uniforme en ce « qu'il a fait une confusion entre deux questions juridiques totalement distinctes : d'une part, la question liée à la régularité formelle de la tenue de l'assemblée extraordinaire ; d'autre part, la question simplement liée à la validité de la cession des parts sociales. La régularité ou non de l'assemblée générale extraordinaire ne peut influer sur la cession proprement dite, laquelle est, en droit, parfaite dès l'accord des parties sur la chose et sur le prix. En statuant comme elle l'a fait, la cour d'appel de Bamako a violé les dispositions des articles 318 et 317 de l'Acte uniforme sur le droit des sociétés commerciales et du groupement d'intérêt économique. Au regard de ce qui précède, l'arrêt attaqué encourt cassation » ;

Mais attendu que la cour d'appel, à l'instar du premier juge, n'a fait que statuer sur la régularité de l'assemblée générale extraordinaire et non sur un faux en écriture que constituerait le procès-verbal ; que c'est en usant de son pouvoir souverain d'appréciation qu'elle a constaté « que les conditions de tenue de l'assemblée générale n'ont pas été respectées et par conséquent toutes les résolutions qui en sont issues sont nulles » ; que ce faisant, elle n'a pas violé la loi ; que le recours doit être rejeté parce que non fondé…

OBSERVATIONS

La législation OHADA relative aux sociétés commerciales se caractérise par un recul des nullités (*La nullité d'une société ou de tous actes, décisions ou délibérations modifiant les statuts ne peut résulter que d'une disposition expresse de l'Acte uniforme : articles 242 al. 1er, 244 et 245 AUSCGIE ; Quand même la nullité est encourue, l'Acte uniforme marque sa préférence pour la régularisation : article 60 AUSCGIE*). C'est la raison pour laquelle le principe posé est celui exclusivement des nullités expresses. La nullité d'une société ou de tous actes, décisions ou délibérations modifiant les statuts ne peut résulter que d'une disposition expresse du présent Acte uniforme ou des textes régissant la nullité des contrats en général et du contrat de société en particulier. L'énonciation incomplète des mentions devant figurer dans les statuts n'entraîne pas la nullité de la société *(article 242, AUDSCGIE)*. De la rédaction de ce texte, il en ressort que lorsque aucune disposition expresse ne l'impose, le prononcé de la nullité relève de l'appréciation souveraine des juges de la cause.

La question s'est posée devant les juges relativement à une assemblée générale extraordinaire irrégulièrement convoquée. En l'espèce, il est créé entre les protagonistes une société à responsabilité limitée dénommée Buretel Macsyn Technologies. Les sieurs Djibril Cisse et Mody Keita sont nommés respectivement gérant et cogérant.

La querelle naît lorsque le gérant et autres associés sont informés en décembre 2001 qu'une assemblée générale extraordinaire à laquelle ils auraient pris part a été tenue le 29 juillet précédent avec pour objet le changement de dénomination sociale, la nomination de gérant, la cession des parts sociales et le changement d'objet social. Contestant la régularité de l'Assemblée générale et par suite des résolutions qui en sont ressorties, les nommées A. Cisse, D. Cisse et M.E Béchir Sissoko ont saisi le tribunal de commerce de Bamako, en annulation du procès verbal litigieux. L'annulation prononcée en premier ressort puis en appel est confirmée par la Cour commune de justice et d'arbitrage. Il est intéressant de relever que pour se prononcer ainsi, aucune disposition impérative et d'ordre public ne s'imposait au juge qui a simplement fait usage de « son pouvoir souverain d'appréciation ».

Cet arrêt met suffisamment en exergue le pouvoir d'appréciation reconnu au juge sur les suites à donner à une assemblée irrégulièrement convoquée. Il ne s'en empêche en réalité pas lorsqu'il affirme clairement dans la décision « que c'est en usant de son pouvoir souverain d'appréciation que la cour d'appel a constaté que les conditions de tenue de l'assemblée générale n'ont pas été respectées et par conséquent toutes les résolutions qui en sont issues sont nulles ». En la matière, l'article 339 AUDSCGIE dispose que « toute assemblée irrégulièrement convoquée peut être annulée ». Le verbe pouvoir n'est pas innocemment utilisé en cette occurrence. Il marque un transfert important en cette matière de larges prérogatives aux juges. La doctrine et la jurisprudence en déduisent que « ce qui peut être » ne doit pas nécessairement exister. Faculté n'est pas obligation (*Yves Guyon, Caractère facultatif de la nullité d'une assemblée générale d'actionnaires pour irrégularité de la convocation, Revue des sociétés 2002 p. 716 ; Claude Champaud et Didier Danet, note sous Com. 9 juill. 2002, Arconstanzo c/ Jatteau, RTD Com. 2003 p. 110*). Les juges du fond bénéficient en ce domaine d'une faculté d'appréciation.

Le problème qui émerge de cette querelle tient à la détermination de la valeur juridique des conditions légales de convocation d'une assemblée générale fut- elle extraordinaire. Simplement, quel est le sort des résolutions qui résultent d'une assemblée générale irrégulièrement tenue. Le rappel des conditions de tenue d'une assemblée générale (I) permettrait de mieux comprendre l'examen du sort réservé par l'Acte uniforme aux résolutions issues de l'assemblée générale extraordinaire litigieux (II).

I. Le rappel des conditions de tenue d'une assemblée générale

Le tribunal de commerce de Bamako motive sa décision en affirmant que « contrairement aux indications du procès verbal litigieux, les intimés n'ont pas été convoqués et ne se trouvaient pas à ladite révision.. ». Le droit de participer aux décisions collectives constitue une prérogative essentielle des associés qui doivent être convoqués par le gérant ou, à défaut par le commissaire aux comptes s'il en existe un, ou même par un mandataire de justice le cas échéant lorsqu'ils atteignent le seuil légal et si l'intérêt social le justifie (*Trib. Com Paris, 3 déc. 2003, M. Miguel es qualité et association de défense des actionnaires d'Eurotunnel*

« ADACTE » c/ S.A. Eurotunnel, Rev. sociétés 2005, p. 847, note M.C. Monsallier-Saint Mleux). Pour que cette participation soit efficiente, il est nécessaire que la convocation soit accompagnée de documents destinés à une bonne information des associés.

L'article 338 AUSCGIE précise que les associés sont convoqués quinze jours au moins avant la réunion de l'assemblée par lettre au porteur contre récépissé ou par lettre recommandée avec demande d'avis de réception. Il s'agit d'un temps de réflexion accordé aux associés pour émettre un vote éclairé. Ce délai est irréductible ; ainsi a été annulée une assemblée convoquée quatorze et non quinze jours à l'avance (*Cass. Com., 6 juill 1983, Rev. sociétés 1984, 76, note Y. Guyon ; D. 1985, IR, 135, note J-C. Bousquet*). Dans le même sens, la convocation servie la veille de la réunion à l'un des administrateurs est considérée comme faite de manière irrégulière (*Tribunal régional hors classe de Dakar – ordonnance de référé n° 583 du 28 avril 2003, Youssou Ndour-Cheikh Tall Dioum c. Bara Tall, Ohadata J-05-124*). La jurisprudence se montre bien sévère en cas de non respect de cette exigence de délai et étend son application pour la convocation du conseil d'administration. C'est ainsi qu'il a été décidé que le conseil ne peut pas avoir valablement délibéré dès lors que les membres dudit conseil ont été irrégulièrement convoqués. Il en est ainsi lorsque les convocations ont été servies seulement deux jours avant la réunion alors que les statuts prévoient cinq jours au moins (*CA d'Abidjan, arrêt n° 688 du 25 juin 2004, Office ivoirien des chargeurs et autres c. B.A. et autres, Le Juris Ohada n° 1/2005, janvier-mars 2005, p. 41).*

Le rituel de convocation doit donc être scrupuleusement respecté, car toute mauvaise manœuvre fournirait une arme à un associé retors cherchant à faire annuler une décision qu'il n'apprécie pas (M. *Cozian, A. Viandier et Fl. Deboissy, Droit des sociétés, 20e éd., Litec. 2007, n° 1035*). En revanche, les juges rejettent toute précipitation consistant en l'assignation du gérant devant les tribunaux pour obtenir la tenue d'une assemblée avant l'expiration du délai de six(6) mois prévu par l'article 348 et 548 AUDSCGIE (*CCJA, 22 nov. 2007, Mireille Parlalidis c/ Fouquiere Françoise Marie épouse Blanc, Blanc André Joseph et Société publique et de promotion par l'objet dite « S2PO » SARL, in Recueil des décision de la CCJA n°10, juillet- décembre 2007, p. 26 et s*). Dans cette espèce, Dame Parlalidis avait saisi le juge des référés pour obtenir la tenue de l'assemblée générale et dans l'immédiat à titre de mesure conservatoire, la nomination d'un administrateur provisoire. Pour les juges, l'assignation étant intervenue avant délai et surtout, le fait pour la plaignante de n'avoir pas usé de la procédure de question écrite à la gérante pour obtenir les éclairages sur ses préoccupations a laissé apparaître qu'en l'espèce, rien n'urgeait pour saisir le juge des référés. En plus de ce délai de réflexion, une exigence de qualité pour convoquer l'assemblée et de quorum est requise pour que la régularité des délibérations. S'agissant de la qualité pour convoquer l'assemblée, l'article 337 AUSCGIE dispose que les associés sont convoqués aux assemblées par le gérant ou, à défaut, par le commissaire aux comptes s'il en existe un. De même, un ou plusieurs associés détenant la moitié des parts sociales ou détenant, s'ils représentent au moins le quart des associés, le quart des parts sociales, peuvent exiger la réunion d'une assemblée. En outre, tout associé peut demander en justice la désignation d'un mandataire chargé de convoquer l'assemblée et de fixer son ordre du jour (*Dans la S.A, l'article 516 AUSCGIE cite le conseil d'administration ou l'administrateur général, le commissaire aux comptes et le mandataire de justice dont la nomination relève de la compétence du juge des référés ; Sur la nomination mandataire de justice, Tribunal régional hors classe de Dakar-audience du 28 octobre 2002-, jugement n° 1364, Papa Balle Diouf contre Mamadou Sy, Ohadata J-05-3*). En ce qui concerne les conditions de quorum, les articles 358, 359 et 360 indiquent respectivement l'exigence d'un quorum de trois quarts du capital aux mains des associés présents pour la modification des statuts ; l'unanimité pour l'augmentation des engagements des associés, la transformation de la société en société en nom collectif et le transfert du siège social dans un Etat autre qu'un Etat partie ; enfin la moitié des parts sociales pour la décision d'augmenter le capital par incorporation de bénéfices ou de réserves. Pour la S.A., l'article 553 AUSCGIE dispose « L'assemblée générale extraordinaire ne délibère valablement que si les actionnaires présents ou représentés possèdent au moins la moitié des actions, sur première convocation, et le quart des actions, sur deuxième convocation. Lorsque le quorum n'est pas réuni, l'assemblée peut être une troisième fois convoquée dans un délai qui ne peut excéder deux mois à compter de la date fixée par la deuxième convocation, le quorum restant fixé au quart des actions ». La cour d'appel d'Abidjan a prononcé la nullité d'une assemblée générale extraordinaire de S.A. et par suite les délibération y relatives, motifs pris de ce que, non seulement l'assemblée était convoquée par une personne ne justifiant d'aucune des qualités mentionnées à l'article 516 précité, mais le délai de quinze jour n'a pas été respecté, et surtout, « les actions de ceux qui ont participé à cette assemblée générale, sont sous séquestre et n'ont donc pas droit de vote » (*Cour d'appel d'Abidjan arrêt n° 1121 du 8 août 2003, Société ash international Disposal et autres c. Zokora Simplice, Ohadata J-04-99. Dans le même sens, Tribunal régional hors classe de Dakar – ordonnance de référé n° 583 du 28 avril 2003, précité*). Face à la témérité des appelants, la cour précisera plus tard que L'organe compétent pour révoquer un président directeur général et son équipe dirigeante est l'assemblée générale ordinaire (*CA d'Abidjan, arrêt n1161 du 24 octobre 2003, Sté ash international c. Kacou Maurice Xavier, Ohadata J-04-96*). Par ailleurs, les actionnaires défaillants notamment ceux d'une société anonyme qui ont signé une convention de portage d'actions et n'ont pas libéré les actions dans le délai stipulé dans la convention, sont mal fondés à convoquer une assemblée générale, convocation qui crée un trouble manifestement illicite justifiant l'intervention du juge des référés (*Tribunal régional de Niamey, ordonnance de référé n°70 du 23 avril 2001, Magagi Souna c/ Hassane Garba et autres, Ohadata J-02-35*).

Si la cession des parts sociales envers les tiers n'exige pas une délibération spéciale dans la S.A.R.L. (article 319, AUSCGIE), il faut observer que dans la S.A., certains associés doivent s'abstenir de prendre part au vote de certaines délibérations lorsqu'ils en sont les principaux intéressés. Aux termes de l'article 765 AUSCGIE, La transmission d'actions à un tiers étranger à la société, soit à titre gratuit, soit à titre onéreux, sera soumise à l'agrément du conseil d'administration ou de l'assemblée générale des actionnaires. Lorsque l'agrément est requis par le conseil d'administration, L'article 766 AUSCGIE indique clairement que « l'administrateur cédant ne prend pas part au vote ». Le tribunal de commerce de Paris, dans une espèce où à la faveur des règles de conflit de loi le droit OHADA a été retenu, en fait une remarquable application en décidant que « Attendu que, selon le procès-verbal de la réunion du conseil d'administration en date du 2 août 2000, produit aux débats, trois administrateurs représentant C., MM. V., N et S. étaient présents à cette réunion ; Que ces trois personnes répondent à la notion d' « administrateur cédant », telle que visée dans le Traité ; Qu'il n'est pas indiqué qu'ils n'ont pas pris part au vote de la résolution du conseil, relative à la cession par C., de ses actions ; Que la résolution visée est donc frappée de nullité, en vertu du droit camerounais, auquel G. Cameroun est soumise » (*Tribunal de commerce de Paris, 07 novembre 2001, C…c/ X…, Le Juris Ohada, n° 2/2003, p. 55, note Alain Fénéon*)

D'après les faits de l'espèce commentée, l'assemblée générale a certes été convoquée par l'un des gérants, mais les associés A. Cisse, D. Cisse et M.E Béchir Sissoko n'ont pas été convoqués. Pire, le procès verbal litigieux indique leur participation. Il est vrai qu'une procédure d'inscription de faux pouvait être engagée à l'encontre d'un acte pareil. Mais la matière commerciale offrant des solutions directes, il n'était plus opportun de s'encombrer d'une procédure préalable. Toutefois et pour aller plus loin, le co-gérant Mody Keita, sur le plan personnel cette fois, peut être poursuivi pénalement pour faux, car le procès verbal litigieux semble fictif. Il y a là manifestement une volonté de ne pas voir les associés en question participer à l'assemblée litigieuse, suivie d'une malice de régularisation dans le procès verbal final. Au moyen de cette procédure, les associés belliqueux peuvent arguer l'application de l'article 892 de l'Acte uniforme qui consacre une infraction spéciale visant les dirigeants qui auront empêché un actionnaire ou un associé de participer à une assemblée.

II. La faculté d'annulation des résolutions issues d'une assemblée générale irrégulière

C'est au niveau du sort réservé aux résolutions de l'assemblée litigieuse que les juges étaient réellement attendus. Sur la question spécialement, l'acte uniforme ne prescrit pas une nullité de plein droit sauf lorsque la convocation n'indique pas l'ordre du jour par exemple (*art. 338 al. 2*). Même dans cette hypothèse, il convient d'être prudent sur la nature du point litigieux non inscrit à l'ordre du jour. Dans une espèce, le tribunal régional hors classe de Dakar décide « Qu'il n'est utile de fixer dans l'ordre du jour le point sur la révocation du gérant, celui-ci pouvant être évoqué dans les questions diverses, sous réserve seulement que le quorum nécessaire à l'examen de ce point soit atteint ; Que les associés, qui se sont prononcés sur la révocation du gérant, détenant plus de la moitié du capital, il échet dès lors, l'assemblée générale ayant été régulièrement convoquée, de rejeter les demandes en annulation de l'assemblée générale du 28 juillet 2001 » (*Tribunal régional hors classe de Dakar, jugement n° 327 du 19 février 2003, Pèdre Diop contre Oumar Seck et BAG SARL, Ohadata J-03-180*).

« L'assemblée peut être annulée ». En effet non seulement la nullité ne peut trouver sa source que dans la violation d'une disposition législative expresse ou impérative mais encore, même si une violation a été commise, et n'a pas été régularisée, le tribunal pourra refuser de prononcer la nullité. L'Acte uniforme confère aux juges en cette matière un pouvoir d'appréciation de l'opportunité ou non du prononcé de la nullité. Cette démarche s'inscrit sur le plan d'ensemble, s'agissant des sanctions des irrégularités dans les sociétés commerciales, de l'évolution issue du droit OHADA tendant vers recul des nullités *(articles 242 al. 1er, 244 et 245 AUSCGIE)*.

Cependant, le juge ne peut exercer sa faculté d'appréciation opportuniste des conséquences d'une irrégularité formelle que si la nullité en cause est relative (*Claude Champaud et Didier Danet, op. cit)*. Si le vice a une portée générale comme l'absence de convocation d'un associé, le juge ne pourrait pas assimiler ce cas à une convocation irrégulière pour user de la faculté que lui laisse l'article 339 AUDSCGIE. En effet, dans cette dernière hypothèse, la nullité peut être demandée même par les associés qui ont été régulièrement convoqués. Comme le note Y. Guyon dans une affaire se posant dans une société anonyme, la solution peut surprendre. Elle est néanmoins justifiée, car les actionnaires présents ou représentés à l'assemblée ont pu voter contre une résolution qui n'a été adoptée qu'en raison de la non convocation et donc de la non participation au vote d'autres opposants (*Y. Guyon, note sous Cass. 3e Civ., 21 oct. 1998, JCP 1999, II, 10015*). En l'espèce, les associés concernés n'ont pas participé à l'assemblée mais ont vu leur nom figurer sur le procès verbal final. Il y a donc manifestement une volonté malicieuse, une fraude ou un artifice ayant consisté à empêcher ces associés d'assister à l'assemblée. Cette attitude étant constitutif d'un délit nouveau institué par l'acte uniforme relatif au droit des sociétés commerciales (*art. 892*), il était cohérent que pareil comportement soit frappé de nullité. Les faits de l'espèce ne permettent pas de ressortir le poids financier des associés belliqueux. Mais si ces associés ne disposent pas d'une minorité de blocage, il demeure que leur droit fondamental de participation aux assemblées connaît une atteinte même s'ils n'ont pas un nombre de voix suffisant pour influencer le sens du scrutin.

Il reste que la loi ouvre largement la possibilité de réparer les nullités en matière de sociétés puisque les actions qu'elles commandent sont éteintes lorsque la cause de nullité a cessé d'exister au jour où le tribunal statue sur le fond en première instance, sauf si cette nullité est fondée sur le caractère illicite de l'objet social (*art. 246 AUDSCGIE*). On en arrive à un affinement des sanctions judiciaires et leur adaptation à la situation juridique qu'elles viennent traiter (*P. Le Cannu, Droit des sociétés, 2e éd., Montchrestien 2003, n° 466 ; V.L. Grosclaude, Le renouvellement des sanctions en droit des sociétés, Thèse Paris I, 1997)* L'objectif est de favoriser la réparation spontanée du vice invoqué. Dans ce sens, lorsque le vice est relatif à l'irrégularité formelle de convocation des associés à une assemblée générale, l'article 339 dispose que « l'action en nullité n'est pas recevable lorsque tous les associés étaient présents ou représentés ». Cette disposition est reprise à l'article 515 de l'Acte uniforme sur les sociétés commerciales. Le tribunal de première instance d'Abidjan a fait une application de cette prescription en décidant que « tous les actionnaires ayant été présents ou représentés à l'assemblée générale du 14 septembre 1998, il y a lieu de déclarer irrecevable l'action en nullité exercée par certains actionnaires contre les délibérations de cette assemblée » (*TPI Abidjan, n° 1245 du 21 juin 2001, Michel Jacob et autres c/ Société sScierie Bandama-Etablissements Jacob et autres, Ohadata J-02-19*).

La demande en nullité de l'assemblée générale étant introduite, on peut comprendre que le juge des référés soit saisi afin de prononcer la suspension de l'exécution des résolutions litigieuses. Il a notamment été décidé que L'exécution de résolutions prises à l'issue d'une assemblée générale doit être suspendue le temps de vérifier et d'établir leur pertinence, dès lors que ces résolutions, qui font l'objet de contestation et de suspicion quant à leur régularité et leur validité, ont été prises par un seul associé détenant seulement 10 % des parts sociales et qu'au surplus, le juge du fond a été saisi pour leur annulation (*Tribunal Régional de Niamey - Ordonnance de référé n° 245, 22 octobre 2002,Abbas Hammoud c. Jacques Claude Lacour et Dame Evelyne Dorothée Flambard, Ohadata J-04-80*). Toutefois, si le juge des référés est compétent pour connaître des demandes en suspension de résolutions litigieuses, il demeure qu'il est incompétent pour connaître des demandes en nullité de ces résolutions. La raison simple et évidente tient en ceci que la mise en œuvre d'une telle compétence passe forcément par l'appréciation des statuts, ce qui n'est pas de sa compétence (CA *d'Abidjan, 5ème Chambre civile et commerciale arrêt n° 32, 13 janvier 2004 , T.W et autres c. K.B et K.A.L, Le Juris Ohada, n° 4/2004, octobre-décembre 2004, p. 59 ; Cour d'appel de Dakar, arrêt n° 564 26 décembre 2003, Bara Tall c. Cheikh Tall Dioum – Youssou Ndour, Ohadata J-05-102).*

René Njeufack Temgwa,
Chargé de cours, Université de Dschang.

CCJA, arrêt n°042/2008, 17 juillet 2008
Société LEV-Cote d'Ivoire dite LEV-CI SA c/ Monsieur Peled Nathan

(...)

Sur la recevabilité du recours

Vu les articles 465, 480, 487 de l'Acte uniforme relatif au droit des sociétés commerciales et du groupement d'intérêt économique;

Vu les articles 24.3 et 25.2 des statuts de la société LEV-CI ;

Attendu que Monsieur Nathan Peled, défendeur au pourvoi, dans son mémoire en réplique de cassation, enregistré au greffe de la cour de céans le 28 novembre 2006, demande de déclarer irrecevable le recours en cassation formé par LEV-CI au motif que le président du conseil d'administration, en l'espèce le nommé Nembelessini Siliue Victor Jérôme n'a pas qualité à agir en justice au nom de la société anonyme ; que le demandeur au pourvoi précise que le droit de représenter la société anonyme qu'est LEV-CI est dévolu au directeur général, par application des dispositions de l'article 487 alinéa premier de l'Acte uniforme relatif au droit de sociétés commerciales et du groupement d'intérêt économique et de l'article 25.2 alinéas 1 et 2 des statuts de LEV-CI, lequel reprend les dispositions de l'article 487 sus indiqué en des termes identiques; que toujours selon le défendeur au pourvoi, à contrario, les attributions du président du conseil d'administration, telles qu'elles ressortent de l'article 480, alinéas 1 et 2 de l'Acte uniforme sus indiqué et de l'article 24-3 des statuts de LEV-CI ne lui permettent pas de représenter la société anonyme; qu'enfin, le défendeur au pourvoi déduit des textes sus indiqués que le pouvoir de représentation juridique de la société est dévolu au directeur général de la société anonyme, de sorte que l'action de LEV-CI étant initiée par son président du conseil d'administration alors que ce dernier n'a pas qualité pour la représenter en justice, LEV-CI SA a exposé son recours à l'irrecevabilité.

Attendu, d'une part, que les articles 465, 480 et 487 de l'Acte uniforme susvisé disposent respectivement que « le président directeur général préside le conseil d'administration et les assemblées générales ».

Il assure la direction générale de la société et représente celle-ci dans ses rapports avec les tiers... », « le président du conseil d'administration préside les réunions du conseil d'administration et des assemblées générales. Il doit veiller à ce que le conseil d'administration assume le contrôle de la gestion de la société confiée au directeur général... » et « le directeur général assume la direction générale de la société. Il la représente dans ses rapports avec les tiers... » ; que d'autre part, les articles 24.3 et 25.5 des statuts de LEV-CI SA stipulent respectivement que « le président du conseil d'administration préside le conseil d'administration et les assemblées générales.

Il doit veiller à ce que le conseil d'administration assume le contrôle de la gestion de la société confiée au directeur général... » et « le directeur général assure la direction générale de la société ». Il représente la société dans ses rapports avec les tiers... » ;

Attendu qu'il résulte de l'examen des dispositions sus énoncées des articles précités que dans une société anonyme, seul le président directeur général a la qualité de représentant légal ou statutaire et a donc de ce fait qualité pour agir en justice notamment pour former pourvoi en cassation au nom de ladite société anonyme ; que LEV-CI SA ayant opté, de par ses statuts, pour la formule de société anonyme avec conseil d'administration, c'est le directeur général qui a la qualité de représentant légal ou statutaire et a donc de ce fait qualité pour agir en justice ;

Attendu qu'il ressort de la requête aux fins du recours en cassation reçu au greffe que la cour de céans le 27 juin 2006 que ledit recours a été introduit « à la requête de la société LEV-Cote d'Ivoire... prise en la personne de son représentant légal Monsieur Nembelessini-Silue Victor Jérôme, son président de conseil d'administration » ; que le président du conseil d'administration n'est pas le représentant légal de LEV-Côte d'Ivoire SA et n'a donc pas qualité pour former pourvoi en cassation au nom de la société s'il n'a reçu un pouvoir spécial donné à cet effet par le représentant légal ; qu'il échet en conséquence de déclarer irrecevable, pour défaut de qualité à agir, le pouvoir formé par Monsieur Nembelessini-Silue Victor Jérôme, président du conseil d'administration, au nom de LEV-Côte d'Ivoire SA...

OBSERVATIONS

A peu de nuances près, la règle est connue, singulièrement depuis l'entrée en vigueur de l'Acte uniforme relatif au droit des sociétés commerciales et du groupement d'intérêt économique que, comme les autres sujets de droit, les sociétés commerciales sont dotées d'une personnalité juridique qui leur confère, entre autres attributs, la capacité d'exercice. Constituant un « corpus mysticum », selon l'expression d'un auteur (*Guyon, Droit des affaires, tome 1, 11ème éd., Economica, Paris 2001, p. 194, n°190)*, elles doivent cependant avoir recours aux personnes physiques pour mettre en œuvre leurs droits et, plus globalement, se mettre en rapport avec les tiers.

Si telle est la règle, il n'est pas rare, dans les milieux d'affaires, que cette construction apparemment simple soit à l'origine de querelles aiguës dont l'issue est presque toujours judiciaire. C'est du moins le tableau qu'offre l'arrêt n°042/2008 du 17 juillet 2008, rendu par la première Chambre de la Cour commune de justice et d'arbitrage.

Les données de cette espèce sont les suivantes : le 3 mars 2006, Monsieur Peled Nathan assigna la Société LEV-Côte d'Ivoire, dite LEV-CI SA, d'avoir à comparaître par devant le juge de l'urgence du tribunal de première instance d'Abidjan pour entendre désigner un expert comptable dont la mission serait non seulement d'auditer les comptes de l'entreprise visée, les décisions et pratiques des dirigeants des banques tenant des comptes à son profit ; mais aussi son maintien en tant que directeur général de la société LEV-Cote d'Ivoire.

Par ordonnance n° 345 en date du 16 mars 2006, le juge des référés fit droit à cette demande Sur appel relevé de l'ordonnance précitée, la cour d'appel d'Abidjan déclara irrecevable la requête de la société LEV-Cote d'Ivoire, motif pris de ce qu'elle avait été saisie par le dénommé Léandre Assie Kadio, directeur général adjoint de l'entreprise concernée.

Insatisfaite par la teneur de cet arrêt en date du 18 avril 2006, LEV-Côte d'Ivoire SA porta l'affaire à la connaissance de la Cour commune de justice et d'arbitrage. Devant la Haute juridiction communautaire, la partie adverse observa pour sa part, dans ses conclusions en réplique, que le pourvoi devait être déclaré irrecevable car ayant été introduit par le président du conseil d'administration qui n'est pas le représentant légal du demandeur.

A l'examen, la Cour commune de justice et d'arbitrage avait à se prononcer sur le point de savoir qui détient le pouvoir de représentation au sein de la société anonyme et, par ricochet, la qualité pour agir au nom de celle-ci. Indirectement, cela revenait à délimiter respectivement les attributions du président du conseil d'administration d'une part, du président directeur général ou du directeur général d'autre part.

A dire vrai, cet exercice d'un genre nouveau dans nombre de pays africains était déjà très pratiqué en France. Il y avait été introduit à la faveur des exigences du gouvernement d'entreprise, contenues dans la loi relative aux nouvelles régulations économiques du 15 mai 2001, dite loi NRE. De l'avis des commentateurs de ce texte, il se serait agi, à travers cette réforme, de revaloriser les fonctions de direction, de redéfinir les compétences des instances dirigeantes, d'accentuer la liberté d'organisation de la direction de la société anonyme. C'est qu'en effet, le constat avait été fait qu'un nombre important de dirigeants cumulaient trop de mandats pour les exercer réellement et efficacement, percevaient des rémunérations très élevées et parfois occultes, disposaient de pouvoirs étendus voire illimités (*sur l'ensemble, voir not. D. Bureau, « La loi relative aux nouvelles régulations économiques, aspects de droit des sociétés », Bull. Joly, 2001, p. 553 et s. ; B. Saintourens, « Les organes de direction de la société anonyme après la loi relative aux nouvelles régulations économiques », Revue des sociétés 2001, chon., p. 515 et s.)*

Quoi qu'il en puisse être, apportant réponse à la question soumise à sa sagacité, la CCJA estime que « ...le président du conseil d'administration n'est pas le représentant légal de LEV Côte d'Ivoire SA et n'a donc pas qualité pour former un pourvoi en cassation au nom de la société s'il n'a reçu un pouvoir spécial donné à cet effet par le représentant légal ; qu'il échet en conséquence de déclarer irrecevable, pour défaut de qualité pour agir, le pourvoi formé par Monsieur Nembelessini-Silue Victor Jérôme, président du conseil d'administration, au nom de LEV Côte d'Ivoire SA ».

Deux leçons essentielles, apparemment contradictoires, sont à retenir de cet extrait de l'arrêt 042/2008 du 17 juillet 2008. La première est que, au sein d'une société anonyme, seul le président directeur général ou le directeur général a la qualité de représentant légal. La seconde est qu'il peut néanmoins être porté atteinte à l'exclusivité de ce pouvoir légal de représentation dont dépend la qualité pour agir des dirigeants sociaux.

I. L'exclusivité du pouvoir légal de représentation et de la qualité pour agir au nom de la société anonyme

A s'en tenir aux principes posés à l'article 414 de l'Acte uniforme relatif au droit des sociétés commerciales et du groupement d'intérêt économique, le mode d'administration de la société anonyme est déterminé par les associés. Idéalement, ils le font à l'occasion de l'élaboration des statuts ou, plus précisément, de leur signature. Ils peuvent cependant aussi le faire en cours de vie sociale, dans le cadre d'une assemblée générale extraordinaire. Dans l'une ou dans l'autre hypothèse, leur marge de manœuvre n'est pas illimitée. La loi leur offre de choisir l'une des deux formules qu'elle prescrit, à savoir la société anonyme avec administrateur général ou la société anonyme avec conseil d'administration.

La question de savoir qui détient le pouvoir juridique de représentation et le droit d'action qui lui est inévitablement lié ne s'est jamais posée dans la société anonyme avec administrateur général. C'est que, dans l'esprit du législateur et dans la pratique aussi, cette forme sociale est réservée aux personnes qui, songeant à créer une société anonyme, entendent, pour une raison ou pour une autre, conserver le pouvoir politique au sein de celle-ci. Il s'agit donc presque toujours d'une entreprise comprenant un petit nombre d'associés qui n'envisagent pas, ou pas encore, d'ouvrir son capital. Y penseraient-ils qu'ils auraient néanmoins constitué un conseil d'administration. En effet, en s'intéressant de près au contenu de l'article 494 de l'Acte uniforme précité, il apparaît nettement que les sociétés anonymes créées par un nombre d'actionnaires égal ou inférieur à trois ont la « faculté » de ne pas avoir de conseil d'administration. Elles ont alors à leur tête un administrateur général qui, selon toute probabilité, est l'un des actionnaires. Ayant légalement la qualité de représentant de l'entreprise, celui-ci ne court pas, à bien regarder, le risque de subir une quelconque concurrence dans l'exercice de ses attributions.

Lorsque la société anonyme a un conseil d'administration, sa gestion et sa direction n'incombent plus à proprement parler à un seul individu. Ici en effet, la direction est assumée soit par un président directeur général, soit par un président du conseil d'administration et un directeur général (art. 415). Dans ce contexte de juxtaposition de compétences considérées comme complexes par ceux qui procèdent à des comparaisons avec le fonctionnement d'autres structures à l'instar de la société en nom collectif ou de la société en commandite simple, il ne semble pas choquant que la préoccupation soit de savoir qui du président du conseil d'administration, du président directeur général ou du directeur général est son représentant légal et, comme tel, a qualité pour agir au nom de la société. Cette préoccupation est d'autant plus opportune que quelques-unes des prévisions de l'Acte uniforme (articles 435 alinéa 1, 465 alinéa 3, 487 alinéa 2) laissent croire, malgré la répartition des rôles, que le conseil d'administration, le directeur général ou le président directeur-général sont investis des « pouvoirs les plus étendus » pour agir en toutes circonstances au nom de la société.

Interpellée à ce sujet, la réponse de la CCJA, livrée dans son arrêt du n° 042/2008 du 17 juillet 2008, est univoque : « seul le président directeur général ou le directeur général a la qualité de représentant légal ou statutaire et a donc de ce fait qualité pour agir en justice ». Pour en arriver à une telle conclusion, elle fait appel, s'agissant du président directeur général, à l'article 465, lequel souligne non seulement qu'il préside le conseil d'administration et les assemblées générales, mais ajoute qu' « il assure la direction générale de la société et représente celle-ci dans ses rapports avec les tiers ». S'agissant du cas du directeur général, elle s'appuie sur le contenu de l'article 487 alinéa 1, lequel pose en règle que « le directeur général assure la direction générale de la société. Il la représente dans ses rapports avec les tiers ».

S'il est constant que seul le président directeur général ou le directeur général a qualité pour saisir les tribunaux au nom de la société anonyme, il faut en inférer quatre choses, en réalité des enseignements.

Le premier enseignement, qui ne se découvre qu'à l'occasion d'une lecture au second degré de l'arrêt commenté, c'est que l'idée d'une représentation de la société et celle du droit d'agir en son nom ne devrait se concevoir que dans l'hypothèse où cette dernière a acquis sa personnalité juridique. En effet, lorsqu'il y a eu création d'une société sans que cette dernière fasse l'objet d'une immatriculation au registre du commerce et du crédit mobilier, chaque associé contracte en son nom personnel. Tel est du moins le sens de l'article 861 alinéa 1 de l'Acte uniforme relatif au droit des sociétés commerciales et du groupement d'intérêt économique que n'a jamais démenti la jurisprudence (*Daloa, arrêt n°35, 4 fév. 2004, CIB c. D. B., www.ohada.com, ohadata, J-04-393 ; CA Bobo Dioulasso, arrêt n°23 du 20 avril 1998, SHSB-CITEC c.*

l'Aiglon SA, www.ohada.com, ohadata, J-02-55. Adde : CCJA, n° 023, 31 mars 2005, Westport-CI c. Le Mans assurances internationales, Rec. n°5, janv.-juin 2005, p. 16; n°3/2004, 8 janv. 2004, soc. Innovest Industrie Congo SA c. Soc. Man Faltal, Rec. CCJA n° 1, janv.-mars 2004, p. 11 et s. ; n°005/2002, 10 janv. 2002, Soc. Industrielle et commerciale du Cameroun c. Soc. Pierson Meunier Cameroun, Rec. spécial, janv. 2003, p. 7 et s.)

Le deuxième enseignement, non moins important, c'est que dès lors que des organes de représentation existent ou ont été désignés, il n'est plus concevable que des actionnaires, agissant isolément, engagent l'entreprise ou estent en justice en son nom. A contrario, cela signifie bien que, avant la constitution de la société constatée par la signature de ses statuts, les pères fondateurs ont le pouvoir de l'engager et de la représenter. Ils le feront d'autant plus fréquemment que la procédure d'immatriculation est réputée longue; que l'entreprise est tenue au préalable d'avoir un siège social, ce qui suppose assez couramment, avant son immatriculation, la conclusion d'un contrat de bail où ce siège sera établi.

Cela dit, et on ne le sait que trop, les actes conclus par les initiateurs de l'entreprise devront être portés à la connaissance des autres associés et approuvés par eux avant la signature du pacte social ou lors de l'assemblée générale constitutive. Dans l'hypothèse légèrement différente d'une entreprise déjà créée et en attente d'immatriculation, les associés peuvent, dans les statuts ou par acte séparé, habiliter un ou plusieurs dirigeants sociaux à agir pour le compte de l'entreprise constituée, mais non encore immatriculée. Ici aussi, la règle est connue, l'immatriculation survenant après le mandat emporte reprise, dès l'origine, des actes et engagements conformes au mandat reçu.

Le troisième enseignement, issu d'une lecture au second degré de l'arrêt rapporté, c'est que si un directeur général adjoint a été désigné afin d'assister le président directeur général ou le directeur général, cette désignation ne suffit pas à lui attribuer le pouvoir de représentation et la qualité pour agir au nom de la société. Ces prérogatives ne pourraient lui échoir que soit dans l'hypothèse où une délégation spéciale de fonctions a été consentie par le président directeur général ou le directeur général, soit lorsque le conseil d'administration a résolu que le directeur général adjoint devra prêter main forte chaque fois qu'il faudra agir au nom de la société devant les cours et tribunaux.

Le quatrième enseignement, dans le prolongement du précédent, c'est que le président du conseil d'administration ne devrait pas concurrencer les organes de représentation de l'entreprise auxquels ont été confiées des fonctions exécutives et, à travers elles, le droit d'action. C'est en tout cas le raisonnement que développe la première Chambre de la CCJA dans l'arrêt rapporté. Elle soutient, suivant en cela l'argumentation du défendeur au pourvoi que, telles qu'elles ressortent de l'article 480 de l'Acte uniforme, les attributions du président du conseil d'administration ne lui permettent guère de représenter l'entreprise. Et précisément, en consultant de manière cursive l'article visé, on ne peut ne pas approuver cette analyse. Il y est en effet écrit, mot pour mot : « le président du conseil d'administration préside les réunions du conseil d'administration et les assemblées générales », « il doit veiller à ce que le conseil d'administration assume le contrôle de la gestion de la société confiée au directeur général ». Son rôle n'est donc pas et ne saurait être d'engager l'entreprise à l'égard des tiers ou de défendre directement et par lui-même les intérêts de celle-ci devant les tribunaux (*CA Littoral, Maîtres Douala Moutomé, Patrice Monthé et autres c. Bénéficial Life insurance SA, ord. n° 197/CC/PCA/DLA, 22 sept. 2003, www.ohada.com, ohadata, J-06-97, Juridis Périodique n° 77, janv.- mars 2009, obs. R. Nemedeu, p. 41 et s. ; CA Ouagadougou, arrêt n°84, 21 nov. 2003, Soc. Sahel compagnie dite SOSACO, c. syndics liquidateurs de SOSACO, www.ohada.com, ohadata, J-04-369).*

Une certitude est acquise, c'est que la séparation des pouvoirs au sein de la société anonyme ne date pas d'aujourd'hui. Dès 1946, c'est-à-dire avant l'avènement de la loi NRE, elle avait été consacrée par l'arrêt Société de teinturerie contre Motte (*Civ., 4 juin 1946, JCP éd. G, 1946, II, 3518, note Bastian*). Dans cette espèce, la Cour de cassation française approuvait une juridiction d'appel d'avoir annulé la résolution d'une assemblée générale ayant investi un président directeur général de l'ensemble des attributions qui, théoriquement, sont celles du conseil d'administration. Plus récemment, en France toujours, appelée à se prononcer sur la question de savoir si un président de conseil d'administration peut exercer les fonctions de directeur général délégué, la cour d'appel de Lyon avait estimé, dans un arrêt du 25 sept. 2003 *(Revue des sociétés 2004, chron., p. 881, note P.-H. Conac)*, que le cumul des deux fonctions est incompatible en raison de l'existence de ce qu'il n'est plus inconvenant de qualifier d'« ordre public sociétaire» *(P.-H. Conac, note sous Lyon, 25 sept. 2003, op cit.)*.

En Afrique, dans l'ère géographique que couvre l'OHADA, la répartition des tâches entre les composantes de l'exécutif dans la société anonyme avait également, bien que de manière indirecte, préoccupé la CCJA. L'illustration la plus éloquente en est l'avis n°002/2001/EP du 26 avril 2000 *(Rec spécial, janv. 2003, p. 73 et s.)* où il avait été décidé, dans le ton d'une pétition de principe, que les prévisions de l'Acte uniforme relatif au droit des sociétés commerciales et du GIE sont d'ordre public; qu'il ne pourrait y être dérogé que dans les cas de figure prévus par le législateur communautaire lui-même. Sans doute faudrait-il souligner, pour faciliter la compréhension de cette décision, qu'elle a été rendue suite à une requête d'avis consultatif introduite par la République du Sénégal où on se demandait, étant entendu que l'Acte uniforme précité ne prévoit pas expressément l'institution d'un poste de vice-président dans la société anonyme, s'il est néanmoins possible de l'envisager. La solution ainsi dégagée avait au demeurant été réitérée dans un autre avis de la haute cour, n° 001/2001/EP, en date du 30 avril 2001 (*Rec spécial, janv. 2003, p. 74 et s.), puis dans un arrêt n°022/2003 du 6 nov. 2003 (BIAO-CI c. Nouvelle scierie d'Agnibilékro, Nouhad Wahad, Nouhad Wahad Rachid, Rec. n°22, juil. déc. 2003, p. 13 et s.).* La jurisprudence des juridictions nationales était dans le même sens : à maintes reprises, ces dernières avaient déclaré irrecevables, pour défaut de qualité du représentant de la partie demanderesse, les actions introduites par d'autres organes intervenant dans la direction des sociétés anonymes exploitant l'activité de crédit, le directeur du risque et du crédit dans l'immense majorité des cas (*Voir not.: Daloa, arrêt n°35, 4 fév. 2004, CIB c. D. B., préc. ; CA Abidjan, arrêt n°967, 26 juil. 2002, BIAO-CI c. Nouvelle scierie d'Agnibilékro et Nouhad Wahad Rachid, www.ohada.com, ohadata, J-03-26).* Ce faisant elles perpétuaient à leur tour, sans en avoir conscience on s'en doute, la confusion entretenue par la CCJA entre la qualité et le pouvoir. En effet, il est assez bien connu, en droit processuel, que la qualité appartient à celui qui est susceptible d'invoquer en justice un droit dont il demanderait la sanction, qu'elle ne s'envisage qu'au regard de sa personne. Aussi s'explique t-il qu'elle représente une condition de l'action et ne donne lieu à aucune dispute lorsque le titulaire du droit litigieux entend saisir lui-même les tribunaux. En revanche, la notion de pouvoir se dévoile lorsque ce dernier n'a pas le projet d'exercer personnellement son droit d'action ou, plus généralement, lorsqu'un individu a recours au juge afin de défendre les intérêts d'autrui. Le représentant qu'il désigne doit alors justifier d'un pouvoir et non de la qualité pour agir *(G. Couchez, Procédure civile, 14ème éd., Sirey, Paris 2006, p. 160, n° 156).*

Reste à savoir, même simplement à titre d'information, dans quelles proportions le représentant légal pourrait engager l'entreprise.

Dans l'affaire opposant la Société LEV-Côte d'Ivoire à Nathan Paled, la CCJA ne s'y est pas ouvertement penchée, l'enjeu ayant davantage été déporté sur le terrain de la qualité pour agir. Pour autant, ce débat n'a pas été occulté. Il suffit, pour s'en convaincre, de se souvenir que l'affaire est partie d'une demande visant, entre autres, à auditer des décisions et pratiques concernant LEV-Côte d'Ivoire SA, l'idée étant d'apprécier la légitimité de la révocation du directeur général de cette entreprise. D'ailleurs, en concluant à l'irrecevabilité du pourvoi, la Cour commune de justice et d'arbitrage ralliait tacitement le point de vue des juges du fond qui, il faut le rappeler, avaient chacun à son tour fait droit à la requête de Monsieur Nathan Peled en ordonnant l'expertise comptable sollicitée et en le maintenant dans ses fonctions.

Le législateur n'a cependant pas perdu de vue le danger qu'il y aurait eu à ne pas limiter le champ d'action des bénéficiaires du pouvoir de représentation. Aussi a-t-il prévu, à l'alinéa 3 des articles 465 et 487, que, certes ils sont investis des pouvoirs les plus étendus dans l'exercice de leurs fonctions, mais que la règle ne vaut que dans la limite de l'objet social et sous réserve des compétences expressément attribuées aux assemblées d'associés ou spécialement réservées au conseil d'administration par des dispositions légales ou statutaires.

Quel est alors le sort des engagements pris par un représentant légal irrégulièrement désigné ou par un dirigeant régulièrement désigné mais qui aurait violé les statuts ou excédé les limites de l'objet social ? Les éléments de réponse se trouvent :

- à l'article 124 de l'Acte uniforme, lequel exige que « la désignation, la révocation ou la démission des dirigeants sociaux doit être publiée au registre du commerce et du crédit mobilier ». Il s'en dégage que la publicité au registre du commerce et du crédit mobilier rend régulière toute désignation d'un représentant légal; qu'elle a vocation à purger les vices éventuels susceptibles d'entacher l'élection de celui-ci *(Ph. Merle, Droit commercial. Sociétés commerciales, Précis Dalloz, 9ème éd., Paris, 2003, p. 124, n°95);*
- à l'article 121 de l'Acte uniforme (repris, dans le contexte spécifique de la société anonyme, aux articles 435 alinéa 4, 465 alinéa 4, 488 alinéa 1) selon les termes duquel, « à l'égard des tiers, les organes de gestion, de direction et d'administration ont...pour chaque type de société, tout pouvoir pour engager la société, sans avoir à justifier d'un mandat spécial. Toute limitation de leurs pouvoirs légaux par les statuts est inopposable aux tiers » sauf cas de collusion frauduleuse entre ceux-ci et ceux-là. Les tiers n'ont donc pas d'autre obligation que celle de s'assurer que l'identité de celui qui prétend agir en tant que représentant est bien celle qui est publiée au registre du commerce et du crédit mobilier *(Com., 26 nov. 1996, Rev. Soc. 1997, p. 113 et s., note J.-F. Barbieri).* La rapidité et la sécurité des transactions en dépendent d'une certaine manière.

II. Les atteintes au pouvoir légal de représentation et à la qualité pour agir au nom de la société anonyme

Il n'a jamais été contesté au titulaire d'un pouvoir, quel qu'il soit, le droit de se substituer un tiers pour agir en son nom et pour son compte. La solution est particulièrement opportune dans les milieux d'affaires où il n'est pas rare que la même personne cumule différentes responsabilités en tant qu'administrateur, représentant légal ou, plus globalement, en tant que dirigeant. Au moins pour cette raison, il n'est pas surprenant que la Cour commune de justice et d'arbitrage ait jugé, dans l'arrêt n° 042/2008 au centre de l'analyse, ce qui suit : « le président du conseil d'administration n'est pas le représentant légal ... et n'a donc pas qualité pour former pourvoi en cassation au nom de la société s'il n'a reçu un pouvoir spécial donné à cet effet par le représentant légal ».

La formule doit bien être comprise. Sur le plan des principes, la règle demeure que seuls le président directeur général et le directeur général sont les représentants légaux de la société anonyme et les titulaires du droit d'action lorsque ses intérêts sont en cause. Toutefois, parce qu'il est impossible pour le même individu d'être partout à la fois et de tout faire simultanément, dans la mesure où les tâches de gestion et de direction n'ont pas été dissociés dans le droit OHADA qui admet et organise une concentration de pouvoirs et un cumul de fonctions en tant qu'administrateur ou dirigeant de plusieurs entreprises, parce que l'exercice des tâches d'administration ou de gestion n'est restreint par aucune limite d'âge qui s'imposerait à ceux en ayant la charge, les dirigeants ont la latitude de donner procuration à toute personne à l'effet de défendre en justice les intérêts de l'entreprise. En théorie, il peut notamment s'agir du président du conseil d'administration, du directeur du risque et du crédit, du directeur de la logistique qui, alors, acquièrent la qualité pour agir en vue de la défense des droits de la société (*implicitement, voir not. CA Abidjan, arrêt n°967, 26 juil. 2002, BIAO-CI c. SNS Agnibilékro SDA et Nouhad Wahad Rachid, préc. ; TRHC Dakar, n° 1832, 7 déc. 1999, Ibrahima Diallo et Mariama Kasso Diallo c. Mobil oïl Sénégal, www.ohada.com, ohadata, J-04-25)*.

Sauf à se demander, cela réservé, quelle est la spécificité d'un tel mandat. Dans l'arrêt n°024/2008, aussi bien que dans d'autres espèces *(n° 022/2003 du 6 nov. 2003, BIAO-CI c. Nouvelle scierie d'Agnibilékro, Nouhad Wahad, préc.)*, la Cour commune de justice et d'arbitrage répond sans ambages qu'il s'agit d'un pouvoir spécial. Est spécial, selon les termes de l'article 1987 du Code civil, toute procuration accordée pour « une affaire ou certaines affaires seulement ». La spécialité se situe donc, à l'examen, à un double plan : quant aux personnes d'une part ; quant aux actes d'autre part. Il s'ensuit, très logiquement, que la délégation ne devrait pas être verbale, puisqu'il est de la plus haute importance qu'elle fournisse des indications détaillées au sujet du bénéficiaire et des missions qui seront les siennes. Par conséquent, il devrait être relativement facile de savoir si celui qui en a profité n'a pas transgressé les limites à lui assignées.

Le point a pourtant encore récemment été discuté de savoir si celui qui a reçu un pouvoir spécial donné par le représentant légal de l'entreprise est lui-même habilité à procéder à une délégation qui permettrait à une troisième personne de pouvoir ester en justice pour défendre les droits de la société concernée.

Il n'est pas sûr, à la seule lecture des données de l'espèce examinée, que les hauts magistrats y aient clairement apporté réponse. On découvre seulement, en s'intéressant à la décision rendue par la cour d'appel d'Abidjan, que la fin de non recevoir soulevée par l'intimé avait favorablement été accueillie par les juges qui estimaient que leur saisine émanant du directeur général adjoint de la société anonyme LEV-Côte d'Ivoire SA était irrégulière. Cela signifie, en d'autres termes, que ce dernier n'avait reçu procuration ni des représentants légaux, ni de leurs mandataires. Pareillement, devant la CCJA, lorsqu'il est décidé que le président du conseil d'administration n'a pas qualité pour agir en justice, il n'est pas non plus contestable que l'hypothèse en cause est celle où ce dernier n'a été mandaté ni directement par le président directeur général ou le directeur général, ni indirectement par un tiers qui tiendrait de l'un ou de l'autre de ces organes un quelconque mandat.

En tout état de cause, le mérite revient à la CCJA d'avoir pris position sur ce problème délicat dans un précédent arrêt qui, malheureusement, n'a pas alimenté les discussions doctrinales. Ayant hérité du directeur général le droit défendre devant les cours et tribunaux les intérêts d'une banque, le directeur du risque et du crédit de ladite entreprise s'était à son tour substitué un tiers pour ester en justice au nom de l'établissement bancaire visé. Invitée à éclairer l'opinion à propos de la validité du procédé, la réaction de la Cour commune de justice et d'arbitrage, exprimée dans son arrêt n° 033/2007 du 22 novembre 2007, Compagnie des transports commerciaux dite Cotracom et Aminata Youssouf c. Banque internationale de l'Afrique de l'ouest-Côte d'Ivoire, dite BIAO-CI (*Rec. n°10,* juil. déc. *2007, p. 23 et s.),* fut des plus claires : « ...le pouvoir spécial du 18 février 2004, pour avoir été donné par le directeur général..., représentant légal, d'agir et comparaître en justice au nom de la société, transiger, compromettre, faire exécuter toute décision de justice..., est parfaitement régulier, les dispositions de l'article 487 de l'Acte uniforme relatif au droit des sociétés commerciales et du groupement d'intérêt économique n'interdisant pas à un président directeur général ou directeur général de déléguer ses pouvoirs à un collaborateur pour agir au nom de la société » (*en sens contraire, voir cependant TRHC Dakar, n°1832, 7 déc. 1999, Ibrahima Diallo et Mariama Kasso Diallo c. Mobil oïl Sénégal, préc.).*

La solution est cohérente : elle accrédite la thèse qui postule que le pouvoir d'agir en justice n'est pas donné intuitu personae. En effet, ni les statuts ni les délibérations, et encore moins la loi, ne désignent jamais nommément celui qui en a le bénéfice. La prérogative revient, non pas à tel ou à tel individu en considération de telle ou de telle de ses facultés, mais à celui qui sera investi des fonctions de gérant dans les sociétés de personnes en général, de président directeur général ou au directeur général au sein de la société anonyme. A preuve, le plus souvent, le représentant légal de la société ne sera formellement choisi qu'après l'élaboration des statuts. S'il survient un changement dans la personne de celui en cours de vie sociale, la qualité pour agir sera assumée par le nouveau dirigeant.

A côté du mécanisme de la représentation légale, d'autres circonstances existent dans lesquelles il peut être porté atteinte au caractère exclusif du pouvoir de représentation des organes de gestion proclamé par la CCJA dans l'affaire Société LEV-Côte d'Ivoire. Parmi elles, une place à part doit être réservée aux cas de figure où la loi permet aux associés de substituer aux dirigeants sociaux défaillants pour agir au nom de la société devant les cours et tribunaux. Il en va notamment ainsi lorsque, dans l'exercice de leurs fonctions, les dirigeants se voient reproché des fautes de gestion susceptibles d'engager leur responsabilité. Dans cette hypothèse spécifique, parce qu'on ne pouvait raisonnablement pas penser que ces derniers puissent spontanément déclencher l'action sociale visant à leur condamnation à réparer le préjudice consécutif à leurs agissements répréhensibles, il a été prévu, aux articles 166 et 167 de l'Acte uniforme relatif au droit des sociétés commerciales et du groupement d'intérêts économique que, bien que cette action dite sociale doive être intentée par les dirigeants, un ou plusieurs associés sont recevables à poursuivre la réparation du préjudice subi par l'entreprise (*implicitement, CA d'Abidjan, n°826, Aie Jean-Marie c. Soc. Interbat, 20 juin 2003, www.ohada.com, ohadata, J-03-240 ; TGI Ouagadougou, 10 janv. 2000, U.A.B. c. M.Y.J.V.A, www.ohada.com, ohadata, J-05-248).* Demeurant exceptionnelle, cette voie de droit ouverte aux associés a cependant été strictement encadrée. Si l'on met à l'écart la règle posée à l'article 741 alinéa 2 d'après lequel seuls peuvent y avoir accès les actionnaires représentant au moins le vingtième du capital social, on retiendra en revanche qu'elle ne devrait être empruntée que par ceux qui apportent la preuve, d'une part, d'avoir préalablement mis les dirigeants en demeure d'agir; d'autre part, que la mise en demeure de saisir le juge n'a pas été suivie d'effet dans le délai de trente jour à compter de sa signification.

Il peut encore être porté atteinte à la qualité pour agir du représentant légal de la société anonyme dans le cas de figure développé à l'article 716 de l'Acte uniforme relatif au droit des sociétés commerciales et du groupement d'intérêt économique. Ici, obligation est faite aux commissaires aux comptes de révéler au ministère public les faits délictueux dont ils ont eu connaissance à l'occasion de l'accomplissement de leur mission. Toute négligence dans l'exercice de cette prérogative est susceptible de donner lieu à la mise en jeu de leur responsabilité, ajoute opportunément l'article 725.

Compte tenu de ce que les textes ne font pas obligation aux dirigeants d'agir personnellement, les représentants légaux de l'entreprise peuvent aussi avoir recours aux services d'un avocat pour défendre les intérêts de la société au prétoire. Le ministère d'avocat est d'ailleurs obligatoire devant les juridictions suprêmes et singulièrement devant la cour commune de justice et d'arbitrage (*CCJA, n°23, 31 mars 2005, Westport-CI c. Le Mans assurances internationales, préc.; n° 030/2005, 26 mai 2005, soc. Satoya Guinée SA c. Maîtres Aboubacar Camara et Boubakar Télimélé Sylla, Rec. n°5, janv.-juin 2005, vol. 1, p. 18 et s. ; n° 022/2003, 6 nov. 2003, BIAO-CI c. Nouvelle scierie d'Agnibilékro, Nouhad Wahad, préc. ; n°005/2002, Soc. Industrielle et commerciale du Cameroun c. Soc. Pierson Meunier Cameroun, préc. ; n°008/2002, 21 mars 2002, Konan Baily Kouakou c. soc. Palmafrique, Rec., spécial, janv. 2003, p. 49 et s. ; n°005/2001, 11 oct. 2001, SA Aminou et Cie et Mohaman Amadou Bello c. CCEI Bank, Rec. spécial, janv. 2003, p. 4 et s.)*

Enfin, et pour en finir, s'il se trouve que la société ait connu des difficultés ayant débouché sur une cessation des paiements, la décision d'ouverture d'un redressement judiciaire emporte de plein droit, à compter de sa date, assistance de l'entreprise débitrice (par le syndic) pour tous les actes d'administration et de disposition. Certes, celle-ci pourrait encore valablement accomplir, seule, les actes conservatoires et de gestion courante. Mais la règle est consignée aux articles 52 alinéa 3 et 112 de l'Acte uniforme portant organisation des procédures collectives d'apurement du passif, pour ne viser que ceux-ci, qu'au cas où les dirigeants de la société s'abstiendraient de passer des actes indispensables à la sauvegarde du patrimoine de celle-ci, le syndic pourrait y procéder tout seul, à charge pour lui d'obtenir l'accord du juge-commissaire. Si la liquidation s'impose, la situation est plus radicale : la société est automatiquement dessaisie de l'administration et de la disposition de ses biens (article 53). Les droits et actions en lien avec son patrimoine sont exercés par le syndic qui, alors, la représente pendant toute la durée de la procédure *(sur l'ensemble, voir not.: CA Bobo Dioulasso, n°03, 19 janv. 2004, GMB c. Sawadogo Bouro Harouna, CA Dakar, n° 230, 24 avril 2003, Agent judiciaire de l'Etat c. Liquidateur Air Afrique et Alia Diène, www.ohada.com, ohadata, J-04-196 ; CA Dakar, n°230, 24 avril 2003, Agent judiciaire de l'Etat c. Liquidateur Air Afrique et Alia Diène, www.ohada.com, ohadata, J-03-173 ; CA Ouagadougou, arrêt n° 084, 21 novembre 2003, Soc. Sahel compagnie dite SOSACO c. syndics liquidateurs de SOSACO, op cit. ; CA Dakar, 21 nov. 2002, Ets Nadra Filfili et fils et Pape Cheikh Sadibou Fall c. soc. Midex, Rozenblit Tipiak et autres, www.ohada.com, ohadata, J-03-85).*

Sylvain Sorel Kuaté Tameghé,
Chargé de cours, Université de Yaoundé II ;

Pulchérie Amougui Galoua,
Chargée de cours, Université catholique d'Afrique centrale.

CCJA, arrêt n°012/2006, 29 juin 2006
Compagnie Bancaire de l'Atlantique Côte d'Ivoire dite COBACI c/ Société Shaftesbury Overseas Ltd et Société Benath Company Ltd

« [...] Vu les dispositions des articles 13 et 14 du Traité relatif à l'harmonisation du droit des affaires en Afrique ;

Vu les dispositions du Règlement de procédure de la Cour commune de justice et d'Arbitrage de l'OHADA ;

Attendu qu'il ressort de l'examen des pièces du dossier de la procédure que dans le cadre de ses activités commerciales, la Société de tuyauterie et de chaudronnerie d'Abidjan dite STCA avait ouvert un compte dans les livres de la Compagnie bancaire de l'Atlantique Côte d'Ivoire dite COBACI ; que confrontée à des difficultés financières durant l'année 2000, la STCA, à travers ses dirigeants, avait rencontré les responsables de la COBACI pour exposer ses difficultés et tenté de trouver les voies et moyens pour les surmonter ; que c'était ainsi qu'il avait été suggéré à la STCA de procéder à l'augmentation de son capital social, ce qui lui permettrait d'avoir de l'argent frais pour faire face à ses difficultés ; qu'une assemblée générale extraordinaire convoquée à cet effet le 1er décembre 2000 décidait donc, dans sa première résolution, de l'augmentation du capital social en portant celui-ci de cinquante millions de francs cfa à « cent millions de francs cfa par la création de cinq mille actions nouvelles de dix mille francs cfa chacune à souscrire en numéraire avant le 31 janvier 2001 et à libérer entièrement à cette même date ; que l'assemblée générale extraordinaire précisait à cette occasion que « les fonds apportés durant la période de souscription seront versés dans un compte ouvert spécialement à cet effet par la Société dans une banque de la place. Une fois ces fonds versés et la preuve faite de ces dépôts par le relevé de la banque, ces fonds pourront être utilisés par la société afin de faire face aux urgences ; que dans sa seconde résolution, la même assemblée extraordinaire conférait « tous pouvoirs au conseil d'administration et au directeur général de la société qui, porteurs de copies ou d'extraits du procès-verbal constatant ses délibérations, accompliront toutes les formalités légales ou autres s'il y a lieu pour mener à bien cette augmentation de capital ; que participant à l'opération d'augmentation du capital à laquelle elles avaient été invitées en leurs qualités d'actionnaires de la STCA, les sociétés Shatesbury overseas Ltd et Benath company Ltd avaient souscrit respectivement pour 24.470.058 francs et 25.250.000 francs complétés de 280.000 francs cfa le 30 janvier 2001 ; que le montant desdites souscriptions avait été versé dans un compte spécial à la COBACI qui était désignée pour recevoir les fonds et les garder jusqu'à l'aboutissement de la procédure d'augmentation de capital et l'émission du certificat de notoriété ; que cependant, du fait de la « faillite » de la STCA, la procédure d'augmentation du capital n'avait pas abouti ; qu'ainsi, les deux sociétés précitées avaient réclamé en vain la restitution des sommes versées avant de saisir le tribunal de première instance d'Abidjan d'une demande en restitution desdites sommes ; que statuant sur leur demande, ledit tribunal avait, par jugement n° 337/civ. 3 du 09 avril 2003, condamné les sociétés STCA et COBACI à leur payer solidairement en ce qui concerne la société Shatesbury overseas Ltd la somme de 24.470.058 francs et celle de 25.000.000 francs en ce qui concerne la société Benath company Ltd et débouté les demanderesses du surplus de leurs prétentions concernant le paiement des dommages-intérêts ; que considérant pour sa part que c'était à tort que le Tribunal l'avait condamnée solidairement avec la STCA au remboursement des sommes sus - indiquées car n'ayant exécuté que l'ordre qui lui était donné, la COBACI avait interjeté appel dudit jugement devant la cour d'appel d'Abidjan ; que statuant sur l'appel ainsi interjeté, la cour d'appel d'Abidjan avait rendu l'arrêt n°496 du 23 avril 2004, objet du présent pourvoi ;

Sur le moyen unique

Vu les articles 615 et 616 de l'Acte uniforme relatif au droit des sociétés commerciales et du groupement d'intérêt économique ;

Attendu qu'il est fait grief à l'arrêt attaqué d'avoir violé, par mauvaise interprétation, les articles 615 et 616 de l'Acte uniforme relatif au droit des sociétés commerciales et du groupement d'intérêt économique en ce que « la cour d'appel, pour rendre sa décision de condamnation s'est livrée à une interprétation stricte et aveugle des articles 615 et 616 de l'Acte uniforme relatif au droit des sociétés sans tenir compte de l'intervention et donc de la responsabilité des autres parties au procès alors que, selon le moyen, la COBACI en l'espèce n'est que simple dépositaire des fonds ; qu'elle donne donc auxdits fonds la destination demandée par les actionnaires et ce par l'intermédiaire de leur assemblée générale extraordinaire qui a compétence exclusive pour décider des augmentations et réductions de capital ; que cette compétence est d'ordre public et ce conformément à l'article 564 de l'Acte uniforme OHADA sur le droit des sociétés commerciales et du groupement d'intérêt économique ; qu'il suit qu'en confirmant le jugement entrepris de sa condamnation alors qu'elle n'a fait qu'exécuter les instructions reçues des dirigeants de la STCA, la cour d'appel a violé les articles précités et exposé son arrêt à la cassation ;

Attendu que les articles 615 et 616 de l'Acte uniforme susvisé disposent respectivement que « le retrait des fonds provenant des souscriptions en numéraire ne peut avoir lieu qu'une fois l'augmentation de capital réalisée. Il est effectué par un mandataire de la société sur présentation au dépositaire de la déclaration notariée de souscription et de versement » et que « l'augmentation de capital par émission d'actions à libérer en numéraire est réputée réalisée à la date de l'établissement de la déclaration notariée de souscription et de versement » ;

Attendu qu'il résulte de l'analyse des dispositions sus énoncées que les fonds provenant des souscriptions en numéraire faites en vue de l'augmentation du capital d'une société ne peuvent faire l'objet d'utilisation tant que l'augmentation du capital n'est pas réalisée et celle-ci n'est réputée réalisée qu'à la date de l'établissement de la déclaration notariée de souscription et de versement ;

Attendu en l'espèce que l'opération d'augmentation de capital social de la STCA demandée par l'assemblée générale extraordinaire n'avait pas abouti et qu'aucune déclaration de souscription et de versement n'avait été présentée à la COBACI comme le prescrivent les dispositions de l'article 616 précité avant que celle-ci ne procède au transfert des fonds découlant de ladite augmentation dans le compte courant de la STCA ; qu'il suit qu'en considérant « que la COBACI justifie l'utilisation des sommes versées au titre de la souscription par des instructions qu'elle aurait reçues des dirigeants au cours d'une assemblée générale ; que cette justification n'est pas fondée dans la mesure où la COBACI en sa qualité de professionnelle de banque ne s'est pas conformée aux dispositions des articles 615, 616 et 617 pour rendre l'arrêt attaqué, la cour d'appel d'Abidjan n'a en rien violé les dispositions des articles 619 et 616 précités ; que le moyen n'étant pas fondé, il échet de le rejeter…

OBSERVATIONS

Le capital social est-il intangible ? Autrement dit, une fois constitué, le capital d'une société commerciale peut-il subir une modification ? Dans l'affirmative, comment réaliser une telle opération ? La réponse doit être envisagée avec prudence, car elle nécessite que soient prises en considération les vicissitudes dont la société peut faire face.

C'est en rapport avec cette problématique que la Cour commune de justice et d'arbitrage a eu à se prononcer en date du 29 juin 2006 sur un important cas dont les faits sont simples : faisant face à des difficultés financières, la Société de Tuyauterie et de chaudronnerie d'Abidjan (STCA) décida, au cours d'une assemblée générale extraordinaire, en accord avec la Compagnie Bancaire de l'Atlantique Côte d'Ivoire (COBACI) auprès de laquelle elle avait ouvert un compte, de procéder à une augmentation de son capital. Ce dernier devait passer de cinquante millions à cent millions de francs cfa au moyen de la création de cinq mille actions nouvelles de dix mille francs chacune, à souscrire en numéraire. Mais la STCA ayant fait « faillite » par la suite, la procédure d'augmentation n'a pu aller à son terme. Aussi, les sociétés Shaftesbury Overseas Ltd et Benath Company Ltd qui en leur qualité d'actionnaires de la STCA « avaient souscrit respectivement pour 24 470 058 francs cfa et 25 250 000 francs cfa complété de 280 000 francs cfa le 30 janvier 2001 », réclamèrent la restitution des sommes versées qui avaient été déposées dans un compte spécial à la COBACI. N'ayant pas eu une suite favorable, les deux sociétés saisirent le tribunal de première instance d'Abidjan qui condamna la STCA et la COBACI à leur payer solidairement la somme de 24 470 058 francs pour la société Shaftesbury overseas Ltd et 25 000 000 francs pour la société Benath Company Ltd. Mais, ces dernières seront déboutées de leur demande en dommages - intérêts. Non satisfaite de la décision, la COBACI, interjeta appel devant la Cour d'appel d'Abidjan qui confirma la condamnation des premiers juges, d'où le pourvoi devant la CCJA. Ici, il fut fait grief à l'arrêt attaqué d'avoir opéré une mauvaise interprétation des articles 615, 616 et 617 de l'Acte uniforme relatif au droit des sociétés commerciales et du groupement d'intérêt économique (AUSGIE) car la COBACI estimait avoir simplement obéi aux instructions des dirigeants de la STCA. Mais les juges de la CCJA approuvèrent les juges de fond en entérinant la condamnation de la requérante.

A travers cet important arrêt, il est donné l'occasion de préciser d'une part, l'obligation de restituer les fonds déposés au titre de souscription d'actions par les sociétés Shaftesbury Overseas Ltd et Benath Company Ltd (I) et d'autre part, la sanction de la non restitution desdits fonds (II).

I. L'obligation de restitution des fonds

L'augmentation du capital est une opération qui entraîne la modification des statuts de la société. Les modalités de l'opération sont diverses et dépendent de l'objectif poursuivi par la société. Celle-ci peut procéder à l'augmentation de son capital, soit par émission d'actions nouvelles, soit par majoration du montant nominal des actions existantes. Dans la réalisation de l'augmentation, les actions nouvelles sont libérées soit en espèces, soit par compensation avec les créances certaines, liquides et exigibles sur la société, soit par incorporation de créances, réserves, bénéfices ou primes d'émission, soit par apport en nature (*article 562 alinéa 2, AUDSGIE. A propos d'un commentaire détaillé de cette disposition, voir notamment, OHADA, Droit des sociétés commerciales Edicef, éd. FFA, 1998, p. 206 ; P.-G. Pougoué, J. Nguebou Toukam, F. Anoukaha, in OHADA, traité et actes uniformes commentés et annotés, 3e éd., Juriscope, 2008, p. 491*).

Dans la présente décision, on a affaire à l'augmentation de capital social par apport extérieur et particulièrement en numéraire. Il s'agissait de trouver l'argent frais pour redynamiser l'activité de la SCTA (*au sujet des problèmes posés par ce genre d'augmentation, voir F. Anoukaha, A. Cissé, N. Diouf, J. Nguebou Toukam, P.-G. Pougoué, M. Samb, Sociétés commerciales et GIE, Bruylant, Bruxelles, 2002, p. 486*).

A cet effet, L'AUSGIE exige que certaines conditions soient remplies lors de la réalisation de l'opération. Les plus importantes parmi celles-ci sont relatives à l'instance habilitée à décider de l'augmentation du capital, le lieu où doivent être déposés les fonds, le moment où l'augmentation est supposée réalisée et la personne habilitée à débloquer les fonds (*en droit OHADA, l'augmentation de capital avec appel public à l'épargne a quelques spécificités énoncées aux articles 832 à 840 de l'AUSGIE*).

Le pouvoir à l'effet de réaliser l'augmentation du capital est réservé exclusivement à l'assemblée générale extraordinaire de la société (*article 564, AUSGIE*). Celle-ci est seule compétente, quelles que soient les modalités de réalisation de l'opération. Toute clause conférant par exemple au conseil d'administration ou à l'administrateur général selon les cas, le pouvoir de décider de l'augmentation du capital est réputée non écrite. En effet, au regard des enjeux et surtout du fait qu'elle est susceptible de porter atteinte aux droits des associés, il est tout à fait normal que tous prennent part au vote. La décision est prise après présentation du rapport du conseil d'administration ou de l'administrateur général en plus de celui du commissaire aux comptes (*voir Oumar Sambé et Mamadou Ibra Diallo, Guide pratique des sociétés commerciales et du groupement d'intérêt économique, OHADA, schémas didactiques, modèles (statuts, procès-verbaux et autres formulaires), Jurisprudence OHADA, éd. comptable et juridique, 2e éd., Dakar 2008, p. 226*). Chaque rapport contient un certain nombre d'informations utiles qui sont nécessaires à la réalisation de l'opération (*article 570, AUSGIE*).

Les délibérations prises par des assemblées tenues en violation des dispositions légales peuvent toutefois être annulées par le juge (*voir Tribunal de première instance d'Abidjan, n°1245 du 21 juin 2001, Ohadata J-02-19 ; CA d'Abidjan, arrêt n°1121 du 08 août 2003, affaire La Société ash international disposal et autres, Ohadata J-03-320 ; CA d'Abidjan, arrêt n°32 du 13 janvier 2004, affaire T.W. et autres c/ K.B. et K.A.L.; Le Juris Ohada, n°4/2004, oct.-déc. 2004, p.59 ; Ohadata J-05-180*). Dans l'espèce commentée, il n'y a aucun doute, la décision d'augmenter le capital de la STCA avait été régulièrement prise en assemblée générale extraordinaire spécialement convoquée à cet effet en date du 31 janvier 2001.

Une fois libérés, les fonds doivent être déposés par les dirigeants sociaux pour le compte de la société, dans un délai de 8 jours à compter de leur réception, dans une banque de l'Etat du siège où en l'étude d'un notaire contre remise d'un certificat attestant leur dépôt, exceptés les cas où les actions sont libérées par compensation avec les créances certaines, liquides et exigibles sur la société. (*Ici, les créances font plutôt l'objet d'un arrêté de compte établi selon les cas par le conseil d'administration ou l'administrateur général et certifié exact par le commissaire aux comptes. voir com. 22 mars 1988, Bull. Joly, 1988, p. 359, n°106).*

Il est toutefois à regretter que le législateur OHADA n'ait pas prévu de sanction en cas de non respect du délai de 8 jours prévu pour le dépôt des fonds. En l'absence du pouvoir intimidant de la sanction, rien n'empêche que les dirigeants puissent spéculer sur les sommes versées par les associés (*voir P.-G. Pougoué, J. Nguebou Toukam, F. Anoukaha, commentaire sous article 393 de l'AUDSGIE, in OHADA, traité et actes uniformes commentés et annotés, op. cit., où ils proposent à juste titre de réprimer le comportement du contrevenant sous la qualification de tentative d'escroquerie. Dans le contexte français, voir crim. 16 mars 1987, Rev. sociétés 1987, 422, obs. B. Bouloc, où il y a eu condamnation pour abus de confiance suite à un détournement de sommes destinées à une augmentation de capital).* Tel n'est toutefois pas le cas dans la présente affaire, étant donné que les fonds litigieux avaient été bel et bien déposés auprès d'une institution bancaire dénommée « Compagnie Bancaire de l'Atlantique Côte d'Ivoire ».

Mais le dépôt des fonds auprès d'un établissement bancaire ou en l'étude d'un notaire ne signifie pas que l'opération est réalisée. En effet, aux termes de l'article 616 de l'AUDSGIE, il est nécessaire que soit établi un important acte appelé « déclaration notariée de souscription et de versement ». Cette déclaration peut être analysée comme une véritable garantie des droits des souscripteurs qui ont la latitude d'en prendre connaissance et copie en l'étude du notaire qui l'a établie à toutes fins utiles.

En droit comparé et particulièrement français, l'augmentation de capital par émission d'action en numéraire est réalisée « à la date du certificat établi par le dépositaire des fonds » (*Ph. Merle, Droit commercial, sociétés commerciales, 9e éd., Dalloz, 2003, p.663. Voir aussi C. Penhoat, Droit des sociétés, 3e éd., 1991, AENGDE-CLET, p.141*).

En droit OHADA, la déclaration notariée de souscription et de versement (qui remplace dans la Société anonyme, la déclaration de régularité et de conformité prévue aux articles 73 et suivants de l'AUDSGIE) est un document dressé sur la base de déclaration des dirigeants sociaux et qui constate les souscriptions et les versements. Dans le cas d'espèce, la déclaration n'a pas été établie à cause de ce que la STCA a fait « faillite » entre temps. Or, seule la réalisation de l'opération marque la possibilité d'opérer le retrait des fonds provenant des souscriptions en numéraire.

De manière générale, si au bout de six mois à compter du dépôt des fonds, l'opération ne se réalise pas, tout souscripteur a le pouvoir de demander au juge des référés, la nomination d'un mandataire chargé de les retirer, à charge de les restituer aux souscripteurs (*voir CA Dakar, ch. civ. et com.1, arrêt du 9 février 2001, Abdoulaye Dramé es qualité de la Nationale d'assurance c/ Bassirou Diop, Ohadata J- 06-122*) sous déduction de ses frais de répartition. En toute logique, l'on aurait dû procéder à une restitution des fonds déposés à leurs souscripteurs, en l'occurrence les sociétés Shaftesbury Overseas Ltd et Benath

Company Ltd, dans la mesure où il n'y pas eu aboutissement de la procédure d'augmentation du capital de la société.

La latitude accordée aux souscripteurs peut être appréhendée comme une mesure de protection, les risques d'escroquerie ou d'abus n'étant pas à exclure. Aussi, cette mesure permet de « lutter contre la thésaurisation et la malhonnêteté ». Dans l'arrêt analysé, les fonds ont été retirés auprès de la COBACI par les dirigeants de la STCA. Ils n'ont nullement été restitués à leurs propriétaires, mais plutôt utilisés à d'autres fins. Il y a là une violation grave des exigences légales de nature à engager la responsabilité de leurs auteurs.

Au demeurant, on pourrait se poser la question de savoir si la restitution est possible au cas où la société est en liquidation judiciaire. Dans cette hypothèse, il est un principe qui s'impose à tous les créanciers : « la suspension des poursuites individuelles ». (*Voir CCJA, arrêt n°023/2006 du 16 novembre 2006, affaire Société africaine de crédit automobile dite SAFCA et Société africaine de crédit-bail dite SAFBAIL c/ Société air continental*). N'y aurait-il pas incompatibilité entre ce principe et la restitution des fonds ? La réponse donnée par la jurisprudence est négative. L'on doit procéder à la restitution des sommes aux souscripteurs, même en cas de liquidation de la société (*voir CA de Dakar, ch. civ. et com.1, arrêt du 9 février 2001, op. cit., où le syndic fut désigné par le Tribunal comme mandataire chargé de procéder à la restitution des fonds*).

Selon la doctrine qu'il y a lieu d'approuver, une exigence quasi-identique est requise s'agissant de l'article 398 de l'AUDSGIE pour ce qui est des fonds déposés à la constitution de la société (*voir commentaire de cet article in OHADA, Droit des sociétés commerciales Edicef, éd. FFA, 1998, op.cit. voir aussi en jurisprudence, CA d'Abidjan, arrêt n°1060/2000 K c/ Z et T, Le Juris-Ohada, n°3/2003, juillet-sept. 2003, p.43*). On retrouve aussi des similitudes entre les deux dispositions au niveau des sanctions de la non restitution des fonds.

II. La sanction de la non restitution des fonds

Les manquements susceptibles d'être commis en matière d'augmentation de capital sont nombreux et peuvent être aussi bien le fait de la société, que celui des souscripteurs (*voir pour un apport fictif Civ., 3e 19 juin 1996, Bull. Joly, 1996, p. 917, n°330*).

Au plan civil, deux types d'actions peuvent être engagées : les responsabilités contractuelle et délictuelle. Dans l'espèce, l'agissement de la STCA est constitutif de l'inexécution de son obligation contractuelle, susceptible de donner lieu à réparation, Shaftesbury Overseas Ltd et Benath Company Ltd ayant incontestablement subi un dommage. (*Sur la responsabilité contractuelle, voir M. Fabre-Magnan, Les obligations, Puf, 2004, pp.573 et s. ; J. Bussy, Droit des affaires, 2e éd., Presses de sciences po et Dalloz, 2004, pp. 86 et s. Et dans un sens polémique, Ph. Rémy, La responsabilité contractuelle : histoire d'un faux concept, RTD civ., 1997, pp. 323 et s. ; L. Leturmy, La responsabilité délictuelle du contractant, RTD civ., 1998, pp. 839 et s. ; E. Savaux La fin de la responsabilité contractuelle ? RTD civ., 1999, pp.1 et s. ; C. Larroumet, Pour la responsabilité contractuelle, Etudes offertes à P. Catala, Litec, 2001, pp. 543 et s.).*

En revanche, à l'encontre de la COBACI, on peut retenir une responsabilité délictuelle et penser à l'application des dispositions de l'article 1382 du code civil car de par ses agissements, en l'occurrence, la remise des fonds aux dirigeants de la STCA nonobstant l'absence de la déclaration notariée de souscription et de versement, elle a commis une faute qui a causé un préjudice aux souscripteurs. Précisément, il est possible de mettre en œuvre la responsabilité délictuelle de la COBACI dans la mesure où les trois éléments requis sont réunis : le fait générateur constitué ici par la faute consistant en la remise des fonds aux dirigeants de la STCA, le préjudice subi par les deux sociétés qui ont souscrit des actions, ainsi que le lien de causalité entre les deux éléments.

Les premiers juges ont condamné solidairement la STCA et la COBACI au remboursement des fonds et ont débouté les demanderesses de leur demande en dommages-intérêts. La sanction de la STCA au simple remboursement des fonds peut susciter des interrogations, eu égard à ce que, ayant sollicité une augmentation de capital, elle se devait de restituer les fonds dès lors que l'opération est devenue impossible. Non seulement elle ne l'a pas fait, mais, elle a utilisé ladite somme à d'autres fins, engageant par là - même sa responsabilité contractuelle envers les souscripteurs. A notre sens, les juges auraient dû donner une suite favorable à la demande en dommages - intérêts pour une raison simple : le fait pour la STCA d'avoir dépensé les fonds alors que l'opération n'a pas abouti constitue une faute dont les conséquences méritaient bien réparation selon les exigences de la responsabilité contractuelle. En effet, la faute découle de l'inexécution de son obligation contractuelle de restituer les fonds à leurs propriétaires. Cette défaillance a indubitablement causé un dommage aux deux sociétés, celle –là étant la cause de celle-ci.

En revanche, la condamnation de la COBACI peut *a priori* prêter à équivoque. Il est possible de se demander si le fait d'avoir exécuté les instructions, même irrégulières de son client est suffisant pour justifier sa condamnation solidaire. En effet, l'activité bancaire est régie par de nombreux principes au rang desquels, la non - ingérence ou la non- immixtion. D'après cet important principe, le banquier « n'a pas à se substituer à son client dans la conduite de ses affaires » (*C. Gavalda, J. Stoufflet, Droit bancaire, institutions, comptes, opérations, services, 6e éd., Litec, 2005, p.128*). Cela signifie que ce dépositaire des fonds n'est pas tenu de s'opposer à l'accomplissement d'un acte quelconque par son client, que celui-ci soit inopportun, irrégulier ou dangereux.

Mais « du principe de non-ingérence ne découle toutefois pas une immunité complète du banquier » (*C. Gavalda, J. Stoufflet, op. cit., p. 129*). Son professionnalisme doit être pris en compte notamment pour ce qui est des irrégularités flagrantes. L'exigence de la déclaration notariée de souscription et de versement est une condition *sine qua non* à l'accomplissement de l'augmentation de capital. De même, le législateur OHADA en a fait le préalable au retrait des fonds (*article 612, AUDSGIE et même, article 398 pour le retrait des fonds déposés à la constitution de la société*). Aussi, en tant que professionnel, la COBACI aurait dû procéder à la vérification de l'existence ou non du document nécessaire avant la mise des fonds à la disposition des dirigeants de la STCA, même munis d'une autorisation de l'assemblée générale. En définitive, sa condamnation semble parfaitement justifiée et il est d'ailleurs à se demander si la sanction n'aurait pas pu être plus grave (*voir com. 26 nov. 1996 RJDA, 1997, p. 236, n° 370*).

La question peut se poser de savoir quel est le fondement légal de la solidarité à laquelle ont été condamnées la SCTA et la COBACI. S'agit-il d'une obligation *in solidum* ou d'une véritable solidarité ? On sait qu'en matière de responsabilité civile délictuelle, plusieurs auteurs sont légalement tenus *in solidum* de réparer un même dommage, lorsqu'ils ont contribué à sa réalisation (*voir cass. civ., 4 déc. 1939, DC, 1941, 124, note Holleaux ; cass. 2è civ. 3 févr. 1983, JCP, 1984, II, 20183, note Chabas*). Or s'il est vrai que les deux sociétés condamnées sont tenus pour responsables du préjudice causé aux sociétés propriétaires des fonds, les fondements sont d'une part, la responsabilité contractuelle, et d'autre part, la responsabilité délictuelle. Il ne peut donc pas s'agir d'une obligation *in solidum*. En revanche, il est permis de penser que la base de la décision des juges est la véritable solidarité et précisément l'article 1201 du code civil selon lequel « L'obligation peut être solidaire quoique l'un des débiteurs soit obligé différemment de l'autre au paiement de la même chose ».

A propos du régime de la sanction pénale applicable en cas de manquement aux conditions d'augmentation du capital, il n'y a pas de véritable révolution. Des infractions relatives à l'augmentation de capital social étaient prévues avant le droit OHADA par la loi du 4 mars 1943 commune aux sociétés anonymes et aux sociétés en commandite par action. (*Voir P.-G. Pougoué, F. Anoukaha, J. Nguebou, Le droit des sociétés commerciales et du groupement d'intérêt économique OHADA, collection droit uniforme, PUA, 1998, p.131*). Mais l'on peut regretter que l'Acte uniforme relatif au droit des sociétés commerciales et du groupement d'intérêt économique ait renvoyé la détermination des sanctions à la compétence des Etats parties à l'OHADA (*voir E.L. Kangambéga, Observations sur les aspects pénaux de l'OHADA, Penant, 2000, n°834, p.331; A. Foko, Analyse critique de quelques aspects du droit pénal OHADA, Penant, 2007, n°859, pp. 236 et s.*). Afin d'éviter qu'elles restent lettre morte, il aurait été judicieux d'organiser les infractions de manière complète, c'est-à-dire avec précision aussi bien des incriminations que des sanctions (*voir A Foko, Le droit OHADA et les droits nationaux des Etats parties : une complémentarité vieille de plus d'une décennie, Revue de droit international et de droit comparé, 2008, n°4, pp 486 et s. Dans le même sens, J.*

Fometeu, Le clair-obscur de la répartition des compétences entre la Cour commune de justice et d'arbitrage de l'OHADA et les juridictions nationales de cassation, Juridis Périodique, 2008, n°73, pp. 89 et s.). Et surtout, penser à assurer leur applicabilité aux personnes morales, ce qui aurait permis de sanctionner la STCA et la COBACI (*sur un plaidoyer en faveur de l'instauration de la responsabilité pénale des personnes morales en droit OHADA, voir A. Foko, Analyse critique de quelques aspects du droit pénal OHADA, op. cit., pp. 208 et s.*).

Sur un autre plan, on sait que sous le couvert d'une augmentation de capital, de nombreuses infractions à l'instar de l'abus de biens sociaux (*voir notamment Tribunal de grande instance de Ouagadougou, 10 janvier 2000, Revue burkinabé de droit, n°42, 2è semestre 2002, Ohadata J-05-248 ; Tribunal régional hors classe de Dakar, 03 juillet 2001, Ministère public et PGBS c/ Somin Bourgi, Ohadata J-03-99 ; Tribunal régional hors classe de Dakar, n°3199 du 09 juillet 2002, MP c/ Adama Sall et autres Ohadata J-05-271*), l'escroquerie ou l'abus de confiance peuvent être commises. Ces dernières sont sanctionnées simplement lorsqu'elles sont commises à la constitution ou durant l'exercice de l'activité commerciale. Le législateur OHADA aurait dû étendre leur domaine d'application. En effet, « la fausse déclaration ou la majoration frauduleuse des apports en nature sanctionnées lors de la constitution peuvent bien être commises lors de l'augmentation de capital ». Or, « on ne peut pas procéder par analogie pour retenir ces infractions au plan pénal » (*Oumar Sambé et Mamoudou Ibra Diallo, op. cit., p.104*), l'interprétation de la loi pénale étant stricte.

Enfin, et c'est encore déplorable, l'inobservation de certaines prescriptions relatives à l'augmentation de capital social ne peut être sanctionnée que sur le plan civil, le droit pénal OHADA étant muet à leur sujet. C'est le cas de la nécessité de la décision ou de l'autorisation de l'assemblée générale extraordinaire pour réaliser l'augmentation (*article 564, AUDSGIE*). C'est aussi le cas de l'obligation de réaliser l'augmentation dans un délai de 3 ans (*article 571, AUDSGIE. Voir P.-G. Pougoué, F. Anoukaha, J. Nguebou, Le droit des sociétés commerciales et du groupement d'intérêt économique OHADA, op. cit., p. 131*). Le silence en ce domaine mérite d'être comblé à l'occasion d'une éventuelle réforme de l'Acte uniforme relatif au droit des sociétés commerciales et du groupement d'intérêt économique.

Athanase Foko,
Chargé de cours, Université de Ngaoundéré.

CCJA, arrêt n°024/ 2006, 16 novembre 2006
Samaïla Dan Moussa, Ali Maré c/ Hamidou Abdou dit « Crise »

(...)

Sur le deuxième moyen

Attendu qu'il est reproché à l'arrêt attaqué d'avoir retenu que faute par les appelants d'avoir rapporté la preuve de la libération de leurs parts sociales, ils ne peuvent avoir les qualités d'associés, alors que, selon le moyen, l'article 314 de l'Acte uniforme relatif au droit des sociétés commerciales et du groupement d'intérêt économique ne déterminant pas la personne chargée de faire la déclaration notariée de souscription de parts sociales et de versement de fonds, cette déclaration pouvant être faite par « le ou les fondateurs, par l'un d'entre eux voire par le associés ou encore par le notaire lui-même », il ne pouvait, par conséquent, être imposé aux seuls appelants la charge de la preuve de la libération de leurs parts sociales, sans qu'il soit reproché à la cour d'appel de Niamey d'avoir violé l'article susvisé ;

Mais attendu que c'est après avoir apprécié souverainement les statuts soumis aux débats par Messieurs Samaïla Dan Moussa et Ali Maré, lesquels ne comportaient ni signature, ni date et ceux produits par Monsieur Hamidou Abdou dit « Crise », gérant de la compagnie « Contact », lesquels avaient été régulièrement établis par Maître Nakobo, notaire à Niamey, et ne mentionnaient pas « la participation » à la dite société de Messieurs Samaïla Dan Moussa et Ali Maré, que la cour d'appel de Niamey a estimé que ces derniers ne rapportaient pas la preuve de leur qualité d'associés de la compagnie « Contact » ; que de ces constatations, il résulte que la cour d'appel de Niamey s'est prononcée en l'espèce, en considération des documents produits par toutes les parties au litige ; que dès lors la charge de la preuve a été supportée par toutes les parties litigantes et non par les seuls requérants ; que par conséquent le moyen pris de la violation de l'article 314 susvisé de l'Acte uniforme susindiqué, lequel ne comporte pas de dispositions spécifiques régissant le mode de preuve, n'est pas fondé et doit être rejeté...

OBSERVATIONS

Messieurs Samaïla Dan Moussa et Ali Maré furent exclus de la SARL « Contact ». Ils continuaient cependant à se prévaloir de leur qualité d'associé alors que les statuts en leur possession ne comportaient ni signature, ni date et mention de leur participation à la constitution de ladite entreprise. Souhaitant obtenir non seulement le rapport de gestion ou à défaut la nomination d'un expert qui le dresserait, mais aussi l'annulation de leur décision d'exclusion et la condamnation du gérant Hamidou Abdou à des dommages intérêts, ils saisirent le tribunal régional de Niamey. Le gérant Hamidou Abdou sollicita par demande reconventionnelle la condamnation des requérants à des dommages-intérêts. Par un jugement n° 214 du 17 mai 2000, le tribunal débouta les requérants de toutes leurs demandes, fins et conclusions, et déclara irrecevable la demande reconventionnelle du gérant Hamidou Abdou.

Messieurs Samaïla Dan Moussa et Ali Maré interjetèrent appel. Par un arrêt n°204 du 08 décembre 2000, la cour d'appel de Niamey confirma la décision rendue en instance, mais l'infirma quant à la réparation. En conséquence, elle condamna les appelants à payer au dénommé « Crise » la somme de 2.500.000 à titre de dommages-intérêts. Contestant le contenu de cette décision, Samaïla Dan Moussa et Ali Maré saisirent la CCJA, motif pris de ce que l'arrêt d'appel leur imposait la charge de la preuve de la libération de leurs parts sociales. C'est ce pourvoi qui donna lieu à l'audience du 16 novembre 2006 et à l'arrêt de la Cour commune de justice et d'arbitrage n°024 rendu ce jour là.

La question à laquelle les magistrats de la Haute juridiction étaient appelés à se prononcer était relativement simple : la charge de la preuve de la qualité d'associé incombe t-elle uniquement aux requérants ?

Y apportant réponse, ils jugèrent que la preuve de la libération des parts sociales prévues à l'article 314 de l'Acte uniforme relatif au droit des sociétés commerciales et du groupement d'intérêt économique incombe à toutes les parties litigeantes.

Une telle décision invite à s'appesantir sur la charge de la preuve de la qualité d'associé (I) et, par contrecoup, sur les modes de preuve de ladite qualité (II).

I. La charge de la preuve de la qualité d'associé

La preuve est la démonstration de la réalité d'un fait affirmé dans une instance par l'une des parties et qui est nié par l'autre. Elle permet soit de rechercher la vérité, soit d'exprimer le besoin pour le juge de légitimer sa décision, comme l'a démontré avec beaucoup de pertinence Lagarde *(Réflexion critique sur le droit de la preuve, LGDJ, 1994, préface Jacques Ghestin. Dans le même sens, Guinchard S., Ferrand F., Procédure civile, 28e éd. Dalloz, 2006, n° 1158 et s., p 909 et s.).*

L'acquisition de la qualité d'associé ne suffit pas à faire respecter les droits y afférant. Encore faut-il être en mesure de la prouver. En effet, toute personne devrait pouvoir être associée dans une société commerciale dès lors qu'elle n'est concernée par aucune interdiction, incapacité ou incompatibilité visée notamment par l'Acte uniforme relatif au droit commercial général (*Cf. articles 10, 6 et 8 (1) de l'AUDCG. Adde : Nguebou Toukam J., Le droit commercial général dans l'Acte uniforme OHADA, coll. DU, PUA, 1998, 249 p, spéc. p. 22 et s*). Etymologiquement, la société suppose une pluralité de participants. L'article 4 de l'AUDSCGIE dispose en ce sens qu'elle créée par deux ou plusieurs personnes qui conviennent, par un contrat, d'affecter à une activité des biens en numéraire ou en nature dans le but de partager le bénéfice ou de profiter de l'économie qui pourra en résulter. Les associés s'engagent à contribuer aux pertes dans les conditions prévues par l'Acte uniforme relatif au droit des sociétés commerciales et du GIE.

La SARL, à l'instar de la société SARL « Contact », est une société dans laquelle les associés ne sont responsables des dettes sociales qu'à concurrence de leurs apports et dont les droits sont représentés par des parts sociales *(Cf l'article 309 de l'AUDSCGIE ; voir cependant l'article 312(5) de l'AUDSCGIE qui prévoit la responsabilité solidaire et indéfinie des associés de la SARL à l'égard des tiers en cas d'évaluation des apports en nature par les associés. Cf. article 316 (1). Cf art 256 (1) de l'AUDSCGIE)*. Lorsqu'elle est pluri-personnelle, sa constitution résulte d'un contrat. Elle doit être créée dans l'intérêt commun des associés. C'est l'exigence de l'affectio societatis qui désigne la volonté de former ensemble une société et de coopérer dans l'intérêt commun de ceux qui y prennnent part.

Quant à la personne habilitée à apporter la preuve de la qualité d'associé, il appartenait à Messieurs Samaïla Dan Moussa et Ali Maré de démontrer l'existence de leur droit ; ce qui revenait à établir les circonstances qui en expliquaient la naissance et la persistance. En réalité, celui qui réclame le bénéfice d'un droit est tenj de justifier des conditions d'application de celui-ci. Il lui revient de convaincre qu'il en est effectivement titulaire. C'est précisément ce que la CCJA attendait de Messieurs Samaïla Dan Moussa et Ali Maré. A son sens, chacun des plaideurs devait administrer la preuve des faits et des actes sur lesquels s'appuyait sa prétention (*Cf. Solus H., « Le rôle du juge dans l'administration de la preuve », Travaux de l'Association H. Capitant, t. V, 1949 ; Legeais D., Les règles de preuve en droit civil ; permanence et transformation. Thèse, Poitiers, 1954 ; Lagarde X., « Finalités et principes du droit de la preuve », J.C.P 2005, I, p.13*). Leur intervention à l'acte de constitution devait garantir l'existence de leur consentement. Messieurs Samaïla Dan Moussa et Ali Maré ou leurs mandataires, munis de procuration spéciales, devaient apposer leur signature sur les statuts (*Cf article 315 de l'AUDSCGIE*). Seule la signature des statuts par ces derniers leur permettait d'être en mesure d'apporter la preuve de leur qualité d'associés de la SARL « Contact ». Cela était d'autant pluslogique qu'il n'est plus contesté de nos jours que la société naît du jour de la signature du pacte social par les associés. L'échec dans l'entreprise consistant à administrer la preuve était synonyme de perte du procès puisque les juges ne pouvaient prendre en considération des situations peu probables pour rendre leur décision. Il n'est donc pas surprenant que la question des modes mêmes de preuve ait été débattue dans l'affaire ayant donné lieu à l'arrêt de la CCJA du 26 novembre 2006.

II. Les modes de preuve de la qualité d'associé

Les statuts que détenaient Messieurs Samaïla Dan Moussa et Ali Maré étaient rédigés sous forme d'acte sous seing privé ne respectant par les prescriptions d'ordre public des articles 10 et 11 de l'AUDSCGIE, du fait notamment de l'absence de garantie d'authenticité, de l'absence de signature et de reconnaissance d'écriture. Or ces associés détenaient chacun un exemplaire des statuts établis sur papier libre. Ces formalités sont exigées à peine de nullité pour la validité des statuts.

On dénote ainsi l'incapacité de Messieurs Samaïla Dan Moussa et Ali Maré à prouver, conformément aux modes de preuve prescrits, leur qualité d'associé. Au fond, les parties à un contrat de société doivent non seulement avoir la volonté de s'engager en exprimant sincèrement et de manière intègre leur consentement, mais également sceller leur engagement par la signature des statuts. Par conséquent, elles ne sauraient établir leur qualité d'associé par des statuts dressés sous seing privé non signés et enregistrés auprès d'un notaire. Les preuves ainsi rapportées sont souverainement appréciées par le juge.

Bien qu'en matière commerciale la règle soit celle de la liberté de la preuve et corrélativement la libre appréciation par le juge des élements de preuve versés aux débats, il convient cependant d'observer que certains modes de preuve courent le risque de n'être pas favorablement accueillis lorsqu'il s'agit d'établir l'existence de l'acte constitutif de société commerciale (*Cf. article 5 de l'AUDCG. Pour une bonne application : CCJA, arrêt du 15 décembre 2005, arrêt n° 053/2005 du 15 décembre 2005, affaire Société Côte d'Ivoire céréales c. Société Shanny consulting, Recueil de Jurisprudence de la CCJA n° 6, juillet-décembre 2005, p. 35, commenté dans cet ouvrage par Mme Njandeu née Mouthieu Monique-Aimée.)*. S'il en va ainsi, c'est que la la loi réglemente l'organisation des procédés de preuve, l'administration des preuves, leur force probante. Ce système de la preuve légale, davantage restrictif, multiplie les risques pour le demandeur de ne pouvoir convaincre du bienfondé de ses prétentions. Il est cependant facteur de sécurité juridique. C'est lui qui a été prévu pour l'acte créateur de la société commerciale. On comprend alors que l'acte constitutif de la société commerciale, ici la SARL « Contact», est soumis à un formalisme rigoureux utilement rappelé à l'article 10 de l'AUDSCGIE. La loi va d'ailleurs bien au-delà de la forme même des des statuts pour indiquer quel doit en être le contenu, notamment en visant des l'on doit obligatoirement y retrouver (*objet social, dénomination sociale, durée de la société, apports, nature et domaine de l'activité identité et montant des apports en capital social, régime des titres sociaux, numéraire, identité nature et évaluation des apports en nature, répartition du résultat, constitution des réserves et répartition du boni de liquidation, modalités du fonctionnement... Cf. l'article 13 de l'AUDSCGIE).*

Outre la réglementation rigoureuse du contenu des statuts, la déclaration notariée de souscription et de versement ou la déclaration de régularité et de conformité dans laquelle les fondateurs affirment avoir accompli les formalités imposées par la loi est exigée. Cette pièce constitue une prévention des risques d'irrégularité et doit être obligatoirement jointe au dossier d'immatriculation de la société au registre du commerce et du crédit mobilier. Elle est différente de la déclaration d'existence de la nouvelle société auprès de tous les organismes et administrations desquels elle va dépendre.

Les statuts, contrat entre les parties, constituent leur loi *(Cf article 1134 du code civil)*. Dès leur signature, ils ont autorité à l'égard de tous les associés. Dès lors, toute modification suppose une délibération extraordinaire, avec un quorum ou une majorité plus élevé.

En conséquence, la qualité d'associé s'établit par des écrits authentiques ou sous seing privé. Les actes sous seing privés sont rédigés par les particuliers eux - mêmes, sans l'intervention d'un officier public. Tel est du moins le raisonnement des sieurs Samaïla Dan Moussa et Ali Maré. Malheureusemnt, il est rejeté par la CCJA qui estime que le document présenté à l'appui de leurs prétentions n'était pas signé. Le raisonnement est d'autant plus linéaire qu'il est souvent rappelé lorsque les statuts sont rédigés par acte sous seing privé comme dans le cas d'espèce qu'ils doivent être dressés en autant d'originaux qu'il est nécessaire pour le dépôt d'un exemplaire au siège social et l'exécution des diverses formalités requises. L'acte qui ne satisfait pas à l'article 1325 peut valoir comme commencement de preuve par écrit *(Cf. Civ. 29 janvier 1951, J.C.P 1951, IV. 49 ; Bull.I. n°35, p. 28 ; Aix, 12 janv.1965, JCP 1965, II, 14312).*

A l'évidence, le défaut de signature ôtait toute force probante à l'acte sous seing privé que détenaient Messieurs Samaïla Dan Moussa et Ali Maré. Leur action avait d'autant moins de chance de prospérer que, selon les termes de l'article 10 de l'AUDSCGIE, les statuts rédigés sous signature privée doivent offrir des des garanties d'authenticité conférées par la reconnaissance d'écriture et de la signature et le dépôt au rang des minutes d'un notaire.

S'il est vrai que les statuts non signés détenus par Messieurs Samaïla Dan Moussa et Ali Maré ne pouvaient trouver grâce auprès des juges parce que n'ayant aucune valeur *(Cf. Com., 30 janvier 1979, D. 1979, I.R, p. 293, obs. Julien ; Civ. 1ère, 15 février 1984, J.C.P. 1984.II. 120, IV. Cf. D. 1969, p.195,* il convient cependant de ne pas perdre de vue que l'article 75 de l'Acte uniforme relatif au droit des sociétés commerciales et du groupement d'intérêt économique dispose que « si les statuts ne contiennent pas toutes les énonciations exigées par le présent Acte uniforme ou si une formalité prescrite par celui-ci pour la constitution de la société a été omise ou irrégulièrement accomplie, tout intéressé peut demander à la juridiction compétente, dans le ressort de laquelle est située le siège social, que soit ordonnée, sous astreinte, la régularisation de la constitution. Le ministère public peut également agir aux mêmes fins ».

Anne-Marie Foné Mdontsa,
Chargée de cours, Université de Yaoundé II Soa.

CCJA, arrêt n°015/2005, 24 février 2005
Angoua Koffi Maurice c/ la société Win SARL

(...)

Sur le moyen unique, pris en ses deux branches

Vu l'Acte uniforme relatif au droit des sociétés commerciales et du groupement d'intérêt économique, en ses articles 166 et 167 applicables à toutes les sociétés et 331 applicable à la société à responsabilité limitée ;

Attendu qu'il est reproché à l'arrêt attaqué d'avoir statué comme il a été indiqué ci-dessus alors, d'une part, « ...qu'il est de connaissance commune que si le droit admet l'action « *ut singuli* » des actionnaires d'une société contre les administrateurs de celle-ci, c'est uniquement en considération de l'objet pécuniaire essentiellement de l'action ; que la limitation du domaine de cette action « *ut singuli* » est fondée sur ce que l'actionnaire ne peut demander la réparation d'un préjudice qu'en son nom personnel et dans la mesure de son seul intérêt propre, ce que ne peut réaliser une juridiction en présence d'une action dont l'objet est une obligation de faire comme en l'espèce », d'autre part, que vérifier prochainement ladite action était irrecevable en raison de ce qu'elle avait été dirigée contre le requérant à titre personnel et non « ...en sa qualité de PCA qu'il n'était plus au moment de l'action en justice initiée par la société Win» ; qu'en considérant que la société Win SARL avait, par sa qualité d'actionnaire de la société NACI, le droit de demander la représentation du coffre-fort de la société, et était recevable à « assigner » à cet effet Monsieur Angoua Koffi Maurice, la cour d'appel n'a pas donné de base légale à sa décision qui de ce fait encourt la cassation ;

Mais attendu qu'il résulte de la combinaison des articles susvisés que l'action « *ut singuli* » est l'action sociale en responsabilité civile exercée par un ou plusieurs associés contre les dirigeants sociaux en réparation du dommage causé par leurs fautes de gestion à la société ;

Attendu, en l'espèce, que l'action de la société Win SARL, qui avait pour fin la condamnation de Monsieur Angoua Koffi Maurice à représenter le coffre-fort de la société, et non le paiement de dommages et intérêts en réparation d'un préjudice que lui aurait causé le requérant ne relève pas des dispositions susvisées relatives à l'action « *ut singuli* » ; qu'en procédant au transfert dudit coffre-fort, sur autorisation judiciaire obtenue à sa demande, il en résultait que Monsieur Angoua Koffi Maurice s'engageait nécessairement et personnellement à le représenter ; qu'ainsi en retenant « ... qu'il est légitime que sa représentation (du coffre) soit réclamée à Monsieur Angoua Koffi Maurice qui en a assumé le transfert », l'arrêt attaqué n'encourt pas le reproche visé au moyen…

OBSERVATIONS

S'il est un domaine où il n'est pas aisé d'obtenir gain de cause, c'est bien celui de la responsabilité civile des dirigeants sociaux dans la mesure où il faut prouver qu'ils ont commis une faute détachable de leurs fonctions (*G. Auzero, L'application de la notion de faute personnelle détachable des fonctions en droit privé, D 1998, p. 502 ; V. Wester-Ouisse, Critique d'une notion imprécise : la faute du dirigeant de société détachable des fonctions, D 1999, p. 782*). Pour combattre la mauvaise gestion des dirigeants, le droit des sociétés a prévu l'action sociale *ut universi* ou *ut singuli* (action en réparation du dommage subi par la société du fait de la faute commise par le ou les dirigeants sociaux dans l'exercice de leur fonction : articles 166, 167 et 331 de l'Acte uniforme relatif au droit des sociétés commerciales et du groupement d'intérêt économique. Mais l'établissement d'une frontière entre celle-ci et les autres actions judiciaires pouvant être exercées à l'encontre des dirigeants sociaux ne va pas sans problème. C'est à cette difficulté que les juges de cassation de la CCJA ont dû faire face dans l'affaire Angoua Koffi Maurice contre la société Win SARL *(CCJA, arrêt n° 15/2005 du 24 février 2005, Recueil de jurisprudence OHADA n° 5, janv.-juin 2005, pp. 65 à 67)*.

En l'espèce, le sieur Angoua Koffi, PDG de la société NACI dans laquelle Win SARL est associée, obtient par une ordonnance du président du tribunal de première instance d'Abidjan, l'autorisation de transférer le contenu du coffre-fort de ladite société (NACI) dans une banque locale de son choix.

Pour contraindre M. Angoua à représenter *(« représenter » signifie montrer, faire paraître, mettre en évidence, présenter. S'agissant d'une chose, c'est le fait de l'exhiber, de la mettre en évidence, soit à fin de preuve, soit pour permettre à celui qui prétend avoir sur elle quelque droit de l'exercer effectivement : Voir G. Cornu, Vocabulaire juridique, Association Henri Capitant, 6ème éd., PUF, 2004, p. 758. Au-delà de la diversité que l'expression « représenter le contenu du coffre-fort » peut recouvrir, dans le cas d'espèce, il s'agissait pour l'ancien dirigeant de ramener le contenu du coffre-fort de la société qu'il avait pris soin de conserver dans une banque*) le contenu du coffre-fort, constitué par ailleurs de 26 kilogrammes d'or et d'une somme de 17 000 000 francs cfa, la société Win SARL opte pour la voie judiciaire.

L'actionnaire, la société Win SARL, saisit par requête le juge des référés (le référé est une procédure spéciale, exceptionnelle par laquelle une partie

saisit le président du tribunal de première instance d'une demande tendant à obtenir rapidement une décision appelée ordonnance. Réglementée par les articles 182 et suivants du Code de procédure civile et commerciale, la procédure de référé est caractérisée par sa nature provisoire et par l'urgence.
Il faut préciser ici que le juge des référés statue de manière provisoire sans préjudicier sur le fond du litige qui aurait pu alors être fondé sur un préjudice et dans ce cas, justifier la réparation) et obtient gain de cause avec une condamnation sous astreinte comminatoire à l'encontre de M. Angoua Koffi Maurice.

Révolté par la décision, ce dernier interjette appel en arguant de ce que les conditions de l'action *ut singuli* n'étaient pas réunies parce que l'action n'avait pas un objet pécuniaire et qu'elle était dirigée contre lui en qualité d'ancien dirigeant.

Malheureusement pour lui, l'arrêt de la cour d'appel confirme la décision des premiers juges en considérant que l'actionnaire avait qualité pour demander la représentation du coffre-fort.

Davantage déçu, mais intrépide, M. Angoua se pourvoit en cassation devant la Cour suprême de Côte d'Ivoire, qui statuant dans sa chambre judiciaire, formation civile et conformément à l'article 15 du Traité OHADA, a renvoyé l'affaire devant la Cour commune de justice et d'arbitrage car il s'agissait des questions relatives à l'application des Actes uniformes (précisément l'Acte uniforme relatif au droit des sociétés commerciales et du groupement d'intérêt économique dans le cas d'espèce).

Le problème juridique qui se posait était celui de savoir quelle est la nature de l'action engagée par un actionnaire contre un ancien dirigeant (à titre personnel) devant une juridiction aux fins de représentation du coffre-fort de la société : était-elle sociale ou pas ? Cet actionnaire agissait-il dans son intérêt personnel ou dans celui de la société ? Son action ne visait-elle pas à prévenir un futur préjudice ?

En précisant qu'une telle action échappe à la qualification *ut singuli*, les juges de la CCJA estiment que l'obtention d'une autorisation judiciaire de procéder au transfert d'un coffre-fort implique nécessairement l'engagement de le représenter personnellement c'est-à-dire une obligation de faire. Mais au-delà de celle-ci, l'action de l'actionnaire Win SARL ne pouvait-elle pas être perçue comme l'exercice du pouvoir de contrôle d'un associé (à travers son droit à l'information) encore à la phase de référé en prélude à l'action sociale? Toutefois, si en rejetant le pourvoi, les juges de la CCJA repoussent à juste titre l'idée selon laquelle l'action engagée par la société Win SARL avait pour objet la réparation d'un préjudice (il faut souligner qu'on était en référé, ce qui suppose qu'on ne pouvait pas encore parler de préjudice qui serait certainement né après refus de représentation du coffre-fort de la part de l'ancien Président directeur général de la société)- et reprécisent ce faisant le fondement de l'action *ut singuli* - (I), leur décision ne permet pas d'indiquer le fondement retenu.

Aussi, pensons-nous, en dépit de leur silence, que l'action de l'actionnaire Win SARL qui était une mesure de prudence car elle anticipait sur ce qui devait advenir si M. Angoua ne représentait pas le coffre-fort de la société, pouvait être fondée sur le droit à l'information de l'associé (II).

I. La réparation comme fondement de l'action ut singuli

L'action sociale *(elle est régie par les articles 165 à 172 AUDSCGIE et 331 AUSCG pour la SARL)* est une action intentée par la société (action sociale *ut universi* : il faut relever que c'est la société naturellement, par l'intermédiaire de ses représentants, qui est compétente pour agir *(article 166 alinéa 2 AUSCG)*. Mais les intéressés sont rarement enclins à tresser la corde qui servira à les pendre ; ce n'est qu'éventuellement en cas de changement des dirigeants sociaux que le successeur n'ayant aucune raison d'épargner son prédécesseur, pourrait engager l'action sociale. Or, très souvent, les dirigeants sont demeurés en place malgré le préjudice causé à la société. Il faut bien assurer la défense du patrimoine social dans cette situation de blocage) ou même dans certains cas, par les actionnaires agissant individuellement ou collectivement (il s'agit de l'action sociale *ut singuli* : cette action en responsabilité civile constitue l'une des réponses offertes aux associés pour lutter contre les dérives constatées dans la gestion de certaines sociétés ; elle est même une arme efficace entre les mains des associés minoritaires qui, ne pouvant pas, faute de majorité, révoquer les dirigeants, peuvent néanmoins intenter un procès contre eux. Cette prérogative est reconnue à l'associé indépendamment de toute décision collective et serait-il titulaire d'une seule part sociale ou d'une seule action (*article 167 AUDSCGIE illustration pour une SARL : Cass. crim., 19 oct. 1978, D. 1979, p. 173. De même, tout associé a qualité pour agir en justice toutes les fois que cela se situe dans l'intérêt légitime de la société : CA Cotonou, arrêt n° 65/99 du 29/4/99, affaire M. Guy Barbara c/ Société Sivapt*) contre les dirigeants pour demander réparation d'un préjudice subi par la société du fait de la faute commise par ceux-ci dans l'exercice de leurs fonctions (l'action sociale exercée *ut singuli* ne doit pas être confondue avec l'action individuelle menée par les associés aux fins de réparation de leur préjudice personnel. Si le préjudice personnel est souvent inclus dans le préjudice social afin de permettre la protection la plus efficace qui soit de l'intérêt de la société, tel n'est pas toujours le cas. Ainsi, dans un arrêt du 18 février 1997, la Cour de cassation française a censuré le raisonnement de la Cour d'appel selon lequel les intérêts personnels des actionnaires « *ne sont pas distincts des intérêts de la personne morale en ce qui concerne la valeur des parts sociales* ». La chambre commerciale relève en l'espèce la faute commise par l'actionnaire majoritaire, « *ayant consisté à provoquer les difficultés financières de la société S. pour en prendre le contrôle par une augmentation de capital, imposée aux actionnaires par une violence caractérisée par la menace d'une ruine de la société* » :

Cass. com., 18 févr. 1997, Bull. Joly 1997, p. 408, note J.-J. Daigre. Il faut dire que de telles motivations semblent justement devoir caractériser le préjudice personnel subi par les actionnaires ayant de ce fait perdu le contrôle de la société).

Dans le cas d'espèce, les juges de la CCJA rejettent dans leur décision de manière explicite l'action sociale *ut singuli* et implicitement, l'action individuelle comme fondant l'action de la société Win SARL car ses exigences à savoir la faute du dirigeant (A) et l'existence d'un préjudice (B) ne sont pas réunies.

A. L'exigence d'une faute

L'action sociale *ut singuli* et l'action individuelle ont pour base une faute du dirigeant (*articles 166 et 162 AUDSCGIE ; ohadata, J-06-144, CA Cotonou, arrêt n° 178/99 du 30 sept. 1999, affaire dame « A » contre Sté « B » et quatre autres*). Bien que la nature de sa responsabilité soit ici contractuelle, le dirigeant ne sera déclaré responsable envers la société ou les associés que sur la base de la faute prouvée (*Cass . 3ème civ., 17 janv. 1978, Bull. civ. III, n° 43, p. 35 ; Cass. com., 01er avr. 1968, Bull. civ. IV, n° 125, p. 108, refusant de présumer la faute à partir du constat du mauvais état des affaires sociales; Versailles, 21 janv. 1993, di Costanzo et Vidal c/Leroy, Rev. sociétés 1993, p. 884, obs. Y. Guyon, refusant de la présumer à partir d'un dépôt de bilan).*

La faute du dirigeant consiste, de façon générale, dans des agissements contraires aux intérêts de la société (ou, dans le cas particulier d'une responsabilité envers les tiers, dans les agissements destinés à les léser frauduleusement) ou dans le manquement au devoir de loyauté qu'un dirigeant a vis-à-vis des associés (*la Cour de cassation française en a donné un exemple remarquable dans un important arrêt du 27 févr. 1996, Cass. com., 27 févr. 1996, Bull. civ. IV, n° 65, p. 50 ; JCP 1996, éd. G., II, n° 22665, note J. Ghestin ; D. 1996, jur., p. 591, note Ph. Malaurie ; JCP 1996, éd. E, II, n° 838, note J. Ghestin ; Bull. Joly 1996, p. 485, note A. Couret ; voir également, Cass. com., 12 mai 2004, Beley c/ SA Former, Rev. sociétés 2005, p. 140, note L. Godon ; JCP 2004, éd. E, I, p. 1393, note F.-G. Trebulle*).

La faute du dirigeant peut revêtir des expressions très variées, et se produire à des moments très divers mais nous nous attarderons en particulier sur les fautes commises dans le cadre de la gestion de la société. Ici, la faute réside dans la violation des lois et règlements, des statuts ou le plus souvent dans une faute de gestion. Certes, les hypothèses de fautes de gestion sont très diverses. On peut citer à titre d'exemples, la négligence dans la conduite des affaires sociales, le défaut de surveillance du personnel, le désintérêt pour la gestion, le fait de concurrencer la société dirigée (*Cass. com., 7 oct. 1997, JCP 1997, éd. E, I, n° 710, p. 500, obs. A. Viandier et J.-J. Caussain*), celui d'obtenir le remboursement de frais fictifs ou de ne pas avoir recouvré une créance sociale, le fait de ne pas avoir souscrit une assurance-entreprise, le fait d'avoir abusé de la situation pour s'octroyer des rémunérations et avantages anormaux, le fait d'avoir différé le remboursement de sommes dues par la société et d'avoir exposé cette dernière à des intérêts moratoires (*Cass. com., 12 janv. 1993, RJDA 1993, n° 800, p. 698*), le fait d'avoir longuement gardé le silence sur des opérations hasardeuses et finalement très préjudiciables à la société *(Paris, 4 févr. 1994, Leguay c/FNB et autres, Bull. Joly 1994, p. 402, note M. Pariente*).

Or dans le cas d'espèce, le transfert du contenu du coffre-fort dans une banque n'est pas un acte de gestion comme par exemple, prendre ou donner à bail les locaux, recevoir et donner décharge des sommes dues à la société et mainlevée des sûretés garantissant les créances acquittées (*pour la main levée d'une hypothèque : Rép. Min., Joanq, 22 févr. 1969, Rev. sociétés 1969, p. 408*), assurer la gestion financière de la société et donc faire des placements (*Cass. com., 7 avr. 1998, n° 96-16.373, Dr. sociétés 1998, n° 97, obs. Hovasse ; Bull. Joly 1998, p. 1068, note J.-J. Daigre*), régler les dettes dont la société est débitrice, exercer les actions en justice intéressant la société, passer un compromis ou une clause compromissoire *(Cass. com., 25 mai 1959, D. 1959, p. 557 ; Paris, 12 févr. 1963, JCP 1963, II, n° 13 281, note Level)*, former des réclamations fiscales pour le compte de la société (*Voir pour un gérant de la SNC, mais s'exprimant de façon générale, CE 27 juin 1973, n° 79 958, Gaz. Pal. 1974, I, som., p. 57*). Il constitue plutôt un acte de nature conservatoire c'est-à-dire un acte destiné à préserver l'intégrité du patrimoine de la personne morale (On peut citer entre autres faire procéder aux réparations nécessaires, renouveler le matériel, interrompre les prescriptions courant contre la société, inscrire les hypothèques et signer les polices d'assurance relatives aux biens sociaux). A supposer qu'il puisse même s'agir d'acte de gestion, l'autorisation du tribunal ne constitue-t-elle pas un fait justificatif lui enlevant son caractère fautif ?

L'action *ut singuli* en plus de la faute du dirigeant suppose l'existence d'un préjudice.

B. L'exigence d'un préjudice

Il est reproché à l'arrêt attaqué de la cour d'appel d'Abidjan d'avoir confirmé une ordonnance du président du tribunal de première instance qui obligeait M. Angoua Koffi à représenter le contenu d'un coffre fort, celui de la société NACI.

Cette obligation ne correspond pas à une demande en réparation du préjudice subi par la société. En effet, comme ci-dessus retenu et conformément à l'article 167 de l'AUDSCGIE, l'hypothèse de l'action *ut singuli* est admise lorsque « *les demandeurs sont habilités à poursuivre la réparation du préjudice subi par la société. En cas de condamnation, les dommages et intérêts sont alloués à la société* ». Ainsi, la différence d'objet entre l'obligation de faire qui résulte de l'action querellée et l'obligation de réparer un préjudice social quelconque, interdit toute confusion entre l'action *ut singuli* et l'action entreprise dans notre cas d'espèce par la société Win SARL. D'où le rejet de l'action *ut singuli.*

De même, l'objet de l'action individuelle est la réparation d'un préjudice souffert personnellement par un associé du fait de la faute commise par les dirigeants sociaux ; or dans notre espèce, la demande du requérant est bien particulière ; il s'agit d'une simple représentation du contenu du coffre-fort, et non d'une restitution ou d'une véritable réparation. Cette vue rustique de la chose disqualifie l'action individuelle de l'AUDSCGIE du fondement de l'action entreprise par la société Win SARL.

Toutefois, conformément à une décision rendue le 28 janvier 2004 par la Cour de cassation française, chambre criminelle dans l'affaire X et autre c/ B., liquidateur de Repro express *(Cass. crim., 28 janv. 2004, Rev. sociétés 2004, p. 722, note B. Bouloc)*, « l'abstention dans la réintégration de l'actif de la SARL (d'une somme perçue par erreur par la SCI suite à une erreur de la banque, régularisée un an plus tard) constituait un abus de biens sociaux » (*Le droit des sociétés pour 2005, Journées d'études Dalloz, Dossiers, Dalloz, n° 4, p. 464*) forcément préjudiciable à la société et aux associés.

Par extension, dans notre espèce, nous pensons que la résistance de M. Angoua à représenter le contenu du coffre-fort constituait une abstention, donc une faute susceptible de créer plus tard un préjudice à la société et justifiant par conséquent l'exercice de l'action sociale. Mais les juges de la CCJA retiennent qu'il n'y a pas faute de gestion (laquelle serait déduite de l'attitude du dirigeant) et pas de préjudice à réparer. Dans ce cas, la gestion d'affaires pouvait-elle être accréditée? La gestion d'affaires est considérée comme « *le fait pour une personne, le gérant, d'accomplir des actes d'administration dans l'intérêt d'un tiers, le géré ou maître d'affaire, sans que ce dernier l'en ait chargé* » (R. Guillien et J. Vincent, *Lexique des termes juridiques*, Dalloz, 2001, p. 279). L'admission de la théorie la gestion d'affaires comme fondement juridique de l'action de la société Win SARL est mitigée pour au moins deux raisons :

- la gestion d'affaires n'est admise entre autres que lorsque le maître de l'affaire est absent ou hors d'état de pourvoir lui-même à la gestion. Or, il va sans dire au regard des faits tels que relatés dans l'arrêt, qu'aucune absence, ni incapacité n'étaient imputables à la société NACI pour justifier l'intervention d'un gérant d'affaires en la personne de M. Angoua Koffi ;
- l'initiative du gérant dans l'intérêt d'autrui est la condition fondamentale de l'opération (la gestion d'affaires). Cependant, il a été jugé que cette condition n'est pas remplie s'il était loisible à celui qui s'est immiscé dans les affaires d'autrui de solliciter des instructions du maître de l'affaire. Pourtant, dans notre cas, M. Angoua Koffi était tout à fait à même de solliciter l'avis des actionnaires de la société NACI avant de procéder au transfert du coffre-fort de cette dernière dans un établissement bancaire de son choix *(Lyon, 13 mars 1969, D. 1970, somm. 179 : en l'espèce, l'action a été refusée à un cabinet d'affaire situé dans la même ville que le maître de l'affaire, pour le compte duquel il avait conclu une opération*

car un simple coup de téléphone aurait suffi pour savoir si le maître de l'affaire souhaitait conclure l'acte). D'autant plus qu'il a sollicité l'autorisation judiciaire. Or, tant qu'il n'y a pas encore eu préjudice, le droit à l'information, mieux que la gestion d'affaires, peut servir de base juridique à l'action exercée par un associé contre l'ancien dirigeant.

II. Le droit à l'information comme fondement de certaines autres actions judiciaires à l'encontre des dirigeants sociaux

Le droit à l'information sur l'évolution des affaires sociales fait partie des droits politiques c'est-à-dire des prérogatives associant l'associé à la vie sociale. Ce droit devient à la fois une obligation pour le dirigeant, mandataire social (A) et un moyen de contrôle interne de la société (B).

A. Le droit à l'information de l'associé, une obligation du dirigeant social

Dans l'analyse contractuelle de la société, les pouvoirs sont attribués et délimités par une sorte de mandat social. Représentant la société par l'effet de la volonté des associés, les dirigeants sont souvent présentés comme les mandataires sociaux (*Cass. com., 8 nov. 1984, RTD civ. 1985, p. 368, Obs. J. Mestre. Certes, il est souvent énoncé en doctrine que la qualification de mandataire est impropre au motif que l'essentiel des pouvoirs des dirigeants résulte de la loi. Toutefois, nous pensons que l'existence d'une réglementation d'ordre public ne suffit pas à exclure la qualification de contrat)* ou encore des organes de la personne morale, avec qui ils font corps et dont ils expriment la volonté.

Certains auteurs (*M. Cozian, A. Viandier, Fl. Deboissy, Droit des sociétés, 17ème éd., 2004, n° 255, note 3, p. 122; Voir A. Asencio, Le dirigeant de société, un mandataire spécial d'intérêt commun, Rev. sociétés 2000, p. 682),* dans un commentaire affirment qu' « *on a sans doute exagéré le caractère institutionnel de la société et la qualité d'organe du dirigeant. Même si la loi dessine précisément son statut, le dirigeant n'en demeure pas moins un mandataire* ». Nous pensons donc avec ces auteurs que l'idée de mandat est le fondement de la société commerciale.

Le mandat *(acte par lequel une personne est chargée d'en représenter une autre pour l'accomplissement d'un ou de plusieurs opérations juridiques. En l'espèce, c'est à titre de rappel, le transfert du coffre-fort d'une société dans un établissement bancaire)* par ailleurs peut résulter de la loi ou d'un jugement (parlant de mandat résultant d'un jugement, en droit des sociétés, l'on doit admettre que la désignation d'un administrateur provisoire dans une société en cas de dysfonctionnement structurel en est une illustration). Et c'est en considération de cette dernière hypothèse qu'il nous semble plausible d'affirmer que l'ordonnance n° 2469 du 21 mai 1999 est par extension le « jugement » qui habilitait M. Angoua à opérer le transfert du coffre-fort de la société au nom et pour le compte de cette dernière.

Or le mandataire est tenu principalement d'une obligation de rendre compte. En effet, selon les dispositions de l'article 1993, « *tout mandataire est tenu de rendre compte de sa gestion, et de faire raison au mandant de tout ce qu'il a reçu en vertu de sa procuration, quand même ce qu'il aurai reçu n'eût point été dû au mandant* ». Dans le cas d'espèce, cette reddition de compte ne peut se traduire que par l'obligation de représentation. Mais à qui doit-on rendre compte ? A la société, aux associés, ou aux deux ? A notre sens, il faut rendre compte ici à la fois à la société, personne morale et aux associés qui en sont les membres. C'est dire que l'exécution de cette obligation peut être obtenue au besoin par voie judiciaire non seulement par les dirigeants sociaux, mais aussi par les associés au nom de leur droit à l'information et de leur capacité à agir en cas d'inertie des dirigeants sociaux.

La théorie du mandat peut au vu de tout ceci, être à la base de l'action querellée. Aussi, partageons-nous l'argument des juges de la CCJA d'après lequel en procédant au transfert dudit coffre-fort, sur autorisation judiciaire obtenue à sa demande, il en résultait que M. Angoua Maurice s'engageait nécessairement et personnellement à le représenter. Le refus de sa part constituerait donc un manquement dans l'exercice de son mandat social (il faut relever que le fait que le dirigeant ait obtenu une relaxe à l'occasion des poursuites pour abus de biens sociaux ne fait pas obstacle à sa condamnation civile pour manquement à son mandat social : *Cass. com., 9 nov. 1993, RJDA 1994, p. 144*).

Au-delà de cette notion qui nous a permis de faire une incursion dans le droit civil, il nous semble que le droit à l'information de l'associé est un véritable moyen de contrôle de la société.

B. Le droit à l'information de l'associé, un moyen de contrôle de la gestion de la société

L'obligation peut être définie comme un lien de droit entre deux personnes en vertu duquel l'une d'elles appelée débiteur est tenu envers l'autre d'une prestation positive ou d'une abstention.

L'obligation de faire est formulée par l'article 1101 du code civil qui dispose que : « *le contrat est une convention par laquelle une ou plusieurs personnes s'obligent envers une ou plusieurs autres personnes, à donner, à faire ou ne pas faire quelque chose* ». L'obligation de faire tout comme celle de donner a pour objet une prestation positive tandis que l'obligation de ne pas faire a pour objet une abstention.

L'obligation de faire est celle par laquelle le débiteur s'engage à accomplir pour le créancier un fait ; à exécuter pour lui une prestation positive (autre que le transfert d'un droit réel) comme l'obligation de délivrance, de payer un prix, d'effectuer un travail.

La société Win SARL, en tant que actionnaire de la société NACI a le devoir d'exercer le contrôle interne de la gestion de la société (*ainsi, elle pourra éventuellement, lorsque certaines opérations n'ont pas été clarifiées en dépit de sa demande, solliciter en justice, si elle représente au moins le cinquième du capital, la désignation d'un expert de gestion : ohadata, J-06-101 ; Cotonou, arrêt n° 256/2000 du 17/8/2000, affaire Société Continentale des Pétroles et d'Investissements, M. Séfou Fagbouhoun Sonacop, M. Cyr Koty, M. Mounirou Omichessan c/ Etat Béninois; ce dernier sera chargé de présenter un rapport sur tel ou tel aspect de la vie sociale qui paraît contestable : article 159, AUDSCGIE*) qui sera certainement complété par le contrôle comptable du commissaire aux comptes. A ce titre, elle a droit à l'information. Ce droit permet aux associés de connaître l'état des affaires sociales puisqu'ils sont les maîtres de la société. L'information doit leur donner d'apprécier les performances de la société et de connaître sa richesse, c'est-à-dire sa situation nette. Les associés ont donc non seulement droit à l'information permanente et à l'information occasionnelle liée à la tenue des assemblées générales, mais surtout, un droit de communication qui leur permet de prendre connaissance de l'inventaire *(en cas de refus de communiquer à l'actionnaire les documents requis prévus aux articles 525 et 526 de l'AUSCG, celui-ci peut saisir le juge de référé qui peut ordonner à la société, le cas échéant sous astreinte, la communication de ces documents : Voir TPI Yaoundé, ord. réf. n° 494/0,06 février 2001, Ndjeudjui Thaddée c/ Continental Business Machines SA. Si au jour prévu pour la tenue de l'assemblée générale les documents ne sont pas toujours communiqués, le juge de référé saisi pourra ordonner la suspension de la tenue de l'assemblée jusqu'à l'accomplissement de cette formalité)*. Or pour que ce dernier soit fiable, il doit prendre en compte tous les avoirs de la société. Cette information devient dès lors un devoir du dirigeant voire un moyen de contrôle de l'associé et s'interroger sur ce qu'est advenu un bien de la société est une mesure de prudence ; ce qui est normal. La société Win SARL est donc créancière d'une obligation de faire envers M. Angoua et par conséquent, elle a le droit de s'assurer de la représentation du coffre-fort de la société NACI (cette initiative de la société Win SARL, actionnaire de la société NACI est à encourager car il faut relever pour le déplorer que dans la pratique, les associés ne valorisent pas leur droit à l'information ; ils ont tendance à faire confiance au dirigeant, au moins lorsque le fonctionnement de la société est normal. Et ils sont d'autant plus confortés dans cette position qu'un commissaire aux comptes est présent dans la société ; or, les scandales financiers connus ces dernières années dans les grandes sociétés américaines (*Voir les affaires Enron, Adelphia, World com., etc…)* et même camerounaises (*Feicom, Sic, Port autonome de Douala*), apparemment saines selon les « pseudo-rapports » des commissaires aux comptes, devraient amener à une extrême prudence vis-à-vis de ces derniers). C'est dans ce sens qu'il faut sans doute comprendre l'arrêt de la cour d'appel d'Abidjan, validé par la CCJA, qui condamne M. Angoua Koffi à représenter le coffre-fort.

En définitive, la présente décision de la CCJA peut certainement être approuvée en ce qu'elle a considéré que M. Angoua Koffi Maurice avait l'obligation de représenter le coffre-fort de la société bien qu'il n'ait plus la qualité de PDG de la société NACI au moment de l'exercice de l'action en justice de son actionnaire, la société Win SARL. Toutefois, cet arrêt donne l'occasion de revenir sur les différents types d'actions que peut engager un associé à l'égard du dirigeant :

- une action sociale c'est-à-dire à objet pécuniaire et sur ce plan, M. Angoua l'a bien démontré en mettant en relief ses conditions et la CCJA l'a bien apprécié en précisant que l'action querellée n'était pas une action sociale *ut singuli*;
- l'exercice du droit à l'information considéré comme fondement de certaines autres actions judiciaires à l'encontre du dirigeant social.

Le meilleur enseignement à tirer vient donc de cette deuxième action car le préjudice n'était pas encore né ; certes, il y avait risque de préjudice mais celui-ci n'était pas certain. La CCJA aurait pu éclairer le lecteur en restituant une base juridique légale à l'action intentée par la société Win SARL au lieu de se fonder sur des arguments factuels. Il aurait pu la qualifier du droit à l'information d'un associé qui s'entend non seulement en droit d'exiger du dirigeant mandataire social la reddition des comptes, mais surtout, en un véritable moyen de contrôle de la gestion de la société.

Mme Monique-Aimée Njandeu née Mouthieu,
Chargée de cours à l'Université de Yaoundé II.

CCJA, arrêt n°018/2005, 31 mars 2005
Société Afrique construction et financement dite Africof et Monsieur Z. c/ Société générale de banques en Côte d'Ivoire dite SGBCI

(...)

Sur le premier moyen

Vu les articles 4, 97, et 98 de l'Acte uniforme relatif au droit des sociétés commerciales et du groupement d'intérêt économique ;

Attendu qu'il est fait grief à l'arrêt attaqué d'avoir violé les dispositions des articles 4, 97 et 98 de l'Acte uniforme susvisé ou d'avoir commis une erreur dans leur application ou leur interprétation en ce que la cour d'appel d'Abidjan en décidant que la société Africof n'a eu aucune existence réelle sans indiquer ce en quoi une des exigences légales ou jurisprudentielles ou doctrinaires ne serait pas remplie alors que, selon les requérants, la société Africof est soumise aux dispositions de l'Acte uniforme relatif au droit des sociétés commerciales et du groupement d'intérêt économique depuis le 1er janvier 1998, date d'entrée en vigueur dudit Acte uniforme, parce qu'aux termes des articles 1er et 908 dudit Acte uniforme, sont soumises à ses dispositions toutes les sociétés commerciales et tous les groupements d'intérêt économique dont le siège est situé sur le territoire de l'un des Etats parties au traité relatif à l'harmonisation du droit des affaires en Afrique ; que le siège de la société Africof est situé dans l'immeuble Zaher, Avenue Nanan Yamousso à Yamoussokro, BP 52 en Côte d'Ivoire ; que toujours selon les mêmes requérants, la loi dispose que la société doit avoir une dénomination , un objet et un siège social, une durée et un patrimoine constitué par les apports et les produits générés par ses activités et qu'elle est soumise à des formalités dont l'aboutissement est son immatriculation au registre de commerce pour être dotée de la personnalité morale ; que la doctrine et la jurisprudence ont déduit de l'article 4 de l'Acte uniforme susvisé trois conditions à réunir cumulativement à savoir, des associés, des apports et l'affectio societatis ; qu'en l'espèce Messieurs Z et M ont constitué une SARL dénommée Afrique construction et financement, par abréviation Africof, au capital de 445.000.000 francs sise à Yamoussokro , BP 52, pour une durée de 99 ans, suivant acte notarié en date des 11, 25 et 26 février 1982 avec pour objet social : l'étude technique et financière, la réalisation et le financement de tous projets immobiliers ; la gestion, l'administration, la location et la vente pour son propre compte de tous biens immobiliers ; l'édification, pour tous corps d'Etat, de bâtiments, leur rénovation et entretien, tous travaux publics et de génie civil, d'infrastructures routières, de V.R.D. ; la production d'éléments préfabriqués, notamment pour le bâtiment, la fabrication de mobiliers et la menuiserie ; l'importation, l'exportation, l'achat, la représentation et le vente de toutes matières premières, matériaux, matériels et engins divers ; et, généralement, toutes opérations immobilières, mobilières, foncières, industrielles, commerciales et financières se rattachant directement ou indirectement à l'objet social ou à tous objets similaires ou connexes ; que cette société a été immatriculée au registre de commerce sous le n°4479 suivant déclaration déposée le 08 mars 1982 au greffe du tribunal de Toumodi ; qu'enfin, selon les mêmes requérants, la société Africof réunissait toutes les conditions légales pour être une société commerciale dotée de la personnalité juridique au sens des textes sus énoncées et que la preuve que même pour la SGBCI , elle a existé et fonctionné en tant que société commerciale ayant une personnalité juridique distincte de celle de Monsieur Z en est que courant 1990, la SGBCI a initié deux actions distinctes en recouvrement du solde du compte des relations d'affaires qu'elle a distinctement entretenues avec l'une et l'autre ;

Mais attendu que c'est dans l'exercice de son pouvoir souverain d'appréciation des faits que la cour d'appel, par une décision motivée, a retenu que « les statuts de la société et les procès-verbaux versés au débat révèlent que le siège de la société et l'adresse personnelle de Z se confondent de même que leur patrimoine en ce sens que les apports en nature faits à Africof sont utilisés par Z pour ses activités personnelles sans oublier les différentes cessions de créance faites par Africof à son fondateur, gérant statuaire et principal associé Z… Les pièces du dossier établissent également que depuis sa création en 1982, cette société dépourvue de registre de commerce *(la copie certifiée conforme de l'extrait du registre de commerce versée au dossier de la cour de céans datant du 02.04.2003 n'a pu être versée au dossier de la cour d'appel qui a statué sur la cause par arrêt n°1075 du 04 octobre 2002)* n'a fait l'objet d'aucune assemblée générale pour statuer sur sa gestion et ses statuts n'ont pas encore été harmonisés conformément au traité OHADA... Ainsi, c'est à bon droit que sur la base de ce faisceau d'indices, le premier juge a décidé que Africof constitue une société fictive au service de son fondateur et que Z et celle-ci forment une et même entité juridique » ; que ce premier moyen est donc sans fondement et qu'il doit en conséquence être rejeté ;

Sur le deuxième moyen pris en sa première branche

Attendu qu'il est également reproché à l'arrêt attaqué un défaut de base légale résultant de l'absence, de l'insuffisance et de l'obscurité des motifs en ce que les premiers juges, en se fondant sur un faisceau d'indices pour décider que la société Africof est une société fictive ont retenu d'une part que les statuts de la société et les procès-verbaux versés au débat révèlent que le siège de la de la société et l'adresse personnelle de Monsieur Z se confondent, de même que leur patrimoine en ce sens que les apports en nature faits par Monsieur Z sont utilisés pour ses activités personnelles sans oublier les différentes cessions de créances faites par Africof à son fondateur, gérant statutaire et principal associé Monsieur Z, et d'autre part que les pièces du dossier établissent également que depuis sa création en 1982, cette société dépourvue du registre de commerce n'a fait l'objet d'aucune assemblée générale pour statuer sur sa gestion et ses statuts n'ont pas encore été harmonisés conformément au traité OHADA, alors que, selon le moyen, en l'absence de motifs qui auraient caractérisé la simulation qui aurait entraîné la fictivité de la société Africof, les premiers juges ne pouvaient pas apprécier dans leur décision s'ils avaient entendu annuler la société Africof ou la déclarer inexistante, chacune de ces solutions entraînant des conséquences propres et partant, n'ont pu mettre la Haute cour communautaire en mesure d'apprécier l'exactitude de la qualification et de la sanction pour eux retenus ; que d'autre part, lesdits juges, en se bornant à ne retenir que le contenu de procès-verbaux tendancieux et établis de mauvaise foi (donc viciés) et les affirmations gratuites et erronées de la SGBCI pour déclarer fictive la société Africof sans rechercher s'il y avait effectivement confusion de patrimoine et de domicile et si la société avait été immatriculée ou non au registre du commerce, était imposée ou non, absence ou perte d'affection societatis ou autres, n'ont pas su donner de base légale à leur décision en raison de l'absence (juger qu'une société immatriculée au registre du commerce sous le n° 4479 n'a pas été immatriculée), l'insuffisance (retenir la confusion de domiciles du seul fait que la société et son gérant sont domiciliés dans le même immeuble sans rechercher s'ils sont dans le même appartement) et obscurité des motifs outre leur absence soulevée.

Mais attendu que, d'une part, contrairement à ce que soutiennent les requérants, la cour d'appel, en retenant que « les statuts de la société et les procès-verbaux de compulsion versés aux débats révèlent que le siège de la société et l'adresse personnelle de Z se confondent de même que leurs patrimoines en ce sens que les apports en nature faits à Africof sont utilisés par Z pour ses activités personnelles sans oublier les différentes cessions de créances faites par Africof à son fondateur, gérant statutaire et principal associés Z », a bien caractérisé la simulation et tiré les conséquences en déclarant fictive la société Africof ; que d'autre part, c'est après avoir souverainement apprécié tous les éléments ci-dessus spécifiés du dossier que la cour d'appel a, après avoir déclaré fictive la société Africof, retenu que ladite société et Z forment une seule et même entité ; que de tout ce qui précède, il y a lieu de relever que la cour d'appel a amplement motivé sa décision et qu'en conséquence le deuxième moyen, pris en sa première branche, doit être rejeté ;

Sur le deuxième moyen pris en sa seconde branche

Attendu qu'il est aussi reproché à l'arrêt attaqué un manque de base légale résultant de la contrariété des motifs en ce que, selon le moyen, d'une part, les premiers juges ont retenu, au titre du faisceau d'indices, les diverses cessions de créance pour déclarer fictive la société Africof alors que ces cessions, réalisées par acte notarié, établissent si besoin était que le patrimoine de Monsieur Z ne se confond pas avec celui de la société Africof et, d'autre part, les juges d'appel, en retenant la confusion de patrimoine à partir des cessions de créances alors qu'il résulte de ces dernières la preuve à la fois matérielle et formelle que le patrimoine de la société Africof est bel et bien distinct du patrimoine de Monsieur Z et, en ne relevant pas que la SGBCI a attrait devant toutes les juridictions et effectué des paiements entre les mains de la société Africof personnellement, ont péché par contrariété de motifs ;

Mais attendu que le fait pour la cour d'appel de retenir, d'une part, au titre de faisceau d'indices les diverses cessions de créances pour déclarer fictive la société Africof et, d'autre part, la confusion de patrimoines à partir desdites cessions de créances n'est en rien contradictoire avec le fait que la cour d'appel n'ait pas relevé que la SGBCI a attrait devant toutes les juridictions et effectué des paiements entre les mains de la Société Africof ; qu'en effet, le fait que la SGBCI ait en son temps engagé des poursuites contre la société Africof et effectué des paiements entre les mains de celle-ci ne peut, à lui seul, prouver que la société Africof a une personnalité juridique distincte de celle de Z ; qu'il s'en suit que le deuxième moyen, pris en sa seconde branche, doit être rejeté.

Sur le troisième moyen

Attendu qu'il est enfin fait grief à l'arrêt attaqué d'avoir violé les dispositions de l'article 1289 du Code civil en ce que les juges d'appel se sont bornés à déclarer que la loi n'a pas distingué entre les personnes morales ou physiques sans rechercher si la société et la SGBCI étaient débitrices l'une envers l'autre alors que, selon le moyen, la jurisprudence unanimement approuvée par la doctrine retient qu'en application de l'article 1289 du Code civil la compensation implique la réciprocité des créances et des dettes ; qu'en d'autres termes, pour que la compensation ait lieu, il faut que les mêmes personnes soient à la fois créancières et débitrices l'une de l'autre, ce qui n'est pas le cas en l'espèce dans la mesure ou la société Africof qui est créancière de la SGBCI ne doit rien à celle-ci et que la créance dont la SGBCI se prévaut résulte de l'Arrêt n° 274 rendu le 04 mai 2000 par la Cour suprême, lequel porte condamnation, non pas de la société Africof mais de Monsieur Z à son profit ; que s'il est vrai que Monsieur Z est à la fois un associé et un gérant de la société Africof, cette circonstance est impuissante à rendre ladite société débitrice de la SGBCI puisqu'il est de jurisprudence constante qu'il ne peut y avoir de compensation entre les créances de la société et les dettes d'un associé et inversement.

Mais attendu qu'à propos de l'article 1289 du Code civil, la cour d'appel a retenu que « ce texte dispose que lorsque deux personnes se trouvent débitrices l'une envers l'autre, il s'opère entre elles une compensation qui éteint les deux dettes ... aux termes de cette loi, la compensation suppose l'existence de deux personnes qui se trouvent débitrices l'une envers l'autre. La loi n'ayant pas distingué entre les personnes morales et physiques, c'est sans fondement juridique que les appelants tentent cette distinction et qu'il échet de rejeter leur moyen » ; qu'ainsi c'est seulement après avoir retenu que Africof et Z constituent une seule et même entité que la cour d'appel a confirmé le jugement en ce qu'il a ordonné la compensation entre les créances et des dettes réciproques de l'entité juridique Africof-Z et la SGBCI ; qu'en effet, du seul fait d'avoir décidé que Africof et Z constituent une seule et même entité il en résulte que leurs créances et dettes réciproques se trouvent confondues ; qu'en conséquence et contrairement aux allégations des requérants, la cour d'appel n'en a rien violé l'article 1289 du Code civil ; qu'il suit que le troisième moyen doit être rejeté…

OBSERVATIONS

Si sous l'auspice de la fiction juridique l'on peut créer une personne morale dans l'optique de profiter de tous les avantages qui pourraient en résulter (l'abus n'est pas constitué par le seul fait que la personnalité morale sociétaire est créée ou utilisée en cours d'existence pour profiter habilement des libertés qu'offre la législation ou même des lacunes que celle-ci peut comporter. Ainsi, la constitution d'une société pour payer moins d'impôts ou exposer moins de biens que dans le cadre d'une exploitation personnelle est parfaitement licite), la fictivité de telles personnes est en revanche proscrite si sous la façade d'un contrat de société, les intéressés dissimulaient en réalité un autre contrat car elle fausse le jeu de la concurrence tout en heurtant la morale des affaires (*B. Oppetit, Ethique et vie des affaires, Mélanges A. Colomer, Litec, 1993, pp. 319 et ss. ; J. Leonnet, Ethique et droit économique, Mélanges P. Bézard, Montchrestien 2002, pp. 231 et ss. ; Y. Picod, Le devoir de loyauté dans l'exécution du contrat, LGDJ, 1989 ; D. Mazeaud, Loyauté, solidarité, fraternité : la nouvelle devise contractuelle ? Mélanges en l'honneur de F. Terré, Dalloz, PUF, 1999, n° 3, p. 604 ; H. Le Nabasque, Le développement du devoir de loyauté en droit des sociétés, RTD com., 1999, p. 279*). Il en est ainsi dans la mesure où la personne morale se présente comme un écran, un instrument juridique dénué de toute effectivité de fonctionnement et destinée à tromper la vigilance des tiers (*J. Mestre, D. Velardocchio et H. Alves, Lamy Sociétés commerciales, éd. 2008, n° 465, p. 215*). On parle dès lors de sociétés fictives où l'abus de la personnalité morale est permanente (*J. Mestre, D. Velardocchio et H. Alves, op. cit., n° 467, p. 216*) et dont l'une des expressions a été mise en exergue par l'arrêt n° 18 du 31 mars 2005 rendu par la première chambre de la CCJA dans l'affaire Société Afrique construction et financement dite Africof et Monsieur Z, contre Société générale de banque en Côte d'Ivoire dite SGBCI.

En l'espèce, deux entités apparentes à savoir la société Africof et Monsieur Z sont en relation d'affaires avec la SGBCI. Tandis que la société Africof est créancière de la SGBCI d'une somme de 2 068 914 francs cfa, Monsieur Z est débiteur de la même SGBCI d'une somme de 12 396 059 428 francs cfa. Or la SGBCI estimant que la Société Africof et Monsieur Z constituent une seule et même entité juridique, a saisi avec succès le tribunal de première instance d'Abidjan et Monsieur Z aux fins de compensation entre leurs dettes réciproques jusqu'à concurrence de leurs quotités respectives. Le jugement prononcé à cet effet a été contesté par la Société Africof qui par son représentant légal, Monsieur Z a interjeté appel. L'arrêt confirmatif de la cour d'appel d'Abidjan n'a pas suffi pour dissuader la même société Africof et son représentant légal le sieur Z de se pourvoir en cassation devant la CCJA.

Les éminents juges ont d'abord tranché des questions soulevées *in limine litis* relatives d'une part à la compétence de la cour - et celle-ci a déclaré sa compétence – (*sur l'appréciation de la compétence de la CCJA, voir : ohadata, J-03-276, Abidjan, arrêt n° 615 du 20/05/2003, Port autonome d'Abidjan c. Entreprise graviers et sables ; ohadata, J-05-172, CCJA, arrêt n° 31 du 04 nov. 2004, ayants droit de Bamba Etigue c/ Mme Adia Yeguo Thérèse, Le Juris Ohada n° 4/2004, p. 27, note M. Brou Kouakou ; Rec. CCJA, n° 4, juil.-déc. 2004, p. 48 ; Jurisprudence commentée de la CCJA, oct. 2005, n° 1, p. 40, note F. Onana Etoundi ; CCJA, n° 4 du 27 mars 2003, Le Juris Ohada n° 2/2003, p. 11 ; ohadata, J-04-190*) et d'autre part, au sursis à statuer requis par Africof et que les juges ont rejeté, motif pris de ce que en statuant sur la demande en compensation de deux dettes, et non sur l'existence d'une créance entre les parties, la CCJA ne viole aucunement le principe de l'autorité de la chose jugée. Ces questions ne seront toutefois pas développées dans le présent commentaire.

Et dans le fond, les juges communautaires ont été appelés à se prononcer sur la question de savoir à quelles conditions une société peut-elle être qualifiée de fictive ? En d'autres termes, quels sont les éléments d'existence d'une société fictive ? (*Commentaire de M. Brou Kouakou sous cet arrêt in ohadata, J-05-370*).

En affirmant par exemple que constitue une société fictive au service de son fondateur, qui forme avec celle-ci une seule et même entité juridique, une société dont les statuts et les procès verbaux révèlent, entre autres que le siège social et l'adresse personnelle du fondateur gérant se confondent de même que leur patrimoine, la compensation est justifiée, dès lors que leurs créances et dettes réciproques se trouvent confondues, la loi n'ayant pas distingué entre les personnes morales et physiques.

Il s'agit là d'une décision qui confirme la largesse des conditions d'existence des sociétés fictives (I) dont l'admission est indéniable pour la sécurisation du monde des affaires (II).

I. La fictivité de la société : une qualification ouverte

Si les cas de fictivité sont nombreux, tant les moyens utilisés et les buts poursuivis sont dispersés (*P. Rouast-Bertier, Société fictive et simulation,* Rev. sociétés 1993, p. 725.), une systématisation peut être faite à partir de la réalité occultée (*M. Brou Kouakou, note sous CCJA, 1ère chambre, arrêt n° 18 du 31 mars 2005, Le Juris Ohada, n°3/2005 ; ohadata, J-05-370 précité)* qui est tantôt l'activité exclusive du maître de l'affaire (A), tantôt une situation contractuelle différente du contrat de société ostensible (B).

A. De l'activité exclusive du maître de l'affaire (formes classiques) ...

Dans sa forme classique, la société fictive est constituée pour masquer l'activité d'une seule personne et dans ce cas, le consentement des associés n'est qu'apparent (or, pour son existence même, le contrat de société suppose non seulement un accord de volonté des parties, mais encore une volonté durable de collaboration sur un pied d'égalité pour la réalisation de l'œuvre commune, qu'on dénomme *l'affectio societatis*. En conséquence, il n'y a pas de contrat de société lorsque cette volonté de coopérer fait défaut). Il n'y a en général d'intérêt à le faire qu'en créant une société comportant une responsabilité limitée, car, dans les sociétés en nom collectif, la responsabilité personnelle des associés enlève presque tout intérêt à la combinaison (*G. Ripert et R. Roblet, Droit commercial, t. 2, 15ème éd., LGDJ, n° 1030, p. 805)*. La pratique consiste alors à recourir à d'autres personnes qui paraissent associées, mais qui ne sont en réalité que des prête-noms - c'est-à-dire des mandataires traitant pour le compte du mandant, mais en laissant croire qu'ils agissent dans leur intérêt propre et en assumant personnellement les charges du contrat - à qui on fait généralement signer à l'avance des cessions de parts (ou d'actions) en blanc. L'acte de cession est régulièrement signé, c'est-à-dire accepté à l'avance. Sont laissés en blanc la date, le nom du cessionnaire et, très souvent, le prix ; celui qui a entre les mains les actes signés à l'avance peut leur donner effet quand il le souhaite : il lui suffit de remplir les blancs. Dans certaines hypothèses, lorsque la supercherie est découverte, la société est déclarée fictive car les signatures des associés en blanc démontrent à l'évidence que les prête-noms n'étaient nullement habités par *l'affectio societatis* (*Cass. com., 2 janv. 1967, RTD com. 1967, p. 862, obs. R. Houin; Cass. 1ère civ., 20 nov. 2001, JCP 2002, 225, note A. Viandier*).

Les juges du fond apprécient souverainement la fictivité de la société lorsqu'ils constatent l'absence de *l'affectio societatis* au moment de sa création *(Cass. 1ère civ., 24 oct. 1978, JCP, éd. G, 1979, IV, p. 7. Toutefois, la preuve du caractère fictif d'une société résultant du caractère artificiel de sa création peut être établie sur la base de faits postérieurs à sa constitution : Cass. com., 13 oct. 1998, Bull. Joly 1999, p. 58, note Serlooten ; BRDA 1998, n° 20, p. 7 ; RJDA 1998, n° 1360, p.*

1020) ou au cours de son fonctionnement. Il faudra alors rapporter la preuve de son existence (*ohadata, J-05-343 ; Cour suprême de Côte d'Ivoire, Chambre judiciaire, arrêt n° 152/04 du 11 mars 2004, Adama Koïta, Odié Mathieu c/ Assane Thiam, Sodefor, Actualités juridiques, n° 47/2005, p. 83, note Kassia Bi Oula*). Il existe de très nombreuses décisions qui ont qualifié de fictives les sociétés ne comprenant qu'un associé véritable et un ou plusieurs prête-noms (*jurisprudence non exhaustive citée par A. Martin Serf, Le consentement des parties, sociétés fictives et frauduleuses, J-cl. (Sociétés), Fasc. 7 ter, n° 19 : Cass. com., 08 févr. 1994, p. 394 ; Paris, 28 sept. 1993, Bull. Joly 1994, p. 68*). Mais cet élément ne semble pas suffisant intrinsèquement si bien qu'il ne constitue qu'un indice parmi d'autres pour qualifier une situation de fictive (*Cass. 1ère civ., 15 juil. 1989, Bull. civ., I, n° 272, p. 180; S. Schiller, Les limites de la liberté contractuelle en droit des sociétés, les connexions radicales, thèse, LGDJ, Paris, 2002, n° 145, p. 75*).

Toutefois, il faut se garder de voir la fictivité dès qu'une personne possède l'essentiel du capital d'une société et apparaît comme en étant le véritable maître (*la Cour de cassation française a jugé que la détention par un associé de 480 parts sur les 500 d'une SARL ne s'opposait pas à ce que la société ait une existence réelle : Cass. com., 15 mars 1955, Bull. civ. III, n° 100*). Dans ce sens, on annulerait comme fictives, toutes les sociétés dont le capital appartient à plus de 99 °/° à une même personne, qu'elle soit physique ou morale (*M. Cozian, A. Viandier et Fl. Deboissy, Droit des sociétés, 21ème éd., Litec, 2008, n° 146, p. 72*). La déclaration de fictivité a donc un caractère exceptionnel (*la fictivité doit être établie : Cass. com., 19 mars 1996, Rev. sociétés 1996, p. 267, note P. Le Cannu*); elle suppose la réunion d'un faisceau d'indices concordants : défaut de pluralités d'associés, défaut d'activité sociale, défaut de respect du rite sociétaire, défaut d'autonomie patrimoniale de la société, absence d'activité économique propre… *(dans un arrêt du 7 juin 2001, RJDA 01/02, n° 41, la cour de Paris a jugé qu'étaient fictives trente deux SARL créées pour gérer, dans le cadre d'une franchise, l'enseigne d'hôtels « formule 1 » ; les gérants ne disposaient en effet d'aucune autonomie d'action, les moindres décisions leur étant dictées par le franchiseur. La cour d'appel a dès lors reconnu aux faux gérants de sociétés la vraie qualité de salariés : Voir Ch. Cutajar, La franchise hôtelière à l'épreuve de la fictivité, RJDA 01/02, p. 3).*

Il faut donc admettre que sauf volonté de fraude, doit être considérée comme valable la société dominée par une seule personne dès lors que les coassociés ne sont pas de simples potiches et que le rituel social est scrupuleusement respecté. D'ailleurs, la reconnaissance des sociétés unipersonnelles ne fait que renforcer la marginalité des sociétés fictives (certes, la reconnaissance des SARL et SA unipersonnelles devrait contribuer à une réduction du nombre de sociétés fictives constituées pour masquer l'activité d'une seule personne physique. Cependant, pour certains auteurs, une société unipersonnelle peut être fictive si l'associé unique confond son patrimoine personnel et celui de la société : *Voir, P. Le Cannu, L'EURL et les procédures collectives, Bull. Joly, 1986, p. 895 ; A. Martin Serf précité, J.-cl Sociétés Traité, Fasc.*

7-40, n° 13). De même, la communauté d'intérêts entre deux sociétés n'est pas à elle seule le signe d'une fictivité ou d'une confusion de patrimoines (pour établir la confusion de patrimoines, les juges doivent établir soit la confusion des comptes résultant du désordre généralisé de la comptabilité ou l'imbrication inextricable des actifs et passifs, soit l'existence de flux financiers anormaux et, plus généralement, de relations financières anormales : *Cass. com., 25 juin 1996, Defrenois 1996, p. 1997, note H. Hovasse* ; il faut relever que ce n'est pas parce que des associés communs créent à la fois une société civile immobilière et une société d'exploitation, l'immeuble possédé par la première étant donné en location à la seconde, que l'inévitable imbrication des intérêts est révélatrice de fictivité et de confusion de patrimoines. *Voir Ch. Cutajar, Le montage société civile-société d'exploitation à l'épreuve de l'extension jurisprudentielle de la procédure collective, Bull. Joly 1999, p. 1057*). L'on doit prouver en plus comme dans le cas d'espèce, que le fondateur forme avec la société une seule et même entité juridique *(en effet, la confusion de patrimoines suppose que malgré la pluralité des personnes juridiques, il n'y a en fait aucune autonomie de la société débitrice du créancier)*.

Parfois, la fictivité se manifeste par le recours à des personnes ayant simulé un apport alors que ce dernier doit être effectif c'est-à-dire, de nature à procurer à la société un bien représentant une valeur certaine (*ohadata, J-04-64 ; Cour suprême d'Abidjan, 04/07/2002, arrêt n° 570/02, Wan Kul Lee c/ Jean Kuk Hyun, Actualités juridiques n° 39/2003, p. 12*) ; c'est le cas par exemple d'un apport fictif (*pour déterminer si un apport est ou non fictif, il faut se placer au moment de la constitution de la société - Cass. com., 18 juin 1974, Bull. civ. IV, n° 199 - c'est-à-dire au jour de la signature des statuts ; dès lors, la perte de la valeur postérieure de l'apport ne doit pas être prise en considération*). Il s'agit d'un apport dénué de toute valeur pécuniaire et de toute utilité : il en est ainsi de l'apport d'un brevet nul ou périmé, d'un bien grevé d'un passif supérieur à la valeur brute de ce bien (*c'est le cas de l'apport d'un immeuble hypothéqué dont par la suite, la vente par les créanciers de l'apporteur est réalisée à un prix très inférieur à la valeur d'apport : Douai, 6 août 1903, DP 1907, 2, p. 377*), d'un bien sous condition purement potestative (*Cass. 1ère civ., 18 juin 1974, Bull. civ. I, n°198)*, d'une créance sur un débiteur insolvable ou encore d'un fonds de commerce sans valeur, de l'apport par un mari des biens propres de son épouse (*Paris, 1er déc. 1992, Bull. Joly 1993, p. 323, note B. Saintourens; Rev. sociétés 1993, somm. p. 132, obs. Guyon)*. Au-delà des hypothèses de prête-noms et des apports fictifs, la fictivité de la société peut découler d'une situation contractuelle différente du contrat de société.

B ...A la situation contractuelle différente du contrat de société (formes nouvelles)

Le principe de l'unité du patrimoine auquel se fonde le droit OHADA ne permet pas une admission généralisée de sociétés permettant à une personne physique d'affecter une fraction de son patrimoine à une activité déterminée sans que la totalité de ses biens réponde des obligations contractées à cette occasion. Il faut donc admettre que le but véritable de la création d'une société serait dans certains cas, non pas une association des parties pour une activité commune, mais l'obtention par l'ancien exploitant individuel des avantages attachés à la société, notamment en ce qui concerne la limitation de responsabilité (grande est en effet la tentation pour un commerçant d'exploiter son fonds de commerce sous le couvert d'une société permettant une telle limitation de responsabilité). Une telle interprétation est particulièrement plausible lorsque les affaires de l'intéressé étaient peu florissantes (*Cass. com., 23 janv. 1963, Bull. civ. III, n° 57; Cass. Com., 3 oct. 1989, Dr. sociétés 1989, comm. 363; Cass. com., 19 nov. 1996, Rev. proc. coll. 1997, p. 167, obs. J.-M. Calendini*). La situation semble avérée dans le cas d'espèce dans la mesure où la créance de 12 396 059 428 fcfa de la SGBCI au 31 mai 2001 est le cumul de ses créances diverses impayées envers Monsieur Z ; ce qui traduit certainement les difficultés que connaissaient Monsieur Z pendant ses relations d'affaires avec la SGBCI.

En l'espèce, la société fictive masque l'activité d'une seule personne, la personne physique Monsieur Z, qui en est le représentant légal. De la sorte, la personnalité juridique de celle-ci ne peut être distincte de la personne morale créée pour bénéficier des avantages qui résulteront pour lui de l'exploitation de son entreprise sous forme sociale. C'est l'hypothèse de la fictivité par l'interposition. L'interposition de personnes est « une simulation consistant, dans un acte ostensible (société, donation), à faire figurer en nom comme titulaire apparent du droit (associé, donataire) une personne qui se prête au jeu (dite personne interposée ou homme de paille) alors qu'en vertu de la volonté réelle des parties...le véritable intéressé (associé, destinataire réel de la libéralité) est une autre personne tenue secrète » (*G. Cornu, Vocabulaire juridique, Association Henri Capitant, 6ème éd., PUF, p. 475)*. La simulation correspond ici à celle que le Code civil vise dans l'article 1321, celle où coexistent deux actes : un acte ostensible qui énonce les conditions du contrat de société révélé aux tiers, et un acte secret exprimant seul la volonté réelle des parties. Appliqué aux sociétés, l'interposition « suppose qu'une société intervienne, non pour réaliser son propre intérêt...mais pour réaliser l'intérêt d'autrui » (*B. Vial Perdoletti, L'interposition de personnes dans les sociétés commerciales, thèse Aix-en- Provence, 1986, p. 69, cité par M. Cozian, A. Viandier et Fl. Deboissy, op. cit., n° 155, p. 75*).

La fictivité procède souvent de la confusion des patrimoines (*ohadata, J-03-147 ; CA Dakar, 20/01/2003, arrêt El Hadji Khouma Gueye c/ Mouhamadou*

Bamba Gueye) quelquefois découlant d'un protocole d'accord (*ohadata, J-04-01 ; TGI de Ouagadougou, 21/02/2001, jugement commercial n° 215*), d'une absence de réalité de la personne morale caractérisée soit par la maîtrise absolue de la société par l'un des associés jointe à l'absence de toute vie sociale, soit par l'absence de toute activité propre de la société, celle-ci jouant uniquement le rôle de personne morale interposée pour les besoins d'un montage juridique (*CA Paris, 3ème ch. C, 7 juil. 1995, JCP éd. E 1996, I, p. 117, n° 541, obs. Viandier et Caussain*). Il en est ainsi d'une filiale traitée comme une simple succursale ou d'une société inséparable de son animateur. Tel semble être le cas dans l'espèce que les juges de la CCJA ont eu à apprécier car « *les statuts de la société et les procès-verbaux de compulsion versés au débat révèlent que le siège de la société et l'adresse personnelle de Z se confondent de même que leur patrimoine en ce sens que les apports en nature faits à Africof sont utilisés par Z pour ses activités personnelles sans oublier les différentes cessions de créance faites par Africof à son fondateur, gérant statutaire et principal associé Z...* ».

L'interposition de personne est en soi neutre ; ce n'est pas en principe une cause de nullité de l'acte ou de l'opération. Mais il faut tempérer cette règle par la considération habituelle à la fraude (on pourra rappeler avec Josserand que l'on peut faire en cachette ce que la loi permet de faire ostensiblement, mais rien au-delà : Voir, *Les mobiles dans les actes juridiques du droit privé*, 1928, n° 195). Ainsi, si la convention de prête-nom permet la réalisation d'une fraude, les sanctions de la nullité (*une société fictive est une société nulle et non inexistante ; les associés ne sauraient imposer cette nullité aux tiers de bonne foi, parmi lesquels il faut compter l'administration fiscale : Cass. com., 16 juin 1992, arrêt Lumale, D. 1993, p. 508, note L. Collet*) ou de l'inopposabilité trouveront à s'appliquer ou alors une disqualification judiciaire qui lèverait le masque serait possible. C'est donc à bon droit que les juges de la CCJA ont confirmé la compensation des dettes entre d'une part la société Africof et Monsieur Z et la Société générale de banque en Côte d'Ivoire d'autre part. Cette solution mérite d'être approuvée car il en va de la sécurité même des transactions.

II. La qualification de la société fictive : une technique juridique de sécurisation des transactions

Le pouvoir de requalification ou de disqualification judiciaire de la relation juridique permet au juge de prendre en compte la réalité occultée derrière l'acte ostensible (A) et justifie ainsi, l'application de certaines règles juridiques (B).

A. La prise en compte de la réalité occultée

Il faut relever que les règles de droit commun sanctionnant la simulation sont applicables aussi bien à propos de l'acte secret que de l'acte apparent. Ainsi, selon les dispositions de l'article 1321 du Code civil, « *les contre-lettres ne peuvent avoir leur effet qu'entre les parties contractantes ; elles n'ont point d'effet contre les tiers* ». Mais à l'inverse de ce qu'il prévoit pour les rapports des parties entre elles, l'article 1321 dispose seulement que la contre-lettre n'a point d'effet contre les tiers. Une faculté est offerte à ces derniers et spécialement au fisc, d'opter pour l'acte apparent ou pour l'acte secret selon leur intérêt (*P.G. Pougoué, F. Anoukaha et J. Nguebou, Le droit des sociétés commerciales et du groupement d'intérêt économique, OHADA, PUA, 1998, n° 23, p. 12*). Dans ce cas, ils devront supporter les conséquences du choix opéré.

Le tiers peut avoir intérêt, dans ses rapports avec l'une des parties, à se prévaloir de l'acte secret réellement voulu. Le cas le plus courant est celui d'un créancier de la société fictive qui écarte le voile de l'apparence pour agir directement contre le maître de l'affaire, qui en cas de succès de l'action deviendra personnellement débiteur à la place de la société. A cette fin, il dispose lui-même de l'action en déclaration de simulation, largement ouverte en droit français par la Cour de cassation et à sa suite, par la CCJA dans le cas d'espèce. A ce titre, il n'est pas nécessaire que l'acte simulé porte préjudice au demandeur *(Cass. civ., 19 mai 1942, S. 1942, I, p. 98)* ; peu importe que le droit invoqué par le tiers soit né postérieurement à l'acte simulé (*Cass. civ., 11 avr. 1927, D.P. 1929, I, p. 25, note Pic)*. Or, dans le cas d'espèce, le préjudice de la SGBCI est réel car sa créance envers Monsieur Z s'élève en principal et intérêts dus au 31 mai 2001 à 12 396 059 428 francs alors que celle de Monsieur Z ou mieux de la société fictive envers la SGBCI n'est que de 2 068 921 154 francs. De même, tous les moyens de preuve de la simulation sont recevables (*Cass. req., 19 avr. 1932, D.P. 1932, I, p. 125; Rouen, 6 juin 1973, Rev. sociétés 1974, p. 740, note Sortais)* y compris à l'encontre d'un acte authentique (*Cass. com., 12 nov. 1974, Bull. civ. IV, n° 286, p. 235)*. Il faut souligner que les tiers sont souvent dans l'impossibilité de prouver par écrit l'acte juridique qu'ils peuvent avoir intérêt à invoquer ; cet acte ne peut d'ailleurs valoir à leur égard qu'en tant que fait juridique. C'est pourquoi ils peuvent en faire la preuve par tous moyens ou peuvent prouver librement contre et outre le contenu de l'acte écrit présenté (*F. Terré, Introduction générale au droit, 5ème éd., Précis Dalloz, 2000,, n° 553, p. 562)*. La SGBCI a dû recourir aux éléments factuels tels que l'unicité du siège social, de l'adresse personnelle du fondateur gérant et du patrimoine pour démasquer l'acte secret. Toujours dans l'intérêt des tiers, il est admis que la prescription de l'action est la prescription trentenaire de l'article 2262 du Code civil ; elle commence à courir à compter du jour de l'acte argué de simulation *(Cass. 1ère civ., 3 juin 1975, Bull. civ. I, n° 191, p. 162)*.

Par ailleurs, l'administration fiscale figure aussi parmi ces tiers intéressés à la véritable qualification des actes juridiques. Celle-ci bénéficie, en toutes matières, de la faculté d'utiliser la procédure dite de « *répression des abus de droit* », qui lui permettra de rendre à l'opération litigieuse sa véritable qualification et d'en tirer toutes les conséquences qui s'imposent. C'est dire que dans le cas d'espèce, le fisc pourra éventuellement se prévaloir de la réalité occultée pour exiger de Monsieur Z le paiement des impôts sur le revenu des personnes physiques voire sur les bénéfices industriels et commerciaux dus pendant toute la période de simulation.
Au-delà, la prise en compte de la réalité occultée permet au juge de justifier l'application de certaines règles juridiques.

B. Pour justifier l'application de certaines règles juridiques

Pour assurer la sécurité des transactions, la requalification de la relation juridique existant entre les parties a pour conséquence l'application des règles juridiques liées à la réalité occultée. Il peut s'agir de la compensation ou plus largement l'extension de procédure collective ouverte contre la société à travers l'ouverture d'une procédure unique car en effet, le tribunal saisi en premier lieu reste compétent même si une autre juridiction le serait normalement *(la détermination de la juridiction compétente est commandée par la règle d'unité de procédure. C'est dire que si deux juridictions distinctes géographiquement ont été saisies, il y aura lieu d'appliquer les règles de la litispendance et de la connexité).*

C'est ainsi que dans le cas d'espèce, les juges de la CCJA ont retenu que la Société Africof et Monsieur Z forment une seule et même entité juridique ; et que dès lors que leurs créances et dettes réciproques se trouvent confondues, la compensation est justifiée la loi n'ayant pas distingué entre les personnes morales et physiques. Ainsi, elle accueille favorablement la demande de compensation faite par la SGBCI et ordonne la compensation de leurs dettes réciproques jusqu'à concurrence de leurs quotités respectives.

La compensation est l'extinction simultanée de deux obligations de même nature existant entre deux personnes réciproquement créancières et débitrices l'une de l'autre (*F. Terré, P. Simler et Y. Lequette, Droit civil, Les obligations, 8ème éd., Précis Dalloz, 2002, n° 1390, p. 1283).* Il en est ainsi lorsque, pour une raison quelconque, un débiteur devient lui-même créancier de son créancier. L'extinction est totale si les deux obligations sont d'égal montant. Plus souvent, les obligations étant de montant inégal, elle n'est que partielle, à concurrence du plus faible des deux montants. C'est dire que l'extinction de la dette de la SGBCI ne sera que partielle et la Société Africof et Monsieur Z seront tenus du solde restant à son égard.

Certes, quatre conditions doivent être réunies pour que la compensation produise son effet extinctif à savoir la réciprocité des obligations, la fongibilité de leur objet, la liquidité des créances et l'exigibilité de la dette. Celles-ci étant avérées dans le cas d'espèce, c'est donc à bon droit que la compensation a été ordonnée par les juges.

De manière générale, l'extension de la procédure collective ouverte contre la société est une sanction qui permet au juge de condamner des comportements qui échappaient aux sanctions patrimoniales légales (l'Acte uniforme portant organisation des procédures collectives d'apurement du passif prévoit deux sanctions patrimoniales permettant d'engager la responsabilité du titulaire du pouvoir :

- d'une part, l'action en comblement du passif ou l'action en insuffisance d'actif prévue à l'article 183 alinéa 1 qui pose comme principe que « *lorsque le redressement judiciaire ou la liquidation des biens d'une personne morale fait apparaître une insuffisance d'actif, la juridiction compétente peut, en cas de faute de gestion ayant contribué à cette insuffisance d'actif, décider, à la requête du syndic ou même d'office, que les dettes de la personne morale seront supportées en tout ou partie, avec ou sans solidarité, par tous les dirigeants ou certains d'entre eux* » ;
- d'autre part, la déclaration personnelle en redressement judiciaire prévue à l'article 189. Il s'agit de l'hypothèse de l'ouverture d'une procédure collective à titre de sanction, à l'égard du dirigeant qui n'est pas en cessation des paiements lui-même). Elle est appliquée en présence d'une personne morale fictive, d'une confusion de patrimoines ou de mouvements anormaux de fonds (*E. Prieur, Redressement et liquidation judiciaire, exploitation en commun et confusion de patrimoine, J.-cl Commercial, Fasc. 2165, n°s 5 et s., pp. 3 et s.*). L'ensemble de ces cas d'extension de procédure permet ainsi de sanctionner les montages mettant en place une filialisation (les opérations de filialisation sont les opérations par lesquelles une société décide d'abandonner toute activité opérationnelle et de se cantonner dans le rôle de pure holding. C'est le cas par exemple d'une société éditrice d'ouvrages médicaux et d'ouvrages juridiques ; jusqu'alors, elle exerçait cette double activité ; elle peut se résoudre à confier la poursuite à deux filiales créées pour l'occasion. La société apporteuse contrôlera à 100°/° les deux filiales et n'aura plus dans son patrimoine que les actions desdites filiales) ou un cloisonnement d'actifs (*c'est une organisation qui consiste à cloisonner les biens appartenant à une société. Une telle démarche est très fréquente et en particulier le « compartimentage » des immeubles. Ce montage a un intérêt juridique évident pour la société car « si les biens restent la propriété de la société exerçant l'activité économique, ils sont alors pleinement exposés aux aléas commerciaux de l'entreprise. Partant, en cas de procédure collective, ces biens font naturellement partie des éléments de l'actif, éventuellement aliénés pour indemniser les créanciers » : Voir J.-P. Dom, Les montages en droit des sociétés, Aspects en droit interne, éd. GLN, Joly, Pratique des affaires, 1998, n° 121, p. 81)* destinés à réduire la garantie offerte par l'activité. Les filialisations avec ou sans effet de levier destinées à détenir un pouvoir avec une responsabilité réduite (lorsque la garantie n'est pas donnée par la société sur son propre patrimoine, elle se matérialise par un droit sur le patrimoine des

associés qui sont tenus à une responsabilité indéfinie. L'activité de la société est alors garantie par le patrimoine des associés sur lesquels les créanciers auront un droit illimité) pourront également être remises en cause. Certains auteurs avaient proposé d'appliquer cette extension de procédure à toutes les interpositions de personnes (*P. Chaveau, Des abus de la notion de personnalité morale des sociétés, Rev. gén. dr. com., 1938, p. 397 ; D. Legeais, L'extension de la faillite sociale, une mesure contre les abus de la personnalité morale, RTD com. 1957, p. 289)*, qu'elles soient permanentes ou temporaires (*B. Vial Perdoletti, L'interposition des personnes dans les sociétés commerciales, thèse dactylographiée, 1989, p. 546, citée par S. Schiller, op. cit., n° 974, p. 479)*. Les interpositions permanentes sont constatées dans les groupes de sociétés. Dans ce cas, il est demandé aux créanciers d'une filiale qui souhaitent atteindre les actifs de la société-mère d'établir la confusion de patrimoine ou la fictivité de l'une des personnalités morales (*Cass. com., 19 févr. 2002, JCP, éd. E, I, 1510, note J.-P. Legros*), afin de traiter l'ensemble du groupe comme une entité unique (*CA Paris, 15 avr. 1988, JCP 1989, éd. II, n° 15 468 , obs. M. Cabrillac ; il faut relever que la seule interdépendance économique des sociétés d'un groupe, dont certaines fonctions, notamment comptables ou administratives, sont centralisées afin de les optimiser ou de les harmoniser, ne peut fonder l'extension de procédure collective ouverte à l'encontre de l'une d'elles ; il en est de même de l'identité des dirigeants : Douai, 2 oct. 2003, affaire Metaleurop, D. 2003, Actualité jurisprudentielle, p. 2571)* ou alors l'existence d'une politique économique au service des intérêts communs (*F. Gisserot, La confusion des patrimoines est-elle une source autonome d'extension de faillite ? RTD com., 1979, n° 29, p. 62*). Les interpositions temporaires de personnes physiques s'observent en dehors d'un groupe de sociétés et devraient conduire aussi à l'extension de procédure (ainsi, le contrat de prêt d'actions pourrait constituer une telle interposition lorsqu'il vise uniquement à dissocier la propriété de la direction. Lorsque le prêteur continue à se comporter comme la véritable propriétaire alors que le contrat est analysé comme un prêt à consommation réalisant un transfert de propriété, la dissociation entre le pouvoir et la propriété n'est qu'apparemment manifeste ; le contrat de prêt constituerait alors une interposition de personnes qui pourrait fonder l'extension de procédure collective au réel détenteur du pouvoir, non propriétaire des titres : *Voir S. Lachat, La mise à disposition d'actions de garantie, Rev. sociétés 1977, spéc., pp. 427 - 428*). Il est donc communément admis que la preuve de la fictivité ou de la confusion de patrimoines de deux personnes permet d'étendre la faillite d'une société à ceux qui avaient fait le commerce dans leur intérêt personnel sous le couvert de cette société masquant leurs agissements. Dans ce sens, l'on peut comprendre aisément que Monsieur Z soit tenu du paiement des dettes de la société Africof vis-à-vis de la SGBCI.

En définitive, la décision de la CCJA est fondée en droit. Elle vole au secours de la moralité et de la sécurisation du monde des affaires à travers le pouvoir de requalification ou de disqualification reconnu au juge en vue de préserver à la fois les intérêts des tiers et des co-contractants (*Y. Chartier, Droit des affaires, 2, Sociétés commerciales, PUF Thémis, 1985, n° 35, p. 92, cité par M. Brou Kouakou, note sous CCJA, 1ère chambre, arrêt n° 18 du 31 mars 2005, Le Juris Ohada, n° 3/2005)*. La qualification de société fictive retenue contre la Société Africof permet au juge d'opérer une compensation l'engageant ainsi avec Monsieur Z, son gérant fondateur, avec qui elle ne forme qu'une seule et même entité juridique, vis-à-vis de la SGBCI. C'est dire que lorsque l'intérêt des tiers est en jeu, ces derniers pourront se prévaloir de la réalité occultée et donneront ainsi au juge l'occasion de tirer toutes les conséquences y afférentes, notamment la possibilité de fondre l'ensemble des patrimoines en un seul et unique patrimoine. Par conséquent, tous les actifs seront alors utilisés, sans considération des cloisonnements juridiques, pour éponger le passif de l'une des personnes. Et en cas de cessation de paiements de l'une des personnes, le juge procèdera à l'ouverture d'une même et unique procédure sans qu'il soit nécessaire de relever l'état de cessation de paiements de chacune d'elle *(le législateur ne distinguant pas entre les personnes morales et les personnes physiques, on pourra transposer dans le cas d'espèce cette solution retenue en cas d'interposition dans les groupes de sociétés telle qu'il ressort de la jurisprudence française : CA paris, 3ème ch. A, 17 déc. 1989, Gaz. Pal., I, jur., p.* 256 « *Lorsqu'on est en présence de deux ou plusieurs personnes morales qui, tout en étant des sujets de droit autonomes et indépendants, et ayant des patrimoines apparemment distincts, les ont confondus, les éléments de l'une se retrouvent dans l'autre et réciproquement, il est normal que le redressement ou la liquidation judiciaire de l'une de ces personnes soit étendu à l'autre ou aux autres en raison de l'imbrication née de cette confusion* » ; *Voir aussi en ce sens, Cass. Com., 6 nov. 1985, Defrenois, 15 mai 1989, p. 614)*. C'est dire qu'il prononcera l'extension de procédure collective ouverte contre la société à l'égard du véritable maître (cependant, la confusion de patrimoine doit être suffisamment caractérisée pour que le juge prononce l'extension des procédures collectives). Par ailleurs, la simulation constitue une infraction pénale plus précisément le délit d'escroquerie car la création d'une société fictive a fait naître un crédit imaginaire, fictif, constitutif de manœuvres frauduleuses (*Cass. crim., 9 janv. 1978, Bull. crim., n° 10, p. 23; Cass. crim., 14 mars 1979, Bull. crim., n° 106, p. 301; voir A. Martin Serf, article précité, J.-cl Sociétés Traité, Fasc. 7 - 40, n°s 151 et 152*). De même, sur le plan fiscal, le délit de fraude peut être établi. C'est dire qu'au-delà des sanctions civiles, le juge pourra condamner Monsieur Z sur le plan pénal.

Mme Monique-Aimée Njandeu née Mouthieu,
Chargée de cours à l'Université de Yaoundé II.

1ère espèce : CCJA, arrêt n°008/2003, 24 avril 2003
A.K. c / H.M.

2ème espèce : CCJA, arrêt n°032/2007, 22 novembre 2007
Wielezynski c/ Cofipa Investment Bank Côte d'Ivoire S.A.

1. **CCJA, arrêt n°008/2003, 24 avril 2003, A.K. c / H.M.**

(...)

Attendu qu'il résulte des pièces du dossier de la procédure que... A. et H. ont créé une société à responsabilité limitée dénommée Société moderne des boulangeries du Gabon (S.M.B.G.), dont le siège est fixé à Libreville ; qu'aux termes, d'une part, de l'article 7 des statuts de la S.M.B.G., le capital social, fixé à 2.000.000 francs cfa, a été souscrit et entièrement libéré par les deux associés, à raison de 51% pour H. et 49% pour A. et, d'autre part, de l'article 1 des mêmes statuts, M., frère de l'associé H., a été nommé gérant pour une durée indéterminée et ayant seul la signature sociale ; que selon A., compte tenu du mauvais comportement de M. dans la gestion de la société dont il était devenu l'unique associé à la suite du rachat par lui des 51% du capital social auprès de H., il décidait de révoquer le gérant..., tout en sommant le gérant révoqué de lui remettre les livres comptables, les carnets de chèques et tous documents appartenant à la société, d'une part et, d'autre part, de ne plus s'introduire dans les locaux de ladite société ; que devant le refus de M. d'obtempérer aux différentes réquisitions de l'huissier, A. saisissait, le 02 mars 2001, le président du tribunal de première instance de Libreville, lequel, par ordonnance de référé..., ordonnait l'expulsion de M. des locaux et bureaux de la société S.M.B.G., et enjoignait au même M., de remettre à A. différents documents relatifs au fonctionnement de la société, sous astreinte provisoire de 500.000 francs cfa par jour de retard ; que sur appel de M., la cour d'appel judiciaire de Libreville a... infirmé l'ordonnance de référé ci-dessus spécifiée ;

Sur le moyen unique

Attendu qu'il est reproché à l'arrêt attaqué, une mauvaise application de la loi, « en ce que la cour d'appel de Libreville, après avoir jugé qu'en l'espèce, il s'agissait d'apprécier si les conditions de la révocation du gérant statutaire, posées par l'article 326 de l'Acte uniforme relatif au droit des sociétés commerciales et du groupement d'intérêt économique étaient remplies", a reproché au juge des référés, d'en avoir tiré les conséquences juridiques ; le juge des référés ayant jugé,..., que la preuve de la qualité d'associé résulte, dans les sociétés à responsabilité limitée, des seuls statuts, a relevé l'article 7 desdits statuts, lequel ne mentionne comme associés de la S.M.B.G. que Messieurs H. et A., et comme gérant statutaire M. ; dès lors, le juge des référés a conclu, à bon droit, que prétendre qu'un des associés de la S.M.B.G., était, comme l'a soutenu M., son prête-nom, n'avait et n'a aucune base légale et ne pouvait pas en conséquence, être considéré comme une contestation sérieuse ; le juge des référés a fondé donc ce jugement sur un acte juridique (les statuts de la S.M.B.G.), dès lors que celui-ci est exempt de toute ambiguïté ; or la contestation faite par M. ne repose que sur de fausses allégations, et Monsieur M. a lui-même donné raison à Monsieur le juge des référés, puisque depuis le mois de juillet 2001, il a changé le siège social de la S.M.B.G.... et que M. A. ne sait même pas où se trouve le fonds de commerce de la société dont il est l'associé unique » ;

Mais attendu que pour infirmer l'ordonnance entreprise en toutes ses dispositions et déclarer la juridiction des référés incompétente, pour cause de contestations sérieuses, la cour d'appel de Libreville a retenu « que l'interdiction faite au juge des référés, ..., de connaître du fond, lui impose de statuer sans prendre parti sur le fond du procès ; que si l'urgence justifie sa compétence, c'est à la condition que la mesure sollicitée ne se heurte à une contestation sérieuse, ou que le litige soulevé n'implique l'existence ou le règlement d'un différend au fond, qui concerne des questions essentielles ;... que la contestation qui pourrait s'élever sur l'existence d'un prête-nom au profit dudit gérant et sa qualité d'associé, sur l'établissement d'un faux, ainsi que sur la réalité de la cession des parts sociales, relève de toute évidence du fond ou du principal, au sens... ; qu'il s'agissait en l'espèce, d'apprécier si les conditions de la révocation du gérant statutaire posées par l'article 326 de l'Acte uniforme relatif au droit des sociétés commerciales et du groupement d'intérêt économique étaient remplies ; qu'en ordonnant l'expulsion de M., alors qu'il devait, au préalable, se prononcer sur la qualité d'associé majoritaire invoquée par A., au regard des contestations élevées par l'appelant, le premier juge a manifestement outrepassé la compétence du juge des référés, en prenant implicitement parti sur le principal ; ...qu'en statuant ainsi, la cour d'appel de Libreville,..., n'a pu faire une mauvaise application de l'article 326 de l'Acte uniforme relatif au droit des sociétés commerciales et du groupement d'intérêt économique ; qu'il s'ensuit que le pourvoi doit être rejeté...

2. CCJA, arrêt n°032/2007, 22 novembre 2007, Wielezynski c/ Cofipa Investment Bank Côte d'Ivoire SA

Attendu qu'il résulte des pièces du dossier de la procédure que le 18 février 2000, le conseil d'administration de la BIAO Investment, devenue par la suite Cofipa Investment Bank Côte d'Ivoire, désignait Monsieur Wielezynski en qualité de directeur général, lui conférant ainsi la qualité de mandataire ; qu'aux termes d'une délibération le 27 avril 2000, l'assemblée générale de la même société le nommait en qualité d'administrateur pour une durée de trois (03) ans ; qu'au cours d'un conseil d'administration convoqué pour le 14 mai 2001, Monsieur Wielezynski démissionnait de ses fonctions d'administrateur, motif pris de ce qu'il n'estimait pas opportun la présence d'un huissier de justice chargé d'établir un procès-verbal de son compte rendu de gestion, alors même qu'un document y relatif était rédigé par écrit à l'attention du conseil ; que suite à ce comportement de Monsieur Wielezynski, le conseil d'administration ordonnait sa suspension pour la période du 14 mai au 07 juin 2001 ; par la suite, par délibération en date du 22 juin 2001, le conseil d'administration mettait fin à son mandat de directeur général ; que sur assignation de Wielezynski, le tribunal de première instance d'Abidjan Plateau, ..., le déclarait mal fondé et le déboutait de sa demande tendant à la condamnation de la Cofipa Investment Bank Côte d'Ivoire à lui payer la somme de 500 millions de francs à titre de dommages - intérêts pour révocation abusive de son mandat de directeur général ; que sur appel de Monsieur Wielezynski, la cour d'appel d'Abidjan..., confirmait en toutes ses dispositions le jugement attaqué ;

Sur le premier moyen pris en ses trois branches

Attendu qu'il est reproché à l'arrêt attaqué d'avoir violé les dispositions des articles 458, 491 et 492 de l'Acte uniforme relatif au droit des sociétés commerciales et du groupement d'intérêt économique en ce que la cour d'appel, pour débouter Monsieur Wielezynski de sa demande, a estimé que la révocation était régulière dans la mesure où elle a été prononcée par le Président du conseil d'administration de Cofipa Investment Bank Côte d'Ivoire qui « depuis Brazzaville a transmis des instructions à Abidjan, afin de l'empêcher provisoirement d'exercer sa fonction de directeur général jusqu'à la réunion du conseil d'administration du 22 juin 2001 au cours de laquelle le mandat social a été révoqué alors que, selon le moyen, dune part, il s'infère des dispositions de l'article 492 de l'Acte uniforme susvisé que le droit de révocation du directeur général appartient exclusivement au conseil d'administration ; que, d'autre part, le conseil d'administration d'une société anonyme ne peut valablement délibérer que sur un ordre du jour précis, préalablement établi par le Président ou les administrateurs qui prennent l'initiative de la convocation ; qu'en l'espèce, la suspension de Monsieur

Wielezynski n'était pas inscrite à l'ordre du jour ; que de surcroît, c'est par une note d'instruction » que Monsieur Wielezynski a été suspendu, sans que cette mesure de suspension ait été constatée par un procès-verbal comme l'exige l'article 461 de l'Acte uniforme susvisé ; qu'enfin, il n'existe dans l'Acte uniforme aucune disposition en vertu de laquelle le conseil d'administration, encore moins le président dudit conseil, dans une société anonyme, ait le pouvoir de suspendre un directeur général pour quelques raisons que ce soit et dans un délai quelconque ; que même en cas d'empêchement temporaire du directeur général, l'article 491 ne permet qu'une solution : le conseil a l'obligation de le remplacer immédiatement ;

Attendu que les articles 458, 491 et 492 de l'Acte uniforme susindiqué disposent respectivement que « les délibérations du conseil d'administration sont constatées par des procès-verbaux établis sur un registre spécial tenu au siège social, coté et paraphé par le juge de la juridiction compétente… », « en cas d'empêchement temporaire ou définitif du directeur général, le conseil d'administration pourvoit à son remplacement immédiat en nommant, sur proposition de son président, un directeur général » et « le directeur général peut être révoqué à tout moment par le conseil d'administration » ;

Attendu en l'espèce que c'est au cours de sa délibération du 22 juin 2001 que le conseil d'administration de la Cofipa Investment Bank Côte d'Ivoire a mis fin au mandat de Directeur général de Monsieur Wielezynski, décision notifiée à ce dernier par acte d'huissier de justice en date du 25 juin 2001 ; qu'auparavant, le même conseil d'administration avait suspendu Monsieur Wielezynski de ses fonctions pour la période du 14 mai au 07 juin 2001, décision notifiée à l'intéressé par l'entremise d'une « note d'instruction » adressée depuis Brazzaville à Monsieur Kakou par le président du conseil d'administration ; qu'il s'infère de tout ce qui précède que, contrairement à ce que soutient le requérant, c'est bien le conseil d'administration et non le Président dudit conseil qui a décidé dans un premier temps de la suspension du directeur général et dans un second temps de sa révocation ; que ledit conseil pouvait valablement prendre des mesures conservatoires appropriées, notamment la mesure de suspension, avant une éventuelle révocation ; que l'article 492 de l'Acte uniforme susénoncé ne l'interdit pas ; qu'il s'ensuit qu'en retenant « qu'ainsi en agissant négativement de la sorte, Thomas Wielezynski a légitimé la réaction du président du conseil, qui depuis Brazzaville a transmis des instructions à Abidjan, afin de l'empêcher provisoirement d'exercer sa fonction de directeur général jusqu'à la réunion du conseil du 22 juin 2001 au cours de laquelle le mandat social a été révoqué. Dès lors, à défaut d'avoir rapporté la preuve de l'abus de droit au cours de cette révocation, il échet de confirmer le jugement entrepris », la cour d'appel n'a en rien violé… ; qu'ainsi le premier moyen n'est pas fondé ;

Sur le second moyen

Attendu qu'il est également fait grief à l'arrêt attaqué d'avoir violé l'article 1382 du code civil en ce que la cour d'appel a estimé que la preuve de l'abus de droit dans la révocation de l'exposant n'a pas été rapportée alors que, selon le moyen, il est de jurisprudence constante en la matière que le droit de révocation reconnu par la loi au conseil d'administration doit s'exercer sans abus de droit et de manière non vexatoire ; qu'en l'espèce, les circonstances même de la révocation traduisent à suffisance l'abus commis par le conseil d'administration de Cofipa Investment Bank Côte d'Ivoire, lequel abus procède d'abord de l'illégalité de « l'empêchement provisoire » fait à l'exposant d'exercer sa fonction de Directeur général, ensuite, de ce que la règle de compétence posée par l'article 492 de l'Acte uniforme a été violée ; que d'autre part, la suspension prononcée dans la précipitation contient déjà en elle des germes de l'abus, de la malveillance et de l'intention de nuire ; qu'enfin les conditions dans lesquelles cette décision de suspension a été prise consacrent la révocation abusive ;

Mais attendu que c'est sur la base d'une appréciation souveraine des faits après analyse des pièces du dossier de la procédure que la cour d'appel d'Abidjan a estimé « qu'à défaut d'avoir rapporté la preuve de l'abus de droit au cours de cette révocation, il échet de confirmer le jugement entrepris » pour débouter Monsieur Wielezynski de sa demande de dommages - intérêts ; qu'il s'ensuit qu'elle n'a en rien violé... ; qu'ainsi le second moyen n'est pas davantage fondé et doit être rejeté...

OBSERVATIONS

Parmi les modes de cessation des fonctions des dirigeants sociaux, leur révocation constitue certainement le mode qui a suscité et suscite encore un abondant contentieux. L'importance de la question n'est plus à démontrer puisque de nombreux enjeux y sont attachés, notamment : la révocation peut constituer dans certains cas une cause de dissolution de la société (*c'est le cas, par exemple, lorsqu'un associé en nom est désigné gérant par les statuts, cf. article 279 AUDSCGIE*) ; sa réglementation implique que l'on choisisse ou que l'on concilie l'impératif d'efficacité de la fonction de dirigeant au souci de sa stabilité. Les présents arrêts illustrent suffisamment les difficultés suscitées par la question : organe compétent pour prendre la décision, modalités de prise de la décision par cet organe, juridiction compétente pour apprécier les contestations susceptibles d'être élevées....

Dans la première espèce, deux personnes décident de créer une SARL et désignent dans les statuts le frère de l'un d'eux comme gérant pour une durée indéterminée. Invoquant le « mauvais comportement » du gérant dans la gestion de la société, l'associé initialement minoritaire (49% du capital) mais qui serait devenu unique associé après avoir racheté les parts de l'autre (51%), décide de révoquer le gérant, tout en le sommant de lui remettre les livres comptables, les carnets de chèques et tous documents appartenant à la société, d'une part et, d'autre part, de ne plus s'introduire dans les locaux de ladite société. Devant le refus du gérant d'obtempérer aux différentes réquisitions de l'huissier, l'associé saisit le président du tribunal de première instance de Libreville, lequel, par ordonnance de référé…, ordonne l'expulsion du gérant des locaux et bureaux de la société et lui enjoint de remettre au demandeur, sous astreinte provisoire de 500.000 francs cfa par jour de retard, différents documents relatifs au fonctionnement de la société. Estimant que les contestations qu'il soulevait étaient sérieuses, le gérant interjette appel et la cour d'appel Judiciaire de Libreville infirme l'ordonnance de référé. Le pourvoi formé par l'intimé invite principalement les juges de la C.C.J.A. à se prononcer sur la question de savoir si en cas de contestation de la révocation d'un gérant, le juge des référés est compétent pour se prononcer. La décision qu'ils ont rendue est suffisamment claire : la réponse est négative.

Dans la deuxième espèce, le directeur général d'une société anonyme est révoqué, après avoir d'abord fait l'objet d'une suspension de ses fonctions. Contestant la régularité des deux mesures, il saisit le tribunal d'instance d'Abidjan pour solliciter l'octroi de 500 millions de francs cfa pour révocation abusive de son mandat de directeur général. Le tribunal le déclare mal fondé, décision qui sera confirmée en toutes ses dispositions par la cour d'appel d'Abidjan. Le directeur général se pourvoit en cassation, invitant les juges de la C.C.J.A. à déclarer irrégulières la suspension et la révocation de ses fonctions et à lui octroyer des dommages - intérêts. Estimant que les juges du fond avaient bien dit le droit, la C.C.J.A., rejette son pourvoi.

I. La révocation du sieur M. de sa fonction de gérant de SARL

La compétence du juge des référés est généralement fonction de deux principaux éléments : l'urgence et l'absence de contestation sérieuse. Pour bien apprécier si ce juge pouvait apprécier la révocation de sieur M., il convient de rappeler d'abord quelles sont les conditions de la révocation d'un gérant de SARL.

A. Les conditions de la révocation

Aux termes de l'article 326 alinéa 1 AUDSCGIE, « le ou les gérants statutaires ou non sont révocables par décision des associés représentant plus de la moitié des parts sociales... ». L'analyse de cet article laisse apparaître que la décision de révocation ne peut être prise régulièrement que si elle est l'œuvre d'associés représentant plus de la moitié du capital. Cette exigence étant considérée comme d'ordre public, les statuts ne peuvent y déroger dans un sens ou dans l'autre, contrairement à l'hypothèse de la nomination où ils peuvent stipuler une majorité plus forte (*cf. M. Cozian, A. Viandier et Fl. Deboissy, Droit des sociétés, Litec, 13e éd., n°s 1302 et 1304, pp. 400 et 401 ; Y. Guyon, op. cit, n° 485, p. 512*). Il convient de dire que la règle de la majorité constitue une conciliation entre la recherche de l'efficacité de la fonction et la sécurisation de la fonction ; en d'autres termes, entre la protection de la société et celle du gérant. Lorsque le gérant est un associé, l'exigence de la majorité peut le mettre à l'abri d'une révocation par décision des associés s'il détient la majorité du capital ; ce qui lui assurerait une stabilité que ne peut remettre en question qu'une décision de justice. Dans le cas d'espèce, cela aurait pu être le cas de H. (détenteur de 51% du capital) si c'est lui qui avait été désigné gérant. Ne l'ayant pas été, et si les choses restaient en l'état, la révocation du gérant par les associés ne pouvait avoir lieu que sil y consent. Or, celui des associés qui demandait la révocation du gérant n'avait que 49% du capital social ; ce qui laisse croire que la condition de majorité exigée par l'article 326 n'était pas réunie. Pour établir qu'elle l'était, M. A. qui sollicite la révocation prétend qu'il avait racheté les parts du deuxième associé et qu'il était devenu ainsi l'associé unique de cette SARL. Pour sa défense, le gérant semble contester la validité du rachat puisqu'il estime qu'il était le vrai propriétaire de ces parts, M. H. n'étant qu'un prête-nom. Le juge des référés pouvait-il trancher l'affaire ?

B. L'incompétence du juge des référés

Pour déterminer si M. A. pouvait valablement révoquer le gérant, il aurait fallu se prononcer d'abord sur la question de savoir s'il représentait plus de la moitié des parts sociales. Pour que tel fût le cas, il aurait fallu que le rachat des parts de H. qu'il invoquait fût régulier. Or, si d'aventure l'argument du gérant selon lequel il était le vrai propriétaire des parts était fondé, cette opération de rachat pourrait être remise en cause. De ce fait, le litige soulevait une contestation sérieuse ou encore il impliquait le règlement d'un différend au fond. C'est donc fort logiquement que les juges d'appel, approuvés par ceux de la C.C.J.A., ont dénié au juge des référés la compétence pour trancher l'affaire. La décision est d'autant plus logique que, contrairement aux dirigeants des sociétés anonymes qui sont révocables *ad nutum*, la révocation du gérant de la SARL doit être fondée sur un juste motif (en l'absence de ce motif, la révocation peut donner lieu à l'allocation des dommages - intérêts). Donc, il ne suffit pas qu'elle soit régulière sur le plan de la forme, la décision de révocation doit l'être aussi sur le plan du fond. Le juge des référés peut-il apprécier l'existence ou non d'un juste motif ? Assurément non. Dans ces conditions, la seule hypothèse où la compétence du juge des référés pourrait se concevoir serait le cas où la décision a été régulièrement prise par des associés représentant la majorité des parts sociales et que le gérant ne conteste pas le motif invoqué. Or, dans ce cas, on ne voit pas pourquoi (et par qui) le juge serait saisi.

II. La régularité de la révocation du sieur Wielezkynski de sa fonction de directeur général

Comme la plupart des législations (*la législation française, par exemple*), l'Acte uniforme OHADA ne fixe pas seulement les conditions de la nomination du directeur général des sociétés anonymes et ses attributions, il réglemente aussi les conditions de cessation de ses fonctions. A ce sujet, les articles 491 et 492 de l'Acte uniforme relatif au droit des sociétés commerciales et du groupement d'intérêt économique disposent respectivement : « en cas d'empêchement temporaire ou définitif du directeur général, le conseil d'administration pourvoit à son remplacement immédiat en nommant, sur proposition de son président, un directeur général » et « le directeur général peut être révoqué à tout moment par le conseil d'administration ». En rapprochant ces deux textes des faits de l'affaire Wielezynski c/ Cofipa Investment Bank Côte d'Ivoire, l'appréciation de la régularité de la révocation du sieur Wielezynski de ses fonctions de directeur général revient à se demander si cette décision pouvait être précédée d'une suspension (A) et si elle ne devait pas donner lieu à dommages - intérêts (B).

A. La révocation du directeur général peut-elle être précédée d'une suspension ?

Pour le demandeur au pourvoi, la réponse à la question de savoir si la révocation d'un directeur général peut être précédée d'une suspension ne faisait l'ombre d'aucun doute : pour lui, « il n'existe aucune disposition en vertu de laquelle le conseil d'administration, encore moins le Président dudit conseil, dans une société anonyme, ait le pouvoir de suspendre un Directeur général pour quelques raisons que ce soit et dans un délai quelconque » (*il convient de signaler que, contrairement au droit français qui prévoit explicitement que le Directeur général est nommé par le conseil d'administration sur proposition du Président du conseil, l'article 485 AUDSCGIE dit simplement qu'il est nommé par le conseil d'administration parmi ses membres ou en dehors d'eux*). Pour le sieur Wielezynski, en l'absence d'une disposition autorisant formellement un quelconque organe à suspendre le Directeur général d'une société anonyme, pareille mesure ne saurait être prononcée à son encontre. Il invoque à l'appui de sa thèse, le fait que, même en cas d'empêchement temporaire, l'article 491 AUDSCGIE n'autorise que son remplacement immédiat. Son argument peut paraître séduisante dans la mesure où, en utilisant l'indicatif, ce texte semble obliger le conseil d'administration à nommer, sur proposition de son président, un autre directeur général en cas d'empêchement, même temporaire, du titulaire du poste (*il reste à savoir si la proposition dont il est question concerne la personne à nommer ou uniquement le fait qu'il faille nommer quelqu'un d'autre*). Néanmoins, il est difficile de suivre le demandeur dans cette argumentation car, la suspension étant une mesure provisoire, on peut difficilement admettre que le directeur général ne puisse être suspendu, alors qu'il est révocable *ad nutum*. La décision des juges de la C.C.J.A. de rejeter se justifie donc.

S'il est possible de suspendre un directeur général, la question qui se pose est de savoir quel est l'organe habilité à le faire (*il convient de rappeler que la société anonyme est une forme de société très réglementée et très hiérarchisée où il existe plusieurs organes sociaux, chacun ayant des pouvoirs propres*). Théoriquement, on peut penser à trois organes : l'assemblée générale, le conseil d'administration et le président du conseil d'administration. Compte tenu des faits de l'espèce, seuls les deux derniers organes seront envisagés.

En ce qui concerne, le conseil d'administration, il s'agit d'un organe à qui la loi a attribué des compétences déterminées (*cf. article 435 al.3 AUDSCGIE*) et des compétences générales (*cf. article 435 alinéa 1*). A notre avis, sa compétence pour suspendre le directeur général est indiscutable non seulement parce que selon l'article 435 alinéa 1 cité ci-dessus, il est investi des pouvoirs les plus étendus pour agir en toutes circonstances au nom de la société, mais aussi, et surtout, en vertu de l'adage « *qui peut le plus peut le moins* ». Or, s'il est compétent, en vertu de l'article 492 AUDSCGIE, pour révoquer, à tout moment, le directeur général, *a fortiori* devrait-il être compétent pour le suspendre. C'est l'opinion des juges d'appel qui affirment que l'article 492 ci-dessus ne l'interdit pas (*ils appliquent ainsi l'adage selon lequel « ce qui n'est pas interdit est permis »*). A titre de comparaison, on peut signaler que pour l'administrateur, qui est aussi révocable ad nutum par l'assemblée générale ordinaire (*cf. art. 433 al. 2 AUDCGIE*), la jurisprudence française admet, en se fondant sur cette règle de bon sens selon laquelle « qui peut le plus peut le moins », qu'il puisse être révoqué par une assemblée générale extraordinaire (*cf. Rennes, 25 févr. 1972, J.C.P., 1972, II, 17220*). Décider autrement reviendrait à contraindre le conseil d'administration à révoquer le directeur général même quand il aurait pu se contenter d'abord d'une suspension, en attendant d'être mieux éclairé sur l'attitude de ce dernier (*c'est l'occasion de déplorer la rédaction de l'article 491 qui, certainement sous le prétexte d'assurer l'exercice effectif et permanent des fonctions du directeur général, semble imposer au conseil d'administration de pourvoir immédiatement à son remplacement, même en cas d'empêchement temporaire*). Les principales questions devraient résider plutôt sur le point de savoir si cette suspension doit être motivée (ou si, à l'instar de la révocation, elle est discrétionnaire) et si elle doit être nécessairement inscrite à l'ordre du jour.

Par rapport à la motivation de la décision, bien que les juges ne se soient pas prononcés sur cette question, qui ne leur était d'ailleurs pas posée explicitement (*même si on peut penser qu'elle conditionnait leur réponse à la question de la régularité de la suspension*), ils ont essayé de montrer que les agissements de M. Wielezynski légitimaient sa suspension. On relève ceci : « qu'ainsi en agissant négativement de la sorte, Thomas Wielezynski a légitimé la réaction du président du conseil... ». Une argumentation plus rigoureuse aurait pu être développée pour justifier la compétence du conseil par rapport à la suspension du directeur général et la nature de cette compétence : il aurait alors été possible de reconnaître au conseil une compétence discrétionnaire en la matière (en s'appuyant sur le fait que pour la révocation, qui est plus grave, il a une compétence de même nature) ou de conditionner clairement sa compétence. Il ne s'agit d'ailleurs que de l'une des lacunes de cette décision qui ne permet même pas de savoir avec exactitude qui a été l'auteur de la révocation : le dernier passage cité ci-dessus laisse penser que la décision a été prise par le président du conseil d'administration (*puisqu'il y est question de légitimation de la réaction du président du conseil d'administration*), alors qu'à certains moments, les juges font croire que la décision a été prise par le conseil lui-même. C'est ainsi qu'on peut lire « qu'il s'infère de tout ce qui précède que, contrairement à ce que soutient le requérant, c'est bien le conseil d'administration et non le président dudit conseil qui a décidé dans un premier temps de la suspension du Directeur général... ». Par ailleurs, si la décision a été prise par le conseil d'administration, elle devrait, comme le soutient le requérant, être constatée par un procès-verbal établi sur un registre spécial tenu au siège social (*cf. article 458 alinéa 1 AUDSCGIE*). Mais, en vertu de l'adage « pas de nullité sans texte », consacré par l'acte uniforme relatif au droit des sociétés commerciales et du groupement d'intérêt économique (*cf. article 242 alinéa 1*), cette carence n'entraîne pas la nullité de la décision et celle-ci ayant été portée à la connaissance du sieur Wielezynski, il serait difficile de penser qu'elle lui soit inopposable.

Par rapport à l'inscription préalable à l'ordre du jour, si la connaissance de l'ordre du jour à l'avance présente un intérêt indéniable (parce qu'elle permet aux administrateurs d'apprécier à l'avance l'importance de la réunion, il convient non seulement de reconnaître que la question a un caractère moins rigide pour les réunions du conseil d'administration que pour les assemblées d'actionnaires (*cf. Y. Guyon, Droit des affaires, Tome 1, Droit commercial général et des sociétés, 9e éd., Economica, n° 334, p.342*), mais aussi de signaler que l'Acte uniforme ne semble imposer l'arrêté préalable de l'ordre de jour que pour les sessions convoquées par les administrateurs (*cf. art. 453 al. 3*). En principe, aucune délibération n'est admise en dehors de l'ordre du jour ; de quel ordre du jour s'agit-il : celui que porte la convocation (en supposant qu'elle en porte un) ou celui qui va être arrêté en début de séance ? En tout état de cause, en vertu du principe « pas de nullité sans texte », aucune disposition ne sanctionnant de nullité la délibération portant sur une question non (initialement) inscrite à l'ordre du jour (*les articles 428 et 454 ne prévoient la nullité que pour les décisions prises par un conseil irrégulièrement constitué et pour les violation de quorum et de majorité*), la non inscription de la suspension de M. Wielezynski, en supposant qu'elle ait été décidée par le conseil d'administration, ne saurait entraîner la nullité de la délibération. A titre de droit comparé, en vertu de la « théorie des incidents de séance », le droit français admet que la révocation de l'administrateur peut être votée même si elle n'a pas été inscrite à l'ordre du jour (*cf. art. L. 160, al.3*), la jurisprudence ne la paralysant qu'en cas de fraude (*Com. 19 déc. 1983 ; Bull. civ. IV, n° 353, p. 305*).

Si la compétence du conseil d'administration pour suspendre le directeur général doit être admise, en est-il de même de celle du président dudit conseil ? Il peut y avoir hésitation du fait que la société anonyme est une société organisée et hiérarchisée dans laquelle chaque organe a ses pouvoirs (*mais, l'existence de pouvoirs propres empêche-t-elle que certains pouvoirs soient partagés ?*). Dans le droit OHADA, l'hésitation est d'autant plus légitime que le président du conseil d'administration n'est pas investi des pouvoirs les plus étendus pour agir en toutes circonstances au nom de la société *(ses pouvoirs semblent limités à des attributions déterminées, cf. article 480)*. Néanmoins, à notre avis, le président du conseil d'administration devrait être aussi compétent pour révoquer le directeur général puisqu'il s'agit d'une compétence qui n'est pas spécifiquement attribuée à un organe (*si la rigidité peut se comprendre pour les compétences expressément attribuées, elle le serait moins pour celles qui ne l'ont pas été*) et, comme les juges le relèvent eux-mêmes, il ne s'agit que d'une mesure provisoire (si la mesure n'est pas du goût des administrateurs, ils pourraient user de la faculté que leur offre l'article 453 alinéa 3 pour convoquer une réunion du conseil d'administration). La principale question ici devrait plutôt être de savoir s'il doit pouvoir le faire discrétionnairement ou si sa décision doit être motivée. Si l'existence d'un pouvoir discrétionnaire de révocation appartenant au conseil d'administration pouvait justifier que ce dernier puisse aussi suspendre le directeur général discrétionnairement, l'absence d'un tel pouvoir en faveur du président du conseil légitime l'hésitation : doit-on faire prévaloir le caractère conservatoire ou provisoire de la mesure pour l'admettre sans limite ou doit-on soumettre la décision du président à l'existence d'une cause légitime afin d'éviter de fragiliser davantage le directeur général ?

Quoiqu'il en soit, l'hésitation des juges que traduit leur attitude consistant à laisser croire tantôt que la décision a été prise par le conseil d'administration, tantôt qu'elle a été prise par son président nous paraît totalement injustifiée : en tant que mesure conservatoire, la suspension doit pouvoir être ordonnée même par le président du conseil. Les juges de la C.C.J.A. auraient pu faire preuve de hardiesse et le dire clairement (quitte à soumettre dans ce cas à l'existence d'une raison légitime) au lieu de donner l'impression que seul le conseil d'administration peut le faire, mais sans montrer que tel a été le cas en l'espèce et sans exiger la présentation du procès-verbal du conseil d'administration constatant la décision.

En définitive, il y a lieu d'admettre que le directeur général d'une société anonyme peut être suspendu par le conseil d'administration ou par le président dudit conseil. Dans le cas d'espèce, que la suspension du sieur Wielezynski ait été prise par le conseil d'administration (comme les juges le prétendent) ou par le président du conseil d'administration (comme tout porte à le croire), elle devrait être considérée comme régulière. Si sa suspension était régulière, pouvait-elle donner lieu à dommages - intérêts ?

B. La révocation peut-elle donner lieu à des dommages-intérêts ?

A priori, la révocation d'un dirigeant social ne peut donner lieu à dommages - intérêts que si la décision n'a pas respecté les conditions ou si elle constitue un abus de droit. En réclamant à la Cofipa Investment Bank Côte d'Ivoire le versement de 500.000 francs cfa de dommages - intérêts, le sieur Wielezynski semble prétendre que l'on était en présence de l'une ou l'autre hypothèse. En rejetant son pourvoi, les juges de la C.C.J.A. confirment que les conditions de sa révocation ont été respectées et qu'il n'a pas pu établir l'abus de droit.

En ce qui concerne les conditions de révocation d'un directeur général de société anonyme, il convient de rappeler que la révocabilité ad nutum des dirigeants de la société anonyme est d'ordre public et qu'elle entraîne comme conséquences que la démission peut se faire sans justification, sans préavis et, qu'en principe, elle ne donne lieu à aucune indemnité (*voir Y. Guyon, op. cit., n° 347, p.358 et les jurisprudences citées par l'auteur*). Il convient d'ajouter que le caractère discrétionnaire de la décision de révocation fait en sorte qu'elle soit soumise à très peu de conditions relatives à l'organe compétent pour prendre la décision et aux modalités de la prise de décision. S'agissant du directeur général d'une société anonyme, la compétence est attribuée au conseil d'administration (cf. art. 492 AUDSCGIE). Si dans le cas d'espèce l'auteur de la décision de suspension a donné lieu à discussion, il ne semble pas être contesté que M. Wielezynski a été révoqué par le conseil d'administration de Cofipa Investment Bank Côte d'Ivoire. Sur ce point, la décision est donc régulière. De même, en l'absence de toute autre précision, on peut penser que les conditions de quorum et de majorité étaient réunies. Pour obtenir des dommages -

intérêts, il ne restait plus au sieur Wielezynski qu'une seule solution : établir l'abus de droit. En effet, comme tout droit, le droit de révocation ne saurait être exercé abusivement (*sur l'abus dans la révocation des mandataires sociaux, voir Ph. Reigné, Révocabilité ad nutum des mandataires sociaux et faute de la société, Rev. sociétés 1991, p.499*). Pour démontrer l'abus de droit, le demandeur aurait pu établir l'intention de lui nuire ; cette preuve étant difficile à apporter, la jurisprudence admet qu'elle puisse être déduite des mesures malicieuses ou vexatoires ayant précédé ou accompagné la révocation (*cf. Com. 27 mars 1990, JCP., 1990, II, 21537, note Y. Guyon ; 3 janv. 1995, Rev. Sociétés 1996, 46*). Il appartenait donc au sieur Wielezynski d'établir qu'un abus de droit avait été commis (*dans une espèce où le directeur général qui avait appris sa prochaine révocation par note de service et qui, une fois révoqué, avait été prié sans aménité d'abandonner son bureau et de restituer les papiers et les clés de la voiture de fonction, les juges français avaient indemnisé le dirigeant, cf. Paris, 21 nov. 1991, JCP E 1992, I, 145, n°8, obs. A. Viandier et J.-J. Caussain*); ce qu'il n'a pas pu faire selon les juges du fond ; l'appréciation de ces circonstances relevant de leur pouvoir souverain, la C.C.J.A. ne pouvait que rejeter le moyen fondé sur ce motif.

Alain Kenmogne Simo,
Maître de conférences Agrégé, Université de Yaoundé II.

Troisième partie

DROIT DES SURETES

CCJA, arrêt n°006/2008, 28 février 2008
Envol-Transit Côte d'Ivoire c/ SDV Côte d'Ivoire dite SDV-CI, Société IED, Administration des Douanes

(...)

Sur le moyen unique pris en sa première branche

Vu l'article 41 de l'Acte uniforme portant organisation des sûretés ;

Attendu qu'il est fait grief à l'arrêt attaqué d'avoir violé ou commis une erreur dans l'application ou l' interprétation de l'article 41 de l'Acte uniforme susvisé en ce que « l'arrêt déféré a cru devoir retenir que la SDV-CI est créancière des Etablissements IED de la somme de plus de 20.319.400 francs cfa et qu'elle est détentrice légitime du conteneur litigieux dont elle a assuré le transport et l'acconage » et en a conclu « qu'en soutenant qu'elle exerce un droit de rétention sur ledit conteneur, la société SDV-CI a agi en conformité de l'article 41 de l'Acte uniforme portant sûretés ; [qu'] une telle attitude est parfaitement légale en raison de ce qu'entre la SDV-CI et la société IED, il existe des relations d'affaires dont la créance est la conséquence », alors que selon cette première branche du moyen unique, la réquisition douanière a plutôt définitivement et légitimement dépossédé sans qu'au surplus la SDV-CI ait pu y résister en invoquant son prétendu droit de rétention ou quelconque créance en sa faveur née dudit conteneur ; qu'au contraire, Envol-Transit, pour avoir été la seule à lever la déclaration de cette importation, a réglé dans les délais tous les droits et taxes de douanes entre les mains de Monsieur le Receveur des douanes, lequel lui a délivré une mainlevée le 30 mars 2005, devient juridiquement le détenteur légitime du conteneur par l'effet induit de la subrogation aux droits, actions et privilèges de la douane ; qu'il était donc inexact comme l'a fait l'arrêt déféré, d'affirmer que la SDC-VI détenait légitimement le conteneur ; qu'en le disant ledit arrêt a violé l'article 41 et mérite donc l'annulation de ce chef ;

Attendu qu'aux termes de l'article 41 de l'Acte uniforme susvisé, « le créancier qui détient légitimement un bien du débiteur peut le retenir jusqu'à complet payement de ce qui lui est dû indépendamment de toute autre sûreté » ;

Attendu, en espèce, que la société Envol-Transit a reçu mandat de la société pour effectuer les formalités de dédouanement du conteneur litigieux ; qu'elle ne conteste pas que ledit conteneur, qui avait été entreposé au dépôt n°1 de la douane ivoirienne suite à la réquisition douanière du 1er mars 2005, avait été ramené après la mainlevée en date du 30 mars 2005 de ladite réquisition dans le parc à conteneurs de la SDV-CI qui en a assuré l'acconage et la manutention ; qu'il est établi, par ailleurs, au regard des pièces du dossier de la procédure que des relations d'affaires existant entre la SDV-CI et la société IED, il en a résulté au profit de celle-là une créance antérieure de plus de 20.319.400 francs attestée par un titre exécutoire et non encore réglée par celle-ci ; qu'il suit qu'en considérant, pour rendre son arrêt attaqué, « qu'il est acquis au dossier que la société SDV-CI est également créancière de la même société IED destinataire dudit conteneur de la somme de 20.319.400 francs cfa comme l'atteste l'ordonnance de condamnation n°1733/2005 du 31 mai 2005 et qu'elle [la SDV-CI] est détentrice légitime du conteneur litigieux appartenant à la débitrice la société IED dont elle a assuré le transport et l'acconage du colis », la cour d'appel d'Abidjan n'a en rien violé l'article 41 sus énoncé de l'Acte uniforme susvisé ; qu'il échet en conséquence de rejeter cette première branche du moyen unique comme non fondée ;

Sur le moyen unique pris en sa seconde branche

Vu l'article 42 de l'Acte uniforme portant organisation des sûretés ;

Attendu qu'il est également fait grief à l'arrêt attaqué d'avoir violé ou commis une erreur dans l'application ou l'interprétation de l'article 42 de l'Acte uniforme en ce que « en ne déclarant pas l'appel de la SDV-CI sans objet et en déclarant fondé en l'application de l'article 42 de l'Acte uniforme relatif aux sûretés, l'arrêt déféré viole doublement ledit article parce qu'il n'existait plus la moindre créance connexe au profit de la SDV-CI ; (...) qu'en effet, l'accusé de réception du chèque de 4 461 774 francs cfa par SDV-CI indique clairement : reçu le 24/05/05 chèque original pour règlement définitif IED/ Envol-Transit. Procédure de livraison en cours conformément à l'ordonnance du 06/05/05 ; que cela s'appelle un acquiescement à l'ordonnance rendue par le premier juge et qu'en conséquence, l'appel de la SDV-CI relevé de cette ordonnance le 27/05/05 soit trois jours après cet acquiescement est visiblement sans objet » ;

Attendu qu'aux termes de l'article 42 alinéa 2 de l'Acte uniforme susvisé, « la connexité est réputée établie si la détention de la chose et la créance sont la conséquence de relations d'affaires entre le créancier et le débiteur » ;

Attendu qu'il est constant comme résultant de l'examen des pièces du dossier de la procédure que la créance réclamée par la SDV-CI à la société IED est la conséquence des relations d'affaires entretenue par les deux sociétés ; que dès lors, la SDV-CI est fondée à exercer son droit de rétention sur le conteneur destiné à sa débitrice jusqu'à complet paiement par celle-ci de sa dette ; qu'il suit qu'en déclarant que la SDV-CI est détentrice légitime du conteneur litigieux appartenant à sa débitrice, à savoir la société IED, l'arrêt ne viole en rien l'article 42, l'alinéa 2 sus énoncé de l'Acte uniforme susvisé ; qu'ainsi la seconde branche du moyen unique n'est pas davantage fondée et doit être rejetée ...

OBSERVATIONS

« Payes moi car, tant que je ne serai pas payé, je garderai la chose». Ainsi a pu être résumé le droit de rétention par un auteur africain (*M. Brou Kouakou, « Le droit de rétention en droit ivoirien : condition d'exercice et prérogatives du rétenteur à propos de l'affaire société SATA Mali c. Société INCART FIAT », Ohadata, D-O7-10*). En réalité, le droit de rétention est le droit de retenir une chose qui aurait dû être restituée (*Ph. Malaurie et L. Aynès, Droit civil : Les sûretés/ La publicité foncière, éd. Cujas, 1992, n° 430, p. 147*). C'est le droit pour une personne qui détient la chose de son débiteur de la conserver par devers elle en attendant le règlement intégral de sa créance (*Ph. Simler et Ph. Delebecque, Droit civil : Les sûretés-La publicité foncière, Pécis Dalloz, 3eme éd., 2000, n°478, p. 428*). Peu importe que la chose, objet de la rétention, soit un immeuble ou un meuble. L'essentiel est qu'il s'agisse en général d'un bien corporel dans le commerce, saisissable et aliénable. Ainsi appréhendé, le droit de rétention est marqué par une opposabilité *erga omnes*. Ce qui signifie que le créancier rétenteur peut faire valoir son droit à l'encontre non seulement du débiteur, mais aussi de ses créanciers (*G. Jiogue, « Le droit de rétention conventionnel. Etude de droit français et de droit Ohada », RASJ, Vol. 4, n°1, 2007, p.109*), sauf en cas d'ouverture d'une procédure collective (*Cf. C. Pourquier, « Faculté de rétention et procédures collectives », D. aff. 1998, p. 936 ; V.M. Le Corre, « Retenir et substituer ne vaut (la substitution de la garantie de l'art. 34 alinéa 3 de la loi de 1985) », D. aff. 1998, p. 1246 ; J-C. Ngnintedem, « Le bail commercial à l'aune du droit ohada des entreprises en difficulté », Rev. dr. unif. 2009-1/2*). On peut dès lors comprendre qu'autant que son efficacité, sa définition ne pose plus de difficulté en droit. Cependant, malgré l'aménagement des conditions de son exercice par le législateur Ohada, sa mise en œuvre n'est toujours pas évidente. Une illustration en a été donnée par la CCJA dans un arrêt du 28 février 2008.

En l'espèce, les Etablissements IED ont importé un conteneur de marchandises dont le transport et l'acconage ont été assurés par la SDV-CI. A l'arrivée du conteneur au port d'Abidjan, le destinataire donne l'ordre à la société Envol-Transit d'effectuer les formalités douanières. Ce qui n'a pu être fait à temps. En conséquence la marchandise a été réquisitionnée par la douane et transférée dans l'un de ses dépôts. Après accomplissement des formalités douanières et règlement de la totalité des frais d'acconage et de manutention, le conteneur est ramené à quai sur le parc de la SDV-CI. Par la suite, alors que la société Envol-Transit, manifestait sa volonté d'enlever les marchandises, elle se voit opposer un droit de rétention pour garantie du payement d'une précédente créance due par la compagnie IDE à la SDV-CI.

Sur le fondement de ce que le droit de rétention invoqué par la SDV-CI était illégal, la société Envol-Transit a saisi le président du tribunal de première instance d'Abidjan-Plateau, juge de référé, en arguant de ce qu'elle avait payé les frais d'acconnage et de manutention et de ce fait, il n'y avait plus lieu que le conteneur fasse l'objet d'un droit de rétention. Cet argument a trouvé un écho favorable auprès de la juridiction présidentielle saisie et a abouti à une ordonnance du 06 mai 2006.

Contre cette ordonnance, la SDV-CI a relevé appel sur le fondement des articles 41 et 42 de l'AUS. Ce qui a donné lieu à un arrêt infirmatif de la cour d'appel d'Abidjan rendu le 29 juin 2005. Cet arrêt a fait l'objet d'un pourvoi auprès de la CCJA par la société Envol-Transit qui, sur la base de la réquisition douanière, avait dépossédé la SDV-CI du conteneur. La société Envol-Transit se fondant sur la réquisition de la douane, soutient que la SDV-CI aurait du invoquer son droit de rétention pour revendiquer ledit conteneur à la douane et que par ailleurs, parce qu'elle a été la seule à lever la déclaration de cette importation, elle s'est subrogée aux droits et privilèges de la douane. Qu'au surplus, la SDV-CI après l'ordonnance du 06 mai 2006, a reçu un chèque de son mandant et dont l'accusé de réception indiquait qu'il s'agissait du règlement définitif de la créance IDE/ Envol-Transit. Il s'est donc posé la question de savoir si un créancier, transporteur pour le compte de son débiteur avec lequel il est en relation d'affaires, a le droit de faire bloquer et retenir la marchandise de son débiteur pour une créance antérieure, restée impayée. En rejetant le pourvoi, la CCJA répond par l'affirmative. Mettant ainsi en exergue les conditions de mise en œuvre du droit de rétention. A ce propos justement, l'AUS a créé des conditions objectives et des conditions subjectives.

I. Les conditions objectives de la mise en œuvre du droit de rétention

Objectivement, l'AUS soumet la mise en œuvre du droit de rétention à des conditions tenant à la détention (A) et à la créance (B).

A. Les conditions tenant à la détention

D'après l'article 41 de l'AUS, le droit de rétention permet à un créancier qui détient légitimement un bien de son débiteur, de le retenir jusqu'à complet paiement de ce qui lui est dû. En conséquence, il se traduit par la mainmise sur la chose (*Faute de détention, le créancier saisissant, dans le cadre d'une saisie conservatoire, ne jouit d'aucun droit de rétention. V. Cass. com. 19 février 1958, Bull. civ. III, n° 82*) objet du droit de rétention sans que pour autant le rétenteur ait nécessairement l'intention de se comporter comme le propriétaire (*Ph. Simler et Ph. Delebecque, op. cit., n° 486, p. 436*). Aussi, la sureté s'évanouira avec le dessaisissement volontaire de la chose par le créancier dans la mesure où «pour retenir, il faut d'abord tenir» (*G. Marty, P. Raynaud et Ph. Jestaz, Les sûretés, La publicité foncière, 2e éd., Sirey, 1987, n° 33*) afin de contraindre le débiteur à régler sa dette. Malheureusement cette détention n'aura pour finalité que d'exercer une pression sur le débiteur étant entendu qu'elle n'entraine pas l'affectation du bien au paiement préférentiel du créancier (*M. Cabrillac et Ch. Mouly, Droit des sûretés, 5e éd., Litec, 1999, p. 443, n° 453 ; Ch. Scapel, « Droit de rétention en droit positif » Rev. trim. dr. civ., 1981*). Du reste et en l'espèce, la SDV-CI aurait du perdre son droit de rétention avec la réquisition de l'administration de la douane qui a abouti au transfert du conteneur dans son dépôt n° 1. Dès cet instant en réalité, la SDV-CI était désormais dans une position qui rendait impossible la mise en œuvre de son droit de rétention du fait du dessaisissement volontaire car, comme argumente la société Envol-Transit, il aurait dû opposer son droit de rétention à l'administration douanière surtout si l'on se fonde sur une jurisprudence devenue constante de la Cour de cassation française, selon laquelle, le droit de rétention prévaut sur le droit appartenant à l'administration fiscale ou douanière quant à la confiscation de la chose pour fraude ou contravention (*Cass. com. 13 janvier 1987, Bull. civ. IV, n°10*). La haute juridiction française devait même aller plus loin et précise que « le droit de rétention d'une chose, conséquence de sa détention, est un droit réel opposable à tous, et même aux tiers non tenus de la dette » (*Cass. 1er civ. 7 janvier 1992, JCP, 1992, II, 21971, note Ramarolanto- Ratiaray*). Cette jurisprudence est d'autant plus justifiée que l'action qui entraine la dépossession du fait de l'administration douanière comme ce fut le cas, en l'espèce, s'est faite par voie de réquisition. Cette réquisition n'est autre qu'un ordre marqué d'une contrainte à laquelle doit survivre le droit de rétention du fait d'un dessaisissement involontaire, étant entendu que ce droit subsiste au dessaisissement involontaire.

Cependant, l'argument de la société Envol-Transit sur l'opposabilité suscite une autre difficulté, celle du moment de la naissance du droit de rétention. Cette difficulté est d'autant plus intéressante qu'elle est implicitement entretenue par la loi elle-même dès lors qu'elle admet l'impossibilité d'exercer le droit de rétention après une saisie. Or une chose est la naissance du droit de retenir le bien remis par le débiteur, une autre est le moment auquel on peut l'exercer. En toute logique, le droit de rétention nait avant son exercice et seul ce moment devrait être pris en compte pour apprécier son opposabilité ou non à un autre créancier saisissant ou à un tiers, ce d'autant plus qu'il est conféré par la loi dès la remise de la chose et au plus tard au moment où nait la créance qui va soutenir le droit de rétention et ne peut s'exercer qu'à partir du moment où cette créance garantie, devenue exigible est inexécutée (*J-C Otoumou, op.cit., p. 80*). Certes et en l'espèce, si on considère la réquisition de l'administration douanière comme une saisie, il y a lieu de croire que le conteneur était devenu indisponible et ne pouvait plus faire l'objet du droit de rétention en vertu de l'article 130 AUPSRVE. Mais encore faut-il prendre en considération le fait que l'indisponibilité du conteneur ne pouvait se comprendre que sous réserve des droits et charges qui le grevaient au jour de la réquisition, notamment les droits de la SDV-CI, peut importe le moment de son exerce gouverné par l'exigibilité de la créance.

Au demeurant, il y a lieu de croire que si la SDV-CI n'a pas fait usage de son opposabilité *erga omnes*, c'est tout simplement parce qu'en le faisant, elle devrait être tenue de payer les droits de douanes et taxes. Or, se sachant manutentionnaire, même après le règlement des droits et taxes douanières, elle allait assurer la manutention et partant exercer son droit de rétention sur une marchandise exempte de droits et taxes douanières. Ce qui n'était véritablement qu'un risque que la SDV-CI a choisi de courir. Aussi, ce n'est qu'avec le retour du conteneur à quai sur son parc après accomplissement des formalités et paiement de tous les droits et taxes douanières par la société Envol-Transit que la SDV-CI a exercé son droit de rétention. Du reste, la prétendue subrogation invoquée par le défendeur en appel n'aurait jamais prospéré car il n'avait pas la possession de la marchandise, laquelle a été transférée au créancier rétenteur, son droit étant avec cette possession, un droit légal et non contractuel (*Ph. Simler et Ph. Delebecque, op. cit., n° 497, p. 445*).

Il ne suffit cependant pas d'avoir la possession de la chose, encore faut-il non seulement que la rétention soit fondée sur un titre légitime mais aussi qu'elle porte sur une chose mobilière. Pour ce qui est de la légitimité du titre de détention, il faut d'emblée signaler qu'elle tire son fondement du droit qui justifie la rétention dont le défaut entraine l'illégalité de la détention. En réalité, le titre de détention doit reposer sur un droit juridiquement protégeable (*La protection découle de l'obligation juridique qu'à le débiteur vis-à-vis de son créancier qui consiste au paiement de la créance et donc le défaut est sanctionné par la rétention. Cf. H. Kelsen, Théorie pure du droit, Dalloz, Paris, 1962, p. 180*) ou mieux encore la détention doit être « fondée sur un acte ou un fait que ne reprouvent pas l'ordre public et les bonnes mœurs» (*H. Solus et R. Perrot, Droit judiciaire privé, Tome I, Sirey, Paris 1961, n°228, p. 202; J. Fometeu, « L'exigence processuelle d'un intérêt légitime à agir », CJP, FSJP-UN, 2008/1, n°11, p. 140*). Ce serait le cas si la détention ne découle pas d'un acte de violence. Autrement dit, la détention doit être la conséquence d'une remise volontaire de la chose par le débiteur ou plus exactement d'une possession qui ne serait pas entachée d'irrégularité (*CA Abidjan, arrêt n° 1164 du 24 octobre 2003, aff. K.A.J c/Mlle K.F, Ohadata J-03-337*). La SDV-CI détient en l'espèce, la chose en vertu du contrat de transport qui le lie avec l'IDE. Le droit de rétention repose donc sur l'inexécution de la contrepartie de la prestation fournie sur la base du contrat, le paiement du fret. On peut en déduire que le droit de rétention de la SDV-CI, même fondé sur des relations d'affaires antérieures reste légitime en vertu de l'article 42 AUS.

Quant à la nature de la chose, étant donné que le droit de rétention emporte mainmise sur la chose, il ne peut porter par principe que sur des choses corporelles (*Cependant, l'exigence de la nature corporelle du bien ne saurait être appréhendée ni en jurisprudence, ni dans la législation «comme un dogme». Ainsi le droit de rétention pourrait aussi porter sur des choses incorporelles dès lors que le bien incorporel susceptible de la rétention a une assise matérielle (Z. Zerbo, le droit de rétention dans l'acte uniforme portant organisation des sûretés de l'OHADA : Etude comparative, Penant mai-août 2001, p.129. La CCJA a d'ailleurs dans un arrêt du 04 novembre 2004 validé un droit de rétention exercer sur un connaissement en vertu de l'article 43 AUS. A ce sujet Cf. J.A. Batouan Bouyom et Souopgui Eloi, obs. sous CCJA, arrêt n° 30 du 04 novembre 2004, Sté GITMA c/ Sté SAM EX, dans cet ouvrage)*. Ce qui était le cas en l'espèce dans la mesure où non seulement la nature corporelle du conteneur objet du droit de rétention ne faisait aucun doute mais et surtout, il se trouvait dans le parc de la SDV-CI, c'est-à-dire entre les mains du créancier. Elle avait donc la possession matérielle de la chose. Encore aurait-il fallu qu'il s'agisse d'un bien corporel qui est dans le commerce juridique, c'est-à-dire les choses que la société n'a pas retiré de la circulation juridique (*V. Fabre-Magnan, Les obligations, Thémis-PUF, 1er éd. 2004, n° 130, p. 330*), soit parce qu'elles touchent à l'ordre public et aux bonnes mœurs, soit parce qu'elles n'ont aucune valeur économique (*G. Jiogue, op. cit. n° 27, p. 130*). Il s'agit à vrai dire des choses insaisissables ou inaliénables (*A l'exemple du corps humain même sous la forme d'un cadavre. Cf. CA du Littoral, arrêt n° 42/RF du 25 janvier 1995, aff. Wakem Kuimo c/Directeur hôpital général de Douala, Juridis Périodique, 1998, n°33, p.15, note J-C. Nchimi Mebu*) auxquelles la jurisprudence ajoute les marchandises contrefaites (*Cass. com., 26 octobre 1999, D. Aff., 2000, p. 365, note Marotte*). En l'espèce la nature contrefaite ou non de la marchandise n'a fait l'objet d'aucun débat, ce qui laisse présupposer que la marchandise était d'origine.

B. Les conditions tenant à la créance

L'AUS soumet la validité de la rétention à l'existence d'une créance certaine, liquide et exigible. En effet, celui qui se prévaut d'un droit de rétention doit avoir une créance qui lui permet de pratiquer une saisie (*Ph. Malaurie et L. Aynès, op. cit., n° 441, p. 151*), c'est-à-dire non contestée dans son fondement (*A ce propos justement, il doit justifier d'un titre de créance vis-àvis de son débiteur. Cf CA Abidjan, arrêt n° 1164 du 24 octobre 2003, aff. K.A.J c/Mlle K.F, Ohadata J-03-337 ; CA Abidjan, arrêt n°141 du 14 février 2003, aff. Sté Comafrique Entreprise c/ M. oulai Zondje F., Ohadata J-03-299*), déterminée quant à son montant et une dette échue. Relativement au caractère échu de la créance, le débiteur ne saurait se prévaloir d'un délai ou d'une condition susceptible de retarder ou d'empêcher son exigibilité, à moins que dans leur convention, les parties aient convenu d'une telle modalité. Ainsi par exemple, les parties peuvent convenir de fixer la date de l'exigibilité de la créance à la fin de chaque exercice comptable (*CCJA, arrêt n°007 du 24 avril 2003, Ohadata J-03-193*). Dans une telle hypothèse, le droit de rétention ne peut se justifier qu'à l'expiration dudit délai et il appartiendra au débiteur de rapporter la preuve de cette expiration (*CCJA arrêt n°16/2002, du 27 juin 2002, Sté Maregel c/ S. Moustapha Mbacke, Recueil de jurisprudence CCJA, n° spécial, janvier 2003, p.31*). En réalité, ces exigences du législateur Ohada ont finalement pour objectif de moraliser le droit de rétention afin de le cantonner dans les limites raisonnables et de concilier les intérêts contraires en cause, notamment les intérêts du rétenteur qui trouve dans le droit de rétention une sûreté (*Z. Zerbo, op. cit., p. 129*) et ceux du débiteur qui se trouve dépossédé de la chose et les intérêts des autres créanciers qui sont du fait de la rétention, privés de leur droit de gage général sur la chose.

A ce sujet justement, «il serait choquant qu'un créancier, qui détient la chose de son débiteur pour un motif étranger à la créance» (*Ph. Malaurie et L. Aynès, op. cit., n° 440, p. 151*) puisse être investi d'un pouvoir de blocage empêchant ainsi le débiteur de disposer de la chose objet de la garantie. Si ces raisons ont pendant longtemps justifié l'application stricte des conditions suscitées, cette exigence est relativisée en droit positif, la jurisprudence ayant sensiblement atténué ces conditions tout au moins pour la mise en œuvre du droit de rétention. De fait, la Cour de cassation a pu juger que «les principes régissant le droit de rétention ne faisaient pas obstacle à ce qu'une décision de justice conférât ce droit au titulaire d'une créance certaine, qu'elle rendait liquide et exigible, dès lors que ladite créance avait pris naissance à l'occasion de la chose retenue» (*Cass. 3e Civ., 23 avril 1974, JCP 1975, II, 18170, note Thuillier*). Aussi, en l'espèce, l'ordonnance de condamnation n° 1733/2005 du 31 mai 2005, en reconnaissant l'existence d'une créance de 20319400 frans cfa entre la SDV-CI et la société IDE avait rendu la créance certaine, liquide et exigible, ce d'autant plus que cette reconnaissance était appuyée par un titre exécutoire non encore réglé. Il suffisait donc d'un lien de connexité, c'est-à-dire que la créance soit en rapport avec la chose saisie pour que toutes les conditions de mise en œuvre du droit de rétention soient réunies.

II. La condition subjective de la mise en œuvre du droit de rétention

L'existence d'une créance certaine, liquide et exigible ne suffit pas à exercer régulièrement le droit de rétention, encore faut-il que cette créance ait un lien avec la chose retenue. Cette condition a été nettement éclaircie par le législateur OHADA. En effet, l'article 42 alinéa 1 de l'AUS précise que le droit de rétention ne peut s'exercer que « s'il existe un lien de connexité entre la naissance de la créance et la chose retenue » c'est-à-dire un rapport de cause à effet entre la créance et la chose retenue. S'agit-il d'une connexité matérielle ou juridique. La doctrine est partagée sur la question.

Pour les uns (*F. Anoukaha, Le droit des sûretés dans l'Acte uniforme OHADA, PUA, Yaoundé, 1998, n° 61, p. 27*), l'article 42 alinéa 1 suscité ne vise que la connexité matérielle, laquelle ne peut s'établir que si la créance du rétenteur a pris naissance à l'occasion de la chose détenue.

Pour d'autres (*G. Jiogué, op. cit., n°7, p. 115 ; A. Cissé-Niang, J. Issa-Sayegh , I. Yankhoba Ndiaye, Moussa Samb, Sûretés, coll. Droit uniforme, Bruylant, Bruxelles, n° 176, p. 70 ; J-C. Otoumou, « le droit de rétention en droit OHADA », Penant janv/Mars 2002, p. 81*), en revanche le fait que le texte ne dit pas qu'il n'y a connexité que lorsque la créance nait à l'occasion de la rétention de la chose, mais qu'il doit exister un lien de connexité entre la naissance de la créance et la chose retenue signifierait que le législateur OHADA a entendu viser à la fois la connexité juridique et la connexité matérielle. Ce dernier courant de pensée se fonde sur deux arguments. Si on prend en considération les cas dans lesquels le législateur a consacré le droit de rétention, on se rend très vite à l'évidence que ce lien peut s'expliquer, d'une part par le fait de travaux effectués sur la chose, ou de dommages causés par ladite chose, de sorte que c'est cette chose qui est «débitrice» des frais ou dommages occasionnés : on parle alors de connexité matérielle ou objective (*article 42 alinéa 1 AUS*). D'autre part, le lien peut être recherché dans le contrat en vertu duquel la chose est entre les mains du créancier rétenteur. On parle alors de connexité juridique, en ce sens que la chose et la créance du rétenteur trouvent leur source dans un même rapport de droit, généralement contractuel (*On comprend que dans cette seconde hypothèse, la confusion soit souvent fréquente entre droit de rétention et exception d'inexécution. cf. Ph. Simler et Ph. Delebecque, op. cit., n°491, p. 441 ; Weill, droit civil, les obligations 3e éd. n°473 ; N. Catala, La nature juridique du droit de rétention, R.T.D. Civ. 1967, p. 19 et 20*). Il suffit alors dans ce cas pour justifier le droit de rétention ou pour l'autoriser que la détention se rattache à une convention ou, tout au moins, à un quasi-contrat, et que la dette, connexe à la chose détenue, ait pris naissance à l'occasion de cette convention ou de ce quasi-contrat (*C. Aaubry et C. Rau, Cours de droit civil français, tome III, 7e éd. Par Esmein, 1968, n° 256 bis, p. 189*). En se limitant à cette analyse on aurait pu déduire que la connexité en l'espèce était une connexité juridique dès lors qu'elle découlait d'une convention de transport. Cette lecture relativement à l'arrêt de la CCJA n'aurait pas pu prospérer dans la mesure où la détention n'avait pas pris naissance à l'occasion du contrat de transport du conteneur détenu.

Pour justifier la détention il a été nécessaire de convoquer, l'article 42 alinéa 2 AUS qui précise que «la connexité est réputée établie si la détention de la chose et la créance sont la conséquence de relations d'affaires entre le créancier et le débiteur ». L'article 42 alinéa 2 suscité institut donc une présomption de connexité juridique justifiée par l'existence d'un contrat ou d'un quasi-contrat entre le débiteur et le créancier (*On se doit de faire remarquer qu'il s'agit certainement d'une présomption simple dans la mesure où décider le contraire serait excessif au regard de la finalité du droit de rétention (Z. Zerbo, op.cit., p.132). ce qui signifie que le créancier pourrait être admis à démonter l'absence du lien de connexité juridique*). Or dans le même texte, le législateur ne pouvait pas dans un premier alinéa exclure la connexité juridique pour l'admettre dans un second alinéa. La CCJA aurait donc saisi l'occasion de cet arrêt pour prendre position relativement à la nature de la connexité. Le fait de ne l'avoir pas fait peut aussi s'analyser en une consécration du caractère hybride de la connexité en droit OHADA.

Quoiqu'il en soit, la connexité au regard de l'AUS doit être présumée dès lors que la détention de la chose et la créance sont la conséquence de relations d'affaires suivies entre le créancier et le débiteur, créant une indivisibilité juridique entre les différentes opérations juridiques. C'est ainsi que le transporteur peut valablement retenir la marchandise pour défaut de paiement de la facture d'un transport antérieur. La créance peut naître aussi bien de la détention de la chose que d'un rapport juridique, rien n'interdisant de cumuler les deux situations. La SDV-CI en l'espèce ne se prévaut pas d'une créance née à l'occasion du transport ou de la manutention du conteneur objet du droit de rétention, mais d'une créance antérieure née des relations d'affaires entretenues par les deux sociétés. Or, fort de ces relations et de la présomption de connexité qui s'est établie, la SDV-CI était en droit de retenir le conteneur jusqu'au paiement complet de sa créance. Ce qui permet de dire que même si elle a reçu un chèque de 4461774 francs cfa, cela n'aurait pas éteint son droit de rétention qui s'exerce jusqu'à complet paiement de ce qui lui est dû et par conséquent, son appel ne pouvait être déclaré sans objet comme l'a soutenu son débiteur. La cour d'appel à ce propos en déclarant l'appel recevable, n'a d'ailleurs fait qu'une bonne et saine interprétation de la loi.

Jean Claude Ngnintedem,
Chargé de cours, Université de Ngaoundéré.

CCJA, arrêt n°018/2008, 24 avril 2008
Docteur Amon Arnaud c/ Distribution Pharmaceutique de Côte d'Ivoire dite DPCI-SA

(...)

Sur le moyen unique

Vu l'article 283 de l'Acte uniforme portant sur le droit commercial général

Attendu qu'il est reproché à l'arrêt attaqué la violation des articles 283 et 284 de l'Acte uniforme susvisé en ce que, pour confirmer le jugement entrepris, la cour d'appel de Daloa, sans contester l'application de la clause de réserve de propriété prévue au contrat liant les parties et selon laquelle « la marchandise reste la propriété du vendeur jusqu'au paiement intégral de son prix », a estimé cependant que le contrat de vente a été formé à la livraison des marchandises conformément à la volonté des parties et ce en application des articles 283 et 284 de l'Acte uniforme portant sur le droit commercial général alors que, selon le moyen, en l'espèce, il ne s'agissait pas de savoir si le contrat était valablement formé entre les parties, mais plutôt de savoir si les conditions d'application de la clause de réserve de propriété telle que stipulée au contrat permettait de donner effet à la reconnaissance de dette signée par le requérant ; qu'en occultant les effets de la clause de réserve de propriété pour ne retenir que la reconnaissance de dette comme titre autonome de la créance poursuivie, la cour d'appel de Daloa s'était méprise sur la porté de cette clause et avait violé les articles 283 et 284 de l'Acte uniforme susvisé, et son arrêt encourt de se fait cassation ;

Attendu qu'aux termes de l'article 283 de l'Acte uniforme susvisé « sauf convention contraire entre les parties, le transfert de propriété s'opère dès la prise de livraison par l'acheteur de la marchandise vendue » ;

Attendu qu'il résulte de la convention liant les parties que « le contrat de vente n'est réputé formé entre les parties qu'à la livraison de la marchandise par la DPCI-SA dans les locaux de l'acheteur » ; que Docteur Amon Arnaud ne conteste pas avoir reçu les marchandises, signé des reconnaissances de dette et proposé un échéancier de remboursement qu'il n'a pas respecté et dont il n'a payé que 245.000 francs cfa ; que ces éléments prouvent à suffire que les marchandises ont été livrées, que le contrat de vente est régulièrement formé et que par conséquent la clause de propriété ne pouvait plus empêcher que lesdites reconnaissance de dette, appuyées par un début de paiement, produisent leur plein et entier effet ; qu'en considérant « qu'il est aisé de dire, sans violer la clause de réserve de propriété qui ne sert en réalité qu'à protéger les droits du créancier qui s'est dessaisi des marchandises, que le contrat de vente à été formé à la livraison des marchandises conformément à la volonté des parties et ce en application de l'article 283 de l'Acte uniforme susvisé », la cour d'appel de Daloa ne viole en rien les dispositions sus énoncées ; qu'il suit que le moyen unique de cassation n'est pas fondé et doit être rejeté ...

OBSERVATIONS

Selon l'article 1583 du code civil, une «vente est parfaite entre les parties et la propriété acquise de droit à l'acheteur à l'égard du vendeur, dès qu'on est convenu de la chose et du prix, quoique la chose n'ait pas encore été livrée ni le prix payé». Ce qui se traduit par la perte des prérogatives du propriétaire dès l'échange de volonté des parties, la propriété de la chose vendue ayant de manière abstraite, sans aucune formalité et en principe, instantanément été transférée à l'acheteur dès lors qu'il s'agit d'un corps certain. On parle d'un transfert *solo consensu* (*F. Collart-Dutilleul, Ph. Delebecque, Contrats civils et commerciaux, 6e éd., Précis Dalloz, 2002, n°187, p. 177*). Il s'agit d'une règle commune à tous les contrats translatifs de propriété (*G. Blanluet, « Moment du transfert de la propriété », in 1804-2004 Le Code civil: un passé, un présent, un avenir, Dalloz, 2004, p.410*) qui d'ailleurs avant l'AUDCG, dominait le droit des biens et commande le droit des obligations des pays de l'Ohada (*J. Lohoues-Oble, « innovations dans le droit commercial général » in OHADA, Association Henri Capitant, Petites affiches, 13 octobre 2004, n° 205, p 14*). Ce moment sans être remis en cause est retardé par l'article 283 de l'AUDCG jusqu'à la livraison. Ainsi, il y a lieu de dire qu'au moment de la formation du contrat de vente, la chose est irrévocablement destinée à devenir la propriété pleine et entière de l'acheteur et de ce fait lui serait acquise et non transmise (*Chazal et Vicente, «Le transfert de propriété par l'effet des obligations dans le Code civil», RTD civ. 2000, p.477 et s*). On n'accède donc au statut de propriété après l'échange de consentement que par la jouissance paisible de la chose. Le transfert de propriété est donc réel et public (*G. Blanluet, op. cit., p. 416*) parce que détaché de l'échange du consentement par opposition au transfert consensuel et occulte (*Il ne s'agit en réalité que d'une mise en forme législative de l'usage qui veut le plus souvent que l'échange de volonté ne produise d'effet translatif que s'il est matérialisé par un fait, la remise de la chose ou plus exactement la livraison. Cette conception était déjà celle du législateur sénégalais qui dans l'article 109 du Code des obligations civiles et commerciales précisait que « le transfert des risques de la chose est lié au transfert de la propriété, qu'il se produise au moment de la délivrance ou à tout autre moment fixé d'accord parties ». Ce système a l'avantage de favoriser tout d'abord la liberté et la sécurité des échanges par une protection de l'acheteur qui ne saurait désormais supporter les conséquences désastreuses d'un transfert immatériel. Ensuite la mobilisation rapide des patrimoines car, avec la livraison, la chose vendue est transmise en même temps matériellement et juridiquement*). Le mécanisme ainsi présenté a cependant un inconvénient majeur en cas de défaillance de l'acheteur. Le vendeur non payé ne peut revendiquer le bien vendu puisqu'il en a perdu la propriété, le paiement du prix n'étant pas une condition de validité de l'opération de vente (*Com. 13 mai 2003: Bull. civ. IV, no 82; R., p.430; JCP E 2004. 384, no 4, obs. Masquéfa*). Néanmoins, cette règle n'est pas d'ordre public (*Civ. 1re, 24 janv. 1984: Bull. civ. I, n° 31*). Aussi, les parties peuvent y déroger en insérant dans leur contrat une clause réservant le transfert de propriété au jour du paiement intégral du prix, surtout s'il est échelonné. On parle de clause de réserve de propriété. Il s'agit en réalité d'un mécanisme qui protège le vendeur d'une chose contre l'insolvabilité de son acheteur en lui permettant de reprendre la chose qui lui appartient toujours (*A. Benabent, Droit civil: Les contrats spéciaux civils et commerciaux, 5e éd. Montchretien, 2001, n° 140, p.95*) malgré le fait qu'elle a été livrée à l'acheteur. La mise en œuvre d'un tel mécanisme n'est pas toujours évidente, ce qui justifie que les parties soient souvent amenées à s'entourer d'autres techniques juridiques pour favoriser le paiement complet sans nécessairement recourir à leur clause de réserve de propriété. On en veut pour preuve l'arrêt du 24 avril 2008 rendu par la CCJA qui aurait été sans grand intérêt si à la clause de réserve de propriété n'était pas venue se greffer une reconnaissance de dette.

En l'espèce, la DPCI-SA a passé courant quatrième trimestre 2002, une convention de vente avec livraison des produits pharmaceutiques avec le Dr Amon Arnaud, propriétaire d'une officine de pharmacie, assortie d'une clause de réserve de propriété. Malheureusement, du fait de la rébellion survenue dans sa ville de siège, le Dr Amon n'avait pu payer le prix des produits qui lui avaient été livrés, mais au contraire avait signé des reconnaissances de dette avec des échéanciers de remboursement au profit de la DPCI-SA en même temps qu'il a changé de ville. A l'occasion de ce changement de ville, le Dr Amon s'est lié des relations d'affaires privilégiées avec un concurrent de la DPCI-SA, le Laborex, sans avoir honoré les engagements nés de la reconnaissance de dette. Eu égard à la cessation des relations d'affaires due au changement de partenariat d'affaire du Dr Amon, la DPCI-SA saisit sur la base de la reconnaissance de dette, le Président de la Section du tribunal de Sassandra qui rendit par défaut une ordonnance condamnant le Dr Amon au paiement de la somme de 12 031 177 francs cfa le 30 août 2004. Contre cette décision, le Dr Amon forma opposition et fut débouté.

Il saisit la cour d'appel de Daloa qui, pour confirmer la décision des premiers juges, donna plein effet à la reconnaissance de dette dans un arrêt du 23 février 2004, au mépris de l'avis du Dr Amon, de la clause de réserve de propriété insérée dans leur convention d'affaires. La CCJA devait donc statuer sur le sort de la clause de réserve de propriété en présence d'une reconnaissance de dette. Autrement dit, un débiteur qui a signé une convention dans laquelle a été stipulée une clause de réserve de propriété peut-il invoquer une reconnaissance de dette pour prétendre à un transfert total de la propriété et ainsi rendre inefficace ladite clause? En rejetant le pourvoi, la CCJA répond par la négative, mettant ainsi en évidence le fait d'une part, que la clause de réserve de propriété vise exclusivement à protéger le créancier qui s'est dessaisi de la marchandise alors qu'il n'a pas reçu un paiement intégral et d'autre part, que la mise en œuvre de la clause de réserve de propriété dépend non seulement de ce qu'elle a été acceptée par l'acheteur, mais aussi et surtout de ce que la signature d'une reconnaissance de dette ne peut faire obstacle à la revendication de la chose vendue en cas de non paiement intégral du prix. Encore faut-il que la chose reste identifiable dans le patrimoine du débiteur. Si elle ne l'est plus, le droit de propriété du vendeur pourra être compromis, anéantissant ainsi la clause de réserve de propriété. Ce qui signifie a contrario que si par le mécanisme de la reconnaissance de dette, le créancier est payé, la preuve de l'existence du non paiement intégral de la marchandise favorisant la mise en œuvre de la clause de réserve de propriété disparait parce qu'il y a eu transfert total de la propriété à l'acheteur. A ce titre justement, la clause de réserve de propriété est une sûreté réelle garantissant le paiement intégral de la marchandise (I) dont la preuve du non paiement intégral peut être attestée par une reconnaissance de dette (II).

I. La clause de réserve de propriété, garantie du paiement intégral du prix de la chose vendue

Le législateur Ohada ne donne aucune définition de la notion de clause de réserve de propriété. Toutefois, des spéculations doctrinales on peut déduire qu'elle est une convention par laquelle le vendeur conserve la propriété du bien jusqu'au paiement complet du prix (*J. Ghestin, «Réflexions d'un civiliste sur la clause de réserve de propriété », D., 1981, p.1; A.P. Santos et J. Yado Toé, OHADA, Droit commercial général, coll. Droit uniforme africain, Bruylant Bruxelles, 2002, n° 250, p. 152 ; M. Pedamon, « La réserve de propriété en droit allemand et en droit français », Rev. Jur. Com. février 1982, n° spécial, pp.62 et s.; F. Pérochon, La réserve de propriété dans la vente de meubles corporels, thèse, Montpellier, 1987, Bibl. dr. entreprise, t. 21, Préface J-M Bischoff ; Ph. Malaurie et L. Aynès, sûretés, éd. Cujas, 1992, n°754, p. 275*). Elle permet donc de différer le transfert de propriété jusqu'au paiement intégral du prix de la chose vendue (*Ch. Mouly, «Faut-il retarder le transfert de propriété?», Colloque, 25 avril 1995, JCPE, 1995, supplément n° 5*). A cet effet, dans le cadre des ventes mobilières, elle est une garantie compatible avec l'objet essentiel du contrat : le transfert de la possession (*Ph.*

Malaurie et L. Aynès, Droit civil : les sûretés, la publicité foncière, éd. Cujas, 1992, p. 275). C'est d'ailleurs en cette qualité que l'AUDCG la traite tout d'abord en son titre III portant « inscription des sûretés mobilières » pour l'envisager ensuite à son titre IV, « les effets du contrat ». On comprend dès lors que le législateur OHADA a entendu la considérer comme une sûreté dont l'effet est suivant la convention des parties, de retarder le moment du transfert de propriété au jour du paiement intégral du prix. Il s'agissait en l'espèce au regard de sa nature, d'une sûreté consentie au profit de la DPCI-SA (A) dont la fonction était de garantir le paiement intégral du prix des médicaments vendus à crédit au Dr Amon Arnaud (B).

A. La nature de la clause de réserve de propriété

Par essence, la clause de réserve de propriété permet d'écarter les règles du droit commun du transfert de propriété définies par l'article 1583 du C.civ. qui supposent par hypothèse que «les ventes sont conclues en un instant par *traditio* de la chose et paiement effectif du prix de la chose et sont d'ailleurs impensables sans ces deux éléments matériels. Elles ne laissent derrière elles aucun sillage d'obligation» (*J. Carbonnier, « sociologie de la vente » in Flexible droit, 6e éd. LGDJ, Paris, 1988, p. 290*). C'est d'ailleurs l'argument utilisé par la cour d'appel de Daloa pour donner plein effet à la reconnaissance de dette. Il s'agit cependant d'une règle qui ne se concilie toujours pas avec les ventes à crédit car, la clause de réserve de propriété ne met pas en cause l'effectivité de la vente matérialisée en l'espèce par la livraison des marchandises. Tout au plus, elle vient garantir l'effectivité du paiement intégral de la marchandise et par ricochet, donne un pouvoir de revendication de la chose livrée au cas où ce prix n'était pas payé. On dit alors qu'il s'agit d'une sûreté consentie en vue d'assurer le paiement intégral de la marchandise.

Comme sûreté, il y a lieu de la considérer pour une partie de la doctrine, comme un terme. Les tenants de ce courant font valoir qu'il y a un simple retard du paiement qui est un événement futur mais certain dans la vente à crédit. L'incertitude caractéristique d'une condition fait défaut et au paiement à terme correspond un transfert de propriété à terme (*J. Ghestin, op. cit., n°14*). De plus, il ne peut s'agir d'une condition car, elle affecterait l'existence même de l'obligation et par contrecoup, le transfert de propriété (*Ph. Simler et Ph. Delebecque, Droit civil : Sûretés, publicité foncière, 3e éd., Précis Dalloz, 2000, n° 605, p.534*). En effet, la réalisation ou non d'une condition est extérieure à la volonté des parties. Or, le paiement dans une vente dépend de la volonté des parties, de celle de l'acheteur en cas de paiement volontaire et de celle du vendeur en cas de paiement forcé (*J. Ghestin, op. cit., n°13*). Il ne peut s'agir que d'un terme dont la reconnaissance de dette vient fixer la date à laquelle l'exécution de l'obligation de paiement devient exigible, entrainant par conséquent le transfert de propriété dont la réalisation était restée incertaine. Dans le cas d'espèce, « le Dr Amon ne conteste pas avoir reçu des marchandises, signé des reconnaissances de dette et proposé un échéancier de remboursement ». Or cet échéancier de remboursement ne met nullement en cause la clause de réserve de propriété, ce d'autant plus que l'obligation de transférer la propriété était consubstantielle à l'obligation de payer le prix (*C.Witz, «Analyse critique des règles régissant le transfert de propriété en droit français à la lumière du droit allemand», Mélanges G. Jahr, Tübingen, 1993, p. 553, cité par Ph. Simler et Ph. Delebecque, op ; cit., p. 535*). Cette analyse est cependant contestable. Abordant la question sous un autre angle, on peut observer que la clause est sanctionnée par une action en revendication et non par une action en résolution. Or, la défaillance d'un terme n'entraîne pas automatiquement la disparition du lien de droit entre les parties, lien que seul le juge, sauf convention contraire, peut défaire. La sanction de la clause par la seule action en restitution démontre qu'il y a dissolution automatique du rapport juridique, ce qui est une caractéristique de la condition (*Ghozi, « Nature juridique et transmissibilité de la clause de réserve de propriété », D., 1986, chron. 317*) auquel cas, il aurait fallu que le paiement reste un événement futur. A ce propos justement, on peut faire valoir que le paiement dans la vente à crédit de médicaments qui s'est opérée entre la DPCI-SA et le Dr Amon était bien incertain, au moins subjectivement pour la DPCI-SA, sinon les parties n'auraient guère eu recours à la clause de réserve de propriété pour protéger les droits de la DPCI-SA qui s'était dessaisie de la marchandise. En admettant que l'événement visé par une condition puisse être subjectivement incertain (*J. Ghestin, op. cit., n° 14*), on ne peut retenir que cette qualification pour la réserve de propriété (*A. Ghozi, op. cit., p. 319*) dont la fonction véritable est de garantir le paiement intégral du prix de la marchandise.

B. La fonction de la clause de réserve de propriété

A ce propos justement, il aurait été intéressant de rechercher si la clause était un accessoire de la créance ou une sûreté. La Cour d'appel de Daloa suivie en cela par la CCJA n'a pas répondu à cette question, confirmant ainsi l'incertitude qui domine la question. En tout état de cause, la clause ne pouvait jouer que le rôle de garantie car, elle s'ajoute à la relation synallagmatique du contrat, contrairement à la clause résolutoire par exemple, véritable accessoire, qui y est inhérente (*J. Ghestin, op. cit., n° 35*). D'ailleurs, si la clause devait être accessoire à quelque chose, elle le serait non pas à la créance, mais à la dette du vendeur qu'est le transfert de propriété (*A. Ghozi, op. cit., p. 321*). La clause ne saurait *a fortiori* être une sûreté bien qu'elle puisse en jouer le rôle pour les parties, elle n'est pas pour autant transformée en sûreté, d'autant plus que la possibilité pour les parties de créer de nouvelles sûretés n'est pas indiscutable

(*J. Ghestin, op. cit. n° 36*). Si certains auteurs (*Vallens, «La clause de réserve de propriété et la procédure de redressement judiciaire», JCP, 1986, éd. E, II, 14651, n° 27*) ont pu, cependant, déduire le caractère accessoire de la clause des décisions des juges de fond, c'est la Cour de cassation française elle-même qui a consacré la solution dans un arrêt resté célèbre, affaire Mecarex (*Com. 1er arrêt 19 oct. 1979, Bull. Civ. IV, n° 300, p. 237 et Com. 2e arrêt, 19 oct. 1982, Bull. IV, n° 321)*. En effet, elle a admis qu'en présence d'une clause de réserve de propriété, la propriété était suspendue. En réalité, il n'est pas nécessaire de lui reconnaitre la nature d'une véritable sûreté. Il suffit tout simplement d'admettre qu'elle est une garantie accessoire, c'est-à-dire, «un droit au service exclusif de la créance, dont il assure le paiement» (*M. Cabrillac, « Les accessoires de la créance», Mélanges Weill, 1983, n° 32, p. 107*). Elle constitue donc une sûreté au sens fonctionnel du terme, c'est-à-dire «un procédé tendant directement à la garantie de l'exécution de l'obligation» (*Ph. Simler et Ph. Delebecque, op. cit., n°20, p. 26*) dès lors qu'elle augmente les chances de paiement. Mais les différentes qualifications ne révèlent leur véritable portée qu'à la lumière des résultats auxquels conduit la clause de réserve de propriété, le transfert des risques qui était loin d'être une préoccupation dans note espèce. Néanmoins, l'autre conséquence reste la transmissibilité du bénéfice de la clause. A ce propos, ceux qui refusent la qualification d'accessoire concluent à l'intransmissibilité et avancent d'autres arguments. La transmission par subrogation serait impossible car le paiement par le tiers subrogé entraîne le transfert de la propriété (*J. Ghestin, op. cit., n° 38)*. Or, il est aujourd'hui admis que la subrogation place le solvens dans la situation du créancier immédiatement avant le paiement, donc à un moment où le transfert n'a pas encore eu lieu (*M.-L. Morancais-Demeester, note sous Com. 15 mars 1988, JCP, 1989, II, 21348, n° 11*). Il reste que la qualification d'accessoire de la dette du vendeur empêche la transmission, laquelle ne peut se résoudre qu'au moyen d'une reconnaissance de dette. En acceptant une reconnaissance de dette, la DPCI-SA s'est substituée à elle-même dans son obligation de donner qui est le transfert de propriété et le Dr Amon par ce même mécanisme a reconnu unilatéralement devoir une somme à la DPCI-SA correspondant au reliquat du prix non encore payé de la marchandise. Le Dr Amon a ainsi promis le payement et par conséquent, il était civilement tenu , car avec son engagement précis, il a manifesté une volonté ferme, exempte de vices et suffisamment extériorisée, voire formalisée (*Ph. Jestaz, «L'engagement par la volonté unilatérale», in Les obligations en droit français et en droit Belge : convergences et divergences, Actes des journées d'études organisées les 11 et 12 décembre 1992 par la Faculté de droit de Paris Saint-Maur et la Faculté de droit de l'ULB, éd. Bruylant-Dalloz, 1994, p.3 et 4*). On peut s'interroger sur la cause de cet engagement surtout dans une hypothèse où, à une clause de réserve de propriété se greffe une reconnaissance de dette. Dans une telle hypothèse, la cause se trouverait dans la volonté du Dr Amon d'obtenir le transfert de propriété, la livraison ayant déjà eu lieu. Ce qui justifie que s'il lui arrivait de vouloir échapper à son engagement, il n'avait qu'à démontrer l'absence de cause (*Ph. Malinvaud, Droit des obligations, 9e éd., Litec 2005, n° 310, p. 196*), ou plus exactement prouver qu'il n'a pas reçu ce qu'il s'est obligé à rembourser (*A. Benabent, Droit civil : Les obligations, Coll. Domat, 8e éd., Montchrestien, 2001, n° 186, p. 133*). La jurisprudence est d'ailleurs constante à cet égard (*Cass. Civ. 1re, 21 juin 2005, RDC, 1O13, obs. D. Mazeaud*). Bien plus c'est cet engagement qui fixait désormais les limites et les conditions de la créance (*B. Starck, Les obligations, T2. Contrat et quasi-contrat, 2e éd. Litec, 1986, n° 1847, p.652)* dans la mesure où les échéanciers de paiement n'ont été déterminés que dans la reconnaissance de dette. De fait, la reconnaissance de dette ayant facilité le démembrement de la clause de réserve de propriété en obligation de donner et de faire, le transfert de propriété n'était plus désormais considéré que comme une garantie de l'obligation de faire qui est le paiement et la reconnaissance de dette se transformant en titre autonome de créance. Ainsi analysée, la reconnaissance de dette n'est à vrai dire qu'une technique juridique permettant la réalisation de l'opération de paiement. La DPCI-SA pouvait donc en toute logique utiliser la reconnaissance de dette pour exiger le paiement du prix sans que la garantie que constitue le transfert de propriété soit compromise car, la cause de la promesse de l'acheteur est restée le transfert de propriété, le contrat de vente ayant été valablement formé. Cet argument est d'ailleurs celui de la CCJA qui précise à ce propos que «Docteur Amon Arnaud ne conteste pas avoir reçu les marchandises, signé des reconnaissances de dette et proposé un échéancier de remboursement qu'il n'a pas respecté; que ces éléments prouvent à suffire que les marchandises ont été livrées, que le contrat de vente est régulièrement formé et par conséquent la clause de réserve de propriété ne pouvait plus empêcher que lesdites reconnaissances de dette produisent leur plein effet; qu'en considérant qu'il est aisé de dire sans violer la clause de réserve de propriété qui ne sert en réalité qu'à protéger les droits du créancier qui s'est dessaisi des marchandises».

Quoiqu'il en soit, si la clause de réserve de propriété pose un certain nombre de difficultés quant à sa nature juridique, sa mise en œuvre sera d'autant plus facilement réalisable qu'elle est accompagnée d'une reconnaissance de dette.

II. La reconnaissance de dette, preuve de l'existence de la créance non intégralement payée et échéance de la mise en œuvre de la clause de réserve de propriété

La mise en œuvre de la clause de réserve de propriété se traduit par la revendication des marchandises. Or, cette revendication sur la base d'une clause de réserve de propriété obéit à un régime juridique relativement strict. Aussi, afin d'asseoir sans ambigüité la clause de réserve de propriété, l'acte uniforme, en admettant son principe (*Cf. P-G Pougoué, Y. R. Kalieu Elongo, Introduction critique à l'OHADA, PUA, 2008, n°124, p.148*), exige qu'elle soit juridiquement valable (A). Cependant et malgré sa validité, elle peut être complétée par une reconnaissance de dette (B).

A. L'exigence de la validité de la clause de réserve de propriété

L'article 284 de l'AUDCG subordonne sa validité à son existence dans un écrit régissant un ensemble d'opérations commerciales convenues entre les parties, au fait qu'elle doit avoir été convenue entre eux dans un écrit établi, au plus tard, au moment de la livraison. Par ailleurs, elle ne sera opposable au tiers que si elle a été inscrite au RCCM (*La publicité dont il est question ici, sans pour autant être une condition d'efficacité de la clause, participe à notre avis à la modernisation de notre droit des affaires, car en posant l'exigence de l'inscription dans le RCCM, le législateur Ohada se met en phase avec la tendance que l'on peut observer à l'échelon international, où de nombreux pays s'efforcent d'introduire dans leur système juridique, une sûreté mobilière sans dépossession moyennant inscription dans un registre. Cette inscription doit se faire en application des articles 51, 52(1) et 59 AUDCG au lieu de l'immatriculation de l'acheteur*). Cette exigence ne peut se comprendre qu'avec le choix du législateur OHADA de procéder à la désacralisation du RCCM pour en faire une registre des opérateurs et des opérations économiques (*M. Koné, Le nouveau droit commercial des pays de la zone OHADA, Bibliothèque de droit privé, T.406, LGDJ, 2003, n°62 et s, n°353 et s.*). Quoiqu'il en soit, l'article 284 suscité soumet la validation de la clause de réserve de propriété au respect d'une condition de fond et de forme.

Pour ce qui est de la forme, un écrit constatant la clause de réserve de propriété doit avoir été rédigé avant la livraison. Le but de l'écrit est de manifester le consentement spécial du débiteur. Il est donc à la fois une condition de validité de la clause et un moyen de preuve de son acceptation par l'acheteur. Il s'agit bien entendu d'un écrit au sens commercial du terme. Aussi, la clause peut être insérée dans le contrat de vente ou dans tous les autres documents commerciaux. Cependant, si elle est conclue pour une seule vente, son emplacement le plus logique est le contrat de vente lui-même, le bon de commande ou le bon de livraison. Ce qui signifie a contrario, qu'elle ne serait pas valable si la commande a été passée par voie télématique et qu'il n'existe pas de transcription écrite contresignée par l'acheteur de la réception de la commande ou la clause figurant au recto des confirmations de commande et des factures. Néanmoins, la jurisprudence (*Com, 11 mars 1994, D.1985 IR, I, obs. Derrida*), en l'absence de précision légale, interprète cette notion d'écrit dans un sens large. Ainsi, il n'était pas nécessaire qu'une convention spéciale ai été signée par la DPCI-SA et le Dr Amon, car la clause pouvait être insérée dans un accord-cadre ou tout autre document (bon de livraison, facture...). Il n'y avait plus donc lieu à spéculer sur les conditions de validité de ladite clause. Mais, il faut un accord sur la clause, qui peut être tacite comme par exemple résultant de l'exécution du contrat en connaissance de cause (*Com, 1er oct 1985, JCP 85, IV, p. 334*). Si, en revanche, il y a plusieurs ventes successives en l'absence d'un contrat-cadre, la Cour de cassation exige que l'acceptation de la clause soit établie pour chaque vente (*Com, 25 janvier et 6 mai 1986, Rev. Proc. coll. 87-2, p. 73, n° 5, obs. Soinne*), ce qui aura pour avantage de garantir «le bon fonctionnement des échanges» (*P-G. Pougoué, «Les figures de la sécurité juridique», RASJ, Université de Yaoundé II - FSJP, Vol. 4, n°1, 2007, p. 2*) ou du moins une meilleure sécurité juridique. Bien plus, l'article 284 de l'AUDCG pose et règle en même temps la question du moment de l'intervention de l'écrit. La clause de réserve de propriété doit avoir été convenue entre les parties dans un écrit établi, au plus tard, au moment de la livraison. On doit cependant distinguer selon qu'il s'agit d'une vente isolée ou d'une vente successive. Pour ce qui est des ventes isolées, l'écrit constatant qu'une clause de réserve de propriété a été convenue entre les parties doit être établi, soit avant la livraison, soit au moment de la remise des biens à l'acheteur. Cette exigence a été établie pour parer aux éventuelles fraudes. En effet, il est tentant pour un créancier de s'entendre avec un débiteur pour obtenir une réserve de propriété au détriment des autres créanciers. Quant aux ventes multiples ou successives comme c'était le cas en l'espèce, la clause doit figurer dans les documents commerciaux de chaque transaction, signés de l'acheteur. En réalité, si la clause de réserve de propriété figure dans un contrat concernant plusieurs transactions, pour pouvoir établir que la clause répond bien à cette exigence de date, il est essentiel que le vendeur la reprenne dans les documents de commande et/ou de livraison relatifs aux transactions successives, et qu'il les fasse signer par l'acheteur, de manière à ce que celui-ci confirme son adhésion.

Quant au fond, la clause doit avoir été acceptée de l'acheteur. Cependant, la loi n'impose aucune forme d'acceptation précise. Il n'est donc pas nécessaire que l'acceptation fasse l'objet d'un écrit spécifique, si elle est certaine et non équivoque. Elle pourra tout simplement être déduite du respect des exigences de sa rédaction et de sa présentation c'est-à-dire, paraitre de façon lisible dans les documents signés par l'acheteur. Elle doit donc figurer de façon claire, apparente, lisible et non équivoque dans au moins un des documents commerciaux énumérés à l'article 284 AUDCG, qui permettra de déduire l'acceptation du débiteur et d'en apporter la preuve. Aussi, peut-elle se faire par simple signature du contrat ou du bon de livraison (*Cass. com.,16 septembre 2008 (pourvoi n° 07-18.207)*). Elle peut aussi être tacite. Dans ce cas il appartiendra au créancier d'établir son acceptation par le débiteur. La loi ne prévoyant aucune forme précise, il suffit qu'elle ait été stipulée par écrit par le vendeur et adressée à l'acheteur, pour que l'acceptation tacite soit caractérisée. En d'autres termes, la signature des reconnaissances de dette par le Dr Amon débiteur, sans refus ni protestation, du contrat dans lequel figure la clause de réserve de propriété, suffisait à caractériser son acceptation. Encore que précise la CCJA, « il ne s'agissait pas de savoir si le contrat était valablement formé, mais plutôt de savoir si les conditions d'application de la clause de réserve de propriété telle que stipulée au contrat permettait de donner effet à la reconnaissance de dette». Il n'y avait donc plus de doute sur l'acceptation de la clause de réserve de propriété par le Dr Amon. Parce que nous sommes en matière commerciale, elle pourra être établie par tout moyen. En tout cas, il ne pouvait y avoir de réserve unilatérale de propriété. (*F. Derrida, «La clause de réserve de propriété et le droit des procédures collectives», D. 1980, n° 20, p. 295*).

B. La substitution de la clause de réserve de propriété par une reconnaissance de dette dans sa mise en œuvre

En cas de non paiement intégral du prix, le vendeur peut mettre en œuvre la clause de réserve de propriété en revendiquant la chose dont le transfert de propriété a été réservé au moyen d'une action en justice accordée à tout propriétaire pour faire reconnaître son titre, à condition que la clause soit identifiable dans les magasins de l'acheteur. Il est aussi possible de revendiquer des biens même quand ils ont été incorporés dans un autre meuble, s'ils peuvent être démontés sans dommage, ou quand il s'agit de biens fongibles. Ce qui en réalité, constitue un élargissement considérable, car ce ne sont pas forcément les biens vendus. Pour que cela soit possible la chose doit exister en nature. C'est le propre de l'action en revendication. Cependant, cette action, contrairement à la revendication gouvernée par l'article 2279 du Code civil n'est soumise à aucun délai. La jurisprudence précise d'ailleurs qu'elle n'est pas susceptible de prescription extinctive (*Civ. 1re, 2 juin 1993, D. 1994, Somm. 306, obs. A. Robert*), sauf si l'acheteur est soumis à une procédure collective. On en vient à déduire qu'au moyen de la reconnaissance de dette, le Dr Amon s'est imposé un délai d'exécution du paiement du complément du prix, condition du transfert de propriété et soumettant ainsi la clause de réserve de propriété à l'exécution de l'obligation que lui imposait désormais la reconnaissance de dette. Ce qui signifie comme le soutient le Dr Amon, qu'au même titre qu'un paiement immédiat, la reconnaissance de dette aurait dû paralyser la clause de réserve de propriété dans la mesure où le transfert de propriété dépendait désormais de l'exécution de l'engagement souscrit dans la reconnaissance de dette à défaut d'un paiement intégral. Cet argument n'a pas reçu l'assentiment de la cour d'appel car, pour revendiquer les biens vendus assortis d'une clause de réserve de propriété, le créancier doit apporter la preuve du non paiement intégral du prix de la chose vendue. La reconnaissance de dette apparait comme la preuve manifeste de la reconnaissance par le débiteur, du droit de propriété du créancier favorisant ainsi la mise en œuvre de la clause de réserve de propriété dès lors que la marchandise n'est plus indentifiable. La reconnaissance de dette concourt ainsi à l'efficacité de l'action en revendication fondée sur une clause de réserve de propriété parce qu'elle établit la preuve du non paiement intégral de la marchandise par l'acheteur.

Quoiqu'il en soit, pour revendiquer les biens vendus avec une clause de réserve de propriété, le créancier doit apporter la preuve du non-paiement, de l'existence de la clause, de son acceptation par le débiteur, ainsi que de l'identification des biens revendiqués. Il faut également que les biens existent toujours en nature. Face à ce formalisme, la reconnaissance de dette s'impose non seulement comme le substitut, mais aussi atteste du non paiement de la marchandise.

Du reste, elle se substituera à la réserve de propriété par son formalisme moins lourd, car sa mise en œuvre nécessite simplement la preuve de son existence dans un titre écrit signé de la main de celui qui l'a souscrite, comportant en chiffre le montant de l'engagement (*article 1326 Code civil*) et dont l'absence n'affectera que la portée et l'étendue de l'engagement (*Civ. 1re, 6 juillet 2004, D. 2004, AJ. 2373*).

Il faut cependant le reconnaitre, malgré la souplesse dans sa mise en œuvre, la reconnaissance de dette n'est pas un mécanisme providentiel au secours de la clause de réserve de propriété. Certes, si elle rend compte du déplacement de valeur, c'est-à-dire l'échange de bien dont le contrat de vente comportant une clause de réserve de propriété est la traduction de sa cause, il n'en demeure pas moins que l'infinie variété de cause licite ou illicite, morale ou immorale qui peut entourer la reconnaissance de dette, en fait un instrument incertain de nature à compromettre la sécurité juridique. Elle ne saurait gouverner le crédit, d'où la consécration dans l'AUDCG de la clause de réserve de propriété comme instrument clé du crédit, la reconnaissance de dette ne contribuant qu'à combler les difficultés dues à son formalisme.

Jean Claude Ngintedem,
Chargé de cours, Université de Ngaoundéré.

CCJA, arrêt n°07/2006, 30 mars 2006
Société Civile de Grand-Lahou dite SCGL c/ American Ivoirian Investment Corporation dite A2IC

(...)

Sur le premier moyen, pris en sa première branche

Attendu qu'il est reproché à l'arrêt attaqué d'avoir violé l'article 136 de l'Acte uniforme susvisé en ce que la cour d'appel a jugé «...que la date de l'exploit d'assignation (19 octobre 2000) n'est pas celle de la saisine du tribunal qui n'est effective que du jour de l'enrôlement de la procédure...» alors que, selon le moyen, c'est la date de l'assignation ou de la requête qui doit être considérée comme étant celle de l'action en justice et non celle de l'enrôlement ; que l'ordonnance présidentielle n°4324/00 du 11 octobre 2000 ayant fixé un délai de 30 jours à la défenderesse pour initier sa demande au fond et précisé que cette action ne pouvait être introduite avant l'expiration d'un délai de 15 jours à compter de la signature de l'ordonnance, c'est de manière prématurée que la société A2IC a introduit son assignation au fond le 19 octobre 2000 sans attendre la date d'expiration du délai de 15 jours fixé au 26 octobre 2000 ;

Attendu qu'aux termes de l'article 136, alinéas 2 et 3 sus indiqué « ...Elle (la décision rendue) fixe au créancier un délai dans lequel il doit, à peine de caducité de l'autorisation, former devant la juridiction compétente l'action en validité d'hypothèque conservatoire ou la demande au fond, même présentée sous forme de requête aux fins d'injonction de payer. Elle fixe, en outre, le délai pendant lequel le créancier ne peut saisir la juridiction du fond.

Si le créancier enfreint les dispositions de l'alinéa précédent, la décision peut être rétractée par la juridiction qui a autorisé l'hypothèque » ;

Attendu qu'il résulte des dispositions sus énoncées que la sanction de l'inobservation du délai prescrit au créancier pour saisir la juridiction du fond est la rétractation éventuelle de la décision ayant autorisé l'inscription provisoire de l'hypothèque par la juridiction qui l'a ordonnée ; qu'en l'espèce, au cas où le délai de 15 jours prescrit à la société A2IC n'aurait pas été respecté, l'ordonnance serait exposée à la rétractation par la juridiction présidentielle du Tribunal de Première Instance d'Abidjan qui l'a rendue; qu'il suit que l'arrêt critiqué, quand bien même il se méprendrait dans sa motivation en retenant l'enrôlement comme acte introductif d'instance au lieu de l'assignation, ne viole en rien les dispositions sus énoncées de l'article 136 précité : qu"il échet de rejeter cette première branche du moyen comme non fondée ;

Sur le premier moyen, pris en ses deuxième et troisième branches

Attendu qu'il est reproché à l'arrêt attaqué d'avoir violé, d'une part, l'article 139 de l'Acte uniforme portant organisation des sûretés aux termes duquel le créancier est autorisé à prendre une inscription provisoire d'hypothèque sur présentation de la décision contenant son élection de domicile dans le ressort de la juridiction compétente ou de la conservation foncière au motif que cette prescription n'a pas été observée dans l'ordonnance no 4324/00 du 11 octobre 2000, de sorte que la société A2IC ne pouvait légalement obtenir 1'inscription provisoire et *a fortiori* l'inscription définitive et, d'autre part, l'article 140 de l'Acte uniforme précité qui dispose en son alinéa 1er que « le créancier doit notifier la décision ordonnant l'hypothèque judiciaire en délivrant l'assignation en vue de l'instance en validité ou de l'instance au fond. Il doit également notifier l'inscription dans la quinzaine de cette formalité » en ce que, si la première formalité, à savoir la notification de la décision ordonnant l'hypothèque judiciaire, a été effectuée, la seconde, à savoir la notification de l'inscription effective, ne l'a pas été; que lesdits articles étant d'ordre public, la cour d'appel devait soulever d'office ces irrégularités et ordonner mainlevée de l'hypothèque et pour ne l'avoir pas fait, son arrêt encourt cassation;

Mais attendu que, contrairement à l'argumentaire de la demanderesse au pourvoi, les formalités prescrites aux articles 139 et 140 de l'Acte uniforme portant organisation des sûretés, notamment l'indication de l'élection de domicile du créancier et le défaut de notification dans la quinzaine de l'inscription hypothécaire ne sont pas d'ordre public au regard de l'Acte uniforme précité et ne sauraient donc être relevées d'office par le juge, ni justifier de plein droit une mainlevée de l'inscription de l'hypothèque autorisée; qu'il s'ensuit que ces deuxième et troisième branches du premier moyen doivent être également rejetées comme non fondées ;

Sur le deuxième moyen

Attendu qu'il est reproché à l'arrêt attaqué une omission de statuer en ce que la cour d'appel s'est contentée d'indiquer que « le jugement critiqué rappelle que lors de la mise en état, les parties ont maintenu leurs déclarations contenues dans leurs écritures respectives » et « ledit jugement vise les réquisitions écrites du ministère public en date du 24 juin 2002 », avant de conclure que «c'est à tort que la SCGL prétend que le premier juge a omis de faire état de la mesure d'instruction ordonnée et des réquisitions du parquet » alors que, selon le moyen, il ressort de l'acte d'appel du 12 juin 2003 que la SCGL a invoqué la nullité du jugement n°05/civ./1er du 23 juin 2003 aux motifs que, d'une part, la mise en état ordonnée par le tribunal n'a pas été sanctionnée par un procès-verbal des déclarations des parties de sorte qu'elle n'a pu faire aucune observation suite à cette mise en état et, d'autre part, s'agissant d'une affaire communicable et contrairement aux exigences de l'article 142 du code de procédure civile, le jugement n'indique pas le nom du représentant du

Ministère public qui aurait pris des réquisitions, de même qu'il ne comporte pas un résumé des prétentions du parquet; qu'en statuant comme elle l'a fait, la cour d'appel a omis de statuer sur le moyen de nullité soulevé et exposé son arrêt à la cassation ;

Mais attendu que, contrairement à ce que soutient la requérante, la cour d'appel a bien répondu à sa demande en nullité du jugement entrepris en indiquant, comme l'a d'ailleurs reconnu la requérante dans la formulation du grief, que « le jugement critiqué rappelle que lors de la mise en état, les parties ont maintenu leurs déclarations contenues dans leurs écritures respectives; que de même, ledit jugement vise les réquisitions écrites du Ministère public en date du 24 juin 2002 ; que c'est à tort que la SCGL prétendu que le premier juge a omis de faire état de la mesure d'instruction ordonnée et des réquisitions du parquet; qu'il y a lieu d'en juger ainsi et de rejeter l'exception de nullité soulevée par la SCGL » ; qu'il suit que le moyen n'étant pas fondé, il échet de le rejeter ;

Sur le troisième moyen

Attendu qu'il est aussi reproché à l'arrêt attaqué l'attribution de choses au-delà de ce qui a été demandé en ce que la cour d'appel a confirmé en toutes ses dispositions le jugement n° 05/CIV/1er du 23 janvier 2003 qui a ordonné la validation de l'inscription provisoire d'hypothèque que l'ordonnance présidentielle n°4324/00 du 11 octobre 2000 a autorisé la société A2IC à prendre sur les lots no 1 à 96 de l'immeuble SMGL alors que, selon le moyen, il résulte de la requête du 11 septembre 2000 que la société A2IC a sollicité l'inscription provisoire d'hypothèque sur les lots n° 62 à 87 de l'immeuble SMGL, qu'elle n'a du reste pas identifié par l'indication des titres fonciers;

Mais attendu que contrairement aux prétentions de la demanderesse au pourvoi, la requête de la société A2IC sollicite l'autorisation de prendre une inscription provisoire d'hypothèque « sur tous immeubles appartenant à la société SMGL, et notamment sur les lots n°62 à 87 de l'immeuble SMGL appartenant à la société SMGL » ; qu'il résulte de ces énonciations que la société A2IC vise globalement l'ensemble des immeubles appartenant à la SCGL, et en particulier les lots n°62 à 87 de l'immeuble SMGL ; qu'en confirmant le jugement du 23 janvier 2003 ayant validé l'inscription provisoire d'hypothèque sur les lots n° 1 à 96 de l'immeuble SMGL, la cour d'appel réitère l'appréciation souveraine que le premier juge a faite de l'étendue des lots sur lesquels devait être provisoirement inscrite l'hypothèque ; qu'il suit que ce troisième moyen doit être rejeté comme non fondé ;

Sur le quatrième moyen

Attendu qu'il est enfin reproché à l'arrêt attaqué un défaut de base légale résultant de l'absence, de l'insuffisance, de l'obscurité ou de la contrariété des motifs en ce que la cour d'appel a déduit la qualité de la société A2IC à agir en réclamation d'une partie des intérêts de droit de l'acquisition par celle-ci d'appartements dans l'immeuble SMGL alors que, selon le moyen, seuls les titulaires de l'action en garantie décennale ont vocation à recueillir les intérêts de droit de sorte que la question à laquelle la cour d'appel devait répondre était de savoir si la société A2IC, qui a agi en paiement d'une fraction des intérêts de droit, était titulaire de l'action en garantie décennale, étant entendu que cette action n'appartient pas à tous les copropriétaires mais uniquement à ceux existant lors de la découverte des malfaçons; que pour ne l'avoir pas fait, la cour d'appel n'a pas donné de base légale à l'arrêt attaqué qui encourt de ce fait cassation;

Mais attendu que la BIDI et la BNDA, titulaires de l'action en garantie décennale et bénéficiaires de la condamnation au principal, ont vendu à la société A2IC par acte notarié du 11 décembre 1994 leurs parts de copropriété de l'immeuble SMGL ; que conformément à une clause de l'acte de vente, « la société acquéreur sera subrogée par le fait même des présentes dans tous les droits que la société venderesse pourrait faire valoir à l'encontre des architectes, entrepreneurs, pour malfaçon ou autres causes, et ce, pendant le délai légal » ; que par cette opération, la société A2IC s'est substituée à ses venderesses en obéissant au même régime juridique que celles-ci; qu'en jugeant comme elle l'a fait, la cour d'appel d'Abidjan a suffisamment motivé sa décision; qu'il suit que ce quatrième moyen n'est pas davantage fondé et doit être rejeté...

OBSERVATIONS

Comme les missiles à ogives multiples qui visent plusieurs objectifs, le présent arrêt tranche plusieurs problèmes juridiques de fond et de forme. Mais, pour des raisons d'efficacité et de cohérence, seuls seront examinés ses aspects relatifs aux sûretés. L'hypothèque judicaire est une sûreté forcée parce qu'elle est accordée au créancier par décision de justice sans le consentement du débiteur et, parfois, pour des créances éventuelles. Cette particularité fait d'elle, un foyer perpétuel de conflits relatifs, notamment, au non respect des formalités légales ; l'affaire opposant la Société Civile de Grand-Lahou dite SCGL à la *American Ivoirian Investment Corporation* dite A2IC en constitue une illustration.

En effet, la Scierie Moderne de Grand-Lahou dite SMGL SA devenue Société Civile de Grand-Lahou en abrégé SCGL, avait fait construire un immeuble dénommé SMGL sis à Abidjan Plateau et avait, par la suite, cédé certains lots de l'ensemble à la BNDA et à la BIDI. Ayant constaté des malfaçons dans ledit immeuble, la SCGL assignait, devant le tribunal de première instance d'Abidjan, le 27 octobre 1980, l'entrepreneur (SFEDTP) et l'architecte en garantie décennale. Il s'ensuivait un feuilleton judiciaire riche en rebondissements qui se soldait, en définitive, par la condamnation de l'entrepreneur : par arrêt n° 1093 du 14 juin 1996, la cour d'appel d'Abidjan condamnait la SDTP-CI (nouvelle dénomination de la SFEDTP) à payer, la somme de 241.952.515 francs représentant les intérêts de droit, à la Société Civile de Grand-Lahou (SCGL).

Entre-temps, la BIDI et la BNDA avaient cédé à titre onéreux à la société A2IC, leur part de copropriété de l'immeuble SMGL, par acte notarié en date du 11 décembre 1994. L'acte de vente stipulait clairement : « la société acquéreur sera subrogée par le fait même des présentes dans tous les droits que la société venderesse pourrait faire valoir à l'encontre des architectes, entrepreneurs, pour malfaçon ou autres causes, et ce, pendant le délai légal ». C'est ainsi que, en qualité de subrogeant, la société A2IC estimait être en droit de réclamer à une partie des intérêts de droit reconnus à la SGCL par l'arrêt de la cour d'appel.

Avant d'introduire sa demande au fond, la société A2IC obtenait d'abord, par l'ordonnance présidentielle n°4324/00 du 11 octobre 2000, l'autorisation d'inscrire à titre provisoire une hypothèque sur les lots de l'immeuble SMGL appartenant, également, à la SCGL. Conformément à la loi, l'ordonnance imposait à la société A2IC un délai d'attente de 15 jours, à compter de sa signature, pour l'introduction de l'action en validité de l'hypothèque. Contre toute attente, cette dernière introduisait son assignation au fond, devant le tribunal de première instance d'Abidjan, le 19 octobre 2000 sans observer le délai de 15 jours qui expirait, normalement, le 26 octobre 2000. Par jugement n°05 du 23 janvier 2003, le tribunal de première instance condamnait la SCGL à payer, à A2IC, la somme de 118.172.993 francs et validait, par la même occasion, l'inscription provisoire de l'hypothèque.

Il s'agissait d'une double victoire, pour la société A2IC créancière avant-gardiste, qui ne pouvait laisser indifférente la société SCGL contrainte au partage des intérêts de droit, obtenus après une longue bataille judiciaire menée en solitaire. Elle interjetait appel et la cour d'appel d'Abidjan, par arrêt n° 47 du 16 janvier 2004, confirmait le jugement attaqué en toutes ses dispositions. Poursuivant dans sa logique, elle saisissait la cour commune de justice et d'arbitrage qui rejetait son pourvoi, par l'arrêt n°07 rendu le 30 mars 2006.

Par le pourvoi, la société SCGL contestait entre autres, le non respect des délais et des formalités d'obtention de l'hypothèque judiciaire par la société A2IC. Le recours interpellait la CCJA sur le régime juridique des sanctions encourues en cas de violation des formalités relatives à l'hypothèque judiciaire. Le tribunal doit-il relever d'office les manquements du créancier pour en tirer les conséquences de droit ou revient-il au débiteur de les invoquer pour enrayer ou retarder la procédure d'obtention de l'hypothèque judiciaire ?

En rejetant le pourvoi la haute juridiction met à la charge du débiteur seul, cette obligation. Elle apporte des précisions importantes sur la rétractation, sanction de l'inobservation des délais de l'action en validité (I), et sur les exigences relatives à l'inscription hypothécaire (II).

I. La rétractation éventuelle de la décision d'inscription hypothécaire

La rétractation est le fait pour une personne, une autorité, ou un magistrat de revenir sur une décision déjà prise (*V. Dagorne-Labbe Y., observations sous 3e Civ., 13 février 2008, Bull. 2008, III, n° 29, Dalloz, 5 juin 2008, n° 22, p. 1530-1531*). Revenant à l'hypothèque judiciaire, la rétraction de l'ordonnance présidentielle a pour conséquence l'annulation de l'autorisation d'inscription provisoire ; l'immeuble redevient libre de toute charge et le créancier qui aspirait au statut d'hypothécaire redevient un simple chirographaire. Cette sanction a des causes précises (A) et son prononcé relève de la compétence exclusive de la juridiction présidentielle (B).

A. Les causes de la rétractation de la décision

L'hypothèque judiciaire est une mesure conservatoire destinée à garantir une créance chirographaire, non assortie de titre exécutoire et dont le recouvrement serait mis en péril (*V. T.G.I. de Ouagadougou, jugement n° 129 du 14 avril 2004, Société burkinabè de crédit automobile en abrégé (SOBCA) c/ Taounza Djillali et Taounza Slimane; www.ohada.com, ohadata, J-05-223*). Les conditions relatives à la créance sont assez souples ; Il n'est pas nécessaire qu'elle soit liquide et exigible. Il suffit que la créance paraisse fondée dans son principe ou même, plus simplement, que le fait générateur de la créance soit vraisemblable (*V. Soupgui E., Les sûretés conventionnelles à l'épreuve des procédures collectives dans l'espace OHADA, thèse, Yaoundé II, 2008, n°40 et s. ; Kuaté Tameghé S.S., Kenda Nana D., « L'efficacité des sûretés judiciaires dans le droit uniforme issu de l'OHADA », Revue de droit africain n° 42, avril - juin 2007, pp. 3-23, in Kuaté Tameghé S.S., Jalons d'une habilitation à diriger des recherches, l'Harmattan, Paris, 2008, pp. 233 et s. ; Putman E., La formation des créances, thèse, Aix, 1987, n° 489 ; Dijon, 22 déc. 1959, J.C.P. 1960, II, 11670.)*

Le créancier introduit une requête qui est examinée par le juge et, dans l'occurrence favorable, une ordonnance est rendue par celui-ci, autorisant le créancier à prendre une inscription provisoire d'hypothèque sur l'immeuble de son débiteur. L'article 136 alinéa 3 AUS exige que, dans l'ordonnance autorisant le créancier à prendre hypothèque judiciaire conservatoire, le juge fixe deux délais :

- un délai dans lequel le créancier doit, à peine de caducité de l'autorisation, former devant la juridiction compétente l'action en validité d'hypothèque conservatoire ou la demande au fond, même présentée sous forme de requête aux fins d'injonction de payer. L'obligation d'agir permet d'éviter l'inertie du créancier, sinon, l'inscription provisoire risquerait de peser indéfiniment sur le ou les immeubles du débiteur.

- un délai dans lequel le créancier ne doit rien entreprendre, au fond, pour permettre au débiteur qui reçoit signification de l'ordonnance de réagir pour contester, éventuellement, la mesure, en la forme ou au fond ;

Si les deux délais ne sont pas prévus par le juge, l'ordonnance est caduque (*V. en guise d'illustration de la rétractation de l'ordonnance pour caducité de l'autorisation, Tribunal de première instance de Port-Gentil, ordonnance de référé n° 21/98-99 du 27 novembre 1998, SCI Les Bougainvillées c/ BGFI ; www.ohada.com, ohadata J-02-149 ; Pour une interprétation erronée de la disposition par le juge, v. Tribunal régional hors classe de Dakar, jugement n°1602 du 28 août 2001, SGBS c/ Financo S.A. www.ohada.com, ohadata J-02-199).*

Le créancier qui n'observe pas les délais fixés par le juge, s'expose à la rétractation de l'ordonnance ayant autorisé l'hypothèque (art 136 al. 4 AUS.). Dans l'espèce commentée, en violant le délai d'attente, le créancier a failli à son obligation d'abstention. En effet, conformément à la loi, l'ordonnance présidentielle n° 4324/00 du 11 octobre 2000 fixait un délai de 30 jours à la société A2IC pour initier sa demande au fond et précisait que cette action ne pouvait être introduite avant l'expiration d'un délai de 15 jours à compter de sa signature. Le 19 octobre 2000 soit huit (8) jours après la décision, la société A2IC introduisait son assignation en validité - demande au fond - qui au plus tôt, devrait intervenir le 26 octobre 2000.

Il convient de relever que la facilité pour le créancier d'obtenir une inscription provisoire a, pour contrepoids, le droit de contestation reconnu au débiteur. Dans cette optique, le législateur oblige le juge à préciser, dans l'autorisation d'inscription provisoire, le délai pendant lequel le créancier ne peut saisir la juridiction de fond. Dans le cas d'espèce, le respect du délai d'attente aurait permis au débiteur d'invoquer les irrégularités de l'ordonnance présidentielle, en l'occurrence le défaut d'élection de domicile, pour demander sa rétractation. Par la saisine prématurée du tribunal de première instance d'Abidjan, la société A2IC visait à « court-circuiter » la SCGL pour l'empêcher de saisir le juge des référés, aux fins de rétractation de l'ordonnance litigieuse. D'autant plus que, de jurisprudence constante, dès lors que le tribunal est saisi d'une action en validation de l'hypothèque conservatoire, le juge des référés devient incompétent pour ordonner la rétractation d'une ordonnance autorisant une inscription d'hypothèque conservatoire (*C.A. Abidjan, arrêt du 23 mars 2004, sté Afridrag c/ Scicct, www.ohada.com, ohadata J-05-255 ; note sous art. 137, AUS, OHADA, Traité et actes uniformes commentés et annotés, Juriscope, 2008, p. 735).*

N'ayant pas pu contester la régularité de l'ordonnance devant la juridiction présidentielle, la SCGL s'attendait à ce que le tribunal de première instance d'Abidjan saisi au fond soulève d'office cette irrégularité ; Tel ne sera malheureusement pas le cas ; Le silence de cette juridiction induit qu'une règle d'ordre public n'était pas en cause et confirme la compétence exclusive de la juridiction présidentielle en matière de rétractation.

B. La compétence exclusive de la juridiction présidentielle en matière de rétractation

L'article 136 de l'AUS impose au créancier un double délai d'abstention et d'action, et il dispose *in fine* que si le créancier les enfreint « la décision peut être rétractée par la juridiction qui a autorisé l'hypothèque ». En clair, la rétractation n'est qu'une sanction éventuelle susceptible d'être analysée sous deux angles:

D'une part, l'éventualité signifierait que la rétractation n'est pas une sanction infligeable d'office par le juge. Dans ce cas, le président du tribunal ne pourrait pas retirer, d'autorité, son ordonnance autorisant l'inscription provisoire d'hypothèque. Il devrait attendre la demande de rétractation du débiteur fondée sur les irrégularités émaillant la procédure d'inscription hypothécaire. Dans le cas échéant, l'ordonnance produirait son plein effet ;

D'autre part, l'éventualité serait synonyme d'appréciation souveraine de la demande de rétraction du débiteur par la juridiction présidentielle. Autrement dit, la juridiction saisie n'aurait pas compétence liée pour prononcer la rétractation. Dans cette hypothèse, la loi laisserait une marge de manœuvre au président qui aurait, dès lors, un pouvoir souverain d'appréciation. Sous cet angle, il serait seul juge de l'opportunité de la rétractation de son ordonnance.

La présente espèce renvoie à la première hypothèse, car la société SGCL n'a pas pu saisir la juridiction présidentielle, pour cause d'introduction prématurée de l'action en validité devant le tribunal de première instance d'Abidjan par son débiteur. Pour preuve, la Cour commune de justice et d'arbitrage relève qu'en l'espèce, au cas où le délai de 15 jours prescrit à la société A2IC n'aurait pas été respecté, l'ordonnance serait exposée à la rétractation par la juridiction présidentielle du tribunal de première instance d'Abidjan qui l'a rendue. Il s'agissait d'un renvoi implicite de la demanderesse à mieux se pourvoir. Le juge des référés n'était pas autorisé à se saisir d'office et la juridiction de fond ne pouvait non plus s'immiscer dans le domaine de compétence matérielle de la juridiction présidentielle. A la suite des juridictions de fond, la haute juridiction reconnaît, de manière explicite, la compétence exclusive de la juridiction présidentielle en la matière.

En définitive, le rejet du moyen tiré l'inobservation du délai d'attente par le créancier, s'expliquerait par l'exclusivité de la compétence de la juridiction présidentielle en matière de rétractation. Qu'en est-il de l'indifférence affichée face à la violation des obligations relatives à l'inscription hypothécaire ?

II. La sanction des obligations relatives à l'inscription hypothécaire

Pour rendre sa sûreté efficace et opposable aux tiers, le créancier doit prendre une inscription auprès des services compétents. Cette inscription est effectuée sur présentation de la décision de justice contenant, obligatoirement, certaines mentions qui permettent d'identifier le créancier et l'immeuble objet de l'hypothèque. Par ailleurs, le débiteur surpris par l'ordonnance doit, tout au moins, être informé de la suite de la procédure ; ainsi doit-il recevoir notification de l'inscription d'hypothèque. Il en résulte des obligations incombant aux acteurs de l'inscription hypothécaire (A) dont l'inobservation est sanctionnée (B).

A. Les obligations des acteurs de l'inscription hypothécaire

Deux acteurs principaux interviennent dans la procédure d'inscription de l'hypothèque judiciaire : le président du tribunal ordonne et le créancier accomplit les formalités d'inscription. La loi met à leur charge des obligations qu'il convient de présenter respectivement.

L'article 139 de l'Acte uniforme portant organisation des sûretés énumère les mentions qui doivent impérativement figurer dans l'ordonnance autorisant le créancier à prendre une inscription provisoire d'hypothèque. On peut citer, entre autres, la désignation du créancier, son élection de domicile, le nom du débiteur, la date de la décision, la cause et le montant de la créance et, si l'immeuble est immatriculé la désignation, par le numéro du titre foncier, de l'immeuble sur lequel l'inscription a été ordonnée.

Sur la dernière mention, on peut s'étonner de ce que, pour une entame de procédure caractérisée par le secret, il soit exigé le numéro du titre foncier dont les difficultés d'obtention, dans un tel contexte, sont connues. Ces difficultés expliqueraient la souplesse de la jurisprudence sur la question. En l'espèce, la requête du créancier contenait, à titre purement indicatif les numéros de lots, ce qui n'a pas empêché le juge d'ordonner l'inscription provisoire. La tolérance du juge n'a pas échappé à la vigilance de la SCGL ; Elle reproche à la cour d'appel d'avoir confirmé une ordonnance autorisant une inscription provisoire sur les lots n° 1 à 96 non identifiés par les titres fonciers et qui, de surcroît, ne figuraient pas dans la requête de la société A2IC.

L'argument avancé ne saurait prospérer car les termes de la requête de la société en cause étaient suffisamment globalisants. Il en ressort clairement que, la société A2IC sollicite l'autorisation de prendre une inscription provisoire d'hypothèque « sur tous immeubles appartenant à la société SMGL, et notamment sur les lots no 62 à 87 de l'immeuble SMGL appartenant à la société SMGL ». L'emploi du terme « notamment » atteste, du caractère purement indicatif, des numéros de lots 62 à 87 mentionnés dans la requête. C'est à bon droit que la cour d'appel a confirmé cette appréciation souveraine que le premier juge a faite de l'étendue des lots sur lesquels devait être provisoirement inscrite l'hypothèque.

S'il est aisé de comprendre la souplesse du juge sur l'identification exacte de l'immeuble, en revanche, son inadvertance sur l'individualisation du créancier suscite de la réprobation. En effet, l'ordonnance du juge doit contenir l'élection du domicile du créancier (article 139 al 1er AUS.) dans le ressort de la juridiction compétente ou de la conservation foncière (140 al. 2 de l'AUS.) Or selon toute vraisemblance, l'ordonnance querellée ne satisfaisait pas à cette exigence. Par conséquent, selon le pourvoi, la société A2IC ne pouvait légalement obtenir l'inscription provisoire et *a fortiori* l'inscription définitive.

A cette omission du président du tribunal s'ajoute la défaillance du créancier. Ce dernier est tenu de notifier la décision ordonnant l'hypothèque judiciaire en délivrant l'assignation en vue de l'instance en validité ou de l'instance au fond. Il doit également notifier l'inscription dans la quinzaine de cette formalité. Il s'agit de deux formalités différentes : la notification de l'ordonnance et la notification de l'inscription effective dans les quinze jours. La première formalité (la notification de la décision ordonnant l'hypothèque judiciaire), a été effectuée, mais la seconde (la notification de l'inscription effective) ne l'a pas été. Dans l'ensemble, il s'agissait des manquements sérieux, de la part du président du tribunal et du créancier, qui méritaient d'être sanctionnées ; l'ont-il été ? Loin s'en faut.

B. Le régime juridique de la sanction des exigences légales

Deux défaillances ont émaillé l'accomplissement des formalités d'inscription : l'absence d'élection de domicile du créancier dans l'ordonnance et le défaut de notification de l'inscription provisoire au débiteur. La sanction ne faisait l'ombre d'aucun doute ; mais sa mise en œuvre était tributaire de la nature juridique des dispositions violées. S'agissait-il de dispositions d'ordre public, auquel cas les manquements devraient être relevés d'office par le juge, ou des textes d'ordre particulier et, dans cette hypothèse, il reviendrait à la partie intéressée (le débiteur) de les invoquer pour obtenir la sanction du juge ?

La position de la CCJA est sans ambages : les dispositions violées n'étaient pas d'ordre public ; elles ne sauraient, par conséquent, être relevées d'office par le juge, ni justifier, de plein droit, une mainlevée de l'inscription autorisée. La SCGL est ainsi victime de son inertie, car il lui revenait de demander à la juridiction présidentielle la rétractation de l'ordonnance pour défaut d'élection de domicile de A2IC, ou la mainlevée de l'hypothèque pour absence de notification de l'inscription provisoire dans la quinzaine. Plaidant ainsi, elle aurait certainement obtenu gain de cause, d'autant plus facilement que les violations étaient flagrantes. Le juge des référés aurait rétracté l'ordonnance d'inscription provisoire. Ne l'ayant pas fait, certainement parce que cela ne lui était pas demandé, il a contribué à couvrir les irrégularités. Au bout du compte, la société A2IC obtient une inscription provisoire ensuite une inscription définitive d'hypothèque sur un immeuble sans avoir, conformément à la loi, élu domicile dans le ressort de la juridiction compétente ou de la conservation foncière.

Il ne faut cependant pas s'émouvoir d'une telle décision. En effet, le débat relevait d'une matière dominée par le principe de la neutralité du juge, lequel impose à ce dernier de ne statuer que dans la mesure de ce qui lui a été demandé.

Eloie Sopgui,
Chargé de cours, Université de Yaoundé II.

CCJA, arrêt n°030/2004, 4 novembre 2004
Société de Gestion Ivoirienne de transport maritime et aérien dite GITMA c/ Société africaine de matières exportables dite SAMEX

(…)

Sur le moyen unique

Vu l'Acte uniforme portant organisation des sûretés ;

Attendu qu'il est fait grief à l'arrêt attaqué d'avoir commis une erreur dans l'application de la loi notamment l'article 43 de l'Acte uniforme portant organisation des sûretés en ce que pour infirmer l'ordonnance de référé n° 1676 rendue le 26 avril 2001 par le président du tribunal de première instance d'Abidjan, la cour d'appel a considéré que " le connaissement qui ne confère seulement que des droits sur une marchandise et non comme un effet de commerce sur les sommes d'argent, ne peut constituer un gage..." ; qu'en raisonnant ainsi, ladite cour, qui s'est fondée sur les dispositions de l'article 43 de l'Acte uniforme précité aux termes desquelles le créancier qui ne reçoit pas paiement de son dû peut exercer ses droits de suite et de préférence comme en matière de gage, a fait une mauvaise application dudit article qui traite seulement des effets communs de la rétention avec le gage sans pour autant assimiler les deux types de sûreté qui sont différentes de par leur constitution, qu'en effet le gage est une remise volontaire faite par un débiteur d'un bien dont il est propriétaire en garantie du paiement de sa dette alors que la rétention est une appréhension forcée qu'effectue un créancier sur le bien qu'il détient de son débiteur pour contraindre ce dernier à payer son dû ; qu'en l'espèce, GITMA ayant exercé sur les connaissements litigieux un droit de rétention à l'effet de contraindre SAMEX à lui payer son dû et non un gage, c'est à tort que la cour d'appel s'est fondée sur les dispositions de l'article 43 de l'Acte uniforme susvisé pour infirmer l'ordonnance de référé querellée ; qu'il échet en conséquence de casser l'arrêt attaqué ;

Attendu que les articles 41 et 43 de l'Acte uniforme susvisé prescrivent respectivement que "le créancier qui détient légitimement un bien du débiteur peut le retenir jusqu'à complet paiement de ce qui lui est dû, indépendamment de toute autre sûreté" et "Si le créancier ne reçoit ni paiement ni sûreté, il peut, après signification faite au débiteur et au propriétaire de la chose, exercer ses droits de suite et de préférence comme en matière de gage" ;

Attendu qu'il ressort des articles sus-énoncés, la faculté pour le créancier rétenteur, soit de conserver par devers lui un bien de son débiteur qu'il détient légitimement et d'en refuser la restitution jusqu'au paiement complet de sa créance, soit d'exercer les prérogatives du créancier gagiste en procédant à la vente forcée dudit bien suivant la procédure et les modalités prévues par l'Acte uniforme susvisé pour la réalisation du gage ;

Attendu que la rétention opérée par GITMA sur les connaissements de marchandises qu'elle a expédiées avait pour seul but, par l'emprise matérielle qu'elle exerçait sur ces connaissements et le préjudice subséquent que leur privation pouvait causer, de contraindre SAMEX à honorer sa dette; que de ce fait, cette rétention ne s'inscrivait nullement dans le cadre de la réalisation forcée d'un bien gagé, les pièces et documents retenus ne s'y prêtant d'ailleurs pas, mais plutôt dans celui de l'exercice régulier du droit de rétention tel qu'il ressort de l'article 41 sus-énoncé de l'Acte uniforme susvisé ; que dès lors, en se fondant sur l'article 43 du même Acte uniforme pour condamner GITMA à la restitution des connaissements qu'elle retient au préjudice de SAMEX sous astreinte comminatoire de la somme de 25.000.000 francs par jour de retard à compter du prononcé de sa décision alors que ledit article n'était pas applicable en l'espèce, la cour d'appel a commis une erreur ; qu'il échet en conséquence de casser l'arrêt attaqué et d'évoquer ;

Sur l'évocation

(...)

Attendu qu'il ressort des pièces du dossier de la procédure que GITMA, agissant en qualité de commissionnaire agréé en douane, a effectué à la demande de SAMEX, sa cliente, des opérations d'exportation portant respectivement sur 2002 tonnes, 400, 400 tonnes et 575, 575 tonnes de cacao; que dans ce cadre, GITMA s'est acquittée pour le compte de sa cliente du montant des droits et taxes liquidés par l'administration des douanes comme l'attestent de nombreuses pièces justificatives versées au dossier ; que dans ces circonstances, GITMA ayant chiffré à 576.726.154 francs cfa le montant de ses prestations et débours, il sied de dire que cette créance résulte des relations contractuelles existant entre SAMEX et elle et qu'en conséquence, elle est fondée à en réclamer le paiement ;

Attendu qu'il résulte de l'analyse ci-dessus du moyen unique que la rétention opérée par GITMA au préjudice de SAMEX sur les connaissements relatifs aux marchandises expédiées au profit et pour le compte de cette dernière avait pour seul et unique but le paiement de la créance réclamée par GITMA et que, de ce fait, ladite opération s'inscrivait dans le cadre légal fixé par l'article 41 sus énoncé de l'Acte uniforme susvisé ; que dès lors, la rétention opérée par GITMA sur lesdits connaissements est régulière et fondée...

OBSERVATIONS

Quelle est la nature des biens susceptibles de constituer le domaine du droit de rétention ?

C'est la question principale à laquelle les juges de la Haute juridiction communautaire de l'Organisation pour l'harmonisation en Afrique du droit des affaires (OHADA) devaient répondre dans le cadre du litige qui opposait la Société de Gestion Ivoirienne de Transport Maritime et Aérien (dite GITMA) à la Société Africaine de Matières Exportables (dite SAMEX).

Il convient de le rappeler, en tant que sûreté autonome, le droit de rétention soulève plusieurs questions contemporaines tenant indifféremment à son domaine et à son régime. Si les législateurs nationaux et communautaires, en l'occurrence le législateur OHADA, se sont toujours efforcés de régler de manière précise le régime juridique de cette sûreté, c'est en des termes généraux qu'ils ont jusqu'ici défini son domaine. L'affaire objet de notre commentaire constituait dès lors une occasion pour les juges communautaires africains d'en préciser l'étendue.

En l'espèce, les sociétés GITMA et SAMEX avaient conclu un contrat sur le fondement duquel GITMA, en sa qualité de commissionnaire agrée en douane, a effectué pour le compte de SAMEX plusieurs opérations d'exportation de cacao. Pour la réalisation de ces opérations, GITMA a dû liquider elle-même les droits de douane et fait établir par les transporteurs maritimes les connaissements relatifs à l'embarquement de ces marchandises. Il ne lui restait qu'à se retourner vers la société SAMEX pour obtenir le paiement des sommes dues. Mais toutes les démarches amiables par elle engagées auprès de sa débitrice en vue de se faire payer se sont avérées infructueuses. Aussi, à toutes fins utiles, elle pratiqua la rétention des connaissements relatifs aux marchandises embarquées.

Trouvant cette rétention non fondée, SAMEX, par exploit en date du 24 avril 2001, fit délivrer à GITMA une assignation en référé d'heure à heure aux fins de restitution des connaissements sous astreinte comminatoire, mais fut déboutée de ses prétentions. Insatisfaite, SAMEX interjeta appel, et la 1re Chambre civile de la cour d'appel d'Abidjan infirma l'ordonnance du président du tribunal de première instance d'Abidjan en ordonnant la restitution sous astreinte des connaissements, motif pris de ce que, « le connaissement qui ne confère seulement que des droits sur une marchandise et non comme un effet de commerce sur les sommes d'argent, ne peut constituer un gage ». Arguant d'une erreur de base légale, GITMA se pourvut devant la Cour commune de justice et d'arbitrage pour voir casser l'arrêt querellé.

Au regard de la confusion créée entre plusieurs garanties réelles, en l'occurrence le droit de rétention et le gage, la CCJA a été amenée à se prononcer non seulement sur le fondement et la nature de la rétention réalisée sur les connaissements en l'espèce, mais également sur la nature des biens susceptibles de valider une telle rétention.

Pour reconnaître le bien fondé du droit de rétention exercé en l'espèce, les juges de la Haute juridiction ont été obligés de préciser en amont les éléments qui singularisent le droit de rétention en tant que sûreté réelle, et qui permettent sa distinction d'avec la rétention découlant de la réalisation d'un gage (I). Par la même occasion, en affirmant la régularité de la rétention faite par GITMA, ils ont consacré plus loin la validité de la rétention des connaissements et, partant, des biens meubles incorporels en droit OHADA (II).

I. La précision de la singularité du droit de rétention

Il suffit de parcourir les dispositions de l'Acte uniforme OHADA portant organisation des sûretés (en abrégé AUS) pour mesurer les enjeux liés à la précision de la particularité du droit de rétention en tant que sûreté réelle autonome. D'entrée de jeu, la structure et le contenu des trois articles que ce texte consacre au droit de rétention ne font nullement ressortir une définition de cette sûreté. L'article 41 de l'AUS, qui aurait pu en donner une définition, se contente de relever que « Le créancier qui détient légitimement un bien du débiteur peut le retenir jusqu'à complet paiement de ce qui lui est dû, indépendamment de toute autre sûreté ». Mais en quoi cette rétention se distingue-t-elle de celle exercée par le créancier gagiste ? Malgré les apparences, la réponse à cette question ne va pas de soi même pour les praticiens du droit, tel que le révèle la confusion dont ont été victimes les juges de la cour d'appel d'Abidjan en l'espèce.

Par l'affaire GITMA, la CCJA a donc eu une occasion inouïe d'apporter une réponse jurisprudentielle à ce problème. Bien évidemment, pour plus de clairvoyance, cette réponse passait nécessairement par la définition du droit de rétention et des critères de comparaison de cette sûreté d'avec le gage (A), d'une part. D'autre part, au regard des similitudes des deux sûretés au niveau de leur réalisation, c'est à juste titre que la juridiction suprême a tenu à insister sur la singularité des modalités et des conditions de validité du droit de rétention (B).

A. Une singularité atténuée au regard des effets communs du droit de rétention et du gage

Afin de mieux mettre en exergue la particularité du droit de rétention, la cour commence par rappeler et réaffirmer les éléments communs qui le rapprochent du gage. Pour la CCJA, il reste acquis que la rétention et le gage ont des effets communs. D'ailleurs, il s'agit là d'une juste interprétation de l'article 43 de l'AUS qui fait du droit de rétention "un gage par assimilation". Il ressort des dispositions de cet article que le créancier rétenteur qui ne reçoit ni paiement, ni sûreté équivalente, peut, après signification faite au débiteur et au propriétaire de la chose, exercer ses droits de suite et de préférence comme en matière de gage. En d'autres termes, dans la phase de la réalisation de la sûreté, comme le créancier gagiste, le rétenteur a la faculté d'exercer les prérogatives du créancier gagiste en procédant à la vente forcé du bien retenu légitimement suivant la procédure et les modalités prévues pour la réalisation du gage, ou tout simplement de conserver le bien par devers lui et d'en refuser la restitution jusqu'au paiement complet de sa créance. Lorsqu'il opte pour la réalisation du bien, le droit OHADA lui reconnaît, ce qui est original (*Cette reconnaissance est le fait de l'article 43 de l'AUS. Son originalité s'apprécie notamment par rapport au régime du droit de rétention en droit français, où le rétenteur n'a pour principal moyen de pression sur le débiteur que la détention du bien. Il s'y retrouve donc dans une situation passive qui limite l'effet de cette sûreté*), à la fois un droit de suite (*Le droit de suite est la prérogative reconnue à certains créanciers d'exercer leurs droits sur un bien en quelque main qu'il se trouve*) et un droit de préférence (*Effet principal de la rétention, le droit de préférence est un droit qu'ont certains créanciers limitativement désignés par la loi d'être payés avant d'autres créanciers*).

Dès lors, au-delà réalisation des deux sûretés, il n'existe aucune différence entre le droit de rétention et le gage, ce d'autant plus que dans ses effets, le gage confère au créancier gagiste le droit de retenir ou de faire retenir la chose gagée (*article 54 de l'AUS*). Toutes proportions gardées, l'on peut dire qu'en ne se référant qu'à ces effets, la Cour d'Appel d'Abidjan ne pouvait que confondre la rétention inhérente à la réalisation d'un gage du droit de rétention qui est une sûreté autonome.

D'ailleurs, une telle confusion pouvait en outre avoir pour cause la nature mobilière des sûretés confrontées. A ce niveau, l'on peut regretter que la CCJA n'ait pas saisi cette opportunité pour mettre en exergue tous les éléments qui permettent une convergence du droit de rétention et du gage, au rang desquels leur domaine. A la lecture de l'AUS, l'on constate aisément que le droit de rétention et le gage sont considérés en droit OHADA comme des sûretés réelles mobilières (*aux termes de l'article 39 de l'AUS, « Les sûretés mobilières comprennent : le droit de rétention, le gage, les nantissements sans dépossession et les privilèges »*). Or, s'il précise que tout bien meuble, corporel ou incorporel, est susceptible d'être donné en gage (*article 46 de l'AUS*), le législateur OHADA reste muet sur la nature des biens meubles susceptibles de faire l'objet d'une rétention. Ce mutisme atténue évidemment la portée de la convergence légale des deux mécanismes de garantie, mais ne saurait l'empêcher. Par conséquent, sur le plan jurisprudentiel, le litige objet de notre analyse constituait une occasion idoine pour la CCJA de statuer expressément sur la portée d'un tel rapprochement.

Néanmoins, c'est une avancée considérable que d'avoir réaffirmé que l'un des facteurs atténuant la singularité du droit de rétention par rapport au gage demeure l'identité des effets des deux garanties. L'admission du rapprochement, mieux, l'assimilation des deux sûretés au regard de ce critère est ainsi incontestable. En des termes imagés, et tout en reprenant une analyse doctrinale fort significative, l'on peut dire que lorsque le rétenteur réalise sa sûreté, « *le droit de rétention se convertit en droit de gage* » (*Brou Kouakou Mathurin, note sous cet arrêt, www.ohada.com, ohadata, J-05-171*). L'on comprendrait dès lors qu'en ne s'attardant qu'à la réalisation des deux sûretés, l'on puisse se méprendre dans la qualification d'une rétention opérée par un créancier insatisfait sur les biens de son débiteur. Toutefois, l'examen des modalités des deux sûretés permet d'éviter une telle confusion, et d'affirmer la nature autonome de la rétention exercée par GITMA, qui, loin d'être assimilée à la rétention découlant de la réalisation d'un gage, trouve sa singularité dans ses modalités de constitution.

B. Une singularité renforcée au regard des modalités de constitution du droit de rétention

C'est par ses modalités et ses conditions de constitution que le droit de rétention se distingue fortement du gage et s'affirme en tant que sûreté autonome. Déjà consacrée par l'AUS, la singularité de la constitution du droit de rétention a été consolidée en l'espèce par les juges de la CCJA.

Dans un premier temps, la CCJA s'est appesantie sur la définition des critères distinctifs du droit de rétention non expressément prévus par la loi. Ce faisant, elle a fini par dégager plusieurs modalités qui affinent davantage la distinction entre cette sûreté et le gage.

Pour la juridiction de cassation communautaire, ces institutions diffèrent principalement dans leurs modalités de constitution, en ce sens que « le gage est une remise volontaire faite par un débiteur d'un bien dont il est propriétaire en garantie du paiement de sa dette », alors que « la rétention est une appréhension forcée qu'effectue un créancier sur le bien qu'il détient de son débiteur pour contraindre ce dernier à payer son dû ». Par cette analyse, les juges précisent davantage les traits caractéristiques de la rétention, et comblent par là même les lacunes législatives. La précision de la Haute juridiction, qui prend en l'espèce une décision de principe, ne peut être que la bienvenue.

En effet, contrairement à l'approche adoptée par le législateur communautaire lors de la réglementation des autres sûretés, aucune définition du droit de rétention ne découle de la lecture des articles 41, 42 et 43 de l'AUS. La précision des éléments et des modalités de la rétention en l'espèce doit par conséquent être appréciée à sa juste valeur, car les éléments de la rétention ainsi dégagés permettent principalement de donner une définition du droit de rétention. L'on déduit de ces motivations jurisprudentielles que le droit de rétention est une prérogative qui consiste en une appréhension ou une emprise matérielle forcée effectuée par un créancier sur le bien qu'il détient légitimement de son débiteur pour contraindre ce dernier à payer son dû.

Mais, loin de limiter l'intérêt des modalités dégagées à la définition du droit de rétention, l'appréciation de l'ingéniosité des juges de la CCJA permet de donner à chacun des éléments constitutifs retenus une portée plus large.

D'abord, le droit de rétention est une prérogative. Il ne peut dès lors s'agir que d'une sûreté légale et indépendante, par opposition au gage qui est une sûreté conventionnelle. Il est donc fondé que la rétention dont se prévaut GITMA en l'espèce « ne s'inscrivait nullement dans le cadre de la réalisation forcée d'un bien gagé », ce d'autant plus qu'il ne ressort en aucun moment des faits de l'espèce qu'une sûreté avaient été conventionnellement constituée à son profit. La distinction sûreté légale - sûreté conventionnelle, qui n'a pas été privilégiée par les rédacteurs de l'AUS qui lui ont préféré la classification selon la nature mobilière ou immobilière des biens objets des sûretés réelles règlementées, méritait à nouveau d'être rappelée.

Ensuite, le droit de rétention se matérialise par une appréhension forcée sur un bien, contrairement au gage qui se constitue à l'issue d'une remise volontaire du bien. Il n'est pas vain de signaler que le bien dont il est question en matière de droit de rétention doit être détenu par le rétenteur et doit appartenir au débiteur (*Ce qui n'est pas forcément le cas en matière de gage où non seulement les parties ont la faculté de désigner dès le départ un tiers dépositaire pour conserver le bien gagé (article 44 de l'AUS), mais également où le bien peut appartenir à un tiers conformément à l'article 47 de l'AUS*). Ces exigences visent à garantir la légitimité de la rétention, et de manière incidente, à invalider les rétentions frauduleuses. A ce sujet, la cour d'appel d'Abidjan avait déjà eu à décider dans une autre affaire que le droit de rétention ne peut s'exercer légitimement que si le bien retenu appartient au débiteur (*CA d'Abidjan, n°92 du 31 janvier 2003, Dame Ghussein Fadiga Malick ND c/ Société Alliance Auto, www.ohada.com/ohadata, J-03-226, Observations J. Issa Sayegh*).

Enfin, au regard des modalités dégagées, l'on déduit que le droit de rétention trouve originellement son efficacité dans la contrainte ou la pression qui découle de la privation du bien détenu, contrainte subie par le débiteur qui se voit obligé de payer sa dette pour s'en libérer.

Dans un second mouvement, la CCJA revient sur la spécificité des conditions légales de validité du droit de rétention, afin de marquer davantage son autonomie par rapport au gage et de fonder la validité de la rétention exercée en l'espèce. Dans ce sens, elle fait une juste application de l'article 42 de l'AUS, duquel il ressort que pour être valide, le droit de rétention doit s'exercer avant toute saisie, sur la base d'une créance certaine, liquide et exigible, et à condition qu'il existe un lien de connexité entre la naissance de la créance et la chose retenue.

Il revenait naturellement à la Haute juridiction de se plier au rituel de la vérification du respect des conditions légales dans la rétention contestée. C'est ainsi qu'elle s'est premièrement attelée à constater que les connaissements retenus l'ont été avant toute saisie, car d'une part GITMA qui les détenait a refusé de les remettre à SAMEX aux motifs qu'elle use de son droit de rétention pour sûreté, et d'autre part qu'en prenant en compte leur nature de titre endossable, ils étaient tous libellés à ordre et n'avaient fait l'objet d'aucun endossement par SAMEX au profit d'un tiers. Ces éléments suffisaient à prouver que les connaissements demeuraient encore dans le patrimoine de la débitrice. Par contre, peut-on en déduire, si les connaissements étaient devenus indisponibles, par exemple du fait d'un endossement, d'une saisie ou de l'ouverture d'une procédure collective, la cour aurait, à la suite des juridictions nationales, conclu à l'irrégularité de la rétention (*Sur l'irrégularité d'un droit de rétention exercé contre une société ayant fait l'objet d'une déclaration du règlement préventif, voir : CA d'Abidjan, n° 92 du 31 janvier 2003, op. cit., Dame Ghussein Fadiga Malick ND c/ Société Alliance Auto, www.ohada.com/ohadata, J-03-226, Observations de J. Issa-Sayegh*).

Deuxièmement, les juges affirment qu'en l'espèce, la demanderesse a pu démontrer, au regard des nombreuses pièces justificatives versées au dossier, que sa créance sur SAMEX est certaine, liquide et exigible. A ce niveau, il est opportun de relever que la CCJA a eu, dans plusieurs autres affaires, à se prononcer sur l'importance de ces trois conditions ou caractéristiques de la créance fondant le droit de rétention. C'est ainsi qu'elle est allée jusqu'à débouter le rétenteur pour absence de preuve de l'exigibilité de sa créance, pourtant certaine et liquide (*CCJA, arrêt n° 16/2002 du 27 juin 2002, Société Maregel c/ Serigne Moustapha Mbacké, Le Juris-Ohada, n° 4/2002, octobre – décembre 2002, p. 43, note anonyme.- Recueil de jurisprudence CCJA, n° spécial, janvier 2003, p. 31. En l'espèce, la société Maregel, rétentrice, avait consenti un prêt à M. Mbaké et s'était engagée à offrir au même bénéficiaire du prêt, en qualité de propriétaire de trois pirogues une garantie en cas de saisie définitive des pirogues due à une faute administrative à elle imputée. En retour, Monsieur S., s'était notamment engagé à donner, pour le remboursement du prêt, les produits de la pêche de ses pirogues et s'était engagé à rembourser la totalité de la somme dans un délai maximum de deux mois à compter de la date du premier départ en mer. Face à son inexécution et après plusieurs mises en demeure infructueuses, elle a retenu les pirogues de M. Mbacké et saisi les juges du fond, en l'espèce le Tribunal Régional de Dakar, aux fins de voir condamner ce dernier au paiement de sa dette. Le débiteur saisit reconventionnellement les mêmes juges pour voir déclarer l'irrégularité de la rétention et obtint gain de cause. Toujours insatisfait en appel, la société rétentrice se pourvut devant la CCJA qui la débouta. Pour fonder leur rejet, la haute juridiction a affirmé que la certitude et la liquidité de la créance ne justifie pas automatiquement sa liquidité. Elle conclut qu'il revenait dès lors au rétenteur de rapporter cumulativement la preuve de ces trois conditions, y compris de l'exigibilité de sa créance*). A sa suite, les juges nationaux ont eu à invalider une rétention pour incertitude de la créance contestée par le débiteur lors de la mise en ouvre de la rétention, condamnant de ce fait le rétenteur illégitime au paiement des dommages et intérêts (*Tribunal de première instance de Cotonou, contradictoire n° 034/ 1e C.Com du 21 octobre 2002, Rôle Général n°016/2001, affaire société AKPACA SARL c/ société Trans -Omar), ohadata, J-04-291*).

Troisièmement, et enfin, comme l'ont fait certaines juridictions nationales avant et après elle (*Voir notamment : CA d'Abidjan n° 1164 du 24 octobre 2003, Kinda Augustin c. Mlle Koné Fatoumata, ohadata, J-03-337 ; CA d'Abidjan, n°141 du 14 février 2003, Société Comafrique Entreprises C/ M. Oulai Zondjé Félix, ohadata, J-03-299 ; CA d 'Abidjan, n° 321 du 7 mars 2001, D.D c/ SGBCI, Bulletin Juris Ohada, n° 1/2002, janvier-mars 2002, p. 35*), la CCJA s'est évertuée à vérifier la connexité, impuissamment contestée par SAMEX, qui résultait des relations contractuelles entre cette dernière et GITMA. Ce qui, à la lecture de l'article 42 alinéa 2 de l'AUS, a suffit à fonder la réclamation de GITMA. Saisie à nouveau sur la même question, elle est restée fidèle à son interprétation de la connexité inhérente aux relations d'affaires (*Voir CCJA, arrêt n° 006/2008 du 28 février 2008, affaire Envol-Transit Côte d'Ivoire Sarl contre SDV Côte d'Ivoire et autres, inédite*).

Mais, en dépit de cette argumentation, l'on peut reprocher à la CCJA de n'avoir pas profité de l'occasion pour affiner sa réflexion sur le fondement et la spécificité de la rétention effectuée par un commissionnaire. Notre affaire s'y prêtait pourtant, la GITMA, rétentrice, étant également un commissionnaire agréé en douane. En effet, bien qu'expressément consacré dans son principe par le législateur communautaire africain *(en droit OHADA, le droit de rétention du commissionnaire est prévu par l'article 166 de l'Acte uniforme portant droit commercial général qui dispose que « Tout commissionnaire a, pour toutes les créances contre le commettant, un droit de rétention sur les marchandises qu'il détient.* »), le droit de rétention du commissionnaire n'a vu ni son fondement, ni son régime juridique spécifiés. Bien plus, même en droit comparé son fondement et son autonomie ne font pas encore l'unanimité, une partie de la doctrine considérant que qu'il est justifié par l'idée de *gage tacite*, et l'autre partie soutenant sa nature *sui generis*. Il est dès lors difficilement explicable que saisie d'un litige qui, malgré le silence des parties et des juridictions nationales, se ramenait à l'exercice du droit de rétention du commissionnaire qui est certes soumis au régime général des articles 41 à 43 de l'AUS, la CCJA ne se soit pas attardée, même *obiter dictum*, sur la spécificité de cette rétention et de ses fondements. Cette précision n'aurait pas été sans incidence sur l'affirmation de l'autonomie de cette sûreté.

Quoi qu'il en soit, au regard de la logique adoptée par les juges, l'on arrive à la conclusion selon laquelle les conditions du droit de rétention le singularisent et sont réunies sans équivoque en l'espèce. D'où la validation de la rétention des connaissements.

II. La validation de la rétention des meubles incorporels

Au-delà du respect des conditions relatives à la créance et de celles relatives au lien de connexité, la validité du droit de rétention a classiquement été conditionnée par la nature du bien retenu. Sur ce point, la constance est que la validité de la rétention des biens corporels n'a jamais fait l'objet d'une contestation. C'est ainsi que, selon le système juridique étudié, le droit de rétention pourra indifféremment s'exercer sur un bien meuble ou sur un immeuble. Mais contrairement au législateur français (*qui admet sous certaines conditions que le droit de rétention puisse valablement s'exercer sur les immeubles*), l'AUS a limité le domaine du droit de rétention aux biens meubles. Son absence de précision sur la nature des meubles visés a amené à conclure que les biens retenus doivent être des biens meubles corporels susceptibles d'une possession matérielle, quelle que soit leur nature. Dès lors, en validant la rétention des connaissements en l'espèce (A), la CCJA permet d'étendre, ne serait-ce qu'implicitement, l'assiette du droit de rétention au meubles incorporels (B).

A. La validation expresse de la rétention des connaissements

Cette validation est sans équivoque pour la CCJA qui, au regard des circonstances de fait, affirme que « la rétention opérée par GITMA sur lesdits connaissements est régulière et fondée ». La certitude de son affirmation tiendrait-t-elle à la nature et aux caractéristiques du connaissement ? Les juges de la CCJA n'en ont rien précisé. Une réflexion sur la question reste toutefois opportune pour comprendre les fondements de leur décision.

Sans en donner une définition, la position de la CCJA a parfaitement pris en compte la nature et les fonctions classiques du connaissement.

Le connaissement est un document contractuel établi par le transporteur maritime à la demande du chargeur, et dans lequel le premier reconnaît avoir reçu la marchandise qui y est décrite en vue de la transporter. A première vue, il s'agit d'un reçu de la marchandise. Mais, selon leur volonté, les parties au contrat de transport maritime des marchandises peuvent décider d'établir un connaissement non négociable (connaissement à personne nommée) ou, comme il est de coutume, un connaissement transmissible (connaissement à ordre, connaissement au porteur). Dans ce dernier cas, le connaissement devient un titre représentatif de la marchandise. Cette fonction, unique et originale en droit des transports, ne va pas sans implications juridiques.

Sur le plan juridique et, notamment en matière bancaire et de crédit documentaire, le connaissement se présente très souvent comme un titre négociable, et, lorsqu'il est libellé « à ordre » comme dans notre espèce, il peut être transmis par les voies simplifiées du droit commercial, comme un effet de commerce classique, et généralement sur simple endos. Sa souplesse permet de réaliser sur des marchandises des opérations juridiques. Par exemple, la cession du connaissement vaudra transfert de la propriété des marchandises ; sa remise au banquier pour la garantie d'un crédit équivaudra à leur mise en gage, etc. En d'autres termes, la remise ou la possession du connaissement équivaut à la remise ou à la possession virtuelle de la marchandise dont il constitue le reçu de transport.

La conséquence logique est que le détenteur légitime d'un connaissement, détenteur virtuel des marchandises qu'il représente, peut en user contre son débiteur, véritable propriétaire desdites marchandises embarquées, pour le contraindre à exécuter ses obligations contractuelles. Affirmer qu'un connaissement à ordre puisse faire l'objet d'un droit de rétention est dès lors fondé, tant au regard de la pratique des affaires que de la réglementation des garanties du crédit en vigueur. La position de la CCJA ne pouvait être mieux motivée.

Dans la même lancée, comme titre représentatif de la marchandise, le connaissement suffit non seulement à conférer des prérogatives réelles au détenteur sur les biens en question, mais encore, ce titre suffit à lui seul, à prouver, par le biais de ses indications et mentions obligatoires, la valeur réelle ou estimative des marchandises transportées. Cette preuve, corroborée par la pratique bancaire qui en fait régulièrement une garantie de crédit (gage), permet en second lieu de conclure que le connaissement confère également des droits sur la valeur de la marchandise, et donc, dans certaines mesures, sur les sommes d'argent équivalentes à cette valeur. C'est donc à tort que les juges de la Cour d'Appel ont soutenu sans autre motivation dans ce litige que le connaissement ne confère pas, comme un effet de commerce, des droits sur les sommes d'argent. Bien plus, la motivation de la Cour d'appel, basée sur l'absence de droits pécuniaires du rétenteur sur la chose retenue, mérite d'être relativisée au regard de la finalité même du droit de rétention. En pratique, il est tout à fait possible que l'on retienne des choses sans valeur marchande, le but du droit de rétention étant de gêner le débiteur pour le contraindre à exécuter son obligation. Il en découle que la valeur marchande est en partie secondaire dans le droit de rétention. Face à cette erreur de fondement, la cassation de l'arrêt ne pouvait logiquement que s'en suivre.

Ainsi, le connaissement est un titre à part, car il s'agit d'un titre représentatif de la marchandise, endossable de la même façon qu'un effet de commerce. Ses caractéristiques et ses fonctions justifient à ce niveau qu'il puisse fonder une sûreté, fut-ce un droit de rétention. C'est dans cette lancée que la CCJA a validé la rétention opérée par GITMA sur les connaissements revenant à SAMEX, incluant par la même occasion les meubles incorporels dans l'assiette du droit rétention prévu par le droit des sûretés OHADA.

B. L'inclusion implicite des meubles incorporels dans l'assiette du droit de rétention

En tant que titre représentant et conférant des droits réels sur un meuble, le connaissement est lui-même un bien meuble (*Le vocable "Meuble" est à la fois un adjectif et un substantif. En fait lorsqu'on dit d'un objet que c'est un "meuble" on utilise un raccourcis pour dire un "bien meuble ", c'est à dire que l'on peut le déplacer d'un endroit dans un autre sans le modifier ou le détruire*), mieux, un meuble incorporel (*Le droit divise les meubles en, d'une part, les "meubles corporels" qui comprennent tout objet concret dont l'existence peut être appréhendé par les sens et qui sont susceptibles de déplacement : un véhicule, des animaux, du mobilier, et d'autre part, les "meubles incorporels" qui comprennent notamment, les titres représentant des droits*). Néanmoins, de par sa nature et ses fonctions, le connaissement est un bien meuble incorporel à part, un bien meuble spécial, les documents de transport, tout comme le contrat de transport en lui-même, obéissant à une série de règles dérogatoires, le droit des transports. Peut-on dans ce contexte étendre l'assiette du droit de rétention à tous les autres meubles incorporels ?

La Haute juridiction communautaire africaine n'a pas saisi cette occasion pour trancher de manière expresse cette question, pourtant non traitée par le législateur. En effet, si l'on prend à nouveau pour exemple la réglementation du gage, l'on se rend compte que le droit OHADA prend la peine de préciser avec la meilleure exactitude, l'assiette de cette sûreté. C'est ainsi qu'il ressort des dispositions de l'article 46 alinéa 1 de l'AUS que « *Tout bien meuble, corporel ou incorporel, est susceptible d'être donné en gage* ». Or en ce qui concerne le droit de rétention, la loi est restée muette, se contentant de disposer que celui-ci est une sûreté mobilière (a*rticle 39 alinéa 1, AUS*) qui porte sur « un bien du débiteur » du rétenteur (a*rticle 41, AUS*), sans autre précision sur la nature dudit bien. Ce mutisme législatif est fort préjudiciable, quand on sait que c'est à travers l'AUS que le droit de rétention a fait, dans la plupart des pays membres de l'OHADA, l'objet d'une première réglementation, et que cet Acte uniforme aurait valablement pu tirer profit de la longue construction jurisprudentielle sur la question, et lever toute équivoque sur les biens susceptibles de rétention, point qui fait de plus en plus l'objet d'une précision législative en droit comparé.

Mais, si le principe demeure que seuls les biens corporels qui se trouvent dans le commerce juridique peuvent faire l'objet d'un droit de rétention, il y est aujourd'hui admis que les meubles incorporels qui ont un support matériel qui permette d'appréhender le bien peuvent également faire l'objet d'une rétention. La jurisprudence OHADA admet d'ailleurs expressément qu'un banquier peut retenir le solde créditeur de son client (*Voir : CA d'Abidjan, n° 321 du 7 mars 2000, Djiriga Diahi c/ SGBCI, Revue Ecodroit, AIDD, n° 1, juillet-août 2001, p.35. –Ohada jurisprudences nationales, n°1, décembre 2004, p. 109*). Mais malgré cet effort au niveau des juridictions nationales, l'on ne peut dire avec exactitude aujourd'hui qu'elle est l'assiette du droit de rétention en droit OHADA.

Il est donc légitime que l'on se soit attendu à une précision expresse de la part des juges de la CCJA, aussi bien en ce qui concerne les biens insusceptibles de rétention, qu'en ce qui concerne ceux susceptibles de l'être. A défaut d'une détermination expresse, à travers l'arrêt GITMA, l'on déduira au moins qu'en considérant comme fondé et régulier l'exercice d'un droit de rétention sur des connaissements, titres représentatifs des biens corporels, la CCJA inclut implicitement les biens meubles incorporels dans l'assiette du droit de rétention. De là, l'on est entrain de conclure que, comme en droit comparé, tout bien, même incorporel, dont l'existence ou la détention légitime est matérialisée par un titre ou, plus globalement, par un « support représentatif », peut faire l'objet d'une rétention en droit OHADA. Cette approche a tout le moins l'avantage d'éviter de consacrer un droit de rétention avec une détention fictive.

En guise de conclusion, l'on retiendra, à l'avantage de la CCJA, que l'un des apports de l'Affaire GITMA réside dans la précision des modalités de constitution du droit de rétention, et par ricochet, de plusieurs critères de distinction entre la rétention consécutive à la réalisation d'un gage du droit de rétention. Cependant, si l'acceptation de la validité d'une rétention opérée sur des connaissements permet d'induire l'inclusion des biens meubles incorporels dans l'assiette du droit de rétention, l'on continue à espérer que la CCJA saisira, dans une prochaine affaire, l'occasion de préciser expressément les contours d'une telle assiette.

Joseph-Alain Batouan Bouyom,
Assistant, Université de Yaoundé II.

OBSERVATIONS

L'article 41 de l'Acte uniforme portant organisation des Sûretés dispose que « Le créancier qui détient légitimement un bien du débiteur peut le retenir jusqu'à complet paiement de ce qui lui est dû, indépendamment de toute autre sûreté ». Il s'agit de la consécration dans l'espace juridique OHADA du droit de rétention qui, en fait, est une réminiscence de la justice privée. La mise en œuvre de cette prérogative génère des conflits relatifs notamment à la nature des biens susceptibles d'être retenus par le créancier. L'affaire Société de gestion ivoirienne de transport maritime et aérien (GITMA) contre Société africaine de matières exportables (SAMEX) en constitue une illustration.

En effet, pendant la campagne cacaoyère 2000-2001, la Société GITMA, commissionnaire agréé en douane, effectua pour le compte de la Société SAMEX plusieurs opérations d'expédition portant notamment sur 2002 tonnes, 450,450 tonnes, 40, 40 tonnes et 575, 575 tonnes de cacao. En sa qualité de commissionnaire GITMA paya les droits de douane et fit établir par les compagnies maritimes de transport NOS et GRIMALDI *lines* les connaissements au profit de SAMEX. Ces documents, délivrés les 25 et 26 mars 2001, servirent au transport des marchandises connaissementées jusqu'à la destination indiquée par le commettant.

Mais à la grande surprise de l'entreprise GITMA, SAMEX resta indifférente face à toutes les démarches amiables entreprises en vue de faire payer les prestations d'un montant global de 576 726 154 francs cfa. Pour la société débitrice, elle n'était redevable qu'à l'administration des douanes. À son tour, le commissionnaire refusa de remettre à cette société les connaissements qui devraient servir à la commercialisation des marchandises. Il entendait ainsi exercer son droit de rétention sur les connaissements, titres représentatifs des marchandises jusqu'au règlement complet de ses prestations par le commettant. Dès lors, s'ouvrira un feuilleton judiciaire riche en rebondissements auquel la Cour commune de justice et d'arbitrage viendra mettre un terme par l'arrêt n° 30 du 4 novembre 2004.

La société SAMEX assigna le commissionnaire en référé d'heure à heure à restituer les connaissements. Par ordonnance n°1676 du 26 avril 2001, le président du tribunal de première instance d'Abidjan débouta la demanderesse et la condamna aux dépens. Cette décision reconnaissait la légitimité de la rétention exercée par le commissionnaire et obligeait le commettant à le désintéresser avant de rentrer en possession des connaissements.

Le requérant débouté interjeta appel. La Cour d'appel d'Abidjan, par arrêt n° 85° du 29 juin 2001, infirma la décision du président du tribunal de première instance et ordonna la restitution des connaissements litigieux sous astreinte comminatoire de 25 000 000 francs cfa par jour de retard. Pour cette juridiction, « le connaissement qui ne confère seulement que des droits sur une marchandise et non un effet de commerce sur les sommes d'argent, ne peut constituer un gage…». En évoquant la notion de gage, la cour d'appel semait la confusion qui méritait des clarifications et, comme il fallait s'y attendre, la société GITMA se pourvut en cassation de l'arrêt rendu.

La Cour commune de justice et d'arbitrage avait alors à se prononcer sur les mérites du pourvoi de la société GITMA. Ce qu'elle fit en cassant l'arrêt de la cour d'appel d'Abidjan. Statuant au fond, la haute juridiction débouta la société SAMEX de sa demande de restitution des connaissements et la condamna aux dépens.

La question posée à la CCJA était de savoir si le commissionnaire impayé par le commettant est en droit de retenir les connaissements appartenant à ce dernier. La haute juridiction répond à cette interrogation par l'affirmative : le commissionnaire impayé a le droit de retenir les connaissements destinés au commettant, jusqu'à complet paiement de sa créance (I). Dans le cas échéant, il peut poursuivre la réalisation de sa sûreté (II).

I. La légitimité de la rétention du commissionnaire

En général, le droit de rétention n'est justifié que si le rétenteur se prévaut d'un droit de créance vis-à-vis de son débiteur (*Abidjan, arrêt n° 1164 du 24 octobre 2003, Kinda Augustin Joseph c. Koné Fatoumata, www.ohada.com, ohadata, J-03-337)*. La créance doit réunir certains caractères (A) et il doit exister un lien de connexité entre celle-ci et les documents (B).

A. Les caractères de la créance du commissionnaire

De manière générale, le droit de rétention ne peut être exercé par un créancier que si la créance est certaine, liquide et exigible conformément à l'article 42 de l'Acte uniforme portant organisation des sûretés. Une créance est certaine lorsqu'elle n'est pas prescrite et ne peut être sérieusement contestée *(Paris, 14 févr. 1985, BT 1985, p. 451)*. Dans le cas d'espèce, la société SAMEX conteste la créance du commissionnaire en arguant qu'elle n'est redevable qu'à l'administration des douanes. Il convient de relever que la créance de GITMA comporte deux volets : la commission proprement dite et les sommes payées à l'administration des douanes pour le compte de la société SAMEX.

La commission représente la rémunération du commissionnaire. L'article 164 de l'AUDCG dispose que le commettant est tenu de verser au commissionnaire, une rémunération ou commission, qui est due dès lors que le mandat est exécuté, et ce, que l'opération soit bénéficiaire ou non ». Dans l'espèce commentée, la société GITMA réclame le paiement des prestations liées à l'exportation du cacao. En effet, les cargaisons de cacao ayant été acheminées à destination sans dommage et dans les délais par les soins du commissionnaire, on peut conclure que ce dernier a convenablement exécuté sa mission. Dès lors, sa créance de commission devenait certaine. La société SAMEX n'apporte pas la preuve du paiement dû à la société GITMA et se contente d'exposer dans sa requête la valeur de la cargaison et le risque de dépérissement des marchandises.

Le droit du commissionnaire au paiement est assorti d'une garantie. Ce dernier a, pour toutes ses créances contre le commettant, un droit de rétention sur les marchandises qu'il détient (article 166 AUDCG). Les connaissements sont des titres représentatifs des marchandises et sont susceptibles, en cette qualité, d'être retenus par le commissionnaire. D'ailleurs, la cession des marchandises connaissementées se fait uniquement par la transmission desdits titres.

La valeur de la cargaison excipée par la SAMEX ne saurait vaincre la résistance de la GITMA. En effet, le droit de rétention est exercé spontanément et sa validité n'est pas soumise à la proportionnalité entre la créance réclamée et la chose retenue. Ainsi un créancier peut-il, même pour une créance jugée minable, retenir un bien de grande valeur. De jurisprudence constante, le commissionnaire de transport a le droit de retenir des marchandises qui sont d'une valeur supérieure à sa créance, sans commettre aucun abus de droit, malgré la gêne qu'il provoque dans l'activité professionnelle de son commettant *(Cass. com., 8 janv. 1974, BT 1974, p. 104 ; Paris, 10 avr. 1990, BT 1990, p. 724).*

En ce qui concerne les droits de douane, il ressort des éléments de la cause que toutes les opérations ont été liquidées au débit du compte de l'entreprise GITMA et réglées par ses soins. C'est ainsi que les marchandises litigieuses ont été effectivement exportées. En clair, il y a eu subrogation de la société GITMA dans les droits de l'administration des douanes et elle est en droit, en sa qualité de créancier subrogeant, de réclamer le remboursement des sommes versées à l'administration des douanes. Il s'agit de la subrogation légale prévue à l'article 1251-3° du Code civil. En effet, le commissionnaire peut être considéré comme étant tenu "pour d'autres", en l'occurrence pour le commettant. Quand il paye les droits de douane, il règle en fait la dette du commettant. La subrogation peut aussi être justifiée par la solution prétorienne selon laquelle celui qui s'acquitte d'une dette personnelle peut bénéficier de la subrogation si, en payant, il a libéré envers leur créancier commun ceux sur qui la charge définitive de la dette doit peser *(Civ. 1ère, 27 mars 2001, Bull. civ. 2001, I, n° 90 ; Civ. 1ère, 22 juill. 1988, RTD civ. 1988, p. 350, note J. Mestre).*

En plus des dispositions générales du code civil relatives à la subrogation, l'obligation de remboursement des droits de douanes payés par le commissionnaire trouve également son fondement dans un texte spécial. L'Acte uniforme relatif au droit commercial général dispose en son article 165 que le commettant doit rembourser au commissionnaire les frais et débours normaux exposés par ce dernier, à condition qu'ils aient été nécessaires, ou simplement utiles à l'opération, et qu'ils soient accompagnés de pièces justificatives. En l'espèce, le paiement des droits sus-indiqués était un préalable nécessaire et indispensable à l'embarquement des marchandises. La certitude de la créance du commissionnaire étant démontrée, qu'en est-il de la liquidité et de l'exigibilité ?

La créance du rétenteur doit être liquide. Autrement dit, son montant doit être connu. La société GITMA réclame la somme globale de 576 726 124 francs. Cependant, la créance comportant deux volets distincts on pourrait reprocher au commissionnaire le défaut de ventilation qui aurait fait ressortir, clairement, les différentes composantes du prix global. Mais l'absence de ventilation ne remet pas en cause la liquidité de la créance. Du reste, la Chambre présidentielle du tribunal de première instance d'Abidjan avait accédé à la demande de GITMA, en condamnant la société SAMEX à payer l'intégralité de la somme réclamée, par jugement n°225 du 13 décembre 2001. Ce jugement était devenu définitif comme l'atteste le certificat de non appel n° 908 du 05 février 2002 délivré par le greffier en chef du Tribunal de première instance d'Abidjan.

Pour l'exigibilité, les prestations de service sont payables au comptant à la réception de la facture, sans escompte, au lieu de leur émission. Aucune échéance n'ayant été fixée de commun accord par les parties, déduction peut être faite que la créance du commissionnaire était exigible à la fin de sa mission. D'où l'émission des factures relatives à l'opération. La réunion des caractères indiqués ne suffit pas pour l'exercice du droit de rétention; Il faudrait en plus un lien de connexité entre la créance et la chose retenue.

B. L'existence de la connexité entre la créance et les connaissements

L'exercice du droit de rétention est subordonné à l'existence d'un lien de connexité entre la créance et la chose retenue. C'est ce qui ressort de l'article 42 alinéa 3 de l'Acte uniforme portant organisation des sûretés (*Ouagadougou, ordonnance n° 74/98 du 8 octobre 1998, Etablissements Ilboudo Tintin c/ SOCOPAO/SDV-B, Ohada jurisprudences nationales, n° 1, déc. 2004, p. 107).*

Classiquement, on distingue la connexité matérielle de la connexité juridique. La connexité est matérielle ou objective lorsque le lien entre la chose et la créance tient à l'existence d'un acte matériel effectué sur cette chose. À partir du moment où la créance a pour objet le remboursement de dépenses effectuées pour la conservation, l'amélioration, la modification ou le déplacement de la chose, le droit de rétention est fondé. Par exemple, les impenses faites par un dépositaire, la rétention d'une chose ayant causé des dommages, les créances liées à l'entretien de la chose ou à sa réparation.

La connexité est intellectuelle ou juridique lorsque le lien entre la chose et la créance résulte d'un seul rapport juridique ou d'un ensemble de rapports juridiques identiques ou similaires (contrat de réparation de plusieurs appareils appartenant à une même personne..). C'est l'hypothèse envisagée par l'alinéa 4 de l'article 42 AUS, lequel dispose : « La connexité est réputée établie si la détention de la chose et la créance sont la conséquence de relation d'affaires entre créancier et débiteur ».

Toutefois les deux variantes ne sont pas antinomiques car la connexité peut être en même temps juridique et matérielle. Il en est ainsi lorsqu'un contrat d'entretien constant est conclu sur le même appareil (*V. Anoukaha F., Niang C., Foli M. et al., OHADA, Sûretés, coll. D.U.A., Bruylant, Bruxelles, 2002, n° 176).*

Dans l'espèce commentée, les connaissements retenus représentent des marchandises qui ont été dédouanées et expédiées par le commissionnaire. Il existe donc un lien de connexité matérielle entre la créance réclamée et les documents retenus. D'où la légitimité de la rétention. Si le commettant ne s'exécute pas le commissionnaire sera en droit de réaliser sa sûreté.

II. La mise en œuvre de la sûreté par le commissionnaire

Le droit de rétention est une sûreté dont la constitution n'est soumise à aucune formalité. Sa mise en œuvre se décline en deux phases : la phase passive qui est la rétention pure et simple (A) et, la phase active qui consiste à réaliser la sûreté (B).

A. La phase passive : la rétention pure et simple

La rétention est une appréhension qu'effectue un créancier sur le bien qu'il détient de son débiteur pour le contraindre à payer son dû. Tout bien meuble, corporel ou incorporel, peut faire l'objet de la rétention à condition qu'il ne soit pas hors du commerce ou rendu inaccessible ou insaisissable par les textes. De jurisprudence constante, les biens qui font l'objet d'une matérialisation par un titre sont susceptibles d'être retenus. Il en va ainsi des connaissements (*Civ., 2e, 1er février 1989, JCP 1989 E., 1, 18377), des bons de caisse et des cartes grises (Com., 31 mai 1994, Bull civ IV, n° 195 et 196).*

Dans l'espèce commentée, le refus de remettre les connaissements était un moyen de pression sur la société SAMEX compte tenu de la valeur des marchandises connaissementées, du double risque de dépérissement de la cargaison et de dépréciation des cours sur le marché mondial. En effet, sans les documents querellés, les marchandises ne pouvaient pas être commercialisées. Or en remettant les connaissements, la société GITMA, commissionnaire, courait le risque d'un impayé catastrophique surtout avec un débiteur manifestement indélicat. Pour preuve, la société civile professionnelle Abel Kassi et associés, constituée en appel pour SAMEX, a, par lettre en date du 13 mai 2004, informé le greffier de ladite Cour de ce qu'elle n'assurait plus la défense des intérêts de SAMEX, du fait du non paiement de ses honoraires.

C'est à bon droit que la demanderesse au pourvoi a retenu les connaissements destinés à son débiteur. Il ne s'agissait pas de la réalisation d'un gage, comme la cour d'appel l'a prétendu, mais de la rétention pure et simple jusqu'à complet paiement de la créance. Ce n'est que dans le cas échéant, que la société GITMA devait réaliser la sûreté afin de se faire payer. Sous la législation antérieure, le droit de rétention n'était efficace qu'autant que le créancier se bornait à retenir le bien. Toute initiative de réalisation lui faisait perdre sa priorité de paiement et il devenait un simple créancier chirographaire. L'Acte uniforme portant organisation des sûretés fait du droit de rétention une sûreté complète en permettant au créancier rétenteur de réaliser sa sûreté. Ainsi, l'inertie du débiteur suite à la signification du créancier rétenteur peut le conduire à la réalisation effective de la sûreté.

B. La phase active : la réalisation de la sûreté

Le créancier rétenteur qui ne reçoit ni paiement ni sûreté peut, après signification faite au débiteur et au propriétaire de la chose, exercer ses droits de suite et de préférence comme en matière de gage (article 43 AUS.). Cette disposition fait du droit de rétention une sûreté dynamique. La réalisation est faite soit par la vente du bien, soit par son attribution au créancier à due concurrence. À ce stade, le droit de rétention rejoint le gage parce que la réalisation des deux sûretés emprunte les mêmes voies (*sur l'efficacité du gage et par ricochet du droit de rétention en toute circonstance, voir Sopgui E., Les sûretés conventionnelles à l'épreuve des procédures collectives dans l'espace OHADA, thèse, Yaoundé II, 2008, n° 270 et s.).*

La procédure de vente judiciaire suppose l'existence d'un titre exécutoire. Le créancier ne peut procéder à la vente amiable du gage même de concert avec son débiteur. Par assimilation au créancier gagiste, le rétenteur est privilégié sur le prix de la chose vendue à hauteur du montant de la créance garantie, frais et intérêts inclus (art. 57 AUS.). En particulier, le commissionnaire a, sur les marchandises qu'il détient pour le compte du commettant, un privilège pour garantir ses créances nées du contrat de commission (article 115 AUS). Il s'agit d'un privilège spécial intervenant au 6e rang dans le classement prévu par l'article 149 de l'Acte uniforme portant organisation des sûretés.

L'attribution du bien en propriété est une alternative à la vente. Pour le faire, le tribunal est tenu de prendre quelques précautions en procédant à l'évaluation du bien, si nécessaire à dire d'expert, conformément à l'article 2078 al. 1er du code civil. En clair le bien ne peut être attribué en paiement à la demande du créancier qu'après une expertise ou une estimation de sa valeur.

En l'espèce, si la société SAMEX ne s'exécute pas, la réalisation de la sûreté se fera, soit par la cession des connaissements retenus soit par leur attribution à due concurrence à la GITMA. Qu'il s'agisse de l'attribution ou de la vente, l'opération sera facile parce que les connaissements retenus par le commissionnaire sont libellés à ordre et n'ont encore fait l'objet d'aucun endossement au profit d'un tiers. Par conséquent, les marchandises connaissementées sont restées dans le patrimoine de la société SAMEX. D'ailleurs, même l'endossement au profit d'un tiers n'aurait pas constitué un obstacle à la réalisation de la sûreté par le commissionnaire. Il aurait suffi à GITMA de le signifier à SAMEX et au tiers endossataire pour exercer ses droits, conformément à l'article 43 AUS (*Voir. T. com. St Etienne, 21 juill. 2004, BTL 2004, n° 3048, p. 598. - T. com. Lille, 16 juin 2004, BTL 2004, n° 3044, p. 522).*

Eloie Sopgui,
Chargé de cours, Université de Yaoundé II.

CCJA, arrêt n°018/2003, 19 octobre 2003
Société Afrocom c/ Caisse de Stabilisation et de Soutien des Prix des Productions Agricoles, dite CSSPPA

(...)

Sur les deux moyens réunis

Vu l'article 10 du traité susvisé ;

Vu les articles 4 et 150 de l'Acte uniforme portant organisation des sûretés ;

Attendu qu'il est fait grief à l'arrêt attaqué d'avoir violé les articles 4 et 10 respectivement de l'Acte uniforme et du traité susvisés, en ce que la cour d'appel d'Abidjan, pour statuer comme elle l'a fait, a considéré « qu'en l'espèce, c'est en application du décret n° 95-637 du 29 août 1995 régissant les activités des exportateurs de café et de cacao, ainsi que la convention de fonctionnement de la caution bancaire des contrats de vente de café et de cacao en date du 24 avril 1996, que les actes de cautionnement ont été signés ; qu'en outre, au moment de leur rédaction, le traité de l' OHADA relatif aux sûretés était déjà en vigueur depuis le 1er janvier 1998, alors que les actes de cautionnement datent du 06 octobre 1998 et d'avril et mai 1998 ; que dès lors, les parties, en n'exigeant pas les mentions prescrites par l'OHADA, ont entendu renoncer aux dispositions dudit traité ; qu'il s'ensuit qu'elles ne peuvent se prévaloir de leur propre turpitude et que les actes litigieux sont valables conformément au décret et à la convention susvisés » alors que, selon le moyen, une « telle argumentation ne repose sur aucun fondement légal ; qu'il suffit pour s'en convaincre, de se référer à l'article 10 du traité relatif à l'harmonisation du droit des affaires en Afrique, qui dispose que les actes uniformes sont directement applicables et obligatoires dans les Etats parties, nonobstant toute disposition contraire de droit interne, antérieure ou postérieure ; que si les Actes uniformes sont obligatoires, les parties aux actes de cautionnement en cause ne pouvaient légalement décider de renoncer à un Acte uniforme pour se mettre sous l'empire du décret n° 95-637 du 29 août 1995 régissant les activités des exportateurs de café et de cacao et de la convention de contrats de vente de café et de cacao en date du 24 avril 1996 ; qu'en motivant ainsi sa décision, la cour d'appel d'Abidjan a violé le texte et l'esprit de l'article 10 du traité relatif à l'harmonisation du droit des affaires en Afrique ; que les Actes uniformes du traité OHADA étant obligatoires et d'application immédiate, il n'est pas possible, tacitement ou explicitement, d'en écarter l'application au profit d'une norme de droit interne ; que pour cette première raison, l'arrêt du 21 décembre 2001 ne peut se voir réserver un sort autre que la cassation ; qu'il en est de même en ce qui concerne le second moyen » …

Attendu qu'il résulte de l'examen des pièces du dossier de la procédure, que les actes de cautionnement litigieux datent du 06 octobre 1998 et d'avril et mai 1998 ; qu'à ces dates, l'Acte uniforme susvisé était déjà en vigueur depuis le 1er janvier 1998 et de ce fait, applicable aux dits actes de cautionnement ; qu'en outre, en vertu de l'article 10 susmentionné du traité institutif de l'OHADA, ledit Acte uniforme est d'application directe et obligatoire dans les Etats parties, nonobstant toute disposition contraire de droit interne, antérieure ou postérieure ; qu'il s'ensuit qu'en appréciant la validité de ces actes de cautionnement au seul regard d'une norme de droit interne, au motif que les parties, en n'exigeant « pas les mentions prescrites par l'OHADA, ont entendu renoncer aux dispositions dudit traité », alors que celles-ci sont d'application directe et obligatoire, la Cour d'appel d'Abidjan a violé lesdites dispositions par mauvaise application ; qu'il échet en conséquence, de casser la décision attaquée et d'évoquer ;

Sur l'évocation

Attendu qu'aux termes de l'article 4 de l'Acte uniforme susvisé, « le cautionnement ne se présume pas, quelle que soit la nature de l'obligation garantie. A peine de nullité, il doit être convenu de façon expresse entre la caution et le créancier.

Le cautionnement doit être constaté dans un acte comportant la signature des deux parties et la mention, écrite de la main de la caution, de la somme maximale garantie, en toutes lettres et en chiffres. En cas de différence, le cautionnement vaut pour la somme exprimée en lettres (...).

Les dispositions du présent article s'appliquent également au cautionnement exigé par la loi de chaque Etat partie ou par une décision de justice ».

Attendu qu'en vertu de l'article 10 du traité susvisé, les prescriptions de l'article 4 de l'Acte uniforme portant organisation des sûretés sont d'application directe et obligatoire, nonobstant toute disposition contraire de droit interne, antérieure ou postérieure ; qu'en outre, l'article 150 dudit Acte uniforme prévoit expressément « que sont abrogées toutes les dispositions antérieures contraires à celles du présent Acte uniforme. Celui-ci n'est applicable qu'aux sûretés consenties ou constituées après son entrée en vigueur » ; qu'en l'espèce, les actes de cautionnement critiqués ne comportent ni la signature de la bénéficiaire, ni la mention écrite de la main de la caution de la somme maximale garantie ; qu'il échet dès lors, pour les mêmes motifs retenus ci-dessus pour la cassation, d'annuler les actes de cautionnement postérieurs au 1er janvier 1998, qui ne sont pas conformes à l'article 4 de l'Acte uniforme susvisé pour violation de celui-ci...

OBSERVATIONS

Prévenir les droits du créancier tout en protégeant efficacement la sûreté personnelle a depuis toujours été l'une des finalités du formalisme exigé pour la validité des actes de cautionnement. Cette philosophie, déjà présente dans les droits nationaux des Etats parties à l'Organisation pour l'harmonisation en Afrique du droit des affaires, a été renforcée lors de l'édification de ce nouveau système juridique à la fois international et interne. Dans ces pays, le formalisme s'est généralisé en matière de cautionnement dès l'entrée en vigueur de l'Acte uniforme OHADA portant organisation des sûretés.

C'est du moins le constat qui se dégage de la décision rendue par la Cour commune de justice et d'arbitrage de l'OHADA le 19 octobre 2003, dans l'affaire opposant la Société anonyme Afrocom à la Caisse de stabilisation et de soutien des pris des productions agricoles (CSSPPA).

En l'espèce, la société Afrocom, ayant pour activité l'exploitation du café et du cacao, devait, conformément au décret 95-637 du 23 août 1995 régissant les activités des exportateurs de café et de cacao en Côte d'Ivoire, fournir une caution bancaire minimum de cent millions (100 000 000) de francs cfa. Pour ce faire, elle demanda et obtint, notamment les 6 octobre et 18 novembre 1998, ladite caution d'Ecobank Côte d'Ivoire et de la Banque atlantique de Côte d'Ivoire (BACI) au profit de la CSSPPA. La convention relative au fonctionnement de ladite caution fut signée par ces banques et par la bénéficiaire le 24 avril 1996. Informée quelques temps après ladite signature du retrait de l'agrément d'exportateur à la société Afrocom, la Caisse de stabilisation demanda à la caution Ecobank de lui payer la somme de cent millions de francs cfa correspondant à son engagement du 6 octobre 1998.

Suite à cette réclamation, en sa qualité de débitrice principale, la société Afrocom assigna simultanément Ecobank, la BACI et la CSSPPA devant le tribunal de première instance d'Abidjan, pour voir déclarer nuls et de nuls effets les actes de cautionnement donnés postérieurement au 1er janvier 1998, pour non respect des conditions de formation et de validité prescrites par l'AUS. Le TPI fit droit à la requête de la demanderesse à travers le jugement civil contradictoire n° 51/2001 du 22 mars 2001 (*probablement suite à une erreur de secrétariat, le même jugement est référencé par ailleurs sur le n° 31/2001 du 22 mars 2001 : voir www.ohada.com, ohadata J-02-22*). S'estimant lésée par cette décision, la

CSSPPA interjeta appel devant la cour d'appel d'Abidjan qui, par l'arrêt n°1520 du 21 décembre 2001, infirma le jugement du tribunal de première instance. Pour ce faire, elle soutint que les contrats de cautionnement querellés étaient valides dans la mesure où, non seulement ils ont été conclus en application d'un texte national et d'une convention antérieurs au droit OHADA, mais également parce que, en n'exigeant pas les mentions prescrites par l'AUS pour la validité des cautionnements conclus après son entrée en vigueur, les parties ont purement et simplement entendu renoncer à l'application des dispositions du droit OHADA.

Opposée à cette argumentation, la Société Afrocom s'est pourvue devant la CCJA. Selon elle, l'arrêt de la cour d'appel d'Abidjan encourt cassation, car il viole les dispositions des articles 4 et 150 de l'AUS, puis de l'article 10 du Traité constitutif de l'OHADA, aux termes desquels les prescriptions des Actes uniformes sont obligatoires et d'application directe dès leur entrée en vigueur. Par conséquent, les parties à un contrat de cautionnement conclu après le 1er janvier 1998, date de l'entrée en vigueur de l'AUS, doivent systématiquement se conformer à ses dispositions sur la forme des actes cautionnement, sous peine de voir lesdits contrats annulés.

Il revenait dès lors à la CCJA de se prononcer sur le droit applicable aux actes de cautionnement qui, trouvant leur fondement dans un texte national antérieur, ont été conclus postérieurement à l'entrée en vigueur du droit des sûretés OHADA. Plus précisément encore, sur la base de quelle réglementation doit s'apprécier la validité d'un acte de cautionnement conclu après l'entrée en vigueur de l'AUS, mais tirant son existence d'un texte de droit interne ? Telle était la question fondamentale à laquelle les juges de la Haute juridiction devaient répondre.

Suite à cette question, la CCJA a rappelé que, par référence aux articles 4 et 150 de l'Acte uniforme portant organisation des sûretés et à l'article 10 du Traité OHADA, les dispositions du droit OHADA relatives à la validité des cautionnements sont d'application directe et obligatoire, nonobstant toute disposition contraire de droit interne antérieure ou postérieure. Dès lors, a-t-elle conclu, en appréciant la validité des actes de cautionnement litigieux au seul regard d'une norme de droit interne après l'entré en vigueur d'un Acte uniforme y relatif, la cour d'appel a fait une mauvaise appréciation et application des articles ci-dessus visés, et sa décision mérite d'être cassée.

En réaffirmant de la sorte la force obligatoire et la suprématie du droit OHADA sous le prisme duquel doit être apprécié la validité des cautionnement conclus après le 1er janvier 1998 (I), et en prononçant la nullité incidente des actes de cautionnement litigieux (II), la CCJA précise la portée de la nullité et, partant, du formalisme consacré par l'article 4 de l'AUS, mettant par la même occasion un terme à la controverse doctrinale existant sur le sujet.

I. L'appréciation systématique de la validité des cautions données après le 1er janvier 1998 au regard du droit OHADA

Dans l'espèce commentée, le reproche qui a été fait à la cour d'appel d'Abidjan est d'avoir apprécié la validité des actes de cautionnement litigieux au seul regard d'une législation nationale, au motif que ceux-ci trouvaient leur fondement dans un texte de droit interne d'une part, et que les parties avaient entendu renoncer aux dispositions de l'AUS, d'autre part. Or pour la CCJA, une telle appréciation ne pouvait se faire qu'au regard du droit OHADA dont la primauté et l'effet abrogatoire sont absolus (A), et dont les dispositions spécifiques à la validité des cautionnements sont expressément impératives (B).

A.... Du fait de la suprématie et de l'effet abrogatoire des Actes uniformes OHADA

La supranationalité des Actes uniformes découle du principe de l'application directe et obligatoire desdits Actes qui est intrinsèque au système OHADA. En effet, cette règle a été expressément consacrée dès l'origine par l'article 10 du traité constitutif de l'OHADA signé à Port-Louis le 17 octobre 1993, et n'a nullement souffert de la révision dudit traité le 17 octobre 2008 à Québec. L'importance qui lui est attachée n'est donc plus à démontrer. Dans sa substance, l'article 10 susvisé dispose que « *les Actes uniformes sont directement applicables et obligatoires dans les Etats Parties nonobstant toute disposition contraire de droit interne, postérieure ou antérieure* ».

Sujette à des contestations étatiques directes et indirectes, la suprématie des textes communautaires ainsi consacrée a été plusieurs fois affirmée par la CCJA. C'est ainsi que dans un avis en date du 30 avril 2001 demandé par la République de Côte d'Ivoire, la Haute juridiction a précisé que l'article 10 du traité OHADA « *contient une règle de supranationalité parce qu'il prévoit l'application directe et obligatoire dans les Etats parties des Actes uniformes et institue, par ailleurs, leur suprématie sur les dispositions de droit interne antérieures et postérieures* » (*CCJA, avis n°001/2001/EP du 30 avril 2001, www.ohada.com, ohadata J-02-04, Obs. J. Issa-Sayegh ; également CCJA, avis n°002/99/EP du 13 octobre 1999, ohadata J-02-02*). Dans d'autres affaires plus récentes, elle l'a réitérée en statuant sur le champ d'application de plusieurs Actes uniformes (*notamment CCJA, arrêt n°008/2008, 27 mars 2008, Douda Sidibé c. Batio Demba et Dionké Yaranangore, inédit) ; n° 011/2007 du 29 mars 2007, Rec. CCJA n° 9, janvier-juin 2007, p. 79 ; arrêt n° 012/2002 du 18 avril 2002, Société Elf oil Côte d'ivoire c. Société cotracom, Ohadata J-02-65*).

Par conséquent, et pour revenir à l'espèce analysée, les juges de la cour d'appel se devaient systématiquement d'apprécier la validité des contrats de cautionnement conclus au regard du droit communautaire, dans la mesure où, comme ils l'ont si bien relevé, les actes de cautionnement litigieux avaient été donnés après l'entrée en vigueur des règles OHADA y relatives. Il était donc inapproprié et contraire à l'esprit de l'article 10 précité de conclure que, puisque lesdits cautionnements avaient été pris en application d'un texte de droit interne, en l'occurrence le décret n°95-637 du 29 août 1995 régissant les activités des exportateurs de café et de cacao, leur validité devait s'apprécier au regard de ce droit national, indépendamment du fait que ces cautionnements aient été conclus après l'entrée en vigueur de l'AUS. En statuant que « *les actes litigieux sont valables conformément au décret* », la cour d'appel allait à contre courant de la position jurisprudentielle majoritaire (*CA de Niamey, 8 décembre 2000, Sanak Dan Nona contre Hamidou Abou, www.ohada.com/ohadata J-02-33; CA de Douala, 15 mai 2000, Société Soccia, RCDAn° 12, janvier-février 2001, note G. Kenfack Douajni ; CA de Port-Gentil, 9 décembre 1999, Société Kossi, Revue Pénant 2001, p. 345, www.ohada.com, ohadata J-02-45; CA de port Gentil, 28 avril 1999, Société E.F.G., Revue Penant 2001, p. 144, www.ohada.com, ohadata, J-02-151*) et ne pouvait que voir son arrêt cassé pour violation de l'article 10 du traité OHADA. Inversement, il apparaît que c'est à juste titre que le TPI d'Abidjan avait conclu à l'application des dispositions de l'AUS en l'espèce, position que la CCJA a confirmé.

En effet, comme a eu à le relever la CCJA, « *En vertu du principe de la supranationalité qu'il consacre, l'article 10 du Traité qui prévoit l'application directe et obligatoire des Actes uniformes dans les Etats Parties ...contient bien une règle relative à l'abrogation du droit interne par les Actes uniformes* » (*CCJA, avis n°001/2001/EP du 30 avril 2001, www.ohada.com, ohadata J-02-04, op. cit. ; voir également : CCJA, n° 012/2002 du 18 avril 2002, affaire Société Elf oil Côte d'Ivoire contre société Cotracom, www.ohada.com, ohadata, J-02-65*). Par la même occasion, la portée de cet effet abrogatoire a été indiquée. Sauf dérogation prévue par les actes uniformes eux-mêmes, l'effet abrogatoire de l'article 10 concerne d'une part l'abrogation de tout texte législatif ou réglementaire de droit interne présent, ou l'interdiction de tout texte législatif ou réglementaire de droit intérieur à venir. D'autre part, cette abrogation concerne toutes les dispositions de droit interne ayant le même objet que celles des actes uniformes, qu'elle soit contraire ou identique. Dans ce sens, les "dispositions contraires" s'entendent de tout texte législatif ou réglementaire contredisant dans la forme, le fond ou l'esprit, les prévisions d'un Acte uniforme (*CCJA, avis n°001/2001/EP du 30 avril 2001, op. cit.*).

Par ailleurs, indépendamment de l'article 10 du traité, l'effet abrogatoire des Actes uniformes est très souvent rappelé par chaque Acte. En ce qui concerne l'AUS, il est explicitement prévu par l'article 150 alinéa 1er aux termes duquel « *sont abrogées toutes les dispositions antérieures contraires* » à celles qu'il contient. Or le décret n° 95-637 du 29 août 1995, en donnant, par son silence sur la forme des cautionnements exigés, une grande marge d'action à la liberté contractuelle des parties à un cautionnement, était, dans son esprit, contraire aux exigences de l'AUS qui, de son côté, opte pour un minimum de formalisme en la matière.

Sur de telles bases, il est légitime de reprocher aux juges de la cour d'appel d'Abidjan d'avoir fait, dans l'affaire Afrocom, une lecture et une application marginales de l'article 150 alinéa 1er de l'AUS, qui rentre dans le sillage de l'article 10 du traité OHADA. En réalité, il n'existe aucune ambiguïté sur le fait qu'au regard de la règle de l'application directe et obligatoire des Actes uniformes et de l'effet abrogatoire de ces derniers, le droit interne, en l'occurrence le décret n°95-637 du 29 août 1995, ne pouvait être appliqué pour apprécier la validité des actes de cautionnement en l'espèce. Ses dispositions explicites et implicites relatives à la forme des cautionnements dont il exigeait la constitution avaient purement et simplement été abrogées depuis l'entrée en vigueur de l'AUS, dont les règles en la matière sont en outre impératives.

B.... Du fait de la nature impérative des dispositions relatives au champ d'application de l'AUS et à la validité des cautionnements

Sans préjudicier à la primauté des règles qu'il fixe, un Acte uniforme peut décider, explicitement ou tacitement, de laisser libre cours au droit national des Etats membres ou à la volonté des parties à une transaction. En de telles circonstances, le droit OHADA édictera des règles supplétives qui, tout en conservant leur supranationalité, donneront soit au droit interne, soit à la volonté des parties, la faculté d'y déroger. L'AUS contient un certain nombre de dispositions supplétives. Pour rester dans le cadre du cautionnement, l'on peut citer son article 10 qui stipule que ce contrat est réputé solidaire, sauf stipulation contraire expresse des parties ou disposition contraire de la loi d'un Etat membre.

Mais inversement, et cela est récurent en droit OHADA, les Actes uniformes peuvent n'édicter, sur certains points, que des règles impératives excluant toute possibilité d'y déroger soit du fait du législateur national, soit du fait d'une convention des parties.

De par sa clarté, le discours du législateur OHADA précise sans équivoque qu'aussi bien les dispositions de l'AUS relatives aux contrats rentrant dans son champ d'application que celles régissant la validité des cautionnements sont de la seconde catégorie de règles, c'est-à-dire celle des règles impératives.

S'agissant premièrement de l'affirmation de la nature impérative de la délimitation du champ d'application de l'AUS, elle découle explicitement de la lecture de son article 150. D'après cet article, toutes les sûretés conclues à partir du 1er janvier 1998 sont obligatoirement soumises aux dispositions de l'AUS, dans la mesure où « *Celui-ci n'est applicable qu'aux sûretés consenties ou constituées après son entrée en vigueur* » (*article 150 alinéa 1 in fine, AUS*). A l'opposée, courant le risque de se reprendre, le législateur, dans un souci de clarté, précise à l'alinéa 2 du même article que « *les sûretés consenties ou constituées ou créées antérieurement au présent Acte uniforme et conformément à la législation alors en vigueur restent soumises à cette législation jusqu'à leur extinction* ».

En reconsidérant les faits de l'arrêt n° 18/2003 annoté, il est constant que les actes de cautionnement litigieux n'avaient nullement été consentis, constitués ou créés avant l'entrée en vigueur de l'AUS. Ils rentraient donc inéluctablement dans le champ d'application de ce texte. Par ce seul fait, la nature impérative des règles de délimitation du champ d'application de l'AUS les soumettait au droit OHADA, écartant *ipso facto* le recours au droit interne pour en apprécier la validité. Ainsi, en argument que « les actes de caution dont la nullité est invoquée ont été établis les 6 octobre et 18 novembre 1998 ; que le traité OHADA relatif aux sûretés étant entré en vigueur le 1er janvier 1998, il est manifeste qu'il est applicable aux actes litigieux conformément à l'article 150 alinéa 1 de l'Acte uniforme », les juges du TPI avaient fait une bonne application du droit.

La solution est logique : pour que le droit national puisse s'appliquer à ces contrats, il aurait fallu, non seulement que ceux-ci trouvent leur fondement dans un texte national, mais surtout qu'ils aient été constitués avant l'entrée en vigueur de l'AUS, conformément à l'article 150 alinéa 2 dudit Acte uniforme. La position de la cour d'appel en l'espèce allait d'ailleurs à contre courant de la tendance générale, dans la mesure où l'article 150 alinéa 2 en cause avait jusque là fait l'objet de plusieurs applications jurisprudentielles (*voir, en matière d'hypothèque : CA du Centre, n°414/ Civ du 02 juillet 2003, Sté CERAC SARL c. La Sté des recouvrements des créances du Cameroun, www.ohada.com, Ohadata J-04-202; Tribunal régional hors classe de Dakar, ord. du 7 octobre 2002, Abdou Gueye c. Crédit Lyonnais et Sénégal auto, ohadata J-03-217 et ohadata J-05-50 ; en matière de droit de rétention : Cour d'appel de Dakar, Chambre civile et commerciale 1, arrêt du 16 février 2001, Maregel c. Sérigne Moustapha Mbacké, ohadata J-06-121 ; et en matière de cautionnement : Tribunal régional hors classe de Dakar, n°253 du 4 février 2003, Emmanuel Senghor et Collette Dioh c. S.C.P Tall & Associés, ohadata J-05-34*). Fort heureusement, cette juridiction a eu l'occasion de se rattraper ultérieurement dans une autre affaire, en faisant cette fois là une bonne application de l'article 150, et particulièrement de son alinéa 2 (*CA d'Abidjan, arrêt n°106 du 23 janvier 2004, la Société havraise de commerce c. la BACI, Ohadata J-04-487 ; dans le même sens, CCJA, n°29 du 15 juillet 2004, affaire Fadiga bank of Africa Côte d'ivoire dite BOCA-CI , Jurisprudence commentée de la CCJA, n° 1, octobre 2005, obs. Félix Onana Etoundi, p. 7, ohadata, J-04-387, note Mathurin Brou Kouakou*).

S'agissant en second lieu du caractère impératif des dispositions de l'AUS relatives à la validité des cautionnements, il est consacré *expressis verbis* par l'article 4 dudit Acte uniforme. A titre de rappel, l'alinéa 1er de cet article dispose que « *le cautionnement ne se présume pas, quelle que soit la nature de l'obligation garantie. A peine de mutité, il doit être convenu de façon expresse entre la caution et le créancier* ». Cet alinéa n'a point été mis en cause en l'espèce. Les cautionnements litigieux avaient bel et bien été expressément consentis par Ecobank et par la BACI à la CSSPPA. On en veut pour preuve l'existence d'une convention sur le fonctionnement de ces cautions. Le problème se situait dès lors au niveau des autres conditions de validité.

Certaines de ces autres conditions sont fixées par l'alinéa 2 du même article 4 de l'AUS ainsi rédigé : « *Le cautionnement doit être constaté dans un acte comportant la signature des deux parties et la mention, écrite de la main de la caution, de la somme maximale garantie, en toutes lettres et en chiffres* ». On le constate, contrairement au précédent, cet alinéa ne se termine pas par une sanction. Les parties avaient-elles vu en cela une simple faculté en l'espèce ? Il n'est pas inopportun de l'envisager, dans la mesure où, en se référant uniquement à la nature expresse de leur accord de cautionnement consigné dans la convention de vente de café et de cacao en date du 24 avril 1996, Ecobank et la BACI avaient simplement consenti les cautionnements litigieux, sans confectionner ni signer d'actes de cautionnement. Dans le même sens, les cautions n'avaient pas écrit de leur main la somme maximale garantie pour chaque engagement.

Pourtant, une analyse du texte de l'alinéa 2 permet aisément de conclure qu'en utilisant le verbe « devoir » pour préciser la forme du cautionnement, le législateur OHADA ne voulait nullement consacrer une faculté en la matière. La prévision d'une sanction, qui fait défaut à cet alinéa, n'enlève en pratique rien à la nature impérative de la condition édictée. Dès lors, comme l'a si bien révélé la CCJA, en écartant l'application de l'AUS, la cour d'appel a violé les prescriptions légales, et particulièrement celles de l'article 4 alinéa 2 dont elle a indirectement remis en cause la nature impérative.

Par ailleurs, la nature impérative des conditions de validité du cautionnement découle une fois de plus explicitement de l'article 4 alinéa 4 de l'AUS qui prend le soin de préciser la portée desdites conditions en prévoyant son application même aux cautionnements ayant un fondement légal ou judiciaire. Selon cet alinéa, « *les dispositions du présent article s'appliquent également au cautionnement exigé par la loi de chaque Etat partie ou par une décision de justice* ». En prévoyant explicitement que les conditions de validité des conventions de cautionnement édictées à l'article 4 de l'AUS s'appliquent également aux cautionnements exigés par la loi de chaque Etat partie, l'alinéa 4 de cet article devient, dans l'arrêt 18/2003 du 19 octobre 2003, le fondement immédiat de l'application du droit OHADA aux actes litigieux. Sa précision, opportune au regard des faits de l'espèce, n'aurait en tant normal pas dû échapper aux juges de la cour d'appel d'Abidjan qui devaient en tirer toutes les implications. Ce d'autant plus que, comme ont eu à le relever les juges du TPI, le droit national en l'espèce ne précise pas les formes des actes de cautionnement qui sont donc soumis à l'AUS. En effet, si le décret ivoirien exige la constitution d'une caution pour les activités d'exportation de café et de cacao, les conditions de validité de ladite caution demeurent celles prévues par la loi applicable, laquelle est depuis le 1er janvier 1998 l'AUS, et notamment son article 4. Il est donc évident que l'argument de défense au pourvoi de la CSSPPA, selon lequel les actes litigieux échappent au champ de l'AUS parce qu'ils ont été pris en application du décret n° 95-637 du 23 août 1995, ne pouvait prospérer.

Il s'ensuit que les actes de cautionnement non conformes aux prescriptions du droit des sûretés OHADA ne pouvaient être qu'annulés.

II. L'annulation conséquente des actes de cautionnement non-conformes aux prescriptions du droit OHADA

De la solution donnée par la CCJA dans l'affaire commentée, il découle que, conformément aux prescriptions de l'article 4 de l'AUS, les actes de cautionnement constitués ou consentis après le 1er janvier 1998 et qui ne contiennent ni la signature des parties, ni la mention manuscrite de la somme maximale garantie par la caution, sont nuls et de nul effet. En statuant de la sorte, la Haute juridiction vient non seulement préciser le fondement et la portée de la nullité ainsi prévue (A), mais également sa nature juridique (B).

A. Le fondement de la nullité : une conception extensive du formalisme en matière de cautionnement.

L'unanimité s'est vite faite sur la nécessité et l'opportunité du formalisme institué en matière de cautionnement par l'Acte uniforme portant organisation des sûretés. Cependant, si le principe de ce formalisme était acquis, des incertitudes, voire des divergences subsistaient jusque là à propos de son étendue.

En doctrine, deux conceptions sur l'étendue du formalisme institué par l'article 4 de l'AUS se sont distinguées. Dans la première, se retrouvaient les auteurs qui voyaient dans cette nullité une sanction de l'inobservation de l'une quelconque des conditions édictées par cet article. Selon les tenant de cette thèse dite large ou extensive du domaine de ladite nullité, bien que cette sanction ne soit prévue qu'à l'article 4 alinéa 1, elle vaut également pour toutes les conditions édictées par les autres alinéas du même article. Pour eux, il ne s'agit ni plus ni moins que d'une sanction du formalisme exigé en matière de cautionnement par le droit OHADA (*Cf. F. Anoukaha, Le droit des sûretés dans l'Acte uniforme OHADA, PUA, 1998, p. 35 ; A. Sakho et I. Ndiaye, Pratique des garanties du crédit, Revue africaine de banque, 1998, p. 17*). De l'autre côté, se trouvaient les tenants de la conception restrictive du domaine de la nullité de l'article 4 alinéa 1 de l'AUS. Pour ces derniers, cette sanction ne vaudrait que pour le caractère exprès de la convention de cautionnement et ne saurait être étendue à l'ensemble des prescriptions de l'article 4 dudit Acte uniforme (*V. J. Issa-Sayegh et autres, OHADA. Sûretés, Bruylant, Bruxelles, 2002, n° 28 à 30*).

Sur le plan jurisprudentiel, c'est avec l'affaire Afrocom, objet du présent commentaire, que les juges africains ont eu pour la première fois l'occasion de se prononcer sur la question de l'étendue du domaine de la sanction du formalisme relatif au cautionnement. Toutefois, leur position est demeurée la même que sous l'ancien droit, du moins en ce qui concerne l'exigence relative à la mention par la caution de la somme maximale garantie. En effet, bien avant l'examen des actes de cautionnement sous le prisme du droit OHADA, les juridictions nationales avaient eu l'occasion de se prononcer sur la sanction de l'irrégularité inhérente aux cautionnements qui ne contenaient pas la mention du montant précis des sommes cautionnées. Dans ce sens, l'on peut citer la décision rendue par la Cour suprême de Côte d'Ivoire en 2001 dans l'affaire SOCGIEX-CI et PREMOTO contre BICICI, relative à la validité des cautionnements non soumis au droit OHADA. Dans cette affaire, il fut décidé que le cautionnement qui se contente d'indiquer que celui-ci est donné « *à hauteur de tous les engagements visés par le présent acte* » viole l'article 1326 du Code civil et n'est pas régulier. Qu'en effet, « *en vertu de l'article 1326, il était impératif que la caution précisât dans les actes dont il s'agit, en lettres comme en chiffres, le montant de la somme* » pour laquelle elle s'engageait (*CS de Côte d'Ivoire, chambre judiciaire, n°137/2001 du 15 mars 2001, www.ohada.com, Ohadata, J-04-67*).

Les tribunaux ont donc gardé le cap sous le droit OHADA. C'est en effet dans la même logique qu'ont abondé les juges du tribunal de première instance d'Abidjan lorsqu'ils se sont prononcés au premier degré, en retenant que l'acte de cautionnement qui ne comporte pas la signature du créancier est nul (*TPI d'Abidjan, jugement n° 51 du 22 mars 2001, Afrocom contre Ecobank, BACI et CSSPPA, Ohadata J-02-22*). D'ailleurs, ceux-ci seront plus tard rejoints par les juges de la CCJA qui, appelés à se prononcer en cassation sur l'issue dudit litige, concluront que les actes de cautionnement critiqués en l'espèce ne comportant ni la signature de la bénéficiaire, ni la mention écrite de la main de la caution de la somme maximale garantie, ils doivent être annulés pour violation de la loi. En statuant de la sorte, la CCJA rend une décision de principe en droit OHADA, et consacre, à la suite des juges du fond, la conception extensive du domaine de la nullité prévue par l'article 4 de l'AUS.

L'on retiendra dès lors que, dans son étendue, la nullité maladroitement prévue à l'article 4 alinéa 1 *in fine* de l'AUS sanctionne indifféremment et distinctement le non respect du caractère exprès du cautionnement (*voir TGI de Ouagadougou, n° 424/2005 du 28 septembre 2005, Entreprise Dilbgolongo Boureima contre Nare Mouiri et Nabole Rosalie, ohadata J-07-106 ; TPI de Gagnoa, n°79 du 4 juin 2003, O. contre V., Le Juris ohada n° 3/2004, juillet-octobtre 2004, p. 41, ohadata, J-04-388*), l'absence de signature de l'acte de cautionnement par les parties contractantes (*TPI d'Abidjan, n° 51 du 22 mars 2001, Afrocom contre Ecobank, BACI et CSSPPA, op. cit., ohadata J-02-22*) et l'absence de la mention manuscrite de la caution relative à la somme maximale garantie. Sur ce dernier point, la Haute juridiction sera d'ailleurs ultérieurement suivie par les juges du fond. C'est ainsi que le TPI de Yaoundé-Centre administratif soulignera expressément que le défaut d'indication par la caution, dans l'acte de cautionnement, de la somme maximale garantie, constitue une cause de nullité conformément à l'article 4 de l'AUS (*TPI de Yaoundé centre administratif, ord. n° 794/C du 8 juillet 2004, Tioma Hélène, Kamche Sarl contre Mme Chembou Annie, Sobze Emilienne et autres, ohadata, J-04-418*).

La consécration de conception extensive du domaine de la nullité de l'article 4 de l'AUS est donc devenue une constance jurisprudentielle. Mais en se prononçant de la sorte sur le fondement et l'étendue de cette sanction, la Haute juridiction en a implicitement confirmé la nature.

B. La nature de la nullité : une nullité absolue ou d'ordre public

En droit commun, l'un des intérêts attachés la nature juridique de la nullité d'un acte réside dans la détermination des titulaires du droit d'agir en nullité. La qualité pour agir sera généralement réservée aux personnes protégées par la condition non observée dans les hypothèses de nullité relative, alors qu'elle sera étendue à d'autres acteurs en cas de nullité absolue, dès lors que ceux-ci justifieront d'un intérêt légitime.

Découlant implicitement des prétentions des parties au pourvoi introduit devant la CCJA, la question de la nature de la nullité sanctionnant l'inobservation des conditions de validité du cautionnement prévues par l'article 4 de l'AUS a été l'une de celles posées à titre principal aux juges du fond et, notamment à ceux du TPI dans l'affaire société Afrocom. Elle sous-tendait l'argumentation de la défenderesse à l'assignation, la CSSPPA, qui avait soulevé *in limine litis* l'irrecevabilité de la demande de sa débitrice au motif que celle-ci n'avait pas qualité pour agir, parce qu'étant tiers à la convention de cautionnement la liant aux banques. Plus explicitement encore, la CSSPPA a soutenu que « la nullité soulevée est relative car créée dans l'intérêt du créancier et de la caution » (*voir TPI d'Abidjan, jugement n°51 /2001 du 22 mars 2001, Afrocom conte CSSPA, Ecobank-CI et BACI, op. cit.*). Cela signifiait en d'autres termes que l'action en nullité de la Société Afrocom devait être déclarée irrecevable par les juges dans la mesure où, en admettant éventuellement l'application du droit OHADA aux actes de cautionnement litigieux, la nullité qui sanctionne l'inobservation des conditions de forme desdits actes est en droits des sûretés OHADA une nullité de protection (relative), et donc ne devrait pouvoir être évoquée que par les parties contractantes.

En retenant qu'en dépit du fait qu'elle soit tiers au contrat de cautionnement, la société Afrocom, en sa qualité de débitrice principale, a intérêt à contrôler la régularité des actes de caution, et sur ce fondement, a qualité pour agir en annulation des actes irréguliers, les juges du TPI ont tacitement opté pour la nature d'ordre public de la nullité consacrée par l'article 4 précité. Cette conclusion est confortée par le fait que théoriquement, en droit civil, seules les hypothèses de nullités absolues (encore dites d'ordre public) confèrent à un tiers au contrat qui justifie d'un intérêt quelconque le droit d'agir en nullité. Par conséquent, en statuant comme il l'a fait, et ce en dépit de sa motivation étriquée et imprécise sur la réalité de l'intérêt qu'avait Afrocom à agir, le TPI a affirmé la nature d'ordre public de la nullité prévue à l'article 4 de l'AUS.

Cette solution a par ailleurs été subsidiairement confirmée par la CCJA qui, non seulement a reçu le pourvoi de la société Afrocom et fait droit à sa demande de cassation de l'arrêt de la cour d'appel d'Abidjan, mais encore, a prononcé lors de son évocation la nullité des actes de cautionnements constitués après l'entrée en vigueur de l'AUS, au profit de la demanderesse, pourtant tiers à ces contrats.

Cela réservé, on peut s'interroger sur le point de savoir quels sont les fondements du caractère d'ordre public de la nullité ainsi prononcée ? La CCJA n'y a pas ouvertement répondu. Néanmoins, plusieurs arguments peuvent être avancés pour conforter sa décision.

Le premier est la nature d'ordre public des dispositions de l'AUS en général, et de celles relatives à la forme des cautionnements en particulier. Cette nature impérative, convient-il de la rappeler, se dégage explicitement des articles 4 et 150 dudit Acte uniforme.

Le deuxième argument, connexe au premier, est relatif à la finalité des conditions de validité dont le respect est ainsi exigé. Contrairement au point de vue de la CSSPPA qui leur assignait comme finalité la protection des seules parties à l'acte de caution, il s'avère que le formalisme instauré par l'article 4 de l'AUS vise non seulement à protéger les intérêts du créancier et de la caution, mais plus globalement, à sécuriser les transactions commerciales et toutes les personnes qui y prennent part. Cette approche se justifie par la recherche de la sécurité juridique et judiciaire qui est un des objectifs de l'OHADA, et notamment si l'on jette un regard rétrospectif sur l'important contentieux d'antan sur la qualification et la preuve de l'existence du cautionnement.

Les autres arguments qui pourraient être avancés pour justifier la nature de la nullité prononcée tiennent leur source de la théorie générale des contrats. D'une part, la nullité de l'article 4 de l'AUS sanctionne l'inexistence de l'acte de cautionnement, du fait de l'absence de consentement. En effet, selon le législateur OHADA, pour qu'un cautionnement, acte bilatéral, soit valablement formé, il faut que chacune des parties donne son consentement de manière écrite, par le biais de sa signature. L'absence de signature équivaut dès lors à une absence de consentement et donc à l'inexistence de l'acte de cautionnement. Par conséquent, la nullité de l'article 4 en question sanctionne l'inexistence de l'acte de cautionnement, et non un vice de consentement (*voir Issa-Sayegh, note sous TPI d'Abidjan, jugement n° 51/2001 du 22 mars 2001, op. cit*). Il est donc opportun qu'elle puisse être évoquée par toute personne qui justifie d'un intérêt ; d'où sa nature d'ordre public.

D'autre part, le défaut d'indication, par la caution, de la somme maximale garantie équivaudrait à une imprécision de l'étendue de son obligation ou de son engagement. Or l'AUS fait de la précision du montant garanti une condition *sine qua non* de la validité de la convention de cautionnement. Bien plus, de par ses implications, une telle précision n'intéresse pas que les parties à la convention. Quoi de plus logique que la sanction d'une imprécision puisse être demandée par toute personne qui justifie d'un intérêt légitime ?

Quoi qu'il en soit, même si les juges ne se sont pas encore expressément prononcés sur la nature de la nullité prévue par l'article 4 de l'AUS, il ne fait aucun doute que pour la jurisprudence, la signature des parties et la mention manuscrite exigée de la caution sont des « *formalités substantielles* » dont l'omission « *conduit irrémédiablement à la nullité du cautionnement* » (*TPI de Yaoundé-Centre administratif, ord. n° 794/C, 8 juillet 2004, affaire Tioma Hélène, Kamche Sarl c. Mme Chembou Annie et autres, ohadata, J-04-418*).

Au regard de ce qui précède, on peut conclure que la nature d'ordre public de la nullité des actes de cautionnement non conformes aux prescriptions de l'article 4 de l'AUS illustre la prise en compte de la mission sécuritaire du droit uniforme OHADA. La CCJA, en sanctionnant le non respect de la supranationalité et de l'application immédiate des Actes uniformes dans l'arrêt annoté n'ouvre d'ailleurs que pour l'atteinte de cette mission …

Joseph-Alain Batouan Bouyom,
Assistant, Université de Yaoundé II.

Quatrième partie

DROIT DES PROCEDURES COLLECTIVES D'APUREMENT DU PASSIF

CCJA, arrêt n°007/2008, 28 février 2008
Société de Fournitures Industrielles du Cameroun dite SFIC SA
c/ Liquidation Banque Méridien BIAO Cameroun

(...)

Vu les dispositions des articles 13 et 14 du Traité relatif à l'harmonisation du droit des affaires en Afrique ;

Vu les dispositions du Règlement de procédure de la Cour commune de justice et d'arbitrage de l'OHADA ;

Attendu que l'examen des pièces du dossier de la procédure relève que par ordonnance n° 177 rendue le 05 janvier 2006 par le président du tribunal de grande instance du Wouri à Douala, le liquidateur judiciaire de la Méridien BIAO Cameroun était autorisé à « procéder exceptionnellement au règlement intégral de la créance de la Société de Fournitures Industrielles du Cameroun en abrégé SFIC S.A, B.P. 1084 Douala -Cameroun » ; qu'en exécution de ladite ordonnance, le compte n° 207069-01-J de la liquidation BMBC, ouvert dans les livres de la Commercial Bank of Cameroon (CBC), avait été débité le 12 janvier 2006 de la somme de 714.609.147 francs cfa ; que le parquet général de la cour d'appel du Littoral et le président du tribunal de grande instance du Wouri, juge-commissaire chargé de la liquidation de la BMBC, avait fait prendre des mesures conservatoires pour sécuriser les fonds ainsi prélevés par leur cantonnement ; qu'estimant par la suite que le fonctionnement courant de la liquidation BMBC ne saurait davantage être bloqué par le manque de moyens financiers et que le délai de règlement préalablement annoncé aux créanciers de la liquidation BMBC était largement dépassé, le Président du tribunal de grande instance de Douala et juge-commissaire de la liquidation BMBC rendait le 06 février 2006 l'ordonnance n° 246/PTGI/DLA, objet du présent recours en cassation ;

Sur la recevabilité du pourvoi

Vu les articles 40 alinéa 3 et 216-2° de l'Acte uniforme portant organisation des procédures collectives d'apurement du passif ;

Attendu que la liquidation banque Méridien BIAO Cameroun, défenderesse au pourvoi, demande à la cour de céans, dans son mémoire en défense reçu au greffe le 10 mars 2006, de déclarer le pourvoi irrecevable au motif que c'est au mépris des dispositions de l'article 40 alinéa 3 de l'Acte uniforme susvisé que la SFIC S.A a formé ledit pourvoi ; que la seule voie de recours ouverte contre l'ordonnance n° 246/PTGI/W/DLA du 06 février 2006 est l'opposition ; que c'est la décision rendue sur opposition qui sera à son tour susceptible d'appel et que l'arrêt rendu pourra faire l'objet d'un pourvoi devant la cour de céans; qu'or il ne ressort nulle part que l'ordonnance n° 117/PTGI/W/DLA du 05 janvier 2006 a été rendue sur opposition à l'ordonnance n° 177/PTGI/W/DLA du 05 janvier 2006 ; que de même, il ne saurait être soutenu que la juridiction compétente s'est saisie d'office, dès lors qu'il est indéniable qu'il s'est écoulé plus d'un mois (au lieu de 08 jours au plus) entre les ordonnances n°117/PTGI/W/DLA du 05 janvier 2006 et n° 246/PTGI/W/DLA du 06 février 2006 ;

Attendu que les articles 40 alinéa 3 et 216. 2° de l'Acte uniforme susvisé disposent respectivement que « elles (décision du juge-commissaire) peuvent être frappées d'opposition formée par simple déclaration au greffe dans les huit jours de leur dépôt ou de leur notification ou suivant le délai prévu à l'alinéa premier du présent article. Pendant le même délai, la juridiction compétente peut se saisir d'office et réformer ou annuler les décisions du juge-commissaire » et « ne sont susceptibles ni d'opposition, ni d'appel :

(...)

2° les décisions par lesquelles la juridiction compétente statue sur le recours formé contre les décisions rendues par le juge-commissaire dans les limites de ses attributions, à l'exception de celles statuant sur les revendications et sur les décisions prévues aux articles 162 et 164 ci-dessus ; ... »

Attendu que l'ordonnance n°246/PTGI/W/DLA du 06 février 2006 faisant l'objet du présent pourvoi avait été rendue par le président du tribunal de grande instance du Wouri à Douala en sa qualité de juge-commissaire chargé de la liquidation judiciaire de la Banque Méridien BIAO Cameroun (BMBC) ; que conformément aux dispositions susénoncées de l'article 40 alinéa 3 de l'Acte uniforme susvisé, ladite ordonnance soit pouvait être frappée d'opposition dans un délai de 8 jours, soit que la juridiction compétente, à savoir le tribunal de grande instance du Wouri à Douala pouvait, dans le même délai s'en saisir d'office et la réformer ou l'annuler ; que l'ordonnance attaquée n'étant donc ni une décision rendue sur opposition, ni une décision rendue sur saisine d'office par la juridiction compétente, lesquelles décisions ne sont susceptibles que de pourvoi en cassation conformément à l'article 216 précité de l'Acte uniforme susvisé, elle ne saurait prématurément faire l'objet de pourvoi en cassation devant le cour de céans ; qu'il suit que le pourvoi formé par le SFIC S.A contre l'ordonnance attaquée doit être déclaré irrecevable...

OBSERVATIONS

La procédure collective est une arène sur laquelle s'affrontent au principal les intérêts antagonistes du débiteur et de ses créanciers. Mais parfois, subsidiairement, les divers créanciers, dépouillés de leur droit aux poursuites individuelles (*L'art. 75 de l'AUPC pose ce principe, et lui accole cependant quelques exceptions dès l'ouverture de la procédure collective*), vont se livrer une rêche bataille dans laquelle seul compte le paiement, même parfois au mépris des droits des autres créanciers. Pourtant, c'est pour éviter les effets fâcheux d'un paiement au prix de la course que les procédures collectives trouvent l'une de leurs principales raisons d'être. Pour ce faire, tous les créanciers doivent être placés sur la même ligne de départ, au nom du principe de l'égalité lui-même sous-tendu par la légalité (*Voir sur la question Vasseur M., Le principe de l'égalité entre les créanciers chirographaires dans la faillite, Ed. Rousseau, 1949, Introduction, et Cabrillac M., Les ambiguïtés de l'égalité entre créanciers, in Mélanges en hommage à A. Breton et F. Derrida, Paris, Dalloz, 1991, p. 31*).

Il faut faire vite, car la moindre perte inutile de temps peut être fatale, et annihiler les chances d'un paiement même partiel des créanciers. Mais la célérité seule ne suffit pas. La procédure collective étant essentiellement judiciaire, elle n'échappe pas à l'exigence d'équitabilité attachée à tout procès judicaire. C'est dire que nonobstant la célérité, la procédure de la procédure collective se doit d'être équitable et juste (*Voir Aubert F., La procédure des procédures collectives, in Procédures collectives et droit des affaires Morceaux choisis, Mélanges en l'honneur d'Adrienne Honorat, Ed. Frison-Roche, nov. 2000, pp. 7-16*), de telle sorte que toute violation des règles procédurales par simple maladresse ou en toute connaissance de cause se doit d'être sanctionnée, toujours par application des règles procédurales légales.

Tel est l'enseignement principal qui se dégage de l'arrêt n° 007/2008 du 28 février 2008 rendu par la CCJA. En l'espèce, les comptes de la liquidation des biens (liquidation judiciaire) de la banque Méridien BIAO Cameroun (BMBC) avaient été ouverts dans les cahiers comptables de la Commercial bank of Cameroon (CBC). Par une ordonnance n°177 rendue le 5 janvier 2006 par le président du tribunal de grande instance à Douala, le syndic (liquidateur judicaire) de la BMBC avait été autorisé à procéder exceptionnellement au règlement intégral de la créance de la Société de Fournitures Industrielles du Cameroun (SFIC). Ce paiement d'un montant de 714 609 147 francs CFA avait été débité le 12 janvier de la même année sur le compte de la BMBC auprès de la CBC.

Par la suite, ayant remarqué que le fonctionnement courant de la liquidation des biens de la BMBC était paralysé par ce débit, et que le délai de règlement auparavant annoncé aux autres créanciers de cette banque était largement dépassé, le président du tribunal de grande instance du Wouri à Douala s'était rebiffé, en rendant le 6 février 2006, soit environ un mois plus tard, l'ordonnance n° 246/PTGI/W/DLA, par laquelle il autorisait la CBC à extourner sans délai le débit du 12 janvier 2006 précédemment autorisé, les fonds ayant été sécurisés par leur cantonnement sous les soins du parquet général de la cour d'appel du Littoral.

Alors que, sans attendre que le juge-commissaire se soit rétracté, ce paiement aurait dû logiquement être critiqué par les autres créanciers de la BMBC comme étant une rupture inique de l'égalité qui doit prévaloir entre eux, ou alors comme étant une violation flagrante des règles de suspension des poursuites individuelles après l'ouverture de la procédure de liquidation des biens (*art .75, AUPC*), et la remise en cause illégale du caractère collectif de la procédure collective, la SFIC désormais bénéficiaire infortunée de ce paiement, a entrepris de critiquer cette rétractation opportune. Le 10 mars 2006, elle a immédiatement saisi la CCJA en cassation de l'ordonnance n° 246/PTGI/W/DLA du 6 février 2006, en lui demandant le maintien du paiement qui pour elle avait été injustement extourné. Pour la liquidation de la BMBC, défenderesse au pourvoi, cette saisine était prématurée et opérée en violation de l'art. 40 al. 3 de l'AUPC, selon lequel la seule voie de recours ouverte contre une ordonnance du juge-commissaire est l'opposition, à moins que la juridiction compétente se soit saisie d'office.

La Haute cour était ainsi appelée à se prononcer sur la question de savoir quelles sont les voies de recours ouvertes contre une ordonnance d'un juge-commissaire ? Autrement dit, peut-on, sans avoir violé l'esprit et surtout la lettre de l'art. 40 al. 3 de l'AUPC, se pourvoir directement en cassation contre une ordonnance d'un juge-commissaire ?

Répondre à cette question par l'affirmative reviendrait à dire que lorsque la juridiction compétente ne se sera pas saisie d'office, l'opposition comme voie de recours contre les ordonnances du juge-commissaire serait exclusive. C'est du moins ce qu'affirme avec force et détail la CCJA dans cet arrêt, lorsqu'elle déclare irrecevable le pourvoi de la SFIC SA.

Toutefois, certains termes utilisés par les parties et repris par la Haute cour relèvent de l'ancien droit tel qu'il était applicable dans la plupart des pays membres de l'OHADA avant l'entrée en vigueur de l'AUPC, et laissent entièrement en friche certaines questions sur lesquelles la CCJA, lanterne juridictionnelle de l'OHADA, aurait dû apporter des précisions. Il peut en effet paraître curieux et embarrassant de remarquer que la CCJA utilise dans la prose d'un Arrêt des termes tels *« liquidation judiciaire »*, et *« liquidateur judiciaire »*, dont on sait qu'ils sont aujourd'hui dépassés. Aussi, si la CCJA donne une réponse justifiée sur la question explicite et centrale qui lui avait été posée (I), on note en revanche qu'elle garde un silence couard sur les questions implicites et périphériques qui se posaient dans cet Arrêt, mais que les parties ne lui avaient pas expressément posées (II).

I. Une réponse justifiée sur la question explicite et centrale

Cette question explicite est celle qui ressort des différents arguments et prétentions des parties. C'est celle de savoir si on peut, sans avoir formé un recours en opposition contre une ordonnance du juge-commissaire, se pourvoir directement en cassation. A cette question, la CCJA répond nenni, en précisant péremptoirement que « *l'ordonnance attaquée n'étant donc ni une décision rendue sur opposition, ni une décision rendue sur saisine d'office par la juridiction compétente, lesquelles décisions ne sont susceptibles que de pourvoi en cassation conformément à l'art. 216 précité de l'Acte uniforme susvisé, elle ne saurait prématurément faire l'objet de pourvoi en cassation devant la cour de céans ; qu'il suit que le pourvoi formé par la SFIC SA contre l'ordonnance attaquée doit être déclaré irrecevable* ». La recevabilité de la requête devant la CCJA est donc subordonnée à l'exercice préalable de deux possibilités de recours contre les ordonnances du juge-commissaire : soit qu'elles fassent l'objet d'une opposition (A), soit qu'en vue de les réformer, la juridiction compétente se saisisse d'office (B).

A. Les ordonnances du juge-commissaire peuvent faire l'objet d'opposition

L'art. 40 § 3 de l'AUPC dispose que les décisions du juge-commissaire « *peuvent être frappées d'opposition formée par simple déclaration au greffe dans les huit jours de leur dépôt ou de leur notification ou suivant le délai prévu à l'alinéa premier du présent article (…)* ». Dans le cas d'espèce, la liquidation de la BMBC n'avait pas trouvé utile de saisir la juridiction compétente de son recours en opposition. Au contraire, peut-être parce qu'elle voulait la célérité au regard de leurs intérêts égoïstes en péril, elle a trouvé opportune d'escamoter cette étape pourtant nécessaire, pour saisir directement la CCJA. Cette attitude des conseillers de la liquidation de la BMBC était bien curieuse, ce d'autant plus que l'art. 40 de l'AUPC qui traite des voies de recours contre les décisions du juge-commissaire ne mentionne nulle part le pourvoi en cassation, ni expressément, ni même implicitement. Peut-être aussi que la simple envie d'élever très haut le contentieux peut être avancée pour justifier ce zèle.

Mais quelles que soient les raisons, elles laissent intactes les interrogations qui se posent sur la nature juridique de cette voie de recours contre les décisions du juge-commissaire. En effet, l'opposition dont il est question à l'article 40 de l'AUPC ne semble pas répondre aux conditions de l'opposition classique telle qu'elle est envisagée dans les procédures judiciaires classiques.

Par définition, l'opposition peut se comprendre comme étant une voie de recours ordinaire de droit commun et de rétractation ouverte au plaideur contre lequel une décision par défaut a été rendue, laquelle lui permet de saisir derechef le tribunal qui a déjà statué en son absence, afin que l'affaire soit à nouveau jugée (*Guillien R., Vincent J., Lexique des termes juridiques, Paris, Dalloz, 1998, p. 322*). Autrement dit, l'opposition n'est ouverte qu'au profit de la partie qui était absente au procès, laquelle doit porter son recours devant le juge qui vient de statuer.

Le recours issu de cet article 40 ne remplit aucune de ces conditions. Le problème se complique davantage lorsqu'on considère qu'il ne subordonne l'exercice de ce recours à aucune condition autre que celle du délai de 8 jours, ce qui peut suggérer à première analyse l'idée de revenir aux conditions classiques de l'opposition quant aux autres conditions, lesquelles ne semblent naturellement pas être réunies.

D'une part, en ce qui concerne les conditions d'avoir été absent au procès et de n'avoir pas été représenté, l'article 40 cité plus haut ne semble pas l'exiger. En effet, l'article 42 de l'AUPC traite de la révocation du syndic. Il est prévu que le juge-commissaire reçoit les réclamations des parties à cet effet, et dispose d'un délai de huit jours à compter de sa saisine pour statuer. L'avant dernier paragraphe de cet article 42 prévoit que si au terme de ce délai le juge-commissaire n'a pas statué, les parties peuvent se reporter auprès de la juridiction compétente. Si par contre il a statué, sa décision peut faire l'objet d'une opposition devant la juridiction compétente dans les conditions de l'article 40 du même texte, qui prévoit que la juridiction compétente peut se saisir d'office dans le même délai. Ainsi, il n'est exigé nulle part que l'opposant ait été absent ou n'ait pas été représenté à l'audience du juge-commissaire. Présents et absents peuvent s'opposer à cette décision auprès de la juridiction compétente dans un délai de huit jours. C'est le cas par exemple lorsqu'il y a des revendications sur l'ordre des licenciements pour motif économique (*article 111, AUPC*).

D'autre part, en ce qui concerne la compétence, il est évident à la lecture des articles 40 et suivants de l'AUPC que l'opposition n'est pas portée devant le juge-commissaire de qui émane la décision, mais devant la juridiction compétente. On pourrait croire qu'il est naturel que l'opposition soit portée devant la juridiction compétente, quand on considère que le juge-commissaire agit en représentation de la juridiction compétente. Mais ce serait un leurre, puisque l'office du juge-commissaire est bien distinct de l'office de la juridiction compétente. Le juge-commissaire est d'ailleurs un organe intégré à la procédure dont il facilite le bon déroulement, alors que la juridiction compétente joue un rôle plus général de régulateur.

Dès lors, l'un et l'autre sont bien différents, si bien que la saisine de la juridiction compétente s'apparente bien en une élévation du contentieux. Il s'agit pour les parties de partir d'une instance inférieure, celle du juge-commissaire à une instance supérieure, celle de la juridiction compétente. L'opposition contre les décisions du juge-commissaire, vue sous cet angle, s'apparente plus à un appel contre ces décisions qu'à une opposition classique comme semble l'envisager le législateur de l'OHADA sur les procédures collectives, car cette opposition peut conduire la juridiction compétente à réformer les décisions du juge-commissaire (*article 40 § 3, AUPC*). Mais elle ne répond pas non plus de manière satisfaisante aux critères classiques de l'appel car cette voie de recours est formée auprès d'une cour, alors qu'ici il s'agira bien souvent d'un tribunal. D'ailleurs, le législateur de l'OHADA sur les procédures collectives en a été conscient, et c'est pour cela qu'il a prévu les effets de l'appel, même s'il a évité de baptiser le recours correspondant d'appel, et lui a préféré le vocable impropre d'« *opposition* ».

Finalement, il apparaît que le recours contre les décisions du juge-commissaire n'est ni l'opposition classique, ni l'appel au sens classique du terme. L'une et l'autre terminologie sont impropres pour qualifier ce recours. Il s'agit d'un recours *sui generis* qui emprunte les effets de l'appel classique et foule aux pieds les conditions de l'opposition classique. Dans tous les cas, lorsque ce recours est recevable, les parties sont placées au point de départ, de telle sorte que la décision du juge-commissaire est dénuée de toute force exécutoire.

Que ce recours soit appelé « *opposition* », « *appel* » ou tout autre nom, ce qui compte c'est le fond de la demande des parties, et son caractère obligatoire pour toutes les parties qui souhaitent élever les débats jusqu'à la CCJA. C'est du moins ce que précise la Haute juridiction lorsqu'elle rejette le pourvoi au motif que cette étape a été éludée par les parties. Toutefois, afin d'éviter un double emploi inconvenant, son exercice suppose que la juridiction compétente ne se soit pas saisie d'office de la même ordonnance.

B. La juridiction compétente peut se saisir d'office contre les ordonnances du juge-commissaire

L'art. 40 § 3 de l'AUPC dispose *in fine* que « *(...) la juridiction compétente peut se saisir d'office et reformer ou annuler les décisions du juge-commissaire* ». Pour des besoins de célérité, la juridiction compétente disposera d'un délai de 8 jours pour décider si elle se saisit d'office. L'AUPC ne précise pas à partir de quand ce délai de 8 jours commence à courir. On sait que lorsqu'il s'agit de former l'opposition, le même alinéa précise que le délai de 8 jours commence à courir à compter du dépôt de la déclaration de l'opposant, de la notification de l'Ordonnance ou de la saisine. Pour des besoins de célérité, on peut penser que le délai de 8 jours imparti à la juridiction compétente pour se saisir d'office contre les décisions du juge-commissaire commencera à courir dès que la décision aura été rendue, et qu'on appliquera ici les règles classiques de la computation des délais telles que prescrites par l'art. 218 de l'AUPC. D'ailleurs, l'al. 2 de l'art. 40 de l'AUPC va dans ce sens lorsqu'il précise que les décisions du juge-commissaire sont immédiatement déposées au greffe de la juridiction compétente, de telle sorte qu'on est fondé à croire que la juridiction compétente sous le contrôle de laquelle travaille le juge-commissaire, sera au courant de son contenu dans les plus brefs délais.

L'objet de la saisine d'office de la juridiction compétente est double : soit la réformation, soit l'annulation de la décision, alors qu'il semble bien que l'opposition n'aie d'autre objet que la réformation de la décision. En cas d'annulation de la décision du juge-commissaire, la décision est rétroactivement annulée, et les parties sont placées au point où elles étaient avant cette décision. Il appartient à la partie la plus diligente, sous réserve du respect des délais, d'engager si elle le désire, un nouveau procès à la base. Au contraire, en cas de réformation ou non, la partie qui n'aura pas eu gain de cause peut, si elle le désire, élever le contentieux.

Il n'est pas saugrenu de relever que la juridiction compétente dont il s'agit ici est celle auprès de laquelle la procédure collective a été ouverte, celle de laquelle relève le juge commissaire ayant rendu la décision querellée. Dès qu'elle se saisit d'office, cette juridiction devra statuer dans sa prochaine audience, et le juge-commissaire dont la décision sera ainsi enrôlée ne devra pas siéger. Il ne saurait en être autrement sans que ce juge-commissaire soit en même temps juge et partie, ou qu'il essaie de biaiser la décision que la juridiction compétente voudrait prendre.

Que la décision du juge-commissaire soit réformée à la suite d'une opposition ou d'une saisine d'office, ou qu'à la suite de cette saisine d'office la décision soit annulée, cette décision de la juridiction compétente ne sera susceptible ni d'opposition ni d'appel. En effet, selon l'art. 216 2° de l'AUPC, les décisions par lesquelles la juridiction compétente statue sur le recours formé contre les décisions rendues par le juge-commissaire dans les limites de ses attributions, à l'exception de celles statuant sur les revendications et sur les décisions prévues aux articles 162 et 164 du même texte, ne sont susceptibles ni d'appel, ni d'opposition. Ainsi, l'argumentaire de la défenderesse au pourvoi, la BMBC selon lequel « *c'est la décision rendue sur opposition qui sera à son tour susceptible d'appel, et que l'Arrêt rendu pourra faire l'objet d'un pourvoi devant la Cour de Céans* » se trouve être parfaitement erroné et en contradiction flagrante avec l'article 216 2° de l'AUPC suscité.

En précisant que « *l'Ordonnance attaquée n'étant donc ni une décision rendue sur opposition, ni une décision rendue sur saisine d'office par la juridiction compétente, lesquelles décisions ne sont susceptibles que de pourvoi en cassation conformément à l'art. 216 précité* », la CCJA tranche une question qui aurait fait l'objet de tergiversations. En effet, si cet article interdit l'opposition et l'appel contre les décisions de la juridiction compétente rendues dans ce sens, il ne prescrit pas non plus expressément que ces décisions peuvent faire l'objet d'un pourvoi en cassation, de surcroît directement devant la CCJA.

Le pourvoi en cassation semble avoir été le parent pauvre des voies de recours prévues par l'AUPC. Seul le dernier paragraphe de l'article 24 de ce texte prévoit que lorsque les décisions rendues dans le cadre de l'article 11 du même texte, qui traite des actes du débiteur en règlement préventif pouvant être déclarés inopposables à la masse des créanciers, sont objet d'un recours en opposition, les décisions de la juridiction ayant statué sur l'opposition ne peuvent être l'objet que d'un pourvoi en cassation. Toutefois, le texte ne prévoit ni la juridiction qui serait compétente pour recevoir un tel recours, ni les délais dans lesquels le recours doit être formé, ni quelque autre condition. Cet important Arrêt de la CCJA consacre donc une extension jurisprudentielle de la compétence de la cour pour connaître des recours en cassation dans les autres procédures. Cette extension est d'ailleurs conforme à l'art. 14 du Traité de l'OHADA aux termes duquel « *la cour commune de justice et d'arbitrage assure dans les Etats parties l'interprétation commune du présent traité, des règlements pris pour son application et des Actes uniformes* ». Toute solution contraire s'exposerait à la critique, puisque cet article n'exclut ni implicitement, ni explicitement celui sur les procédures collectives.

Cette prise de position peut-être pas intrépide, mais opportune de la CCJA sur la question du pourvoi en cassation aurait pu trouver un prolongement sur d'autres questions implicites que suscitait cette affaire. Mais on a le regret de remarquer qu'elle a gardé un silence couard sur ces questions périphériques et implicites.

II. Un silence couard sur les questions implicites et périphériques

Au regard du principe du dispositif, le juge est lié par le cadre du procès tel qu'il est tracé par les parties. Il ne peut donc, de son propre gré modifier les parties, leur qualité, la cause ou l'objet du litige. Voilà les arguments qui peuvent être utilement avancés pour justifier le silence de la CCJA sur certaines questions qui rebondissent de la lecture de cet arrêt. Mais jusqu'où doit aller l'abstention du juge ? Cette abstention doit-elle justifier un langage désuet et illégal de la CCJA, ou alors que la violation pure et simple des dispositions pertinentes de l'AUPC ne soit même pas évoquée par la Haute Cour ?

Répondre à cette question par l'affirmative reviendrait à consacrer une interprétation trop restrictive du principe du dispositif, et à affirmer la négation du rôle pédagogique de la CCJA, à côté de ses missions classiques et régaliennes de juridiction de cassation. Une telle approche serait sans doute mal venue, quand on considère que le droit de l'OHADA est relativement jeune, et qu'il est parfois resté méconnu tant par les juges nationaux, les parties que leurs avocats. Ce point de vue ajouté au langage désuet utilisé par la cour légitime les regrets sur le silence qu'elle a entretenu tant sur la loi applicable à la liquidation des banques et autres établissements de crédits (A), que sur la désignation frauduleuse du juge-commissaire (B).

A. Le silence sur la loi applicable à la liquidation des banques

Tout chercheur qui considère avec attention l'arrêt n°007/2008 du 28 février 2008 de la CCJA est ahuri par les termes utilisés par la Haute cour. Elle utilise les termes dépassés tels « *liquidation judiciaire BMBC* » et « *liquidateur de la Méridien BIAO Cameroun* » qui relèvent tous de l'ancienne législation des procédures collectives ou des lois spéciales applicables aux établissements de crédit dans certaines zones monétaires telles la CEMAC. Pourtant, aux termes de l'art. 2 de l'AUPC, les procédures collectives réglementées par le droit de l'OHADA sont le « *règlement préventif* » dont l'objectif est d'éviter la cessation des paiements ou la cessation d'activités d'une entreprise et de permettre l'apurement de son passif au moyen d'un concordat préventif, le « *redressement judicaire* » dont l'objectif est la sauvegarde de l'entreprise et l'apurement de son passif au moyen d'un concordat de redressement, et enfin la « *liquidation des biens* » dont l'objectif est la réalisation de son actif pour apurer son passif.

Les deux dernières procédures supposant la cessation des paiements, il ne fait l'ombre d'aucun doute que dans le cas d'espèce, il s'agissait bien de la liquidation des biens, dans la mesure où le contentieux porte sur l'apurement du passif de la défunte BMBC. Si donc on convient que la procédure ouverte contre la BMBC était bien la liquidation des biens, on est fondé à critiquer la terminologie « *liquidateur judiciaire* » et « *liquidation judiciaire* » utilisée par le CCJA. Aux termes des articles. 39 à 49 de l'AUPC, les organes obligatoires de la liquidation des biens sont le juge-commissaire, le ministère public et le syndic. Quant aux contrôleurs, leur désignation est en principe facultative, mais obligatoire à la demande des créanciers représentant au moins la moitié du total des créances même non vérifiées (a*rt. 48 § 2, AUPC*). Nulle part il n'est question d'un « *liquidateur judicaire* », et on peut croire légitimement que cette fonction est désormais exercée par le syndic.

Deux arguments peuvent être avancés à la décharge de la CCJA.

D'une part, on peut soutenir qu'elle a voulu utiliser le même langage que les parties, afin de respecter scrupuleusement le principe du dispositif, ou alors que, dans le même souci, elle a voulu jouer sur deux tableaux, en utilisant la législation de l'OHADA et la législation nationale. Mais cet argument serait fallacieux, car il est du devoir de la Haute cour de corriger ces erreurs de langage des parties dont les conséquences de la maladresse sont sans graves conséquences par rapport à celle de la Cour.

D'autre part, on pourrait soutenir que la loi applicable à la liquidation des biens de la BMBC est une loi spéciale et non celle de l'OHADA. Dans ce cas, pourquoi avoir saisi la cour dont la champ matériel de compétence est le droit de l'OHADA, laquelle s'est du reste déclarée compétente ? L'arrêt ne permet pas de situer dans le temps la date exacte de l'ouverture de la liquidation des biens de la BMBC. En effet, si cette liquidation avait été ouverte avant le 1er janvier 1999, date d'entrée en vigueur de l'AUPC, on pourrait penser que par application de l'art. 257 de ce texte, selon lequel il ne sera applicable qu'aux procédures collectives ouvertes après son entrée en vigueur, elle était régie par des dispositions autres que celles de l'OHADA. Même cet argument serait fallacieux, car dans un arrêt plus ancien que celui du 28 février 2008, la même CCJA s'était prononcée dans une affaire qui posait un problème quasi similaire. Dans l'arrêt n° 027/2007 du 19 juillet 2007, affaire Société civile immobilière Dakar invest dite « *SCI Dakar Invest* » et Société civile immobilière Dakar, dite « *SCI Dakar Centenaire* » contre Société Bernabé Sénégal, Idrissa Niang, Etat du Sénégal et Cheikh Tidiane Ndiaye, rendu à la suite des contestations de la surenchère sur le prix d'acquisition des immeubles de la liquidation des biens de la société Sénématel, la société Bernabé Sénégal demandait à la cour saisie du contentieux de se déclarer incompétente au motif que la procédure avait été ouverte le 19 mai 1998, et qu'en application de l'art. 257 de l'AUPC, la législation de l'OHADA ne pouvait pas s'appliquer. La cour précise dans un attendu riche d'enseignement que « *même si les articles 257 et 258 de l'Acte uniforme portant organisation des procédures collectives d'apurement du passif disposent respectivement que « celui-ci n'est applicable qu'aux procédures collectives ouvertes après son entrée en vigueur », et qu' « il entrera en vigueur le 1er janvier 1999 », il ne saurait être contesté que c'est en usant des dispositions de l'art. 159 dudit Acte uniforme que la société Bernabé Sénégal a fait surenchère du dixième sur le prix de cession globale des immeubles appartenant à la Sénématel, et ce par exploit d'huissier en date du 18 août 2000, (...), que (...) le tribunal régional hors classe de Dakar aussi bien que la Cour d'appel de Dakar saisis de l'affaire se sont respectivement fondés sur les dispositions des articles 159 et suivants de l'Acte uniforme sus indiqué pour asseoir leur décision ; (...) qu'il ressort de tout ce qui précède que l'affaire, objet du présent pourvoi a été examinée depuis les requêtes introductives d'instance des 29 août 2000 et 18 octobre 2000 jusqu'à l'acte de pourvoi au regard des dispositions des articles 159 et suivants de l'Acte uniforme portant organisation des procédures collectives d'apurement du passif, que l'affaire soulève en conséquence des questions relatives à l'application de l'Acte uniforme sus indiqué et justifie donc la compétence de la Cour de céans à examiner le présent pourvoi en application de l'alinéa 3 de l'art. 14 du Traité relatif à l'harmonisation du droit des affaires en Afrique (...)* ».

Dans le cas d'espèce, même si la liquidation des biens de la BMBC a été ouverte avant 1999, il ne fait l'ombre d'aucun doute que l'AUPC a été appliqué, et que c'est en vertu de celui-ci que les parties ont formé leur pourvoi devant la CCJA. D'ailleurs, aucune partie au procès ne semble contester l'application de l'AUPC. Or si l'AUPC est appliqué, il devrait l'être entièrement, et même sur la terminologie qu'il utilise. On ne peut donc que regretter le langage désuet utilisé par la CCJA.

Toutefois, loin de n'être qu'une simple question de terminologie, ce langage dépassé usité par la Haute cour pose le problème de la loi applicable au redressement et à la liquidation des établissements de crédit. L'AUPC est désespérément muet sur la question, ce qui laisse s'opposer deux thèses : D'une part, celle qui veut qu'on considère l'AUPC comme étant un texte de portée générale qui laisserait survivre les textes spéciaux sur la liquidation des établissements de crédit et des banques. D'autre part, celle qui veut que l'AUPC régisse aussi les établissements de crédit et les banques, du moment où il ne les a pas expressément écartés de son champ matériel d'application (*Voir sur la question les travaux de Kenmogne A., L'ouverture de la liquidation des banques dans la zone CEMAC, Rev. Proc. Coll., n° 3, septembre 2007, pp. 118-122 ; La spécificité de la prévention des difficultés en matière bancaire dans les pays africains de la zone franc, Rev. Proc. Coll., 2005, pp. 334-34 ; La protection des établissements bancaires contre la défaillance dans les pays africains de la zone franc, Thèse Yaoundé 2, 2004*).

Sur le plan jurisprudentiel, plusieurs décisions suggèrent de croire que les banques et les établissements de crédit, tout comme les compagnies d'assurance, seraient soumis aux procédures collectives de droit commun, sous réserve du respect de leurs règles spéciales (*TGI de Ouagadougou, jugement du 12 janvier 1994 prononçant la liquidation judiciaire de la Banque nationale de développement ; TPI Libreville, jugement n° 001/2000/2001, Répertoire, 5 janv. 2001 concernant le redressement judiciaire de la Banque populaire du Gabon, et CA de Dakar, arrêt n° 222 du 12 avril 2001 rendu à propos de la liquidation de la Nationale d'assurance*). Sur le plan doctrinal, les auteurs ne semblent pas être dans une unanimité absolue (*Voir en ce sens le pr. Filiga Michel Sawadogo, in OHADA Droit des entreprises en difficulté, Bruylant, Bruxelles, 2002, pp. 129 et s., N° 136, qui estime que la liquidation des établissements de crédit relève au principal du droit de l'OHADA, sous réserve de l'application du droit spécial, en tout cas avant la cessation des paiements, alors que M. Jean Marie Nyama, OHADA Droit des entreprises en difficultés, Cerfod, 2004, classe la restructuration des établissement de crédit dans un régime purement spécial, aux pages 358 et suivantes, N° 287 et suivants, de son ouvrage. Ce dernier auteur va jusqu'à préciser à la page 317 qu'il s'agit des procédures qui se singularisent « par leur caractère amiable et un effacement plus ou moins accentué du rôle des tribunaux dans la conduite des opérations »*). On peut croire que de cette plausible contradiction, la position jurisprudentielle l'emporte, de telle sorte que le droit spécial de la restructuration des banques et établissements de crédit n'aurait vocation à s'appliquer que si la société n'est pas en cessation des paiements, car dans une telle hypothèse, on devra appliquer le droit commun de l'OHADA.

L'occasion était ainsi donnée à la CCJA de trancher le débat en se prononçant, même en filigrane sur la question. Mais elle a choisi de laisser le débat se poursuivre, en manquant d'audace. C'est toujours ce manque d'audace qui l'a poussé à garder le silence sur la question de la désignation pourtant frauduleuse du juge-commissaire.

B. Le silence sur la désignation frauduleuse du juge-commissaire

Peut-être l'escamotage par les avocats de la SFI de l'opposition comme voie de recours contre les ordonnances du juge-commissaire, doit se justifier par le fait que son usage leur faisait encourir le risque de retomber sur celui-là même qui venait de rendre la décision. En effet, lorsqu'on sait que ce recours est porté devant la juridiction compétente et que dans le cas d'espèce, son Président s'était constitué juge-commissaire, on a là peut-être une tentative d'explication à cette saisine prématurée de la Haute cour. Mais cette explication ne serait qu'un faux-fuyant, un pis-aller qui laisserait entièrement en friche la turpitude des avocats de la demanderesse, puisque l'étape de l'opposition est obligatoire et même d'ordre public.

Toutefois, à la lecture de cet arrêt, on ne peut pas s'abstenir de se demander pour quelles raisons un Président d'une juridiction se constituerait juge-commissaire alors même qu'il est clair que dans le ressort territorial de sa juridiction, au regard de son importance économique et démographique, il ne saurait être juge unique ? Simplement qu'une entreprise qui tombe en faillite est comparable à la carcasse d'un animal tombé en plein désert et pour laquelle les autres animaux carnivores (vautours, charognards etc.) se battent pour profiter de la chair et des trophées. Seulement, en ce qui concerne l'entreprise en faillite, tout le monde ne sera pas invité au festin. Seuls les créanciers seront invités au partage, suivant une base égalitaire en principe. Mais dans la pratique, les prébendiers de tout poil voudront profiter de la situation désastreuse de l'entreprise dans l'espoir d'agir dans leur propre intérêt.

L'art. 35 § 1 de l'AUPC prescrit clairement que « *la décision d'ouverture nomme un juge-commissaire parmi les juges de la juridiction compétente, à l'exception de son président, sauf en cas de juge unique (…)* ». Peut-on valablement arguer que le « *président du tribunal de grande instance du Wouri, juge-commissaire de la liquidation de la BMBC* », ignorait cet article ? Peut-on aussi penser sérieusement que les juges de la Haute cour ignoraient le fait que le tribunal de grande instance du Wouri ne saurait avoir un juge unique, et que c'est à tort si son président est juge-commissaire dans la liquidation de la BMBC ? Quand bien même elle le saurait, la question ne lui avait pas été posée, même si elle se posait dans les faits de l'espèce. Elle ne pouvait donc donner qu'une position par ricochet.

De toutes les manières, si les juges de la CCJA n'étaient pas au courant de cette violation flagrante de l'art. 35 de l'AUPC par les magistrats peut-être prébendiers dans cette cause sensible (*La BMBC était en son temps l'une des banques les plus populaires du Cameroun, de telle sorte que la mise en liquidation de ses biens a touché toutes les couches sociales de la population*), le Vice-premier ministre, ministre de la justice garde des sceaux de la République du Cameroun, lui, était au courant. L'ordonnance querellée ayant été rendue le 06 février 2006, il a signé deux semaines seulement plus tard une circulaire qui dénonçait cette pratique inadmissible, et qui prescrivait fermement qu'un terme lui soit donné. En effet, la circulaire n° 0005 P-007/06/BANRS du 21 févier 2006 du Vice-premier ministre, ministre de la justice, garde des sceaux de la République du Cameroun adressée à Madame et Messieurs les présidents des cours d'appel et les procureurs généraux près les cours d'appel de toutes les dix régions du Cameroun, ayant en objet « *Nomination des juges commissaires* », remarquait clairement que « *Mon attention (celle du Ministre) est appelée sur la pratique de plus en plus courante dans les procédures collectives d'apurement du passif consistant à créer la confusion entre les fonctions de Président du Tribunal et celles de juge-commissaire. En vous rappelant les dispositions de l'art. 35 de l'Acte uniforme portant organisation des procédures collectives d'apurement du passif aux termes duquel « la décision d'ouverture nomme un juge commissaire parmi les juges de la juridiction, à l'exclusion de son Président, sauf en cas de juge unique... ». J'ai l'honneur de vous demander de prendre toutes les dispositions nécessaires pour mettre un terme à de telles pratiques illégales qui contribuent à ternir l'image de marque de notre justice* ».

Que ces violations aient été le fruit de la simple ignorance ou d'une volonté manifeste de violer les dispositions claires et pertinentes de l'art. 35 de l'AUPC, cette circulaire devait avoir pour mérite de remettre les choses dans l'ordre. Il est donc regrettable que la Haute Cour n'ait pas fustigé à son tour cette violation flagrante, puisque le rayonnement de cette mise en garde par la cour allait dépasser le cadre du seul territoire camerounais pour avoir un écho sur le territoire des 16 Etats que compte actuellement l'OHADA et ceux qui adhèreront plus tard au Traité. Peut-être que dans ces Etats la pratique était conforme aux dispositions de l'AUPC. Mais la répétition, dit-on, est la mère de l'enseignement et on ne saurait aujourd'hui nier le rôle de pédagogue de la CCJA auprès des juridictions nationales des Etats-parties au Traité de l'OHADA.

En fin de compte, il s'agit d'un bon arrêt de la CCJA dans lequel l'enseignement a respecté, peut-être un peu trop, l'orthodoxie législative, telle que dictée par l'article 40 de l'Acte uniforme portant organisation des procédures collectives. Ceci expliquant sans doute cela, la cour a vraisemblablement été couarde en manquant l'audace qui lui aurait permis de se prononcer sur la question de la loi applicable à la liquidation des banques et des établissements financiers, tout comme elle l'aurait fait sur l'attitude de certains magistrats qui créent adroitement la confusion entre les fonctions de Président du tribunal et celles de juge-commissaire. Sans doute que lorsque l'occasion lui aura été expressément donnée, elle apportera son éclairage.

Denis Roger Soh Fogno,
Assistant, Université de Dschang.

CCJA, arrêt n°023/2006, 16 novembre 2006
Société Africaine de Crédit Automobile dite SAFCA et
Société Africaine de Crédit-Bail dite SAFBAIL c/ Société Air Continental

« […] Vu les articles 13, 14 et 15 du Traité relatif à l'harmonisation du droit des affaires en Afrique ;

Vu le règlement de procédure de la Cour commune de justice et d'arbitrage de l'OHADA ;

Attendu qu'il ressort des pièces du dossier de procédure que par convention sous seing privé en date du 22 janvier 1999, la Société africaine de crédit automobile dite SAFCA a financé l'acquisition par la société Air continental d'un avion « AZTCF » immatriculé « TU-TOA », numéro de série 27-7954 4111, à concurrence de 90.000.000 de francs cfa, remboursable en 60 échéances mensuelles de 2.395.108 francs cfa chacune ; que par un autre contrat en date du 06 février 1998, la SAFBAIL a préfinancé à hauteur de 469.935.000 francs cfa, l'acquisition par la Société Air Continental d'un autre avion « Merlin Turbo Propulseur » immatriculé « TU-TOA », numéro de série AT051, le remboursement de ce dernier montant devant s'étaler sur cinq ans à raison de 11.226.597 francs cfa par mois ; que pour garantir le remboursement de leur financement respectif, les deux sociétés précitées ont pris une hypothèque sur les aéronefs inscrite au registre ivoirien d'immatriculation des aéronefs civils ; que toutefois, la société Air continental s'étant révélée par la suite incapable d'honorer les engagements souscrits vis-à-vis de ses créanciers, pour se sortir de cette situation, par requête en date du 23 février 2000, elle a sollicité son admission au bénéfice du règlement préventif lequel a donné lieu au jugement d'homologation de concordat n°52 rendu le 25 juillet 2000 par le tribunal de première instance d'Abidjan ; que cependant, aux motifs, selon elles, que le plan de redressement proposé par la société Air continental elle-même prévoyait une reprise des paiements à compter du 30 octobre 2000 et prétendant n'avoir reçu aucun paiement à compter de ladite date, la SAFCA et la SAFBAIL initièrent des procédures de saisie conservatoire des deux aéronefs de la société Air continental ; que dans ce cadre, par ordonnance n°1788/2001 du 18 avril 2001 signée au pied d'une requête en date du 09 avril 2001, la SAFCA et la SAFBAIL furent autorisées par le Président du tribunal de première instance d'Abidjan à pratiquer une saisie conservatoire sur ces deux aéronefs pour sûreté et avoir paiement des sommes respectives de 126.832.727 francs cfa et 502.531.040 francs cfa ; que selon SAFCA et SAFBAIL, à l'audience du 24 avril 2001, la cause ayant été plaidée et mise en délibéré au 27 avril 2001, sans attendre que ce délibéré soit vidé, la société Air continental se serait « acharnée » sur l'ASECNA pour avoir de celle-ci l'autorisation de faire voler les aéronefs frappés de saisie conservatoire ; que de crainte de ne plus recevoir ceux-ci s'ils prenaient les airs, par une seconde requête en date du 25 avril 2001, la SAFCA et la SAFBAIL ont sollicité une autre mesure conservatoire en vue, selon elles, de préserver davantage leurs intérêts et ainsi obtenaient-elles, par ordonnance sur requête n°1919/2001 en date du 25 avril 2001, l'immobilisation des deux aéronefs ainsi que leur séquestre entre les mains de l'ASECNA ; que la société Air continental ayant assigné la SAFCA et la SAFBAIL en rétractation de l'ordonnance n°1919/2001 précitée devant le juge des référés, celui-ci, par ordonnance des référés n°1797 en date du 04 mai 2001 l'en déboutait ; que par exploit en date du 11 mai 2001, la société Air continental relevait appel de ladite ordonnance devant la cour d'appel d'Abidjan, laquelle rendait l'arrêt n°966 en date du 05 avril 2003, objet du présent pourvoi en cassation ; [...]

Sur la deuxième branche du deuxième moyen

Vu l'Acte uniforme portant organisation des procédures collectives d'apurement du passif ; Attendu qu'il est reproché de l'arrêt attaqué d'avoir violé l'article 9 de l'Acte uniforme portant organisation des procédures collectives d'apurement du passif, en ce que ledit arrêt a estimé que le jugement d'homologation de concordat n°52 rendu le 25 juillet 2000 par le tribunal de première instance d'Abidjan au profit de la société Air continental suspendait les voies d'exécution et les mesures provisoires à l'encontre du débiteur de telle sorte que la saisie conservatoire du 19 avril 2001 était mal venue, alors que l'article 9 de l'Acte uniforme précité ne régit nulle part les rapports entre les débiteurs admis au redressement et les créanciers après l'avènement du concordat préventif ; que pour comprendre l'article 9, il faut se référer bien évidement à l'article 8 dudit Acte uniforme qui le précède ; qu'une lecture même distraite de ces deux textes fait constater que la décision de suspension des poursuites intervient, dans le temps, chronologiquement, avant le concordat, et prépare justement l'avènement du concordat auquel les créanciers pourront adhérer ou pas ; qu'une fois le concordat intervenu, comme en l'espèce, il est le seul contrat liant désormais le débiteur et les créanciers, et remplace la décision de suspension de poursuites qui n'a plus sa raison d'être ; que désormais, débiteur surtout et créancier doivent s'appliquer à respecter le concordat qui est leur loi ; qu'une fois que le débiteur, comme en l'espèce, est le premier à ne pas exécuter les obligations qu'il a librement prises dans le concordat, alors il ne peut plus se réfugier derrière la décision de suspension des poursuites qui n'avait été qu'une décision préparatoire à l'avènement du concordat ; que cela est d'autant plus juste que le concordat est le résultat de sacrifices des créanciers qui ont renoncé à une partie de leur dû dans l'intérêt du débiteur qui, avec les conditions favorables que lui accorde ledit concordat, doit, de bonne foi, s'appliquer à exécuter ses obligations désormais allégées ; que dès lors, si le débiteur bénéficiaire d'un tel concordat préventif viole délibérément les obligations qui sont les siennes, il est parfaitement loisible aux créanciers, avant même l'aboutissement de toute procédure en dénonciation de concordat, de prendre tout au moins des mesures conservatoires pour la sauvegarde de leurs intérêts ; qu'en rien, le concordat, qui est né au prix des sacrifices des créanciers, ne peut se retourner contre ces derniers lorsqu'il est violé par le débiteur ; que ni l'article 8, encore moins l'article 9 de l'Acte uniforme précité, n'interdisent aux créanciers de prendre des mesures conservatoires lorsque le concordat est violé, c'est-à-dire lorsque leurs intérêts sont mis en péril par un débiteur de mauvaise foi qui, en fait, ne méritait pas de concordat ; qu'en ordonnant par conséquent la mainlevée de la saisie conservatoire d'aéronefs pratiquée le 19 avril 2001 par les demanderesses au pourvoi, l'arrêt attaqué a violé l'article 9 de l'Acte uniforme précité et mérite annulation de ce chef ;

Mais attendu qu'il ressort du dispositif de jugement d'homologation de concordat préventif n°52 en date du 25 juillet 2000 rendu par le tribunal de première instance d'Abidjan les mentions suivantes :
« Statuant en audience non publique, contradictoirement, en matière commerciale et en premier ressort : - Prononce le règlement préventif de la société Air continental ; homologue le concordat préventif proposé par la Société Air Continental... ; fixe la durée dudit concordat à trois ans à compter du 30 octobre 2000 ; constate les délais consentis par les créanciers (...) » ;

Attendu que le jugement précité n'ayant fait l'objet d'aucune voie de recours, la décision de règlement préventif a donc acquis force de chose jugée et doit être exécutée conformément aux prescriptions de l'article 9 de l'Acte uniforme susvisé, lequel rend le concordat préventif homologué obligatoire pour tous les créanciers antérieurs à la décision de règlement préventif, que leurs créances soient chirographaires ou garanties par une sûreté ; que dès lors, l'obligation édictée par ledit article s'imposait à toutes parties litigantes mais surtout aux requérantes et, ce, pendant une durée de trois ans à compter du 30 octobre 2000, délai que ces dernières ont elles mêmes librement consenti selon les termes du jugement d'homologation susénoncé ; qu'il s'ensuit que les requérantes ne pouvaient remettre en cause ledit concordat en initiant une saisie conservatoire sur les aéronefs de leur débitrice, la société Air continental, la décision de suspension des poursuites individuelles interdisant, aux termes de l'alinéa 2 de l'article 9 précité, « aussi bien les voies d'exécutions que les mesures conservatoires » ; que ces dernières n'auraient été possibles que si les requérantes avaient obtenu l'annulation ou la résolution dudit concordat conformément aux articles 139 et 143 de l'Acte uniforme précité, ce qui n'est pas le cas en l'espèce ; que par suite, en décidant que « la saisie conservatoire du 19 avril 2001 viole les dispositions de l'article 9 [de l'Acte uniforme susvisé] et qu'il échet par conséquent d'infirmer l'ordonnance déférée et, statuant à nouveau, ordonner la mainlevée de la saisie conservatoire d'aéronef du 19 avril 2001 et débouter les sociétés SAFCA et SAFBAIL de leurs demandes », l'arrêt attaqué n'encourt pas les reproches visés au moyen ; d'où il suit que le pourvoi n'est pas fondé et doit être rejeté ...

OBSERVATIONS

Présenté comme l'une des innovations majeures du droit OHADA sur les procédures collectives (*F.M. Sawadogo, Droit des entreprises en difficulté, éd. Bruylant, Bruxelles, 2002, n°27*), le règlement préventif est une procédure destinée à éviter la cessation des paiements ou la cessation d'activité de l'entreprise et à permettre l'apurement de son passif au moyen d'un concordat préventif, comme le précise bien l'article 2 alinéa 1 de l'Acte uniforme du 10 avril 1998 portant organisation des procédures collectives d'apurement du passif (AUPCAP). C'est visiblement dans cette optique qu'en date du 23 février 2000, la Société Air continental a sollicité l'ouverture de cette procédure. Sa requête est intervenue suite à son incapacité à rembourser ses emprunts contractés auprès de la Société africaine de crédit automobile (SAFCA) et de la Société africaine de crédit-bail (SAFBAIL) pour l'acquisition de deux avions.

Cette procédure a donné lieu le 25 juillet 2000 à un jugement d'homologation du concordat fixant la date de reprise des paiements au 30 octobre de la même année. Suite à l'inobservation de cet engagement par la société débitrice et se basant sur ce motif, les sociétés SAFCA et SAFBAIL initièrent au travers d'une requête en date du 09 avril 2001, une procédure de saisie conservatoire. Elles y furent autorisées sur décision du président du Tribunal de première instance d'Abidjan contre laquelle la société Air continental exerça une action en rétractation qui fut rejetée par une ordonnance du juge de référé.

C'est contre cette ordonnance que la société débitrice a interjeté appel devant la Cour d'appel d'Abidjan, qui estima que la saisie conservatoire du 19 avril 2001 a été accordée en violation de l'article 9 de l'Acte uniforme portant organisation des procédures collectives d'apurement du passif et ordonna la main-levée de celle-ci. Contrecarrées dans leur action, les sociétés SAFCA et SAFBAIL formèrent un pourvoi devant la Cour suprême de Côte d'Ivoire qui opéra conformément à l'article 15 du traité OHADA, un renvoi devant la Cour commune de justice et d'arbitrage. Celle-ci confirma la décision rendue en appel et rejeta le pourvoi ainsi formé en rappelant que selon l'article 9, alinéa 2 de l'AUPCAP, la décision de suspension des poursuites individuelles interdit « aussi bien les voies d'exécution que les mesures conservatoires ».(*La suspension est toutefois inapplicable aux créances de salaires. Voir Cour d'appel d'Abidjan, arrêt n°89 du 16 janvier 2001, Société world city c/ Grodji Djokouchi Jean, Ohadata J-2-80 ; CA d'Abidjan, arrêt n°272 du 26 févr. 2002, Ash international disposal c/ Mademoiselle Damey Sany Solange, Ohadata J-03-81*). Elle ne s'applique non plus aux actions tendant à la reconnaissance des droits ou des créances contestées (*CA d'Abidjan, n°633 du 11 juin 2004, affaire Société DAFNE et autre c/ SGBCI CI, Ohadata J-05-261).*

On peut déduire de l'arrêt analysé que le concordat de règlement préventif, marqué par l'ordonnance de suspension des poursuites produit des effets incontestables (I) qui ne peuvent être évités qu'après une remise en cause dudit concordat selon les voies et moyens légaux (II).

I. Les effets du concordat préventif

En son article 7, l'Acte uniforme portant organisation des procédures collectives d'apurement du passif fait obligation au débiteur qui introduit sa requête de déposer une offre de concordat au plus tard dans les 30 jours suivants (*TGI Ouagadougou, jugement n°741 du 24 juillet 2002, Société internationale Faso export (IFEX), Ohadata J-04-44)*. Transmise sans délai au président de la juridiction compétente qui rend une ordonnance de suspension des poursuites individuelles (*sur la nature de la décision du président du tribunal voir Tribunal de grande instance de Ouagadougou, jugement n°286 du 03 novembre 2004, requête de la société Boulangerie 2000 aux fins de règlement préventif, Ohadata J-05-233)*, l'offre de concordat est l'ensemble des mesures et conditions envisagées par le débiteur pour le redressement de l'entreprise (cession partielle d'actif, cession ou sous-location d'une branche d'activité, augmentation du capital, obtention de crédits bancaires, conclusion ou poursuite des contrats avec les fournisseurs, licenciement pour motif économique, remplacement de dirigeant notamment).

L'une des caractéristiques essentielles du concordat préventif est qu'il met les créanciers au centre des préoccupations dans la mesure où, la suspension de leurs poursuites est le principal avantage que le débiteur entend tirer de l'ouverture de la procédure. Cette mesure concerne tous les créanciers antérieurs à la décision de suspension visés dans la requête du débiteur (*voir CA d'Abidjan, arrêt n° 1054 du 1er décembre 2000, M. c/ GOMPCI, Ohadata J-03-76 ; CA d'Abidjan, arrêt n°1129 du 08 novembre 2002, affaire M. Jean Mazuet contre GOMP-C, Ohadata J-03-291).*

Dans le cas d'espèce, il ne fait l'ombre d'aucun doute que les créances des sociétés SAFBAIL et SAFCA nées respectivement le 06 février 1998 et le 22 janvier 1999 sont bel et bien antérieures à la décision de suspension des poursuites car la requête de la Société Air Continental n'est intervenue qu'en date du 23 février 2000. Même si cette précision ne figure pas expressément dans l'arrêt, il ressort péremptoirement au vu du montant exorbitant de ces deux créances, que la société débitrice avait tout intérêt à les indiquer dans sa requête puisqu'elles étaient visiblement la source principale de ses difficultés financières. Dans cette logique, il apparaît que SAFCA et SAFBAIL étaient obligatoirement soumises à la décision de suspension des poursuites individuelles et ne pouvaient en principe exercer une quelconque action, fut - elle conservatoire (*voir Cour d'appel d'Abidjan, arrêt n°383/2005 du 01 avril 2005, affaire D.L.H. Nordisk contre Société Haidar bois exotique, Le Juridis Ohada, n°4/2006, p. 40, Ohadata J-07-35. Il en est autrement s'il s'agissait de la poursuite d'une action en reconnaissance de créance. Voir CA d'Abidjan, arrêt n°633 juin 2004, affaire Société DAFNE et autre c/ SGBCI, op. cit.).*

Il est nécessaire de le préciser, le concordat suit un schéma de négociation entre créanciers et débiteur dans la mesure où, il est avant tout un contrat conclu entre les parties. Etant donné que le concordat contient des propositions touchant directement aux droits des créanciers, le débiteur doit parvenir avec chacun, à un accord sur les remises et les délais. On retrouve dans ce schéma, les règles classiques de formation du contrat telles que découlant de la théorie de l'autonomie de la volonté (*voir notamment E. Gounot, Le principe de l'autonomie de la volonté en droit privé français. Contribution à l'étude critique de l'individualisme juridique, th. Dijon, 1912 ; R. Tison, Le principe de l'autonomie de la volonté dans l'ancien droit français, thèse, Paris, Domat- Montchrestien, 1931 ; Ranouil, L'autonomie de la volonté, naissance et évolution d'un concept, PUF, 1980, préf. J.-Ph. Lévy ; D. Terré-Fornacciari, L'autonomie de la volonté et la « libre recherche scientifique », RDC, 2004, n°3, 621*). On pourrait ainsi y déceler facilement les mécanismes de l'offre et de l'acceptation dans la mesure où le débiteur fait une offre de concordat comportant des propositions précises qui doivent être librement discutées et acceptées ou rejetées par les créanciers, dans la pure tradition de la liberté contractuelle. En principe, on ne saurait donc contraindre un créancier à accepter les propositions concordataires même si par ailleurs des prolongements de délai n'excédant pas deux ans peuvent être imposés par la juridiction compétente (*article 15, alinéa 2, AUPCAP*).

Une chose est sûre, les sociétés créancières ont adhéré au concordat puisqu'elles reprochent à la société Air Continental de n'avoir pas respecté la date de reprise des paiements telles qu'elles l'avaient voté dans le concordat. Ainsi, elles étaient en principe légalement soumises aux effets de ce concordat pendant toute sa durée.

Néanmoins, il faut apporter la précision que le concordat se détache à certains égards des principes de base du contrat dans la mesure où, une fois homologué, il s'impose non seulement à tous les créanciers antérieurs qu'ils soient chirographaires ou munis de sûreté comme SAFCA et SAFBAIL ayant consenti des délais et remises de dettes, mais aussi à tous ceux qui ont refusé l'offre de concordat (*article 18, AUPCAP ; CA d'Abidjan, arrêt n° 1054 du 1er déc. 2000, affaire Jean Mazuet c/ Groupement pharmaceutique de Côte d'Ivoire, Ohadata J-*

03-76). Il y a là une importante dérogation au principe de la relativité des conventions posé par l'article 1165 du code civil, même si on sait que le juge peut considérer qu'une clause du contrat est susceptible d'avoir pour effet de créer une situation de fait vis-à-vis des tiers (*voir cass. com., 19 oct. 1954, D., 1956, 78 ; cass. 1ère civ., 20 avr. 1982, Bull. I, n°139, 123. Voir aussi cass. 1ère civ., 26 janv. 1999, Bull. I, n°32, 21, D., 1999, 92 ; RTD civ., 1999, 405, obs. Jourdain, 625, obs. Mestre*). Bien plus, contrairement au contrat ordinaire qui n'a pas besoin de formalité judiciaire pour être valide, le concordat, pour produire les effets recherchés, doit obligatoirement être soumis à l'homologation judiciaire (*Tribunal régional hors classe de Dakar, jugement n°1466 du 30 juillet 2001, règlement préventif de la Société nouvelles conserveries du Sénégal, Ohadata J-04-339*). Mais cela n'efface en rien son aspect contractuel (*voir F. M. Sawadogo, commentaire sous article 18 de l'AUPCAP, in OHADA, traité et actes uniformes commentés et annotés, Juiscope, 2008, p. 909.*).

En somme, le concordat peut être défini comme une convention conclue entre un débiteur et ses créanciers, chirographaires ou privilégiés, avec homologation de justice destiné à garantir son sérieux et sa viabilité, convention par laquelle le débiteur présente un plan de règlement du passif et de redressement de l'entreprise qu'il exécutera une fois remis à la tête de ses affaires. Autrement dit, c'est un acte juridique collectif à l'instar de la convention collective de travail, homologué par la justice après son adoption par une majorité qualifiée des créanciers et qui s'impose aussi bien aux opposants qu'aux absents (*voir F.M. Sawadogo, Droit des entreprises en difficulté, éd. Bruylant, Bruxelles, op. cit., n°277)*.

Une analyse minutieuse de l'Acte uniforme laisse néanmoins transparaître un rôle relativement restreint du juge dans cette procédure. Aussi, ne peut-il ni modifier les propositions formulées par le débiteur, ni celles acceptées. Le fondement contractuel déteint inévitablement sur la force du concordat qu'on peut rattacher à l'article 1134 du code civil selon lequel « Les conventions légalement formées tiennent lieu de loi à ceux qui les ont faites [...] ». (*Sur les pouvoirs du juge en la matière, voir cass. 3e civ., 5 juin 1970, JCP, 1970, II, 16537, note Guillot ; cass civ., 15 avr. 1872, DP, 1872, 1, 176 ; cass. 3e civ., 19 juin 1970, JCP, 1970, IV, 209 ; Bull. III, n°436, 316 ; cass. 3e civ., 19 oct. 1971, JCP, 1971, IV, 267 ; Bull. III, I, n°18, 14 ; cass. com., 31 janv. 1995, JCP, 1995, II, 22385, note Perdriau ; Contrats, conc., consom., 1995, note Leveneur*). C'est en se basant sur le principe ainsi posé que les sociétés SAFCA et SAFBAIL reprochèrent à la Société Air continental de n'avoir pas honoré l'engagement qu'elle avait pris, en l'occurrence, la reprise des paiements à la date indiquée qui était apparemment la considération essentielle ayant déterminé leur acceptation de l'offre concordataire. Dans cette logique et selon les plaideurs, il est normal que joue l'*exceptio non adimpleti contractus* qui les fonderait *ipso facto* à ne pas respecter leur engagement contractuel consistant à consentir de mettre en veille pendant un temps déterminé, leurs poursuites à la condition que la société débitrice exécute strictement les mesures qu'elle a elle-même proposées (*sur les mécanismes de l'exception d'inexécution, voir F. Terré, Ph. Simler, Y. Lequette, Droit civil, les obligations, 8ème éd., Dalloz, 2002, n°630 et s. ; M. Fabre-Magnan, Les obligations, Puf, 2004, pp. 556 et s.*). Il s'avère que cette dernière n'a pas repris les paiements le 30 octobre 2000 comme initialement prévu dans l'accord.

Le tribunal de première instance d'Abidjan est allé dans une logique simple. Elle a considéré comme l'ont relevé SAFCA et SAFBAIL que la suspension des poursuites individuelles est juste une mesure préparatoire au concordat. Une fois celui-ci adopté et homologué, elle n'avait plus de raison d'exister car laissant place au concordat qui est purement et simplement un contrat dont l'inexécution par une partie justifierait que l'autre suspende ou retire son engagement. Il n'y aurait donc plus lieu pour le débiteur en cas d'inexécution de ses obligations contractuelles de « se réfugier derrière la suspension des poursuites ». Cette logique est sûrement nourrie par l'imprécision des textes sur les rapports entre débiteurs et créanciers dans le règlement préventif, précisément lors de l'exécution du concordat. Ceci laisse s'infiltrer des suppositions comme celles constatées dans le présent arrêt sur la force exécutoire du concordat. Mais une analyse attentive de l'article 9 de l'Acte uniforme portant organisation des procédures collectives d'apurement du passif révèle son sens profond et l'on comprend aisément que telle que conçue, la suspension des poursuites ne s'arrête pas à l'homologation du concordat.

De cet arrêt, on constate que malgré le caractère contractuel du concordat, les créanciers ne sauraient décider à leur gré de suspendre de manière automatique leurs engagements pour défaut d'exécution des propositions concordataires par le débiteur. Cette situation tire sûrement son fondement du choix du législateur OHADA de soumettre la suspension du contrat au contrôle judiciaire. Mais si comme la doctrine le fait généralement, on aime à identifier le concordat à un contrat, on peut se demander s'il est indiqué de le placer dans la dynamique que connaît ce dernier depuis quelque temps. En effet, l'avant- projet d'Acte uniforme sur le droit des contrats (*voir M. Fontaine, Le projet d'Acte uniforme OHADA sur les contrats et les principes d'Unidroit relatifs aux contrats du commerce international, Rev. dr. unif., 2004, n°2, pp. 253 et s.*), les codifications internationales (la convention de Vienne de 1980 sur la vente internationale de marchandises), le projet Catala (*voir Actes du colloque sur la réforme du droit des contrats, projet et perspectives, in RDC, 2006, n°1*) notamment, mettent en place des mécanismes de résolution unilatérale des contrats (*voir F. Terré, Ph. Simler, Y. Lequette, Droit civil, les obligations, 8ème éd., op. cit., n°630 et s.*).

Confirmant la décision de la cour d'appel, la CCJA a reprécisé le sens de l'article 9 de l'AUPCAP. Il apparaît clairement de cet article que la décision de suspension des poursuites interdit « aussi bien les voies d'exécution que les mesures conservatoires » (*CA d'Abidjan, arrêt n°1054 du 01 décembre 2000, affaire*

M. contre GOMPCI, op. cit.). Dans l'espèce commentée, les sociétés SAFCA et SAFBAIL ont sollicité et obtenu du juge, la saisie conservatoire d'aéronefs de la Société air continental alors que la décision d'homologation avait déjà acquis force de chose jugée. Il est évident qu'elles sont passées outre le concordat, s'investissant au passage sous la bénédiction du président du tribunal, du pouvoir de mettre un terme au concordat conclu pour une durée de 3 ans sans passer par les voies légales.

Pourtant, l'Acte uniforme n'est pas ambigu : le juge ne peut en principe mettre fin de manière automatique à la procédure de règlement préventif. Le dol résultant de la dissimulation d'actif ou d'exagération du passif peut fonder l'interruption de la procédure, mais cette action doit être exercée par le ministère public qui apprécie l'opportunité de l'exercer ou non (*article 140, AUPCAP*).

Quant au débiteur, pendant le processus d'homologation du concordat, il lui est interdit de poser certains actes (*article 11, AUPCAP*). Mais il recouvre assez rapidement sa liberté après homologation du concordat car le règlement préventif n'opère pas un dessaisissement du débiteur qui demeure néanmoins sous le contrôle du juge-commissaire (*article 18, AUPCAP. Voir à ce propos, P. Tapchem, Le dessaisissement du débiteur en procédures collectives OHADA, Mémoire de DEA, Yaoundé II, 2001*).

La position de la Cour commune de justice et d'arbitrage sur la force exécutoire du concordat apparaît de manière précise dans cet arrêt. Le caractère contractuel du concordat ne donne nullement droit aux parties de suspendre de façon individuelle et pour un quelconque motif, l'exécution du concordat homologué et passé en force de chose jugée. Est-ce à dire que l'homologation frappe le concordat du sceau d'incontestabilité ? L'article 18 alinéa 2 précité souligne que les créanciers munis de sûreté réelle ne perdent pas leurs garanties, mais ils ne peuvent les réaliser qu'en cas d'annulation ou de résolution du concordat auquel ils ont consenti ou qui leur a été imposé.

II. Les moyens de remise en cause du concordat préventif

En dépit de la demande de règlement préventif, le tribunal peut prononcer le redressement judiciaire (*voir Tribunal régional hors classe de Dakar, jugement, n°93 du 11 juin 2004, sur requête de règlement préventif du complexe Mbayang SARL, Ohadata J-06-170*) ou la liquidation des biens si la cessation des paiements est avérée (*art. 25 AUPCAP*). Lorsqu'il est agréé, le concordat préventif doit recevoir exécution.

Exécuté complètement, le concordat connaît une fin normale. Mais certaines circonstances peuvent être à l'origine de sa fin anormale. En principe, pendant son exécution, le concordat ne peut être modifié ni par les créanciers, ni par le tribunal, encore moins par le débiteur (*Pougoué P.-G. et Kalieu Y., L'organisation des procédures collectives d'apurement du passif OHADA, collection droit uniforme , P.U.A, 1999, n° 240 et s.*). Cependant, il est possible que les agissements du débiteur portent atteinte au bon déroulement du concordat. L'Acte uniforme a pris soin de mettre en place des mécanismes de sa remise en cause. Il s'agit essentiellement de l'annulation et de la résolution (*articles 18, 139, 140,141, AUPCAP*).

Aux termes de l'article 140 particulièrement, la seule cause d'annulation du concordat est le dol découvert après homologation du concordat et consistant en une dissimulation d'actif ou une exagération du passif. L'interprétation stricte de cette disposition exclut des causes de nullité du concordat, les autres vices du consentement et les incapacités par exemple (*voir J. R. Gomez, OHADA, Entreprises en difficulté, Lecture de l'Acte uniforme de l'OHADA portant organisation des procédures collectives d'apurement du passif à la lumière du droit français, Bajag-Méri, 2003, n°307. Dans le même sens en droit français, G. Ripert et R. Roblot, par Ph. Delebecque et M. Germain, Traité de droit commercial, t.2, 15e éd., n°3119 et 3120*).

A côté de l'annulation, figure la résolution du concordat qui occupe une place assez importante. Plusieurs causes peuvent la justifier : le non respect des engagements concordataires, des délais et des remises. Il peut s'agir aussi bien de l'absence totale d'exécution, des retards dans l'exécution que d'une exécution jugée non satisfaisante ; l'existence d'une interdiction d'exercer une activité commerciale suite par exemple au prononcé de la faillite du débiteur ; la direction à nouveau, en fait ou en droit d'une personne morale par des dirigeants contre lesquels a été prononcée la faillite personnelle ou l'interdiction de diriger, gérer ou administrer une entreprise commerciale.

Au cœur des causes pouvant fonder la résolution du concordat, se trouve l'inexécution par le débiteur de ses engagements concordataires comme c'est le cas dans l'arrêt commenté (*voir aussi Tribunal régional hors classe de Dakar, jugement n°074 du 27 février 2004 société Carnaud Métal Box c/ SNCDS, Ohadata J-05-280*). En tout état de cause, la preuve de l'inexécution partielle ou totale incombe aux créanciers. Dans le cas où elle n'est pas fournie, il y a rejet de la demande de résolution (*Tribunal régional hors classe de Dakar, jugement commercial n°74 du 27 février 2004, société Carnaud Métal Box c/ SNCDS, Ohadata J-06-166*).

Les deux moyens de remise en cause du concordat préventif ont presque les mêmes conséquences (*voir F. M. Sawadogo, commentaire sous article 141 de l'AUPCAP, in OHADA, traité et Actes uniformes commentés et annotés, op. cit., p.992*). L'article 142 de l'Acte uniforme portant organisation des procédures collectives d'apurement du passif apporte des précisions sur la situation des créanciers en distinguant selon que le concordat a été ou non partiellement exécuté :

- Si avant la résolution ou l'annulation du concordat, le débiteur n'a payé aucun dividende, les remises se trouvent anéanties et les créanciers antérieurs recouvrent intégralement leurs droits.

- Si le concordat a été partiellement exécuté, les créanciers n'ont le droit de réclamer que les créances correspondantes aux dividendes non payés.

Dans le cas d'espèce, il n'apparaît nullement que la Société air continental s'est rendue coupable de dol envers ses créancières SAFCA et SAFBAIL. La thèse de l'annulation ne peut donc pas s'appliquer ici. Il lui est plutôt reproché de n'avoir pas exécuté les obligations qu'elle a librement prises dans le concordat. Aux termes de l'article 139 de l'Acte uniforme portant organisation des procédures collectives d'apurement du passif, cela constitue une cause de résolution du concordat préventif. On peut déduire de la logique de l'article 18, alinéa 2 de l'Acte uniforme portant organisation des procédures collectives d'apurement du passif, renforcé par la position de la CCJA, que les sociétés SAFCA et SAFBAIL auraient dû, pour recouvrer leurs droits de poursuites contre la Société air continental, solliciter préalablement une résolution du concordat auprès de la juridiction compétente.

De manière générale, la mise en œuvre de la résolution est variable selon qu'une clause la prévoyant existe ou non dans la convention. En présence d'une clause résolutoire expresse, celle-ci opère de plein droit. Elle peut être invoquée par le créancier qui doit simplement être de bonne foi (*voir civ.3è, 6 juin 1984, Bull. civ., III, n°111 ; civ. 3è, 8 avr. 1987, Bull. civ., III, n°88, RTD civ. 1988, 122, obs. Mestre ; civ. 1ère, 31 janv. 1995, Bull. civ. I, n°57. Mais la bonne foi du débiteur défaillant ne fait pas obstacle à l'acquisition de la clause résolutoire. Voir civ. 3è, 10 mars 1993, D., 1993, 357, note Ph. Bihr ; JCP, 1993, éd. G.I., 3725 obs. J. Mestre, Defrénois 1994, 1994, 347, obs. D. Mazeaud ; Cont. conc. conso., 1993, n°149, obs. L. Leveneur ; Civ. 3è, 24 sept. 2003, Bull. civ., III, n°161 ; RTD civ. 2003, 707, obs. J. Mestre et B. Fages ; RDC, 2004/3, 644, obs. D. Mazaud*). En l'absence d'une telle clause, l'article 1184 du code civil dispose que le contrat n'est pas résolu de plein droit. Mais « La résolution doit être demandée en justice ». Les mêmes formules sont transposables en matière de concordat où l'insertion d'une clause de résolution expresse n'est pas la condition indispensable pour le recours à ce mode d'anéantissement de la convention. Malheureusement, au lieu d'agir ainsi, les sociétés créancières ont procédé directement à une saisie conservatoire malgré la force exécutoire du concordat, en l'absence d'une annulation ou d'une résolution. Il est tout à fait normal que la CCJA, garante de la stricte interprétation des dispositions du droit OHADA, restitue le sens des articles 8 et 9 de l'AUPCAP. D'après elle en effet, le concordat a été conclu pour une durée de 3 ans qui s'impose obligatoirement à tous les créanciers. En dépit du manquement du débiteur, ce délai n'aurait pas dû être violé, aucune voie de recours n'ayant été exercée pour dénoncer ce manquement.

Il n'appartient donc pas aux créanciers ou au juge de porter atteinte à la continuation du concordat en la suspendant ou de balayer complètement l'ordonnance de suspension des poursuites individuelles sans passer par le mécanisme légal constitué par la résolution préalable du concordat.

Pour pertinent que puisse être ce raisonnement, il donne cependant l'impression d'une protection excessive du débiteur au détriment des créanciers qui ont accepté de sacrifier une partie de leurs droits à son profit. En effet, aux termes de l'article 139, AUPCAP, en cas de manquement ou d'inexécution par le débiteur de ses engagements, il appartient à la juridiction d'apprécier si ces manquements sont suffisamment graves pour compromettre définitivement l'exécution du concordat. Elle peut même dans le cas contraire, accorder en plus des délais consentis par les créanciers, un autre délai n'excédant pas 6 mois (*sur les pouvoirs du juge en ce domaine, voir P. Daboulé, Le juge des procédures collectives d'apurement du passif, Mémoire de DEA, Ngaoundéré, 2008. Il est toutefois également possible pour les créanciers d'accorder au débiteur un délai plus long, celui-ci n'ayant pas un caractère d'ordre public. Voir Tribunal régional hors classe de Dakar, jugement n°1466 du 30 juill. 2001, règlement préventif de la Société nouvelle des conserveries du Sénégal précité*).

Malheureusement, parfois, nonobstant la dénonciation des créanciers, le débiteur peut ne pas être très inquiété et manquer à ses obligations s'il sait que ses manquements ne seront pas de grande envergure. Ce risque, si petit soit-il peut constituer un danger.

Dans l'exposé de leurs moyens, SAFCA et SAFBAIL soutenaient qu'il est loisible de donner aux créanciers la possibilité de prendre des mesures de sauvegarde de leurs intérêts en cas de manquement du débiteur. En effet, il est inadmissible que le concordat qui est le résultat de leurs sacrifices se retourne contre eux. Devrait-on permettre à ces derniers d'anticiper sur la décision de résolution en les laissant opérer une sorte de résolution unilatérale au détriment d'une résolution judiciaire quitte au juge d'exercer un contrôle *a posteriori* ? S'il est aisé de se laisser entraîner dans une comparaison du concordat au contrat ordinaire, un peu de réalisme est-il de trop ? Si dans le contrat ordinaire, les seuls intérêts en présence sont généralement ceux des parties, et souvent ceux des tiers, la réalité est quasiment différente dans les procédures collectives : au-delà des intérêts réciproques des créanciers et du débiteur qu'il faut ménager soigneusement, il existe d'autres objectifs comme le redressement et la restructuration de l'entreprise qui, selon les systèmes juridiques peuvent carrément supplanter tous les intérêts en présence et se hisser en tête de la hiérarchie des ambitions de la procédure (*c'est le cas dans la loi française du 26 juillet 2005 portant réforme des procédures collectives appelée loi de sauvegarde. Voir P.-M. Le Corre et E. Le Corre-Broly, Droit du commerce et des affaires, droit des entreprises en difficulté, 2e éd., Sirey, 2006, pp. 3 et s.*). Contrairement au droit OHADA qui mettrait au premier plan le paiement des créanciers (*F.M. Sawadogo, Droit des Entreprises en difficulté, éd. Bruylant, Bruxelles, op. cit., n°6 et s.*), le texte français situe le redressement des entreprises au - dessus de tous les autres objectifs.

La présente décision de la CCJA fait une nette application de dispositions de l'Acte uniforme portant organisation des procédures collectives d'apurement du passif en matière de règlement préventif d'une entreprise. Mais on peut se demander si elle est véritablement juste.

Athanase Foko,
Chargé de cours, Université de Ngaoundéré.

CCJA, arrêt n°004/2004, 8 janvier 2004, Attiba Denis c/ Compagnie multinationale Air Afrique et autres

(...)

Sur les trois moyens réunis

Vu les dispositions des articles 4 alinéa 2 et 5 du traité de Yaoundé du 28 mars 1961 et celles de l'article 45 des statuts d'Air Afrique y annexés ;

Vu les dispositions des articles 916 alinéa 1, 203 et suivants de l'Acte uniforme relatif au droit des sociétés commerciales et du groupement d'intérêt économique ;

Vu les dispositions des articles 24, 25 et 33 de l'Acte uniforme portant organisation des procédures collectives d'apurement du passif.

Attendu qu'il est fait grief à l'arrêt attaqué d'avoir méconnu le statut particulier de la compagnie multinationale Air Afrique tel qu'il résulte des articles 4 alinéa 2 et 12 du Traité de Yaoundé du 28 mars 1961 en considérant qu' « aucune disposition tant du statut juridique que des statuts de la compagnie ne confèrent à celle-ci un caractère dérogatoire au droit commun des sociétés commerciales, le droit commun en la matière étant en Côte d'Ivoire, lieu du siège social, lieu du principal établissement le traité de l'OHADA... » et d'avoir, par voie de conséquence, violé notamment l'article 916 alinéa 1 de l'Acte uniforme relatif au droit des sociétés commerciales et du groupement d'intérêt économique, l'article 5 alinéa 1 dudit traité de Yaoundé ainsi que les articles 1 et 45 des statuts de ladite compagnie alors que, selon les moyens, « si l'article 4 du traité de Yaoundé indique que la société Air Afrique sera constituée sous la forme d'une société anonyme de droit privé, l'on ne saurait s'arrêter à cette formule sans dénaturer gravement la caractéristique juridique d'Air Afrique qui, tout en étant une société anonyme, n'en demeure pas moins une société de droit privé d'un type particulier.

La première particularité d'Air Afrique tient d'abord à la nature des actes de sa création et à la qualité de ses actionnaires qui sont des Etats souverains.

Ensuite, l'on ne saurait confondre les statuts d'Air Afrique qui ont la valeur d'un traité international conclu entre des Etats souverains avec ceux des sociétés anonymes ordinaires qui adhèrent à un cadre réglementaire et législatif général.

En outre, aucune société dans chacun des Etats membres de la compagnie Air Afrique ne peut se prévoir d'une multitude de sièges et de onze nationalités, comme c'est le cas d'Air Afrique (...).

Cette spécificité d'Air Afrique ne peut être juridiquement récusée dans la mesure où dans ses propres écritures d'appel, cette compagnie multinationale se réfère constamment non pas à ses associés, d'ailleurs peu ordinaires, mais plutôt à la conférence des chefs d'Etats et de gouvernement, à la réunion des plénipotentiaires du traité de Yaoundé pour constater la cessation de paiement (...).

Il est clair et sans ambiguïté aucune qu'Air Afrique est une société jouissant d'un régime particulier consacré non seulement par les évidences sus-décrites, mais surtout par le traité de Yaoundé et les statuts de la multinationale ratifiés par l'ensemble des Etats membres (...) [d'autant] que l'article 5 du traité de Yaoundé énonce clairement en ce qui concerne le fonctionnement et les conditions juridiques d'existence que seuls le traité de Yaoundé et ses annexes y compris les statuts de la société sont applicables à Air Afrique par dérogation aux dispositions actuelles ou futures des législations nationales des Etats membres de la compagnie.

Ainsi, le Traité de Yaoundé a clairement prévu la possibilité de déroger aux législations nationales des Etats membres de la compagnie commune dès lors que ces dernières seraient contraires à ses dispositions et ses annexes » ;

Que, toujours selon les moyens, c'est à cause de sa situation particulière « qu'Air Afrique ne s'est jamais sentie concernée par les articles 908 et 910 du code des sociétés OHADA, en s'abstenant d'harmoniser ses statuts avec le traité OHADA » ; qu'en conséquence, seul l'article 45 des statuts de la compagnie, qui ne prévoit que la liquidation amiable sans intervention d'une quelconque juridiction, devait être appliqué, les associés ne pouvant, sans violer lesdits statuts, donner compétence aux tribunaux de l'ordre judiciaire pour liquider la compagnie commune en application des dispositions de l'Acte uniforme OHADA portant organisation des procédures collectives d'apurement du passif, d'autant qu'un des Etats membres d'Air Afrique, la Mauritanie, n'est pas partie au traité OHADA ;

Mais attendu s'il est vrai que la société Air Afrique créée par le traité de Yaoundé auquel sont annexés ses statuts, peut être considérée comme une société soumise à un régime particulier au sens de l'article 916 de l'Acte uniforme relatif au droit des sociétés commerciales et du groupement d'intérêt économique, il n'est pas moins vrai que « constituée sous la forme d'une société anonyme de droit privé » comme l'indique l'article 4 du traité susmentionné, elle reste soumise aux dispositions applicables aux sociétés anonymes ;

Attendu que ces dispositions sont en Côte d'Ivoire, lieu de son principal établissement, celles des Actes uniformes adoptés par le conseil des Ministres de l'OHADA, notamment celles de l'Acte uniforme relatif au droit des sociétés commerciales et du groupement d'intérêt économique et de l'Acte uniforme portant organisation des procédures collectives d'apurement du passif dans la mesure où lesdites dispositions ne sont pas expressément écartées par d'autres auxquelles sont assujetties les sociétés soumises à un régime particulier, en application de l'article 916 susvisé ;

Attendu qu'en l'espèce il ne s'agit pas de la liquidation des sociétés prévue aux articles 203 et suivants de l'Acte uniforme relatif au droit des société commerciales et du groupement d'intérêt économique et organisée à l'amiable conformément aux statuts, comme c'est le cas prévu par l'article 45 des statuts d'Air Afrique lorsque la liquidation intervient par anticipation ou à l'expiration de la durée de la société, mais plutôt de la liquidation de biens résultant d'un état irréversible de cessation de paiement et qui intervient dans le cadre des dispositions de l'Acte uniforme portant organisation des procédures collectives d'apurement du passif, notamment en ses articles 25 et 33 selon les quels « le débiteur qui est dans l'impossibilité de faire face à son passif exigible avec son actif disponible doit faire une déclaration de cessation des paiements aux fins d'obtenir l'ouverture d'une procédure de redressement judiciaire ou de liquidation des biens, quelle que soit la nature de ses dettes (…) » et « la juridiction compétente qui constate la cessation des paiements doit prononcer le redressement judiciaire ou la liquidations des biens.

Elle prononce le redressement judiciaire s'il lui apparaît que le débiteur a proposé un concordat sérieux. Dans le cas contraire, elle prononce la liquidation des biens (…) »

Attendu qu'aux termes de l'article 24 de l'Acte uniforme sus indiqué « le redressement judiciaire et la liquidation des biens sont applicables à toute personne physique ou morale commerçante, à toute personne morale de droit privé à toute entreprise publique ayant la forme d'une personne morale de droit privé qui cesse ses paiements » ; qu'il n'est pas contesté qu'Air Afrique est une personne morale de droit privé ; qu'elle a cessé ses paiements et déposé son bilan ; que dès lors les dispositions de l'article 24 citées ci-dessus lui sont applicables ;

Attendu qu'au demeurant aucune disposition du traité de Yaoundé ou clause des statuts d'Air Afrique n'est pas de nature à exclure celle-ci du champ d'application de l'Acte uniforme portant organisation des procédures collectives d'apurement du passif, l'article 4 dudit traité disposant expressément que la société Air Afrique sera constituée sous la forme d'une société anonyme de droit privé ;

Attendu, par ailleurs, que la non appartenance d'un Etat membre d'Air Afrique à l'OHADA, en l'occurrence la Mauritanie, est sans effet sur le droit applicable en l'espèce dès lors que la procédure est engagée en Côte d'ivoire, lieu du principal établissement de la société ; que le défaut de mise en harmonie des statuts d'Air Afrique avec les dispositions de l'Acte uniforme relatif au droit des sociétés commerciales et du groupement d'intérêt économique ne saurait avoir d'autres effets que de rendre « réputées non écrites » les clauses statutaires contraires à ces dispositions ;

Attendu qu'il résulte de tout ce qui précède que c'est à bon droit que la cour d'appel d'Abidjan a considéré que « le tribunal d'Abidjan dans le ressort duquel se trouve l'un des sièges sociaux de la multinationale Air Afrique, est bien compétent pour connaître de la procédure de cessation de paiement à elle présentée et ce conformément à l'Acte uniforme portant organisation des procédures collectives d'apurement du passif... », qu' « aucune disposition tant du statut juridique que des statuts de la compagnie ne confère à celle-ci un caractère dérogatoire au droit commun des sociétés commerciales, le droit commun en la matière étant en Côte d'Ivoire, lieu du siège social, lieu du principal établissement, le traité de l'OHADA... » et constatant que « la compagnie Air Afrique n'était plus en mesure de faire face à son passif exigible avec son actif disponible », prononcé la liquidation de ses biens.

Qu'ainsi la cour d'appel d'Abidjan n'ayant violé aucune des dispositions visées dans la requête, il y a lieu de rejeter le pourvoi, comme non fondé...

OBSERVATIONS

Dix ans après l'entrée en vigueur de l'Acte uniforme portant procédures collectives d'apurement du passif, la question de la loi applicable et des juridictions compétentes se pose toujours avec acuité (*sur ces questions voir P.G. Pougoué, Y. Kalieu, L'organisation des procédures collectives d'apurement du passif OHADA, PUA, Yaoundé, 1999 p. 10 et s*). C'est du moins ce qu'inspire d'entrée de jeu l'arrêt de la CCJA rendu le 08 janvier 2004.

L'espèce est relativement simple à cerner sur le terrain des faits. Elle met en lumière les difficultés de coexistence du droit commun issu du traité de Port-Louis et du droit spécial résultant de textes particuliers dans l'espace OHADA, à propos d'un contentieux sur la liquidation des biens de la société anonyme Air Afrique. En effet, le 07 janvier 2002, une assemblée générale d'Air Afrique avait décidé à l'unanimité de procéder au dépôt de bilan et demandé à la direction générale d'accomplir les formalités aux fins de déclarer la cessation des paiements. Par requête en date du 08 février 2002, la direction générale de l'entreprise avait saisi le tribunal de première instance d'Abidjan en vue d'obtenir le bénéfice de la liquidation des biens. S'opposant à cette démarche, l'intersyndicale des travailleurs de la Compagnie avait, à son tour, saisi ledit tribunal d'une demande visant à obtenir de lui qu'il décline sa compétence. Par un jugement en date du 25 avril 2002, cette juridiction rejeta l'exception d'incompétence soulevée et, dans la foulée, prononça la liquidation de l'entreprise. Sur appel des travailleurs réunis au sein du syndicat, la cour d'appel d'Abidjan rendit un arrêt confirmant la compétence du tribunal de première instance d'Abidjan. C'est cet arrêt du 07 juin 2002 qui devait être attaqué devant la CCJA.

La première question à résoudre était évidemment celle de la capacité du syndicat d'ester en justice. Mais, plus fondamentalement, la Haute cour devait se prononcer sur sa propre compétence et, par ricochet, sur celle des juridictions inférieures à connaître du contentieux de la liquidation des biens de la multinationale Air Afrique, société à statut particulier. La réponse à de cette interrogation n'était pas sans lien avec la question de savoir si la cessation des paiements de ladite compagnie devrait être soumise aux dispositions de l'Acte uniforme portant organisation des procédures collectives du passif ou, au contraire, s'il fallait procéder à la liquidation dans les conditions définies dans les statuts de la compagnie Air Afrique.

Comme on pouvait l'imaginer, l'exception fondée sur l'incapacité du syndicat STRACONAC a été très vite écartée car le mandat du représentant des travailleurs comportait, entre autres, la signature de personnes physiques dont la capacité juridique ne faisait aucun doute. C'est dire que le débat a été recentré autour de la procédure de liquidation des biens applicable à la société Air Afrique, et sur la compétence de la CCJA à connaître du contentieux qui en résulte.

Quoi qu'il en soit, examinant les points sur lesquels elle avait été interpellée, la CCJA indique les conditions de l'application de l'Acte uniforme relatif aux procédures collectives aux entreprises ayant un statut particulier (I) ; puis tire les conséquences de l'application de cet Acte uniforme aux dites entreprises (II).

I. Les conditions de l'application de l'Acte uniforme relatif aux procédures collectives aux entreprises ayant un statut particulier

Les conditions de fond exigées pour soumettre la société Air Afrique à la liquidation des biens tiennent au fait qu'elle soit une personne morale de droit privé et qu'elle soit en état de cessation des paiements.

A. Avoir la forme d'une personne morale de droit privé

La compagnie multinationale Air Afrique est présentée comme une société anonyme ayant son siège social à Abidjan en Côte d'Ivoire. Etant une société anonyme, elle est réputée avoir la qualité de commerçant du seul fait de sa forme et quel que soit son objet, dès son immatriculation au registre de commerce et de crédit mobilier. Bien que dotée d'un statut particulier tenant à son régime et à ses associés que sont les Etats (qui ont décidé de sa création), elle est une personne morale de droit privé. Il s'ensuit que rien ne fait obstacle à ce qu'elle puisse être soumise aux procédures collectives, en particulier à la liquidation des biens régie par l'Acte uniforme relatif aux procédures collectives d'apurement du passif. En effet, selon les termes de l'article 2-4 de ce texte, le redressement judiciaire et la liquidation des biens sont applicables à « toute personne physique ou morale commerçante, à toute personne morale de droit privé non commerçante, à toute entreprise publique ayant la forme d'une personne morale de droit privé ». Dans cette espèce, les juges n'ont eu aucun mal à rappeler cette règle, cela d'autant plus qu'Air Afrique avait pour activité essentielle le transport aérien, activité commerciale s'il en est une. D'ailleurs, même si son activité n'avait pas été commerciale, le raisonnement et la solution auraient certainement été inchangés dans la mesure où les statuts indiquaient qu'il s'agit d'une société anonyme et que l'Acte uniforme prévoit à l'article 6 alinéa 2 qu'une telle société anonyme est commerciale à raison de sa forme et quel que soit son objet.

La règle étant que toute entreprise publique ayant la forme d'une personne morale de droit privé peut être soumise aux prescriptions de l'Acte uniforme portant organisation des procédures collectives d'apurement du passif, il reste encore à indiquer ce qu'il faut entendre par « entreprise publique ayant la forme d'une personne morale de droit privé». Si cette clarification s'impose, c'est précisément parce que seules de telles entreprises devraient pouvoir être concernées par les règles regroupées dans ledit Acte uniforme. L'enjeu d'une telle opération se trouve très clairement exprimé dans l'affaire Attiba Denis où il était prétendu que la liquidation des biens régie par le droit issu du traité OHADA ne peut pas s'appliquer, du fait notamment du statut de l'entreprise en cause.

Dans nombre de pays membres de l'OHADA, la question des règles à appliquer aux entreprises ayant un statut particulier est résolue par les textes qui créent ces dernières. Au Cameroun, pour s'en tenir à cet exemple qui d'ailleurs est en harmonie avec les données de l'arrêt commenté, on sait, sur la base des orientations contenues dans la loi n° 99/016 du 22 décembre 1999 portant statut général des établissements publics et des entreprises du secteur public et parapublic que ce secteur est constitué : d'établissements publics administratifs, « personnes morales de droit public » dotées de l'autonomie financière, ayant reçu de l'Etat ou d'une collectivité territoriale décentralisée un patrimoine d'affectation en vue de réaliser une mission d'intérêt général ou d'assurer une obligation de service public ; de sociétés à capital public, « personnes morales de droit privé » dotées de l'autonomie financière et d'un capital-actions intégralement détenu par l'Etat, une ou plusieurs collectivités territoriales décentralisées ou une ou plusieurs autres sociétés à capital public en vue de l'exécution dans l'intérêt collectif, d'activités présentant un caractère industriel, commercial et financier ; de sociétés d'économie mixte, « personnes morales de droit privé » dotées de l'autonomie financière et d'un capital-actions détenu partiellement d'une part, par l'Etat, les collectivités territoriales décentralisées ou les sociétés à capital public, et d'autre part, par les personnes morales et physiques de droit privé.

S'il faut faire le point, on relèvera que les sociétés à capital public et les sociétés d'économie sont des personnes morales de droit privé. Comme telles, elles devraient être soumises aux dispositions de l'Acte uniforme portant organisation des procédures collectives d'apurement du passif. A l'inverse, les personnes morales de droit public au nombre des quelles se trouvent les établissements publics administratifs ne devraient logiquement pas se voir appliquer les règles regroupées dans cet Acte uniforme (*La jurisprudence est désormais constante ici. Voir not. : TRH Niamey, n°16, 15 janvier 2003, Office des eaux du sous-sol dite OFEDES, ohadata, J-03-158, note anonyme ; TGI Ouagadougou, n° 423, 25 avril 2001, Société Faso Fani, ohadata, J-02-60).*

On l'aura compris, l'argument consistant à rattacher Air Afrique aux entreprises à statut particulier et aboutissant à la conclusion que sa liquidation relève d'un régime juridique dérogatoire au droit commun des sociétés commerciales ne pouvait pas être favorablement accueilli par la CCJA. L'analyse avait d'autant moins de chance d'être reçue que le siège social de la compagnie était situé sur le territoire de l'un des Etats signataires du traité de Port-Louis et qu'un dépôt de bilan était prescrit par l'assemblée générale.

B. Etre en cessation des paiements

La cessation des paiements est une condition économique et financière de l'ouverture des procédures collectives, qu'il s'agisse du redressement judiciaire ou de la liquidation des biens *(Sur la notion et son évolution, voir l'arrêt de la cour de cassation, chambre commerciale, rendu le 14 février 1978 D. 1978 IR 413 note Honorat)*. Elle est présentée, à l'article 25 AUPCAP, comme étant la situation de ce débiteur qui ne peut plus faire face à son passif exigible avec son actif disponible. En termes relativement simples, cela signifie que la situation financière de l'entreprise est compromise et donc qu'elle ne peut plus honorer ses engagements vis-à-vis de ses créanciers. Dès lors, il importe que cela se sache au plus vite pour ne pas l'aggraver. Obligation lui est donc faite de déclarer sa cessation des paiements dans un délai de trente jours à compter de sa survenance afin de se soumettre aux procédures collectives.

Les données de l'affaire commentée ne sont pas assez explicites au sujet de l'état exact de la trésorerie de la compagnie Air Afrique. Mais, étant entendu que l'assemblée générale des associés avait unanimement sollicité la mise en œuvre de toute mesure en vue d'une déclaration de cessation des paiements, on peut légitimement croire que l'entreprise connaissait des difficultés irréversibles. C'est donc sans surprise que, le 25 avril 2002, le tribunal de première instance d'Abidjan a prononcé la liquidation d'Air Afrique avec toutes les conséquences de droit, et que la cour d'appel de la même localité s'est gardée de contredire ce jugement lorsqu'elle fut à son tour appelée à connaître de l'affaire.

Présentée de cette manière, la solution retenue dans l'arrêt n° 004/2004 du 8 janvier 2004 pourrait faire croire que, dès que la cessation des paiements est pressentie par les associés et déclarée par les dirigeants, la liquidation des biens devrait automatiquement être retenue par le juge. Un tel schéma devrait être réceptionné avec prudence. Diverses dispositions de l'Acte uniforme incitent à cette attitude. Entre autres, on peut évoquer l'article 26 qui dresse la liste des documents censés accompagner la déclaration de cessation des paiements, lesquels ont vocation à renseigner au sujet de la situation de l'entreprise au plan financier. On peut encore évoquer l'article 32 alinéa 2, lequel admet que le président de la juridiction appelée à constater la cessation des paiements puisse, avant de se prononcer sur les mérites de la demande, désigner un magistrat ou toute personne qualifiée à charge de dresser et lui remettre un rapport susceptible de fournir davantage de renseignements sur la situation et les agissements du débiteur. On peut mentionner l'article 33, lequel prévoit certes que la juridiction ayant constaté la cessation des paiements « doit » prononcer le redressement judiciaire ou la liquidation des biens ; mais ajoute qu'elle retient le redressement judiciaire s'il lui apparaît que l'entreprise propose un concordat sérieux parce qu'il la préserve en assurant le paiement des créanciers dans des conditions satisfaisantes. Dans le cas contraire, la liquidation des biens s'impose (*TRH Dakar, n° 127, 28 janvier 2005, Agence conseil en marketing et communication c. société Africa investissement Sénégal brasseries, ohadata, J-06-171 ; TGI Banfora, n° 02 du 31 janvier 2003, Les grands moulins du Burkina, ohadata, J-04-41 ; TPI Libreville, n° 19/2001-2002, 30 octobre 2002, BICIG contre Société Basso industries Gabon, ohadata, J-04-140 ; TGI Ouagadougou, n° 20, 29 janvier 2003, société internationale Faso export, ohadata, J-04-138; n° 455 du 24 avril 2002, Liquidation des biens de la Société Briqueteries du Faso, ohadata, J-04-16 ; 24 janv. 2001, Conversion du redressement judiciaire de Flex Faso en liquidation des bien, ohadata, J-02-58, obs. J. Issa-Sayegh ; n° 100 bis du 24 janv. 2001, affaire établissements Korgo Issaka et frères, ohadata, J-02-59, obs. J. Issa-Sayegh ; n°583 du 13 juin 2001, intelcom-Burkina sarl, ohadata, J-04-184 ; n° 192 du 24 février 1999, B.C.T.I, ohadata, J-04-178)*.

Quoi qu'il en puisse être, et c'est l'une des grandes leçons de l'arrêt Attiba, le prononcé de la cessation des paiements intervenant à la lumière du droit issu du traité OHADA produit d'importantes conséquences.

II. Les conséquences de l'application de l'Acte uniforme relatif aux procédures collectives à la liquidation d'une entreprise ayant un statut particulier

Contrairement au règlement préventif qui s'ouvre par une décision du président du tribunal, le redressement judiciaire et la liquidation des biens s'ouvrent par un jugement de cette juridiction. Dans l'un ou dans l'autre cas, il apparaît que la première conséquence de l'application de l'Acte uniforme portant organisation des procédures collectives d'apurement du passif est l'encadrement judiciaire de la liquidation. L'autre conséquence, linéaire, est l'exclusion de toute liquidation à l'amiable.

A. L'encadrement judiciaire de la liquidation des biens de la Compagnie Air Afrique

Les procédures collectives présentent un aspect judiciaire incontournable depuis l'entrée en vigueur de l'Acte uniforme portant organisation des procédures collectives d'apurement du passif. Une entreprise en état de cessation des paiements telle la société anonyme Air Afrique ne peut se trouver soumise à la liquidation des biens que si le tribunal compétent a été saisi. Il lui appartient en effet de déterminer la date de la cessation des paiements ; d'apprécier l'opportunité du redressement judiciaire ou de la liquidation des biens ; de désigner, remplacer ou révoquer quelques-uns des organes de la procédure ; de soumettre les créanciers à la discipline de la masse. Plus généralement, il appartient au juge d'encadrer la mesure retenue. Les raisons de ce cette « judiciarisation » du redressement judiciaire ou de la liquidation des biens sont connues. On considère de longue date qu'il s'agit là de procédures susceptibles de porter atteinte aux droits fondamentaux des parties en présence. Il est donc indispensable qu'une autorité jouissant d'une certaine d'indépendance intervienne pour tenter de concilier les intérêts des uns et des autres, c'est-à-dire en réalité s'assurer que les créanciers obtiendront le paiement et, dans le même temps, que l'entreprise ne sera démantelée ou ne disparaîtra que si une telle situation est inévitable. Même à supposer que la disparition soit incontournable, il ne faudrait pas que les créanciers et les tiers tirent profit des difficultés de la société pour s'enrichir indûment au préjudice des intérêts de ceux qui l'ont créée.

Dans l'arrêt Attiba, les travailleurs, réunis au sein d'un syndicat, avaient pensé que le tribunal saisi en vue de la cessation des paiements aurait dû décliner sa compétence. Les faits de l'affaire ne sont pas ambigus s'agissant du raisonnement qu'ils développaient. A leur sens, le statut particulier de la multinationale Air Afrique excluait l'application de l'Acte uniforme portant organisation des procédures collectives d'apurement du passif et, par ricochet, un quelconque recours au juge mentionné dans ce texte. C'est dire que ni le juge du tribunal de première instance d'Abidjan, ni la cour d'appel de cette même ville, ni la Cour commune de justice et d'arbitrage ne pouvaient connaître des difficultés de la compagnie Air Afrique ou de sa liquidation. Au pire des cas, estimaient-ils, ces difficultés ne pouvaient être débattues que devant « le juge des traités internationaux qui est nécessairement le juge national, en l'occurrence la cour Suprême de Côte d'Ivoire ».

On ne le sait que trop, la construction n'a pas prospéré devant la CCJA. Fidèle à sa logique initiale, elle juge que, aux termes de l'article 14 alinéa 3 du traité susvisé, « saisie par la voie du recours en cassation, la cour se prononce sur les décisions rendues par les juridictions d'appel des Etats parties dans toutes les affaires soulevant des questions relatives à l'application des Actes uniformes et des règlements prévus au (...) traité à l'exception des décisions appliquant des sanctions pénales ». En conséquence, décide t-elle, « c'est à bon droit que la cour d'appel a considéré que « le tribunal d'Abidjan dans le ressort duquel se trouve l'un des sièges sociaux de la multinationale Air Afrique, est bien compétent pour connaître de la procédure de cessation des paiements à elle présentée et ce conformément à l'Acte uniforme portant organisation des procédures collectives d'apurement du passif... » (*Dans le même sens, CA d'Abidjan, n° 872 du 9 juillet 2002, affaire Wehbé Fady et société Sotem Plus c. Bello Afoussata, ohadata, J-03-30; C.A. Abidjan, n° 86 du 16 janvier 2001, Agence Caractère c. Société Bazafrique, Ecodroit n° 11, mai 2002, p. 61, ohadata, J-02-189, obs. J. Issa-Sayegh).*

B. Le rejet de la liquidation amiable

Il a déjà été relevé que la liquidation des biens régie par l'Acte uniforme portant organisation des procédures collectives d'apurement du passif a comme caractéristique technique majeure d'être une procédure judiciaire. En cela, elle s'oppose au système de la liquidation amiable prévu aux articles 203 et suivants de l'Acte uniforme relatif au droit des sociétés commerciales et du groupement d'intérêts économique; elle se distingue du contenu de quelques textes spécifiques qui, dans certains pays membres de l'OHADA, organisent la liquidation à l'amiable d'entreprises ayant un statut particulier (Voir l'article 82 de la loi camerounaise n°99/016 du 22 décembre 1999 portant statut des entreprises du secteur public et parapublic qui prévoit que la liquidation des biens des sociétés à capital public et des société d'économie mixte). Tel est du moins le rappel que fait la CCJA dans l'affaire Attiba. Pour elle, s'il se trouve qu'une entreprise soit en cessation de paiements et qu'elle ait la forme d'une personne morale de droit privée, il n'y aura pas lieu de procéder à une liquidation amiable. Sur la base d'un tel raisonnement, elle conclût que l'application de l'article 45 des statuts d'Air Afrique ne pouvait pas ici être envisagée. La solution est logique, d'autant plus que la lecture de cette disposition à laquelle se référaient les demandeurs au pourvoi permet de découvrir que l'hypothèse envisagée est celle d'une dissolution de la société survenant avant le terme de sa durée prévue dans les statuts et, en tout état de cause, sans lien avec une cessation des paiements (*dans le même sens, C.A. d'Abidjan, n° 872 du 9 juillet 2002, affaire Wehbé Fady et société Sotem Plus c. Bello Afoussata, préc. ; C.A. Dakar, 27 décembre 2002, Comatrans c. Sata Foine, ohadata, J-03-89, obs. A. Ndiaye).*

Jacqueline Kom,
Chargée de cours à l'Université de Yaoundé II ;

Rachel Yvette Ngo Ndigui,
Avocate au barreau de l'Essone.

Cinquième partie

DROIT DE L'ARBITRAGE

CCJA, arrêt n°044/2008, 17 juillet 2008
Société africaine de relations commerciales et industrielles dite SARCI Sarl c/ Atlantique Télécom SA et Télécel Benin SA

(...)

Sur le deuxième moyen

Vu l'article 8 de l'Acte uniforme relatif au droit de l'arbitrage ;

Attendu que la SARCI Sarl fait grief au jugement attaqué d'avoir fait une fausse interprétation et une fausse application de l'article de l'Acte uniforme relatif au droit de l'arbitrage pour avoir déclaré nulle la convention d'arbitrage au motif que « cette prévision des parties, dans le contexte d'un arbitrage par deux arbitres, est viciée au regard de la disposition susvisée de la loi uniforme », alors que, selon le moyen, il ne ressort nulle part dans les dispositions de l'article 8 de l'Acte uniforme précité que si les parties désignaient les arbitres en nombre pair, cette désignation entacherait et rendrait nulle la convention d'arbitrage et alors surtout qu'il est de principe qu'en droit, il n'y a pas de nullité sans texte, de sorte que contrairement à l'interprétation retenue par le jugement critiqué, les dispositions de l'article 8 de l'Acte uniforme précité ont, « en ses aspects substantiels », un caractère supplétif lorsque la convention d'arbitrage fait défaut, est insuffisante ou incomplète ; que pour avoir ainsi déclaré nulle la convention d'arbitrage, le jugement attaqué encourt cassation ;

Attendu qu'aux termes de l'article 8 alinéas 1 et 2 de l'Acte uniforme susvisé, «le tribunal arbitral est constitué soit d'un seul arbitre, soit de trois arbitres.

Si les parties désignent les arbitres en nombre pair, le tribunal arbitral est complété par un arbitre choisi, soit conformément aux prévisions des parties, soit, en l'absence de telles prévisions, par les autres arbitres désignés, soit à défaut d'accord entre ces derniers, par le juge compétent de l'Etat partie » ;

Attendu, en l'espèce, que les deux premiers arbitres désignés selon les modalités prévues dans la clause compromissoire de l'article 43 des statuts de Télécel Bénin ont complété la composition du tribunal arbitral en désignant le troisième arbitre sans attendre que se réalise le préalable de leur éventuel désaccord sur la sentence commune ; qu'ainsi c'est un tribunal arbitral composé non pas de deux mais de trois arbitres qui a statué et rendu la sentence litigieuse ;

Attendu que pour déclarer nulle la convention d'arbitrage contenue à l'article 43 des statuts de la société Télécel Bénin SA, le jugement attaqué retient « qu'à l'analyse, il apparaît clairement que l'article 43 des statuts de la société Télécel Bénin SA dont le tribunal arbitral a tiré l'existence d'une convention d'arbitrage régulière, a prévu un arbitrage par deux arbitres, en laissant la possibilité de désignation d'un troisième arbitre à une hypothèse, celle où les deux arbitres ne parviendraient pas à se mettre d'accord sur une sentence commune ; ... que cette prévision des parties, dans un contexte d'un arbitrage par deux arbitres, est viciée au regard de la disposition susvisée de la loi uniforme qui régit l'arbitrage ; qu'il est également contraire au principe fondamental de l'obligation de délibérer en nombre impair en matière de justice ; ... que ces vices de l'article 43 des statuts de la société Télécel Bénin SA, rendent la clause de recours à l'arbitrage non fonctionnelle et inapplicable à l'organisation d'une procédure arbitrale efficace » ; qu'en statuant ainsi alors que le juge compétent dans l'Etat partie tient de l'article 8 de l'Acte uniforme susvisé, s'il est saisi à cet effet, le pouvoir de prendre des mesures pour que le tribunal arbitral soit constitué conformément à la règle d'imparité affirmée au 1er alinéa dudit article, le tribunal de première instance de première classe de Cotonou a violé les dispositions sus énoncées de l'article 8 de l'Acte uniforme susvisé ; qu'il échet en conséquence de casser le jugement de ce chef sans qu'il soit besoin d'examiner les autres moyens du pourvoi et d'évoquer ;

Sur l'évocation

(...)

Sur la compétence du tribunal de première instance de première classe de Cotonou

Vu l'article 25, alinéas 1 et 2 de l'Acte uniforme relatif au droit de l'arbitrage ;

Attendu que la SARCI Sarl soutient que le tribunal de première instance de première classe de Cotonou saisi du recours en annulation de la sentence arbitrale est incompétent au motif que le recours en annulation contre une sentence arbitrale revêtue de l'autorité de la chose jugée relève de la cour d'appel ; que c'est à tort que le tribunal saisi s'est déclaré compétent ;

Mais attendu qu'aux termes de l'article 25, alinéas 1 et 2 de l'Acte uniforme susvisé, « la sentence arbitrale n'est pas susceptible d'opposition, d'appel, ni de pourvoi en cassation.

Elle peut faire l'objet d'un recours en annulation qui doit être porté devant le juge compétent dans l'Etat partie » ;

Attendu, en l'espèce, que le tribunal arbitral dont la sentence est querellée a siégé a Cotonou, République du Bénin, Etat partie au traité institutif de l'OHADA ; qu'il est établi en droit positif béninois qu'aucun texte particulier n'est intervenu depuis l'entrée en vigueur de l'Acte uniforme relatif au droit de l'arbitrage pour préciser le juge compétent devant lequel doit être porté le recours en annulation ; que l'Acte uniforme relatif au droit de l'arbitrage n'ayant pas précisé le juge compétent devant lequel le recours en annulation doit être porté, il y a lieu de se reporter à la loi nationale de chaque Etat partie pour cette détermination ; qu'en République du Bénin, Etat partie, la loi n° 2001-37 du 27 août 2002 portant organisation judiciaire dispose en son article 49 que « les tribunaux de première instance sont juges de droit commun en matière pénale, civile, commerciale, sociale et administrative » ; qu'en droit processuel, toutes les fois qu'un texte particulier n'attribue pas à la juridiction déterminée la connaissance exclusive de certaines matières, ladite connaissance de celle-ci échoit aux juridictions de droit commun ; qu'en conséquence, il échet de dire que le tribunal de première instance de première classe de Cotonou est, en l'espèce, le juge compétent pour connaître du recours en annulation de la sentence arbitrale du 09 mars 2008 ;

Sur la recevabilité du recours en annulation

Vu les articles 25, alinéa 2 de l'Acte uniforme relatif au droit de l'arbitrage ;

Attendu que la SARCI Sarl reproche à Atlantique Télécom SA d'avoir commis une irrégularité lors de l'introduction de son recours en ne faisant pas la déclaration préalable de recours en annulation dans l'assignation ;

Mais attendu qu'aux termes de l'article 25 alinéa 2 de l'Acte uniforme susvisé, « elle (sentence arbitrale) peut faire l'objet d'un recours en annulation qui doit être porté devant le juge compétent dans l'Etat partie » ; que ce texte ne prévoit aucune condition particulière de recevabilité du recours en annulation ; qu'en droit processuel, lorsque des règles spécifiques n'ont pas été prévues, c'est le droit commun qui s'applique ;

Attendu, en l'espèce, que Atlantique Télécom SA a porté son recours en annulation devant le tribunal par voie d'assignation en vertu de l'autorisation du président du tribunal aux fins d'ester en justice à bref délai ; que l'exploit introductif d'instance mentionne qu'assignation est donnée pour motifs exposés dans la requête afin d'être autorisé à assigner au fond à bref délai et à jour fixe ; que ladite requête précise la volonté de Atlantique Télécom SA d'exercer un recours en annulation de la sentence arbitrale rendue entre les parties le 09 mars 2008 ; qu'en outre, le dispositif de l'assignation indique, entre autre, « ... s'entendre recevoir en la forme le présent recours en annulation » ; qu'il suit qu'en l'état de ces constatations en en l'absence de prescriptions particulières de l'Acte uniforme relatif au droit de l'arbitrage, il échet de dire que l'exception d'irrecevabilité soulevée par la SARCI Sarl n'est pas fondée et doit être rejetée ;

(...)

Sur l'annulation de la sentence arbitrale du 09 mars 2008

Vu les articles 26, 5, alinéa 2, a) et 9 de l'Acte uniforme relatif au droit de l'arbitrage ;

Attendu qu'Atlantique Télécom SA demande l'annulation de la sentence arbitrale du 09 mars 2008 ; qu'à l'appui de la demande elle expose que le 09 juillet 2002, elle a conclu une convention de partenariat avec la Société Africaine de Relations Commerciales et Industrielles, laquelle prévoyait notamment la répartition des sièges d'actionnaires ainsi que le partage du capital de Télécel Bénin SA entre les actionnaires à hauteur de 51% pour le Groupe Atlantique Télécom et 49% pour la société SARCI ; que sous prétexte de violation des statuts de Télécel Bénin SA et d'actes contraires a ses droits, la société Africaine de Relations Commerciales et Industrielles lui a exprimé le 29 novembre 2006 son intention de mettre en œuvre une procédure d'arbitrage sur le fondement de l'article 43 desdits statuts ; que la Société africaine de relations commerciales et industrielles ayant désigné le premier arbitre et en vue de désigner à son tour le deuxième arbitre, elle lui a demandé d'identifier le différend à soumettre aux arbitres et lui apporter les précisions nécessaires à la défense de ses droits ; que la Société africaine de relations commerciales et industrielles a refusé de lui fournir les éléments sollicités et fait désigner le deuxième arbitre par le tribunal de première instance de première classe de Cotonou ; que les arbitres choisis ont désigné un troisième arbitre, lequel a été remplacé quelques mois plus tard, par suite de démission ; qu'elle a entrepris de multiples recours devant les tribunaux judiciaires, la Chambre administrative de la cour suprême, la cour constitutionnelle et devant le tribunal arbitral pour contester la validité de l'article 43 des statuts de Télécel Bénin SA et les conditions de formation du tribunal arbitral lui-même ; que malgré les différents recours formés, le tribunal arbitral a rendu le 09 mars 2008 une sentence arbitrale la condamnant, entre autre, à verser à la SARCI Sarl la somme de francs cfa trois cent quarante milliards (340.000.000.000) à titre de réparation de préjudices ; que cette condamnation a été assortie de l'exécution provisoire à auteur de 50%, nonobstant tout recours en annulation ; qu'elle demande l'annulation de cette sentence en vertu des dispositions des articles 25 et suivants de l'Acte uniforme relatif au droit de l'arbitrage ;

Attendu que les articles 26, 5, alinéa 2, a) et 9 de l'Acte uniforme susvisé disposent respectivement que « le recours en annulation n'est recevable que dans les cas suivants :

- si le tribunal a statué sans convention d'arbitrage ou sur une convention nulle ou expirée ;
- si le tribunal arbitral a été irrégulièrement composé ou l'arbitre unique irrégulièrement désigné ;
- si le tribunal arbitral a statué sans se conformer à la mission qui lui a été confiée ;

- si le principe du contradictoire n'a pas été respecté ;

- si le tribunal arbitral a violé une règle d'ordre public international des Etats signataires du Traité ;

-si la sentence arbitrale n'est pas motivée. », « en cas d'arbitrage par trois arbitres, chaque partie nomme un arbitre et les deux autres arbitres ainsi nommés choisissent un troisième ; si une partie ne nomme pas un arbitre dans un délai de trente jours à compter de la réception d'une demande à cette fin émanant de l'autre partie ou si les deux arbitres ne s'accordent pas sur le choix du troisième arbitre dans un délai de trente jours à compter de leur désignation, la nomination est effectuée sur la demande d'une partie par le juge compétent dans l'Etat partie » ; et enfin « les parties doivent être traitées sur un pied d'égalité et chaque partie doit avoir toute possibilité de faire valoir ses droits » ;

Attendu, en l'espèce, qu'il est constant comme résultant de l'examen des pièces du dossier de la procédure que la lettre du 29 novembre 2006 par laquelle la SARCI Sarl a fait connaître à Atlantique Télécom SA sa décision de mettre en œuvre la procédure d'arbitrage prévue par les dispositions de l'article 43 des statuts de Télécel Bénin SA a été reçue le 30 novembre 2006 à 16h 10 par Monsieur Talibi Haidara, directeur général de Télécel Bénin qui devait la transmettre à Monsieur Koné Dossongui qui en était le destinataire au nom de Atlantique Télécom SA ; que ladite lettre portait également à la connaissance de Atlantique Télécom que la SARCI Sarl a d'ors et déjà désigné Monsieur Osseni Salmon Raïmi, domicilié à Cotonou comme arbitre devant siéger dans la formation arbitrale et qu'il incombait à Atlantique Télécom de désigner dans un délai de quinze (15) jours à compter de la date de réception de ladite lettre un autre arbitre pour faire partie de la formation arbitrale ; qu'ayant estimé que le délai de quinze (15) jours imparti à Atlantique Télécom SA pour la désignation du deuxième arbitre était expiré, la SARCI Sarl saisissait le président du tribunal de première instance de première classe de Cotonou, lequel rendait au pied de la requête l'ordonnance n° 1067 du 18 décembre 2006 partant désignation du deuxième arbitre en la personne de sieur Gabriel Comlan Quenum ; que par exploit en date du 27 décembre 2006 de Maître Simplice Dako, huissier de justice près le tribunal de première instance de première classe et la cour d'appel de Cotonou, Atlantique Télécom SA s'était formellement opposé à l'ordonnance précitée portant désignation du deuxième arbitre ; que statuant sur les mérites de ladite opposition à l'ordonnance, la juridiction saisie rendait l'ordonnance n°031/07-1ère CR Civ. du 08 août 2007 par laquelle elle déboutait Atlantique Télécom d'une part, de sa demande en rétractation de l'ordonnance de désignation du deuxième arbitre aux motifs qu'il n'y a eu aucune manœuvre frauduleuse tendant à tromper la religion du juge et que l'ordonnance a été prise dans le respect des dispositions légales, et, d'autre part, de sa demande en annulation de la notification du procès verbal de désignation du troisième arbitre au motif que le troisième arbitre a été désigné conformément au contrat qui est la loi des parties et conformément au droit positif « en vigueur » ;

Attendu qu'en considérant la date du 30 novembre 2006, date de réception de la lettre sus indiquée du 29 novembre 2006 et de la demande de désignation du deuxième arbitre émanant de la SARCI Sarl, Atlantique Télécom SA disposait, avant toute mise en demeure et conformément à l'article 5 alinéa 2 a) sus énoncé de l'Acte uniforme précité d'un délai de trente jour s'achevant le 30 décembre 2006 pour la désignation du deuxième arbitre ; que la mise en demeure ne devait lui être adressée par la SARCI Sarl qu'à compter du 31 décembre 2006 au cas où à cette date Atlantique Télécom SA n'aurait pas désigné le deuxième arbitre ; qu'avant même que ledit délai légal n'expire, le président du tribunal de première instance de première classe de Cotonou, sur saisine de la SARCI Sarl, rendait à pied de requête, l'ordonnance n° 1067 du 18 décembre 2006 précitée ; qu'il résulte de tout ce qui précède que la procédure de désignation du deuxième arbitre et partant de la constitution du Tribunal arbitral ad hoc dans la présente cause opposant la SARCI Sarl à Atlantique Télécom SA n'a pas obéi aux prescriptions de l'article 5 alinéa 2, a) sus énoncé quant au délai de désignation du deuxième arbitre et de l'article 9 précité quant au traitement égalitaire dont doit bénéficier toute partie à un procès, Atlantique Télécom n'ayant pu exercer son droit de désignation de l'un des membres du tribunal ad hoc constitué ; qu'il s'en suit que ledit tribunal arbitral ad hoc a été irrégulièrement constitué ; qu'il échet de dire et juger que la sentence redue par ledit tribunal irrégulièrement constitué encourt annulation de ce chef…

OBSERVATIONS

Le mode alternatif de règlement des litiges privés vivement recommandé dans l'espace de l'OHADA est l'arbitrage. Tirant ses fondements de la convention des parties qui peut être soit un compromis soit une clause compromissoire (*On estime généralement que l'arbitrage issu d'un compromis serait moins houleux que celui issu d'une clause compromissoire, puisque le compromis suppose que les parties déjà en conflit se mettent d'accord sur le recours à l'arbitrage, alors que la clause compromissoire est stipulée en prévision à un conflit à naître. Mais dans la pratique, cette idée est vite démentie, tant l'arbitrage issu du compromis ou de la clause compromissoire sont l'objet d'houleux contentieux qui se poursuivent même devant le juge étatique, comme dans le cas de cet Arrêt*), l'arbitrage leur permet non seulement d'avoir une solution rapide et efficace à leur litige, mais aussi et surtout de préserver le secret de leurs affaires, en évitant la publicité et la rigidité procédurale des juridictions étatiques. Il s'agit en fin de compte d'une thérapie douce administrée aux situations juridiques pathologiques des parties, pourvu que l'affaire soit arbitrable (*Voir Level P., L'arbitrabilité, Revue de l'arbitrage, 1992, pp. 219 et s*).

Toutefois, si l'une des raisons d'être de cette procédure est l'évitement des juridictions étatiques, « *l'arbitrage peut difficilement se passer de la justice étatique* » (*Pougoué P.G., Tchakoua J.M., Fénéon A., Droit de l'arbitrage dans l'espace OHADA, Presses universitaires d'Afrique, 2000, p. 292, n° 318*). Normal, puisque le service de la justice est avant tout de la responsabilité de l'Etat, qui l'assume par le truchement de ses juridictions, et ce n'est qu'exceptionnellement qu'elle permet aux particuliers de lui faire une saine concurrence, sous son arbitrage. Ainsi, comme juge d'appui, le juge étatique pourra intervenir avant ou pendant le déroulement de l'audience arbitrale, alors que comme juge de contrôle, il pourra intervenir après le prononcé de la sentence, pour en délivrer l'exequatur, afin qu'elle puisse sortir son plein et entier effet, ou pour l'annuler par respect de l'une des six causes prévues par l'art. 26 de l'AU sur l'arbitrage (*Soh Fogno D.R, Le juge étatique en matière arbitrale dans l'espace OHADA, Mémoire de DEA, Université de Dschang, juillet 2001, 116 pages*).

L'arrêt de la CCJA n°044/2008 du 17 juillet 2008 rendu sur le fondement du pourvoi en cassation du jugement n° 018/2ème/ccom du 20 mars 2008 du TPI de première classe de Cotonou est une parfaite illustration de l'houleux contentieux qui peut succéder au prononcé de la sentence arbitrale (*Voir sur la question Soh Fogho D.R., Le contentieux de l'annulation des sentences issues de l'arbitrage traditionnel dans l'espace de l'OHADA, Revue camerounaise de l'arbitrage, n° 23, octobre-décembre 2003, pp. 3-19*). En l'espèce, les statuts de la société Télécel Bénin SA comportaient à l'art. 43 une clause compromissoire qui renvoyait à l'arbitrage tout litige entre associés, entre l'un d'entre eux et la société, relativement à l'application de ses statuts.

C'est sur cette base que la SARCI, titulaire de 49% des actions de la Télécel Bénin SA a exprimé le 29 novembre 2006 son intention de recourir à la procédure arbitrale contre Atlantique Télécom SA, titulaire de 51% des actions de la même société. Selon la SARCI, Atlantique Télécom SA violait les statuts de Télécel SA, et s'était redue coupable d'actes contraires à ses droits. Par une lettre du 29 novembre 2006 dans laquelle la SARCI indiquait qu'elle avait désigné son arbitre, elle invitait Atlantique Télécom SA à désigner le sien, conformément aux dispositions de l'art. 43 des statuts de Télécel Bénin SA, dans un délai de 15 jours à compter du 30 novembre de la même année, date effective de la réception de ladite lettre.

La société Atlantique Télécom SA n'ayant pas désigné son arbitre dans les délais conventionnels de 15 jours, la SARCI par respect de l'art. 43 des statuts de la Télécel Bénin SA, a saisi le président du TPI de Cotonou, lequel a rendu au pied de la requête l'ordonnance n° 1067 du 18 décembre 2006 portant désignation du deuxième arbitre, en lieu et place de Atlantique SA. Cette dernière a contesté en vain cette ordonnance, la juridiction saisie ayant rendu l'ordonnance n° 031/07-1ère CR Civ. du 08 août 2007 par laquelle elle déboutait la demanderesse.

En vue de régulariser la composition du tribunal, et ce, sans attendre comme le prévoyait maladroitement la clause compromissoire, d'avoir une discordance sur le contenu de la sentence commune, les deux arbitres ont désigné un troisième qui a par la suite été remplacé suite à sa démission. Les trois ont rendu le 9 mars 2008 une sentence condamnant Atlantique Télécom SA, entre autre, à verser la somme de 340 milliards à la SARCI à titre de réparation du préjudice subi, assorti d'exécution provisoire à hauteur de 50%. Mécontente, Atlantique Télécom SA demande et obtient l'annulation de cette sentence, par le jugement n° 0118/2ème/ccom du 20 mars 2008 du TPI de Cotonou, au motif que « *cette prévision des parties dans le contexte d'un arbitrage par deux arbitres, est viciée au regard de la disposition susvisée de la loi uniforme qui régit l'arbitrage* », et qu'en conséquence, cette clause compromissoire est nulle.

Déçue par cette position plutôt curieuse du juge, la SARCI, par application de l'art. 25 de l'AU sur l'arbitrage saisit en cassation la CCJA qui casse ce jugement en tirant argument de la violation des dispositions de l'article 8 du même texte qui enjoint au juge étatique de l'Etat-partie saisi à cet effet de prendre toutes les mesures nécessaires pour que le tribunal arbitral soit constitué suivant la règle de l'imparité telle que prévue à l'al. 1 de cet article. Après évocation et en statuant sur le fond de l'affaire (art. 14 § 5, Traité de l'OHADA), la Haute cour annule à son tour la sentence arbitrale en ne retenant plus comme motif la nullité de la convention arbitrale comme l'avaient fait les juges de fond, mais la fraude dans la désignation du deuxième arbitre qui a elle-même entraîné l'irrégularité dans la constitution du tribunal arbitral. Elle motive cette décision en précisant « *que la procédure de désignation du deuxième arbitre et partant de la constitution du tribunal arbitral ad hoc dans la présente cause opposant la SARCI Sarl à Atlantique Télécom SA n'a pas obéi aux prescriptions de l'article 5, alinéa 2, a) sus énoncées quant au délai de désignation du deuxième arbitre et de l'article 9 précité quand au traitement égalitaire dont doit bénéficier toute partie à un procès, Atlantique Télécom n'ayant pu exercer son droit de désignation de l'un des membres du tribunal arbitral ad hoc constitué ; qu'il s'ensuit que ledit Tribunal arbitral ad hoc a été irrégulièrement constitué ; qu'il échet de dire et de juger que la sentence rendue par ledit tribunal irrégulièrement constitué encourt l'annulation de ce chef* ».

Telle est la réponse de la CCJA, à la question centrale qui lui était posée, celle de savoir quels sont les critères de la composition régulière d'un tribunal arbitral ? Autrement dit, un tribunal arbitral peut-il être régulièrement composé alors que la convention des parties a prévu un nombre pair des arbitres ? Mieux, la parité du tribunal arbitral, même si elle est considérée comme étant une cause de la composition irrégulière du tribunal, peut-elle être légalement sanctionnée par la nullité de la convention d'arbitrage qui l'a prévue, comme l'ont estimé les juges de fond ?

L'économie de l'arrêt à commenter résume les positions de la cour en deux grands points. D'une part, en précisant que la composition irrégulière du tribunal arbitral entraîne des sanctions (II), la Haute cour apporte d'autre part des éclaircissements sur la notion même de composition régulière du tribunal arbitral (I).

I. L'exigence de la composition régulière du tribunal arbitral

L'arrêt à commenter suggère de considérer que la régularité du tribunal arbitral s'apprécie tant du point de vue de la régularité de la procédure de désignation des arbitres **(A)**, que de celui du nombre des arbitres qui composeront le tribunal **(B)**.

A. La régularité relativement à la procédure de désignation des arbitres

Sur qui pèse la charge de la désignation des arbitres, et selon quelle procédure ? Voilà les questions sur lesquelles la CCJA apporte des éléments de réponse univoques et équivoques.

D'une part, en ce qui concerne la charge de la désignation des arbitres, l'art. 5 al. 1 de l'AU sur le droit de l'arbitrage a été repris par la clause compromissoire des parties, selon laquelle « *chaque partie désignera son arbitre* ».

La position univoque de la CCJA sur la question suggère pourtant de faire la nuance entre une procédure arbitrale à arbitre unique et une procédure arbitrale à trois arbitres. Si l'arbitre est unique, les parties doivent s'accorder sur son choix, alors que s'il y en a trois, chaque partie en désignera un, et les deux arbitres ainsi désignés en choisiront le troisième. Cette dernière règle ne sera appliquée que si la convention des parties n'a pas prévu une autre modalité de désignation du troisième arbitre. Toute difficulté est soumise au juge compétent dans l'Etat-partie. Ainsi, on doit relever avec la Haute juridiction que la charge de la désignation des arbitres incombe aux parties, aux arbitres désignés et à la juridiction compétente. Toutefois, ce pouvoir de désignation n'est pas concurrent, car la priorité est donnée à la prévision des parties dans leur convention.

D'autre part, en ce qui concerne la procédure de désignation des arbitres, s'il est clair dans le cas d'espèce que la convention des parties ne fait pas défaut, est-on également fondé à affirmer qu'elle est insuffisante sur les modalités du choix des arbitres ? C'est à cette question que la CCJA donne une réponse équivoque. En effet, la convention des parties prévoyait que chacune d'elles désignera son arbitre, et que « *si l'une des parties négligeait de faire cette désignation 15 jours après mise en demeure, il y sera procédé sur requête présentée par l'une des autres parties à Monsieur le président de la juridiction compétente du lieu du siège social (...)* ». Atlantique Télécom SA n'ayant pas, par application de cette disposition contractuelle désigné son arbitre dans les 15 jours, la SARCI a obtenu par ordonnance sur requête n° 1067 du 18 décembre 2006 la désignation en ses lieu et place du deuxième arbitre, lesquels ont désigné un troisième sans attendre, comme le prévoyait maladroitement la convention des parties, d'être en désaccord sur le contenu de la sentence.

Pourtant, sur un plan purement légal, la procédure de désignation des arbitres n'a d'intérêt que lorsque les parties ne s'entendent pas sur le choix de l'arbitre unique, si l'une des parties ne désigne pas son arbitre dans les délais conventionnels en cas de procédure à trois arbitres, ou si la convention des parties ne permet pas le choix du troisième arbitre. Autrement dit, la procédure curative de désignation d'un arbitre n'est enclenchée que lorsque les parties ou l'une d'elles obstrue la composition du tribunal.

Dans l'hypothèse d'une procédure à arbitre unique, l'al. 2b de l'art. 5 de l'AU sur le droit de l'arbitrage permet au juge étatique, à la demande d'une des parties, de se substituer à elles en désignant l'arbitre unique. Dans l'hypothèse d'une procédure à trois arbitres, la priorité est donnée à la convention des parties, conformément à l'art. 5 al. 1 de l'AU sur le droit de l'arbitrage. Ce n'est qu'en cas de défaut ou d'insuffisance d'une telle convention, que les règles légales de la désignation des arbitres telles que posées par l'art. 5 al. 2a de l'AU sur le droit de l'arbitrage s'appliquent. Le défaut de la convention d'arbitrage ne renvoie pas à l'inexistence de celle-ci. Il suppose une volonté affirmée des parties de recourir à l'arbitrage, mais un défaut de précision de la convention de celles-ci sur la désignation des arbitres. L'insuffisance de la convention d'arbitrage est, de l'avis du professeur Pierre Meyer, celle qui « *malgré son caractère complet, n'a pas permis la constitution de la juridiction arbitrale* » (*Commentaire de l'art. 5 de l'Acte uniforme sur le droit de l'arbitrage, in OHADA Traité et actes uniformes commentés et annotés, Juriscope, 3ème éd., 2008*), ou celle qui, en dépit de son caractère complet, « *la constitution de la juridiction arbitrale s'avère impossible* » (*Meyer P., OHADA Droit de l'arbitrage, Bruylant, Bruxelles, 2002, p. 136, n° 221*). Ceci dit, cette condition suppose que la non constitution de la juridiction arbitrale ne soit pas la conséquence de son obstruction par l'une des parties, car dans une telle hypothèse, la priorité serait encore donnée à la volonté conventionnelle des parties. La constitution de la juridiction arbitrale n'était donc pas impossible au regard de la convention des parties, et la non constitution du tribunal arbitral sans l'appui du juge étatique est tributaire de la faute et de l'incurie de l'une des parties. A notre avis, le problème ne portait pas sur la désignation des deux arbitres, mais sur celle du troisième qui avait été rendue grossièrement facultative, parce que subordonnée à l'hypothèse de désaccord entre les deux arbitres. En annulant la sentence arbitrale au motif que « *le tribunal ad hoc a été irrégulièrement constitué* », la CCJA semble faire du délai de 30 jours prévu à l'art. 5 al. 1a de l'AU sur le droit de l'arbitrage, un délai d'ordre public. Or en vertu de l'al. 1 de cet article, ce délai peut être valablement écarté, comme dans le cas d'espèce, par la volonté des parties. Elles peuvent prévoir un délai plus bref ou plus long.

Devrait-on en conclure que toutes les fois que le tribunal arbitral n'a pas pu être constitué, par la faute ou même l'incurie d'une des parties comme c'est le cas dans cet arrêt, on devra écarter toutes leurs prévisions pour leur substituer les dispositions légales et supplétives de l'art. 5 al. 2 ? A cette question, au regard des motivations de l'arrêt après l'évocation, la CCJA semble donner une réponse affirmative. Cette position sans doute malheureuse pourrait amener les parties à la fraude, notamment en violant les dispositions conventionnelles de constitution du tribunal arbitral, en étant certaines que la sentence sera automatiquement annulée du fait de l'irrégularité dans sa constitution, tirée de la désignation illégale des arbitres. Or les modalités de la désignation des arbitres sont en principe conventionnelles, les dispositions légales étant simplement supplétives.

Ce déplacement infortuné du débat par la Haute cour est d'autant plus regrettable que les arbitres désignés avaient corrigé l'irrégularité de la composition du tribunal en désignant un troisième arbitre. La composition du tribunal arbitral semblait alors être régulière tant du point de vue de la procédure de désignation des arbitres que de leur nombre.

B. La régularité relativement au nombre des arbitres

Les statuts de Télécel Bénin SA avaient prévu un tribunal arbitral qui serait composé de deux arbitres désignés par chacune des parties, le défendeur devant disposer d'un délai de 15 jours à compter de la date de mise en demeure du demandeur. Cette parité de départ devait basculer à l'imparité, au cas où les deux arbitres ne parviendraient pas à se mettre d'accord sur une sentence commune. Il était alors prévu que les arbitres désignés par les parties en éliront éventuellement un troisième.

On ne saurait donc arguer sans se leurrer que les parties n'avaient pas prévu les modalités de désignation du troisième arbitre, même si elles l'avaient subordonnée maladroitement à une éventualité. C'est sans doute pour corriger cette irrégularité que les arbitres désignés ont, comme le relève fort opportunément la Haute cour, sans attendre d'être en désaccord sur le contenu de la sentence commune, désigné un troisième arbitre, de telle sorte que c'est finalement un tribunal composé de trois arbitres et non de deux comme le prévoyaient originellement les parties, qui a rendu la sentence querellée.

Au regard des dispositions légales, si les parties sont libres de choisir n'importe quelle personne physique comme arbitre, en revanche elles ne sont plus tout à fait libres sur la détermination de leur nombre. En effet, l'art. 8 al. 1 de l'AU sur le droit de l'arbitrage semble être péremptoire sur le nombre des arbitres devant composer un tribunal arbitral dans l'espace de l'OHADA. Soit le tribunal arbitral ne compte qu'un arbitre, soit il en compte trois. Autrement, l'alinéa suivant qui dispose que « *si les parties désignent les arbitres en nombre pair (...)* » devrait se lire comme si les parties avaient désigné deux arbitres, puisque le seul nombre pair qui existe entre un et trois est bien deux. Dans ce cas, le tribunal sera complété par un arbitre choisi conformément aux prévisions des parties, et en l'absence de telles prévisions par les arbitres au paravent désignés, et à défaut d'accord entre eux, par le juge compétent dans l'Etat-partie.

On est donc quelque peu ahuri et déçu de remarquer que la CCJA qui évoque pourtant ces arguments dans le pourvoi en s'appuyant sur les dispositions de l'art. 8, n'en ait plus tenu compte lorsqu'elle a statué sur le fond, après avoir logiquement cassé le jugement d'annulation de la sentence arbitrale. Elle s'est au contraire appuyée sur l'art. 9 pour annuler la sentence, en estimant que les parties n'avaient pas été traitées sur une base égalitaire, laquelle a entraîné des irrégularités dans la constitution du tribunal. Or la convention d'arbitrage des parties n'avait d'irrégularité que la parité du tribunal arbitral, étant donné que les parties, conformément à l'art. 5 al. 1, avaient le loisir de déterminer conventionnellement les délais de désignation des arbitres, de telle sorte que l'al. 2 de cet article n'aurait eu vocation à s'appliquer que dans les conditions qu'il définit, soit le « *défaut* », soit « *l'insuffisance* » de la convention des parties.

C'est donc, semble-t-il, à tort que la Haute cour ait assimilé la parité du tribunal arbitral à une hypothèse d'insuffisance de la convention des parties, devant justifier l'application de la désignation légale des arbitres prévue à l'art. 5 al. 2, car cette question est expressément traitée par l'art. 8 qui ne fait ni un renvoi explicite, ni implicite à l'art. 5 al. 2. Autrement dit, le fait pour les parties de prévoir un tribunal arbitral en nombre pair ne serait pas sanctionné par « *l'insuffisance de leur convention* », et la remise en cause de leurs prévisions dans la désignation de leurs arbitres, mais simplement par la correction de la situation conformément à l'art. 8 de l'AU sur le droit de l'arbitrage.

Au regard de ce qui précède, il va sans dire que si les parties ont le loisir de choisir leurs arbitres, des moyens juridictionnels peuvent être mis en œuvre pour pallier leur incurie, car la composition régulière est d'ordre public. En conséquence, la composition irrégulière du tribunal arbitral doit forcément entraîner des sanctions.

II. La sanction de la composition irrégulière du tribunal arbitral

La composition régulière du tribunal arbitral est d'ordre public. Dire d'une notion qu'elle est d'ordre public revient à dire qu'elle s'impose à toutes les parties, et qu'elle peut être relevée d'office par le juge, et même pour la première fois en cassation. En effet, une règle de droit dont le non respect n'est pas sanctionné est inutile et vidée de sa substance. Mais les sanctions sont variées et leur application largement influencée par l'intérêt à protéger. La nullité reste sans doute l'une des sanctions les plus redoutées, au regard de la gravité de ses effets, puisque son prononcé remet les parties au point de départ, tout se passant comme si l'acte n'avait jamais existé, comme si les parties n'étaient jamais entrées en relation. C'est pour cette raison que son prononcé doit être justifié. La CCJA enseigne dans cet Arrêt que si la sanction de la parité du tribunal arbitral n'est pas la nullité de la convention d'arbitrage **(A)**, en revanche, celle de la constitution irrégulière du tribunal arbitral est bien la nullité de la sentence arbitrale **(B)**.

A. La sanction de la parité du tribunal arbitral n'est pas la nullité de la convention d'arbitrage

L'économie des célèbres arrêts Dalico, Gatoil et Gosset issus de la jurisprudence française a été consacrée par l'AU sur l'arbitrage à son article 4, lequel donne une force à la volonté des parties qui veulent recourir à l'arbitrage, et une indépendance de la convention née de la rencontre de leur volonté par rapport au contrat principal. Mais comme relevé plus haut, cette liberté se trouve être limitée par le nombre d'arbitres devant composer le tribunal. Ainsi, *« si les parties désignent les arbitres en nombre pair, le tribunal arbitral est complété par un arbitre choisi soit conformément aux prévisions des parties, soit, en l'absence de telles prévisions, par les arbitres désignés, soit à défaut d'accord entre ces derniers, par le juge compétent dans l'Etat-partie »* (*art, AU sur l'arbitrage*). Le texte ne prescrit donc pas que la convention d'arbitrage serait remise en cause par son annulation, mais recommande au contraire une régularisation en cascade et pyramidale, au sein de laquelle la solution des uns exclut celle des autres. Ainsi, si les parties désignent deux arbitres sans prévoir les modalités de désignation du troisième, le choix de celui-ci échoit aux deux arbitres désignés. La juridiction compétente n'aurait la possibilité de le désigner que si ces derniers ne parviennent pas à se mettre d'accord.

C'est donc à bon droit que le jugement n° 018/2ème /ccom du tribunal de première classe de Cotonou a été cassé par la cour commune. En effet, les juges de fond avaient fait une interprétation parfaitement erronée de l'art. 8 de l'AUA, en annulant la sentence arbitrale au motif *« que l'art. 43 des statuts de la société Télécel Bénin SA dont le tribunal arbitral a tiré l'existence d'une convention d'arbitrage régulière a prévu un arbitrage par deux arbitres (...), que cette prévision des parties dans le contexte d'un arbitrage par deux arbitres est viciée au regard de la disposition susvisée de la loi uniforme qui régit l'arbitrage ; qu'il est également contraire au principe fondamental de l'obligation de délibérer en nombre impair en matière de justice (...), que ces vices de l'art. 43 des statuts de la société Télécel Bénin*

SA rendent la clause de recours à l'arbitrage non fonctionnelle et inapplicable à l'organisation d'une procédure arbitrale efficace ».

Cette position était injustifiée pour au moins trois raisons :

D'abord, il est de principe en droit qu'il n'existe pas de nullité sans texte, de sorte que toute nullité qui ne saurait s'appuyer sur un texte de droit interne ou international s'expose à la critique.

Ensuite, l'art. 8 de l'Acte uniforme relatif au droit de l'arbitrage prévoit des méthodes de correction du tribunal arbitral qui aurait des arbitres en nombre pair, et n'évoque ni implicitement, ni explicitement la nullité comme sanction, mais consacre la validité et la survivance de la convention d'arbitrage.

Enfin, dans le cas d'espèce, les deux arbitres désignés n'avaient pas statué seuls, mais avaient pris la peine d'en désigner un troisième, sans attendre comme le prévoyait la convention des parties, d'être en désaccord sur le contenu de la sentence commune.

La composition du tribunal ayant statué semblait donc régulière du point de vue de l'imparité du nombre des arbitres au regard de l'art. 8 de l'AU sur le droit de l'arbitrage, mais irrégulière selon la CCJA du point de vue de la procédure de désignation des arbitres, au regard de l'art. 4, et comme telle, méritait une annulation.

B. La sanction de la désignation irrégulière des arbitres est l'annulation de la sentence arbitrale

Peut-on estimer que les arbitres ayant rendu la sentence querellée avaient été mal désignés ? Là se trouve toute la question qui a été résolue plus haut (*Plus précisément au A du I*). La Haute juridiction estime que le second arbitre a été irrégulièrement désigné, alors qu'il a été désigné suivant le respect strict de la volonté conventionnelle des parties et mise en œuvre par l'une d'elles. En effet, selon la convention des parties, *« si l'une des parties négligeait de faire cette désignation (celle de son propre arbitre) 15 jours après mise en demeure, il y sera procédé sur requête présentée par l'une des autres parties à Monsieur le Président de la juridiction compétente »*. On comprend dès lors qu'Atlantique Télécom SA ait *« entrepris de multiples recours devant les tribunaux judiciaires, la Chambre administrative de la Cour suprême, la Cour constitutionnelle et devant le tribunal arbitral pour contester la validité des statuts de Télécel Bénin SA (…) »* portant clause compromissoire, et que de tels recours n'aient pas porté de fruits.

Aller jusqu'à contester la validité de la clause compromissoire sur laquelle les arbitres ont tiré leur compétence, c'est le droit d'Atlantique Télécom SA. Mais c'est aussi une preuve de sa mauvaise foi, puisqu'elle aurait dû faire cette contestation uniquement devant le tribunal arbitral, ce, *in limine litis* (*Voir en ce sens l'art. 11 als. 1 et 2 de l'AU sur le droit de l'arbitrage aux termes duquel « le tribunal arbitral statue sur sa propre compétence, y compris sur toutes questions relatives à l'existence ou à la validité de convention d'arbitrage. L'exception d'incompétence doit être soulevée avant toute défense au fond, sauf si les faits sur lesquels elle est fondée ont été révélés ultérieurement* »), sans attendre d'être condamnée. Or il ne ressort nulle part dans les arguments et prétentions des parties que la validité de la clause compromissoire avait été soulevée par l'une d'elles. Logiquement, la CCJA ne pouvait pas, sans que cela ne relève de la hardiesse et d'un souci purement pédagogique, se prononcer sur cette question qui ne se posait pas, et qui du reste ne lui avait pas été posée.

En revanche, sur la question qui lui avait été posée, l'art. 26 de l'AU sur le droit de l'arbitrage fixe limitativement six hypothèses dans lesquelles la sentence arbitrale doit être annulée : Lorsque le tribunal arbitral a statué sans convention d'arbitrage ou lorsque celle-ci est nulle ou expirée, lorsque le tribunal arbitral a été irrégulièrement composé ou l'arbitre unique irrégulièrement désigné, lorsque le tribunal arbitral a statué sans se conformer à la mission qui était la sienne, lorsque le principe du contradictoire aura été foulé aux pieds, lorsque le tribunal arbitral a violé une règle d'ordre public international des Etats-parties au Traité de l'OHADA, et enfin lorsque la sentence arbitrale n'est pas motivée.

Statuant sur le fond, la CCJA a annulé la sentence arbitrale en arguant le fait que le tribunal arbitral até irrégulièrement constitué, ce qui suggère de croire que le tribunal arbitral sera irrégulièrement constitué lorsque l'un des arbitres aura été irrégulièrement désigné. Cependant, *prima fascié*, l'art. 26 semble ne réserver la désignation irrégulière d'un arbitre qu'en cas de tribunal arbitral avec un arbitre unique. On ne saurait pourtant, sans s'être leurré, considérer que la désignation d'un des arbitres de manière irrégulière dans un tribunal à trois arbitres serait sans incidence sur la régularité de la composition de ce tribunal. En effet, cette irrégularité entache sans contestation la composition du tribunal, et partant, l'intégrité de la sentence qui sera prononcée.

La Cour apporte en outre un éclairage méritoire sur la compétence nationale pour connaître du recours en annulation de la sentence arbitrale. L'art. 25 de l'Acte uniforme relatif au droit de l'arbitrage prescrit que la sentence arbitrale peut faire l'objet d'un recours en annulation porté devant le juge compétent dans l'Etat-partie. Cette disposition ne permet pas de dire si ce sera le TPI, le TGI ou la cour d'appel qui sera compétent pour connaître d'un tel recours. Sur la question il convient de se référer aux dispositions internes de l'Etat-partie sur le territoire duquel le tribunal avait son siège. Cet éclairage important de la CCJA a permis de remarquer la vacuité des arguments de la SARCI qui estimait, sans qu'un texte spécial de la compétence au Bénin ne le prescrive, que seule la cour d'appel était compétente pour recevoir le recours en annulation. La Haute juridiction remarque « *que l'Acte uniforme relatif au droit de l'arbitrage n'ayant pas précisé le juge compétent devant lequel le recours en annulation doit être porté, il y a lieu de se référer à la loi nationale de chaque Etat-partie pour cette détermination* ».

Cette solution dont l'application aboutirait à une différence entre ces juridictions nationales compétentes pour connaître du recours en annulation des sentences arbitrales dans l'espace de l'OHADA est pourtant juste, puisque l'organisation des services de la justice au niveau interne est de la prérogative de chaque Etat, de telle sorte qu'une solution contraire et en dehors des juridictions supra étatiques risquerait d'être interprétée comme étant une ingérence oiseuse, voire une atteinte à la souveraineté de l'Etat concerné. Ainsi, si la juridiction est différente d'un Etat à un autre, le fond et l'objet du litige en revanche reste le même dans tous ces Etats, ce qui atteste bien que le droit de l'OHADA est un droit unifié et non harmonisé comme il le prétend (*Paillusseau J., Le droit de l'OHADA : un droit très important et original, La semaine juridique, n° 5, Supplément à La semaine juridique n° 44 du 28 octobre 2004, p. 2*).

Finalement, il s'agit d'un long arrêt de la CCJA riche d'enseignements. Seuls les aspects les plus saillants pouvaient être abordés ici au regard de certaines contraintes (liées notamment à l'édition de cet ouvrage). Par-dessus tout, si le jugement ayant annulé la sentence arbitrale au motif que la parité du tribunal est une cause de nullité de la convention arbitrale était parfaitement controuvé et méritait d'être cassé, autant l'annulation de cette même sentence par la CCJA au motif que le tribunal arbitral avait été irrégulièrement constitué alors qu'elle venait de reconnaître que la convention des parties n'était pas nulle, lesquelles avaient désigné les arbitres selon les prescriptions de cette convention valable, parait embarrassante et donc contestable.

En revanche, on remarque que les trois arbitres ont rendu la sentence en ne s'appuyant que sur le droit, alors même que la clause compromissoire des parties leur demandait de statuer en droit et en équité. Pouvait-on valablement annuler cette sentence vraisemblablement inéquitable au motif que les arbitres ne se sont pas conformés à la mission qui leur avait été confiée ? Sans doute que la réponse à cette question susciterait d'autres raisons et d'autres passions. Mais il semble qu'il y ait, à ce sujet, plus de raisons que nous partageons, que de passions.

Denis Roger Soh Fogno,
Assistant, Université Dschang.

1ère espèce : CCJA, arrêt n° 010/2003, 19 juin 2003
Monsieur D. G. et Madame D. J. c/ Société SOTACS

2ème espèce : CCJA, arrêt n°028/2007, 19 juillet 2007
Société Nestlé Sahel c/ Société commerciale d'importation Azarer Salamé dite SCIMAS

1. CCJA, arrêt n°010/2003, 19 juin 2003, Monsieur D. G. et Madame D. J. c/ Société SOTACS

(...)

Sur le troisième moyen pris en sa première branche

Vu l'article 26 de l'Acte uniforme relatif au droit de l'arbitrage ;

Attendu qu'il est reproché à l'arrêt attaqué, une violation ou une erreur dans l'application ou l'interprétation de l'article 26 de l'Acte uniforme relatif au droit de l'arbitrage, en ce que la cour d'appel a estimé que les arbitres ne se sont pas conformés à leur mission, et qu'en application de l'article 26 de l'Acte Uniforme sus-indiqué, leur sentence encourt l'annulation, aux motifs que les parties avaient confié aux arbitres, une mission d'amiable compositeur et que suivant la jurisprudence de la Cour de cassation française acceptée par les parties, l'amiable compositeur a l'obligation de confronter les solutions légales à l'équité, à peine de trahir la mission qui lui est confiée, alors que, selon les requérants, s'il est vrai que l'article 26 sus-indiqué prévoit que le recours en annulation est recevable si le tribunal a statué sans se conformer à la mission qui lui a été confiée, encore faut-il, pour appliquer une telle disposition, que la mission qui aurait été méconnue par le tribunal arbitral soit préalablement déterminée dans son étendue ; que toujours selon les mêmes requérants, pour ce faire, il faut se reporter à l'article 10 de la convention et rien qu'à cet article, et sur ce point, la cour d'appel s'est manifestement trompée, rien dans cet article ne permettant d'affirmer que les parties ont accepté la « jurisprudence de la Cour de cassation française » sur l'amiable compositeur ; « la cour d'appel a manifestement tronqué l'article 10 pour les besoins de sa décision » ; de plus, la prise en compte intégrale de cet article impose de se référer d'une part, à la disposition relative à l'amiable composition, et d'autre part, à la disposition relative à la loi applicable à la convention, l'interprétation de ces deux dispositions contractuelles ne permettant pas de dire que les arbitres avaient l'obligation de statuer en amiable compositeur ; que leur mission était de statuer selon la loi ivoirienne applicable à la convention, cette mission leur donnant aussi la faculté de statuer en amiable compositeur, mais une faculté n'étant pas une obligation ; qu'en statuant donc selon la loi ivoirienne et en ne décidant pas de statuer en amiable compositeur, le tribunal arbitral a par conséquent, statué en se conformant à sa mission ;

Attendu qu'aux termes de l'article 26 de l'Acte uniforme relatif au droit de l'arbitrage, « le recours en annulation n'est recevable que dans les cas suivants :

- (...)
- Si le tribunal arbitral a statué sans se conformer à la mission qui lui a été confiée ;
- (…) ».

Attendu que pour affirmer que « manifestement, les arbitres ne se sont pas conformés à leur mission, et en application de l'article 26 de l'Acte uniforme précité, leur sentence encourt l'annulation », la cour d'appel s'est bornée à dire que « suivant l'article 10 de la convention des parties, tout différend les opposant sera soumis à la décision définitive de trois arbitres siégeant à Abidjan, et qui auront le pouvoir de statuer comme amiables compositeurs, en d'autres termes et suivant la jurisprudence de la Cour de cassation française, acceptée par les parties, l'amiable compositeur a l'obligation de confronter les solutions légales à l'équité, à peine de trahir la mission qui lui est confiée... que leur véritable mission en tant que professionnels de la comptabilité devait les amener à définir le « passif net », aucune indication n'étant fournie par les parties sur cette notion ... ainsi, il résulte de ce qui précède, que manifestement, les arbitres ne se sont pas conformés à leur mission... », alors qu'elle devait non seulement indiquer préalablement l'étendue de la mission des arbitres, eu égard notamment à la convention d'arbitrage, mais également spécifier en quoi les arbitres ont failli à leur mission, avant de tirer les conséquences ; qu'en ne le faisant pas, la cour d'appel a fait une mauvaise application de l'article 26 de l'Acte uniforme sus-indiqué ; qu'en conséquence, il y a lieu de casser l'arrêt n° 456 rendu le 27 avril 2001 par la cour d'appel d'Abidjan et d'évoquer, sans qu'il y ait lieu de se prononcer sur les autres moyens ;

Sur l'évocation

Sur la compétence de la cour d'appel

Attendu qu'aux termes de l'article 25 alinéa 2 de l'Acte uniforme relatif au droit de l'arbitrage, « elle [la sentence arbitrale) peut faire l'objet d'un recours en annulation, qui doit être porté devant le juge compétent dans l'Etat partie » ; que l'Acte uniforme sus-indiqué ne précisant pas ledit juge compétent, il y a lieu de se reporter à la loi nationale de l'Etat partie concerné, pour déterminer le juge devant lequel le recours en annulation doit être porté ; qu'aux termes de l'article 44 de la loi ivoirienne n° 93-671 du 09 août 1993 relative à l'arbitrage, « l'appel et le recours en annulation sont portés devant la cour d'appel dans le ressort de laquelle la sentence arbitrale a été rendue » ; qu'en l'espèce, la sentence arbitrale ayant été rendue à Abidjan, c'est bien la cour d'appel d'Abidjan qui était compétente pour connaître du recours en annulation ;

Sur la recevabilité du recours en annulation

Attendu qu'aux termes des articles 25 alinéa 2 et 35 alinéa 2 de l'Acte uniforme relatif au droit de l'arbitrage, « elle [la sentence arbitrale] peut faire l'objet d'un recours en annulation qui doit être porté devant le juge compétent dans l'Etat partie » et « celui-ci [l'Acte uniforme] n'est applicable qu'aux instances arbitrales nées après son entrée en vigueur » ; qu'en l'espèce, c'est bien l'Acte uniforme sus-indiqué qui se trouve applicable à l'action engagée par la SOTACI le 27 décembre 1999 ;

Attendu qu'au moment de la signature de la convention de cession de titres par les parties, c'était la loi ivoirienne n° 93-671 du 9 août 1993 relative à l'arbitrage qui était applicable, laquelle loi disposait en son article 42, que « lorsque, suivant les distinctions faites à l'article 40, les parties ont renoncé à l'appel, ou qu'elles ne se sont pas expressément réservées cette faculté dans la convention d'arbitrage, un recours en annulation de l'acte qualifié sentence peut, néanmoins, être formé malgré toute stipulation contraire » ; que la clause de renonciation à tout recours insérée par les parties dans la convention du 16 février 1998 doit être considérée comme non écrite, en ce qui concerne le recours en annulation ; que le recours en annulation étant prévu par l'Acte Uniforme sus-indiqué applicable en l'espèce, il y a lieu de déclarer recevable le recours en annulation introduit par la SOTACI ;

Sur le bien-fondé du recours en annulation

Attendu qu'aux termes de l'article 10 alinéa 3 de la convention de cession de titres signée par les parties, « à défaut de parvenir à [un] accord, le différend sera soumis à la décision définitive de trois arbitres siégeant à Abidjan, et qui auront le pouvoir de statuer comme amiables compositeurs » ;

Attendu que pour condamner la SOTACI à payer aux époux D. différentes sommes d'argent au titre de complément de prix de cession des actions, des intérêts de retard conventionnels et des frais de procédure, les arbitres ont retenu que « le problème de droit réside dans la question de savoir sur quel mode de détermination du passif net les parties se sont accordées, et plus précisément, si le passif net évoqué à l'article 3 de la convention correspond aux notions comptables d'actif net ou de besoin en fonds de roulement ; que ce problème est d'abord juridique avant d'être comptable ; qu'il s'agit ici, d'appliquer les dispositions d'une convention ; que si le Tribunal peut écarter l'application de certaines dispositions de la convention dans le cas où elles seraient contraires à l'ordre public, il ne se trouve pas en l'espèce, dans cette situation, car la définition du passif net n'est pas une disposition d'ordre public ; que pour la résolution de ce problème, le tribunal se doit de rechercher d'abord dans la convention, les éléments de réponse à la question posée, puis, dans le silence de la convention, il doit rechercher par tous les moyens, la volonté des parties et enfin, si cette recherche est infructueuse, il doit appliquer les règles de détermination du passif net reconnues et acceptées par la profession comptable et/ou les analystes financiers »; que les arbitres, qui s'étaient fondés sur des solutions légales pour régler le différend qui oppose la SOTACI et les époux, et qui n' avaient pas l'obligation, comme le soutient la SOTACI, de statuer uniquement en amiable compositeur, sont restés dans le cadre de la mission qui leur est confiée ; qu'il s' ensuit que la demande d'annulation de la sentence introduite par la SOTACI doit être rejetée … »

2. CCJA, arrêt n°028/2007, 19 juillet 2007, Société Nestlé Sahel c/ Société commerciale d'importation Azar et Salamé dite SCIMAS

(…)

Sur le premier moyen pris en sa sixième branche

Attendu qu'il est reproché au tribunal arbitral d'avoir violé sa mission en jugeant en amiable compositeur alors que l'obligation lui était faite d'appliquer la loi ivoirienne ; qu'en effet, selon la requérante, pour retenir sa responsabilité dans la rupture du contrat de distribution la liant à la SCIMAS, ledit tribunal, en fixant à cinq milliards de francs cfa le montant de la condamnation prononcée contre elle, ne s'est fondé sur aucun texte de droit; qu'en affirmant notamment que « ...le rôle important joué par la société Nestlé Sahel, en bout de la chaîne des sociétés du groupe Nestlé dans la mise à l'écart brutale de la société SCIMAS est pris en considération pour l'évaluation du préjudice subi par la société SCIMAS », le tribunal arbitral passe outre le droit qui limitait son appréciation aux 18 mois de relations contractuelles pour prendre en compte la situation de la Société Nestlé Sahel dans le groupe Nestlé avec lequel la SCIMAS a travaillé pendant 23 ans ; qu'ainsi, il apparaît que la société Nestlé Sahel a été condamnée en considération des 23 ans de collaboration antérieure dont se prévalait la SCIMAS et qui, légalement, ne lui sont pas opposables puisque le tribunal avoue « avoir pris en considération sa position en bout de chaîne des sociétés du groupe Nestlé » ; qu'en statuant ainsi, le tribunal arbitral a jugé en équité alors que celle-ci, comme moyen de rendre une décision, n'est admise que lorsque l'arbitre a reçu des parties le pouvoir de statuer en amiable compositeur ; que ce faisant, ledit tribunal a violé la mission qui lui avait été conférée telle qu'elle résulte de la clause compromissoire rappelée dans le procès verbal du 29 juillet 2004 et qui était de statuer selon la loi ivoirienne; que la violation de la mission étant flagrante, la sentence querellée encourt annulation;

Attendu qu'il ressort des énonciations de la sentence arbitrale attaquée, en ce qui concerne le préjudice causé par la société Nestlé Sahel à la SCIMAS, que celle-ci, dans ses écritures et plaidoirie orale, envisage ledit préjudice au regard des 23 années de collaboration avec le groupe Nestlé ; que toutefois, le tribunal arbitral, « tout en estimant légitime une telle vision », n'a pas suivi la SCIMAS aux motifs que sa compétence était déterminée par la clause compromissoire, qu'il affirme avoir seulement pris en considération les relations de près de deux années civiles intervenues, selon lui, entre la SCIMAS et sa co-contractante, la Société Nestlé Sahel ; que dès lors, en condamnant, nonobstant les affirmations susévoquées, la Société Nestlé Sahel à payer à la SCIMAS, toutes causes de préjudice confondues, la somme de cinq milliards de francs CFA aux motifs que « le rôle important joué par la société Nestlé Sahel, en bout de la chaîne des sociétés du groupe Nestlé dans la mise à l'écart brutale de la Société SCIMAS est pris en considération pour l'évaluation du préjudice subi par la société SCIMAS », le tribunal arbitral a fondé ladite condamnation sur la période de vingt-trois années, pourtant contestées, résultant de la collaboration antérieure entre la SCIMAS et le groupe Nestlé au sein duquel la société Nestlé Sahel est une entité autonome ; qu'en statuant ainsi, sans par ailleurs fournir des éléments d'appréciation fondés sur le droit ivoirien devant régir ladite procédure, le tribunal arbitral a usé des pouvoirs d'amiable compositeur que les parties ne lui ont pas conférés, l'amiable composition se définissant de manière négative comme le pouvoir des arbitres de ne pas s'en tenir à l'application stricte des règles de droit, ce qui permet aussi bien de les ignorer que de s'en écarter en tant que leur sentiment de l'équité l'exige ; qu'il s'ensuit que la sentence arbitrale attaquée encourt les reproches visés au moyen et doit, en conséquence, être annulée ;

Sur l'évocation

Attendu que la société Nestlé Sahel sollicite qu'il plaise à la cour de céans, après avoir annulé la sentence arbitrale attaquée, d'évoquer et, statuant à nouveau, de condamner la SCIMAS au paiement des sommes suivantes :

- (...)

Attendu que dans son « mémoire en réponse à la requête aux fins d'annulation» reçu à la cour de céans le 16 janvier 2006, la SCIMAS, sous la plume de son conseil, Maître Toé Frank Didier, avocat à la cour, s'oppose à l'évocation sollicitée par la société Nestlé Sahel ; qu'elle estime que cette demande d'évocation n'est pas fondée et devrait être purement et simplement rejetée dès lors que les parties ont convenu que tout litige qui résulterait du contrat de distribution du 1er février 2002 « sera tranché exclusivement et définitivement, par arbitrage»;

Attendu qu'aux termes de l'article 29.5, alinéa 2 du Règlement d'arbitrage susvisé, la cour « évoque et statue au fond si les parties en ont fait la demande » ;

Attendu qu'il s'infère des dispositions de l'article 29.5, alinéa 2, susénoncé du Règlement d'arbitrage susvisé que l'évocation doit résulter de la volonté commune clairement exprimée des parties; qu'en l'espèce, en raison de l'opposition marquée de la SCIMAS qui se fonde, à juste titre, à cet égard, sur les stipulations du contrat de distribution précité la liant à la société Nestlé Sahel, lequel n'a pas prévu l'évocation, il convient de conclure que les conditions d'application dudit article ne sont pas réunies ; qu'il y a lieu en conséquence de rejeter la demande d'évocation de la société Nestlé Sahel ;

Attendu qu'aux termes de l'article 29.5, alinéa 3 du Règlement précité « si les parties n'ont pas demandé l'évocation, la procédure est reprise à la requête de la partie la plus diligente à partir, le cas échéant, du dernier acte de l'instance arbitrale reconnu valable par la cour. » ;

Attendu que le dernier acte de l'instance devant être considéré comme valable est, en l'occurrence, le mémoire en date du 08 avril 2005 de la SCIMAS pris en réplique au mémoire en réponse en date du 25 mars 2005 de la société Nestlé Sahel...

OBSERVATIONS

Comme toute juridiction, le tribunal arbitral est tenu au respect du droit applicable à la procédure et au fond du litige lorsque celui-ci est clairement déterminé par la loi, fut-elle celle des parties à la convention d'arbitrage. Les arbitres africains ont pu apprécier la portée d'une telle exigence suite aux contestations de leurs sentences portées devant les juridictions nationales et communautaires. L'examen des faits dans les espèces soumises à notre appréciation suffit à l'illustrer.

Dans la première espèce qui oppose M. Delpech Gérard et Mme Delpech Joëlle à la société des tubes d'acier et d'aluminium (dite SOTACI), tout part d'une « convention de cession de titres » sociaux conclue à Abidjan le 16 février 1998 entre les actionnaires de la société de Transformation industrielle de Lomé (dite STIL), représentés par les époux Delpech, et la SOTACI, bénéficiaire de la cession. Suite à une mésentente sur le montant exact du passif de la STIL, les époux Delpech, qui, en dépit de la contestation de la SOCATI, s'estimaient créanciers d'un montant de cent millions deux cent quatre-vingt neuf francs cfa au regard du bilan établi le 28 février 1998, initièrent plusieurs négociations pour trouver une solution amiable au différend. Mais face à leurs échecs, ils saisirent la Chambre d'arbitrage de Côte d'Ivoire (dite CACI) d'une demande d'arbitrage aux fins de voir condamner la SOCATI à leur payer le montant ci-dessus. Malgré la demande reconventionnelle de la SOCATI, le tribunal arbitral fit droit à la demande des époux Delpech. La société format aussitôt un recours en annulation contre cette sentence arbitrale qui fut annulée par la cour d'appel d'Abidjan dans un arrêt rendu le 27 avril 2001, au motif que les arbitres ne s'étaient pas conformés à leur mission en statuant selon la loi ivoirienne, alors que, selon l'article 10 de la convention des parties, ils avaient « le pouvoir de statuer comme amiables compositeurs ». Arguant d'une violation ou d'une erreur dans l'application ou l'interprétation de l'article 26 de l'Acte uniforme sur l'Arbitrage par la cour d'appel, les époux Delpech se sont pourvus devant la CCJA pour voir casser l'arrêt d'annulation, car pour eux, l'article 10 de la convention des parties ne prévoit qu'une simple faculté et non une obligation pour les arbitres de statuer en amiables compositeurs ; d'où il s'en suit que le tribunal a statué en se conformant à sa mission, et sa décision n'encoure pas annulation.

Dans la seconde affaire, la société Nestlé Sahel était aux prises avec la société commerciale d'importation Azar et Salamé (dite SCIMAS). Face à l'impossibilité de parvenir à une solution amiable à leur différend, Nestlé Sahel saisit le tribunal arbitral pour voir SCIMAS condamnée à lui payer la somme d'un milliard cinq cent deux millions soixante quinze mille cinq cent quarante trois francs cfa comme solde de la dette due par celle-ci à l'issue de la période de 18 mois de relations d'affaires soumise à l'appréciation dudit tribunal. Dans sa sentence en date du 13 octobre 2005, le tribunal fit droit à la demande de Nestlé Sahel, mais alla plus loin en la condamnant à payer en retour à la SCIMAS, sur demande reconventionnelle de cette dernière, la somme de cinq milliards de francs cfa au titre de dommages et intérêts consécutifs aux préjudices découlant des relations d'affaires entre elle, la SCIMAS, et le groupe Nestlé pour la période antérieure à celle soumise à l'appréciation des arbitres. Nestlé Sahel introduit le 07 décembre 2005 un recours en contestation de validité de la sentence arbitrale rendue, car selon elle, en appréciant le préjudice subi par la SCIMAS durant les 23 années antérieures, les juges ont été amenés à statuer en amiables compositeurs d'une part, et à aller au-delà de la période de 18 mois de relations d'affaires soumise à leur appréciation d'autre part. Que de ce fait, ils ont violé leur mission, et que leur sentence encoure dès lors annulation.

Dans l'un comme dans l'autre cas, il revenait à la Cour commune de justice et d'arbitrage d'apprécier si oui ou non il y a eu violation par les arbitres de leurs missions et, par voie de conséquence, de décider de la validité ou de l'annulation de la sentence querellée. En d'autres termes, loin de se limiter à la question générale de savoir si les arbitres sont liés par la délimitation leur mission par la convention des parties, le problème spécifique posé à la Haute juridiction était celui de savoir à partir de quel moment peut-on dire qu'il y a violation ou dépassement des missions arbitrales ?

Pour y répondre, la CCJA, à la suite des parties aux litiges, suppose acquise l'obligation qu'ont les tribunaux de respecter les prévisions de la convention arbitrale et d'en tirer toutes les conséquences. Sur ce fondement, elle affirme que c'est à partir de ces prévisions contractuelles qu'on doit apprécier l'étendue des missions de l'arbitre et, le cas échéant, leur violation (I).en outre, s'appuyant sur les arguments des parties, elle profite de l'occasion pour s'attarder sur les règles gouvernant l'existence et la recevabilité du recours en annulation ou en contestation d'une sentence arbitrale en droit OHADA (II).

I. L'appréciation de la violation des missions arbitrales

Pour que l'on puisse parler d'une violation par le tribunal arbitral de ses missions, il faut nécessairement que les parties au litige précisent dès le départ, dans leur convention d'arbitrage ou dans un acte postérieur, l'étendue desdites missions (A). C'est à partir de cette précision que tout manquement ou dépassement des arbitres pourra être juridiquement apprécié et prouvé (B).

A. La délimitation préalable de l'étendue des missions du tribunal arbitral

Il est indiscutable que l'on ne saurait parler de violation ou de non respect de l'étendue des missions de l'arbitre sans une délimitation préalable et précise de celles-ci. En droit OHADA, comme partout ailleurs, les arbitres ne voient leur compétence limitée que lorsque les parties au litige l'ont précisée. A défaut d'une telle précision, les arbitres tranchent le litige conformément aux règles qu'ils choisissent et qu'ils jugent plus appropriées. Cela vaut aussi bien pour un arbitrage relevant des dispositions de l'Acte uniforme relatif au droit de l'arbitrage (AUA) que pour celui qui serait soumis au Règlement d'Arbitrage de la Cour commune de justice et d'arbitre de l'OHADA (RA-CCJA).

En effet, des termes de l'article 15 de l'AUA, il ressort que les arbitres tranchent le fond du litige conformément aux règles de droit désignées par les parties ou à défaut choisies par eux comme les plus appropriées compte tenu le cas échéant des usages du commerce international. Ils ne peuvent statuer en amiable compositeur que lorsque les parties leur ont conféré ce pouvoir. Dans la même lancée, l'article 17 du RA-CCJA dispose que les parties sont libres de déterminer le droit que l'arbitre devra appliquer au fond du litige. Qu'à défaut d'indication par les parties du droit applicable, l'arbitre appliquera la loi désignée par la règle de conflit qu'il jugera appropriée en l'espèce. Dans tous les cas, l'arbitre tiendra compte des stipulations du contrat et des usages du commerce, et il ne jouira et ne disposera des pouvoirs d'amiable compositeur que si les parties ont donné leur accord sur ce point dans la convention d'arbitrage, ou postérieurement.

La position légale est donc sans équivoque : la compétence et l'étendue des missions de l'arbitre sont fixées et s'apprécient au regard de la volonté des parties au litige telle que consignée dans la convention d'arbitrage ou dans un acte postérieur à cette convention (*Le droit OHADA, par cette approche, fait sien l'un des principes fondamentaux de l'instance arbitrale, à savoir la consécration de la prééminence de la volonté des parties. Une telle prééminence ne saurait cependant être illimitée, dans la mesure où la volonté des parties ne jouera efficacement que si elle ne s'oppose pas, dans son principe ou dans ses implications, à l'ordre public. Cf. Pougoué P.-G., Tchakoua J.-M. et Fénéon A., Droit de l'arbitrage dans l'espace OHADA, Yaoundé, PUA, coll. Droit uniforme, 2000, n°118 et s.).* Pour être interprétée sans équivoque et faciliter l'appréciation du respect ou non par l'arbitre des limitations éventuelles, la volonté des parties en la matière doit être claire. A défaut d'une telle clarté, l'interprétation des prévisions contractuelles doit en principe, comme il est de coutume en droit des contrats, se faire de manière restrictive ; ce qui, selon la CCJA, n'a pas été le cas dans toutes les espèces soumises à notre appréciation.

Dans l'affaire société Nestlé Sahel contre SCIMAS, il ne se posait *a priori* aucune difficulté d'interprétation de la volonté des parties qui avaient été précises sur l'étendue de la mission du tribunal arbitral. Ici, le fait que les parties aient fait obligation aux arbitres d'appliquer au fond du litige la loi ivoirienne n'a souffert d'aucune contestation. Par conséquent, c'est au regard de cette prescription contractuelle que la CCJA a apprécié l'existence d'une violation par le tribunal de ses missions en l'espèce.

Dans l'affaire époux Delpech contre SOCATI par contre, les prévisions de la convention d'arbitrage sur les pouvoirs du tribunal souffraient, en elles-mêmes, d'une imprécision qui opposait les parties. Si tous les intervenants, y compris la cour d'appel d'Abidjan s'accordaient sur le fait que l'article 10 de la convention des parties disposait que « tout différent les opposant sera soumis à la décision définitive de trois arbitres ... qui auront le pouvoir de statuer comme amiables compositeurs », ce qui les opposait, c'est l'interprétation de la portée de l'expression « *pouvoir de statuer en amiables compositeurs* ». Pour la cour d'appel et la SOCATI, celle-ci impliquait systématiquement une obligation de statuer en amiable compositeur. Par contre, pour les époux Delpech, il ne s'agissait que d'une faculté, d'une possibilité reconnue au tribunal arbitral, et une faculté n'étant nullement une obligation, le tribunal avait le choix de fonder sa décision uniquement sur des solutions légales ou de statuer en équité. Telle a également été la position de la CCJA qui a vu dans la rédaction de l'« acte de mission » une ouverture laissée à la libre appréciation des arbitres *(C'est en effet dans ce sens que s'interprète de manière constante le pouvoir de statuer en amiable composition).*

De ce qui précède, l'on déduit que l'approche privilégiée par la juridiction communautaire a été celle de la recherche de la volonté exacte des parties dans la détermination de l'étendue des missions des tribunaux arbitraux. De cette recherche, elle est parvenue à établir que dans l'affaire Delpech, les parties avaient laissé la liberté aux arbitres de choisir les règles matérielles applicables au fond du litige. Par conséquent, ces arbitres disposaient de la liberté de statuer, selon leur appréciation, en amiables compositeurs ou par application des solutions légales. A l'opposée, dans l'affaire société Nestlé Sahel, les parties avaient clairement fait obligation aux arbitres d'appliquer la loi ivoirienne, leur déniant par là même tout pouvoir pour statuer en équité. Tout, ou presque, résidait donc dans la détermination des missions des arbitres.

La cour réitère d'ailleurs de manière constante cette exigence d'une identification préalable de l'étendue exacte des missions du tribunal arbitral. C'est ainsi que le 19 juillet 2007, connaissant à nouveau d'un recours en contestation de validité d'une sentence arbitrale qui opposait cette fois la Société ivoirienne de raffinage dite SIR SA, à Bona Shipholding Ltd et autres, la CCJA a commencé par constater que les parties avaient soumis leur litige au disposition du RA-CCJA, dont l'article 17 oblige l'arbitre à tenir compte des stipulations du contrat et des usages du commerce dans tous les cas, c'est-à-dire même lorsque les parties ont expressément désigné la loi devant s'appliquer à leur différend. Ce n'est qu'à la suite de cette précision de la volonté des parties et, partant, des missions des arbitres, qu'elle a conclu que le tribunal, qui en l'espèce s'était référé aux usages de commerce non contestés par les parties, avait statué en droit et donc, n'avait pas violé sa mission. Le rejet du recours, qui en découlait logiquement, n'arrivait dès lors qu'en aval (*CCJA, arrêt n°029/2007 du 19 juillet 2007, Société ivoirienne de raffinage contre Bona shipholding Ltd et autres, Rec. CCJA n° 10, juillet-décembre 2007, p. 62).*

Bref, la précision de l'étendue des missions du Tribunal étant un préalable nécessaire, elle conditionne l'appréciation de l'existence d'une violation desdites missions en aval. C'est pour cela que, selon la CCJA ce n'est que lorsque ces missions ont été précisées que les juges sont appelés à dire en quoi elles ont été méconnues ou dépassées.

B. La preuve d'un dépassement des missions arbitrales en cours d'instance

C'est au regard des prévisions de la convention d'arbitrage que doit s'apprécier la violation par le tribunal des missions qui lui ont été confiées. C'est en substance la position de la CCJA dans les affaires commentées. La règle ainsi énoncée a permis une issue différente dans les deux cas.

Sur ce fondement, la Haute juridiction décide d'une part dans l'affaire époux Delpech que ne viole pas ses missions le tribunal arbitral qui, ayant reçu pouvoir de statuer en amiable composition, ne statue pas en équité. Selon elle, les arbitres, qui se sont fondés sur des solutions légales pour régler le différend et qui n'avaient pas l'obligation de statuer uniquement en amiable compositeur, sont restés dans le cadre de la mission qui leur était confiée. Par conséquent, doit être cassé l'arrêt de la cour d'appel qui s'est bornée à dire que les arbitres ne se sont pas conformés à leur mission sans déterminer au préalable l'étendue de la mission desdits arbitres, ni spécifier en quoi ceux-ci ont failli à leur mission avant d'en tirer les conséquences.

D'autre part, dans l'affaire société Nestlé Sahel, elle décide inversement que viole ses missions, le tribunal arbitral qui statue en usant des pouvoirs d'amiable compositeur, alors que non seulement les parties ne lui ont pas conféré ces pouvoirs, mais en plus elles ont indiqué la loi applicable. En réalité, en l'espèce, la violation de sa mission par le tribunal se prouvait par plusieurs manquements.

L'un de ces manquements consistait au fait d'avoir statué *ultra petita* en prenant en compte la période de vingt-trois années d'affaires entre le groupe Nestlé et la SCIMAS, alors que la convention d'arbitrage confiait au tribunal le règlement d'un litige se ramenant à la dette issue des dix huit mois de partenariat entre Nestlé Sahel et SCIMAS. Que sur ce fondement, s'il était tout à fait justifié que le tribunal admette l'utilisation, par la SCIMAS, des faits rentrant dans la période de vingt-trois ans ci-dessus citée comme moyen de défense, le fait pour la juridiction arbitrale de fonder, de quelle que manière que ce soit, sa décision sur ce moyen de défense en le transformant en demande, aurait suffit à justifier d'un dépassement de mission.

Mais la CCJA ne s'en est tenu qu'à la seconde hypothèse de dépassement des missions, consistant en ce que le tribunal, qui avait restrictivement l'obligation de rendre sa décision en appliquant le droit ivoirien, a statué sans fournir des éléments d'appréciation fondés sur le droit ivoirien devant régir ladite procédure. Or ce faisant, il a usé des pouvoirs d'amiable compositeur que les parties ne lui ont pas conférés, dans la mesure où définie de manière négative, l'amiable composition s'appréhende « comme le pouvoir des arbitres de ne pas s'en tenir à l'application stricte des règles de droit, ce qui permet aussi bien de les ignorer que de s'en écarter en tant que leur sentiment de l'équité l'exige » *(l'on notera qu'il y a une confusion des notions d' "équité" et d' "amiable composition" dans cet arrêt)*. L'absence de prise en compte de la volonté des parties constitue dès lors une violation de la convention d'arbitrage et des prévisions de l'article 17 du RA-CCJA *(dont l'équivalent est l'article 15 de l'AUA)*. C'est en faisant une juste application de la loi que la CCJA a constaté ladite violation des missions et admis le principe de son annulation.

II. Le recours consécution à la violation de la mission arbitrale

En dépit du fait que l'essentiel des développements et des débats des affaires commentées ait porté sur l'appréciation de l'existence d'une violation de leurs missions les tribunaux arbitraux, les prétentions des parties étaient toutes relatives à la contestation d'une sentence arbitrale. C'est ainsi que la CCJA a eu l'occasion de s'appesantir sur la validité du recours contre une sentence arbitrale, et notamment sur la principale voie de recours contre les décisions des tribunaux arbitraux, à savoir le recours en annulation ou en contestation de validité. En effet, en droit OHADA, la sentence arbitrale ne peut faire l'objet que soit d'une tierce opposition (Voir *dans ce sens : CCJA, arrêt n° 37 du 2 juin 2005, Société de transformation industrielle de Lomé dite STIL contre Société des tubes d'acier et d'aluminium dite SOTACI, Rec. CCJA, n° 5, janvier-juin 2005, volume 1, p. 21; Le Juris-Ohada, n° 4/2005, juillet-septembre 2005, p. 16)* ou d'un recours en révision *(Voir dans ce sens : CCJA, arrêt n° 38 du 2 juin 2005, Société des tubes d'acier et d'aluminium dite SOTACI c/ Delpech Gérard et Delpech Joëlle, Rec. CCJA, n° 5, janvier- juin 2005, volume 1, p. 25 ; Le Juris-Ohada, n° 4/2005, juillet-septembre 2005, p. 19.),* soit d'un recours en annulation (*La sentence arbitrale en droit OHADA n'est pas susceptible d'opposition, d'appel, ni de pourvoi en cassation. Cf. article 25 de l'AUA, articles 29, 32 et 33 du RA-CCJA*).

Au regard des faits des espèces à elle soumises, la CCJA s'est prononcée sur la recevabilité d'un recours annulation ou en contestation de la sentence arbitrale en statuant d'une part sur les conditions de validité de la renonciation au recours (A), et d'autre part sur les modalités de désignation de la juridiction compétente pour connaître dudit recours (B).

A. La recevabilité du recours en annulation ou en contestation de validité de la sentence arbitrale

La validité d'un recours en contestation d'une sentence arbitrale ne s'apprécie pas uniquement au regard de la preuve d'un cas d'ouverture. Certes, cette preuve est l'exigence première, le droit OHADA ayant limité les hypothèses dans lesquelles une partie à un litige objet d'une sentence arbitrale peut exercer un recours contre celle-ci.

En effet, en ce qui concerne l'arbitrage traditionnel, l'AUA n'admet que six cas d'ouverture d'un recours en annulation, parmi lesquels le fait pour le tribunal arbitral de statuer sans se conformer à la mission qui lui a été confiée (Selon l'article 26 de l'AUA, le recours en annulation n'est recevable que dans les cas suivants : - si le tribunal arbitral a statué sans convention d'arbitrage ou sur une convention nulle ou expirée ; - si le tribunal arbitral a été irrégulièrement composé ou l'arbitre unique irrégulièrement désigné (*pour illustration, consulter CCJA, arrêt n°44/2008 du 17 juillet 2008, Société africaine de relations commerciales et industrielles dite SARCI Sarl c. Atlantique Télécom SA et Télécel Bénin SA, inédit*) ; - si le tribunal arbitral a statué sans se conformer à la mission qui lui a été confiée ; - si le principe du contradictoire n'a pas été respecté ; - si le tribunal arbitral a violé une règle d'ordre public international des Etats signataires du Traité ; - si la sentence arbitrale n'est pas motivée). En ce qui concerne l'arbitrage autonome de la CCJA, ces cas d'ouverture ne sont qu'au nombre de quatre, à savoir lorsque l'arbitre a statué sans convention d'arbitrage ou sur une convention nulle ou expirée ; lorsque l'arbitre a statué sans se conformer à la mission qui lui avait été conférée ; lorsque le principe de la procédure contradictoire n'a pas été respecté, et lorsque la sentence est contraire à l'ordre public international (*Cf. articles 29 et 30(6) du RA-CCJA*). Il importe de signaler que la CCJA interprète restrictivement cette limitation qui se veut d'ordre public. Dans ce sens, elle rejette systématiquement tout recours en contestation de validité basé sur un moyen qui ne figure pas parmi les cas d'ouverture prévus par la loi (*par exemple, elle a conclu sur un rejet du recours, au motif que le non respect du délai initial de procédure par le tribunal arbitral ne constitue pas un cas d'ouverture de la contestation de la validité d'une sentence relevant du RA-CCJA. Cf. CCJA, arrêt n° 045/2008 du 17 juillet 2008, affaire Société nationale pour la promotion agricole contre Société des huileries du Bénin, inédit).*

Dans les affaires époux Delpech et Nestlé Sahel, le cas d'ouverture pris en compte par les juges afin d'analyser les recours en annulation initiés était le fait que l'arbitre ait statué sans se conformer à la mission qui lui avait été conférée (Il convient de rappeler que, si contrairement à l'affaire époux Delpech où la violation de la mission arbitrale était le seul argument au soutien de la contestation de la sentence, dans l'affaire Société Nestlé Sahel où la demanderesse a évoqué tous les cas d'ouverture, la CCJA n'a statué qu'en considérant le dépassement de ses missions par le tribunal qui a statué en amiable compositeur). Cependant, il ne suffisait pas de constater et de prouver cette violation pour voir valider les recours en annulation de la sentence arbitrale. Encore fallait-il que les parties n'aient pas régulièrement renoncé à l'exercice de leur recours.

La détermination des conditions de validité de la renonciation à l'exercice du recours en contestation ou en annulation d'une sentence arbitrale était l'autre problème majeur qu'a tranché la CCJA. A la lecture de ses motivations, l'on constate que sa position diffère selon les deux types d'arbitrage en présence, à savoir l'arbitrage traditionnel qui relève des dispositions de l'AUA, et l'arbitrage autonome de la CCJA.

Relativement aux conditions de validité d'une renonciation à un recours en annulation de la sentence arbitrale relevant de l'AUA, dans l'affaire Delpech, la CCJA a affirmé que le recours en annulation étant prévu par l'AUA qui s'applique en l'espèce, la clause de renonciation à tout recours insérée par les parties dans la convention doit être considérée comme non écrite en ce qui concerne ce recours. Ce faisant, la cour est allée dans le même sens que la doctrine qui, en interprétant le silence de l'AUA à son article 25 alinéa 2 sur la question, a conclu sur une inefficacité d'une renonciation conventionnelle en l'absence de la reconnaissance de cette faculté par le législateur (*Pougoué P.-G., Tchakoua J.-M. et Fénéon A., Droit de l'arbitrage dans l'espace OHADA, Yaoundé, PUA, coll. « Droit uniforme », 2000, op. cit., n°266)*. La CCJA conforte ainsi l'appréciation du silence de l'AUA comme une interdiction pure et simple de la faculté de renonciation en matière d'arbitrage traditionnel OHADA. Mieux encore, elle complète ce silence en concluant que toute clause contractuelle stipulant une telle renonciation est réputée non écrite.

Relativement à la renonciation à un recours en contestation de la validité d'une sentence arbitrale relevant du RA-CCJA, dans l'affaire société Nestlé Sahel, la cour n'a pas invalidé dans son principe la faculté reconnue aux parties par l'article 29 alinéa 2 du RA-CCJA. D'après ce texte, les parties peuvent renoncer, dans la convention d'arbitrage, à la contestation de validité de la sentence arbitrale (Aux termes des dispositions de cet article 29.2, la contestation de la validité de la sentence n'est recevable que si, dans la convention d'arbitrage, les parties n'y ont pas renoncé). Toutefois, selon la cour, pour être valable, une telle renonciation doit systématiquement faire l'objet d'une disposition expresse de la convention d'arbitrage. Or en l'espèce, les parties s'étaient contentées de prévoir dans leur convention arbitrale que les litiges nés de leurs relations d'affaires seront tranchés définitivement suivant le Règlement d'arbitrage de la CCJA, ce qui ne peut équivaloir à une renonciation expresse. Par conséquent, la Cour a conclu à la non validité de la renonciation et, donc, à la recevabilité du recours en contestation de la sentence.

Il en découle que la recevabilité d'un recours en contestation de la validité d'une sentence arbitrale n'obéit pas aux mêmes conditions que celle d'un recours en annulation, notamment lorsque cette recevabilité est conditionnée par l'appréciation de la validité de la renonciation audit recours par les parties. Cette recevabilité sera généralement acquise en la forme dans le cadre d'une procédure d'arbitrage soumise aux dispositions de l'AUA, car ce texte ne consacre pas la faculté de renonciation au recours en annulation de sentence. Mais dans une procédure soumise au RA-CCJA, elle ne sera admise que si les parties ne renoncent pas expressément, par le biais d'une clause prévue dans leur convention d'arbitrage, à leur recours en contestation de validité de la sentence.

Quoi qu'il en soit, les parties devront contester cette recevabilité *in limine litis* devant la juridiction compétente pour connaître du recours en contestation ou en annulation de la sentence arbitrale.

B. La juridiction compétente pour connaître du recours

Deux questions principales se posent lorsqu'on envisage l'examen de la saisine d'une juridiction : celle de la détermination de la juridiction compétente, et celle des délais de saisine. En droit OHADA, les réponses à ces questions diffèrent selon le type d'arbitrage choisi.

En matière d'arbitrage relevant du RA-CCJA, les deux questions trouvent réponse à l'article 29 dudit Règlement d'arbitrage. Il en découle que la CCJA est la juridiction compétente pour connaître des contestations relatives aux sentences arbitrales prises en application des dispositions prévues par son Règlement d'arbitrage. Il suffit, pour cela, qu'elle soit saisie d'une requête à ces fins dans les deux mois qui suivent la notification de la sentence. La clarté de la détermination de la juridiction compétente dans ce cas explique pourquoi la cour n'a pas été amenée à se prononcer sur la question lors de l'examen du recours en contestation de validité de sentence dans l'affaire société Nestlé Sahel.

Par contre, pour les sentences relevant de l'arbitrage traditionnel, l'Acte uniforme relatif au droit de l'arbitrage n'a entièrement réglé que la question du délai de saisine de la juridiction. Il ressort en fait des dispositions de son article 27 que le recours en annulation de la sentence doit être exercé dans le mois de la signification de la sentence munie de l'exequatur. Toutefois, relativement à la désignation de la juridiction compétente pour connaître du recours, son article 25 se contente de disposer à l'alinéa 2 que ledit recours doit être porté devant le juge compétent dans l'Etat partie, c'est-à-dire, par référence à l'article 1er du même Acte uniforme, devant le juge de l'Etat membre de l'OHADA sur le territoire duquel le tribunal arbitral qui a rendu la sentence a son siège. Il est dès lors compréhensible que les parties au litige aient sollicité de la cour commune qu'elle se prononce sur les modalités de désignation de la juridiction compétente pour connaître du recours en annulation dans l'affaire époux Delpech.

Sur la question, la position des juges de la haute juridiction est sans équivoque. Pour ces derniers, l'AUA ne précisant pas le juge compétent, il faut se reporter à la loi nationale de l'Etat partie concerné pour déterminer le juge devant lequel le recours en annulation doit être porté. Par conséquent, dans l'affaire commentée, c'est à la loi ivoirienne n° 93-671 du 09 août 1993 que l'on devait justement faire recours pour déterminer la juridiction compétente pour connaît du recours. Or son article 44 conférait cette compétence à la Cour d'appel du ressort de la laquelle la sentence arbitrale a été rendue ; d'où il s'ensuit que la contestation de sa compétence doive être rejetée.

Une analyse comparative permet de conclure que si l'affaire avait été jugée au Cameroun, la solution aurait été identique. En effet, en droit camerounais, conformément à l'article 4 de la loi n° 2003/009 du 10 juillet 2003 portant désignation des juridictions compétentes visées à l'Acte uniforme relatif au Droit de l'arbitrage et fixant mode de saisine, le juge compétent visé par les articles 25 et 28 de l'AUA est la cour d'appel du ressort du lieu de l'arbitrage.

L'appréciation des règles de compétence en matière de recours en annulation d'une sentence arbitrale dans ces deux pas laisse présager comme une extension de la logique du double degré de juridiction en matière arbitrale : les tribunaux jugeant au premier degré, les cours d'appel au second degré et en dernier ressort, et la CCJA connaissant de la cassation. Mais il ne s'agit que d'une illusion, dans la mesure où le tribunal compétent pour connaître du recours peut bel et bien être une juridiction du premier degré, eu égard à la loi nationale de l'Etat partie abritant le siège du tribunal arbitral.

Cette position a d'ailleurs été celle retenue par la CCJA dans l'affaire Société africaine de relations commerciales et industrielles dite SARCI Sarl contre Atlantique Télécom SA et Télécel Benin SA. En l'espèce, la société Atlantique Télécom avait introduit son recours en annulation de la sentence arbitrale devant le tribunal de première instance de première classe de Cotonou qui fit suite à sa demande. Dans son pourvoi devant la Cour commune de justice et d'arbitrage, la SARCI contesta la compétence dudit tribunal, désignant plutôt la cour d'appel de Cotonou comme juridiction compétente pour connaître du recours contre ladite sentence. Fondant sa décision sur l'article 25 alinéa 2 de l'AUA, la CCJA qui, en l'absence d'un texte béninois particulier sur la question, se référa à la Loi n° 2001-37 du 27 août 2002 dont l'article 49 fait des Tribunaux de première instance les juges de droit commun en matière pénale, civile, commerciale, sociale et administrative. Partant de là, elle conclut qu'« en droit processuel, toutes les fois qu'un texte particulier n'attribue pas à une juridiction déterminée la connaissance exclusive de certaines matières, ladite connaissance de celle-ci échoit aux juridictions de droit commun », et « qu'en conséquence ... le tribunal de première instance de première classe de Cotonou est, en l'espèce, le juge compétent pour connaître du recours en annulation de la sentence arbitrale » (*CCJA, arrêt n° 44/2008 du 17 juillet 2008, préc.*).

L'on en arrive à conclure avec certitude que l'article 25 de l'AUA ne semble nullement privilégier la compétence de la cour d'appel (*Cette décision permet en effet de relativiser une interprétation doctrinale de l'alinéa 3 de l'article 25 de l'AUA qui voyait à travers son contenu une position favorable à la compétence de la cour d'appel en matière de recours en annulation. Cf. Pougoué P.-G., Tchakoua J.-M. et Fénéon A., Droit de l'arbitrage dans l'espace OHADA, op cit., n°* 262). Selon ses termes, le juge compétent peut en définitive être une juridiction étatique du premier degré.

En somme, une lecture de la démarche des juges de la Haute juridiction permet de conclure que l'appréciation de la violation des missions par le tribunal arbitral se fait au cas par cas. Fidèle à cette logique, la CCJA a restreint l'appréciation de la violation de ses missions par un Tribunal arbitral à l'examen de la non conformité des pouvoirs utilisés à ceux précisés dans chacune des conventions d'arbitrage soumises à son appréciation. Dans cette lancée, lorsque le besoin s'est fait sentir, elle a été amenée à interpréter en amont les stipulations des parties pour indiquer l'étendue de la mission des arbitres d'une part, et spécifier en aval en quoi ceux-ci ont failli à leur mission, d'autre part. Ce n'est qu'au regard d'une violation avérée que la cour a statué sur la sanction de la violation de ses missions par l'arbitre, saisissant l'occasion pour fixer les principes gouvernant la validité de la clause de renonciation au recours en contestation de la sentence arbitrale soumise au RA-CCJA, et pour confirmer, au regard du silence de l'article 25 de l'AUA, la non validité de la renonciation au recours en annulation dans l'arbitrage traditionnel OHADA. En dernier recours, la CCJA a conforté les règles de désignation de la juridiction compétente pour connaître de ladite annulation. Toutes les questions relatives à la réglementation des recours contre une sentence arbitrale rendue selon le droit OHADA ont ainsi été passées au peigne fin.

Joseph-Alain Batouan Bouyom,
Assistant, Université de Yaoundé II.

Sixième partie

DROIT DES PROCEDURES SIMPLIFIEES DE RECOUVREMENT ET DES VOIES D'EXECUTION
REGLEMENT DE PROCEDURE DE LA CCJA

CCJA, arrêt n°001/2008, 24 janvier 2008
Standard Chartered Bank c/ Caisse Nationale de Prévoyance Sociale du Cameroun

(…)

Sur le quatrième moyen

Vu l'article 157 de l'Acte uniforme portant organisation des procédures simplifiées de recouvrement et des voies d'exécution ;

Attendu qu'il est fait grief à l'arrêt attaqué d'avoir violé les dispositions de l'article 157 de l'Acte uniforme susvisés pour avoir validé uune saisie attribution en omettant de prononcer la nullité du procès-verbal de saisie alors que, d'une part, l'exploit comporte une somme principale (160 755 102 francs cfa) excédant celle figurant sur le titre exécutoire (155 199 928 francs cfa) et, d'autre part, ne comporte aucune mention d'un décompte distinct des intérêts échus, majorés d'une provision pour intérêts à échoir dans le délai d'un mois prévu pour élever une contestation ;

Attendu que l'article 157 de l'Acte uniforme portant organisation des procédures simplifiées de recouvrement et des voies d'exécution dispose : « Le créancier procède à la saisie par acte signifié au tiers par l'huissier ou l'agent d'exécution.

Cet acte contient à peine de nullité :

(…)

3/ Le décompte distinctdes sommes réclamées en principal, frais et intérêts échus, majorés d'une provision pour les intérêts à échoir dans le délai d'un mois prévu pour élever une contestation… » ;

Attendu, en l'espèce, qu'il ressort des pièces du dossier de la procédure que l'exploit en date du 03 janvier 2002, par lequel la défenderesse au pourvoi a pratiqué la saisie-attribution entre les mains de la BEAC au préjudice de la SGBC, débiteur saisi, non seulement indique une créance évaluée en principal à 160 755 102 francs cfa alors que le montant figurant sur le titre exécutoire est de 155 199 925 francs cfa mais ne comporte pas les mentions relatives au décompte distinct des sommes réclamées en principal, frais et intérêts échus, majorés d'une provision pour les intérêts à échoir dans le délai d'un mois prévu pour élever une contestation, ainsi que le prescrit impérativement l'article 157 de l'Acte uniforme sus référencé ; qu'un tel exploit est en conséquence nul et de nul effet ;

Attendu que pour infirmer la décision de la juridiction des référés qui a ordonné la mainlevée de la saisie-attribution du 03 janvier 2002 ainsi que la discontinuation des poursuites, la cour d'appel en se bornant à énoncer que « la saisie-attribution pratiquée le 02 janvier 2002 au préjudice de la Standard Chartered Bank ne présente aucun vice de forme ou de fond », sans rechercher, alors même qu'elle en avait le devoir, si les prescripttions ci-dessus spécifiées avaient toutes été régulièrement accomplies par le créancier n'a pas légalement justifié sa décision ; qu'il echet en conséquence, sans qu'il y ait lieu de statuer sur les autres moyens, de casser l'arrêt attaqué et d'évoquer pour être statué sur le fond ;

Sur l'évocation

(…)

Attendu que pour ordonner la mainlevée de la saisie-attribution et la discontinuation des poursuites, le président du tribunal de grande instance de Yaoundé statuant en matière de référés a estimé que la saisie-attribution de créances, sur la base de laquelle s'est fondé le tribunal de grande instance de Yaoundé pour entrer en voie de condamnation, ayant fait par la suite l'objet d'une décision de mainlevée et de discontinuation des poursuites confirmée par la cour d'appel, l'accessoire suivant le principal, la saisie-attribution pratiquée contre la SGBC ne se justifie plus ; qu'en se prononçant ainsi, le juge des référés a outrepassé sa compétence dès lors que, juge de l'exécution, il ne peut ni modifier le dispositif de la décision de justice servant de fondement aux poursuites, ni en suspendre l'exécution sauf dans les cas prévus par la loi notamment l'article de l'article 39 de l'Acte uniforme portant organisation des procédures simplifiées de recouvrement et des voies d'exécution relativement au délai de grâce susceptible d'être octroyé compte tenu de la situation du débiteur et en considération des besoins du créancier ;

Mais attendu qu'il lui appartenait plutôt de vérifier la régularité de la saisie ;

Or attendu qu'en l'espèce, l'acte de saisie, d'une part, comporte une somme évaluée au principal à 160 755 102 francs cfa donc supérieure à celle figurant sur le titre exécutoire qui est de 155 199 928 francs cfa et, d'autre part, ne contient pas le décompte distinct des sommes réclamées au principal, frais et intérêts échus, majorés d'une provision pour les intérêts à échoir dans le délai d'un mois prévu pour élever une contestation conformément à l'article 157 de l'Acte uniforme portant organisation des procédures simplifiées de recouvrement et des voies d'exécution ; qu'il y a lieu en conséquence de prononcer la nullité dudit acte ;

Attendu qu'il échet, au regard de ce qui précède, d'une part, de confirmer, par sustitution de motifs, l'ordonnance entreprise en ce qu'elle a décidé de la mainlevée de la saisie-attribution, cette décision étant justifiée par l'irrégularité tirée de l'omission de formalités prescrites à peine de nullité de la saisie par l'article 157 de l'Acte uniforme portant organisation des procédures simplifiées de recouvrement et des voies d'exécution et, d'autre part, de l'infirmer pour le surplus…

OBSERVATIONS

L'arrêt n° 001/2008 du 24 janvier 2008 est une excellente illustration de la rigueur du système OHADA en matière de formalités à accomplir dans une procédure simplifiée de recouvrement ou dans l'exercice d'une voie d'exécution. Les faits et la procédure examinés par le juge étaient les suivants. La Caisse nationale de prévoyance sociale du Cameroun a obtenu une condamnation d'un montant de 155 199 928 francs cfa contre la Standard Chartered Bank Cameroun, représentant les causes d'une saisie pour laquelle la banque n'a pas satisfait à ses obligations de tiers saisi ainsi que des dommages et intérêts. Ensuite, pour l'exécution de cette condamnation, la CNPS a fait pratiquer entre les mains de la Banque des Etats de l'Afrique centrale, une saisie-attribution sur les comptes de la SCBC. Mainlevée de ladite saisie est ordonnée par le juge des référés du tribunal de « grande » instance de Yaoundé à la demande de la banque. En outre, le même juge des référés ordonne la discontinuation des poursuites. Sur appel de la CNPS, la saisie-attribution est validée. C'est pourquoi la Banque forme un pourvoi en cassation devant la CCJA.

Devant la Haute juridiction communautaire, elle évoque deux principaux arguments tous tirés des irrégularités de procédure. Le premier émane de ce que l'exploit de saisie comporte une somme principale d'un montant de 160 755 102 francs cfa alors que le titre exécutoire porte la somme de 155 199 928 francs cfa. Le second s'appuie sur l'absence dans l'acte de saisie, du « décompte distinct des sommes réclamées en principal, frais et intérêts échus… » tel que l'exige l'article 157 AUPSRVE à peine de nullité. Le juge de cassation lui donne gain de cause sur les deux motifs. Mais, il infirme la décision en ce qui concerne le surplus, c'est-à-dire sur le point relatif à la discontinuation des poursuites. Les arguments développés par les parties dans cette affaire suscitent une réflexion plus approfondie que le problème fort simple qui se posait au juge, à savoir la sanction de l'inobservation des formes prescrites à peine de nullité.

En effet, les parties ont procédé à un échange intéressant concernant l'étendue de la compétence du juge de l'exécution. Pour la CNPS, ce juge excède sa compétence en « s'érigeant en juge de l'opportunité de l'exécution d'une décision de justice devenue définitive… » tandis que pour la SCBC, ce juge est « juge de l'opportunité d'une voie d'exécution ». Malheureusement, la CCJA ne les a que partiellement suivies. Ce faisant elle s'est contentée de bien résoudre la question principale qui lui était posée (I). Pourtant, elle aurait pu saisir l'occasion pour mieux préciser l'étendue de la compétence du juge du contentieux de l'exécution (II).

I. La question entièrement résolue : la sanction de l'inobservation des mentions prescrites à peine de nullité

L'entrée en vigueur de l'AUPSRVE a marqué une nouvelle ère dans les formalités procédurales. En effet, dans la quasi totalité des situations, les formes prescrites relativement à un acte de procédure le sont à peine de nullité. Tel est notamment le cas de l'article 29 relatif à la signification de la décision d'injonction de délivrer ou de restituer, de l'article 64 relatif au procès verbal de saisie conservatoire de meubles corporels, de l'article 69 relatif à l'acte de conversion de la saisie conservatoire, de l'article 100 relatif à l'acte de saisie des biens dans le cadre d'une procédure de saisie-vente, etc.

Dans chacune de ces situations, les rédacteurs de l'Acte uniforme OHADA relatif aux procédures simplifiées de recouvrement et aux voies d'exécution ont estimé que la formalité à accomplir présentait une importance telle qu'une défaillance dans son accomplissement constituerait une irrégularité suffisamment grave en elle-même pour entraîner la nullité de l'acte. La CCJA a eu très tôt l'occasion de l'affirmer. Dans un avis rendu le 07/07/1999 (*CCJA, avis n° 001/99/JN rendu le 07/07/1999, ohadata, J-03-68*), elle précise que « le juge doit prononcer la nullité invoquée s'il constate que la formalité prescrite à peine de nullité n'a pas été observée, sans qu'il soit besoin de rechercher la preuve d'un quelconque préjudice ». En application de cette exigence, elle déclare nuls les actes ne comportant pas les mentions prescrites à peine de nullité. Il en a été ainsi pour un procès-verbal de saisie en matière de saisie-vente *(CCJA, arrêt n° 012, affaire BCN c/ H, Le Juris Ohada, n° 2/2004, juin-août 2004, p. 23, note M. Brou Kouakou ; Recueil de jurisprudence de la CCJA, n° 3, janvier-juin 2004, p. 96, ohadata, J-04-297*) et pour un exploit de saisie attribution qui « n'indique pas, en ce qui concerne le débiteur saisi, personne morale, ni son siège social ni sa forme, comme l'exige l'article 157, alinéa 1 de l'Acte uniforme portant voies d'exécution » *(CCJA, arrêt n° 17/2003, Société Ivoirienne de Banque, dite SIB contre Complexe Industriel d'Elevage et de Nutrition Animale, dit CIENA, ohadata J-04-120).* Au regard de cette jurisprudence, l'arrêt commenté, parce qu'il prononce la nullité de façon automatique, fait une exacte application de la loi. En d'autres termes, dans l'esprit du droit OHADA, la nullité de l'acte est encourue dès lors qu'un texte a prévu qu'il en serait ainsi.

En revanche, lorsque le texte a prévu une exigence sans assortir l'irrégularité la concernant de nullité, celle-ci ne doit être prononcée que lorsque le demandeur à la nullité a subi un préjudice. La CCJA, après voir rappelé les prémices de cette règle dans l'avis ci-dessus *(avis n° 001/99/JN préc.*) a eu l'occasion de réaffirmer que dès lors qu'une mention n'est pas prescrite à peine de nullité, son absence « ne peut être sanctionnée par la nullité qu'à condition que le requérant rapporte la preuve que ladite absence lui a causé un préjudice quelconque » *(arrêt n° 11/2002, Société M. c/ DDCI, Le Juris-Ohada, n° 4/2002, octobre – novembre - décembre 2002, p. 38, note anonyme).* Cette règle s'applique pour toutes les mentions dont l'exigence n'est pas assortie d'une nullité expresse. « Pas de nullité sans texte » doit-on simplement rappeler.

Mais, la règle en OHADA comme dans les autres domaines s'accompagne de son atténuation traditionnelle : chaque fois que le demandeur à la nullité peut apporter la preuve d'un préjudice né de l'irrégularité, il peut obtenir l'annulation de l'acte : « pas de nullité sans grief ». Il en est ainsi lorsque la loi a posé expressément l'exigence de la preuve de l'existence du préjudice, comme c'est le cas pour certaines formalités prévues en matière de saisie immobilière (*v. par ex. l'article 297 alinéa 3 AUPSRVE qui dispose que les formalités prévues par certains textes qu'il vise « ne sont sanctionnées par la nullité que si l'irrégularité a eu pour effet de causer un préjudice aux intérêts de celui qui l'invoque* »). Il en est également ainsi, lorsque la loi a simplement exigé une mention, sans aucune référence à la sanction qu'encourt l'acte au cas où il ne la contiendrait pas. Tel est le cas par exemple, en matière de voies d'exécution, pour la mention relative à l'élection de domicile prévue à l'article 93 pour le commandement en matière de saisie-vente, pour celle relative aux biens vendus, au montant de l'adjudication et à l'énonciation déclarée des noms et prénoms des adjudicataires, prévus à l'article 127 pour le procès-verbal de la vente des biens meubles corporels, pour celle relative à la juridiction devant laquelle les contestations pourront être portées en cas de contestation en matière de saisie-appréhension, lorsque l'appréhension a été effectuée sur simple présentation du titre exécutoire et sans commandement préalable, tel que prévu par l'article 220, etc. *(sur l'ensemble de la question, voir dans cet ouvrage les observation de M. Timtchueng sous CCJA, arrêt n°011/2002 du 28 mars 2002, Société M. c/ DDC et n° 012 du 18 mars 2004, affaire BCN c/ H.).*

En tout état de cause, la compétence pour connaître de la demande de nullité ne fait l'ombre d'aucun doute. Celle-ci relève du domaine du juge du contentieux de l'exécution. Sur ce point, les parties à l'affaire ayant donné lieu à l'arrêt commenté n'ont pas ouvert de débat. Ils ont tous reconnu que le juge des référés était la juridiction devant en connaître. Cependant, une erreur de transcription a dû se glisser dans le texte de l'arrêt. Celui-ci vise plusieurs fois « le juge des référés du tribunal de grande instance de Yaoundé » alors qu'il est constant qu'au Cameroun, cette compétence échoit à titre exclusif au Président du tribunal de première instance.

II. La question partiellement occultée : l'étendue de la compétence du juge de l'exécution

L'affaire CNPS a été l'occasion d'un débat ouvert entre les parties, relativement à l'étendue des pouvoirs du juge du contentieux de l'exécution. Pour la CNPS, ce juge excède sa compétence en « s'érigeant en juge de l'opportunité de l'exécution d'une décision de justice devenue définitive... » tandis que pour la SCBC, ce juge est « juge de l'opportunité d'une voie d'exécution ». Au fond, les deux parties font référence à deux réalités juridiques différentes. Dire de ce juge qu'il est juge de l'opportunité de l'exécution d'une décision de justice, n'a aucun sens. En fait, l'appréciation de l'opportunité d'exécuter appartient à la partie qui a gagné le procès, tout comme lui appartient l'opportunité d'introduire l'action en justice. Cela revient à dire que la liberté d'exécuter fait pendant à celle d'introduire l'action : de même qu'un individu peut choisir de subir une violation de son droit en s'abstenant d'intenter l'action, une personne peut décider de ne pas exécuter la décision qui a été rendue à son profit. Il ne commettra aucune faute de nature à engager sa responsabilité.

En revanche, le juge du contentieux de l'exécution peut-il être considéré comme le juge de l'opportunité d'une voie d'exécution ? Cette question renvoie à celle de savoir si le juge peut ordonner mainlevée d'une saisie au motif que le créancier n'avait pas le droit de la préférer à une autre qui était sans doute plus indiquée pour sa situation. La réponse doit être nuancée.

D'une part, l'article 28, alinéa 1 AUPSRVE dispose de façon générale, que « tout créancier peut, quelle que soit la nature de sa créance, dans les conditions prévues par le présent Acte uniforme, contraindre son débiteur défaillant à exécuter ses obligations à son égard ou pratiquer une mesure conservatoire pour assurer la sauvegarde de ses droits ».

Il faut réaffirmer la liberté dont dispose le titulaire du titre exécutoire dans le choix du large éventail des voies d'exécution que lui propose la loi. De fait, ce titulaire peut choisir d'exercer une seule voie d'exécution de même qu'il peut en cumuler plusieurs. Rien n'interdit au bénéficiaire d'un titre exécutoire de saisir à la fois les biens meubles corporels du débiteur par la procédure de saisie-vente, en même temps qu'il pratique une saisie-attribution sur les créances de son débiteur contre un tiers. A ce titre, le choix de la ou des voies d'exécution à exercer appartient uniquement au créancier, sous réserve des mesures de contrôle exercées par le juge de l'exécution, notamment sur la proportionnalité entre les saisies et la créance qui les fonde.

D'autre part, il faut rappeler que le choix de certaines voies d'exécution est spécialement encadré par la loi. Il en est ainsi de la saisie immobilière. Selon l'alinéa 2 de l'article 28, « sauf s'il s'agit d'une créance hypothécaire ou privilégiée, l'exécution est poursuivie en premier lieu sur les biens meubles et, en cas d'insuffisance de ceux-ci, sur les immeubles ». Cette disposition offre au juge du contentieux de l'exécution, la possibilité d'interférer dans le choix de la mesure d'exécution. En effet, ce juge pourra ordonner mainlevée de la saisie immobilière pratiquée par le créancier trop pressé, qui aura placé des immeubles sous mains de justice avant de s'être rassuré que les meubles ont été suffisant pour couvrir la dette.

La question peut également se poser vis-à-vis du créancier bénéficiaire d'une sûreté, qui aurait pratiqué une voie d'exécution sur un meuble ou un immeuble autre que celui constituant sa garantie. L'hypothèse n'est pas d'école. Un créancier garantit peut, lorsque le bien spécialement à lui affecté n'a pas une valeur suffisante pour couvrir sa dette, décider de commencer par exercer ses poursuites sur un ou plusieurs autres biens. Le juge de l'exécution saisi par des créanciers concurrents ou par le débiteur appréciera-t-il l'opportunité du choix du créancier ?

Au vrai, la question de l'étendue des pouvoirs du juge de l'exécution s'apprécie mieux par rapport au procès dont la décision qui en a marqué l'issue connaît une exécution difficultueuse. A cet égard, l'arrêt de la CCJA rapporté a fourni une réponse claire. Elle estime qu'il appartient au juge de l'exécution de « vérifier la régularité de la saisie », ce qui implique, qu'il « ne peut modifier le dispositif de la décision servant de fondement à aux poursuites, ni en suspendre l'exécution, sauf dans les cas prévus par loi, notamment l'article 39 de l'AUPSRVE relativement aux délais de grâce ».

Sur le premier point, le juge de l'exécution n'a effectivement aucune emprise sur la décision dont l'exécution est difficultueuse. Il est un peu à l'exécution, ce qu'est le référé pour l'ensemble des procédures de droit civil et commercial. Dans un cas en effet, et pour reprendre une heureuse formule souvent utilisée, la compétence du juge des référés est plus étendue que celle de la juridiction dont il est le Président. Car en étudiant la compétence de ce juge, il faut oublier celle de la juridiction toute entière. A défaut, on sera contraint de décalquer sa compétence sur celle de sa juridiction et de dire que le Président du tribunal de première instance n'est compétent, en référé, que pour les matières relevant de ce tribunal. Or la philosophie qui gouverne l'instance en référé est favorable à l'extension de la compétence de sa juridiction à l'ensemble du droit privé. On le sait, ce juge ne doit retenir sa compétence que s'il y a urgence et surtout, il doit renvoyer les parties à se pourvoir au principal dès qu'une contestation sérieuse soulevée par un des plaideurs entraîne la juridiction sur le terrain du principal. Par conséquent, sa décision, qui se borne à ordonner des mesures propres à éviter toute compromission définitive des droits du demandeur est, par définition, provisoire.

Dans la même logique de refus de s'attaquer au principal, le juge de l'exécution n'examine jamais la chose tranchée par la décision dont l'exécution soulève des difficultés. Il se contente de gérer les questions de fond soulevées à propos de l'exécution et non celles de fond tirées des droits consacrés par le titre dont l'exécution est querellée.

La nuance entre les deux fonds est claire : le premier fond du droit auquel ne doit nullement s'attaquer le juge de l'exécution est celui qui, en amont, a fait l'objet du procès qui a été sanctionné par le prononcé de la décision dont l'exécution a été entravée par une ou plusieurs difficultés. Le deuxième fond du droit qui relève de la compétence de ce juge spécial se situe en aval. Il s'agit de toutes les questions nées, non du droit dont la contestation avait ouvert le premier procès, mais, plus simplement, de l'exécution de la décision issue de ce premier procès.

En réalité, l'intervention du juge de l'exécution n'est sollicitée que lorsqu'une contestation est soulevée à l'occasion d'une exécution. Toutes les exécutions qui ne connaissent pas de difficultés ne lui sont pas déférées, pas plus que ne lui sont soumises les contestations qui ne surviennent pas à l'occasion d'une exécution ou d'une mesure conservatoire.

La Cour de cassation française a eu l'occasion de préciser l'étendue de la compétence du juge de l'exécution.

Pour elle, la demande portée au juge de l'exécution ne doit pas tendre à « remettre en cause le titre (querellé) dans son principe » ou à contester « la validité des droits et obligations qu'il constate » *(Cass. Civ. 1ère, 27 janv. 2000, Juris-data n°000228 et 10 mai 2000, Juris-data, n°0001914)*. La doctrine en déduit que « le juge de l'exécution est incompétent pour contester le titre lui-même en vertu duquel la mesure d'exécution a déjà été engagée, qu'il ne peut intervenir que sur des faits survenus en aval du titre exécutoire lui-même » *(M. et J.B. Donnier, Voies d'exécution et procédures de distribution, Litec, 2001, n°99, p. 37)* et qu'il « ne peut intervenir que pour vérifier le caractère exécutoire du titre qui sert de fondement aux poursuites afin de voir si les opérations effectuées sont régulières ou non. En aucun cas, il ne peut intervenir sur le contenu même du titre qui échappe à sa compétence » *(R. Tendler, Les voies d'exécution, éd. Ellipses, 1998, p.45)*.

On dira plus simplement qu'à cause de la force de la chose jugée (*Les présents développements n'intègrent pas l'hypothèse de l'exécution provisoire*), les décisions devenues définitives sont de véritables forteresses, au demeurant imprenables, autant pour le juge de l'exécution que pour tout autre juge (*Sous réserve des voies de recours exceptionnelles telles que le pourvoi en révision prévu aux articles 49 et 50 du règlement de procédure de la CCJA ou la requête civile des articles 223 et suivants du Code de procédure civile et commerciale du Cameroun)*..

Dans ce contexte où il ne s'agit que de régler les problèmes survenus à l'occasion de l'exécution, la répartition des compétences matérielles entre les juridictions et la hiérarchie judiciaire ne présentent plus les mêmes enjeux. Un juge même inférieur dans la hiérarchie judiciaire peut très bien connaître de toutes les difficultés. La ligne de démarcation est ainsi précisée : lorsque le juge de l'exécution intervient en amont de toute procédure, ce n'est jamais pour vider le contentieux. Son intervention se borne à l'octroi de mesures à caractère provisoire, notamment les saisies conservatoires. Lorsque celles-ci sont pratiquées par un créancier qui ne dispose pas d'un titre exécutoire, celui-ci est exigé pour la conversion de cette saisie en mesure d'exécution. Cette exigence conduira, le plus souvent, le créancier devant le juge du fond compétent pour trancher la contestation et délivrer le titre dont l'exécution permettra la conversion. Et lorsqu'il intervient en aval, ce n'est plus pour remettre en cause les droits consacrés par un juge du principal, mais, pour résoudre les difficultés soulevées lors de la concrétisation de ces droits.

Ce cantonnement du pouvoir du juge de l'exécution a une justification proche du trivial : si l'on estime que ce juge est compétent pour remettre en cause la décision dont l'exécution est entreprise, « on arrive à une absurdité complète : l'affaire peut avoir été examinée en première instance, en appel et en cassation, le créancier ayant obtenu gain de cause » *(R. Tendler, Les voies d'exécution, op. cit., p.43)*. Peut-on sérieusement soutenir que le juge de l'exécution peut reconsidérer les intérêts en présence malgré les décisions intervenues ? Une réponse négative ne fait pas de doute.

Sur le deuxième point, la compétence du juge du contentieux de l'exécution ne s'étend pas à la suspension de l'exécution, sauf dans les cas prévus par la loi. Par ce propos, la CCJA relève opportunément que la compétence de ce juge consiste, lors de la vérification de la régularité de la saisie, à résoudre les difficultés et non à arrêter l'exécution, à moins que la recherche de la solution à cette difficulté postule une telle suspension. Généralement, lorsque la saisie est entachée d'une irrégularité de forme, le juge de l'exécution n'a nul besoin de la suspendre. Il l'annule purement et simplement lorsque cette irrégularité fait encourir cette sanction. Lorsqu'elle est entachée d'un vice de fond, le sort de la saisie dépend de l'irrégularité. Si celle-ci concerne l'intégralité de la saisie (par ex. une personne non tenue a été saisie), celle-ci est nulle. Si elle ne concerne qu'un ou plusieurs biens (par ex. des biens appartenant à une personne non tenue ont été saisis en même temps que ceux du débiteur), la saisie n'est invalidée que vis-à-vis de ces biens. Et, dans les deux cas, l'issue de la procédure consiste en la suspension de l'exécution, techniquement appelé ici, *discontinuation des poursuites*.

Néanmoins, il ressort des motifs de l'arrêt, une importante précision : la compétence du juge de l'exécution s'étend à une suspension ordinaire si la loi l'a prévue. En effet, la CCJA relève que ce juge peut notamment, en vertu de l'article 39 AUPSRVE octroyer les délais de grâce *(Voir dans cet ouvrage S.S. Kuaté Tameghé, obs. sous CCJA, n°035/2005 du 02 juin 2005, Madame Khouri Marie c. Soc. Hyjazi Samih et Hassan, dite Induschimie et Société générale de banques en Côte d'Ivoire, dite SGBCI)*.

Joseph Fometeu,
Maître de Conférences, Université de Ngaoundéré.

CCJA, arrêt n°002/2008, 28 février 2008
Vei Bernard c/ BICI-Bail SA

(...)

Sur le premier moyen

Attendu qu'il est reproché à l'arrêt attaqué un excès de pouvoir en ce que le juge des référés et la cour d'appel ont outrepassé leur pouvoir en s'appuyant sur les dispositions de l'article 10 des conditions générales du contrat de crédit-bail pour ordonner la restitution du matériel loué ; que selon le moyen, la formule du contrat selon laquelle « la présente convention sera résiliée de plein droit par le bailleur sans qu'il soit nécessaire d'accomplir une formalité judiciaire préalable » est une formule sans aucune valeur juridique car elle ne saurait déroger aux dispositions du code civil, notamment à celles de l'article 1184 desquelles il résulte que la résolution d'un contrat ne peut intervenir que par voie de justice ; qu'il n'existe pas de résolution de plein droit et le juge des référés n'est pas compétent pour prononcer la résolution judiciaire d'un contrat et que seul le juge du fond a cette compétence ; qu'en ordonnant la restitution sollicitée, le juge de référés et la cour d'appel ont excédé leur pouvoir et l'arrêt querellé, qui confirme l'ordonnance du juge des référés, mérite cassation ;

Mais attendu que, contrairement à ce que soutient le demandeur au pourvoi, d'une part, la clause résolutoire insérée dans le contrat de crédit bail est une dérogation au principe de résolution judiciaire de l'article 1184 du Code civil, laquelle clause a pour fondement le principe de la liberté contractuelle ; que les dispositions de l'article 1184 du code civil n'étant pas d'ordre public, les parties peuvent y déroger comme en l'espèce, en insérant dans leur convention une clause résolutoire ; que d'autre part, en matière de clause résolutoire, le rôle du juge des référés est de constater que dans le délai fixé par le contrat, à compter d'une mise en demeure, le débiteur ne s'est pas exécuté, pour que le bénéfice de cette clause soit acquis au créancier et que le juge tire les conséquences de la résiliation de la convention en remettant les personnes et les choses dans l'état antérieur à celle-ci, comme en l'espèce, par restitution du matériel loué ; qu'en statuant sur la demande du bénéficiaire de la clause résolutoire, le juge des référés ne se place pas sur le terrain de la législation déterminant sa compétence, mais plutôt sur le terrain de l'attribution conventionnelle de compétence prévue au contrat, sauf possibilité pour lui de se récuser s'il existe une contestation sérieuse qui, elle, relève de la compétence du juge du fond ;

Attendu, en l'espèce, que la clause insérée dans la convention signée entre Vei Bernard et BICI- Bail S.A et selon laquelle « la présente convention sera résiliée de plein droit par le bailleur sans qu'il soit nécessaire d'accomplir aucune formalité judiciaire préalable... Si à la suite de la résiliation, le locataire refuse de restituer le matériel, il suffira pour l'y contraindre, d'une ordonnance de référé, rendue par la président du tribunal d'Abidjan » est régulière et que le juge des référés est compétent pour se prononcer sur les conséquences de ladite clause résolutoire ; qu'il suit qu'en retenant, pour déclarer Monsieur Vei Bernard mal fondé en son appel « qu'en l'espèce, il ne s'agit pas pour le juge des référés de connaître d'une demande en résiliation de la convention des parties, mais de constater simplement la résiliation et d'en tirer les conséquences, notamment la restitution du matériel objet de ladite convention... Que c'est ce que le premier juge a fait ... Qu'en effet, la Pharmacie Saint-Joseph restant devoir la somme de 9.512.871 francs cfa représentant 13 mensualités, sommation lui a été faite le 08 octobre 2001 à la requête de BICI-Bail d'avoir à restituer le véhicule litigieux dans les huit jours, sinon passé ce délai, la convention des parties sera résiliée de plein droit... Que ladite somme n'ayant pas été payée dans le délai imparti, la clause résolutoire de plein droit a été accomplie... Que dès lors le juge des référés est compétent à ordonner la restitution du véhicule litigieux », la cour d'appel d'Abidjan n'a en rien excédé ses pouvoirs ; qu'il s'ensuit que ce premier moyen n'est pas fondé et doit être rejeté ;

(...)

Sur le troisième moyen

Attendu qu'il est enfin reproché à l'arrêt attaqué une violation ou une erreur dans l'application ou l'interprétation de la loi, en ce que la procédure de restitution utilisée en l'espèce n'est pas conforme à celle prévue par les dispositions du « Traité OHADA » sur la procédure simplifiée tendant à la délivrance ou à la restitution d'un bien meuble déterminé ; que selon le moyen, les règles édictées par cette procédure (articles 19 et suivants) se substituent, de par leur force obligatoire et supranationale à toutes règles nationales tendant à aboutir au même résultat ; que même si BICI- Bail estimait qu'il y avait urgence en la matière, elle ne pouvait recourir à la procédure de référé au mépris de celle instituée par le « Traité OHADA » susdit ; que ce faisant, BICI- Bail a violé la loi susdite, violation entérinée par le juge des référés et la cour d'appel d'Abidjan ; qu'il plaise donc à la cour de céans de constater cette violation et de bien vouloir casser l'arrêt querellé ;

Mais attendu que, contrairement à ce que soutient le demandeur au pourvoi, la procédure simplifiée tendant à la délivrance ou à la restitution d'un bien meuble déterminé est une faculté offerte au créancier d'une obligation de délivrance ou de restitution d'un bien meuble corporel déterminé pour demander au président de la juridiction compétente, d'ordonner cette délivrance ou restitution ; que le créancier peut donc s'en passer et suivre les voies de droit commun ; qu'en effet, les articles 19 et 21 de l'Acte uniforme disposent respectivement que « celui qui se prétend créancier...peut demander au président de la juridiction compétente... » et « si la juridiction saisie rejette la requête, sa décision est sans recours pour le créancier, sauf à celui-ci à procéder selon les voies de droit commun » ; qu'en l'espèce, le juge des référés puis la cour d'appel, n'ont fait qu'appliquer les dispositions de l'article 10 des conditions générales du contrat de crédit- bail pour se déclarer compétent et ordonner la restitution du véhicule automobile, objet du contrat de crédit- bail ; qu'il s'ensuit qu'ils n'ont en rien violé ou commis une erreur dans l'application ou l'interprétation des articles 19 et suivants de l'Acte uniforme portant organisation des procédures simplifiées de recouvrement et des voies d'exécution ; qu'ainsi, le troisième moyen n'est pas davantage fondé et doit être rejeté...

OBSERVATIONS

L'exécution d'une obligation de faire résultant d'une convention valable entre deux parties soulève parfois d'énormes difficultés. La procédure uniforme et simplifiée de se délivrer ou restituer un meuble corporel déterminé vient d'être mise en place (*suivant l'Acte uniforme portant organisation des procédures simplifiées de recouvrement et des voies d'exécution entré en vigueur le 10 juillet 1998*). A côté de cette procédure spéciale, les législateurs nationaux prévoyaient déjà d'autres mécanismes tendant à contraindre les personnes tenues d'accomplir des actes positifs, à l'instar de la délivrance. L'on se demande si la procédure OHADA telle que spécifiée est exclusive de toute autre en matière d'injonction de délivrer/restituer, ou alors s'il est possible d'y passer outre pour se référer à d'autres voies de droit commun. En l'absence de solution juridique consacrée expressément dans les textes, la jurisprudence apparaît alors comme un point de mire souvent rétive ou évolutive, comme l'illustre l'arrêt ci-dessus rapporté.

En effet, une pharmacie (la pharmacie Saint Joseph) appartenant à un propriétaire unique (M. Vei Bernard) passe le 17 avril 2000 avec une société de crédit-bail (la BICI-Bail SA), un contrat de crédit-bail portant sur un véhicule et moyennant paiement par le locataire, de loyers à régler suivant un échelonnement convenu *inter partes*. L'article 10 dudit contrat prévoit une résolution de plein droit au cas où un seul terme resterait impayé, avec une obligation de restituer la voiture dans le délai de 8 jours après une mise en demeure de payer restée sans effet. Le 5 octobre 2001 malheureusement, la pharmacie accuse 13 mensualités d'arriérés évalués à 9.512.871 francs cfa. Cette situation d'insolvabilité amène le crédit-bailleur à lui signifier le 8 octobre 2001, une sommation de restituer, faisant suite à la mise en demeure du 23 avril 2001 restée infructueuse. Pour briser la « conjuration du silence » du locataire (*Perrot R., II procedimento per inguinzione, Riv. Dir. Proc. 1986. 714, cité par Mas D., « Injonction de payer », in Rép. Pr. Civ. T.2, Dalloz, 1996, p.1*), la BICI-Bail SA saisit le juge des référés du tribunal de première instance d'Abidjan en injonction de restituer. Son action est déclarée irrecevable. Celle-ci se ravise et réintroduit auprès du même une action similaire, mais, fois-ci, l'oriente directement contre le propriétaire de la pharmacie (M. Vei Bernard.). Par ordonnance n° 1533 du 28 mars 2002, le juge fait droit à la demande d'injonction et ordonne à M. Vei Bernard de délivrer le véhicule automobile sous astreinte comminatoire de 500.000 francs cfa par jour de retard pour compter de la signification. Pour toute réaction, le sieur Vei Bernard interjette appel auprès de la cour d'appel d'Abidjan qui, dans un arrêt n° 953 du 23 septembre 2002, confirme l'ordonnance attaquée. Insatisfait, le crédit-preneur forme pourvoi le 13 février 2003 devant la cour suprême de Côte d'Ivoire qui quant-à elle, prend le 15 janvier 2004, un arrêt de renvoi devant la Cour commune de justice et d'arbitrage (*arrêt de renvoi n° 023/04 du 15 janvier 2004 de la chambre judiciaire de la C.S. de la Cote d'Ivoire, formation civile*), conformément à l'article 15 du traité OHADA.

Le demandeur au pourvoi, fait valoir trois arguments. Le premier est fondé sur l'excès de pouvoir des juges du fond ayant ordonné la restitution en l'absence de résolution judiciaire du crédit-bail et au mépris de l'incompétence du juge des référés à prononcer la résolution judiciaire d'un contrat. Le second est tiré de l'absence, de l'insuffisance, de l'obscurité ou de la contrariété des motifs de l'arrêt querellé, car selon le pourvoi, l'action est dirigée contre un tiers à la convention de crédit-bail et non directement contre le crédit-preneur qui est la pharmacie Saint-Joseph. Le troisième est pris de la violation du traité OHADA en vertu duquel la procédure particulière d'injonction de restituer organisée par l'AUPSRVE doit primer sur toute autre procédure de droit interne rentrant dans son champ d'application.

A la question de savoir s'il est possible d'enjoindre de délivrer ou de restituer un bien meuble corporel en marge de la procédure d'injonction de l'AUPSRVE, le juge de la haute juridiction communautaire en rejetant le pourvoi, répond par l'affirmative. Soucieux de protéger davantage les droits du créancier, la CCJA semble davantage privilégier le résultat sur les moyens. La procédure instituée par l'OHADA peut certes être suivie (I), mais elle n'abroge pas les autres voies alternatives de droit national qui pourraient permettre de briser la résistance du débiteur (II).

I. La faculté d'agir en injonction de délivrer ou de restituer suivant la procédure simplifiée de l'OHADA

La CCJA dans son avant-dernier attendu pose clairement que : « … la procédure simplifiée tendant à la délivrance ou à la restitution d'un bien meuble déterminé est une faculté offerte au créancier d'une obligation de délivrance ou de restitution d'un bien meuble corporel déterminé pour demander au président de la juridiction compétente, d'ordonner cette délivrance ou restitution… ». Cela ne surprend pas beaucoup, lorsqu'on sait que l'article 19 de l'AUPSRVE emploie le verbe « pouvoir ». L'avis ci-dessus développé par la CCJA laisse entendre qu'il s'agit d'une option laissée au plaideur en fonction de son intérêt. Le caractère facultatif de la procédure communautaire s'apprécie au sens de la CCJA à deux niveaux : avant toute saisine des juridictions aux fins d'obtenir délivrance ou restitution (A), et, après rejet de la requête d'injonction de délivrer ou de restituer formulée conformément au droit OHADA (B).

A. Ab initio : la saisine facultative du juge OHADA

Le recours au juge OHADA via la procédure simplifiée de recouvrement des biens meubles corporels est un droit de plus entre les mains du créancier ; et comme tout titulaire de droit, il peut s'en prévaloir ou non. Il lui suffit en effet de remplir les conditions nécessaires à l'exercice de cette procédure (*il n'est pas inutile de rappeler qu'aux sens du législateur OHADA, la mise en œuvre de la procédure simplifiée suppose d'abord certes une obligation de faire, mais une obligation de faire bien précise, excluant par exemple les obligations de ne pas faire, les obligations de faire autres que celles visées à l'instar d'une obligation contractée par un artiste pour donner un spectacle ou réaliser une fresque, les obligations de paiement de sommes d'argent qui sont régies par la procédure d'injonction de payer ; ensuite, le requérant doit être créancier d'une obligation de restitution ou de délivrance d'un meuble corporel déterminé, ce qui exclut les immeubles et les biens incorporels: pour plus de détails, voir F. Anoukaha et A. D. Tjouen, Les procédures simplifiées de recouvrement et les voies d'exécution en OHADA, Yaoundé, PUA, 1999, pp. 13 et s*). Il peut bel et bien satisfaire aux exigences de mise en œuvre de cette procédure sans pour autant saisir le juge qui en est compétent. De même, il peut préférer d'autres voies. Dans l'un ou dans l'autre cas, aucun reproche ne peut lui être fait, car la saisine du juge OHADA est facultative. C'est d'ailleurs ce qu'affirment sans ambages les juges de la CCJA dans l'espèce rapportée. Il ne pouvait véritablement en aller autrement, puisque la procédure simplifiée de recouvrement est une prérogative offerte au créancier pour éluder les règles de droit commun qui présentent pour lui moins d'avantages notamment en termes de coûts, de temps et de formalités. Si malgré cette opportunité, il choisit la voie la plus périlleuse, susceptible cependant de lui assurer le même résultat, on ne peut que le lui concéder.

La Haute juridiction communautaire invoque surtout à l'appui de son avis, l'article 22 de l'AUPSRVE qui autorise de recourir aux voies de droit commun notamment en cas d'insuccès de la procédure de l'OHADA.

B. Après le rejet de l'injonction de délivrer

Il ressort de la lecture des dispositions de l'AUPSRVE en matière d'injonction de délivrer, qu'au cas où un créancier a délibérément choisi d'agir conforment au droit OHADA, le juge saisi en injonction peut soit faire droit à sa demande ; auquel cas le débiteur contestataire ne pourra agir qu'en opposition (*la procédure d'opposition en la matière est réglementée par les articles 9 à 15, 26 et 27 de l'AUPSRVE*), l'appel et le pourvoi en cassation restant également possibles. Au cas contraire, c'est-à-dire si la demande d'injonction est rejetée, aucune voie de recours n'est possible. Le créancier insatisfait ne dispose à son actif que des autres voies ordinaires qu'il avait antérieurement le loisir de mettre en œuvre.

En réalité, l'admission du recours aux voies de droit commun surprend, lorsqu'on se rappelle que quelques années avant, la CCJA se montrait plutôt très attaché au caractère supranational et abrogatif des actes uniformes. Dans l'affaire UPS SA c/ STPC SARL (*ohadata, J-06-45, Recueil de jurisprudence de la CCJA n° 6, juin-décembre 2005, p. 87 ; Le Juris-Ohada n° 02/2006, p. 23)*, elle posait vigoureusement que « les articles 336 et 337 de l'Acte uniforme susvisé disposent respectivement que « le présent Acte uniforme abroge toutes les dispositions relatives aux matières qu'il concerne dans les Etats parties », et que « le présent acte uniforme sera applicable aux mesures conservatoires, mesures d'exécution forcée et procédures de recouvrement engagées après son entrée en vigueur » ; que l'acte uniforme susvisé institue à son titre II du Livre I, une procédure simplifiée tendant à la délivrance ou à la restitution d'un meuble déterminé, procédure qu'il détaille et précise en ses articles 19 à 27, ainsi qu'en ses articles 9 à 15, auxquels renvoie l'article 26, et qui traitent des voies de recours ouvertes ; qu'au cas regard des dispositions des articles 336 et 337 sus-énoncés, ladite procédure est désormais exclusive en la matière ; qu'il suit que la Cour d'appel, en considérant que la procédure sus-indiquée n'est pas exclusive, a violé les articles 336 et 337 précités et expose son arrêt à la cassation ».

La CCJA s'est sans doute rendue compte qu'il était plus indiqué de faciliter la réalisation du droit du créancier par quelque voie que ce soit plutôt que d'opter pour une logique de restriction, surtout lorsqu'on sait que les exigences de la procédure spéciale communautaire sont plus lourdes qu'en droit commun, même si celui-ci n'offre pas toujours la garantie souhaitée de célérité. Si l'on comprend le souci d'efficacité manifesté à travers ce revirement, on demeure perplexe sur sa portée. En effet, au moment où la haute Cour communautaire se prononce en faveur des voies alternatives, on peut se demander si cette position implique un tel affaiblissement des règles de droit communautaire que l'on puisse se passer des conditions relatives par exemple au juge compétent.

II. L'admission de la possibilité du recours aux voies alternatives

Malgré les arguments soulevés par le demandeur au pourvoi, le juge communautaire a estimé en l'espèce que la décision ayant ordonné la délivrance était régulière. Et pourtant, on peut légitimement s'interroger sur la compétence du juge des référés en la matière, eu égard aux règles qui déterminent l'étendue de ses pouvoirs (A). En outre, la non limitation des voies alternatives ouvertes offre l'occasion de s'interroger sur la place des autres procédures connues dans les droits nationaux africains relatives au recouvrement des biens meubles (B).

A. La compétence du juge des référés en matière de délivrance ou de restitution

Le temps nécessité pour les règlements d'une instance peut compromettre de manière définitive les droits d'un créancier. C'est pourquoi, le juge des référés peut, à la demande de ce dernier, ordonner des mesures provisoires. Un des moyens du pourvoi invoque l'incompétence du juge des référés à connaître de la procédure d'injonction de délivrer ou de restituer. Cela tient au fait qu'en général, la compétence du juge des référés, du moins dans la plupart des textes, est déterminée d'abord par l'urgence ou par les difficultés d'exécution d'un titre exécutoire ou d'un jugement (*Voir par exemple : l'article 182 du code camerounais de procédure civile et commerciale ; articles 808 et 809 du nouveau code de procédure civile français ; ancien article 811 du code français de procédure civile ; R. Perrot, l'évolution du référé, Mélanges Hébraud, p. 645 et s*). En outre, la mesure pouvant être ordonnée ne doit en aucune façon préjudicier au principal, donc doit rester une mesure provisoire. On dit aussi souvent qu'il doit s'abstenir de trancher une contestation sérieuse (*G. Couchez, Procédure civile, 14e éd., Paris, Sirey, 2006, n° 57 et 58, pp. 54 et s*). Or, la restitution d'un meuble, objet principal d'un contrat de location ou de vente est une mesure grave, affectant directement le fond du droit litigieux. A ce titre, elle devrait normalement échapper à la compétence du juge des référés pour échoir à un juge apte à statuer au fond, comme par exemple au juge de l'exécution de l'article 49 de l'AUPSRVE.

Pour finalement retenir la compétence du juge des référés, les juges se sont fondés sur la clause attributive de compétence insérée au crédit-bail. La

CCJA, pour ce faire, avance le raisonnement selon lequel: « en statuant sur la demande du bénéficiaire de la clause résolutoire, le juge des référés ne se place pas sur le terrain de la législation déterminant sa compétente, mais plutôt sur le champ de l'attribution conventionnelle de compétence prévue au contrat, sauf possibilité pour lui de se récuser s'il existe une contestation sérieuse qui, elle, relève de la compétence du juge du fond ». Et pourtant, tandis qu'il est acquis que les règles de compétence territoriale en tant qu'elles sont édictées dans l'intérêt des parties, peuvent être modifiées par la volonté contraire des parties, on sait par contre que les règles relatives à la compétence matérielle, encore dite d'attribution, sont en général d'ordre public et échappent en principe de la sorte à l'emprise des stipulations conventionnelles dérogatoires (*Voir P. Catala, F. Terré, Procédure civile et voies d'exécution, 2e éd., Paris, Thémis, PUF, 1976, pp. 135 et s ; N. Fricéro, L'essentiel de la procédure civile, 2e éd., Paris, Gualino Editeur, 2003, pp. 36 et 37 ; J. Vincent, S. Guinchard, G. Montagnier et A. Varinard, Institutions judiciaires, 8e éd., Paris, Dalloz, 2005, n° 112, p. 230 ; G. Couchez, Procédure civile, 14e éd., Paris, Sirey, 2006, n° 92 et s, pp. 88 et s*). Dès lors, il appartenait au juge communautaire de faire cette distinction pour constater que la mesure de restitution ordonnée par un juge des référés excède les limites de ses pouvoirs.

Le souci de célérité qui semble avoir déterminé l'attitude du juge communautaire ne doit en tout cas pas se faire au détriment d'un respect minimum de la légalité et des règles relatives à l'organisation judiciaire. Si tel était le cas, toutes les procédures requérant célérité pourraient être portées devant n'importe quel juge, puisque l'exception éventuelle d'incompétence ne contribuerait alors qu'à retarder l'issue du procès, dans la mesure où son admission obligerait le requérant à recommencer la procédure devant le juge normalement compétent. Pour avoir négligé de tenir compte des règles de répartition des attributions entre les juges, le juge communautaire a agi comme s'il suffisait que les parties s'accordent sur un point, même au détriment des règles impératives pour qu'une procédure soit valable. C'est aller à l'encontre du principe civiliste selon lequel les conventions ne produisent d'effet qu'autant qu'elles sont conformes à la loi, ou celui qui veut qu'on ne puisse déroger aux règles impératives par une volonté contraire (*l'article 6 des codes civils français et camerounais dispose qu'on ne peut déroger par des conventions particulières, aux lois qui intéressent l'ordre public et les bonnes mœurs*). Cela dit, ce grief ne vaut que par rapport au juge des référés qui devrait rester incompétent à ordonner une mesure aussi grave que la restitution d'un véhicule, laquelle correspond en fait à une immixtion de ce juge dans le fond du contrat. On peut au contraire, valablement concevoir que les parties, spontanément ou par voie conventionnelle, décident de porter leur demande de restitution devant un autre juge, dès lors que les règles spéciales de son fonctionnement sont respectées.

B. Les autres voies imaginables

Il ressort de la solution de la CCJA que les voies alternatives subsistent à côté de la procédure simplifiée instituée par l'OHADA. Les voies alternatives supposent donc que le créancier ait plusieurs autres moyens pour atteindre le même but, parmi lesquelles il ne peut choisir qu'une ; le choix de l'une exclut l'exercice simultané des autres.

En prenant appui sur l'arrêt rapporté, on peut légitimement penser que toutes les voies portant injonction de faire n'ont pas disparu du seul fait de l'avènement de l'acte uniforme n° 6. Parmi ces voies portant injonction de faire, figure en bonne place, "l'order of mandamus" hérité du droit anglo-saxon et consacré à la suite de l'ordonnance n°72/4 du 26 août 1972 par la loi n° 2006/015 du 29 décembre 2006 portant organisation judiciaire du Cameroun, dans son article 18 alinéa 1(c). Lors de la réforme de l'organisation judiciaire de 1972, il était pratiquement inimaginable que l'on puisse recourir à la procédure de "l'order of mandamus" pour se faire délivrer ou restituer un bien. En effet, cette procédure faisait partie des moyens offerts à toute personne privée de liberté, de faire respecter sa présomption d'innocence et sa liberté individuelle (*Voir S. Meloné, Les sources anglaises de la procédure pénale camerounaise, in Mélanges offerts à P.-F Gonidec, Paris, LGDJ, 1985, p. 361*). Elle a donc originellement été conçue pour protéger les droits et libertés des individus en face de l'arbitraire des agents de la puissance ou du service publics. Elle concernait ainsi principalement la procédure pénale. Or, il est désormais permis d'étendre "l'order of mandamus" au-delà du champ pénal. En effet, Depuis 1989, le législateur camerounais en a modifié le champ d'application en spécifiant qu'on pourrait y recourir en toute circonstance, sauf bien entendu en matière administrative (*article 16 de la loi n° 89/019 du 29 décembre 1989, modifiant et complétant l'ordonnance n° 72/4 du 26 août 1974 portant organisation judiciaire du Cameroun ; Article 18 alinéa 1(c) de la récente loi n° 2006/015 du 29 décembre 2006*). Celle-ci permet désormais au tribunal de grande instance, en matière non administrative, de connaître de toute requête tendant à obtenir l'accomplissement par toute personne ou autorité, d'un acte quelle est tenue d'accomplir en vertu de la loi. En excluant du champ de "l'order of mandamus", seulement les matières administratives, le législateur camerounais ne semble pas opposé à ce que cette procédure soit engagée en matière civile. En outre, la procédure vise à briser la résistance affichée par toute personne ou toute autorité. La personne en question pourrait être aussi bien une personne physique qu'une personne morale. En tout cas, cette dernière doit être débitrice d'une obligation qu'elle résiste à exécuter. S'agissant de l'obligation à exécuter, la loi camerounaise parle d'acte qu'on est tenu d'accomplir en vertu de la loi. Le terme loi ici, doit à notre sens être pris au sens large, comme englobant aussi bien toute source classique du droit que les obligations résultant d'un contrat. L'article 1134 du code civil ne pose t-il pas que les conventions légalement formées tiennent lieu de loi à ceux qui les ont faites ? Dans cet esprit, l'acte visé dans "l'order of mandamus" pourrait alors être une obligation de restituer ou de délivrer, à l'instar de celle que le code civil met à la charge du locataire ou du dépositaire.

Par rapport à la procédure communautaire d'injonction de délivrer, "l'order of mandamus" ne différerait qu'au niveau de l'instance compétente, puisque l'une relève de la juridiction présidentielle tandis que l'autre est légalement du ressort du TGI. Mais en fait, on pense que dans son esprit, "l'order of mandamus" doit relever, comme l'injonction de restituer, du Président du tribunal de grande instance. Seule une telle interprétation s'accommode du souci de célérité exprimée également dans la procédure anglo-saxonne, le terme "order" en anglais se traduisant par celui d' "ordonnance" en français et qui suppose la compétence d'un juge statuant seul et généralement hors de la salle ordinaire des audiences du tribunal. Les similitudes entre la procédure communautaire et "l'order of mandamus" sont telles qu'un auteur n'a pas hésité à affirmer que l'injonction de délivrer ou de restituer ne serait qu'une version francisée de la procédure héritée du droit anglais. On aurait pu conclure que cette dernière disparaissait avec l'avènement de l'injonction de délivrer ou de restituer. Mais, avec le revirement opéré par l'arrêt rapporté, on doit reconnaître qu'elle subsiste et coexiste en droit camerounais notamment, avec la procédure communautaire. Le loisir revient alors au créancier d'intituler sa requête soit aux fins d'injonction de délivrer, soit aux fins "d'order of mandamus". En plus de ces deux voies accélérées, il demeure que le créancier conserve le droit de s'engager dans les voies de droit commun, par exemple l'action ordinaire en revendication de son bien, en assumant simplement les inconvénients qu'elles recèlent en terme de frais, de temps et de formalités.

Moïse Timtchueng,
Chargé de cours, Université de Dschang.

1ère espèce : CCJA, arrêt n°009/2008, 27 mars 2008
Société Côte-d'Ivoire Télécom c/ Société Loteny Télécom

2ème espèce : CCJA, arrêt n°013, 18 mars 2004
Fotoh Fonjungo Tobias c/ Société générale de banques au Cameroun, dite SGBC

1. CCJA, arrêt n° 009/2008, 27 mars 2008, Société Côte-d'Ivoire Télécom c/ Société Loteny Télécom

(...)

Attendu qu'aux termes de l'article 33 de l'Acte uniforme portant organisation des procédures simplifiées de recouvrement et des voies d'exécution, « constituent des titres exécutoires, les décisions auxquelles la loi nationale de chaque Etat partie attache les effets d'une décision judiciaire » ; qu'en considération de ce qui précède, il serait abusif de considérer les décisions rendues par le Conseil des télécommunications de Côte-d'Ivoire dit CTCI comme celles qui constituent des titres exécutoires au sens de l'article 33 précité ; qu'aux termes de l'article 50 de la loi ivoirienne n°95-526 du 7 juillet 1995 portant code des télécommunications, le CTCI est une autorité administrative indépendante qui a pour mission « d'assurer avant tout recours arbitral ou juridictionnel la conciliation et l'arbitrage des litiges ... » ; qu'il en résulte que le CTCI a une mission préalable de conciliation et de règlement des litiges ; qu'ainsi, la saisine du CTCI ne saurait faire obstacle à la saisine ultérieure par les parties d'une juridiction étatique ou arbitrale, dans le cadre du règlement de leurs différends, d'autant que l'article 50 précité indique de façon non équivoque que le rôle du CTCI est « d'assurer avant tout recours arbitral ou juridictionnel (...) et le règlement des litiges » ; qu'il s'ensuit que les décisions du CTCI ne mettent pas fin au contentieux, les parties demeurant libres de saisir une juridiction étatique ou arbitrale ; que l'on ne peut dès lors valablement considérer que les décisions du CTCI ont les effets d'une décision judiciaire exécutoire ; que ces décisions n'ont, en conséquence, pas la qualité de titres exécutoires au sens des dispositions de l'Acte uniforme précité ; qu'il suit qu'en infirmant l'ordonnance de référé n°4904 rendue le 24 octobre 2002 par le président du tribunal de première instance d'Abidjan et en ordonnant en conséquence la continuation des poursuites, l'arrêt n°1245 rendu par la cour d'appel le 13 décembre 2002 a violé les dispositions de l'article 33 de l'Acte uniforme précité ; qu'il convient de le casser et d'évoquer, sans qu'il soit nécessaire d'examiner les autres moyens ;

Sur l'évocation

(…) Constate qu'il n'existe pas en l'espèce de titre exécutoire ;

Déclare nulle la saisie-attribution pratiquée le 03 octobre 2002 par la société Loteny Télécom…

2. CCJA, arrêt n°013, 18 mars 2004, Fotoh Fonjungo Tobias c/ SGBC

(…)

Vu les articles 33 et 247 de l'Acte uniforme portant organisation des procédures simplifiées de recouvrement et des voies d'exécution ;

Attendu que Monsieur Fotoh Fonjungo Tobias demande que soit ordonné l'arrêt immédiat du commandement aux fins de saisie immobilière à lui servi par la SGBC, le 04 octobre 1999, motif pris de ce qu'il conteste le montant de son endettement tel qu'établi par la SGBC et qui s'élève à 70.954.214 francs cfa intérêts compris ;

Attendu que les articles 247 et 33 de l'Acte uniforme susvisé disposent respectivement que « la vente forcée d'immeuble ne peut être poursuivie qu'en vertu d'un titre exécutoire constatant une créance liquide et exigible.

La poursuite peut également avoir lieu en vertu d'un titre exécutoire par provision ou pour une créance en espèce non liquidée ; mais l'adjudication ne peut être effectuée que sur un titre définitivement exécutoire et après la liquidation » et « constituent des titres exécutoires : (…) les actes notariés revêtus de la formule exécutoire (…) » ;

Attendu qu'en l'espèce, l'examen des pièces du dossier de la procédure révèle que la réalisation de l'hypothèque consentie par Monsieur Fotoh Fonjungo Tobias est poursuivie en vertu d'un acte notarié revêtu de la formule exécutoire, à savoir la grosse en forme exécutoire de la convention de compte courant avec affectation hypothécaire conclue le 21 novembre 1985 par la SGBC et Monsieur Fotoh Fonjungo Tobias par-devant Me Senghor Lankeuh, notaire ; que la convention de compte courant dont il s'agit a été dénoncée par lettre en date à Limbé du 14 février 1993 ayant pour objet la « dénonciation du compte courant et déchéance du terme » ; qu'à ladite date les trois comptes de Monsieur Fotoh Fonjungo Tobias étaient débiteurs de 29 031 528 francs non compris les intérêts ; que c'est après deux mises en demeure infructueuses (…) tendant à obtenir les concours financiers , principal et intérêts compris, que la SGBC a décidé de réaliser l'hypothèque consentie (…) ;

Attendu qu'aux termes de l'article 247 sus énoncé de l'Acte uniforme susvisé, la vente forcée d'immeuble peut être poursuivie en vertu d'un titre exécutoire constatant une créance liquide et exigible ; que la grosse en forme exécutoire de la convention de compte courant liant la SGBC à Monsieur Fotoh Fonjungo Tobias est un titre exécutoire au sens de l'article 33 précité de l'Acte uniforme susvisé (…) ;

(…) Attendu qu'au regard de tout ce qui précède, il y a lieu de constater que la contestation par Monsieur Fotoh Fonjungo Tobias du montant de sa dette ne repose sur aucune pièce contredisant le montant de celle-ci tel qu'arrêté par la SGBC à travers les pièces produites ; qu'il échet en conséquence de rejeter ladite contestation comme étant mal fondée (…).

OBSERVATIONS

Si le titre exécutoire est au cœur du système OHADA des voies d'exécution en ce sens qu'il détermine leur mise en œuvre, il n'en demeure pas moins qu'il ne bénéficie d'aucune définition ici. D'après le Vocabulaire juridique le Cornu, le titre exécutoire est un titre revêtu de la formule exécutoire. C'est un titre qui permet de recourir au recouvrement forcé de la dette, c'est-à-dire aux poursuites, si le débiteur ne s'en acquitte pas spontanément.

L'OHADA a, plutôt, fait le choix d'une énumération de ces titres à l'article 33 de l'Acte uniforme portant organisation des procédures simplifiées de recouvrement et des voies d'exécution, en ces termes :

« Constituent des titres exécutoires :

1) les décisions juridictionnelles revêtues de la formule exécutoire et celles qui sont exécutoires sur minute ;
2) les actes et décisions juridictionnelles étrangers ainsi que les sentences arbitrales déclarés exécutoires par une décision juridictionnelle, non susceptibles de recours suspensifs d'exécution, de l'Etat dans lequel ce titre est invoqué ;
3) les procès verbaux de conciliation signés par le juge et les parties ;
4) les actes notariés revêtus de la formule exécutoire ;
5) les décisions auxquelles la loi nationale de chaque Etat partie attache les effets d'une décision judiciaire.

Les deux arrêts ci-dessus rapportés visent les hypothèses des actes notariés revêtus de la formule exécutoire (article 33 alinéa 4) et des décisions auxquelles la loi nationale de chaque Etat partie attache les effets d'une décision judiciaire (article 33 alinéa 5).

Le contentieux qui oppose Monsieur Fotoh Fonjungo Tobias à la Société générale des banques au Cameroun nait de la dénonciation d'une convention de compte courant passée entre ce commerçant et la banque, laquelle devait dégénérer sur une procédure de vente forcée de l'immeuble donné en hypothèque pour garantir les engagements de ce compte courant. L'arrêt pose plus d'une question importante, notamment l'application du principe *lex rei sitae*, la détermination du délai de la mise en œuvre de l'exception de compétence de la CCJA. Toutefois, seul intéresse le débat en lien avec la validité du titre exécutoire.

Monsieur Fotoh Fonjungo Tobias conteste la liquidité de la créance constatée par un titre exécutoire, en l'espèce la grosse d'une convention de compte courant revêtue de la formule exécutoire. La qualification du titre d'exécutoire par la Cour commune de justice et d'arbitrage, au sens de l'article 33 alinéa 4 AUPSVE (acte notarié revêtu de la formule exécutoire) est certes importante, mais pas très déterminante dans la suite de l'analyse. Par contre, lorsque la CCJA relève que les clauses de la convention de compte courant permettaient de parvenir à une détermination exacte du montant de la créance, elle respecte la volonté des parties et ne fait qu'en tirer les conséquences juridiques qui s'imposent. C'est ainsi qu'elle constate que la contestation du montant de sa dette par Monsieur Fotoh Fonjungo Tobias ne repose sur aucune pièce contredisant le montant de celle-ci tel qu'arrêté par la SGBC à travers les pièces produites. Cet arrêt donne, d'une part, un exemple concret de l'acte notarié revêtu de la formule exécutoire ; d'autre part, il permet de réaliser lors qu'une convention a été passée entre les parties, que la détermination de la liquidité de la créance devrait se conformer à ce mécanisme conventionnel.

L'affaire Côte-d'Ivoire Télécom contre Loteny Télécom, quant à elle, pose le problème de la qualification d'une décision d'une autorité de régulation de titre exécutoire au regard de l'article 33 alinéa 5 AUPSRVE. Les sociétés « Côte-d'Ivoire Télécom » et « Loteny Télécom » sont deux opérateurs téléphoniques ivoiriens entrés en conflit depuis que le conseil des télécommunications de Côte-d'Ivoire « CTCI » a arrêté un nouveau système de tarification. Sur cette base, « Loteny télécom » réclame à « Côte-d'Ivoire Télécom » une somme de 17 milliards de francs. Pour son recouvrement, elle a procédé à des saisies-attributions des comptes de « Côte-d'Ivoire Télécom » auprès de différentes banques. Cette dernière considère que la résolution du CTCI sur la base de laquelle les poursuites ont été déclenchées ne constitue pas un titre exécutoire au sens de l'article 33 alinéa 5 de l'Acte uniforme portant organisation des procédures simplifiées de recouvrement et des voies d'exécution. Appelée à se prononcer sur ce point, la CCJA s'appuie sur le droit interne ivoirien et refuse la qualité de titre exécutoire à la cette décision en cause.

L'enseignement à tirer de cet arrêt semble univoque : il faut nécessairement s'en remettre à la loi nationale pour déterminer ce qui est considéré à l'article 33 alinéa 5 comme relevant de la catégorie des titres exécutoires.

Mais, à dire vrai, le refus d'attacher à la décision du Conseil des télécommunications de Côte-d'Ivoire les effets d'une décision judiciaire suscite d'autres interrogations : quels sont les critères d'identification de ces décisions auxquelles la loi nationale attache les effets d'une décision de justice ? N'y-a-t-il pas un risque de créer une confusion sur le statut des autorités administratives indépendantes, structures administratives à laquelle la plupart des Etats francophones ont recouru en application des conditionnalités des bailleurs de fonds ?

Dans ces affaires, le titre exécutoire est interpellé, premièrement, en termes de validité (liquidité de la créance constatée), deuxièmement, sous l'angle de ses effets.

I. La liquidité de la créance constatée par un acte notarié revêtu de la formule exécutoire

Aux termes de l'article 247 alinéa 1 de l'Acte uniforme portant organisation des procédures simplifiées de recouvrement et des voies d'exécution, la vente forcée d'un immeuble ne peut être poursuivie qu'en vertu d'un titre exécutoire constatant une créance liquide et exigible. C'est de bonne guère que Monsieur Fotoh Fonjungo Tobias s'est appuyé sur cet article pour faire échec à la saisie immobilière engagée à son préjudice. Cette absence de liquidité, selon lui, ne pouvait permettre de continuer les poursuites et fixer la date de la vente.

Le fait que la CCJA qualifie la grosse en forme exécutoire de la convention d'ouverture de compte courant d'acte notarié revêtu de la formule exécutoire (au sens de l'article 33 alinéa 4) est d'un intérêt secondaire. Le plus important, c'est son attitude consistant à convoquer une clause de la convention de compte courant pour constater la liquidité de la créance. Compte tenu d'une telle valorisation de cette convention, Monsieur Fotoh Fonjungo aurait pu y trouver fondement à sa contestation du montant de la créance.

A. La liquidité de la créance déterminée par la clause « le solde sera exigible aussitôt le compte clôturé»

Monsieur Fotoh Fonjungo s'est efforcé à contester le montant de la créance revendiquée par la SGBC, conformément aux termes de l'article 247 de l'Acte uniforme portant organisation des procédures simplifiées de recouvrement et des voies d'exécution. Pour déterminer ce montant, le TGI du Moungo a ordonné une expertise comptable. Malheureusement, celle-ci n'a pas été diligentée. Par conséquent, un jugement du 21 mars 2002, rendu par la même juridiction, a ordonné la continuation des poursuites et fixé la vente de l'immeuble au 02 mai 2002.

L'argument de Monsieur Fotoh Fonjungo peut sembler pertinent lorsqu'il estime être victime du tribunal qui a vite fait de qualifier son moyen de dilatoire visant à paralyser la procédure. Toutefois, c'est la réponse de la Cour commune de justice et d'arbitrage qui mérite attention. Elle s'appuie, effectivement, sur cet article 247 de l'Acte uniforme portant organisation des procédures simplifiées de recouvrement et des voies d'exécution qui prescrit la liquidité de la créance. Cependant, elle distingue la vente forcée de l'immeuble qui ne peut être poursuivie qu'en vertu d'un titre exécutoire constatant une créance liquide et exigible, de la poursuite qui peut avoir lieu en vertu d'un titre exécutoire par provision ou pour une créance en espèces non liquidée. Dans ce dernier cas, l'adjudication ne pourrait être effectuée que sur un titre définitivement exécutoire et après liquidation.

Au fond, on peut dire, à la lumière de l'article 247 alinéa 2, que le principe est que la vente forcée peut être poursuivie sur la base d'un titre exécutoire constatant une créance liquide et exigible. Exceptionnellement, elle peut toutefois être engagée par celui qui détient un titre exécutoire provisoire, jusqu'à l'adjudication. A partir de ce moment, la créance doit être liquide. Toutefois, dans le cas d'espèce, on n'était pas encore rendu à cette phase de la vente forcée d'immeuble qui aurait justifié une telle distinction *(Dans le même sens, voir dans cet ouvrage le commentaire de Alex Tjouen sous CCJA, arrêt n° 031/2008 du 3 juillet 2008, affaire Oka Kokoré Félix contre Banque internationale pour le commerce et l'industrie en Côte d'Ivoire et autres).*

Après ce rappel, la CCJA conclut que le titre exécutoire constatait une créance liquide de 29 millions. Ladite créance était également exigible, puisque l'article VI de la convention de compte courant disposait que « le solde sera exigible aussitôt le compte clôturé ».

Pour considérer que la créance est liquide, la CCJA s'est basée sur un certain nombre d'éléments de fait. La SGBC avait dénoncé la convention de compte courant, laquelle emportait déchéance du terme. Le solde débiteur de chacun des comptes était indiqué, de même que le solde total. Monsieur Fotoh Fonjungo avait été mis en demeure de payer dans un délai de 10 mois, unilatéralement accordé par le créancier. Ce dernier ayant gardé silence à l'issue de ce délai, la banque s'est trouvée dans l'obligation de procéder au recouvrement forcé de ce qui lui était dû. Que serait-il advenu au cas de contestation du montant de la créance ?

B. La possibilité de contester les clauses de la convention de compte courant

La CCJA revient avec insistance sur la convention de compte courant passée entre Monsieur Fotoh Fonjungo Tobias et la Société générale de banques. Elle prévoit les modalités de clôture de ce compte, du calcul des intérêts des commissions. La banque s'obligeait, dans le cadre de cette convention, à pouvoir communiquer au cocontractant par correspondance, par pièces comptables et par les livres, le montant du solde exigible. Or Monsieur Fotoh Fonjungo contestait effectivement le montant de la créance réclamée. Du coup, la question peut se poser de savoir s'il ne pouvait pas exiger du juge que la banque lui communique les documents ayant servi à établir le montant de la créance. Si une réponse positive est donnée à cette préoccupation, on devrait en inférer que celui-ci pouvait également solliciter une expertise comptable dans le but de confirmer ou de contester son montant.

Plutôt que de procéder de cette manière, le demandeur au pourvoi a choisi d'engager une action en contestation de la créance devant le tribunal, dans la perspective d'obtenir la nullité de la procédure de saisie immobilière dirigée contre lui. A l'évidence, cela traduisait déjà une volonté d'user du dilatoire ; laquelle se confirme par le fait qu'il ne va pas payer pas le supplément de la consignation indispensable à la conduite de l'expertise qu'il a lui-même sollicitée.

Si l'enjeu dans cet arrêt portait sur la détermination de la liquidité de la créance constatée par le titre exécutoire, la qualification d'un titre d'exécutoire peut s'avérer plus difficile dès lors qu'il faut s'appuyer sur la loi nationale.

II. La résolution du « conseil des télécommunications » n'est pas un titre exécutoire

L'enjeu du procès, dans l'arrêt n° 009/2008 du 27 mars 2008 portait sur la nature juridique de la résolution prise par le conseil des télécommunications en application de l'article 50 du Code des télécommunications. La CCJA décide qu'il ne s'agit pas d'une décision de justice ainsi que l'a retenue la cour d'appel. Assurément, cette analyse est en harmonie avec la loi ivoirienne organisant le secteur téléphonique. Il n'en demeure pas moins qu'elle suscite des interrogations quant au statut des autorités administratives indépendantes.

A. Les prescriptions de la loi nationale au sujet de la nature des décisions du « Conseil des télécommunications »

La question à résoudre était celle de savoir si les décisions rendues par le Conseil des télécommunications constituent des titres exécutoires au sens de l'article 33 alinéa 5 AUPSVE qui, procédant à l'énumération des titres exécutoires, indique qu'en font partie « les décisions auxquelles la loi nationale de chaque Etat partie attache les effets d'une décision judiciaire ».

Pour y apporter réponse, la Cour commune de justice et d'arbitrage décide qu'aux termes de l'article 50 de la loi ivoirienne n°95-526 du 7 juillet 1995 portant code des télécommunications, le CTCI est une autorité administrative indépendante dont le rôle est d'assurer, « avant tout recours arbitral ou juridictionnel », la conciliation et l'arbitrage. « Il en résulte que le CTCI a une mission préalable de conciliation et de règlement des litiges ; qu'ainsi, la saisine du CTCI ne saurait faire obstacle à la saisine ultérieure par les parties d'une juridiction étatique ou arbitrale, dans le cadre du règlement de leurs différends, d'autant que l'article 50 précité indique de façon non équivoque que le rôle du CTCI est « d'assurer avant tout recours arbitral ou juridictionnel (...) et le règlement des litiges » ; qu'il s'ensuit que les décisions du CTCI ne mettent pas fin au contentieux, les parties demeurant libres de saisir une juridiction étatique ou arbitrale ; que l'on ne peut dès lors valablement considérer que les décisions du CTCI ont les effets d'une décision judiciaire exécutoire ».

S'il faut résumer son raisonnement, on dira que pour la Haute juridiction commune, la qualification de ce titre exécutoire interpelle effectivement le droit national de l'Etat concerné. Il faut donc se référer à celui-ci pour dire si oui ou non une décision prise par une autorité administrative, fût-elle indépendante, peut être regardée comme ayant la qualité de titre exécutoire au sens de l'article 33 de l'Acte uniforme portant organisation des procédures simplifiées de recouvrement et des voies d'exécution.

Assez souvent, la lecture des droits nationaux permettra aisément de qualifier tel ou tel titre d'exécutoire ou du contraire. Mais il pourra aussi arriver que l'on ne s'accorde pas sur le sens de la formule « attache les effets d'une décision judiciaire ». Pour la comprendre, il faudra nécessairement revenir à la définition de la décision judiciaire. A ce sujet, il est connu qu'il s'agit d'une décision prise par un juge, quel qu'il soit (arbitre, tribunal, autorité à qui la loi a conféré le pouvoir de juger ou décidé que ses actes auraient des effets similaires à ceux des juges). Cela suppose qu'elle soit intervenue dans un cadre garantissant le respect des droits des parties au procès et les mettant notamment en mesure de se faire entendre avant la prise de la décision concernée. Enfin, la décision en cause doit avoir le bénéfice de l'autorité de la chose jugée. La méconnaissance de ces critères essentiels pourrait soit retirer toute efficacité à la décision rendue, soit, dans le pire des cas, lui ôter son caractère juridictionnel (*TPI de Dschang, ordonnance n°2/ADD, dame Tassi Valentine c. Monsieur le Receveur provincial des impôts de l'ouest à Bafoussam et sieur Ymélé Emile, Ohadata J-04-22 ; TPI Nkongsamba, ord. n°02/CE du 17 nov. 2004, affaire Dewa Hamadou c/ Ekoume David, Mekoudja Guimfack, ohadata J-05-156. Voir aussi, S.S. Kuaté Tameghé, « Quelques paradoxes du recouvrement impliquant l'administration », in La refondation de l'Etat en Afrique : justice, efficacité et convivialité, Annales du CERJUSP n° 001, 2009, p. 121 et s.).*

B. Le statut particulier du « Conseil des télécommunications »

La loi ivoirienne n° 95-526 du 7 juillet 1995 portant code des télécommunications qualifie le Conseil des télécommunications de Côte d'Ivoire d'autorité administrative indépendante. Cette forme d'administration vise à conférer au conseil le pouvoir de réguler un secteur économique donné. Pour ce faire, il dispose d'un triple pouvoir d'instruction, de jugement et de sanction.

Dans l'arrêt du 28 mars 2008, le débat ne portait pas en tant que tel sur l'étendue de ses pouvoirs, bien qu'il apparaisse qu'un cumul de prérogatives pouvait être critiqué. Le plus difficile à admettre était que, cumulant ces prérogatives, le Conseil des télécommunications ne puisse finalement pas trancher de manière définitive le litige porté à sa connaissance. En effet, et les données de l'arrêt le montrent suffisamment, la saisine de cet organe et la décision qu'il rend à cette occasion ne met pas fin au contentieux. D'où la question qui peut se poser de savoir si le critère décisif d'identification d'un organe juridictionnel ou d'une instance juridictionnelle est lié au fait que sa saisine ou sa décision vide le contentieux.

A l'évidence, une réponse négative s'impose. S'il en va ainsi, c'est d'abord et avant tout parce qu'on n'a jamais considéré que la saisine d'un arbitre ou d'un juge, quel qu'il soit, suffit à admettre que la décision qu'il prononcera mettra un terme au litige opposant les plaideurs. C'est reconnaître que, sur le plan des principes, il est toujours possible d'exercer différentes voies de recours. Par conséquent, le raisonnement développé par la CCJA donnant à croire que les décisions du conseil des télécommunications ne sont pas exécutoire du seul fait qu'elles ne mettent pas fin au contentieux et que les parties restent libres de s'adresser à d'autres juges ne convainc pas entièrement. Il aurait donc fallu aller au-delà d'une interprétation rigide de la loi ivoirienne du 7 juillet 1995 portant code des télécommunications pour esquisser une définition plus globalisante du titre exécutoire. Cette construction paraissait d'autant plus précieuse qu'il est constant sous d'autres cieux, en France notamment, que les décisions émanant d'organes similaires sont susceptibles de recours devant la cour d'appel, c'est-à-dire en réalité qu'elles peuvent dans certaines circonstances permettre de mobiliser une saisie à fins d'exécution.

La conclusion s'impose alors que, faire du Conseil des télécommunications une autorité de régulation sans lui conférer parallèlement un pouvoir juridictionnel revient à dire qu'il n'est qu'un médiateur.

Robert Nemedeu,
Maître de conférences Agrégé, Université de Yaoundé II.

CCJA, arrêt n°012/2008, 27 mars 2008
Zongo André et Ayants-droit de feu Koama Paul c/ Société Générale d'Entreprise Bâtiments Génie Civil dite SOGEPER

(...)

Vu les dispositions des articles 13 et 14 du Traité relatif à l'harmonisation du droit des affaires en Afrique ;

Vu le Règlement de procédure de la Cour commune de justice et d'arbitrage de l'OHADA ;

Attendu qu'il ressort des pièces du dossier de la procédure que la Société générale d'entreprise bâtiments génie civil dite SOGEPER avait été commise à la construction d'un immeuble à Ouagadougou ; qu'elle confia la sous-traitance des travaux de peinture à Monsieur Simpore Paul et que pour l'exécution de cette tâche, elle mit à la disposition de ce dernier un treuil de chantier dont l'installation fut faite sous sa supervision ; que le 06 janvier 1998, après l'installation de ce treuil à plus de neuf mètres au dessus du sol, les sieurs Zongo André et Koama Paul furent autorisés à s'y installer pour effectuer les travaux précités à eux confiés ; que c'est alors que survint un accident qui causa des blessures à Monsieur Zongo André et la mort de son collègue Monsieur Koama Paul ; que le sinistre donnait lieu à une procédure judiciaire au cours de laquelle, par Jugement n° 110 en date du 06 février 2002, le Tribunal de grande instance de Ouagadougou déclarait la SOGEPER responsable des préjudices subis par Monsieur Zongo André et les ayants droit de feu Koama Paul et condamnait ladite société à leur payer les sommes respectives de 10 000 000 de francs cfa à Monsieur Zongo André de 20 000 000 de francs cfa aux ayants droit de feu Koama Paul ; que sur appel des parties, la cour d'appel de Ouagadougou confirmait ledit jugement par arrêt n°50 en date du 02 avril 2004 ; que par requête en date du 1er juin 2004, la SOGEPER s'est pourvue en cassation contre l'arrêt précité devant la cour de cassation du Burkina Faso, précisant que dans l'attente de l'expédition dudit arrêt, elle se réservait le droit de développer dans un mémoire ampliatif les moyens de son pourvoi ; que par exploit en date du 06 mai 2005, Monsieur Zongo André et les ayants droit de feu Koama Paul notifiaient à la SOGEPER une copie de l'expédition du Jugement n° 110 du 06 février 2002 et de la grosse de l'Arrêt confirmatif n° 50 du 02 avril 2004 ; que cependant, plus de 45 jours après cette notification, la SOGEPER n'ayant ni déposé de mémoire ampliatif devant la Cour de cassation, ni procédé à aucun paiement, Monsieur Zongo André et les ayants droit de feu Koama Paul ont, par exploits en dates des 22 juin et 1er juillet 2005, pratiqués des saisies-attribution de créances contre elle ; que suite à ces saisies, à la requête de la SOGEPER, le premier Président de la Cour de cassation du Burkina Faso a rendu l'ordonnance de référé n° 13/2005/GC/Cass en date du 18 juillet 2005 ordonnant le sursis à l'exécution de l'arrêt n° 50 du 02 avril 2004 de la cour d'appel de Ouagadougou ; que c'est l'annulation de cette ordonnance déférée devant la cour de céans qui est présentement sollicitée par les requérants ;

Sur le moyen unique d'annulation

Vu l'article 49 de l'Acte uniforme portant organisation des procédures simplifiées de recouvrement et des voies d'exécution ;

Attendu que les requérants fondent leur demande d'annulation sur la violation des dispositions de l'article 49 de l'Acte uniforme susvisé, en ce que l'exécution forcée de l'arrêt confirmatif n°50 du 02 avril 2004 ayant déjà été entamée au moyen de saisies-attribution de créances pratiquées par exploits en dates des 22 juin et 1er juillet 2005, lesquelles saisies régulièrement dénoncées à la SOGEPER, débiteur saisi, n'ont fait l'objet d'aucune contestation, dès lors, lesdites saisies devaient sortir leurs effets attributifs et la SOGEPER ne pouvait plus recourir à la juridiction du premier président de la Cour de cassation pour demander un sursis à l'exécution dudit arrêt et ce dernier ne pouvait non plus ordonner ce sursis sans violer la disposition précitée ;

Attendu que la matière des voies d'exécution à laquelle se rattache le présent contentieux, qui fait suite au sursis à l'exécution forcée d'un titre exécutoire ordonné alors que cette exécution était entamée et matérialisée par des mesures effectives de saisies-attribution de créances, est régie, depuis le 11 juillet 1998, date de son entrée en vigueur, par l'Acte uniforme susvisé ; qu'il ressort des dispositions de l'article 49 dudit Acte uniforme que tout litige relatif à une mesure d'exécution forcée relève, quelle que soit l'origine du titre exécutoire en vertu duquel elle est poursuivie, de la compétence préalable du Président de la juridiction statuant en matière d'urgence et en premier ressort ou du magistrat délégué par lui ; qu'en application de ce texte, le premier président de la cour de cassation du Burkina Faso n'était pas compétent pour ordonner le sursis à l'exécution forcée de l'Arrêt n° 50 rendu le 02 avril 2004 par la cour d'appel de Ouagadougou ; qu'en le faisant aux motifs que « ...l'exécution [dudit arrêt] porterait [à la SOGEPER] un préjudice irréparable en cas de cassation de la décision compte tenu de l'incapacité pour les défendeurs au pourvoi de répéter les sommes qu'ils auraient perçues qui s'élèvent à 30 millions de francs » alors même, qu'à cet égard, l'alinéa 2 de l'article 32 de l'Acte uniforme susvisé précise que « l'exécution est ... poursuivie aux risques du créancier, à charge pour celui-ci, si le titre est ultérieurement modifié, de réparer intégralement le préjudice causé par cette exécution sans qu'il y ait lieu de relever de faute de sa part. », le premier président de la cour de cassation du Burkina Faso a méconnu les dispositions de l'article 49 de l'Acte uniforme susvisé et exposé sa décision à l'annulation ; qu'il échet en conséquence d'annuler l'ordonnance attaquée pour cause de violation de la loi …

OBSERVATIONS

Le contentieux de l'exécution dans le droit OHADA est loin d'être épuisé. En particulier, la lisière entre le sursis à exécution et les défenses à exécution ne semble pas toujours suffisamment étanche. L'arrêt n° 012 de la CCJA rendu le 27 mars 2008, dans l'affaire Zongo André et Ayants droit de feu Koama Paul contre la Société générale d'entreprise bâtiments génie civil dite SOGEPER vient le rappeler.

En l'espèce, les sieurs Zongo André et Koama Paul avaient subi un accident ayant causé la mort du dernier cité et des blessures au premier, dans le cadre de l'exécution de travaux effectués sur un treuil à l'occasion de la construction, confiée à la SOGEPER, d'un immeuble à Ouagadougou. Par un jugement n° 110 du 06 février 2002, le TGI de Ouagadougou conclut à la responsabilité de la SOGEPER pour les préjudices subis par les victimes et la condamna au paiement des sommes respectives de 10.000.000 de francs cfa à M. Zongo André et 20.000.000 de francs cfa aux ayants droit de feu Koama Paul. Le jugement du TGI de Ouagadougou fut confirmé en appel (*CA Ouagadougou, arrêt n° 50 du 02 avril 2004*). Nonobstant le pourvoi en cassation exercé par la SOGEPER le 1er juin 2004, M. Zongo André et les ayants droit de feu Koama Paul notifient le 06 mai 2005 à la SOGEPER, les décisions du TGI et de la cour d'appel de Ouagadougou et procèdent par exploits des 22 juin et 1er juillet 2005, à des saisies-attribution de créances contre la débitrice. Suite à ces saisies, et à la requête de la SOGEPER, le premier président de la Cour de cassation du Burkina Faso a rendu le 18 juillet 2005, l'ordonnance de référé n° 13/2005/GC/CASS ordonnant le sursis à l'exécution de l'arrêt confirmatif de la cour d'appel de Ouagadougou. C'est l'annulation de cette ordonnance qui est sollicitée de la CCJA.

Pour rendre sa décision, la Haute juridiction communautaire devait répondre à la question de savoir si le premier président de la cour de cassation du Burkina Faso était compétent pour prononcer le sursis à une exécution forcée déjà entamée.

La CCJA répond par la négative. Cette position rappelle la jurisprudence désormais constante de la CCJA pour qui seul le juge statuant en matière d'urgence est compétent en la matière et ne saurait d'ailleurs arrêter une exécution déjà entamée (I). Cette constance de la CCJA est paradoxalement contrariée par les droits nationaux qui ne s'embarrassent pas d'ouvrir largement, les possibilités d'obtenir le sursis à exécution (II).

I. Rappel d'une jurisprudence désormais constante de la CCJA en matière de sursis à exécution

L'arrêt ci-dessus reproduit s'inscrit en droite ligne de la jurisprudence désormais constante de la CCJA, qui en matière de sursis à exécution, distingue les règles de compétence de celles devant régir le fond. Plus concrètement, la haute juridiction communautaire, rappelle qu'en cette matière, le juge du contentieux de l'exécution est seul compétent (A), mais que s'agissant des conditions de fond, on doit plutôt emprunter aux règles gouvernant les défenses à exécution (B).

A. La compétence exclusive du juge du contentieux de l'exécution

Quel est le juge compétent pour connaître de la demande de sursis à exécution d'une décision rendue par une cour d'appel ? Il ressort de l'article 49 alinéa 1 de l'AUPSRVE qu'en règle générale, tout litige relatif à une mesure d'exécution forcée relève, quelle que soit l'origine du titre exécutoire en vertu duquel elle est poursuivie, de la compétence préalable du président de la juridiction statuant en matière d'urgence et en premier ressort ou du juge qui le remplace. La CCJA a tiré des conséquences majeures de cet article. Elle établit que la compétence préalable du juge de l'exécution ne saurait souffrir d'aucune spoliation, fut-ce par les plus hautes juridictions nationales. C'est partant de cette idée que, dans l'arrêt du 27 mars 2008 ci-dessus reproduit, elle annule l'ordonnance du premier président de la Cour de cassation du Burkina Faso ayant fait droit à la demande tendant à obtenir la suspension de l'exécution d'un arrêt de la cour d'appel de Ouagadougou. De manière implicite, la haute juridiction communautaire insinue que le Premier Président de la Cour suprême du Burkina Faso ne correspond pas au profil du juge visé par l'article 49 de l'AUVE, puisqu'il ne saurait être considéré comme juge statuant en matière d'urgence. En se référant aux décisions rendues relativement à la question, on conclurait qu'à ses yeux, ce juge ne serait rien d'autre que le président du tribunal de première instance (*Voir dans le même sens CCJA, arrêt n° 007, CI-Télécom c/ Sté Publistar, Rec. de jurisprudence CCJA, n° 1, janvier-juin 2003, p. 45 ; CCJA, n° 011/2003 du 19 juin 2003, MCCCK et SCK c/ Loteny Télécom, Rec. de jurisprudence CCJA, n° 1, janvier-juin 2003, p. 32*) et confirmée par un autre arrêt rendu le même jour (*CCJA, 2ème Chambre, Arrêt n° 013/2008 du 27 mars 2008, affaire M. John Wofa-Kyei Amour c/ Ecobank Burkina SA*).

Certains juges suprêmes nationaux, pour rejeter la demande de sursis à exécution, se fondent plutôt sur le fait que la matière au fond pour laquelle le sursis est demandé ne relève pas de leur compétence, mais de celle d'une autre juridiction (*voir notamment ordonnance n° 075 du 28 décembre 2004 du premier président de la cour suprême du Cameroun, cité par R. Tagne, in La Cour suprême du Cameroun en conflit avec la Cour commune de justice et d'arbitrage, Juridis Périodique n° 62, p. 106 ; dans cette ordonnance, le juge relève que « l'arrêt dont le sursis est sollicité porte sur les difficultés d'exécution d'une ordonnance rendue par le juge de l'urgence du tribunal de première instance de Yaoundé dans le cadre de la procédure simplifiée de recouvrement de créance, régie par l'Acte uniforme n° 6 ; que le dessaisissement étant obligatoire dans ce cas, président de la Cour suprême ne saurait, sans outrepasser sa compétence, statuer sur le sursis sollicité... »*).

Par contre, la CCJA estime qu'il y a lieu de casser un arrêt de la juridiction nationale déclarant le juge des référés incompétent pour statuer sur un sursis à exécution alors que l'article 49 donne compétence à cette juridiction pour statuer sur toute difficulté d'exécution (*CCJA, arrêt n° 21 du 26 décembre 2002, Société mobil oil Côte d'Ivoire c/ Soumahoro Mamadou, Rec. de jurisprudence CCJA, numéro spécial, janvier 2003, p. 65*). En l'occurrence, la Haute juridiction communautaire précise que « toute juridiction autre que celle déterminée par l'article susvisé est incompétente pour connaître, en premier ressort, des litiges relatifs à une mesure d'exécution forcée ». Il s'ensuit que, méconnaît sa compétence, le président du tribunal de première instance (TPI) qui se déclare incompétent pour connaître d'un tel litige, aux motifs que « l'ordonnance [...] rendue par le président de la Cour suprême avait acquis l'autorité de chose jugée et qu'en application des dispositions de l'article 222 du Code de procédure civile, commerciale et administrative de la République de Côte d'Ivoire, elle ne pouvait être remise en cause par les juridictions d'un degré inférieur » (*CCJA, arrêt n° 21 du 26 décembre 2002, précité. Voir dans le même sens sur la reconnaissance de la compétence du Président du TPI en application de l'article 49, CCJA, arrêt n° 17/2003 du 09 octobre 2003, Société ivoirienne de Banques dite SIB c/ Complexe Industriel d'Elevage et de Nutrition Animale dite CIENA, Rec. de jurisprudence CCJA n° 2, juillet-décembre 2003, p. 19 ; Abidjan, Ch. Civ. et com., arrêt n° 226 du 15 février 2000*).

Il faut dire qu'une autre demande de sursis à exécution ne saurait, au risque d'être frappée d'irrecevabilité, être formulée contre la décision de la CCJA annulant l'arrêt d'une Cour suprême nationale pour incompétence ratione materiae en ce qu'elle se prononce en premier ressort sur une demande de sursis à exécution (*CCJA, ordonnance n° 2 du 16 février 2005, dame Adia Yego Thérèse c/ Bamba Amadou Claude es qualité de tuteur de Bamba Awa, Koukougnon Michel es qualité de tuteur de Bamba Ibrahima, Rec. de jurisprudence CCJA, n° 5, janvier-juin 2005, vol. 2, p. 72*). Et autant, la suspension d'exécution d'un arrêt de la CCJA ne peut être prononcée que par la CCJA elle-même en vertu de l'article 46 alinéa 2 du Règlement de procédure de la Cour (*Voir en ce sens CCJA, ordonnance n° 5/2004 du 7 juillet 2004, Dramera Mamadou c/ Société générale de financement par crédit-bail (SOGEFIBAIL), Rec. de jurisprudence de la CCJA, n° 4, juillet-décembre 2004, p. 54, ohadata J-05-278, Obs. Joseph Issa-Sayegh*), autant elle ne saurait être compétente pour connaître du sursis à l'exécution d'une décision autre que ses propres arrêts (*CCJA, ordonnance n° 05/2005/CCJA du 7 juillet 2005, affaire Toumani Diallo c/ Conseil d'administration de l'école régionale supérieure de la magistrature (ERSUMA)*).

Les précisions relevées ci-dessus viennent clarifier une préoccupation qu'évoquait la doctrine. En effet, on se posait la question de savoir ce qu'il adviendrait si, en se fondant sur les régimes nationaux du sursis à exécution, un plaideur astucieux exerçait un pourvoi fantaisiste et saisissait ensuite le premier président de la cour suprême d'une demande de sursis à exécution qui l'accorde d'abord, mais se déclare plus tard incompétent à connaître du pourvoi (*H. Tchantchou et A. Ndzuenkeu, l'exécution provisoire à l'ère de l'OHADA, J.P n° 60, p. 99*). On sait qu'en pareille hypothèse, l'affaire doit normalement être renvoyée devant la CCJA et l'on se demandait si la haute juridiction communautaire pouvait apprécier l'opportunité du sursis accordé par les juges nationaux. De ce qui précède, il ressort de manière non équivoque qu'en dehors du juge de l'exécution, aucun autre magistrat dans l'ordre interne ne saurait suspendre une exécution, notamment lorsqu'elle est commencée.

B. Le défaut de commencement comme condition d'admission du sursis à exécution

L'article 46 du traité OHADA est tout entier consacré à la question de l'exécution forcée, mais seulement pour les arrêts même de la CCJA. En outre, en le scrutant, on se rend vite compte qu'il ne pose en réalité aucune condition de fond pour l'octroi de cette mesure. Confrontée à cette lacune, la CCJA a trouvé comme parade, d'emprunter au régime de l'exécution provisoire en général et des défenses à exécution en particulier tel qu'élaboré par l'AUVE. On peut s'en apercevoir dans l'arrêt commenté où elle n'hésite pas à invoquer l'article 32 de l'AUPSRVE. Et en vertu de cet article 32 alinéa 1er, il est énoncé que, « à l'exception de l'adjudication des immeubles, l'exécution forcée peut être poursuivie jusqu'à son terme en vertu d'un titre exécutoire par provision ». L'article 32 al. 2 ajoute : « l'exécution est alors poursuivie aux risques du créancier à charge pour celui-ci, si le titre est ultérieurement modifié, de réparer intégralement le préjudice causé par cette exécution, sans qu'il y ait lieu de relever de faute de sa part ». Il résulte de ce texte que le créancier peut conduire une procédure d'exécution jusqu'à son terme sur la base d'un titre exécutoire par provision, sauf en matière immobilière.

L'invocation sans bénéfice d'inventaire, de l'article 32 de l'AUVE dans un contentieux de sursis à exécution entretient l'incertitude sur la limite entre le sursis à exécution et les défenses à exécution. Le premier se distingue pourtant nettement des secondes. En effet, ces dernières interviennent pour paralyser une exécution provisoire, c'est-à-dire pour arrêter une exécution ordonnée alors que les voies de recours ordinaires (suspensives) sont encore ouvertes. Elles supposent en général que l'exécution provisoire a été accordée en dehors des cas et conditions prévues limitativement par la loi (*H. Tchantchou, sursis ou défenses à exécution… ? l'exécution provisoire revient, J.P, n° 27, 1996, p. 87 et s*). Le sursis à exécution par contre s'applique en cas d'exécution immédiate. Il vise à suspendre la mise en œuvre d'une décision rendue en dernier ressort, susceptible de pourvoi uniquement dont on sait qu'il n'a pas d'effet suspensif. Et par rapport aux défenses à exécution qui sont accordées en cas de violation du droit, le sursis relève le plus souvent d'une appréciation des faits, où sont pris en compte l'intérêt de l'Etat, la paix et l'ordre publics, les bonnes mœurs, etc (*voir H. Tchantchou et A. Ndzuenkeu, op. cit, p. 98 ; dans le même sens en contentieux de droit public, voir J. J Gleizal, le sursis à exécution des décisions administratives, théorie et politique jurisprudentielle, AJDA, septembre 1975, p. 381 ; M. Metenbou, le sursis de paiement et le sursis à exécution dans le contentieux de l'imposition au Cameroun, Annales FSJP/UDS, Tome 1, vol. 2, 1997, p. 51 et s*).

Au rebours de ces considérations classiques, la CCJA a préféré emprunter au régime élaboré des défenses à exécution, pour forger les conditions au fond dont doit tenir compte, le juge désigné pour connaître du sursis à exécution. On sait que depuis l'arrêt époux Karnib (*CCJA, arrêt n° 002/2001 du 11 octobre 2001, époux Karnib c/ SGBCI, Recueil de jurisprudence CCJA, n° spécial, janvier 2003, p. 37*), la haute cour communautaire a posé que l'article 32 de l'AUVE n'autorise aucune interruption d'une exécution déjà entamée et que l'exécution entreprise pourra être poursuivie jusqu'à son terme. Pour davantage mettre en relief le critère lié au commencement ou non de la mise en exécution, la cour a précisé à plusieurs occasions que dès lors que la procédure litigieuse n'a pas pour objet de suspendre une exécution forcée déjà engagée, mais plutôt d'empêcher qu'une telle exécution puisse être entreprise sur la base d'une décision assortie de l'exécution provisoire et frappée d'appel, l'exécution pourra être suspendue (*CCJA, arrêt n° 012/2003 du 19 juin 2003, Société d'exploitation hôtelière et immobilière du Cameroun dite SEHIC Hollywood S.A. c/ Société générale de banques du Cameroun dite SGBC, Rec. de jurisprudence CCJA, n° 1, janvier-juin 2003, p. 13 ; CCJA, arrêt n° 013/2003 du 19 juin 2003, Socom Sarl c/ Société générale de banques du Cameroun (SGBC), Rec. de jurisprudence CCJA, n° 1, janvier-juin 2003, p. 16 ; CCJA, arrêt n° 014/2003 du 19 juin 2003, Socom Sarl c/ Société générale de banques du Cameroun (SGBC) et Banque des Etats de l'Afrique centrale (BEAC), Rec. de jurisprudence CCJA, n° 1, janvier-juin 2003, p. 19 ; CCJA, arrêt n° 001/2005 du 27 janvier 2005, Chérif Souleymane c/ Société Chronopost international Côte d'Ivoire, Rec. de jurisprudence CCJA, n° 5, janvier-juin 2005, vol. 1, p. 30*).

Il est désormais constant que la CCJA opère une distinction entre la procédure visant à suspendre une exécution déjà engagée et celle qui vise plutôt à empêcher qu'une exécution puisse être entreprise. Il demeure que l'interrogation sur l'efficacité de ce critère n'est pas totalement dissipée. Il est en effet toujours possible, en empruntant chez un auteur, de dire que cette position est « aussi bien insuffisante que peu convaincante » (*F. Ipanda, « L'arrêt époux Karnib : une révolution ? Question d'interprétation », RCDA, n° 10, janvier-mars 2002, pp. 49-50*). Le fait qu'une exécution soit commencée n'exclut pas les risques de troubles dont la probabilité commande plutôt de surseoir à continuer la mesure. L'entêtement à poursuivre l'exécution d'une décision peut finalement produire plus de dégâts que son arrêt. On songe à cet égard au risque d'un incident diplomatique, la menace quant à la survie d'une grande firme nationale dont la fermeture conduirait à la perte d'emploi de milliers de travailleurs, le risque d'une grève aux conséquences inimaginables, etc. C'est peut-être le peu de pertinence du critère retenu par la CCJA qui justifie les velléités persistantes de démarcation observées dans certains droits nationaux.

II. Les résistances observées par certains droits nationaux en matière de sursis à exécution

La jurisprudence de la CCJA en matière de défenses ou de sursis à exécution tarde à faire l'unanimité. La doctrine avait prédit des résistances (A) qui se construisent et s'enracinent au fil du temps (B).

A. Des résistances prévisibles

Dès les premières heures de la jurisprudence de l'arrêt époux Karnib, la doctrine s'est inquiétée de la position adoptée par la CCJA. Il n'est pas nécessaire de revenir sur les multiples critiques avancées *(Ipanda, article précité ; S. Minou, Regard sur l'arrêt Karnib, RCDA ,n° 10, p. 27 et s ; F. Onana Etoundi, De l'inapplicabilité des défenses à exécution provisoire des décisions rendues dans les matières OHADA, RCDA n° 10, p. 11 et s ; S. Souop, Pour qui sonne le glas de l'exécution provisoire ?, note sous l'arrêt Karnib, J.P n° 54, p. 102 et s ; C. Dogue, Une nouveauté déplorable : la prohibition des défenses à exécution provisoire, Actualités juridiques, n° 28, juin 2002, p. 5 et s)*. Passant outre ces critiques, la CCJA n'a pas trouvé d'autre parade que d'étendre au sursis à exécution, le principe de l'impossibilité d'arrêter une exécution commencée déduit de l'article 32 de l'AUVE.

En premier lieu, un argument pratique consistait à souligner à l'encontre de l'article 32 alinéa 2 de l'AUPSRVE que l'action en restitution in integrum ou en réparation intégrale dont parle le texte serait un leurre. L'arrêt époux Karnib aurait en ce sens laissé planer une « fâcheuse impression » en faisant croire que les voies d'exécution forcées OHADA protègent exclusivement le créancier au détriment du débiteur (*Maître Ipanda, op. cit., p. 56*). De ce point de vue, M. Onana Etondi souligne que, lorsque l'exécution provisoire porte sur une somme importante, le créancier saisissant, personne physique ou morale, pourrait fondre dans la nature après exécution (*Onana Etoundi F., op. cit., p. 21*). Il ajoute qu'il n'est pas contesté que des sociétés commerciales sont créées dans les pays de l'OHADA le temps d'une opération, avant de fermer boutique du jour au lendemain, quand elles ne disparaissent pas au gré des résultats escomptés. Quand bien même le créancier ayant procédé à l'exécution provisoire demeure connu, l'action en réparation ouverte au débiteur ne serait pas toujours aisée dans la pratique, eu égard aux voies de recours autorisées.

A cette préoccupation, la solution apportée par la CCJA est sans ambiguïté. Dans l'arrêt du 27 mars 2008 ci-dessus reproduit, elle décide clairement que la cour d'appel de Ouagadougou en ordonnant le sursis à l'exécution forcée aux motifs que « l'exécution forcée porterait un préjudice irréparable en cas de cassation de la décision compte tenu de l'incapacité pour les défendeurs au pourvoi de répéter les sommes qu'ils auraient perçues… », a violé l'article 32 alinéa 2. En d'autres termes, l'argument pratique sus évoqué ne saurait faire obstacle à la stricte application de la loi.

En second lieu, il serait peut-être plus pertinent de s'interroger sur la place laissée aux dispositions de droit national en présence des Actes uniformes, lorsque l'exécution forcée projetée est de nature à porter atteinte à l'ordre public. De l'avis de la doctrine, le droit interne devrait en de telles circonstances recouvrer droit de cité, étant entendu que la protection de l'ordre public relève de la compétence des autorités des Etats. Autrement, il risquerait d'en résulter une véritable remise en cause de la politique législative qui a conduit à l'adoption d'une nouvelle réglementation, ce qui peut inversement pousser au regret de l'abandon du droit national par un surcroît de sentiment « anti-OHADA » (*Brou Kouakou M., op. cit. ; Ipanda F., op.cit., pp. 51-52*). La CCJA se déclarant incompétente pour connaître du sursis à l'exécution d'une décision rendue par une juridiction nationale en l'absence de texte de l'OHADA le permettant (*CCJA, arrêt n° 20/2003 du 06 novembre 2003, CI-Télécom devenue Côte d'Ivoire Télécom c/ Société ivoirienne d'assurances mutuelles dite SIDAM, Le Juris-Ohada, n° 4/2003, p. 29, note Brou Kouakou Mathurin*), l'on peut se demander, en matière d'exécution forcée, en vertu de quel droit (national ou communautaire ?) l'ordre public pourrait être préservé dans les pays de l'espace OHADA. Certains législateurs nationaux ont choisi de se démarquer en optant pour des solutions anti-communautaires.

B. Des résistances effectives

On retient de l'arrêt ci-dessus reproduit et des autres références citées, que de l'avis de la CCJA, le sursis à exécution ne peut être ordonnée que par le juge statuant en matière d'urgence et à la condition que l'exécution ne soit pas encore commencée. Certains droits nationaux, apparemment fidèles au régime classique du sursis à exécution, admettent la possibilité de faire ordonner cette mesure par plusieurs juges (1), toutes les fois que la nécessité se justifie de fait (2).

1. Le partage de la compétence en matière de sursis à exécution

A travers la loi n° 2006/015 du 29 décembre 2009, le législateur camerounais a procédé à la réorganisation de son système judiciaire. Entre autres innovations, on a surtout relevé l'institution d'un « juge de l'exécution au pluriel », (*J. Fometeu, Le juge de l'exécution au pluriel ou la parturition au Cameroun, de l'article 49 de l'acte uniforme OHADA portant voies d'exécution, J.P n° 70, p. 97 et s ; voir aussi F. Anoukaha, La réforme de l'organisation judiciaire au Cameroun, J.P. n° 68, p. 45et s.)* contrairement à l'opinion couramment défendue. L'on a souvent fait remarqué que l'usage par le législateur OHADA, d'un article défini au singulier pour désigner la juridiction compétente signifiait que la compétence en cause n'était pas partagée entre plusieurs organes (*voir notamment H. Tchantchou, Le contentieux de l'exécution et des saisies dans le nouveau droit OHAD , J.P n° 46, p. 102*). Malgré cette critique, l'option a été réitérée et confirmée par la loi n° 2007/001 du 19 avril 2007 (*loi instituant le juge du contentieux de l'exécution et fixant les conditions de l'exécution au Cameroun des décisions judiciaires et actes publics étrangers ainsi que les sentences arbitrales étrangères*). Parce que la violation par ces lois, de l'article 49 de l'AUVE était évidente et fortement décriée, un auteur a simplement titré que le législateur persistait et signait dans l'erreur (*F. Anoukaha, Le juge du contentieux de l'exécution : le législateur persiste et signe … l'erreur, J.P. n° 70, p. 33 s*). En effet, les lois camerounaises ci-dessus citées confient la connaissance du contentieux de l'exécution et donc du sursis à exécution à plusieurs organes. Si le président du tribunal de première instance semble conserver son statut classique de juge de droit commun de l'urgence et donc des voies d'exécution (*voir F. Anoukaha, La réforme de l'organisation judiciaire au Cameroun, op. cit, p. 53*), il doit cependant subir la concurrence en la matière des magistrats d'autres juridictions. L'article 3 alinéa 1 de la loi de 2007 fait du président de la juridiction dont émane la décision, le juge du contentieux de l'exécution. Il en résulte alors que le président du tribunal de grande instance, tout comme le président de la cour d'appel ou même le premier président de la cour suprême ou le magistrat délégué par eux sont aussi, chacun désormais, compétents pour connaître du contentieux de l'exécution de leurs actes et décisions respectifs.

Cette option prise par le législateur camerounais a été jugée contraire au droit communautaire dont la valeur supra législative n'est plus discutée, en ce que les différentes juridictions appelées à connaître du contentieux de l'exécution des titres exécutoires ne sont pas en droit camerounais, des juridictions « *statuant en matière d'urgence* » au sens de l'article 49 de l'AUPSRVE d'une part, et qu'en permettant à la cour d'appel et à la cour suprême de connaître de ce type de contentieux, on violait le principe du doublé degré de juridiction, puisqu'il n'est envisagé aucun recours contre les décisions de ces juridictions supérieures (*Voir F. Anoukaha, La réforme de l'organisation judiciaire au Cameroun, op cit., pp. 55 et s ; Le juge du contentieux de l'exécution des titres exécutoires : le législateur camerounais persiste et signe ... l'erreur, op cit., n° 70, pp. 33 et s ; J. Fometeu, Le juge de l'exécution au pluriel ou la parturition au Cameroun de l'article 49 de l'Acte uniforme OHADA portant voies d'exécution, JP n° 70, pp. 97 et s*).

Peut-être le législateur camerounais est-il allé trop loin en étendant jusqu'à la cour suprême ce contentieux. Il aurait pu se limiter au président du TPI et à celui du TGI que l'on comprendrait aisément (*le Professeur F. Anoukaha, Le juge du contentieux de l'exécution... op. cit, p. 34 note 5, souligne à ce sujet que le président du TPI était déjà juge des référés et des requêtes en général, et c'est tout naturellement à lui que l'on a pensé en lisant l'article 49 de l'AUPSRVE. Mais il relève aussi que le président du TGI intervenait aussi dans les voies d'exécution en qualité de juge conciliateur en matière de divorce*), en insistant, comme il le précise par ailleurs, pour que le tribunal qui serait saisi, soit en principe celui qui a connu de l'affaire en première instance, ou exceptionnellement, celui du lieu où l'exécution est poursuivie ou est envisagée de l'être (*article 3 de la loi n° 2007/001 du 19 avril 2007 sus mentionnée*). Ainsi, la cour d'appel conserverait le loisir de réexaminer les décisions rendues et le principe du double degré de juridiction serait sauf.

Mais, même en agissant comme il l'a fait, le législateur camerounais ne perd pas véritablement la face aux critiques. La réforme camerounaise, même si elle remet en cause l'autorité du droit communautaire, recèle malgré tout un brin de réalisme. Elle a en effet le mérite de simplifier un contentieux dont la centralisation au seul président du TPI était source de lenteurs inadmissibles, dans la mesure où, pour n'avoir rien connu de l'affaire antérieurement, il ne devait statuer sur la difficulté qui lui était soumise qu'en fournissant l'effort de s'imprégner de tous ses contours pour bien apprécier l'opportunité et la faisabilité de la mesure qui lui était demandée. La réorganisation des tâches en cette matière est donc au moins une réponse quoique imparfaite à un besoin sérieux de célérité. Et il semble qu'il faille plus s'appesantir sur l'idée d'urgence relevée expressément par l'article 49 de l'AUVE que sur le fait d'avoir attribué la compétence à plusieurs organes. S'agissant du grief fondé sur la violation du double degré de juridiction, on pourrait y rétorquer en prenant argument sur la pratique même du sursis devant la CCJA. L'article 46 du traité OHADA qui confie à la cour, le soin de connaître du contentieux de ses propres décisions, n'accorde aucun recours en cas d'octroi de la mesure. Et dans l'hypothèse d'un refus, c'est encore devant la même cour qu'il appartient au demandeur de revenir, même s'il doit nécessairement invoquer des faits nouveaux. En s'inspirant de ce schéma, la reconnaissance de la compétence de la cour d'appel ou de la cour suprême en matière de sursis à exécution au Cameroun s'inscrirait non dans la lettre, mais dans le même esprit que le droit OHADA.

Il semble alors à notre sens aujourd'hui, qu'il faille plutôt que le législateur communautaire prenne acte de la nécessité de faciliter les contentieux d'exécution des titres exécutoires et se montre moins restrictif dans ses positions. Le souci d'efficacité commande de laisser tout simplement le loisir à chaque Etat de désigner en droit interne, le ou les autorités compétentes en ce domaine, tout en aménageant cependant des mécanismes simples permettant de contrôler les éventuelles erreurs. En attendant, la logique d'ouverture du législateur camerounais s'accorde bien avec la tendance à la flexibilité déjà affichée par les juges.

2. L'admission ouverte en jurisprudence du sursis à exécution

Dès les premières années qui ont suivi la jurisprudence Epoux Karnib, les juges camerounais se sont comportés comme si les régimes classiques des défenses et du sursis à exécution étaient demeurés inchangés. Restés dans la logique selon laquelle la mesure de suspension est une question de fait souverainement appréciée, ils ont continué à l'accorder toutes les fois qu'il était estimé que la poursuite de l'exécution était de nature à entraîner des conséquences graves. A titre d'illustration, la cour d'appel de l'Ouest est d'avis qu'il en sera ainsi toutes les fois que le jugement attaqué présente de sérieuses irrégularités. Elle a ainsi décidé dans une première espèce (*CA Ouest, arrêt n° 115/civ du 28 août 2002, affaire Kouemo Jean, Sté Chanas et frères, Chanas assurances SA c/ Pétoupé Tchadieu Fabrice et Nekia Joseph, inédit*) que, « considérant que la légitimité de la mise en exécution d'une décision de justice se rattache à la régularité de celle-ci ; qu'en l'espèce, les vices qui entachent le jugement attaqué l'exposant nécessairement à une prompte réformation, il serait téméraire d'en maintenir l'exécution projetée, les principes d'interdiction des défenses à exécution posées par l'article 32 de l'Acte uniforme n° 6 et l'arrêt Karnib n'étant par ailleurs obligatoires que si le titre incriminé n'a pas grossièrement contrevenu aux dispositions légales ». Dans une autre espèce, la même Cour rappelle ce qui suit: « considérant que sur le fondement des articles 9 et 10 du Traité OHADA, 32 et 336 de l'Acte uniforme n° 6 et du principe posé par l'arrêt Karnib, le sieur Solefack fait plaider que l'ordonnance incriminée ne peut être suspendue dans son exécution… ; considérant cependant que s'il est de principe que les décisions portant exécution par provision sont insusceptibles de suspension, c'est à la condition implicite mais inexorable qu'elles soient exemptes de vices grossiers pouvant en entamer la force exécutoire… » (*CA Ouest, arrêt n° 118/civ du 28 août 2002, Kenfack Albert et Maître Tsamo c/ Solefack Simon, inédit*). Dans cette dernière espèce en particulier, le juge de la cour d'appel estime que l'ordonnance du juge de Dschang dont appel, est bâtie sur des pièces manifestement tronquées comme confectionnées postérieurement à la saisie incriminée, et a par ailleurs prescrit des mesures dont l'exécution se heurte à une impossibilité de fait et de droit ; d'où cette ordonnance doit être suspendue dans son exécution comme entachée d'irrégularité.

En définitive, l'on se rend bien compte que le critère développé par la CCJA comme pouvant fonder une défense ou un sursis à exécution, lié au commencement ou non de cette exécution, est loin de s'imposer à tous les juges nationaux. Apparemment plus prudents que leurs homologues régionaux, les juges locaux ne perdent pas de vue que la subsistance d'une voie de recours, fût-elle extraordinaire, laisse toujours possible la modification de la décision querellée et impose de ne pas sacrifier entièrement les intérêts de l'autre partie dont la qualité de débiteur demeure précaire. Le secours du sursis à exécution lui permet de se prémunir contre l'insolvabilité éventuelle d'un créancier (provisoire) dont l'empressement effréné pourrait faire bénéficier indûment du patrimoine d'autrui sans garantie de restitution à la fin du pourvoi. Les résistances décrites ci-dessus montrent bien que si la CCJA entend faire de l'OHADA le gardien de l'ordre public interne des Etats parties, elle doit encore se souvenir, quoiqu'on puisse en discourir davantage, que l'uniformité n'est pas le signe de la perfection.

Moïse Timtchueng,
Chargé de cours, Université de Dschang.

CCJA, arrêt n°015/2008, 24 avril 2008
Kinda Augustin J. et autres ayants droit de feu Kinda Valentin c/ SGBCI, Coulibaly Drissa et 102 autres, BICICI

(...)

Sur l'irrecevabilité soulevée par la BIICICI

Attendu que la BICICI soulève l'exception d'irrecevabilité du recours des ayants droits de Kinda Valentin au double motif que, d'une part, que la cour suprême de Côte d'Ivoire n'a été saisie d'aucune question relative à l'application d'un acte uniforme OHADA et, d'autre part, que les demandeurs n'ont pas satisfait aux exigences de l'article 18 du traité de l'OHADA pour n'avoir pas soulevé l'incompétence de la cour suprême de Côte d'Ivoire, se contentant de soutenir la compétence de la Cour commune de justice et d'arbitrage en lieu et place de ladite cour suprême ;

Mais attendu que sur la première branche de l'argumentaire de la BICICI, il y a lieu de relever qu'aux termes de l'article 14, alinéa 3 du Traité institutif de l'OHADA, « saisie par la voie du recours en cassation, la cour se prononce sur les décisions rendues par les juridictions d'appel des Etats parties dans toutes les affaires soulevant des questions relatives à l'application des Actes uniformes et des règlements prévus au présent Traité à l'exception des décisions appliquant des sanctions pénales » ; que de l'analyse des dispositions susénoncées, la cour de céans est compétente pour connaître d'un pourvoi en cassation lorsque l'affaire soulève des questions relatives à l'application d'un Acte uniforme ; qu'il suffit que la matière à laquelle se rapporte l'affaire soit régie par un Acte uniforme ou un règlement pris en application du traité institutif de l'OHADA ; qu'en l'espèce, l'affaire dont est saisie la cour de céans est relative à un contentieux de procédure de saisie immobilière régie par l'Acte uniforme portant organisation des procédures simplifiées de recouvrement et des voies d'exécution depuis le 10 juillet 1998 ; qu'ainsi, c'est à bon droit que les demandeurs au pourvoi ont saisi la cour de céans ;

Attendu que sur la deuxième branche de l'argumentaire de la BICICI, il y a lieu de relever qu'il a été amplement démontré ci-dessus, lors de l'examen de l'exception d'irrecevabilité soulevée par Coulibaly Drissa et 102 autres, que les ayants droit de Kinda Valentin ont satisfait aux conditions exigées par l'article 18 du traité institutif de l'OHADA pour saisir la cour de céans d'un recours en annulation de l'arrêt n° 495/03 du 16 octobre 2003 de la cour suprême de Côte d'Ivoire ;

Sur l'annulation de l'arrêt n° 495 du 16 octobre 2003 de la cour suprême de Côte d'Ivoire

Vu l'article 18 du traité relatif à l'harmonisation du droit des affaires en Afrique ;

Attendu que les ayants droits de Kinda Valentin demandent à la cour de céans de dire et juger que l'arrêt n°495/03 rendu le 16 octobre 2003 par la cour suprême de Côte d'Ivoire est nul et non avenu, sur le fondement de l'article 18 du traité susvisé au motif que, passant outre l'exception d'incompétence qu'ils ont soulevée devant elle, ladite cour a rendu la décision attaquée ; que pour eux, le contentieux de la procédure de saisie immobilière régie par le titre VIII (articles 246 à 338) de l'Acte uniforme OHADA portant organisation des procédures simplifiées de recouvrement et des voies d'exécution relève de la compétence de la Cour commune de justice et d'arbitrage par application des articles 13 et 14 du traité relatif à l'harmonisation du droit des affaires en Afrique ;

Attendu qu'aux termes de l'article 18 du traité susvisé, « toute partie qui, après avoir soulevé l'incompétence d'une juridiction nationale statuant en cassation estime que cette juridiction a, dans un litige la concernant, méconnu la compétence de la Cour commune de justice et d'arbitrage peut saisir cette dernière dans un délai de deux mois à compter de la notification de la décision contestée. La cour se prononce sur sa compétence par arrêt qu'elle notifie tant aux parties qu'à la juridiction en cause.

Si la cour décide que cette juridiction s'est déclarée compétente à tort, la décision rendue par cette juridiction est réputée nulle et non avenue » ;

Attendu, en l'espèce, qu'il ressort des pièces du dossier de la procédure que , bien que l'arrêt n° 495/03 du 16 octobre 2003 n'ait pas fait état de l'exception d'incompétence soulevée par les ayants droits de Kinda Valentin, ces derniers avaient, par mémoire en date du 10 juin 2003, reçu le même jour à la cour suprême par Maître Ayissi, greffier, soulevé l'incompétence de la cour suprême de Côte d'Ivoire à connaître du pourvoi exercé devant elle par la SGBCI ; que l'affaire sur laquelle le tribunal de première instance et la cour d'appel d'Abidjan se sont prononcées respectivement par jugement n° 335 du 26 juin 200 et par arrêt n° 286 du 01 mars 2002 est relative à l'annulation de la vente aux enchères publiques de l'immeuble objet du titre foncier n° 15 777 de la circonscription foncière de Bingerville, à l'audience des criées du 10 mai 1999 du tribunal de première instance d'Abidjan ; que cette procédure est régie, depuis le 10 juillet 1998, par l'Acte uniforme portant organisation des procédures simplifiées de recouvrement et des voies d'exécution, et donc relève désormais de la compétence de la cour de céans par application de l'article 14 alinéa 3 du traité institutif de l'OHADA ; que la cour suprême de Côte d'Ivoire s'étant par conséquent déclarée compétente à tort pour connaître du pourvoi en cassation exercé par la SGBCI contra l'arrêts n° 286 du 1er mars 2002 de la cour d'appel d'Abidjan, sa décision est réputée nulle et non avenue en application des dispositions sus énoncées de l'article 18 du traité susvisé...

OBSERVATIONS

Après un long chemin parcouru pour arriver à saisir la juridiction judiciaire suprême, les parties au litige devraient s'estimer physiquement et financièrement soulagées parce que la sentence finale est proche. Mais c'est souvent la désillusion depuis que la CCJA a été instituée à côté des cours suprêmes nationales comme seconde juridiction judiciaire suprême dans l'espace OHADA, à cause du déclinatoire de compétence désormais possible à ce stade. C'est en tout cas le sentiment que l'on peut ressentir en s'intéressant à l'arrêt de la CCJA n°015/2008 du 24 avril 2008.

Les faits sont les suivants : les établissements Kinda Valentin ont été condamnés à payer de l'argent à leurs employés Coulibaly Idrissa et autres. Ceux-ci ont engagé une procédure de saisie immobilière contre les ayants droit de Kinda Valentin. Le tribunal de première instance d'Abidjan a procédé, en 1999, à la vente aux enchères publiques de l'immeuble. Mais à la requête des ayants droit de Kinda, cette même juridiction a prononcé, en 2000, l'annulation de ladite vente. Saisie par Coulibaly et compagnie qui visiblement étaient insatisfaits, la cour d'appel a infirmé le jugement en légitimant la vente, déboutant du même coup les établissements Kinda, la SGBCI et la SONARE-CI. La SGBCI s'est alors pourvue en cassation devant la cour suprême de Côte d'Ivoire. L'entreprise Kinda a soulevé, *in limine litis,* l'incompétence de cette juridiction. Celle-ci a réfuté le déclinatoire et confirmé la décision rendue en appel ; ce qui a contraint l'entreprise à s'adresser à la CCJA à l'effet de juger l'arrêt de la cour suprême de Côte d'Ivoire nul et non avenu.

In limine litis, Coulibaly et compagnie et la BICICI ont soulevé l'irrecevabilité du recours devant la CCJA en se servant d'arguments différents : pour les premiers, la Haute juridiction ne saurait statuer sur le recours exercé contre une décision d'une cour suprême nationale, la CCJA n'ayant compétence que pour connaître des pourvois dirigés contre les arrêts rendus en appel ou les jugements non susceptibles d'appel. La CCJA rejette cette exception au motif que l'article 18 du traité OHADA lui reconnaît cette compétence dans l'hypothèse où l'incompétence de la cour suprême ayant été soulevée devant cette dernière, celle-ci est passée outre en méconnaissant ce faisant la compétence de la Cour commune. Or précisément, il était démontré que les ayants droits de Kinda avaient invité cette la cour suprême de Côte d'Ivoire à se dessaisir du litige au profit de la CCJA, sans succès.

Pour la BICICI, la CCJA n'est pas compétente d'une part parce qu'elle n'a été saisie d'aucune question relative à l'application d'un Acte uniforme OHADA, d'autre part parce que l'incompétence de la cour suprême de Côte d'Ivoire n'avait pas préalablement été soulevée devant elle. La CCJA a également rejeté cette exception conformément aux articles 14, alinéa 3 du Traité pour le premier cas et 18 pour le second, démontrant une fois de plus que les Etablissements Kinda avaient bel et bien soulevé au préalable l'incompétence de la cour suprême.

Il ressort de tout ce qui précède que le déclinatoire de compétence en matière de conflit entre la CCJA et les cours suprêmes nationales, fondé sur l'article 18 du Traité, semble encore mal compris. De là la question de savoir quel est son régime juridique ?

Dans son arrêt n° 015 du 24 avril 2008, la CCJA insiste sur l'exigence d'un déclinatoire préalable de la compétence de la cour suprême nationale devant cette dernière. Mais cette condition n'est qu'une parmi d'autres (I) qui entraînent des effets parfois inattendus (II).

I. Les multiples conditions du déclinatoire de compétence

L'examen de la décision ci-dessus rapportée laisse penser qu'une seule condition est essentielle pour décliner la compétence de la CCJA : le déclinatoire préalable de la compétence de la cour suprême nationale. En réalité, il faut y ajouter trois autres dont deux sont aussi admises devant les cours suprêmes nationales.

Les deux conditions du déclinatoire communes aux cours suprêmes nationales et à la CCJA ont trait au caractère manifeste de l'incompétence et au moment du déclinatoire.

L'incompétence est manifeste lorsqu'elle est dépourvue de toute ambiguïté. Conformément à l'article 14 du traité OHADA, il doit apparaître clairement que le litige qui oppose les parties relève du droit interne dans l'hypothèse où c'est la CCJA qui aurait été saisie ou du droit OHADA dans le cas de figure où c'est plutôt la cour suprême nationale qui est saisie. Si cette notion semble *a priori* aisée à comprendre, elle pose tout de même des difficultés lorsqu'on examine les décisions rendues par la CCJA sur ce fondement (*Voir dans ce sens : arrêts n° 2/2001 du 13 juin 2001, ohadata J-03-125 et n° 016/2003 du 29 juillet 2003, ohadata J-04-110*).

L'incompétence de la juridiction suprême (voire de toute juridiction) doit être soulevée *in limine litis* par l'une des parties. Lorsqu'elle est soulevée par la juridiction elle-même, il ne s'agit plus à proprement parler d'un déclinatoire de compétence ; on a alors affaire à ce qui, en doctrine, est considéré comme une déclaration d'incompétence (voir *Jean Vincent et Serge Guinchard, Procédure civile, Dalloz 1996, 24e éd, pp. 314 et s.*).

Quoi qu'il en soit, la CCJA veille au respect de ces deux règles prévues à l'article 17 du traité OHADA. L'on peut cependant regretter que ladite cour se limite parfois à une argumentation insuffisante. C'est en tout cas ce qui ressort de son arrêt du 17 juin 2004 rendu dans le litige opposant la SOGAM à la SONAM. Dans cette affaire, la CCJA s'est déclarée incompétente à statuer au motif que le litige « *ne met pas en cause l'application d'un Acte uniforme ou d'un règlement prévu par [les articles 14 et 15 du Traité OHADA et ne le nécessite pas* ». Difficilement critiquable sur le fond, cette décision n'a fait qu'une allusion implicite à l'article 17 du Traité alors qu'elle aurait pu s'en inspirer pleinement. Si tel avait été le cas, la combinaison avec les articles 14 et 15 précités rendrait cette décision irréprochable dans sa formulation.

Une lecture plus attentive du fondement de cette décision, c'est-à-dire l'article 17 du traité, semble cependant permettre quelques objections. Il en ressort que l'incompétence de la CCJA « *peut être soulevée d'office ou par toute partie au litige, in limine litis.* » L'emploi du verbe « *peut* » semble laisser croire que le déclinatoire de compétence *in limine litis* devant la CCJA n'est pas une condition impérative, le juge ou les parties ayant la latitude, à tout moment de l'instance, de soulever l'incompétence de la CCJA. Telle est, en tout cas, la conception de certains auteurs pour qui, selon l'article 17 du Traité, si l'incompétence manifeste peut être soulevée d'office ou par toute partie au litige *in limine litis*, cela ne signifie pas qu'une telle incompétence ne puisse être soulevée plus tard, c'est-à-dire pendant les débats au fond.

Cette opinion est critiquable, puisque le fondement du déclinatoire de compétence *in limine litis* est d'éviter que le contentieux de la compétence ne ralentisse exagérément le cours de la justice. On doit en inférer que l'article 17 signifie plutôt que le juge a la faculté de soulever d'office, c'est-à-dire avant même que cela soit fait par les parties, son incompétence ; à défaut, celles-ci ont l'obligation de le faire avant les débats au fond. Pourtant le constat de vide législatif est fait en cas de déclinatoire tardif de compétence, c'est-à-dire lors des débats au fond. Faut-il alors croire que dans l'esprit du législateur OHADA, l'incompétence de la CCJA peut être soulevée à tout moment au cours du procès ? Si cette idée est retenue, la précision de l'article 17 (c'est-à-dire *in limine litis*) était inutile.

Outre les conditions communes aux cours suprêmes nationales, le déclinatoire de la compétence de la CCJA a aussi deux conditions spécifiques prévues par l'article 18 du traité. Elle doit être saisie en l'absence de déclinatoire préalable de la compétence de la cour suprême nationale d'une part et au cours des procès devant la cour suprême nationale d'autre part.

La première condition est la plus usitée par la CCJA pour justifier l'irrecevabilité d'un recours exercé contre la décision d'une cour suprême. Sur ce fondement, elle a rendu plusieurs décisions irréprochables. Leur économie est relativement simple : saisie d'une d'un tel recours, elle n'est compétente à statuer que si l'une des parties avait préalablement soulevé l'incompétence de la cour suprême nationale devant cette dernière. Autrement dit, si cette incompétence n'avait pas préalablement été soulevée, la compétence de la CCJA peut être déclinée (*arrêt n° 009/2003 du 24 avril 2003, ohadata J-03-195 ; n° 24 du 17 juin 2004, ohadata J-04-385 ; nos 004/2005et 006/2005 du 27 janvier 2005, ohadata J-05-186 et ohadata J-05-188*).

La formule peut aussi être comprise au second degré. Dans cette perspective que l'on retrouve dans le texte de l'article 18 du traité, la compétence de la CCJA devrait pouvoir être déclinée dans le cas de figure toujours à envisager où la Haute juridiction est saisie alors que le procès devant la cour suprême nationale est encore en cours. La CCJA l'a rappelé dans son arrêt n° 010/2004 du 26 février 2004 (*ohadata J-04-295*) rendu dans l'affaire opposant Maître Tonye Arlette à la Bicec. Par arrêt confirmatif d'une ordonnance dont l'exécution avait été entreprise, la Bicec avait été condamnée par la cour d'appel du Littoral à Douala, d'avoir à payer la somme de 50.000.000 francs cfa à Madame Tonye Arlette, avocat au Barreau du Cameroun. La banque s'est pourvue en cassation devant la cour suprême de ce pays. Parallèlement, elle a et introduit une requête aux fins de suspension d'exécution du même arrêt auprès du président de ladite cour qui lui donna raison. Avant la fin du procès, Maître Tonye s'est pourvue en cassation devant la CCJA contre l'ordonnance du président de la cour suprême du Cameroun. La Bicec a soulevé *in limine litis* l'irrecevabilité du recours et l'incompétence de la CCJA. Appelée à se prononcer sur la question spécifique de sa compétence, la cour communautaire s'est déclarée incompétente pour statuer sur le recours initié par Maître Tonye Arlette au motif principal que l'affaire « était encore pendante devant la cour suprême du Cameroun ».

L'enseignement ici est donc que la CCJA est incompétente à statuer sur sa compétence lorsque, suite au déclinatoire de compétence de la juridiction suprême nationale, elle est saisie, à tort ou à raison, avant que ladite juridiction ait rendu sa décision sur le pourvoi engagé. Il s'ensuit que, bien que le déclinatoire doive être soulevé *in limine litis*, le défendeur devant la juridiction suprême nationale sera obligé d'attendre la fin de ce procès pour saisir la CCJA.

Cette procédure inédite nous paraît à la fois justifiée et étonnante.

Elle paraît justifiée dans la mesure où le législateur OHADA semble vouloir prévenir les risques de manœuvres dilatoires du défendeur dépourvu d'arguments solides pour sa défense. Pour gagner du temps, celui-ci pourrait évoquer l'exception d'incompétence de la juridiction suprême nationale espérant que, le sursis accordé, le retard accumulé pour régler cette question devant la CCJA lui donnerait plus de temps pour mieux préparer sa défense. Par ailleurs, en supposant que l'affaire soit immédiatement suspendue devant la juridiction suprême nationale au profit de la CCJA, seule la partie financièrement nantie pourrait valablement se défendre devant cette dernière qui, rappelons-le, siège à Abidjan. En renvoyant l'examen, par la CCJA, de la compétence de la juridiction suprême nationale à la fin du procès, le législateur OHADA prive le défendeur rusé de cette échappatoire.

Cette procédure est cependant étonnante à cause des limites de la loi. Il nous semble que le législateur ne se soit intéressé qu'à ce type de défendeurs malins. Il arrive pourtant que la juridiction suprême nationale soit effectivement saisie à tort parce que l'affaire porte en tout ou partie sur le droit interne. Lorsqu'elle ne s'y rapporte qu'en partie, rien n'est prévu. Dans le cas contraire, l'article 18, alinéa 2 du traité dispose que le déclinatoire doit pouvoir aboutir à la saisine de la CCJA qui se prononcera sur sa compétence par un arrêt qu'elle notifiera tant aux parties qu'à la juridiction en cause. « Si [elle] décide que cette juridiction s'est déclarée compétente à tort, la décision rendue par [celle-ci sera] réputée nulle et non avenue »(article 18 alinéa 3).

Or, il ressort des termes de l'article 18, alinéa 1 du traité que le défendeur, pour saisir la CCJA, est obligé de subir le procès devant la juridiction suprême nationale. Etant convaincu qu'il est face à une juridiction manifestement incompétente, il ne se défendra pas, attendant impatiemment, quelquefois durant des années, l'issue de ce qui pourrait, à notre sens, être qualifié de parodie de procès. Il se comprend alors qu'un praticien ait pu regretter que le défendeur soit « obligé, à chaque fois que la juridiction [suprême] nationale s'est déclarée à tort compétente, d'attendre le dénouement de toute la procédure en cassation. Une telle attente peut être préjudiciable pour le demandeur au pourvoi devant la CCJA ; lorsque l'on sait que l'enrôlement d'une affaire devant la cour suprême [du Cameroun], l'échange de mémoires et l'instruction du dossier de procédure prennent généralement plusieurs mois, voire plusieurs années. » (*R. Tagne, La cour suprême du Cameroun en conflit avec la Cour commune de justice et d'arbitrage, Juridis Périodique n° 62, avril-mai-juin 2005, p. 109*).

Il y a cependant une forte probabilité pour que cette attitude se retrouve chez l'adversaire financièrement nanti qui a conscience d'avoir les moyens de se pourvoir en cassation contre cette décision devant la CCJA. Par contre, le défendeur plus pauvre évitera ce pourvoi et pour cela, il ne soulèvera pas l'incompétence de la juridiction suprême nationale car, cela a déjà été souligné, aux termes de l'article 18 alinéa 1 du traité, cette condition du déclinatoire de la compétence de la juridiction suprême nationale est indispensable pour que la CCJA examine l'affaire. A défaut de ce déclinatoire, la décision de la juridiction suprême nationale acquiert force de chose jugée même si le même défendeur se décide par la suite à saisir la CCJA dans les délais prescrits.

Cette procédure, on le constate, offre de multiples possibilités de dilatoire aussi bien de la part du demandeur que du défendeur devant la juridiction suprême nationale.

II. Les effets variables du déclinatoire de compétence

Dans son arrêt du 24 avril 2008, la CCJA a également décidé que la cour suprême de Côte d'Ivoire s'est déclarée compétente à tort. Conformément aux prévisions, d'une part, de l'article 18 alinéa 3 du traité, d'autre part, de l'article 52 alinéa 4 du Règlement de procédure, elle en a déduit que la décision de cette cour est réputée nulle et non avenue. En jugeant ainsi, la CCJA mettait en exergue le principal effet du déclinatoire de la compétence d'une juridiction suprême nationale.

Cette décision n'appelle *a priori* pas de commentaires importants. Cependant lorsque l'on s'aperçoit que le même pouvoir n'est pas reconnu aux juridictions suprêmes nationales dans le cas inverse, il y a lieu de l'apprécier sur les plans pratique et théorique.

Sur le plan pratique, il ressort des articles 15 à 18 du traité, et 52 alinéa 4 du Règlement de procédure, que les effets du déclinatoire sont différents selon qu'il s'agit de la CCJA ou de la cour suprême nationale. Lorsque la compétence de la cour communautaire est déclinée, elle statue elle-même sur sa compétence. De plus, ce déclinatoire ne suspend pas l'éventuelle procédure parallèle engagée devant la cour suprême nationale puisque quoiqu'il arrive, l'article 17 du traité dispose que la CCJA se prononce dans les trente jours. Par contre les articles 16 et 18 du même traité, exploités par la CCJA, disposent que le déclinatoire de la compétence de la cour suprême nationale entraîne saisine de la haute juridiction commune par l'auteur du déclinatoire. Il n'en va autrement que dans l'hypothèse d'une procédure d'exécution. Dans ce cas de figure en effet, il est jugé que « L'interprétation rigoureuse de l'article 16 du traité permet d'affirmer que le contentieux relatif à l'exécution d'une décision échappe à [sa] compétence pour être dévolu à celle des juridictions nationales même en cas de saisine de la [CCJA] et aucune disposition du Traité n'ayant prévu la procédure du sursis à exécution d'une décision de justice, [elle ne peut connaître d'un tel cas] » *(CCJA, arrêt n° 001/2005 du 27 janvier 2005, Le Juris-ohada, n° 1/2005, janvier-mars 2005, p. 2 ; ohadata J-05-183. Adde, dans cet ouvrage, Timtchueng Moïse, commentaire de l'arrêt CCJA, 2ème Chambre, n° 012/2008 du 27 mars 2008, affaire Zongo André et ayants droit de feu Koama Paul c/ société générale d'entreprise bâtiments génie civil dite SOGEPER).*

Certes important, l'article 16 du Traité pose tout de même deux types de problèmes.

D'une part, il semble contradictoire avec l'article 18. En effet, il dispose que la procédure de cassation engagée devant la juridiction suprême nationale *est suspendue* dès que la CCJA est saisie du même litige. Si l'on occulte le fait qu'aucune indication n'est fournie au sujet du mode de saisine visé, lequel peut être soit direct parce que émanant de l'une des parties soit indirect par renvoi d'une juridiction suprême nationale, il restera que la saisine de la CCJA doit intervenir alors que le procès est encore en cours devant la juridiction suprême nationale. Par contre, l'article 18 dispose que la CCJA *doit* être saisie par l'une des parties *à la fin du procès devant la juridiction suprême nationale,* même si l'incompétence de cette dernière doit avoir été soulevée *in limine litis* devant elle. Cela semble limiter la contradiction à la saisine directe de la CCJA par les parties au litige. Elles ont chacune une possibilité de saisir l'une des deux juridictions suprêmes, mais à des périodes et conditions différentes. L'une d'elles saisit d'abord la juridiction suprême nationale qui analyse et statue sur le litige. En droit commun, cette décision devrait acquérir force de chose jugée étant entendu qu'elle est rendue par une juridiction suprême. Or la défenderesse devant la juridiction suprême nationale a la possibilité de contester cette procédure devant la CCJA à condition d'avoir soulevé *in limine litis* l'incompétence de la juridiction suprême nationale devant cette dernière.

D'autre part, l'article 16 organise une navette à la fois épuisante et incompréhensible entre la CCJA et les juridictions suprêmes nationales. Concrètement, il prévoit que lorsqu'une juridiction suprême nationale est saisie, il suffit que le défendeur exerce ensuite, *à tort ou à raison,* son pourvoi en cassation devant la CCJA à Abidjan pour que la procédure engagée devant la juridiction suprême nationale soit suspendue. « Une telle procédure [...] ne peut reprendre qu'après arrêt de la [CCJA] se déclarant incompétente pour connaître de l'affaire. » Autrement dit, si la CCJA se déclare compétente, elle statue sur le litige à Abidjan où les deux parties sont obligées d'être représentées par leurs avocats alors que la plupart des justiciables n'ont pas les moyens de le faire. Si par contre elle se déclare incompétente, l'affaire suspendue reprendra devant la juridiction suprême nationale. Le demandeur initial aura-t-il la patience et les moyens nécessaires pour engager ces multiples navettes ? Quoi qu'il en soit, il ne semble qu'il y ait dans cette procédure un risque de manœuvres dilatoires de la part du défendeur initial car il pourrait profiter soit du temps soit de la position financière pour décourager son adversaire.

Sur un plan théorique, l'arrêt du 24 avril 2008 fait apparaître le problème de l'étendue de la compétence de la Cour commune de justice et d'arbitrage. La question s'est posée et se pose encore de savoir si elle est supérieure aux cours suprêmes nationales ou, à l'inverse, si ces deux catégories de juridictions sont équivalentes. Sur cette vaste question, l'on peut brièvement dire, sur la base de ce qui est considéré comme l'esprit du législateur OHADA, que la CCJA serait supérieure aux cours suprêmes nationales. C'est l'une des raisons pour lesquelles il l'aurait dotée du pouvoir d'évocation. Mais la lettre des textes ne le montre pas à suffisance. Certes, le Traité et le Règlement de procédure accordent d'importants pouvoirs à la CCJA vis-à-vis des juridictions suprêmes nationales : elle est unique et unitaire pour l'ensemble des Etats membres de l'OHADA, elle a les pouvoirs d'évocation et de jonction de procédures et les règles du déclinatoire de compétence lui sont exclusivement favorables (*Pour plus de détails sur ces questions, A.-F. Tjouen, Les rapports entre les juridictions suprêmes nationales et la Cour commune de justice et d'arbitrage de l'OHADA, Thèse, Paris II Cujas, 2006, pp. 40 et s.).* Mais conclure sans réserve à la supériorité de la CCJA peut sembler exagéré, pour diverses raisons. D'une part, parce que le pouvoir d'évocation est de plus en plus reconnu aux cours suprêmes des différents Etats membres de l'OHADA par les législateurs nationaux, un peu comme si ces derniers n'entendaient pas se laisser dominer par la CCJA. D'autre part, sous réserve des règles spécifiques sur le déclinatoire de compétence des articles 15 à 18 du traité, et si l'on considère que plusieurs cours suprêmes nationales sont des troisièmes degrés de juridiction, la cour ne statue pas comme quatrième degré de juridiction sur les arrêts de ces cours suprêmes nationales.

Une telle hiérarchisation ne devrait donc pas être la conséquence du caractère supranational de la CCJA. En effet, la supranationalité s'interprète comme signifiant que ladite cour est équivalente aux cours suprêmes nationales, mais que sa compétence s'étend simplement au-delà des limites du territoire d'un seul Etat.

Alex Tjouen,
Assistant, Université de Yaoundé II.

1ère espèce : CCJA, arrêt n°025/2008, 30 avril 2008
Société Générale de Banque en Côte d'Ivoire dite SGBCI c/ Dame Konan Marie Aimée et Sieur Konan Kouadio Camille

2ème espèce : CCJA, arrêt n°003/2008, 28 février 2008
Mohamed Taïb Kettani c/ Grunitzky Victoria Geneviève

1. CCJA, arrêt n°025/2008, 30 avril 2008, Société Générale de Banque en Côte d'Ivoire dite SGBCI c/ Dame Konan Marie Aimée et Sieur Konan Kouadio Camille.

(...)

Attendu ... que gérant de la S.A.R.L unipersonnelle Interaco, Monsieur Konan Kouadio Camille s'était porté caution solidaire de ladite société, par acte sous-seing privé en date du 23 juin 1986, pour bénéficier auprès de la SGBCI d'un prêt hypothécaire d'un montant de 550.000.000 franc cfa, en principal ; qu'en garantie du recouvrement de sa créance, la banque a bénéficié d'une hypothèque sur les immeubles objet des titres fonciers... établis au nom de Monsieur Konan Kouadio Camille ; que n'ayant été désintéressé, la SGBC entreprit de réaliser ses garanties en initiant, à l'encontre du débiteur susnommé, une procédure de saisie immobilière portant sur les titres fonciers susvisés ; qu'ainsi, la SGBC servait au débiteur, par exploit d'huissier en date du 18 mars 2003, un commandement à fin de saisie réelle suivi du dépôt au greffe du Tribunal de première instance d'Abidjan d'un cahier des charges auquel Madame Konan Marie Aimée ex-épouse de Monsieur Konan Kouadio Camille a inséré des dires et observations pour solliciter la nullité de ladite procédure de saisie immobilière aux motifs notamment « que la créance dont le recouvrement est poursuivi par la SGBCI ne résulte pas d'une dette commune aux époux Konan ... que la dette contractée par Monsieur Konan Camille vis-à-vis de la SGBCI ne l'a pas été par les deux époux agissant ensemble et de concert dans l'intérêt commun ... que si la SGBCI, créancière hypothécaire, peut poursuivre la vente des immeubles qui lui sont hypothéqués par Monsieur Konan Camille, elle ne le peut que sur la part de celui-ci dans les immeubles communs ... qu'à ce jour, Monsieur et Madame Konan sont en indivision, la communauté ayant existé entre eux n'ayant pas encore été liquidée ... qu'il appartient à la SGBCI de provoquer cette liquidation ... en application de l'article 249 de l'Acte uniforme portant organisation des procédures simplifiées de recouvrement et des voies d'exécution » ; que suite à l'audience éventuelle tenue le 16 juin 2003, le tribunal a rendu le jugement n°278/CIV4/ADD aux termes duquel il constatait que la procédure initiée par la SGBCI était régulière et renvoyait les parties à l'audience du 07 juillet 2003 pour être procédé à l'adjudication des immeubles saisis ; qu'advenue cette date, ledit tribunal constatait que les formalités de publicité avaient été régulièrement accomplies et procédait à l'adjudication des immeubles concernés ; qu'à l'issue de la notification des deux Jugements précités (n°s 278/CIV/4/ADD du 16 juin 2003 et 347 du 07 juillet 2003) à Monsieur Konan Kouadio Camille par exploit en date du 31 mars 2004, ce fut Madame Konan Marie Aimée qui, le 29 avril 2004, relevait appel ; que statuant sur cet appel, la cour d'appel d'Abidjan rendait l'arrêt infirmatif n°391 en date du 1er avril 2005 objet du présent pourvoi en cassation initié par la SDGBCI ;

Sur le deuxième moyen pris en ses trois branches

Attendu qu'il est reproché à l'arrêt attaqué d'avoir violé les articles 77 et 83 nouveaux de la loi ivoirienne n°83-300 du 02 août 1983 en ce qu'il résulte desdits articles, d'une part, que tout bien est présumé commun si l'on ne prouve qu'il est propre à l'un des époux et s'il y a contestation sur la nature d'un bien, la propriété personnelle de l'époux doit être établie par écrit ; que d'autre part, les dettes contractées par le mari seul peuvent être poursuivies sur ses biens propres ou sur les biens communs à l'exception des biens réservés de la femmes ; qu'en l'espèce, pour déclarer les immeubles litigieux insaisissables, la cour d'appel a indiqué que la déclaration de l'époux au titre foncier n'est pas suffisante pour établir que le bien litigieux est un bien propre et qu'il aurait fallu rapporter la preuve que les biens ont été acquis avec des deniers propres, alors qu'il résulte des articles 77 susvisé que pour établir qu'un bien présumé commun est personnel à l'un des époux, il faut produire un écrit et ledit article n'indique pas qu'il faut rapporter la preuve que le bien a été acquis avec des deniers propres ; qu'au regard de l'article 84 nouveau de la loi susvisée, en retenant même que les immeubles saisis sont des biens communs, la cour d'appel n'aurait pas dû les déclarer insaisissables ; qu'en effet, la dette de Monsieur Konan Kouadio Camille ayant été contractée pendant le mariage, elle peut être poursuivie sur les biens communs et le divorce intervenu ne peut ici avoir aucune incidence puisque les biens n'ont pas été liquidés ; que si donc la cour d'appel a jugé que les immeubles litigieux étaient des biens communs, elle aurait dû néanmoins, en vertu de l'article 84 susvisé, les déclarer saisissables ; qu'en les déclarant insaisissables, elle a violé les art 77, et 84 nouveaux visés au moyen et sa décision encourt cassation de ce chef ;

Attendu qu'il est également reproché à l'arrêt attaqué d'avoir violé l'article 21 du décret foncier du 26 juillet 1932 en ce qu'aux termes dudit article, en matière foncière, les droits ne sont opposables aux tiers qu'autant qu'ils ont été publiés au livre foncier ; il en résulte que seules les mentions portées audit livre sont opposables aux tiers ; qu'en l'espèce, les titres fonciers relevant comme propriétaire des immeubles que Monsieur Konan Kouadio Camille, l'on ne peut donc affirmer que les immeubles litigieux sont communs, alors que les titres fonciers révèlent le contraire ; que c'est donc à tort que la cour d'appel n'a pas retenu les titres fonciers versés aux débats comme preuve patente que les biens litigieux appartiennent en propre à Monsieur Konan Kouadio Camille ; que ce faisant, elle a violé les dispositions de l'article 21 susvisé et l'arrêt attaqué doit en conséquence être cassé.

Vu l'article 249 de l'Acte uniforme portant organisation des procédures simplifiées de recouvrement et des voies d'exécution ;

Mais attendu, en l'espèce, qu'il est constant comme ressortissant des pièces du dossier de la procédure que les ex époux Konan s'étaient mariés le 09 octobre 1965 à Abidjan sous le régime de la communauté des biens, seul régime matrimonial en vigueur au moment de leur mariage ; qu'ayant divorcé le 14 mai 1993 suivant jugement n°363/CIV/18 du tribunal de première instance d'Abidjan, soit bien après l'entrée en vigueur de la loi n°83-300 du 02 août 1983 modifiant radicalement l'ancien et unique régime précédent, il n'est toutefois pas prouvé par les parties litigantes, et singulièrement la SGBCI, qu'il y ait eu partage ou liquidation des biens de la communauté entre les deux ex-époux, ni qu'il y ait eu ou non changement de régime matrimonial entre eux avant le divorce ; que dans ces conditions, la violation excipée par la requérante des dispositions visées au moyen se heurte nécessairement aux déclarations unanimes et péremptoires des ex-époux selon lesquelles les immeubles litigieux sont et demeurent communs et indivis ; qu'il suit que leur bonne foi ne peut valablement être vérifiée et contestée que dans le cadre et à l'issue du partage ou de la liquidation des biens présumés communs formant l'indivision ; qu'à cet égard, l'article 249 de l'Acte uniforme précité ayant prescrit que la part indivise d'un immeuble ne peut être mise en vente avant le partage ou la liquidation que peuvent provoquer les créanciers d'un indivisaire », ce partage ou cette liquidation n'étant pas intervenus alors même qu'ils pouvaient être provoqués par la requérante, il échet, en l'état, de dire que le moyen ne peut être accueilli…

2. CCJA, arrêt n°003/2008, 28 février 2008, Mohamed Taïb Kettani c/ Grunitzky Victoria Geneviève

…Attendu qu'il ressort des pièces du dossier de la procédure qu'en exécution d'une sentence arbitrale rendue le 28 février 1996 au Maroc et condamnant Monsieur Mathieu Ekra à payer la somme de 343.867.695 francs cfa et des intérêts de droit à Monsieur Mohamed Taïb Kettani, ce dernier avait fait pratiquer une saisie - attribution entre les mains de l'Agence Abidjanaise de Gestion dite 2AG, par exploit d'huissier en date du 06 février 2002, sur les loyers de tous les immeubles appartenant au premier ; que la saisie avait été dénoncée à Monsieur Mathieu Ekra par exploit d'huissier en date du 14 février 2002 ; que par exploit en date du 26 avril 2002, Madame Grunitzky Victoria, divorcée d'avec Monsieur Mathieu Ekra par un jugement du tribunal d'Abidjan en date du 31 décembre 1996, s'était opposée à cette saisie et avait sollicité mainlevée au motif que les immeubles, dont les loyers avaient été saisis, lui étaient revenus dans le partage de la communauté des biens ayant existé entre elle et son ex ex-époux et que l'acte de saisie ne mentionnait pas son nom et ne lui avait pas été dénoncé ; que par ordonnance n°2230/2002 du 14 mai 2202, la juridiction des référés saisie déboutait Dame Grunitzky Victoria de son action pour n'avoir pas rapporté la preuve de la transcription ou la mention de la décision de divorce, conformément à la loi ivoirienne sur le divorce et la séparation de corps ; que sur appel relevé de cette ordonnance par Dame Grunitzky Victoria, la cour d'appel d'Abidjan, par arrêt n°836 du 05 juillet 2002, infirmait l'ordonnance entreprise et, statuant à nouveau, déclarait nulle la saisie - attribution du 06 février 2002 et en ordonnait la mainlevée ; que sur pourvoi en cassation introduit par Mohamed Taïb Kettani devant la cour suprême de Côte d'Ivoire, cette dernière s'était déclarée, par arrêt n°237/04 du 15 avril 2004, dessaisie du dossier et avait renvoyé la procédure devant la cour de céans au motif que l'affaire soulève des questions relatives à l'application des articles 157 et 160 de l'Acte uniforme portant organisation des procédures simplifiées de recouvrement et des voies d'exécution ;

Sur le second moyen

... Attendu, en l'espèce, que la cour d'appel d'Abidjan, pour conclure « qu'à compter de la transcription, le partage des biens est opposable aux tiers de sorte que c'est à tort que Mohamed Taïeb Kettani a procédé à la saisie - attribution sur lesbiens appartenant désormais en propre à Madame Grunitzky », s'est bornée à constater et énoncer que « par ailleurs il apparaît que le jugement de divorce n°841 du 31 décembre 1996 a été transcrit en marge de l'acte de naissance de Madame Grunitzky depuis le 08 janvier 2001 » sans s'assurer que les formalités de transcription de la décision de divorce sur les registres de l'état civil de la mairie d'Abidjan et la mention de celle-ci en marge de l'acte de naissance de l'ex-époux Monsieur Vangah Ekra ont été accomplies ; qu'il s'ensuit que la cour d'appel n'a pas donné de base légale, par insuffisance de motifs, à sa décision et qu'en conséquence, il y a lieu de casser l'arrêt attaqué et d'évoquer, sans qu'il soit besoin de se prononcer sur le premier moyen ;

Sur l'évocation

(…)

Sur le bien fondé du recouvrement de la dette sur les biens communs aux époux Ekra

Attendu qu'aux termes de l'article 84 (nouveau) de la loi n°646-376 relative au mariage, modifiée par la loi n°83-376 du 02 août 1983, les dettes contractées par chacun des époux peuvent être poursuivies :

(…)

2° Sur les biens communs et sur les biens propres de l'époux qui les a contractées si elles ne portent pas sur les besoins et charges de ménage.

Néanmoins dans ce cas :

(…)

b) si elles ont été contractées par le mari, elles peuvent être poursuivies sur les biens propres ou sur les biens communs à l'exception des biens réservés de la femme. »

Attendu, en l'espèce, que la sentence arbitrale qui condamne Monsieur Mathieu Ekra à payer la somme de 343.867.695 francs cfa et les intérêts de droit à Monsieur Mohamed Taïeb Kettani avait été rendue le 28 février 1996, donc antérieurement au divorce prononcé le 31 décembre 1996 entre les époux Ekra ; que cette dette de Monsieur Ekra étant intervenu au moment où celui-ci était encore sous la communauté des biens avec son épouse, son recouvrement peut être poursuivi sur les biens communs aux époux Ekra en application des dispositions sus énoncées de l'article 84 de la loi n°646-376 relative au mariage, modifiée par la loi n°83-376 du 02 août 1983 ;

Sur l'opposabilité au créancier saisissant du partage de la communauté opéré

Attendu qu'il a été démontré, que le jugement ou l'arrêt définitif ne produit d'effet à l'égard des tiers, en ce qui concerne les biens des époux, que du jour de sa mention en marge de l'acte de mariage et des actes de naissance de chacun des époux et de sa transcription sur les registres de l'état civil de la Mairie d'Abidjan, lorsque le mariage a été célébré à l'étranger ; qu'en l'espèce, le mariage des époux Ekra ayant été célébré devant l'officier d'état civil de la mairie du 16e Arrondissement de Paris et Dame Grunitzky n'ayant pas rapporté la preuve, d'une part, de la mention du jugement de divorce ni en marge de l'acte de naissance de Monsieur Ekra, ni en marge de l'acte de mariage et, d'autre part de la transcription dudit jugement de divorce sur les registres de l'état civil de la mairie d'Abidjan, il y a lieu de déclarer que le partage de la communauté opéré par les époux Ekra n'est pas opposable au créancier saisissant Mohamed Taïb Kettani ;

Sur l'étendue de la saisie - attribution

Attendu qu'il ressort du « procès-verbal de saisie -attribution de créance à exécution successive » en date du 06 février 2002 que la saisie -

attribution de créance pratiquée entre les mains de l'agence Abidjanaise de Gestion dite 2AG porte sur « toutes les sommes d'argent qu'elle détient et détiendra pour le compte de Monsieur Mathieu Vangah Ekra..., notamment les loyers des constructions bâties sur les lots 254 et 256, ... et de tous autres immeubles lui appartenant, et ce pour sûreté et avoir paiement des sommes d'argent ci-après : ... » ; qu'en précisant dans l'exploit d'huissier « et de tous autres immeubles lui appartenant », la saisie - attribution pratiquée concerne bel et bien les loyers des 12 villas de la « Cité paisible » qui faisaient partie des biens communs à la date de la condamnation de Monsieur Ekra et dont Dame Grunitzky se prétend seule propriétaire après le divorce et le partage de la communauté, partage non opposable au créancier saisissant comme il a été démontré ci-dessus ;

Sur la régularité de la saisie opérée

Attendu qu'aux termes des articles 79 et 81 de la loi n°64-375 du 07 octobre 1964 modifiée, « sous réserve de ce qui est dit aux articles 68, 76, et 81, les biens communs sont administrés par le mari » et « le mari exerce seul tous les actes d'administration ou de disposition sur les biens communs mais ne peut, sans le concours de l'épouse :

-disposer de ces biens entre vifs à titre gratuit ;

-aliéner ou grever des droits réels, les immeubles, fonds de commerce ou exploitation dépendant de la communauté.

Les legs faits par lui ne peuvent excéder sa part dans la communauté ».

Attendu qu'il ressort de l'analyse des dispositions sus énoncées que le mari étant l'administrateur des biens communs et exerçant seul tous les actes d'administration sur lesdits biens, toute saisie - attribution pratiquée sur lesbiens communs dénoncée au seul mari est régulière sans qu'il soit besoin de la dénoncer à l'épouse ; qu'au surplus l'Acte uniforme ne le prescrit pas expressément en ce qui concerne la saisie - attribution de créance, contrairement à ce qu'il fait notamment en matière de saisie immobilière et de saisie attribution sur un compte joint ;

Attendu, en l'espèce, que la saisie - attribution du 06 février 2002 ayant été régulièrement dénoncée à l'époux Mathieu Ekra par exploit d'huissier en date du 14 février 2002, il y a lieu de la déclarer régulière ; qu'il échet de rejeter la demande de Dame Grunitzky Victoria tendant à déclarer irrégulière ladite saisie - attribution ;

Attendu qu'il ressort de tout ce qui précède qu'il y a lieu de confirmer l'ordonnance entreprise en toutes ses dispositions...

Casse l'arrêt n°836 rendu le 05 juillet 2002 par la cour d'appel d'Abidjan...

OBSERVATIONS

Si les ménages constituent pour l'économie des entités de production ou de consommation indispensables, à la faveur de l'appréciation du progrès économique et social d'un pays, les époux et spécifiquement ceux communs en biens apparaissent souvent dans notre contexte comme une catégorie de cocontractants à risque, notamment pour les droits des créanciers (*Ph. Simler, L'indivision entre époux séparés des biens. Une quasi-communauté ? Mélanges offerts à André Colomer, Litec, 1993).*

C'est en tout cas ce que semble révéler de manière pertinente, la Cour commune de justice et d'arbitrage de l'Organisation pour l'harmonisation en Afrique du droit des affaires, dans deux arrêts : l'arrêt n°25/2008 du 30 avril 2008, affaire Société Générale de Banque en Côte d'Ivoire dite SGBCI c/ Les époux Konan, d'une part, et l'arrêt n°03/2008 du 28 février 2008, affaire Mohamed Taïb Kettani c/ Geneviève Victoria Grunitzky, d'autre part, dont la particularité réside en ce qu'ils concernent des questions à la lisière du droit des régimes matrimoniaux encore gouverné dans l'ordre juridique interne de chacun des Etats membres et les voies d'exécution déjà réglementées par le droit communautaire. D'où la difficulté que traversera le présent commentaire conjoint.

Dans les faits rapportés et la procédure suivie dans ces deux arrêts, à quelques nuances près similaires, il ressort du premier arrêt *(affaire Société Générale de Banque en Côte d'Ivoire dite SGBCI c/ Dame Konan Marie Aimée et sieur Konan Kouadio Camille, CCJA n°025/2008 du 30 avril 2008)*, que :

Pour réaliser sa créance hypothécaire contre son débiteur, en l'occurrence le sieur Konan, gérant d'une société à responsabilité limitée unipersonnelle, la SGBCI a entrepris une procédure de saisie vente d'immeubles jadis titrés au nom de ce dernier, en remboursement du crédit de 550 000 000 francs cfa contracté pour les besoins de son activité par acte sous seing privé du 23 juin 1986 (Il s'agit là d'une dette professionnelle du mari, mais de laquelle il tire l'essentiel de ses ressources, pour subvenir entre autre, aux charges du mariage et contribuer à la création des richesses conjugales). En dépit de l'opposition de l'ex épouse du débiteur, la nommée dame Konan, le juge de l'exécution, après vérification de la régularité de la procédure, a par ordonnance du 07 juillet 2003, autorisé la vente contestée de l'immeuble, déboutant la demanderesse.

Au demeurant, et à l'appui de son intervention, Madame Konan invoquait deux principaux arguments, d'une part, l'indivision post communautaire non encore liquidée, ni partagée à la suite de leur divorce prononcé en 1986, et d'autre part, le caractère non commun de la dette du mari contractée certes pendant le mariage, mais par le mari seul, pour les besoins de son activité professionnelle qui était la gérance d'une la SARL unipersonnelle.

A ces arguments, la SGBCI opposait à l'inverse que la propriété de son débiteur sur les immeubles litigieux hypothéqués, objet de la saisie, ne faisait aucun doute, parce qu'elle était établie par les titres fonciers mentionnant uniquement son nom et inscrits au livre foncier, seul moyen de preuve inattaquable. Elle s'appuie alors sur le droit foncier ivoirien et sur le droit de la famille, qui au travers des articles 77 et 84 de la loi ivoirienne n° 83-300 du 02 août 1983 portant code de la famille, dispose respectivement que « tout bien est présumé commun, si l'on ne prouve qu'il est propre à l'un des époux et s'il y a contestation sur la nature d'un bien, la propriété personnelle de l'époux doit être établie par écrit », qui consacre le principe de la présomption de communauté cf. ; et que « les dettes contractées par le mari seul peuvent être poursuivies sur ses biens propres ou sur les biens communs à l'exception des biens réservés de la femme » *(cf. Rafael Encinas de Munagorri, Introduction générale au droit, Flammarion, Paris 2006, pp. 85-88).*

Saisie en appel par l'ex dame Konan pour demander l'annulation des deux décisions successives du tribunal première instance d'Abidjan, l'une, (jugement avant - dire droit du 16 juin 2003) constatant la régularité de la procédure de saisie, et l'autre, (l'ordonnance du 07 juillet 2003) autorisant la vente du bien litigieux saisi, la cour d'appel d'Abidjan, par un arrêt infirmatif n°391 du 1er avril 2005, a donné raison à l'appelante, pour insuffisance de preuve du caractère exclusif de la propriété du mari sur les titres fonciers d'une part, et pour insaisissabilité du bien litigieux commun avant tout partage, d'autre part. C'est cette décision qui a été portée devant la CCJA, sur pourvoi du créancier saisissant, la SGBCI.

Dans le second arrêt *(CCJA n°03/2008 du 28 février 2008, affaire Mohamed Taïb Kettani c/ Grunitzky Victoria Geneviève)* et à la différence de la première décision, c'est plutôt en exécution d'une sentence arbitrale rendue le 28 février 1996 devant une juridiction arbitrale de Casablanca au Maroc, qu'une procédure de saisie - attribution a été pratiquée le 06 février 2002 par Mohamed Taïb Kettani, sur les loyers d' immeubles appartenant aux époux Ekra-Grunitzky, eux aussi divorcés par jugement du 31 décembre 1996. Ladite saisie a été opérée entre les mains d'un tiers, une agence chargée de la gestion desdits immeubles, en recouvrement d'une créance de 343 867 695 francs cfa en principal, frais et intérêts.

Dans son opposition, dame Geneviève Victoria Grunitzky, ex épouse du débiteur Ekra (demanderesse de la main levée), prétend alors, d'une part, que les immeubles dont les loyers ont été mis sous main de la justice lui avaient été attribués en propre par l'acte de partage de la communauté consécutif à son divorce sus évoqué ; d'autre part, que l'ordonnance de saisie ne la visant pas personnellement comme co-débitrice, c'est certainement par erreur que les loyers de ses immeubles ont été atteints par cette voie d'exécution. De son point de vue, une telle erreur sur la personne du débiteur constitue une violation des articles 157 et 160 de l'AUPSRVE.

Arguments réfutés par le créancier saisissant Kettani muni de son titre exécutoire. Ce dernier considère d'un, que la dette est commune aux époux Ekra, que la procédure de saisie - attribution est régulière, et que le partage des biens intervenu ne lui est pas opposable pour défaut de transcription du jugement de divorce.

Saisi en référé, le tribunal de première instance d'Abidjan a déboute dame Grunitzky Geneviève pour défaut de preuve de transcription du divorce dans le registre d'état civil de la Mairie d'Abidjan et en marge des actes de naissance des conjoints, en application de la loi ivoirienne de 1983 sur le divorce et la séparation de corps. Cette décision a aussitôt été infirmée en appel par la cour d'appel d'Abidjan dont l'arrêt a fait l'objet d'un pourvoi en cassation d'abord devant la cour suprême ivoirienne chambre judiciaire qui, déclinant sa compétence, l'a ensuite renvoyé devant la CCJA.

Le problème soulevé et manifestement posé dans ces deux décisions, semble identique et peut être formulé de la manière suivante : les biens communs des époux (régime de communauté ou séparation) peuvent-ils faire l'objet d'une saisie des tiers créanciers de l'un d'entre - eux en cas de divorce? Autrement dit, le droit de gage général ou particulier du créancier d'un époux s'étend-t-il après le divorce aux biens communs. En d'autres termes, en se plaçant du côté du créancier, jusqu'où et sous quelles conditions le créancier d'un des époux communs en biens peut-il se prévaloir des effets prolongés de la communauté, de l'indivision ou même de la co-titularité d'un droit pour poursuivre les biens conjugaux après le divorce?

A ce questionnement, la Cour commune a, dans l'affaire Konan, clairement posé le principe de l'insaisissabilité des biens des époux communs lorsqu'ils se trouvent encore dans l'indivision. Toutefois, dans l'affaire Grunitzky, elle précise les cas à partir des quels les créanciers ne sont plus admis à invoquer la communauté.

Autrement dit, ces deux décisions mettent à jour les difficultés récurrentes qui surviennent généralement à la fin du fonctionnement du régime matrimonial où ses règles sont appelées à s'appliquer. Ces problèmes peuvent être exacerbés lors des opérations de liquidation du régime, notamment lorsque l'un des époux exerce une activité commerciale, soit en qualité d'associé, soit de commerçant et par hypothèse est susceptible de contracter avec des tiers pour les besoins de son commerce, sans nécessairement recourir à l'autre. A travers ces décisions, la CCJA tranche la sensible question du sort des biens communs à la suite d'un divorce. Ce faisant, elle statue accessoirement sur la question de la protection des droits des tiers qui acceptent au quotidien et sans précaution, de contracter avec les époux en sanctionnant certaines négligence.

En confirmant les juges de la cour d'appel dans le premier cas, et en les infirmant dans le second cas, la CCJA réaffirme sans ombrage, un grand principe dans sa teneur substantielle : l'insaisissabilité des biens des indivis des époux (I), et ses limites (II), deux attitudes qui constitueront la trame de notre commentaire.

I. Le principe de l'insaisissabilité des biens communs des époux

Tout comme le prédécès, l'absence d'un époux ou l'annulation du mariage, le divorce est l'une des principales causes qui met fin au mariage pour l'avenir. A ce titre, son prononcé entraîne des conséquences tant dans les rapports personnels et patrimoniaux des époux eux-mêmes, qu'à l'égard des tiers, très souvent créanciers.

L'un des effets du divorce au plan patrimonial est la dissolution consécutive du régime matrimonial. Ainsi, que les époux soient mariés sous le régime légal *(telle historiquement la communauté des meubles et d'acquêts en Côte d'Ivoire, en vigueur en droit camerounais, la communauté réduite aux acquêts en droit français, etc.)*, ou conventionnel *(la séparation des biens, la participation aux acquêts, etc.,)*, le régime matrimonial prend nécessairement fin par le divorce, et ne se prolonge pas en principe *(La doctrine majoritaire s'accorde ce lien juridique de dépendance qu'entretien le régime matrimonial par rapport au mariage. Il ne saurait y avoir mariage sans régime matrimonial et vice versa. Il est accessoire au mariage, cf. Louis Bach, Cours élémentaire -droit - économie, Droit civil .régimes matrimoniaux, successions -libéralités droit privé notarial, tome 2, sirey 1991).*

Et à la dissolution du régime, c'est l'heure de la reddition des comptes, non seulement entre les masses de patrimoines en présence, mais également à l'égard des tiers, ce qui en pratique, n'est pas toujours évident par qu'il s'agit des dettes *(cf. l'importance dans la pratique notariale du contentieux de la liquidation du régime matrimonial qui traduit l'appréhension de la liquidation en cas de divorce ou de prédécès).* La question délicate est donc de savoir qui payera la dette contractée par un époux sans le concours de l'autre, ou du fait de son activité professionnelle, après le divorce ? Dans le cas particulier de la communauté des biens, il s'agit de savoir si les créanciers peuvent saisir des biens communs en dépit du divorce, ou du partage intervenu, comme le laissent transparaître respectivement les deux espèces, affaires Konan et Grunitzky ?

Pour affirmer le principe de l'insaisissabilité des biens communs, la CCJA a pris en compte le caractère indivis du bien commun ; on pourrait aussi retenir le caractère propre de la dette professionnelle imputable à l'un des époux pour faire échec au recouvrement par le créancier sur lesbiens qui eux sont communs ; c'est en tout cas l'un des arguments que les débiteurs vont soulever dans les deux espèces en étude.

A. La prise en compte du caractère indivis des biens communs des époux

De façon générale, un bien est frappé d'insaisissabilité en droit, lorsqu'il ne peut faire l'objet d'appréhension ou de poursuite de la part des tiers, en particulier les créanciers, en garantie de leur créance.

L'insaisissabilité peut avoir plusieurs sources. Elle peut être liée à la nature d'un bien ou d'un droit *(C'est le cas des droits extrapatrimoniaux qui ne peuvent être détachés de leur titulaire pour être cédé en paiement d'une dette. Ils sont hors d'évaluation économique et par principe insaisissables. Cf. J.-L. Aubert et E. Savaux, Introduction au droit et thèmes fondamentaux du droit civil, 12e éd. Dalloz Sirey, Paris, 2008, pp. 210 et s.)*. Elle peut être d'origine judiciaire et constitue dans ce cas, une mesure conservatoire ou une sûreté judiciaire *(Lexique des termes juridiques)*. Enfin, l'insaisissabilité peut-être expressément consacrée par un texte ou déduite de son interprétation.

Dans les décisions soumises à notre analyse, l'insaisissabilité apparaît davantage fondée sur le caractère à la fois commun et indivis des biens des époux. Quels sens et implications pouvons nous dégager ?

1. La signification du principe

Pour s'opposer à la saisie - vente ordonnée par le tribunal de première instance d'Abidjan à la demande de la SGBCI créancière hypothécaire de sieur Konan, dame Konan a opposé au juge de référé, le défaut de partage de la communauté ayant existé entre les époux, depuis le prononcé de leur divorce. En d'autres termes, le bien objet de la saisie étant un bien commun ou présumé commun, il ne saurait faire l'objet ni de saisie, ni de vente, avant le partage *(A la liquidation du régime, lesbiens communs des époux ou lesbiens présumés communs dont le caractère exclusivement propre n'a pu être établi, tombent dans la masse commune qui sera partagée, après le règlement des récompenses et des rapports de dettes à l'égard des passes propres, cf. Louis Bach, op.cit., pp.83-90)*.

En droit des régimes matrimoniaux, le principe est que le régime matrimonial est dissout par le divorce. Au plan personnel, le jugement de divorce produit alors des effets qui sont instantanés. Ceux-ci peuvent remonter à la date de l'assignation ou de l'ordonnance de non conciliation ordonnant la séparation de corps.

Or, au plan patrimonial, la situation est un peu complexe ; la communauté de vie menée par les époux étant susceptible d'entraîner la confusion des intérêts, des biens, ainsi que des patrimoines, le régime ne saurait cesser d'exister au jour même du prononcé du divorce *(A l'exception du divorce par consentement mutuel qui en droit français, donne la possibilité aux époux tous deux demandeurs de régler d'avance les effets et de s'accorder)*. La jurisprudence, suivie en cela par la doctrine a alors admis que le divorce ne saurait produire des effets immédiats. Cela semble bien compréhensible. Pour des raisons d'ordre pratique, la dissolution du régime matrimonial, notamment lorsqu'il s'agit d'un régime de communauté, cède la place à une sorte d'indivision qualifiée de post communautaire. Autrement dit, la communauté se prolonge après le divorce pendant la période qui précède la liquidation et le partage de la masse commune. Ce qui soulève, incidemment, le sort des actes que peuvent passer les époux pendant cette période, du moins relativement aux biens conjugaux *(ceux-là ne sont pas en cause ici)*.

Cette indivision est spéciale en raison de son caractère matrimonial et incident.

C'est la situation dans laquelle se trouvaient les ex époux Konan, mais dont la communauté n'avait encore été ni liquidée, ni partagée au moment où intervenait la procédure de saisie - vente forcée diligentée par la SGBCI, créancier du mari.

Toutefois, dans cette affaire, la situation des immeubles, objet de la procédure de saisie vente initiée par la SGBCI, est particulière. Il s'agit des immeubles titrés et inscrits par le seul nom de l'un des époux, à savoir, le mari, dans le Livre foncier. C'est probablement fort de sa désignation en personne dans ces titres que Monsieur Konan, pourtant marié sous le régime de la communauté légale et donc chef de cette communauté, a contracté un prêt à la banque (SGBCI), en inscrivant une hypothèque sur les immeubles litigieux tout en se portant caution solidaire de sa SARL, sans précaution ni vérification de la part du banquier.

Les difficultés sont nombreuses pour les juges. Tout d'abord, la question de la validité du cautionnement solidaire souscrit par l'un époux commun en biens, en l'occurrence le mari, par rapport à un bien dont le statut juridique n'est pas prédéfini, pour les besoins de son activité professionnelle ; puis celle de l'étendue des pouvoirs dont dispose un tel époux dans un régime de communauté pour engager les biens conjugaux dont le caractère exclusivement propre n'est pas certain, quand on sait que dans le régime de la communauté légale des meubles et acquêts, le cautionnement est un acte grave, notamment lorsqu'il est souscrit par le mari, chef de famille et de la communauté disposant des pouvoirs d'administration extraordinaires et garant de la consistance de la communauté ou des droits par lesquelles celle-ci est assurée. Autrement dit, quel serait le véritable statut des immeubles saisis, objet des titres fonciers portant le seul nom du mari dans un régime de communauté ? Le seul fait d'immatriculer un immeuble au nom de l'un des époux suffit-il à établir sa propriété et à lui conférer toutes les prérogatives, *d'usus, fructus et d'abusus ? (cf. Ph. Simler, Les biens, PUG, 1996, pp. 28-30)*.

La particularité en droit des régimes matrimoniaux est que tous les biens que les époux possèdent en se mariant tombent dans l'assiette du régime matrimonial. Par conséquent, le régime juridique propre à tel ou tel bien est automatiquement influencé par les règles du régime matrimonial applicable, d'où la difficulté à régler le sort des biens conjugaux à la dissolution, notamment face aux droits et intérêts des créanciers *(Bien que les opérations de liquidation faites d'inventaire, de composition des différentes masses active et passive, ainsi que des prélèvements et des récompenses, de soultes, concourent au règlement des déséquilibres entre les différents patrimoines).*

C'est à cette principale difficulté qu'ont été confrontés les juges du tribunal de première instance, de la cour d'appel et de la haute juridiction commune. Reprenant la position de la cour d'appel, les hauts magistrats de la CCJA n'ont pas tergiversé. Les immeubles, même titrés sous le nom d'un seul époux, sont présumés communs, la preuve contraire incombant à celui qui conteste *(par exemple, en l'espèce, la SGBCI, créancière devrait prouver que les fonds ayant servi à l'acquisition des immeubles n'étaient ni communs, ni fournis par l'un et l'autre époux ; ce qui a priori n'est pas évident).* Fort de ce principe, et selon la position des juges, aucune saisie ne saurait être valablement exécutée par les créanciers fussent-ils privilégiés de l'un des époux.

Certes, la règle n'est pas nouvelle. Cependant, il n'est pas superflu de s'interroger sur le point de savoir si la dette contractée par un seul époux *(en l'espèce le mari)*, pour les besoins de son travail ne profitait ou ne servait pas également tout au moins indirectement à travers les revenus ou leurs fruits, à subvenir aux charges et besoins fondamentaux du ménage? *(Ces besoins essentiels sont déterminés dans le régime primaire, tels que l'obligation de contribuer à titre principal aux charges du ménage, cf. articles 212 à 214 du code civil 1956 également applicable en Cote d'Ivoire, avant la codification intervenue en 1983. Selon la doctrine, il s'agit de tout ce qui satisfait aux besoins du ménage, ou de ses membres).* La préoccupation est d'autant plus légitime qu'on se trouve dans le régime de la communauté où le mari est le chef de la famille et de la communauté. A ce titre, il peut passer tous les actes nécessaires qui entrent dans l'intérêt de la famille, et engager de ce fait, non seulement ses biens propres, mais aussi les biens communs et, solidairement, les propres de la femme quant à l'obligation à la dette. Dès lors, la dette, cause de la saisie serait commune ; et dans ce cas, les créanciers seraient fondés à poursuivre n'importe quel bien des époux communs, notamment ceux déclarés communs. Corrélativement, les époux seraient solidairement tenus en qualité de co-débiteurs, même après le divorce.

Dans l'affaire Konan qui en est l'illustration, la solution du juge qui consiste en l'insaisissabilité des biens des époux en raison de leur statut juridique de biens communs semble appréciable. Toutefois, cette manière de voir demeure fragile du point de vue du droit des régimes matrimoniaux car la cour d'appel et la CCJA n'ont pas cherché à savoir si les immeubles litigieux titrés étaient acquis grâce aux revenus des époux, d'un seul d'entre eux ou en remplacement d'un bien propre ou commun. Elles se sont contentées des déclarations « *de bonne foi* » des ex époux qui, pour sauvegarder leur patrimoine, ont ensemble adopté une attitude. Ce faisant, elles ont fait une juste application de la loi ivoirienne de 1983 qui dans ses articles 77 et 83 dit en substance que les biens des époux sont présumés communs lorsque la propriété de l'un d'entre eux ne peut être établie par écrit. En retour, l'immatriculation d'un immeuble commun au nom d'un seul époux ne suffit pas en droit des régimes matrimoniaux à établir le caractère exclusif de la propriété.

2. Les implications du principe

Dans son application, deux grands enseignements semblent découler de ce principe : d'une part, l'interdiction de la saisie d'un bien commun, et d'autre part, la difficulté de trouver un équilibre entre des intérêts fondamentalement opposés.

S'agissant de l'interdiction de toute saisie d'un bien commun et indivis avant le partage, les hypothèses visées dans les deux affaires SGBCI c/ Konan, et Kettani c/Ekra ne semblent pas s'appliquer au recouvrement des créances des tiers qui intervient pendant le fonctionnement normal du régime. Durant le mariage, tous les biens conjugaux propres ou communs peuvent servir à la satisfaction des droits des créanciers, suivant le degré d'entente qui existe entre les époux, fussent-ils communs en biens. Il y va du crédit du ménage. En revanche, les difficultés au droit de recouvrement des créances des tiers surviennent en cas de crise, ou lorsque le régime vient à être dissout par le divorce. Si dans le régime de la séparation des biens, le règlement des conséquences patrimoniales peut paraître plus aisé, tel n'est pas le cas dans le contexte de la communauté qui nécessite une clarification préalable des droits de chacun des époux, pour déterminer laquelle des masses supportera en définitive les différentes dettes exigibles.

C'est la position adoptée par la Cour commune dans l'affaire SGBCI c/époux Konan. Mais, à l'analyse, la haute Cour ne dit pas que l'interdiction de toute saisie ou vente d'un bien commun fondée sur l'insaisissabilité est absolue. Mais, parce que les biens autrefois communs pendant le mariage deviennent indivis après le divorce (pendant la période plus ou moins longue précédant le partage), il n'est plus possible pour les créanciers de les saisir aisément. Par ailleurs, pour éviter de saisir par erreur un bien qui ne saurait répondre d'une dette dont le statut commun ou propre est à déterminer, et éviter le cercle vicieux du contentieux dans le contentieux, le préalable de la liquidation et du partage de la communauté semble en pratique s'imposer.

Il en résulte qu'au-delà du caractère commun du bien à saisir, l'insaisissabilité repose manifestement sur l'indivision post communautaire. Dans ce cas, le régime juridique de droit commun applicable à toutes les indivisions se trouve étendu par la haute Cour à cette indivision spéciale entre époux divorcés.

Quant à la difficile recherche d'équilibre entre les intérêts opposés, ces deux affaires mettent en relief comme nous le constatons, la situation de conflit entre les intérêts en présence : d'une part, le souci de protection de l'intérêt de la famille, et d'autre part, le souci de satisfaire les intérêts des tiers créanciers. Pour concilier ces intérêts opposés, la Cour commune adopte une démarche en apparence contradictoire. Dans le premier cas, l'affaire Konan, les biens communs ou présumés comme tel, ne peuvent pas être saisis pour défaut de partage de la communauté après le divorce, car il y a indivision post communautaire. Dans le second cas, l'affaire Kettani, lorsque la CCJA confirme l'ordonnance des référés qui emporte inopposabilité des effets du divorce et du partage subséquent à l'égard de tiers, pour défaut de transcription du divorce pour un mariage célébré à l'étranger, un chèque en blanc est donné aux créanciers en autorisant la saisie des biens communs en dépit du prononcé du divorce, davantage pour sanctionner les époux négligents. Ceci est d'autant plus vrai que l'exigence de transcription ne semble pas absolue dans cette espèce. En effet, la transcription se comprend davantage dans l'hypothèse où le mariage est célébré à l'étranger. Or, le divorce des époux était intervenu en Côte d'Ivoire.

Au total, il n'est pas excessif de souligner l'embarras dans lequel s'est trouvée la Cour commune et de découvrir par contrecoup ce qui apparaît comme une limite du principe de l'insaisissabilité. Cette insaisissabilité a d'ailleurs aussi été évoquée sur la base du caractère exclusivement propre de la dette ayant donné lieu à la saisie des biens communs.

B. Le caractère exclusivement propre de la dette objet de la saisie des biens communs

Cet argument n'émane ni de la cour d'appel d'Abidjan, ni de la CCJA, mais de l'un des moyens présentés secondairement dans ses conclusions par Dame Konan d'une part, et à titre principal par Dame Grunitzky d'autre part, mais qui mérite d'être examiné en raison de son apport particulier. En effet dans leur stratégie, les requérantes ont évoqué le caractère propre de la dette professionnelle du mari pour faire échec à l'action en nullité de la saisie - vente pour Dame Konan, puis de la saisie - attribution pour Dame Grunitzky. Pour être plus précis, un rappel des faits s'impose.

Dans la deuxième espèce, l'affaire Kettani c/ Ekra-Grunitzky, il ressort des faits que c'est en exécution d'une sentence arbitrale rendue le 28 février 1996 en sa faveur, que Sieur Kettani a pratiqué la saisie - attribution des sommes d'argent représentant les loyers provenant de l'exploitation des immeubles appartenant à son débiteur Ekra, par ailleurs ex-époux de Dame Grunitzky *(divorcés en date du 31 décembre 1996)*. Or, il se trouve que la liquidation et le partage de la communauté entre eux seraient intervenus avant la pratique de la saisie - attribution à laquelle s'est opposée la requérante, dame Grunitzky.

La difficulté était de savoir si pour poursuivre le recouvrement et réaliser sa créance, le créancier pouvait toujours invoquer le caractère commun des biens après le partage ou si, en se plaçant du côté du débiteur commun en biens, il pouvait invoquer le partage pour soustraire ceux des biens qui lui ont été attribués par l'acte de partage déclaratif du droit de poursuite des créanciers professionnels de l'autre époux.

L'argument avancé par la requérante était que la dette contractée par son époux pour les besoins de son activité commerciale séparée était exclusivement propre. A ce titre, n'ayant pas la qualité de co-débiteur, sa part issue du partage de la communauté ne pouvait faire l'objet d'une saisie par les créanciers personnels de son mari. Pour elle, il y'avait erreur dans la personne du débiteur et sur la propriété des sommes saisies. Sur cette base, la saisie attribution irrégulière devait être purement et simplement annulée.

Ce moyen avait déjà été développé par Dame Konan qui estimait que sa part dans la communauté ne pouvait être saisie pour une dette exclusivement personnelle à son mari, parce que contractée pour les besoins de sa profession de gérant d'une SARL, et que eu égard au caractère grave de l'acte de cautionnement, elle aurait du consentir pour être personnellement engagée. Sa logique se comprenait d'autant plus que les créanciers n'avaient pas notifié les engagements pris et, à l'inverse, soutenaient que les biens visés étaient communs.

A bien regarder, il s'agissait de distinguer les dettes propres des dettes communes. La question était alors de savoir à partir de quel moment la dette contractée par le mari, chef de la communauté, est-elle exclusivement propre? La plus value apportée par la dette contractée pour l'activité professionnelle d'un époux ne profite-elle pas à la communauté, et donc au conjoint non contractant, à travers les revenus professionnels qui eux sont des biens communs ?

A la différence de la cour d'appel d'Abidjan qui a reconnu le caractère opposable du partage de la communauté en s'appuyant sur le statut propre de la dette cause de la saisie - attribution, le tribunal de première instance d'Abidjan, éludant la difficulté, s'est plutôt appuyé sur la double inopposabilité à l'égard des tiers, c'est-à-dire des créanciers. Inopposabilité du divorce des ex-époux Ekra-Grunitzky obtenu à l'étranger ; inopposabilité du partage subséquent de la communauté. Dans l'une ou l'autre hypothèse, on ne le sait que trop, l'inopposabilité découlait du défaut de transcription du divorce aussi bien dans les registres d'état civil de la Mairie d'Abidjan que dans les actes de mariage et de naissance des époux, conformément aux dispositions légales relatives à la séparation de corps et au divorce du Code ivoirien de la famille issu de la réforme de 1983. Le tribunal de première instance a été en cela suivi plus tard par la Cour commune de justice et d'arbitrage qui a cassé l'arrêt infirmatif d'appel en invoquant l'insuffisance de motifs et donc le manque de base légale. En effet, la cour d'appel s'était appuyée sur la transcription *(probable,...)* au conditionnel du divorce qui emporterait publication et donc opposabilité du partage à l'égard des tiers, pour justifier l'insaisissabilité des biens autrefois communs, devenus propres après ledit partage.

II. La mise en échec du principe de l'insaisissabilité des biens communs et indivis

Bien que réaffirmé par la haute juridiction communautaire, le principe de l'insaisissabilité des biens des époux mariés communs en biens peut connaître des limites. Ces limites sont autorisées par le législateur lui-même, soit au titre de droit subjectif ou de stratégie de sauvegarde reconnue aux créanciers, soit au titre de sanction des époux laxistes ou ignorants de la loi.

A. Le droit des créanciers de faire éclater l'indivision

Cette faculté reconnue aux créanciers par la loi et rappelée ici par les juges de la haute Cour, peut-être comparable quant à ses effets, aux droits des créanciers de la succession de demander la séparation des patrimoines pour limiter le concours avec les créanciers personnels de l'héritier indélicat *(cf. L. Bach, op.cit.)*. En tout cas, elle remplit la même fonction, à savoir donner au créancier la possibilité de recouvrer sa créance face à un cocontractant indélicat ou en faillite *(en l'espèce les époux)*, dans l'intérêt des affaires.

Pour faire échec à l'action en recouvrement du créancier, la CCJA affirme dans la première espèce, affaire Konan, que le bien litigieux commun étant indivis après le divorce (indivision post communautaire), aucune saisie ne peut être entreprise avant le partage. En d'autres termes, au lieu de s'engager par une voie dont l'issue est incertaine, il est préférable de provoquer le partage.

La faculté donnée aux créanciers de provoquer le partage des biens communs indivis après le divorce et en attente du partage est légale. Elle est prévue par l'article 249 de l'AUPSRVE qui dispose que « *La part indivise d'un immeuble ne peut être mise en vente avant le partage ou la liquidation que peuvent provoquer les créanciers d'un indivisaire* ». Sur la base de cette prescription, le créancier d'un ex-époux qui voudrait recouvrer sa dette ne peut saisir et procéder à la vente d'un immeuble indivis que si au préalable il provoque le partage de la communauté qui entraîne forcément le retrait de l'indivision. Ainsi, en déboutant la SGBCI pour avoir poursuivi la réalisation d'immeubles indivis appartenant aux époux Konan sans provoquer le partage, la CCJA a fait une juste application du droit car les règles applicables à l'indivision post communautaire relèvent du droit commun de l'indivision ou du régime des propriétés collectives *(Philippe Bihr, Droit civil général, 17e éd., coll. Mémentos,*

Dalloz, Paris, pp.184 et s.). En effet, en invoquant le droit de provoquer le partage ou la liquidation de la communauté entre les époux, la Cour commune de justice évite de s'engager dans un domaine qui ne relève pas du droit OHADA. Soucieuse de ne pas excéder les limites des missions qui lui ont été attribuées, elle conduit les créanciers à préférer les règles de droit qui sont de sa compétence. S'il en va ainsi, c'est probablement qu'elle estime que c'est dans le cadre de son domaine d'intervention qu'elle peut au mieux garantir l'équilibre des différents intérêts susceptibles d'être en conflit (intérêt des époux et partant de la cellule familiale, intérêt des créanciers).

Il est louable que la CCJA prenne des précautions en n'évoquant pas le droit des régimes matrimoniaux qui, bien que n'étant pas directement en cause ici, se trouve néanmoins et incidemment visé. Il n'en reste pas moins que la Haute juridiction se retrouve en difficulté, puisqu'il lui faudra faire usage d'une astuce pour « prescrire », comme la cour d'appel d'Abidjan, la faculté de provoquer la liquidation et le partage. C'est le lieu d'observer que l'idéal aurait été qu'elle fasse preuve d'un peu plus d'audace à ce niveau car l'affaire opposant la SGBCI aux époux Konan aurait pu être une décision de principe sur la question de la protection des créanciers face à certaines institutions matrimoniales qui ne font pas ou du moins pas encore l'objet d'une réglementation à l'échelle communautaire. En revanche, dans le cas des époux Ekra et Grunitzky, la situation était particulière. Mariés à l'étranger et divorcés en Côte d'Ivoire, et le partage de la communauté étant intervenu, la saisie des biens « communs » a été rendue aisée sur une base autre, à savoir la sanction de leurs négligences de leur laxisme.

B. La sanction des négligences des époux après le divorce et le partage

Dans l'affaire Kettani où des époux communs en biens s'étaient du reste mariés à l'étranger, les juges précisent les conditions de l'inopposabilité aux créanciers du partage survenu après le divorce.

D'après les article 14 et 15, alinéa 4 de la loi ivoirienne du 07 octobre 1964 relative au divorce et à la séparation de corps, modifiée le 02 août 1983*(Cf. Loi ivoirienne n°83-800 du 02 août 1983 modifiant la loi n°64 -375 du 07 octobre 1964 portant code de la famille),* le principe est que le jugement ou l'arrêt qui prononce le divorce ou la séparation de corps ne produit d'effet à l'égard des tiers en ce qui concerne les biens des époux, que du jour de la mention du dispositif en marge de l'acte de mariage et des actes de naissance de chacun des époux et de sa transcription sur les registres de l'état civil de la mairie d'Abidjan, lorsque le mariage a été célébré à l'étranger. C'est une formalité d'ordre public, laquelle s'impose à tous les époux qui divorcent ou se séparent devant un tribunal. Elle poursuit une double finalité : centraliser les informations relatives à tous les évènements qui surviennent dans la vie du citoyen ivoirien au nombre desquels le mariage ou le divorce ; servir de moyen de publicité pour l'information des tiers, notamment des créanciers. C'est donc à compter la date de la transcription que le divorce et le partage subséquent de la communauté produisent rétroactivement leurs effets en ce qui concerne les biens des conjoints (à l'égard des tiers).

Dans le cas d'espèce, il apparaît que les époux Ekra s'étaient mariés à l'étranger, à Paris précisément, et que leur divorce avait été prononcé en Côte d'Ivoire, le 31 décembre 1996. La seule mention du dispositif du jugement de divorce en marge des actes de mariage et de naissance aurait suffit à donner ses effets à l'acte de partage invoqué par les conjoints saisis. Cela n'a pas été fait, en dépit des affirmations laconiques et sans fondement de la cour d'appel d'Abidjan. Autrement, il se comprendrait mal qu'ils aient été dans l'extrême impossibilité de prouver la transcription et la mention de leur divorce en marge de leurs actes de naissance, de mariage et du registre d'état civil d'Abidjan.

Cette exigence apparaît comme le critère essentiel qui, sans annuler le partage, neutralise tout de même ses effets à l'égard des tiers créanciers qui par stratégie peuvent s'en prévaloir.

L'acte de partage devenu inopposable aux tiers, valide ainsi du même coup, la saisie - attribution des créances pratiquée par le sieur Kettani créancier, sur les loyers provenant des immeubles communs. Il ne reste plus qu'à vérifier si les conditions de mise en œuvre de la saisie - attribution avaient été réunies, à savoir, dans le fond, l'existence d'un titre exécutoire, d'une dette certaine, liquide et exigible, et dans la forme, l'observance des délais de dénonciation pour la partie saisissante, conformément aux dispositions articles 153 à 193 de l'Acte uniforme portant organisation des procédures simplifiées de recouvrement et des voies d'exécution. Ce qui a été le cas dans cette affaire.

C'est sur cette base que la Cour commune de justice et d'arbitrage a rendu un arrêt de cassation infirmant la décision d'appel en ces termes : « qu'il s'ensuit que la cour d'appel n'a pas donné de base légale, par insuffisance de motifs, à sa décision et qu'il y a lieu de casser l'arrêt attaqué et d'évoquer… ». La Haute juridiction sanctionne par là, le comportement des époux face aux intérêts du créancier. La question étant de savoir si le régime juridique applicable à une dette ou un bien commun est distinct de celui qui gouverne l'indivision.

Ces affaires lèvent un pan de voile sur les difficultés très souvent rencontrées dans la mise en œuvre des procédures de recouvrement des créances de sommes d'argent. Si autrefois elles tenaient aux conditions de fond et de forme, notamment à l'appréciation du caractère certain d'une créance ou à la notion de titre exécutoire, dans les cas d'espèce, elles sont rendues complexes par le statut matrimonial des époux co-débiteurs communs en biens, menant des activités commerciales pour lesquelles ils engagent sans précaution, directement ou indirectement, les biens de la communauté.

Akomndja Avom Vincelline,
Chargée de cours, Université de Yaoundé II.

CCJA, arrêt n°031/2008, 3 juillet 2008
Oka Kokoré Félix c/ Banque Internationale pour le Commerce et l'Industrie en Côte d'Ivoire dite BICICI et autres

(...)

Attendu qu'il ressort des pièces du dossier de la procédure que par acte de Maître Marcelle Denise Richmond, notaire à Abidjan, en date du 04 mars 1995, un pool bancaire constitué de la BICICI, la SGBCI, la CCI, la BIDI et la SIB, concluait avec la Société ADK représentée par Monsieur Oka Niangoin, une convention de compte courant et d'ouverture de crédit ; qu'en garantie de règlement de la dette de ladite société, Monsieur Oka Niangoin se portait caution solidaire et donnait en hypothèque, tout en renonçant au bénéfice de discussion et de division, les immeubles objet des titres fonciers n°s 2567 et 5606 du livre foncier de la circonscription foncière de Bingerville, pour la somme totale de 2.038.250.000 francs cfa en principal ; que suite au non respect des échéances de paiement de leur dette, les banques créancières entreprirent de réaliser l'hypothèque précitée en initiant une procédure de saisie immobilière ; qu'après s'être, dans un premier temps, heurté à la résistance des ayants droit de Monsieur Oka Niangoin, décédé entre temps, le pool bancaire exerçait la présente procédure de saisie immobilière ; qu'ainsi, par exploit en dates des 19 et 20 août 1999 de Maître Christophe Koffi Kouame, huissier de justice à Abidjan, le pool bancaire servait un commandement à fin de saisie réelle aux ayants droit de feu Oka Niangoin ; que par jugement n° 524/CIV4/ADD/D rendu le 08 novembre 1999, le tribunal de première instance d'Abidjan, après avoir constaté « que toutes les formalités voulues par la loi pour parvenir à la vente des immeubles (...) ont été accomplies », a confirmé le commandement précité et renvoyé « la cause et les parties à l'audience d'adjudication du 13 décembre 1999 par devant Maître Marcelle Denise Richmond, notaire à la résidence d'Abidjan » ; que par exploit en date du 22 décembre 1999, Monsieur Oka Kokoré Félix, ayant droit de feu Oka Niangoin et directeur général du Groupe ADK relevait appel dudit jugement ; que par arrêt n° 653 rendu le 26 mai 2000, la cour d'appel d'Abidjan le confirmait en toutes ses dispositions et renvoyait la cause et les parties à l'audience des criées du 24 juillet 2000, en l'étude de Maître Marcelle Denise Richmond, notaire à Abidjan ; que par exploit en date du 20 juillet 2000, Monsieur Oka Kokoré Félix ayant initié un pourvoi en cassation contre l'arrêt précité devant la cour suprême de Côte d'Ivoire, celle-ci, par arrêt n° 484/01 en date du 12 juillet 2001, se dessaisissait du dossier de la procédure au profit de la cour de céans ;

Attendu que le requérant fonde son recours sur le moyen unique de cassation pris de la violation de la loi ou l'erreur dans l'application ou l'interprétation de la loi, notamment :

1- La nullité du commandement tirée de la violation de l'article 247, alinéa 1, de l'Acte uniforme portant organisation des procédures simplifiées de recouvrement et des voies d'exécution :

(...)

En ce que contrairement à l'article 247 de l'Acte uniforme susvisé qui prévoit que la vente forcée d'un immeuble ne peut être poursuivie qu'en vertu d'un titre exécutoire constatant une créance liquide et exigible et à l'article 33 du même acte qui énumère les titres exécutoires, le consortium de banques a fait saisir les immeubles en vertu d'un protocole d'accord valant reconnaissance de dette à hauteur de 5 476 370 802 francs cfa ; d'un arrêt civil n° 1362 rendu le 11 décembre 1987 par la cour d'appel d'Abidjan ; d'une convention de compte courant et d'ouverture de compte du 4 mars 1975...

Or, soutient le requérant, non seulement le protocole d'accord précité ne vaut pas titre exécutoire au sens de l'article 33 de l'Acte uniforme susvisé, mais aussi, d'une part, l'arrêt civil n° 1362 du 11 décembre 1987, certes revêtu de la formule exécutoire, ne contient aucune condamnation à paiement de somme d'argent, et, d'autre part, la convention de compte courant et d'ouverture de compte en en forme exécutoire du 04 mars 1973 ne satisfait pas aux prescriptions de l'article 247 susvisé en ce qu'elle ne constate pas une créance liquide, à fortiori exigible ; que dès lors, en l'absence d'un titre exécutoire, la saisie immobilière pratiquée viole les dispositions dudit article...

(...)

2- La violation de l'article 254, alinéa 5, de l'Acte uniforme susvisé :

En ce que, contrairement aux exigences dudit article, les titres fonciers .... n'ont pas été situés précisément dans leurs abornements, de même que ledit commandement ne contient aucune indication précise de ces immeubles ; d'où il suit qu'il doit être annulé...

Sur la nullité du commandement tirée de la violation de l'article 247, alinéa 1 de l'Acte uniforme susvisé...

(...) Mais attendu que contrairement à l'argumentaire développé par le requérant quant à l'inexistence en la cause d'un titre exécutoire devant légitimer le commandement à fin de saisie réelle fondant les présentes poursuites, l'arrêt attaqué relève notamment que « la créance de la BICICI repose entre autres sur une convention notariée d'ouverture de crédit en date du 04 mars 1975 revêtue de la formule exécutoire », que « ladite créance consacrée par ailleurs par une reconnaissance de dette non contestée du 16 avril 1982 signée de feu Oka Niangoin de son vivant est liquide pour avoir été libellé en somme d'argent, en l'occurrence, 2.038.250.000 francs cfa » et qu'en outre « le non respect par feu Oka Niangoin des échéances convenues entre les parties pour l'extinction de la créance l'a rendu ... exigible » ; qu'il s'induit clairement de ces constatations des juges d'appel que la créance poursuivie dans le cadre de la saisie immobilière pratiquée est liquide et exigible et constitue bel et bien un titre exécutoire au sens de l'article 33 de l'Acte uniforme susvisé ; que l'arrêt attaqué n'a donc en rien violé les dispositions de l'article 247, alinéa 1er, dudit Acte uniforme aux termes duquel « la vente forcée d'immeuble ne peut être poursuivie qu'en vertu d'un titre exécutoire constatant une créance liquide et exigible » ; d'où il suit que cette branche du moyen doit être rejetée comme non fondée ;

Sur le non respect de l'article 254-5 de l'Acte uniforme susvisé

(...) Mais attendu que contrairement aux assertions du requérant selon lesquelles le commandement litigieux ne mentionne pas, en violation de la disposition susvisée, l'indication précise des immeubles à saisir, l'arrêt attaqué relève à cet égard que « ... la BICICI a fait servir un commandement de payer comportant toutes les mentions exigées par la loi tant en ce qui concerne le visa du conservateur ... que la désignation précise des immeubles à saisir » ; qu'en l'état de ces constatations et appréciations souveraines faites à partir des pièces versées au dossier, les juges d'appel n'ont en rien violé les dispositions de l'article 254-5 susvisé qui énonce les mentions que devrait contenir, à peine de nullité, le commandement aux fins de saisie (...)

OBSERVATIONS

« *Qui terres a, guerre a* ». Cela se vérifie lorsque le propriétaire d'un terrain hypothéqué ne paie pas sa dette. L'immeuble est vendu mais non sans résistance, favorisée quelquefois par la complexité des règles relatives à la saisie immobilière. Pour certains, la violation des règles légales de règlement des litiges s'avère utile. Mais pour d'autres plus raisonnables, le conflit se résout devant le juge. Les deux attitudes se sont manifestées dans l'affaire opposant Oka Kokoré Félix à la BICICI et autres dans l'arrêt n° 031/2008 rendu par la CCJA le 3 juillet 2008.

En l'espèce, un pool bancaire constitué de la BICICI, la SGBCI, la CCI, la BIDI et la SIB a conclu le 4 mars 1995, avec la société ADK représentée par Monsieur Oka Niangoin, une convention de compte courant et d'ouverture de crédit. Pour garantir le règlement de la dette de la société ADK, Monsieur Oka Niangoin s'est porté caution solidaire et a donné en hypothèque, tout en renonçant aux bénéfices de discussion et de division, les immeubles dont il était propriétaire dans la circonscription foncière de Bingerville, pour la somme totale de 2.038.250.000 francs cfa en principal.

Suite au non respect des échéances de paiement de la dette, les banques créancières ont entrepris de réaliser l'hypothèque en initiant une procédure de saisie immobilière. Elles se sont heurtées à la résistance des ayants droit de Monsieur Oka Niangoin, décédé entre temps. Malgré tout, la procédure a été engagée. Par exploit d'huissier en date des 19 et 20 août 1999, le pool bancaire a servi un commandement à fin de saisie réelle aux ayants droit du défunt.

Le 8 novembre 1999, le tribunal de première instance d'Abidjan a confirmé le commandement et renvoyé « la cause et les parties à l'audience d'adjudication du 13 décembre 1999 par devant notaire. » Mais le 22 décembre 1999, le dénommé Oka Kokoré Félix, ayant droit de feu Oka Niangoin et directeur général du groupe ADK releva appel du jugement entrepris. Le 26 mai 2000, la cour d'appel d'Abidjan confirma ledit jugement en toutes ses dispositions et renvoya les parties à l'audience des criées du 24 juillet 2000 en l'étude du même Notaire.

Monsieur Oka Kokoré Félix s'est pourvu en cassation contre l'arrêt de la cour d'appel devant la cour suprême de Côte d'Ivoire qui, par arrêt rendu le 12 juillet 2001, s'est dessaisie du dossier de la procédure au profit de la CCJA. Le requérant réclamait au juge la nullité de la procédure engagée par le pool bancaire en évoquant de nombreuses irrégularités et la violation de plusieurs dispositions de l'Acte uniforme OHADA portant organisation des procédures simplifiées de recouvrement et des voies d'exécution relatives au commandement de saisie d'immeuble.

Les problèmes soumis à la CCJA étaient de deux ordres. Tout d'abord, à quelles conditions peut-on avoir recours à une saisie immobilière ? Ensuite, quelles indications doit contenir le commandement aux fins de saisie ?

Y apportant réponse, la Haute juridiction rappelle deux choses : premièrement, que la saisie d'un immeuble ne peut ne peut être mise en œuvre que par celui qui détient un titre exécutoire (I); deuxièmement, que la saisie initiée court le risque d'être invalidée si le commandement qui l'initie ne comporte pas les mentions énumérées à l'article 254 de l'Acte uniforme portant organisation des procédures simplifiées de recouvrement et des voies d'exécution (II).

I. La subordination de la saisie immobilière à la détention d'un titre exécutoire

Comme toute saisie à fin d'exécution, aucune saisie immobilière ne peut être pratiquée en l'absence d'un titre exécutoire défini comme une décision de justice ou un acte d'un officier ministériel muni de la formule exécutoire (*Patrick Nicoleau, Dicojuris, Lexique de droit privé, ellipses, Paris, 1996, V° titre exécutoire*).

L'article 33 de l'AUPSRVE procède à une énumération claire et précise des titres exécutoires. Il s'agit des décisions juridictionnelles exécutoires (*Lire dans ce sens : CA d'Abidjan, arrêt n° 162 du 2 février 2001, Le Juris-ohada, n° 4/2003, octobre-décembre 2003, p. 55 ; ohadata, J-04-129*), des actes, décisions juridictionnelles étrangers et sentences arbitrales déclarés exécutoires par une décision juridictionnelle nationale, des procès verbaux de conciliation signés par le juge et les parties (*CA d'Abidjan, arrêt n° 182 du 6 février 2001, ohadata J-02-110*), des actes notariés revêtus de la formule exécutoire, des décisions auxquelles la loi nationale de chaque Etat partie au traité OHADA attache les effets d'une décision judiciaire.

De cet inventaire, il ressort à une exception près que deux personnes sont habilitées à établir les titres exécutoires, à savoir le juge et le notaire. Ces titres sont donc, globalement, des décisions juridictionnelles et des actes authentiques.

Pourtant, la question a souvent été posée de savoir si la liste établie par l'article 33 est limitative ou indicative. Il y a classiquement été répondu que l'énumération est limitative. A l'appui de ce point de vue, on souligne que cet article prescrit avec autorité : « *Constituent des titres exécutoires...* ».

Cette solution réservée, une autre interrogation surgit immédiatement, celle de savoir si un encadrement aussi strict du titre exécutoire n'est pas susceptible de porter préjudice aux intérêts de quelques créanciers. Une étude de droit comparé permet d'esquisser une répondre négative. Elle attire notamment l'attention sur le fait que sous d'autres cieux, en France notamment, il a été a prévu deux autres formes de titres exécutoires qui viennent s'ajouter à la liste que dresse l'article 33 de l'Acte uniforme. Il s'agit du titre délivré par l'huissier de justice en cas de non-paiement d'un chèque (*Art. 3-5° de la loi du 9 juillet 1991*) et de certains titres que les personnes morales de droit public délivrent (*Tous les titres émis par elles ne sont pas des titres exécutoires. Cf l'art. 3-6° de la loi du 9 juillet 1991. Dans le même sens, Civ 2e, 17 juin 1998, D. 1998 I.R. 177*).

De telles prévisions paraissent justifiées, pour deux raisons.

D'une part, l'huissier, autant que le notaire et le juge, rédige des actes authentiques ; il n'aurait donc pas été surprenant que ce dernier puisse lui aussi délivrer des titres exécutoires. Seule l'idée d'une mauvaise foi de certains de ces officiers ministériels et avec elle la crainte de l'utilisation abusive de ce privilège permet de comprendre qu'il ait autrement été décidé au moment de dresser la liste des titres que l'on doit tenir pour exécutoires. Mais, à dire vrai, cet argument ne résiste pas à une critique sérieuse. En effet, les huissiers n'ont pas le monopole de la tricherie. Elle est humaine et peut être reprochée aux notaires et aux magistrats. Pourtant ces derniers sont habilités à établir des titres exécutoires.

En accordant aux huissiers de justice la possibilité d'établir des titres exécutoires comme en France, on aurait certainement accéléré les procédures dans un contexte marqué par les lenteurs judiciaires. Sauf à observer que cela n'aurait cependant pas pu se faire à l'emporte pièce. Il aurait fallu introduire des nuances, par exemple lorsqu'un immeuble est en cause. C'est qu'il est constant que les transactions portant sur un bien immobilier se déroulent sous le contrôle d'un notaire. Dès lors, l'acte notarié s'avère indispensable et suffisant ici, du moins lorsqu'il est établi selon les règles de l'art (*TGI de Cotonou, jugement n° 028/00-2ème C-Com du 13 juin 2002, ohadata J-04-289 ; Tribunal régional hors classe de Dakar, jugement n° 1631 du 02 novembre 1999, ohadata J-03-167*). L'huissier y est en conséquence mal venu à dresser un titre exécutoire, d'autant plus qu'il y aurait un risque de créer un conflit d'autorité, voire de compétence, entre le notaire et lui.

D'autre part, en vertu du privilège du préalable attaché aux actes administratifs, l'administration n'a pas besoin d'un titre exécutoire délivré par le juge pour donner force obligatoire à ses décisions (*TPI Dschang, 12 avril 2001, Edok-Eter c. Caisse nationale de la prévoyance sociale, Juridis Périodique n° 48, oct. déc. 2001, p. 67. Adde : Georges Dupuis, Marie-José Guedon et Patrice Chétien, Droit administratif, 10e éd., Dalloz, 2007, pp. 490 et s, Sylvain Sorel Kuaté Tameghé,* « Quelques paradoxes du recouvrement impliquant l'administration », in *La refondation de l'Etat en Afrique : justice, efficacité et convivialité, Annales du CERJUSP* n° 001, 2009, p. 121 et s.) ; cela d'autant plus qu'en tant que puissance publique elle dispose de moyens pour faire face à un refus d'exécution.

Malheureusement, le législateur communautaire n'a pas été aussi hardi. En effet, la rédaction de l'article 33 permet seulement de supposer que les actes administratifs devraient être rangés dans la catégorie de ce qui y est appelé "décisions auxquelles la loi nationale de chaque Etat partie attache les effets d'une décision judiciaire". Si tel est le cas, il ne fait pas de doute que l'idéal aurait été de tenir compte de leurs spécificités et de classer les actes administratifs dans une catégorie à part au moment de l'énumération des titres qui peuvent servir à déclencher une saisie, notamment immobilière.

Quoi qu'il en soit, dans l'arrêt de la CCJA n° 031 du 3 juillet 2008, feu Oka Niangoin semblait avoir signé deux documents : un protocole d'accord valant reconnaissance de dette; une convention de compte courant et d'ouverture de crédit au profit de l'entreprise dont il était le représentant, convention garantie cumulativement selon les faits de l'espèce par un cautionnement solidaire et par une hypothèque.

Comme l'a précisé le requérant conforté par le juge, le protocole d'accord ne saurait valoir titre exécutoire au sens de l'article 33. La raison en est qu'il n'est qu'un acte sous seing privé, acte passé par des personnes quelconques de droit privé et qui se singularise parce qu'il ne fait foi que jusqu'à preuve contraire. A lui tout seul, un tel acte ne peut donc pas permettre à celui qui s'en prévaut de poursuivre la vente forcée d'un immeuble (*CA de Bafoussam, arrêt n° 63/Civ du 14 juin 2006, ohadata J-07-85*).

S'agissant de la convention de compte courant et d'ouverture de crédit signée par les parties, elle est passée par devant notaire. Si le requérant, M. Oka Kokoré Félix, ne pouvait contester sa nature de titre exécutoire conformément à l'article 33 (4) de l'Acte uniforme, il remet cependant en cause son contenu en soutenant que la créance querellée n'était pas liquide et de surcroît pas exigible.

La question qui peut se poser est de savoir si un acte notarié rédigé en forme exécutoire peut être contesté. La réponse se trouve dans la définition de l'acte authentique. Il s'agit de tout acte signé par une autorité compétente qui ne peut être attaqué que devant le juge, par la voie de la procédure d'inscription en faux (*M. Donnier et J.B. Donnier, Voies d'exécution et procédures de distribution, 7e éd., Litec, 2003, p. 249*), ce que le requérant a fait. Cependant, si une négligence sur la forme de l'acte aboutit de manière péremptoire à son annulation, la véracité des déclarations du notaire relève plutôt de l'appréciation souveraine du juge (*TGI de la Menoua à Dschang, jugement n° 48/Civ du 11 août 2003, ohadata J-05-28*). Il a constaté en l'espèce que la créance était effectivement liquide et exigible et a, à juste titre, débouté le requérant sur ce point.

Mais l'arrêt va plus loin et précise qu'il ne suffit pas d'être muni d'un titre exécutoire constatant une créance liquide et exigible. Encore faut-il que le créancier justifie dudit titre au moment où il engage la procédure. Dans le cas d'espèce, l'une des banques, en l'occurrence la BIDI, était titulaire d'une créance sans garantie hypothécaire envers feu Oka Niangoin. Puis elle a désisté de la procédure, ce qui a entrainé d'office l'effacement de sa créance. Pour le requérant, cette dette n'existe plus et un éventuel règlement serait considéré comme paiement de l'indu dont la conséquence est, dans ce cas précis, le remboursement accompagné éventuellement de dommages-intérêts (*F. Terré, Ph. Simler, Y. Lequette, Droit civil, les obligations, 8e éd., Dalloz, 2002, pp. 988 et s. ; V. aussi H. Capitant , F. Terré, Y. Lequette, Les grands arrêts de la jurisprudence civile, Tome 2, 11e éd., Dalloz, 2000, p. 375 n°226*). La CCJA a su éviter ces tracasseries et a ainsi pu apprécier sereinement le contenu du commandement.

II. La détermination du contenu du commandement aux fins de saisie d'immeuble

Après avoir constaté l'existence d'un titre exécutoire en bonne et due forme, il faut poursuivre la vente forcée. Mais la difficulté demeure de pouvoir se retrouver dans les multiples règles à respecter. Les créanciers sont confrontés à un formalisme basé sur de très nombreux détails dont le respect des mentions obligatoires du commandement.

Le commandement est un exploit d'huissier qui vise à mettre en demeure le propriétaire de l'immeuble saisi de rembourser sa dette avant l'éventuelle adjudication du bien. Il ressort des mentions contenues dans celui-ci et prévues par l'article 254 de l'AUPSRVE, que l'exploit a trois objectifs précis : - constater la qualité de créancier saisissant, - identifier l'immeuble objet du litige et - avertir le débiteur des conséquences du non payement de la dette.

D'abord, le constat de la qualité de créancier saisissant dans le commandement est fait par la reproduction ou la copie du titre exécutoire et l'indication du montant de la dette ainsi que les noms, prénoms et adresses du créancier et du débiteur et, s'il s'agit d'une personne morale, ses formes, dénomination et siège social.

Ensuite, pour identifier l'immeuble objet de la poursuite, le commandement doit contenir le numéro du titre foncier et l'indication de la situation précise de ce bien (*Tribunal régional de Thiès, jugement n° 02/04 du 08 janvier 2004, ohadata J-05-136*). S'il s'agit d'un immeuble non encore immatriculé, le numéro de la réquisition d'immatriculation est nécessaire (*TGI de Bobo Dioulasso, jugement n° 30 du 04 février 2004, ohadata J-05-236*). S'il s'agit d'impenses réalisées par le débiteur sur un terrain dont il n'est pas propriétaire, mais qui lui a été affecté par une décision d'une autorité administrative, sa désignation précise ainsi que la référence de la décision d'affectation doivent être mentionnées (*Tribunal régional de Thiès, jugement du 08 janvier 2004 précité*).

Enfin, le commandement avertit le débiteur que faute de payer dans les vingt jours, l'exploit pourra être transcrit à la conservation foncière et vaudra saisie à partir de sa publication. Pour cela, la juridiction ou l'expropriation sera poursuivie, et doit être indiquée ainsi que la constitution de l'avocat chez lequel le créancier poursuivant élit domicile et où devront être notifiés les actes d'opposition au commandement, offres réelles et toutes significations relatives à la saisie (*TGI de Ouagadougou, jugement n° 40 du 11 février 2004, ohadata J-05-221*).

Toutes les mentions ainsi énumérées doivent obligatoirement être contenues dans le commandement aux fins de saisie, à peine de nullité. Cela signifie, en d'autres termes, qu'il suffit que l'une d'elles manque dans l'exploit pour que le commandement puisse être annulé (*Lire entre autres : Trib. hors classe de Dakar, jugement civil n° 2317 du 13 décembre 2003, ohadata J-04-269 ; TGI de la Menoua, jugement n° 16/Civ/TGI du 14 mars 2005, ohadata J-07-45 ; TGI de Bobo Dioulasso, jugement n° 051 du 17 mars 2004, ohadata J-05-237 ; TGI de Ouagadougou, jugement n° 66 du 03 mars 2004, ohadata J-05-222 ; etc.*). Par exemple, si la juridiction où l'expropriation sera poursuivie n'est pas indiquée, ou encore si le montant de la dette n'est pas précisé, le commandement est nul même si toutes les autres mentions y figurent. Une telle rigueur peut sembler excessive mais elle est nécessaire voire inhérente à la matière car « les immeubles sont encore considérés (...) comme des biens suffisamment précieux pour que paraisse justifiée une protection spéciale que le caractère judiciaire de la saisie et le nombre de formalités prescrites sont destinés à assurer » (*G. COUCHEZ, op.cit., p. 205*).

Cependant, autant le législateur a voulu protéger l'immeuble, autant il a exposé le créancier saisissant à la perte du bien convoité. Comment comprendre que pour avoir omis de préciser le montant de la dette par exemple, le commandement soit annulé interrompant du coup la procédure de saisie ? Il nous semble que la sanction n'est pas toujours proportionnelle à l'omission ou l'irrégularité. On aurait pu établir une hiérarchie de sanctions en fonction de l'importance de la mention en s'inspirant par exemple du contentieux des actes civils. Ici en effet, il a été envisagé la rectification et la reconstitution. La rectification est la modification de l'acte en raison d'une irrégularité superficielle ou d'une inexactitude constatée. Elle s'opère par une addition, un retranchement ou un changement du contenu de l'acte irrégulier (*Ph. Malaurie, Droit civil, Les personnes, Les incapacités, Paris, Defrénois, 2004, p. 80*), peut être administrative ou judiciaire ; mais se caractérise par ceci que l'acte n'est pas annulé.

Quant à la reconstitution, elle aboutit à un jugement pouvant remplacer un acte d'état civil lorsqu'aucun acte n'a été dressé (*P. Malaurie, op.cit., p. 81*) ou lorsque dressé, il a été perdu ou détruit pour une raison de force majeure (voir les a*rticles 20 et suivants de l'ordonnance camerounaise du 29 juin 1981 portant organisation de l'état civil*).

Les actes d'état civil et le commandement de saisie d'immeuble ont au moins un point commun : il s'agit d'actes établis par une autorité publique en ayant compétence et non par le bénéficiaire de celui-ci. Les irrégularités dans leur rédaction ne devraient pas être préjudiciables au bénéficiaire sans que lui soit accordée la possibilité de les corriger. L'intérêt d'une telle approche c'est d'éviter la sanction extrême lorsque l'omission d'une mention pourrait être corrigée sans qu'il en résulte un préjudice pour le débiteur ou pour les tiers. Au demeurant, elle a le mérite d'épargner au créancier saisissant les conséquences néfastes d'une erreur, voire d'une faute commise par un tiers, en l'occurrence l'huissier chargé de rédiger le commandement aux fins de saisie (*Cf., dans cet ouvrage, Timtchueng Moïse, commentaire des arrêts CCJA, n° 11/2002 du 28 mars 2002, société M. c. DDCI ; n° 012 du 18 mars 2004, BCN c. H. Voir également F. Ipanda, « Le régime des nullités des actes de procédure depuis l'entrée en vigueur de l'Acte uniforme portant organisation des procédures simplifiées de recouvrement et des voies d'exécution », RCDA janv. mars 2001, p. 35 et s).*

Finalement, la nullité est certes une sanction nécessaire pour rendre compte de l'importance du bien saisi (*Il faut tout de même préciser qu'il ne s'agit pas forcément d'un bien immeuble mais aussi éventuellement d'un meuble : cf. CA d'Abidjan, arrêt n° 221 du 20 février 2001, Le Juris-ohada, n° 4/2003, octobre-novembre 2003, p. 42 ; ohadata J-04-125*), elle ne semble cependant pas indispensable dans tous les cas de figure. S'il est permis de s'insurger contre les dispositions actuelles, il demeure que les règles prescrites dans l'Acte uniforme traitant des voies d'exécution sont d'ordre public (art. 246, AUPSRVE) et doivent être respectées.

Certaines juridictions nationales ne s'y conforment pourtant pas. Pour exprimer leur réticence à appliquer cette sanction très sévère, la cour d'appel et le tribunal régional de Niamey préfèrent soit anticiper pour l'éviter, soit ignorer la procédure prévue par les articles 247 et suivants de l'AUPSRVE. Dans le premier cas, ils valident la vente des immeubles opérée en violation de la procédure de saisie immobilière prévue par l'Acte uniforme, et ce sur la base d'un pouvoir accordé par le débiteur au créancier de vendre de gré à gré (*CA de Niamey, arrêt nº 76 du 23 mai 2001, affaire A.B.B. c/ BIA Niger, inédit*). La seconde mesure consiste à accorder aux parties, suite à l'annulation du commandement, la possibilité de se rattraper par la vente de gré à gré (*Tribunal régional de Niamey, jugement nº 261 du 31 juillet 2002, affaire A.B.B. c/ BINCI et G.S., Le Juris-ohada nº 4/2003, octobre-novembre 2003, p. 65 ; ohadata J-04-131*).

Les juges semblent ainsi vouloir alerter le législateur OHADA sur la rigueur des dispositions de l'Acte uniforme. Mais leur solution pose à la fois une question de forme et un problème de fond.

En la forme, les juges de Niamey ont choisi la mauvaise méthode pour attirer l'attention. Afin de rendre justice, leurs décisions doivent être conformes au droit en vigueur. Or la solution qu'ils apportent est en violation flagrante des articles 246 et suivants de l'AUPSRVE. Nul doute que la CCJA éventuellement saisie casserait la décision rendue par la Cour d'appel sur le fondement de l'article 246 qui dispose : « Le créancier ne peut faire vendre les immeubles appartenant à son débiteur qu'en respectant les formalités prescrites par les dispositions qui suivent. Toute convention contraire est nulle. »

Au fond, cette solution pose un double problème. D'une part, elle reviendrait à vider la procédure de saisie immobilière de son sens *(« A quoi servirait [alors] l'AUPSRVE, si on devait vendre de gré à gré un immeuble sans passer par la procédure qu'il édicte » Brou Kouakou Mathurin, note sous CA de Niamey, arrêt nº 76 du 23 mai 2001, op. cit.*). D'autre part, elle fragiliserait la position du débiteur dont le bien est très protégé par les dispositions de l'Acte uniforme ; elle ferait de ce dernier « une proie facile pour le créancier ». Il suffirait alors pour ce dernier, conscient des inquiétudes de l'endetté, de l'inciter à conclure un contrat de vente de gré à gré qui risquerait d'être à moindre coût et donc à l'avantage du créancier.

Entre la protection du débiteur et l'intérêt du créancier, les juges de Niamey semblent malheureusement avoir fait le choix surprenant de la seconde hypothèse. L'initiative est cependant louable car elle a au moins le mérite d'attirer l'attention sur la rigueur excessive des dispositions des articles 246 et suivantes.

En définitive, la meilleure solution serait pour le législateur OHADA d'atténuer cette mesure tout en veillant à préserver la protection du débiteur. En attendant l'intervention du législateur, le juge est obligé d'appliquer le droit en vigueur en annulant le commandement dont l'une au moins des mentions prévues à l'article 254 de l'AUPSRVE est manquante. Cependant, la difficulté pour lui est de vérifier minutieusement que toutes les mentions sont bel et bien contenues dans le commandement.

Dans l'affaire analysée, le requérant a réclamé la nullité de plusieurs formalités prescrites mais, selon lui, mal remplies par les créanciers. La CCJA a dû procéder à de nombreuses vérifications fondées aussi bien sur les faits que sur le droit. Elle n'a cependant pas eu à user de son pouvoir d'évocation d'abord parce que la décision de la cour d'appel n'a pas été cassée, mais également parce qu'elle a estimé que les faits étaient déjà clairement présentés par la cour d'appel.

En fin de compte, il est apparu que le pool des banques a suivi toutes les prescriptions légales si bien que le pourvoi exercé par Oka Kokoré a été rejeté. Ce d'autant plus que pour le juge, le requérant a plutôt semblé user du dilatoire pour dérouter la CCJA du fil lumineux à l'intérieur de ce labyrinthe obscur de règles. Indirectement, le juge a aussi sanctionné Oka Kokoré pour avoir dénaturé la réalité des faits pourtant clairement identifiés par les juridictions inférieures.

La vérité est un élément essentiel dans la procédure de saisie immobilière. Elle doit être omniprésente aussi bien dans les propos des parties que dans les déclarations des autorités compétentes lors de l'établissement des différents actes authentiques. Le rôle du juge est d'abord de la rechercher (*TGI de la Menoua, jugement n° 27/ADD/Civ du 08 mars 2004, ohadata J-07-38 ; TGI du Moungo à Nkongsamba, jugement n° 20/Civ du 15 janvier 2004, ohadata J-05-123*). C'est pourquoi quand elle a été tronquée, il l'a rétablie. Par exemple, le requérant a affirmé que « les titres fonciers n'ont pas été situés précisément dans leurs abornements de même que le commandement ne contient aucune indication précise de ces immeubles ». Réagissant à cette prétention, la CCJA décide : « Mais attendu que contrairement aux assertions du requérant selon lesquelles le commandement litigieux ne mentionne pas, en violation de la disposition susvisée, l'indication précise des immeubles à saisir, l'arrêt attaqué relève à cet égard que la BICICI a fait servir un commandement de payer comportant toutes les mentions exigées par la loi tant en ce qui concerne le visa du conservateur (...) que la désignation précise des immeubles à saisir ». Il ne fait pas de doute que le mensonge dans ce cas précis aurait pu aboutir à la nullité du commandement.

Alex Tjouen,
Assistant, Université de Yaoundé II.

CCJA, arrêt n°040/2008, 17 juillet 2008
Hassan Sahly c./ Société Nouvelle Scierie d'Agnibilekro dite SNDA SARL et Wahab Nouhad Rachid

(...)

Attendu qu'il ressort des pièces du dossier de la procédure que sur requête en date du 16 mars 1999 de Hassan Sahly, le président du tribunal de première instance d'Abengourou avait, par ordonnance d'injonction de payer n°212/99 rendue le 11 avril 1999, condamné solidairement la Scierie d'Agnibilekro et Monsieur Nouhad Wahab à payer à Hassan Sahly la somme principale de 52.120.468 francs cfa, outre les intérêts et frais afférents à la procédure ; que sur opposition formée par la S.D.A et Wahab Nouhad contre l'ordonnance sus-indiquée, par exploits délivrés les 19 et 20 mai 1999, le tribunal de première instance d'Abengourou avait, par jugement n°72/99 rendu le 20 juillet 1999, déclaré Nouhad Wahab et la Scierie d'Agnibilekro irrecevables en leur action et restitué à l'ordonnance n°212/99 son plein et entier effet ; que sur appel de Nouhad Wahab et de la Scierie d'Agnibilekro, la cour d'appel d'Abidjan les avait, par arrêt n°655 en date du 26 mai 2000, déclarés recevables en leur appel en la forme, mais au fond les y avait dit mal fondés et les en avait déboutés et confirmé le jugement en toutes ses dispositions ; que par exploit d'huissier en date du 22 septembre 2000, la Scierie d'Agnibilekro Nouhad Wahab et Wahab Nouhad Rachid s'étaient pourvus en cassation contre l'arrêt sus-indiqué devant la cour suprême de Côte d'Ivoire ; que par arrêt n°152/02 en date du 14 février 2002, la chambre judiciaire de ladite cour suprême s'était, en application de l'article 15 du Traité OHADA et de l'article 51 du Règlement de procédure de la Cour commune de justice et d'arbitrage, dessaisie du dossier de la procédure au profit de la cour de céans ; qu'ainsi saisie sur renvoi, celle-ci avait rendu le 29 avril 2004 l'arrêt n°016/2004, objet du présent recours en révision ;

(...)

Vu l'article 49 du Règlement de procédure de la Cour commune de justice et d'arbitrage...

Attendu qu'aux termes de l'article 49 du Règlement de procédure susvisé,

« 1- La révision de l'arrêt ne peut être demandée à la cour qu'en raison de la découverte d'un fait de nature à exercer une influence décisive et qui, avant le prononcé de l'arrêt, était inconnu de la Cour et de la partie qui demande la révision.

2- La procédure de révision s'ouvre par un arrêt de la cour constatant expressément l'existence d'un fait nouveau lui reconnaissant les caractères qui donnent ouverture à la révision et déclarant la demande recevable (...) »

Attendu en l'espèce, d'une part, que l'arrêt n° 016/2004 du 29 avril 2004 dont la révision est demandée a été rendu par la cour de céans à la suite de sa saisine par l'arrêt n° 152/02 du 14 février 2002 de la chambre judiciaire de la cour suprême de Côte d'Ivoire ; que, d'autre part, l'arrêt n° 005/2001 du 11 octobre 2001 a été rendu par la cour de céans à la suite d'un recours en cassation initié directement devant elle par la Nouvelle Scierie d'Angnibilékro et Monsieur Wahab Nouhad Rachid ; que contrairement à ce que soutient le demandeur en révision Monsieur Hassan Sahly, d'une part, la cour de céans ne pouvait ignorer, au moment où elle rendait l'arrêt n° 16/2004 du 29 avril 2004, l'arrêt n° 005/2001 du 11 octobre 2001 qu'elle avait elle-même rendu ; qu'elle ne pouvait également ignorer, au niveau de son propre greffe, le retrait provisoire puis la réinscription au rôle de l'affaire ayant donné lieu à l'arrêt n° 016/2004 du 29 avril 2004 puisque ledit arrêt n'avait pu être rendu que parce qu'il y a eu réinscription au rôle ; que d'autre part, Hassan Sahly ne pouvait ignorer la réinscription de l'affaire au rôle puisque c'est son propre conseil, Maître M'baïpor Adèle N'gueme qui avait versé le montant de la provision dont le non paiement avait entraîné le retrait provisoire de l'affaire du rôle ; que mieux, Maître M'baïpor Adèle N'gueme avait été informée que l'affaire sera appelée à l'audience publique du jeudi 29 avril 2004 à 10 heures au siège de la Cour commune de justice et d'arbitrage de l'OHADA par lettre n° 184 du 22 avril 2004 ; qu'en tout état de cause, même si les faits ci-dessus allégués étaient ignorés par la cour de céans et par Monsieur Hassan Sahly, ils ne sont pas de nature à exercer une influence décisive et n'ont en conséquence aucun caractère déterminant sur le résultat de l'instance ; qu'il suit que le présent recours en révision ne présente aucun des deux caractères prévus à l'article 49 sus-énoncé du Règlement de procédure susvisé pour constituer un cas d'ouverture de recours en révision de l'arrêt querellé et qu'il échet en conséquence de déclarer irrecevable ledit recours (...)

OBSERVATIONS

Le rôle du juge est de rendre la justice. Encore faut-il qu'il soit suffisamment informé des faits de la cause. Il arrive pourtant qu'après le prononcé de la décision, un fait nouveau apparaisse qui justifie le recours en révision du jugement encore appelé requête civile. La Cour commune de justice et d'arbitrage n'échappe pas à cette règle ainsi qu'il ressort de son arrêt n° 040/2008 du 17 juillet 2008 rendu dans l'affaire opposant Monsieur Hassan Sahly à la Société Nouvelle Scierie d'Agnibilekro dite SNDA SARL, d'une part, et Monsieur Wahab Nouhad Rachid, d'autre part. Voici les faits et la procédure :

M. Hassan Sahly réclame 52.120.468 francs cfa à la SNDA SARL et M. Wahab. Par requête, il saisit le président du tribunal de première instance d'Abengourou qui rend une ordonnance d'injonction de payer. Cette décision n°212/99, rendue le 11 avril 1999, condamne solidairement la SNDA et M. Wahab à payer au requérant la somme due. Mécontents, ils forment opposition de ladite ordonnance. Mais le 20 juillet 1999, le même TPI les déclare irrecevables en leur action. Ils interjettent alors appel devant la cour d'appel d'Abidjan qui, déclarant leur action recevable en la forme mais mal fondée au fond, les déboute et confirme le jugement entrepris. Convaincus de leur bon droit, ils se pourvoient en cassation, le 22 septembre 2000, devant la cour suprême de Côte d'Ivoire. Le 14 février 2002, la Haute cour ivoirienne se dessaisit du dossier qu'elle renvoie à la CCJA. Cette dernière, par arrêt n° 016/2004 rendu le 29 avril 2004, casse finalement l'arrêt d'appel : la persévérance de la SNDA et de M. Wahab est récompensée.

Cependant, alors que l'arrêt de la CCJA semble avoir acquis force de chose jugée, M. Hassan Sahly ressurgit. Il attaque ladite décision par un recours en révision enregistré le 24 novembre 2005. Sa requête se fonde sur deux principales prétentions : d'une part, il reproche à la CCJA d'avoir statué dans l'ignorance d'un premier arrêt rendu par elle-même entre les parties, dans la même cause et pour le même objet ; d'autre part, l'affaire ayant un moment été retirée du rôle (faute de consignation), il dénonce le défaut d'information de sa réinscription et qui a abouti à la décision actuellement contestée par le recours en révision.

Les prétentions de M. Hassan, le requérant, sont-elles légitimes ? La CCJA a répondu par la négative déclarant le recours irrecevable. A regarder de près, la question posée est celle de l'admission de la révision devant la CCJA.

D'où le nécessité de s'intéresser aux cas d'ouverture à la révision devant la CCJA d'une part (I) ; à la justification de l'admission de ce recours d'autre part (II).

I. Les cas d'ouverture à la révision devant la CCJA

Le recours en révision doit être encadré. Peut-on dire que le législateur OHADA a respecté cette règle lorsque l'affaire est portée devant la CCJA ? *A priori*, la réponse serait positive car aux termes de l'article 49 du Règlement de

procédure devant elle, « (1) La révision de l'arrêt ne peut être demandée à la cour qu'en raison de la découverte d'un fait de nature à exercer une influence décisive et qui, avant le prononcé de l'arrêt, était inconnu de la cour et de la partie qui demande la révision.
(2) La procédure de révision s'ouvre par un arrêt de la cour constatant expressément l'existence d'un fait nouveau, lui reconnaissant les caractères qui donnent ouverture à la révision et déclarant de ce chef la demande recevable. »

Il ressort cependant de ces dispositions que, contrairement aux droits nationaux qui ont détaillé les différents cas d'ouverture (*En droit camerounais par exemple, ils sont prévus par les articles 223 du Code de procédure civile et 41 al. 2(b) de la loi n° 2006/016 du 29 décembre 2006 fixant l'organisation et le fonctionnement de la Cour suprême. Il s'agit entre autres de la fraude, l'ultra petita, l'infra petita, la rétention des pièces, la contrariété de jugements ou des dispositions d'un même jugement, l'inobservation de certaines formalités prescrites. L'article 595 du nouveau code de procédure civile français pour sa part, n'ajoute à la fraude que l'existence d'un fait nouveau. Mais qu'il s'agisse de l'un ou de l'autre droit national, ils détaillent tous deux de manière précise les différents cas d'ouverture*), le législateur OHADA s'est contenté de n'établir que des critères vagues. En effet, pour que le recours soit déclaré recevable, le fait doit avoir deux caractères cumulatifs: il doit être à la fois nouveau et déterminant.

L'article 49 du Règlement de procédure de la CCJA définit *le fait nouveau* comme celui « qui, avant le prononcé de l'arrêt, était inconnu de la cour et de la partie qui demande la révision » ; quant au *fait déterminant,* il est présenté comme celui qui est « de nature à exercer une influence décisive. » Aucune énumération, même indicative, n'est faite par ce texte pour préciser le contenu de ces notions comme c'est le cas ailleurs où les causes du recours sont exhaustives (*Paris, 13 janvier 1978, D. 1978 IR.412, obs. Julien*). La CCJA semble donc disposer d'une marge de manœuvre assez large pour qualifier un fait de nouveau ou de déterminant.

Bien que la situation soit celle qui vient d'être décrite, on peut se demander ce que l'on doit entendre par "fait nouveau". Ainsi qu'il a déjà été observé, le Règlement de procédure l'a présenté comme étant celui qui est inconnu de la cour et de la partie qui demande la révision. Mais que renferme le mot "inconnu" ? Sommairement, *le fait inconnu* est celui qui n'a pas été porté à la connaissance du juge et des parties. Une telle acception appelle au moins deux interrogations :

La première est celle de savoir si le terme "inconnu" doit être entendu dans un sens strict ou dans un sens large. Au sens strict, il pourrait signifier que la partie ignorait totalement l'existence du fait nouveau. Dans un sens large, il signifierait que même si l'une des parties était au courant de l'existence des pièces sans pouvoir en rapporter la preuve, la réapparition de ces pièces après le procès devrait permettre de conclure en son ignorance du fait. A partir de cette distinction, on peut envisager plusieurs éventualités d'ordre pratique. Au moins deux hypothèses sont possibles : soit les parties et le juge n'ont été au courant du fait qu'après le prononcé de la décision auquel cas l'article 49 du Règlement de procédure de la CCJA s'applique aisément ; soit une partie en était informée durant le procès mais ne pouvait apporter la preuve de ce fait à cause par exemple de la rétention par son adversaire des pièces décisives qui auraient permis de prouver(*Dans ce sens ,voir l'article 595(2) du NCPC français. Cf aussi J. Vincent et S. Guinchard, Procédure civile, 24e éd., Dalloz, 1996, p. 902 ; L. Hounbara Kaoussiri, Le recours en révision, Mémoire de DEA, FSJP, Université de Ngaoundéré, 2007-2008, p. 21*).

Comment comprendre alors que le recours à la révision soit refusé à cette partie qui a été informée en cours de procès sans pouvoir établir la preuve de l'existence de ladite pièce au motif que le défaut de preuve n'équivaut pas à l'ignorance du fait ? Pour éviter ce débat fondé sur une répartition non équitable, le mot "inconnu" devrait être entendu dans son sens large. Encore faut-il éviter de tomber dans le piège du dilatoire et/ou du dol du prétendu ignorant. Heureusement, cette attitude est difficilement admissible car l'ignorance évoquée doit être prouvée. Or, en cas de dol, il est difficile de rapporter la preuve. Il apparaît alors, finalement, que l'imprécision du législateur produit un effet inattendu. Elle permet d'envisager le plus grand nombre de situations sans pour autant accorder à l'ignorant le bénéfice du doute.

La seconde interrogation est de savoir si, comme dans le droit national de certains Etats signataires du traité de Port-Louis (*c'est le cas du Cameroun : cf. article 223 du CPC*), le recours en révision devant la CCJA est également admis en cas de décision rendue *infra petita* ou *ultra petita. Sans doute faudrait-il rappeler que tandis qu'* décision rendue *infra petita* est celle dans laquelle le juge n'a pas répondu à tous les chefs de demande ; une décision rendue *ultra petita* est celle dans laquelle le juge a accordé plus qu'il a été demandé ou alors s'est prononcé sur des points qui ne lui ont pas été soumis (*Serge Guinchard et autres, Lexique des termes juridiques, op.cit. V° infra petita, ultra petita*). Pour y répondre, il faut dissocier les deux cas.

Dans l'hypothèse de l'*infra petita*, le recours en révision ne semble pas possible, du moins si l'on se réfère à l'article 49 du Règlement de procédure. Il y est en effet écrit que le fait nouveau est celui « qui, avant le prononcé de l'arrêt, était inconnu de la cour et de la partie qui demande la révision ». Le fait nouveau est donc celui qui était inconnu de la CCJA certes, mais cela ne l'a pas empêché de statuer sur tous les chefs de demande. Elle a simplement rendu sa décision à partir d'éléments insuffisants voire erronés.

Il faut cependant éviter de confondre un fait inconnu et un fait mal connu ou méconnu. La précision est importante car lorsqu'elle a mal connu ou méconnu un fait, la Cour en a tout de même eu connaissance. Il s'ensuit dans les deux qu'il n'y aurait pas d'*infra petita* et donc que le recours en révision ne devrait pas être admis par la CCJA. Cette conclusion semble trancher avec la solution classique. Suivant la définition de l'*infra petita*, le juge saisi de plusieurs chefs de demande devrait naturellement être au courant des faits qui ont suscité cette procédure. Mais (soit volontairement, soit involontairement) il n'y a pas répondu intégralement. Le recours en révision classique a ainsi pour but d'inviter ce juge à compléter sa décision en solutionnant les aspects omis. Or lorsque l'article 49 du Règlement de procédure précise que le fait doit être inconnu de la cour, il ne s'agirait plus de l'*infra petita*.

Cependant, quelques analyses doivent être faites à partir du droit comparé. L'article 49 du Règlement de procédure ne définissant pas avec précision les faits nouveaux considérés comme déterminants, on peut, pour en avoir idée, se référer par exemple à l'article 463 nouveau du NCPC français. Ce texte distingue deux cas de figure : le premier est celui où le fait, bien que nouveau, n'est pas déterminant pour l'intégralité du litige. En semblable occurrence, le recours en révision est exclu au profit du *recours pour omission de statuer* (*J. Vincent, S. Guinchard, Procédure civile, op. cit., p. 178*). Sur simple requête, le juge complètera sa décision en veillant à ne pas porter atteinte à l'autorité de la chose jugée en ce qui concerne les parties de la demande déjà tranchées. Il s'agit là d'une simple mesure de rectification de la décision afin de la rendre conforme à tous les faits rapportés. Le second cas de figure est celui où l'omission de statuer a une influence décisive sur la décision rendue, seconde condition exigée par l'article 49. Concrètement, le juge ne peut donc réexaminer l'affaire sans porter atteinte à l'autorité de la chose jugée. En conséquence, la procédure du recours en révision s'impose.

Dans l'hypothèse de l'*ultra petita*, la réponse semble moins évidente. Les juridictions suprêmes nationales telles que la cour suprême du Cameroun le confondent à l'excès de pouvoir, cas d'ouverture classique non pas du recours en révision, mais du pourvoi en cassation (*CS, arrêt n° 87/CC du 18 juillet 1985, affaire Mme Odoubayo née Nguedji Lydie c/ El Hadj Lamidi Abdoulaye, Revue camerounaise de droit (RCD), n° 30, 1985, p. 256 ; voir dans le même sens CS, arrêt n° 20/CC du 26 décembre 1985, affaire Eka Boch Louis c/ Eyébé Richard, RCD n° 30, 1985, p. 273*). Certes le pourvoi en cassation et la requête civile sont souvent confondus au profit du pourvoi en raison des incertitudes sur les limites de leurs domaines respectifs d'une part, et de la large ouverture reconnue au domaine du pourvoi, d'autre part. Mais les deux voies de recours sont fondamentalement différentes. Dans le cas du pourvoi en cassation, l'affaire n'a pas encore été jugée par la cour suprême. A l'inverse, dans le cas de la requête civile, le requérant prétend que la cour suprême qui a déjà rendu son arrêt, a statué soit *infra petita*, soit *ultra petita*.

A première vue, le problème ne semble pas se poser devant la CCJA, le pourvoi en cassation étant une voie de recours exercée contre une décision rendue par un juge inférieur qui a abusé de son pouvoir ; tandis que le recours en révision devrait être formé contre une décision rendue par la Haute juridiction communautaire elle-même. Le recours en révision ne peut pas être admis devant cette cour parce que le "fait" de l'article 49 doit être utile à l'examen des données du litige. Or en cas d'*ultra petita*, non seulement ledit fait n'est pas déterminant, mais en plus il ne rentre pas dans le cadre de la demande, il est au-delà. De plus, si l'on assimile l'excès de pouvoir à l'*ultra petita* devant la CCJA, alors elle ne devrait pouvoir être saisie que par la voie du pourvoi pour excès de pouvoir lorsqu'une partie estime qu'elle a elle-même abusé de son pouvoir.

Cette analyse soulève deux interrogations : d'une part, considérant le caractère unitaire de la cour suprême, ce rôle de guide n'est-il pas remis en cause s'agissant de la CCJA ? D'autre part, existe-t-il une différence entre le recours en révision de l'article 49 du Règlement de procédure et le pourvoi pour excès de pouvoir précité ?

Sur la première question, la réponse est négative pour deux raisons assez évidentes : non seulement la CCJA est un troisième degré de juridiction; mais en plus, la révision n'est admise que pour un fait nouveau, ce qui exclut l'ignorance d'une norme juridique applicable aux faits présentés. La CCJA ne souffre donc pas du doute sur sa compétence à pouvoir bien appliquer le droit.

La seconde question appelle également une réponse négative, compte tenu du domaine du pourvoi pour excès de pouvoir. Encore appelé en droit camerounais « pourvoi d'ordre », il est celui qui est exercé par le Procureur général près la cour suprême, mais uniquement sur ordre du ministre de la Justice contre tout acte de procédure constituant un excès de pouvoir c'est-à-dire empiétant sur le domaine du législatif ou de l'exécutif. L'excès ne s'entend donc pas ici comme l'*ultra petita* dont il est question dans la révision devant la CCJA. Le pourvoi d'ordre n'existant malheureusement pas devant cette juridiction, il a été proposé de l'admettre malgré les obstacles auxquels elle serait confrontée (*A.-F. Tjouen, Les rapports entre les juridictions suprêmes nationales et la Cour commune de justice et d'arbitrage de l'OHADA, Thèse de Doctorat, Paris II, Cujas, 2006, p. 258*).

A défaut de précisions du législateur, la CCJA, pour démontrer l'existence d'un fait nouveau, a besoin d'être bien informée par son administration ; ce qui suppose que le service y relatif soit de qualité. Pourtant, dans l'arrêt actuellement commenté, les débats ont largement portés sur la preuve de l'information de la CCJA. En effet, le demandeur a prétendu que la haute juridiction aussi bien que lui-même n'ont été avisés de la reprise de l'audience qu'après le prononcé de la décision. Il en a inféré qu'il s'agit là d'un fait nouveau. Pour la Cour, le requérant n'a pas pu prouver l'existence du fait nouveau qu'il évoque, pour diverses raisons suivantes. D'une part, la première prétention est aberrante puisque si elle n'avait pas été informée, elle n'aurait pas pu prononcer l'arrêt querellé. D'autre part, le requérant a été informé, par correspondance de la CCJA adressée à son conseil, de la réinscription au rôle de l'affaire.

La question se pose alors de savoir si M. Hassan Sahly a véritablement été informé de la future audience. Deux logiques exposées dans l'arrêt s'opposent. L'une est fondée sur le droit ; l'autre sur les faits.

Selon la CCJA, M. Hassan en a été informé par lettre n° 184 du 22 avril 2004. Cet argument fondé sur l'information du requérant par correspondance paraît juridiquement insoutenable sans éléments supplémentaires de preuve. La Cour précise que le requérant ne saurait nier connaître la date, l'heure et le lieu de la tenue de la prochaine audience puisqu'informé par la lettre précitée. Or le seul élément sur la base duquel elle se prononce dans ce sens est l'enregistrement de la lettre dans ses registres. Pourtant, il est constant en cas de communication entre personnes éloignées l'une de l'autre, que l'information est transmise dès lors que l'expéditeur apporte la preuve de l'expédition : c'est la théorie de l'émission (*Lire dans ce sens Req., 21 mars 1932, DP 1933.1.65, note E. Salle de la Marnierre ; Grands arrêts, n° 81*). Exceptionnellement, c'est parfois la théorie de la réception qui est admise (*Par exemple, l'article 18 de la Convention de Vienne sur la vente internationale de marchandises dispose que : «L'acceptation d'une offre prend effet au moment où l'indication d'acquiescement parvient à l'auteur de l'offre»*). On considère alors que l'information suppose que le destinataire ait effectivement reçu la lettre.

En droit OHADA, l'article 213 de l'Acte uniforme relatif au droit commercial général a consacré l'exception et l'Acte uniforme portant organisation des procédures simplifiées de recouvrement et des voies d'exécution en fait une exigence récurrente (articles 75, 109(9), 161 *in fine*, 167 (a), 180, 181, 191, etc.). Toujours est-il que la lettre doit avoir été au moins effectivement émise. L'enregistrement du courrier dans les registres de la CCJA ne devrait donc pas constituer la preuve de son émission. L'analyse est d'autant plus à considérer qu'elle correspond à la pratique devant le juge administratif camerounais qui, à maintes reprises, souligne que « *c'est le cachet de la poste qui fait foi et les lenteurs de l'administration ne sont pas imputables à l'usager.* » (*Njoya Njissamanki Mama c/ Etat du Cameroun, CS/CA, jugement n° 64/93-94 du 30 juin 1994 ; voir dans le même sens : Kengne Jean Bosco c/ Etat du Cameroun, CS/CA, jugement n° 115/03-04 du 28 juillet 2004 ; Bidjebélé Joseph c/ Etat du Cameroun (MFPRA) CS/CA, jugement n° 49/04-05 du 2 février 2005*). Il aurait donc fallu apporter la preuve non pas que la lettre a été enregistrée pour émission, mais qu'elle a effectivement été expédiée, au besoin avec un accusé de réception.

En revanche, l'exposé des faits de l'espèce semble donner raison à la cour commune de justice et d'arbitrage sur ses arguments de fait. Dans sa décision, elle démontre que l'affaire n'a pu être réinscrite au rôle qu'à la suite du versement du montant de la provision par le conseil du requérant. Logiquement, cela aurait dû le conduire à rechercher l'information sur la date de la tenue de l'audience ; ce qui semble n'avoir pas été fait. Une telle négligence ne saurait engager la cour en vertu de la maxime « *nul ne peut se prévaloir de sa propre turpitude.* » Le rejet de l'existence d'un fait nouveau est d'autant plus justifié que l'article 49 impose l'ignorance du fait à la fois de la cour et de celui qui demande la révision. Or, en l'espèce, il a été démontré qu'au moins l'un d'entre eux avait connaissance de la réinscription.

L'on pourrait cependant encore se demander pourquoi il a été exigé l'ignorance commune du fait nouveau par la CCJA et le requérant alors qu'à l'alinéa 2 de l'article 49, le constat de l'existence dudit fait est exclusivement réservé à la cour. En réalité, la possibilité accordée au demandeur d'exercer son recours est l'expression de la volonté implicite du législateur de lui accorder le même droit au constat. Mais s'il en est ainsi, pourquoi n'avoir pas permis à la cour de se saisir d'office dans ces mêmes circonstances ? La difficulté que l'on peut avoir à apporter réponse à cette interrogation devrait conduire à estimer que le législateur a voulu insinuer que, tandis que le requérant a l'exclusivité de l'exercice du recours, la CCJA a l'exclusivité de l'ouverture de la procédure. Voilà pourquoi l'ignorance du fait nouveau à la fois par l'un et l'autre est indispensable.

Contrairement à son attitude face au fait nouveau, la CCJA ne s'embarrasse pas dans cette affaire d'un argumentaire sur le caractère déterminant du même fait. Elle se contenté de dire « qu'en tout état de cause, même si les faits ci-dessus allégués étaient ignorés par la cour de céans et par Monsieur Hassan Salhy, ils ne sont pas de nature à exercer une influence décisive et n'ont en conséquence aucun caractère déterminant sur le résultat de l'instance. » A la vérité, on ne devrait pas en vouloir à la Haute juridiction d'avoir été évasive ; la démonstration du fait nouveau impliquant indirectement l'établissement du lien étroit existant entre la nouveauté et la nécessité de réexaminer l'affaire. En revanche, le caractère spécifique de l'exercice du recours en révision devant la CCJA appelle quelques commentaires.

II. La justification de l'admission de la révision devant la CCJA

Sur un recours en révision, le juge est saisi du fait et du droit (*Serge Guinchard et autres, lexique des termes juridiques, 13e éd., Dalloz, 2001, V° Recours en révision*). Par voie de conséquence, il devrait être doté du pouvoir de statuer sur le fond du litige. L'exercice du recours en révision devant la CCJA, tel qu'admis par l'article 49 du règlement de procédure de ladite juridiction se justifie donc par le pouvoir d'évocation prévu à l'article 14(5) du traité OHADA. En cela, la révision est à la fois une exception et une originalité.

Certes, le recours en révision est une voie de rétractation qui relève de la compétence du juge qui a rendu la décision attaquée. Mais, exercé devant la CCJA, il est une exception car il est de tradition que les cours suprêmes, principalement francophones (*La CCJA en est techniquement une malgré la modification de l'article 42 du Traité dans le sens d'ajouter d'autres langues de travail que le français*) ne puissent être saisies par cette voie. La cour de cassation française l'a clairement exprimée (*Civ 3e, 12 juin 1991, D. 1992, Somm. 127, obs. Julien*). Au Cameroun, le législateur l'a d'abord fait remarquer à l'article 223 du CPC en prévoyant que cette voie de droit n'est ouverte que pour les jugements rendus en dernier ressort par les juridictions d'instance et d'appel, sa position a cependant évolué. Depuis le 29 décembre 2006, il admet toutefois que la cour suprême connaisse du recours en révision de certaines décisions contradictoires (*article 41 al. 2(b) de la loi no 2006/016 du 29 décembre 2006 fixant l'organisation et le fonctionnement de la Cour suprême*). L'affaire n'est plus introduite devant la section concernée par la procédure initiale mais devant la formation des sections réunies qui est en quelque sorte une assemblée plénière restreinte.

Si la règle est que la révision devant une juridiction suprême n'est pas admise, on peut se demander quelle en est l'explication. Il semble qu'il en aille ainsi parce que les décisions émanant de ces juridictions sont en principe insusceptibles de voie de recours. Gardiennes du respect de la règle de droit, leur mission serait de rétablir la vérité juridique qui marque la fin du procès. On ne devrait plus y revenir, à moins et exceptionnellement qu'il soit question d'un pourvoi dans l'intérêt de la loi ou du pourvoi d'ordre, lesquels sont différents du pourvoi en cassation (*Le pourvoi dans l'intérêt de la loi est celui qui est uniquement formé par le Procureur général près la cour suprême et à sa seule initiative, contre tout acte juridictionnel devenu définitif (il s'agit des décisions rendues en dernier ressort) et entaché de violation de la loi. Dans ce cas, « les parties ne peuvent se prévaloir d'un tel pourvoi. La cassation éventuelle ne profite ni ne nuit à aucune des parties ; la décision attaquée est exécutoire parce qu'elle a acquis autorité de la chose jugée entre les parties. » A.D. Tjouen, L'exécution des décisions de justice en droit camerounais, RIDC, 2, 2000, p. 438*).

Le recours en révision devant la CCJA est aussi et surtout une originalité à l'ère de la refondation des juridictions suprêmes africaines d'inspiration francophone. Le fondement dudit recours est, cela a été observé dans l'arrêt no 040/2008 du 17 juillet 2008, l'existence d'un fait nouveau et déterminant. Or ces juridictions n'ont pas souvent été dotées du pouvoir d'évocation, d'où la procédure dite de "*la navette judiciaire*" consistant à renvoyer les parties, en cas de cassation, devant une juridiction de même ordre, nature et degré que celle dont la décision a été cassée afin d'appliquer les prescriptions juridiques de la Haute cour aux faits de l'espèce.

Mais si en droit comparé, le droit français prévoit la fermeture du recours en révision devant la cour de cassation sur la base de l'article 593 du NCPC (il est ainsi conçu : *« Le recours en révision tend à faire rétracter un jugement passé en force de chose jugée pour qu'il soit à nouveau statué en fait et en droit. »*) parce qu'elle n'est pas un troisième degré de juridiction (*Une partie de la doctrine française semble pourtant remettre en cause cette affirmation. Voir dans ce sens L. Boré et J. De Bruneton, Quelques idées sur le pourvoi en cassation, D. 2005, no 3, chronique, p. 180 et s. ; J-F. Burgelin, La cour de cassation en question, D. 2001, n° 12, point de vue, p. 932 et s.*), il existe depuis quelques années en Afrique un mouvement qui vise à doter les juridictions suprêmes du pouvoir d'évocation (*Voir entre autres : l'article 67 de la loi camerounaise n° 2006/016 du 29 décembre 2006 fixant l'organisation et le fonctionnement de la Cour suprême ; l'article 28 (nouveau) de la loi ivoirienne n° 97-243 du 25 avril 1997 dispose également que : « En cas de cassation, la chambre judiciaire évoque l'affaire dont elle est saisie. »*). La CCJA semble en être devenue la locomotive ici puisqu'aux termes de l'article 14(5) précité, en cas de cassation, elle évoque et statue, c'est-à-dire revient sur les faits.

A dire vrai, le pouvoir d'évocation qui fonde le recours en révision ne va pas sans susciter quelques interrogations qui, il faut le reconnaître, n'étaient pas directement posées dans l'arrêt Hassan Sahly. A s'en tenir à l'article 14(5) du traité, la CCJA dispose de cette prérogative en cas de cassation d'une décision. La question est alors de savoir si la CCJA est juge du droit au même titre que les juridictions suprêmes nationales francophones ou, à l'opposée, si elle constitue un troisième degré de juridiction. Si la seconde option est retenue, il va de soi que la révision se justifie. Dans le cas contraire, elle serait illogique.

On s'en aperçoit, la réponse n'est pas évidente. Une chose est cependant certaine, c'est qu'aucun auteur ne reconnait à la CCJA la nature de juge du droit au sens classique du terme (c'est-à-dire qu'il ne s'intéresse nullement aux faits). Cela se comprend aisément car le pouvoir d'évocation accorde au juge plus de libertés qu'une cour suprême ordinaire dans l'étude des affaires portées à sa connaissance. Il examine le fond du litige, y compris les faits. Pourtant, il faut se garder de déduire de cela qu'à l'unanimité, la doctrine perçoit la CCJA comme un troisième degré de juridiction. Les positions sont plus subtiles ; ce qui rend plus difficile la justification de la révision devant la Haute juridiction.

Certains auteurs comme M. Assi (*Eugène Assepo Assi, La cour commune de Justice et d'arbitrage de l'OHADA : un troisième degré de juridiction ?, RIDC, n° 4, octobre-décembre 2005, p. 955 ; Joseph Issa-Sayegh et Jacqueline Lohoues-Oble, Harmonisation du droit des affaires OHADA, collection Droit uniforme africain, éd. Bruylant, Bruxelles, 2002, n° 437 ; Bakary Diallo, Réflexions sur le pouvoir d'évocation, Penant n° 858, 2007, pp. 40 et s.*) affirment que la CCJA est une juridiction de cassation singulière car elle « se métamorphose, après annulation de la décision contestée, en juge du fond. » L'analyse de la jurisprudence de la CCJA semble confirmer de tels propos. En effet, lorsqu'elle rend un arrêt de cassation, la juridiction communautaire statue d'abord en tant que juge du droit sur le ou les différents moyens qui lui sont présentés. C'est dans la suite de son arrêt qu'elle joue le rôle de troisième (ou plus rarement de second) degré de juridiction. Concrètement, elle utilise toujours l'expression « *sur l'évocation* » pour annoncer cette partie de l'arrêt (*Mais cette façon de procéder est critiquable dans la mesure où la CCJA est le plus souvent obligée de se répéter aussi bien dans l'exposé de ses motifs que dans son dispositif : cf. par exemple l'arrêt de cassation n°*

008/2004 du 26 février 2004 rendu dans l'affaire opposant la BCN à M. Hamadi Ben Damma).

En affirmant qu'elle n'est pas un troisième degré de juridiction, les tenants de cette thèse précisent que la CCJA est une cour de cassation singulière puisqu'elle assume, principalement, son rôle de juge de cassation, ne se transformant qu'occasionnellement voire accessoirement, en juge du fond. » (*Assepo Assi, op.cit., p. 947 et s.*). Semblable analyse peut-elle permettre de justifier le recours en révision ? Une réponse négative s'impose car la spécificité de cette voie de droit est d'être engagée lorsqu'un fait nouveau se révèle. Il n'y a aucune ambiguïté : seul ce fait nouveau et déterminant peut permettre de saisir à nouveau la cour. Or seules les juridictions considérées comme des degrés de juridiction ont le pouvoir de l'examiner.

Bien que logique, ce point de vue ne permet pas de justifier avec suffisamment de conviction le recours en révision devant la CCJA. Il suffit, pour s'en rendre compte, de ne pas perdre de vue deux choses. D'une part, qu'il est difficilement concevable que dans une seule décision relative à une même affaire, une cour suprême se comporte à la fois comme juge de cassation et comme troisième degré de juridiction. La première étape s'avère superflue, raison pour laquelle la CCJA a tendance à se répéter dans ses arrêts de cassation parce que se sentant obligée de porter les deux casquettes (*Lire à titre d'illustration les arrêts de cassation n° 58/2005 du 22 décembre 2005, ohadata J-06-45 et n° 35 du 2 juin 2005, ohadata J-06-14*). D'autre part, qu'il serait difficile de déterminer le moment précis où la CCJA agit en tant que degré de juridiction. En théorie, c'est dans la phase de l'évocation, c'est-à-dire après la prétendue "métamorphose", qu'elle examine les faits. On peut donc croire que c'est à ce moment qu'elle peut admettre les recours en révision. Sauf à se demander quel est l'intérêt d'une telle distinction de phases ; cela d'autant plus que c'est dans le même arrêt de cassation, dont la solution est unique, qu'elles se retournent.

A partir de là, il semble possible de dire que la justification de la révision devant la CCJA est sa nature de troisième degré de juridiction, idée soutenue par le plus grand nombre (*entre autres, Félix Onana Etoundi, et Jean Michel Mbock Biumla, Cinq ans de jurisprudence commentée de la Cour commune de justice et d'arbitrage de l'OHADA (1999-2004), 1ère éd., Presses de l'AMA, 2005, p. 19 ; Alex-François Tjouen, Les rapports entre les juridictions suprêmes nationales et la Cour commune de justice et d'arbitrage de l'OHADA, Thèse, Paris II, 2006, pp. 67 et s.*). Mais encore une fois, la réponse n'est pas tranchée du fait des incertitudes créées par le traité OHADA au sujet de l'évocation, et qui ne permettent pas de la distinguer rigoureusement de l'effet dévolutif.

L'effet dévolutif ou dévolution signifie que la totalité du litige *en fait et en droit* est soumise à la juridiction de second (voire de troisième) degré. Cette idée devrait être exprimée avec une grande exactitude par les textes (*Aux termes de l'article 561 du NCPC français par exemple : « L'appel remet la chose jugée en question devant la juridiction d'appel pour qu'il soit à nouveau statué en fait et en droit* »).

Devant les juridictions suprêmes nationales, le pourvoi en cassation n'a d'effet dévolutif que si le système juridique le permet. C'est le cas par exemple du système anglophone. Lorsqu'une juridiction suprême francophone casse et ou annule la décision d'une juridiction inférieure, elle revoie l'affaire à une autre juridiction inférieure.

L'évocation, pour sa part, est définie comme la faculté reconnue à la juridiction qui infirme, casse ou annule une décision avant dire droit ou une décision sur le fond, de s'emparer de toute l'affaire pour la juger au fond (*Françoise Dumas, L'évolution de l'évocation en matière civile, thèse, Rennes 1968, p. 1*).

Les deux concepts se distinguent par deux principaux aspects.

D'une part, l'évocation est normalement soumise par la loi à des conditions assez strictes qui restreignent les pouvoirs du juge : la décision attaquée doit être infirmée, cassée ou annulée ; l'affaire doit en outre être suffisamment instruite pour être en état de recevoir une décision définitive. L'effet dévolutif ne comporte pas de telles limitations. Le juge saisi par la dévolution a toute la latitude de reprendre lui-même une nouvelle fois l'instruction. « Dès lors, il est aisé d'apercevoir l'intérêt considérable qu'a la juridiction du second [ou troisième ?] degré à s'estimer saisie du fond du procès par l'effet dévolutif : elle statue obligatoirement sur l'intégralité du litige, même si les parties ne lui en ont soumis qu'un aspect limité (…). » (*Françoise Dumas, op.cit., p. 31*).

D'autre part, l'évocation n'est qu'une simple *faculté*, un pouvoir discrétionnaire dont le juge n'use que s'il l'estime opportun. Il en résulte qu'il peut toujours, après avoir statué sur les prétentions qui lui ont été exposées, renvoyer les parties devant les premiers juges pour l'examen du fond. Au contraire, l'effet dévolutif entraîne la saisine *obligatoire* du juge et, par conséquent, exclut toute possibilité de renvoi.

La distinction ainsi faite entre l'évocation et la dévolution ne semble qu'insuffisamment claire car les textes entretiennent très souvent, et depuis longtemps (*au moins depuis 1942, lors de la réforme du Code de procédure civile français sur l'appel, qui aboutit à quelques modifications dans le sens d'un élargissement de son champ d'application*), une grande marge d'incertitude (*Par exemple, l'article 28 nouveau de la loi ivoirienne n° 97-243 du 25 avril 1997 dispose simplement que : « En cas de cassation, la chambre judiciaire évoque l'affaire dont elle est saisie. » Par contre les dispositions des articles 510 et 527 de la loi camerounaise n° 2005/007 du 27 juillet 2005 semblent plus explicites*). Cette situation a évidemment favorisé l'élargissement du domaine de l'effet dévolutif. On en est arrivé à distinguer l'effet dévolutif au sens strict dit "*effet dévolutif classique*" de l'effet dévolutif au sens large, lequel inclut l'évocation (*Jean Vincent, op.cit., pp. 185 et 190*). La conséquence d'une telle distinction n'a pas manqué de rejaillir sur la nature même de la juridiction pouvant évoquer, à l'instar de la CCJA. Cette question relative à la détermination de la nature de la haute juridiction était d'autant plus inévitable que l'article 14(5) du traité OHADA est ainsi rédigé : « en cas de cassation, [la CCJA] évoque et statue sur le fond. » A l'évidence, la prescription rompt avec les critères précédemment établis concernant l'évocation. D'abord, parce qu'elle devrait être soumise à des conditions strictes posées par la loi. Or, en dehors du fait que la décision soumise à la CCJA devrait avoir été cassée, l'article 14(5) ne donne aucune indication sur le degré d'instruction de l'affaire devant les juridictions inférieures. De même, il n'offre pas à la cour la latitude d'user de son pouvoir discrétionnaire pour prendre la décision d'évoquer. Par contre, il lui fait expressément obligation de statuer sur le fond du litige, excluant par contrecoup toute possibilité de renvoi et donnant à penser que l'on se trouve dans l'hypothèse de l'effet dévolutif entendu au sens strict.

Alex Tjouen,
Assistant, Université de Yaoundé II

1ère espèce : CCJA, arrêt n°014/2007, 29 mars 2007
Société Internationale de Commerce des Produits Tropicaux (SICPRO) c/ Gestion Ivoirienne de Transport Maritime Aérien GITMA, devenue GETMA

2ème espèce : CCJA, arrêt n° 06/2002, 21 mars 2002
Michel Ngmako c/ Guy Deumany Mbouwoua

1. CCJA, arrêt n°014/2007, 29 mars 2007, Société Internationale de Commerce des Produits Tropicaux (SICPRO) c/ Gestion Ivoirienne de Transport Maritime Aérien (GITMA, devenue GETMA)

(…)

Sur le moyen unique

Vu l'article 54 de l'Acte uniforme portant organisation des procédures simplifiées de recouvrement et des voies d'exécution

Attendu qu'il est reproché à l'arrêt attaqué la violation des dispositions de l'article 54 de l'Acte uniforme susvisé en ce que, pour statuer comme il a été indiqué ci-dessus, la cour d'appel excipe à tort de l'existence d'une procédure en annulation du bail initiée par la société GETMA pendante devant la juridiction compétente pour dire et juger que les saisies conservatoires de créances et de biens meubles pratiquées par la SICPRO sont prématurées et inopportunes alors que d'une part, ledit article parle de « créances qui paraît fondée en son principe », ce qui signifie qu'une simple apparence de créance suffit pour fonder la saisie conservatoire et, d'autre part, l'opportunité de pratiquer une telle saisie ne relève que de la seule appréciation du créancier saisissant ; qu'en décidant comme elle l'a fait, la cour d'appel d'Abidjan a erré dans l'interprétation de l'article 54 susvisé et son arrêt encours cassation ;

Attendu qu'aux termes de l'article 54 de l'Acte uniforme susvisé, « toute personne dont la créance paraît fondée dans son principe peut, par requête solliciter de la juridiction compétente du domicile ou du lieu où demeure le débiteur, l'autorisation de pratiquer une mesure conservatoire que tous les biens mobiliers, corporels ou incorporels de son débiteur, sans commandement préalable, si elle justifie de circonstances de nature à en menacer le recouvrement » ;

Mais attendu que les conditions sus énonces par l'article 54 de l'Acte uniforme précité renvoient à des éléments de pur fait dont l'appréciation relève du pouvoir souverain du juge du fond ; qu'en retenant dont « qu'il ressort des écritures des parties que le juge du fond est saisi d'une procédure en nullité du contrat de bail liant la société GETMA) la société SICPRO, et dans ces conditions, les saisies pratiquées en vertu de créances encore contestées sont prématurées et inopportunes », la cour d'appel d'Abidjan a fait usage de son pouvoir souverain d'appréciation du caractère apparent de la créance et de la réalité ou non des circonstances de nature à en menacer le recouvrement ; que ce faisant, elle ne viole en rien les dispositions sus énoncées de l'article 54 précité ; qu'il suit que le moyen n'est pas fondé et doit être rejeté…

2. CCJA, arrêt n°06/2002, 21 mars 2002, Michel Ngmako c/ Guy Deumany Mbouwoua

Sur le premier moyen

Vu l'article 54 de l'Acte uniforme portant organisation des procédures simplifiées de recouvrement et voies d'exécution ;

Attendu qu'il est fait grief à l'arrêt attaqué d'avoir violé les dispositions de l'article 54 de l'Acte uniforme portant organisation des procédures simplifiées de recouvrement et des voies d'exécution, en ce que la cour d'appel a infirmé l'ordonnance de référé n°720 du 22 mars 1999 rétractant l'ordonnance sur requête n° 897 du 22 janvier 1999, en vertu de ladite ordonnance, alors que les conditions cumulatives prévues à l'article 54, à savoir l'existence de circonstances de nature à menacer le recouvrement de la créance n'étaient pas réunies en l'espèce, car « les loyers, cause de la saisie querellée étaient régulièrement versés par le requérant entre les mains du séquestre, qui les restituera à qui de droit et que le requérant ayant versé les loyers entre les mains du séquestre, s'est légalement libéré de son obligation de paiement » et qu'il n'existerait dès lors aucune menace pesant sur le recouvrement de la créance ;

Attendu qu'aux termes de l'article 54 de l'Acte uniforme susvisé, « toute personne dont la créance paraît fondée en son principe peut, par requête, solliciter de la juridiction compétente du domicile du lieu où demeure le débiteur, l'autorisation de pratiquer une mesure conservatoire sur tous les biens mobiliers corporels ou incorporels de son débiteur, sans commandement préalable, si elle justifie des circonstances de nature à en menacer le recouvrement » ;

Attendu qu'il n'est pas contesté que le requérant a versé les loyers dont il était redevable entre les mains du séquestre régulièrement désigné par l'ordonnance de référé n° 763 du 14 mai 1997 ; qu'au surplus, le versement au séquestre d'une partie des loyers est attesté par le contrat de bail en date du 18 mai 1998 liant les parties ; que rien ne permettait, dès lors, nonobstant les affirmations de la cour d'appel concernant l'expulsion du requérrant de l'immeuble loué et l'opposition de celle-ci à la main levée du séquestre de dire que le recouvrement était menacé ; qu'il s'ensuit que l'arrêt attaqué doit être cassé pour violation de l'article 54 de l'Acte uniforme sus visé, sans qu'il soit besoin d'examiner les autres moyens, et d'évoquer » ....

OBSERVATIONS

A quelles conditions une saisie conservatoire peut-elle être autorisée ? Cette question est au centre de ces deux arrêts rendus par la Cour commune de justice et d'arbitrage en l'espace de quelques années.

Dans la première espèce, par acte sous seing privé en date du 30 août 1999, la SICPRO avait donné en bail commercial à la société GETMA ses locaux bâtis sur le lot 201 du domaine portuaire d'Abidjan pour une durée de trois ans renouvelable par tacite reconduction moyennant un loyer mensuel de 11550000 francs cfa payable d'avance trimestriellement le premier jour. Depuis le mois de juillet 2001, estimant qu'elle ne détient plus ses droits d'occupant de la SICPRO, mais du port autonome d'Abidjan, la GETMA a cessé tout payement de loyers. Pour sûreté et avoir recouvrement de sa créance locative évaluée à la somme de 554400000 francs cfa, la SICPRO avait fait pratiquer plusieurs saisies conservatoires de créances et une saisie conservatoire de biens meubles appartenant à la société GETMA. Contestant cette mesure conservatoire, la GETMA saisît le juge de référé du tribunal de première instance d'Abidjan pour solliciter la main levée des saisies, mais fût débouté. Devant la cour d'appel elle eût plus de chance, car celle-ci décida que les saisies conservatoires pratiquées étaient inopportunes et prématurées ; ce qui poussa la SICPRO à saisir la Cour commune de justice et d'arbitrage

Dans la seconde espèce, le sieur Guy Deumany Mbouwoua avait acquis un immeuble à usage commercial, qui jusque là était loué au Sieur Michel Ngmako alors que subsistait un litige sur la propriété de l'immeuble et qui avait conduit un juge à désigner un séquestre à l'effet d'en percevoir les revenus locatifs. Sans attendre le règlement de ce litige, l'acquéreur s'empressa de conclure un nouveau bail avec le locataire. Malgré ce bail, le locataire continua à déposer les loyers aux mains du séquestre. Ne les recevant donc pas, l'acquéreur obtint le 22 janvier 1999 du Président du tribunal de première instance de Douala une ordonnance sur requête grâce à laquelle il pratiqua le 27 janvier de la même année une saisie conservatoire sur les meubles meublants du locataire pour sûreté et avoir paiement de la somme de 2900000 francs cfa correspondant au montant des loyers échus. A la demande du locataire, cette ordonnance fût rétractée par une autre rendue le 22 mars 1999 en référé par le président du même tribunal, mais la cour d'appel de Douala infirma la décision. Ce qui poussa le locataire à saisir la Cour commune de justice et d'Arbitrage.

Les pourvois formés contres les deux décisions qui abordent des questions complémentaires soulevaient deux questions importantes relatives aux saisies conservatoires. La première était de savoir si une apparence de créance peut justifier une saisie conservatoire ; alors que la seconde portait sur le point de savoir s'il peut y avoir saisie conservatoire pour menace sur le recouvrement de sommes déposées entre les mains d'un séquestre judiciaire. Tandis que l'arrêt n° 014/2007 du 29 mars 2007 (SICPRO contre GETMA) répond à la première question, celui rendu le 21 mars 2002 (*n° 6/2002 du 21 mars 2002, Michel Ngmako contre Guy Deumany Mbouwoua)* répond à la seconde. La complémentarité des réponses permet de les commenter conjointement. Les réponses aux questions posées par ces deux arrêts permettent de savoir comment la Haute juridiction chargée de l'interprétation et de l'application des actes uniformes comprend l'article 54 de l'acte uniforme portant organisation des procédures simplifiées de recouvrement et voies d'exécution qui pose les conditions de fond de validité d'une saisie conservatoire, spécialement ce qu'il faut entendre par « créance qui paraît fondée en son principe » (I) et par circonstances de nature à menacer le recouvrement d'une créance (II).

I. La notion de créance qui paraît fondée en son principe

D'après l'article 54 de l'Acte uniforme OHADA portant organisation des procédures simplifiées de recouvrement et voies d'exécution, « toute personne dont la créance paraît fondée en son principe peut, par requête, solliciter de la juridiction compétente du domicile ou du lieu où demeure le débiteur, l'autorisation de pratiquer une mesure conservatoire sur les biens mobiliers corporels ou incorporels de son débiteur sans commandement préalable, si elle justifie de circonstance à en menacer le recouvrement ».

Ce texte pose les conditions générales de fond de validité d'une mesure conservatoire. D'après ce texte, pour que le juge l'autorise, il faut une créance c'est-à-dire une chose corporelle ou incorporelle qu'une personne s'est obligée à donner quelle qu'en soit l'origine. Le texte est silencieux sur l'objet de la créance, mais l'usage du terme « recouvrement » qui ne concerne que les créance de sommes d'argent révèle qu'il s'agit des créances de sommes d'argent. Mais dans ces deux arrêts, le débat portait surtout sur le point de savoir ce qu'il faut entendre par créance qui paraît fondée dans son principe. Tout en laissant aux juges un pouvoir souverain d'appréciation de cette condition, la Cour commune de justice le limite en posant l'exigence d'une créance non contestée.

Dans l'arrêt rendu le 29 mars 2007, on peut lire : « mais attendu que les conditions sus énoncées par l'article 54 de l'Acte uniforme précité renvoient à des éléments de pur fait dont l'appréciation relève du pouvoir souverain du juge du fond ». Pour la haute juridiction, l'appréciation du caractère apparent de la créance relève du pouvoir souverain des juges du fond. Cette formule pleine de souplesse permet au juge d'autoriser une saisie pour une simple apparence de créance. Plusieurs juges du fond l'ont fait. Ainsi la Cour d'Appel d'Abidjan a décidé qu'« en présence d'une ordonnance d'injonction de payer, même frappée d'opposition, d'un état de charge et d'un procès verbal d'assemblée des propriétaires, le principe d'une créance paraît fondé et justifie une saisie conservatoire des créances » *(Cf. Cour d'appel d'Abidjan, Chambre civile et commerciale, arrêt n° 338 du 20 mars 2001, SCI de Dankro c/ Dame Jacquet Simone, Société Makan Textile, Librairie chrétienne foi et vie, Agence hémisphère voyages, ohadata, J. 02-82).* Dans le même sens, la cour d'appel de Libreville a décidé que « la reconnaissance de sa dette par le débiteur sous réserve de faire les compte avec son créancier pour en déterminer le montant exact et définitif constitue une créance fondée en son principe telle que l'exige l'article 54 de l'AUPSRVE pour justifier une saie conservatoire *(Cour d'appel de Port-Gentil, Chambre civile et commerciale, n° 60/98-99 du 28 avril 1999, Sté EFG c/ Cagrino, ohadata, J. 02-151).* Le juge peut même l'autoriser pour une créance qui n'est constatée par aucun titre et au bénéfice d'une personne qui n'a que vocation à être créancier.

Cependant, cette liberté du juge n'est pas totale, il ne peut se contenter d'une créance résultant des allégations trop fantaisistes ou d'indices trop légers. Le juge peut autoriser une mesure conservatoire pour une créance conditionnelle ou éventuelle. Mais peut-il le faire pour une créance contestée ? En validant l'arrêt de la Cour d'appel qui a posé que « les saisies pratiquées en vertu de créances encore contestée sont prématurées et inopportunes », la haute juridiction a ajouté un caractère qui limite le pouvoir souverain du juge de fond dans l'appréciation de la notion de créance qui paraît fondée en son principe.

Contrairement aux mesures d'exécution qui sont soumises à l'existence d'une créance certaine, liquide et exigible, les mesures conservatoires prévues par l'Acte uniforme portant organisation des procédures simplifiées de recouvrement et voies d'exécution échappent à cette triple exigence. La créance n'a donc pas besoin d'être certaine, ni liquide, ni exigible, car l'enjeu n'est pas l'exécution, mais de prévenir l'insolvabilité organisée du débiteur. Le but des mesures conservatoires est en effet de conserver un droit ou des biens, afin de protéger le créancier en évitant que son débiteur n'en dispose ou ne s'en dessaisisse (*Cf. not : Saint-Bonnet, « Saisies et mesures conservatoires », Rev. Huissiers, 1955, p. 124 ; D. Legeais, « Les mesures conservatoires », Les petites affiches, 6 janv. 1993 ; Woog et Lucet, « Mesures d'exécution et mesures conservatoires », Gaz. Pal. 1993, I. doctr. 270 ; A Crosio, « Les mesures conservatoires », Les petites affiches, 2 et 9 mai, 1994*). Simplement, il faut que la créance existe réellement et qu'elle ne soit pas contestée. C'est ce que rappelle la Cour commune de justice dans l'arrêt

SICPRO contre GETMA. Le demandeur au pourvoi soutenait que la formule « créance qui paraît fondée en son principe » signifie qu'une simple apparence de la créance suffit pour fonder la saisie. Mais rejetant cette argumentation, la Haute juridiction, a maintenu l'arrêt de la Cour d'Appel qui a jugé que : « les saisies pratiquées en vertu de créances encore contestées sont prématurées et inopportunes ».

C'est une interprétation curieuse. Sans doute peut-elle se justifier pour une mesure d'exécution qui aboutit à déposséder le débiteur de ses biens, mais elle se défend mal en présence d'une mesure conservatoire qui a seulement pour effet de rendre les biens indisponibles en attendant l'issue d'une procédure. L'intérêt d'une mesure conservatoire est justement d'éviter que durant le cours de la procédure portant sur l'existence de la créance que le débiteur n'en profite pour organiser son insolvabilité. Dans ces conditions, attendre que la créance soit non contestée, c'est imposer de manière insidieuse une condition qui paralyserait toute mesure conservatoire : la certitude de la créance. Une telle interprétation est totalement contraire au but des mesures conservatoire, car il suffira pour un débiteur qui veut organiser son insolvabilité, d'introduire une action en contestation de la créance pour que toute mesure conservatoire soit désormais inutilisable contre lui. Il est souhaitable que la Cour commune de justice revienne à une interprétation plus conforme à l'orthodoxie juridique en permettant une mesure conservatoire pour des créances qui paraissent fondées en leur principe et laisse aux juges de fond leur pouvoir souverain d'appréciation.

II. Les circonstances de nature à menacer le recouvrement de la créance

L'Acte uniforme OHADA portant organisation des procédures simplifiées de recouvrement et voies d'exécution exige, outre une créance qui paraît fondée en son principe, l'existence des circonstances de nature à en menacer le recouvrement comme conditions de validité d'une mesure conservatoire. Si l'arrêt SICPRO contre GETMA se contente de signaler cette condition qui est intimement liée à celle de créance fondée en son principe, l'arrêt Ngmako contre Deumany du 21 mars 2002 la précise.

Pour comprendre cette notion qui marque un assouplissement dans les conditions de validité d'une mesure conservatoire, notamment d'une saisie conservatoire, il faut se souvenir que dans le systèmes antérieur à l'acte uniforme, outre la nécessité d'une créance qui paraît fondée en son principe, deux autres conditions étaient requises pour accéder aux mesures : l'urgence d'une part, le fait que le recouvrement de la créance soit menacé d'autre part. Bien que la question ait été discutée *(Raynaud et Madray, « Saisies et mesures conservatoires », J.C.P. 1956, I. 1320)*, il avait été admis que les deux conditions n'étaient pas cumulatives, mais constituaient deux expressions d'une même menace pesant sur la créance : le risque d'une insolvabilité imminente du débiteur (*Cf. M. Donnier, Voies d'exécution et procédures de distribution, 5ème édit. Paris, Litec, 1999, p. 144)*. C'est cette solution aujourd'hui consacrée expressément par l'article 54 de l'acte uniforme et certains juges nationaux (*notamment : CA Port-Gentil, arrêt du 28 avril 1999, Penant 1999, p. 114 ; CA Niamey, Chambre civile, arrêt n° 121 du 16 octobre 2002, Etablissements Oudou Karimoun c/ Hadja Aïssa Maïga Kaduna, ohadata, J. 03-255*), que rappelle la Cour commune de justice et d'arbitrage en cassant l'arrêt de la cour d'appel de Douala qui a autorisé une saisie conservatoire des meubles appartenant au locataire alors que celui-ci versait les montants exacts des loyers entre les mains d'un séquestre judiciaire. Il n'y avait aucune menace sur le recouvrement de la créance dès lors que, les sommes se trouvaient entre les mains d'un séquestre judiciaire dont la mission est justement de garder des fonds en attendant l'issue d'un conflit pour les remettre à celui que le juge aura désigné.

La solution est conforme non seulement à la lettre de l'acte uniforme, mais à son esprit qui tout en facilitant le paiement effectif des créances, accorde désormais de la considération au débiteur (*S.S. Kuaté Tameghé, La protection du débiteur dans les procédures collectives individuelles d'exécution, préface de J.F. Overstake, coll. Logiques juridiques, Paris, l'Harmattan, 2004)*. On comprend que la cour d'appel de Douala se soit rangée à celle-ci quelques années plus tard en décidant qu' « il n'y a pas péril menaçant le recouvrement de la créance, le débiteur, bien que domicilié en France disposant au Cameroun de structures de gestion fiables » (*Cf. CA Littoral à Douala, arrêt n° 91/REF du 09 juin 2004, affaire Société Le Printemps du centre SARL contre Société F.A.I.E. SARL, ohadata, J-06-184)*. Par contre, elle admet à juste titre que « la rupture soudaine et injustifiée des relations commerciales entre les parties, non suivie d'un apurement de ses dettes par le débiteur, justifie le péril dont est menacé le recouvrement de la créance du saisissant et la mesure conservatoire de la saisie » (*Cf. Cour d'appel du Littoral à Douala, arrêt n° 61/REF du 23 février 2004, affaire Société industries forestières de Batalimo contre Ets Al Adwar, ohadata, J-06-179*). La preuve de la menace incombe au créancier saisissant (*Cf. CA d'Abidjan, arrêt civil contradictoire n° 690 du 30 mai 2000, affaire La Mutuelle centrale d'assurance dite M.C.A C/ La Nationale d'assurances)*.

Pierre Etienne Kenfack,
Chargé de cours, Université de Yaoundé II Soa.

1ère espèce : CCJA, arrêt n°031/2007, 22 novembre 2007, Société Trans-Ivoire c/ Port autonome d'Abidjan

2ème espèce : CCJA, arrêt n°030, 26 mai 2005 Satoya Guinée SA c/ Mes Aboubacar Camara et Boubacar Télimélé Sylla

1. CCJA arrêt n°031/2007, 22 novembre 2007, Société Trans-Ivoire c/ Port autonome d'Abidjan

(...)

Attendu que l'examen des pièces du dossier de la procédure révèle que la requérante n'a pas joint à son recours certaines des pièces prévues par l'article 28 du Règlement de procédure susvisé ; qu'ainsi fait notamment défaut une copie des statuts ou un extrait récent du registre de commerce ou toute autre preuve de l'existence juridique de la société Trans-Ivoire au nom de laquelle le recours est exercé ;

Attendu qu'aux termes de l'article 28.5 du Règlement de la cour, « si le recours n'est pas conforme aux conditions fixées au présent article, le greffier en chef fixe au requérant un délai raisonnable aux fins de régularisation du recours ou de production des pièces mentionnées ci-dessus. A défaut de cette régularisation ou de cette production dans le délai imparti, la cour décide de la recevabilité du recours » ;

Attendu qu'invitée par le greffier en chef par lettre n° 588/2005/G5 du 18 novembre 2005 à régulariser son recours en produisant la pièce faisant défaut dans un délai de 15 jours à compter du 23 novembre 2005, date de réception de la demande de régularisation par la requérante, celle-ci n'a pas produit ladite pièce ; que de même, au terme d'un nouveau délai supplémentaire de 15 jours à lui accordé à sa demande par le greffier en chef par lettre n° 617/2005/G5 du 13 décembre 2005, la requérante n'a toujours pas produit la pièce faisant défaut aux fins de régularisation de son recours ;

Attendu que conformément à l'article 28.5 du Règlement de procédure susvisé, la cour doit décider de la recevabilité d'un tel recours ;

Attendu que le défaut de production de certaines pièces notamment une copie des statuts ou un extrait récent du registre du commerce ou toute autre preuve de l'existence juridique de la société Trans-Ivoire au nom de laquelle le recours est exercé ne permet pas à la cour de s'assurer de l'existence juridique de ladite société ; qu'ainsi et faute par la requérante d'avoir mis à la disposition de la cour cet élément essentiel d'appréciation sans lequel il pourrait être porté atteinte inconsidérément à la sécurité des situations juridiques, son recours exercé au mépris des prescriptions de l'article 28 du Règlement de procédure susvisé, doit être déclaré irrecevable (...)

2. CCJA arrêt n°030/2005, 26 mai 2005, Satoya Guinée SA c/ Mes Aboubacar Camara et Boubacar Télimélé Sylla

(…)

Sur la recevabilité du pourvoi en cassation examiné d'office

Vu l'article 28.1 du Règlement de procédure de la CCJA

Attendu que selon ce texte, le délai de deux mois pour se pourvoir en cassation court à compter de la date de signification de l'arrêt attaqué ;

Attendu, en l'espèce, que le dossier de la procédure contient deux exploits d'huissier portant signification de l'arrêt n° 4 du 12 février 2002 ; que le premier acte portant signification de ladite décision à la société Satoya Guinée SA, dressé par Me Camara Aboubacar à la requête du cabinet des huissiers de justice associés, Me Aboubacar Camara et Boubacar Télimélé Sylla a, pour date le 13 février 2002 ; que le second portant signification aux parties défenderesses susnommées, dressé par Me Mohamed Sylla à la requête de la société Satoya Guinée SA est daté du 04 juin 2002 ;

Attendu qu'en vertu des règles générales de procédure, la mention de la date de signification d'un acte dressé par un huissier de justice fait foi jusqu'à inscription de faux contre cet acte ;

Attendu que l'examen des pièces de la procédure permet à la cour de céans de s'assurer qu'aucune procédure de faux n'a été inscrite par une société Satoya Guinée SA contre le premier exploit en date du 13 février 2002 portant signification de l'arrêt attaqué ; que c'est donc à compter de ladite date que court le délai de deux mois pour former pourvoi en cassation, lequel avait expiré le 13 avril 2002 ; qu'il y a lieu par conséquent de déclarer irrecevable le pourvoi en cassation formé le 13 juin 2002 par la société Satoya Guinée SA (…).

OBSERVATIONS

Ces deux arrêts portent sur diverses applications de l'article 28 du Règlement de procédure de la CCJA, lequel organise la procédure contentieuse écrite devant cette juridiction. *A contrario,* ces formalités prescrites ne seront pas exigées dans le cadre d'une procédure contentieuse orale régie par les articles 34-1 dudit Règlement de procédure.

L'article 28 organise les formalités de recours en cassation sous trois points essentiels : le délai de la signification de la décision attaquée, les éléments du recours et la sanction du non-respect de ces formalités.

L'importance des différentes formes et formalités prescrites par l'article 28 est telle que le jugement perdrait de son efficacité au cas où l'une ne serait pas vérifiée.

Par ailleurs, le contentieux, soumis à ce formalisme, est bien encadré par cet article 28. Il s'agit de celui qui est relatif à l'interprétation et à l'application des Actes uniformes, prévu aux articles 14 alinéas 3 et 4 du traité OHADA. En d'autres termes, l'objet du recours doit être, soit des décisions rendues par les juridictions d'appel des Etats parties dans toutes les affaires soulevant des questions relatives à l'application des Actes uniformes et des règlements prévus au présent traité, à l'exception des décisions appliquant des sanctions pénales ; soit des décisions non susceptibles d'appel rendues par toute juridiction des Etats parties dans les mêmes contentieux (*Sur le domaine du pourvoi, voir dans cet ouvrage le commentaire d'Alex Tjouen sous CCJA, arrêt n° 001/2005, 27 janvier 2005, Chérif Souleymane contre société Chronopost)*.

Les contentieux suivants, relatifs à l'application de l'article 28 et soumis à la CCJA, tournent essentiellement autour des irrégularités ou des manquements dans le dossier du pourvoi, manquements notamment en lien avec la preuve de l'existence juridique de la société commerciale, la non-production de son mandat de représentation par l'avocat, l'absence d'élection de domicile à Abidjan du demandeur au pourvoi, l'absence de précision de l'adresse de la partie défenderesse, le non versement au greffe de la CCJA de la provision requise.

Dans la plupart de ces affaires, et spécifiquement dans les arrêts n °31/2007 du 22 novembre 2007 et n° 30 du 26 mai 2005, la CCJA sanctionne le défaut de régularité du pourvoi par l'irrecevabilité.

On peut donc réduire l'étude du pourvoi aux conditions de sa régularité (I) et aux sanctions de son irrégularité (II).

I. L'irrégularité du pourvoi

Toutes les formes et formalités prescrites par l'article 28 du Règlement de procédure devant la CCJA visent, effectivement, à ce que la Haute cour soit bien saisie, qu'elle soit à même de pouvoir statuer sur la demande, dans le respect des garanties qui doivent entourer tout procès civil. L'importance de certaines de ces formes et formalités relève d'une telle évidence qu'on comprendrait mal qu'un plaideur qui se pourvoit en cassation, oublie de les respecter.

Quoi qu'il en soit, dans les arrêts de la Cour commune de justice et d'arbitrage rapportés, les irrégularités ayant occasionné la querelle portaient sur l'identité des parties et sur le ministère d'avocat.

A. La non-production des statuts ou de l'extrait du RCCM

L'article 28-1 du Règlement de procédure s'ouvre par cette exigence : le recours en cassation devant la Cour commune de justice et d'arbitrage doit renseigner au sujet de l'identité du requérant, mais aussi et surtout de la partie adverse.

Si le problème ne pose pas s'agissant des personnes physiques, il n'en va pas de même lorsque les plaideurs sont des personnes morales. Il faut rappeler, en ce qui les concerne spécifiquement, que l'article 28-4 exige, lorsque le requérant est une personne morale de droit privé, qu'il soit joint à sa requête ses statuts ou un extrait récent du registre du commerce ou tout autre élément de preuve de son existence juridique. Cela est logique : la société qui exerce un pourvoi près la CCJA doit pouvoir être identifiée au même titre qu'une personne physique. Cette opération permet d'ailleurs aussi de s'assurer qu'elle a une personnalité et donc par ricochet qu'elle a demandé et obtenu son immatriculation au registre du commerce et du crédit mobilier ainsi que le prévoient tour à tour l'Actes uniforme relatifs au droit commercial général et l'Acte uniforme relatif au droit des sociétés commerciales et du groupement d'intérêt économique. Ayant une personnalité juridique, il est dans l'ordre des choses qu'elle bénéfice du droit d'action (notamment si elle a intérêt à agir et a qualité à agir).

Une chose est certaine, la loi ne restreint pas la preuve de l'existence juridique de la société uniquement autour des statuts et de l'extrait du registre du commerce. Elle envisage, à l'article 28 alinéa 4 du Règlement de procédure de la CCJA, la possibilité de fournir « tout autre preuve de son existence juridique ». Il semble que l'application de cette application de la règle de la liberté de preuve doive conduire à admettre les factures de l'entreprise, son bail et même son carnet de commande des marchandises du commerçant (*sur la preuve en matière commerciale, voir CCJA, arrêt n° 010/2002 du 21 mars 2002, Société Négoce Ivoire c/ Société Gnab, Le Juris Ohada, n° 4/2002, p. 33, note M. E. Beira ; Rec. CCJA, n° spécial, janv. 2003, p. 23 ; n° 004/2001 du 11 oct. 2001, BICIG c/ Engatrans, ohadata J-02-08. Plus fondamentalement, voir dans cet ouvrage le commentaire de Monique Moutieu Njandeu sous CCJA, arrêt n° 053/2005 du 15 décembre 2005, affaire Société Côte d'Ivoire céréales contre Shanny Consulting*).

La CCJA fait une application rigoureuse des prescriptions de l'article 28-4 en la reprenant intégralement dans l'arrêt Société Trans-Ivoire commenté et dans quelques autres arrêts rendus avant le 22 novembre 2007 (*CCJA, arrêt n° 3/2004 du 08 janv. 2004, Société innovest industrie Congo SA contre Société Man*

Faitai, ohadata, J-04-87 ; Le juris ohada n°1/2004, janvier-mars 2004, p. 20 ; Rec. CCJA n° 3, janvier-juin 2004, p. 11). Dans un arrêt n° 058/2005 du 22 décembre 2005, affaire société United plastic services contre société de transformation des plastiques du Cameroun (*Rec. CCJA n° 6, juil. -déc. 2006, p. 87 et s.*), elle en est même arrivée à juger que le demandeur au pourvoi n'est pas tenu de produire la version harmonisée de ses statuts. Cela revenait à reconnaître que, pour les besoins d'un pourvoi, la preuve de l'existence d'une société commerciale pourrait être administrée par la production d'un pacte social conclu avant l'entrée en vigueur de l'Acte uniforme relatif au droit des sociétés commerciales et du groupement d'intérêt économique.

Si la solution retenue est cohérente et rejoint celle que consacre l'arrêt n°31/2007 du 22 novembre 2007, la question demeure de savoir s'il n'existait pas dans le dossier de Trans-Ivoire devant la cour de cassation d'autres éléments susceptibles de renseigner au sujet de son identité et, par ricochet, de son existence. Il est difficile d'y apporter réponse. Sans doute la CCJA a-t-elle considéré que la charge de la preuve de son existence incombe au demandeur au pourvoi. Cette attitude interdisait qu'elle puisse déduire des éléments du dossier du pourvoi une éventuelle existence juridique de celle-ci.

B. L'irrégularité du mandat donné à l'avocat ou l'absence de mandat donné à l'avocat

Si l'on peut discuter de la régularité du mandat, on s'imagine difficilement en pratique qu'un avocat se présente devant la CCJA sans avoir reçu mandat. Toutefois, en exigeant un mandat spécial, le législateur se démarque du système ayant cours dans les droits internes qui dispensent les avocats d'avoir à justifier du mandat ad litem par la grâce duquel ils représentent les plaideurs devant les juridictions (*E. Nsié, La recevabilité du pourvoi en cassation devant la Cour commune de justice et d'arbitrage, Afrique Juridique et Politique, volume 1, n°2, juillet-décembre 2002, p. 176*). Là-bas, pour reprendre la formule d'une opinion autorisée, ils sont crus sur parole (*J. Vincent et S. Guinchard, Procédure civile, Dalloz, Parsi, 1999, n° 511, p. 445)*.

En tout état de cause, l'irrégularité du mandat provient couramment de l'absence de pouvoir du mandant ou de l'imprécision des termes du mandat. Le problème ici tient à ce que la personne morale n'agit pas elle-même, bien qu'elle ait une personnalité juridique. Elle n'agit que par la voix et la main de ses dirigeants. Lorsqu'il faut engager l'entreprise dans un procès, c'est aux dirigeants sociaux qu'incombe la tâche d'octroyer un mandat de représentation en justice. Et, ce mandant doit être délivré par celui d'entre eux qui a le pourvoi d'engager la société. L'avocat ne devrait pas se contenter d'avoir reçu mandat ; il devrait prêter attention aux pouvoirs du dirigeant qui l'investit de cette prérogative. La Cour commune de justice et d'arbitrage n'a pas manqué de le rappeler chaque fois qu'elle en a eu l'occasion. (*CCJA, arrêt n° 005/2002 du 10 janv. 2002, Socincam contre Société Pierson Meumier Cameroun, Rec. CCJA, numéro spéc., janvier 2003, p. 7 et s., Le Juris Ohada n° 2/2002, avril-juin 2002, p. 8, Penant n° 843, p. 240 ; n° 030/2005, 26 mai 2005, Westport- CI SA contre Le Mans assurances internationales , Rec. CCJA n° 5, janvier-juin 2005, volume 1, p. 16 ; Voir également, dans cet ouvrage, le commentaire de S.S. Kuaté Tameghé et P. Amougui Galoua sous CCJA, arrêt n° 042/2008 du 17 juillet 2008, Société LEV-Cote d'Ivoire contre Monsieur Peled Nathan*).

Dans l'affaire société Satoya Guinée SA contre Mes Aboubacar Camara et Boubacar Télimélé Sylla, l'absence du mandat se doublait d'une situation relativement complexe : un mandat spécial de représentation avait été émis par la société Satoya Guinée à un avocat. Toutefois, les mémoires en réponse et en réplique ne portaient pas la signature de l'avocat investi du mandat spécial de représentation par les défenseurs au pourvoi, mais la signature de l'avocat chez qui l'avocat mandaté avait élu domicile à Abidjan. Ce représentant de l'avocat désigné ayant tout seul signé le mémoire en défense et en réplique, la Cour commune de justice et d'arbitrage a vite fait de tirer les conséquences de cette incohérence en déclarant le pourvoi irrecevable.

La leçon à retenir ici c'est qu'une attention particulière devrait être prêtée lorsqu'on élit domicile chez un avocat à Abidjan. La mission confiée à ce dernier devrait être spécifiée et ne pas prêter le flan à une confusion sur l'identité du mandataire. Le mandant peut cantonner les pouvoirs de l'avocat d'Abidjan uniquement à recevoir les significations et à les transmettre ; si le choix est fait de lui conférer un pouvoir plus large, il faudrait le préciser. Cela n'exclut pas d'être attentif au délai du pourvoi.

C. Le point de départ du délai de deux mois de l'article 28.1 du Règlement

D'après l'article 28.1 du Règlement de procédure, « lorsque la CCJA est saisie par l'une des parties à l'instance par la voie du recours en cassation prévu au troisième ou quatrième alinéa de l'article 14 du traité, le recours est présenté au greffe dans les deux mois de la signification de la décision attaquée, par l'avocat du requérant dans les conditions fixées à l'article 23 ci-dessus (…).

L'affaire Société Satoya Guinée a donné aux juges de la CCJA l'occasion d'en faire application. En l'espèce, l'arrêt attaqué n° 14 du 12 février 2002 avait fait l'objet de deux exploits de signification. Le premier, daté du 13 février 2002, dressé par Me Camara Aboubacar à la requête d'un cabinet d'huissiers de justice associés, signifiait ladite décision à Satoya Guinée ; le deuxième exploit, dressé le 4 juin 2002 par Me Mohamed Sylla à la requête de Satoya Guinée, signifiait l'arrêt attaqué aux parties défenderesses susnommées. Le pourvoi en cassation étant présenté comme irrecevable pour avoir été formé après expiration du délai de deux mois, il fallait savoir si le point de départ du délai de l'article 28.1 devait être déterminé en fonction de l'un quelconque des exploits servis.

Y apportant réponse, La cour commence par rappeler qu'un acte d'huissier fait foi jusqu'à inscription de faux contre lui. Or, cette procédure n'avait pas en l'espèce était engagée. La Cour situe par conséquent le point de départ du délai de l'article 28.1 à la date de la première notification de l'arrêt contesté au défendeur au pourvoi, c'est-à-dire, au 13 février 2002. A son sens, ledit article exige que le délai de deux mois court à partir de la signification par l'avocat du requérant de la décision attaquée. La société Satoya Guinée disposait donc à partir du 13 février 2002 de deux mois soit pour présenter le recours au greffe de la CCJA, soit engager dès cette date une procédure d'inscription de faux. Ne l'ayant pas fait, sa requête est déclarée irrecevable. La sanction est adossée à l'exigence de la sécurité des situations juridiques.

II. La sanction des irrégularités entachant le pourvoi

Aux termes de l'article 28-5 du règlement de la CCJA, « si le recours n'est pas conforme aux conditions fixées au présent article, le greffier en chef fixe au requérant un délai raisonnable aux fins de régularisation du recours ou de production des pièces mentionnées. A défaut de cette régularisation ou de cette production dans le délai imparti, la Cour décide de la recevabilité du recours ».

Une lecture *a contrario* permet de dire que dans cette phase de la procédure, le Greffier en chef est l'acteur principal, la Cour devant attendre les résultats de son action, pour se décider. Le pouvoir de vérification incombe au Greffier en chef. Il doit le faire dans un délai raisonnable.

Il convient de revenir sur le rôle du greffier dans le mécanisme de sanction (A), avant de réfléchir sur la sanction elle-même (B).

A. La régularisation

Lorsqu'une décision émanant d'une juridiction nationale est contestée devant la Cour commune de justice et d'arbitrage, le greffier en chef de cette cour est tenu d'accomplir un ensemble d'actes.

Tout d'abord, il doit s'assurer que le recours du demandeur est conforme aux conditions fixées à l'article 28 du Règlement de procédure de la CCJA. S'il constate des irrégularités, il fixe un délai raisonnable aux fins de régularisation de la requête ou de production des pièces mentionnées dans le dossier.

A ce niveau de l'analyse, deux remarques sont à faire.

La première observation est en lien avec l'appréciation de l'opportunité du délai de régularisation. Elle est laissée à la sagacité du greffier en chef de la Cour commune de justice et d'arbitrage. Dans l'opération de détermination de ce laps de temps, il est certain que ce dernier ne devrait être encadré que par le caractère raisonnable du répit à accorder. Le point a cependant été débattu de savoir si la marge de manœuvre laissée au greffier ne pourrait pas conduire à l'arbitraire. Pour ne pas alimenter la querelle, on s'est borné à souligner que le délai raisonnable devrait être entendu comme celui qui n'a d'autre raison d'être que de permettre de se conformer au plus vite à la formalité à accomplir et qui a vocation à venir à bout de ce qui apparaît encore comme une irrégularité. Cette orientation n'a cependant pas empêché, dans la pratique, que le greffier en chef de CCJA accorde 15 jours dans quelques cas comme ce fut la cas dans l'arrêt Société Trans-Ivoire, un mois dans d'autres (*CCJA, arrêt n° 005/2002 du 10 janv. 2002, Sonincam contre Pierson meunier Cameroun, préc. ; n° 021/2006 du 26 octobre 2006, affaire Clinique pédiatrique de Batterie IV contre AXA-Assurances SA, préc.)*

La seconde observation est en rapport avec le but à atteindre par la régularisation. En principe, le délai octroyé par le greffier en chef ne peut l'être que dans la perspective d'une normalisation, notamment par la production des pièces manquant. De là la question de savoir si les délais de distance pourraient être accordés dans le contexte décrit à l'article 28. A ce sujet, l'article 25.5 du Règlement de procédure dispose que « les délais de procédure, en raison de la distance, sont établis par une décision de la cour publiée au journal officiel de l'OHADA ». C'est donc dire que le greffier ne devrait pas intervient à ce niveau.

Reste à savoir, cela réservé, si le requérant peut contester le délai imparti ? Il n'y a pas été apporté réponse à l'article 28. Toutefois, on peut penser que la décision du greffier en chef ne devrait pas pouvoir être contestée. Pour s'en convaincre, il suffit de ne pas perdre de vue que ce contentieux parallèle pourrait éloigner le demandeur au pourvoi de sa préoccupation initiale ; qu'il supposerait des dépenses venant s'ajouter, entre autres, aux honoraires de l'avocat que ce dernier est tenu de supporter. Sans doute gagner t-il simplement, au cas où les délais impartis par le greffier en chef lui paraissent courts, à persuader ce dernier de lui accorder un laps de temps plus long. Si sa requête est favorablement accueillie, il va de soi que toute nouvelle défaillance sera sanctionnée.

B. L'irrecevabilité

La Cour commune de justice et d'arbitrage ne saurait intervenir avant que le greffier en chef lui ait rapporté que le demandeur ne s'est pas exécuté dans les délais à lui impartis. C'est une formalité obligatoire pour la CCJA. Bien qu'elle le soit, la cour n'est pas liée par le constat de la non-production ou de l'absence de régularisation. Théoriquement, elle apprécie souverainement, au vu du rapport dressé par le greffier en chef, l'opportunité de recevoir ou de ne pas recevoir le recours.

Cela dit, il apparaît, en toute logique, que lorsque le requérant ne s'est pas exécuté dans les délais à lui accordé, il ne met pas à la disposition de la CCJA les éléments essentiels d'appréciation sans lesquels il pourrait être porté atteinte inconsidérément à la sécurité juridique des situations juridiques. C'est du mois le raisonnement que la Haute juridiction commune développe dans l'affaire société Satoya Guinée SA contre Maîtres Aboubacar Camara et Boubacar Télimélé Sylla. Appelée à se prononcer sur la recevabilité du recours fondé sur les prescriptions de l'article 28 du Règlement de procédure, elle constate la non-conformité du pourvoi dès lors que faisait défaut l'exploit de signification de la décision attaquée, le mandat donné par le requérant à son conseil, une copie des statuts de la personne morale ou un extrait du RCCM ou toute autre preuve de son existence comme société commerciale. La sanction est alors l'irrecevabilité du pourvoi *(dans le même sens, voir les arrêts CCJA, n° 005/2002 du 10 janv. 2002, Sonincam contre Société Pierson Meumier Cameroun, préc. ; n° 030/2005, 26 mai 2005, Westport- CI SA contre Le Mans assurances internationales, préc.).*

Cette sanction ne devrait cependant pas faire illusion. On peut s'imaginer des hypothèses dans lesquelles la CCJA jugerait la pièce à produire ou l'élément à régulariser d'une importance moindre. En semblable occurrence elle pourrait déclarer le recours recevable. On peut aussi envisager l'hypothèse où le greffier n'ayant pas accordé un délai aux fins de régularisation, les juges passent outre l'expiration du délai et ordonnent la production de telle ou telle pièce.

La CCJA peut-elle accorder un nouveau délai pour produire les pièces manquantes si le demandeur prouve que le délai du greffier n'a pas été raisonnable ou que des circonstances indépendantes ont empêché de produire à temps les pièces demandées ? Il lui reviendra d'y apporter réponse.

Robert Nemedeu,
Maître de conférences Agrégé, Université de Yaoundé II.

CCJA, arrêt n° 08/2006, 09 mars 2006
Ayants droit de K.O.K. c/ Société ivoirienne d'assurance mutuelle dite SIDAM et Caisse de règlement pécuniaire des avocats dite CARPA

(...)

Vu les dispositions des articles 13 et 14 du Traité relatif à l'harmonisation du droit des affaires en Afrique;

Vu les dispositions du Règlement de procédure de la Cour commune de justice et d'arbitrage de l'OHADA ;

Attendu qu'il ressort des pièces du dossier de la procédure que par Jugement n°07/2002 du 28 mai 2002, la section du tribunal de Bongouanou avait condamné solidairement la SIDAM et son assuré à payer aux ayants droit de K.O.K., décédé des suites d'un accident de la circulation, la somme de 7.622.588 francs à titre de dommages intérêts et ordonné l'exécution provisoire dudit jugement; que munis de ce titre exécutoire, les ayants droit de K.O.K. avaient pratiqué une saisie attribution de créances le 1er décembre 2003 en recouvrement de la somme d'argent, objet de la condamnation; qu'estimant pour sa part que le jugement précité avait commis une erreur dans la liquidation des droits des victimes en surévaluant les indemnités dont le montant exact aurait dû être de 1.368.815 francs, la SIDAM avait assigné les ayants droit de K.O.K. devant le juge des référés du tribunal de première instance d'Abidjan pour s'entendre ordonner le règlement de la somme non contestée de 1.368.815 francs et la consignation du solde entre les mains d'un séquestre ;

Que par ordonnance n°5799 du 24 décembre 2003, ledit juge des référés avait accédé à la demande de la SIDAM en ordonnant le règlement de la somme de 1.368.815 F aux requérants et en nommant en qualité de séquestre la CARPA pour recevoir et conserver le surplus jusqu'au règlement du litige; que sur appel des ayants droit de K.O.K., la cour d'appel d'Abidjan avait, par arrêt n°574 du 04 mai 2004 dont pourvoi, confirmé l'ordonnance querellée en toutes ses dispositions.

Sur le premier moyen

Vu l'article 32 de l'Acte uniforme portant organisation des procédures simplifiées de recouvrement et des voies d'exécution ;

Attendu qu'il est reproché à l'arrêt attaqué d'avoir violé l'article 32 de l'Acte uniforme susvisé en ce que la cour d'appel a estimé que la poursuite de l'exécution prévue par ce texte est facultative pour la juridiction saisie et qu'elle pouvait choisir de l'interrompre à son gré; qu'en outre, le jugement de condamnation n'est pas un titre exécutoire parce que frappé d'appel alors que, selon le moyen, la faculté de poursuivre ou non l'exécution forcée sur la base d'un titre exécutoire par provision appartient à la partie poursuivante seule, à l'exclusion du débiteur et du juge; que ledit jugement est assorti de l'exécution provisoire et rentre bel et bien dans l'hypothèse prévue à l'article 32 de l'Acte uniforme susvisé; qu'en statuant comme elle l'a fait, la cour d'appel d'Abidjan s'est arrogée un pouvoir qu'elle n'a pas, tout comme le juge des référés dont l'ordonnance était soumise à son contrôle ; qu'ainsi, l'arrêt entrepris encourt cassation ;

Attendu qu'aux termes de l'article 32 de l'Acte uniforme susvisé, « à l'exception de l'adjudication des immeubles, l'exécution forcée peut être poursuivie jusqu'à son terme en vertu d'un titre exécutoire par provision. L'exécution est alors poursuivie aux risques du créancier, à charge pour celui-ci, si le titre est ultérieurement modifié, de réparer intégralement le préjudice causé par cette exécution sans qu'il y ait lieu de relever de faute de sa part » ;

Attendu qu'il résulte des dispositions sus énoncées que le titre exécutoire par provision peut donner lieu à une exécution forcée au seul choix du créancier poursuivant qui accepte le risque d'une condamnation à la réparation intégrale du préjudice causé au débiteur provisoirement condamné si la décision n'est pas ultérieurement confirmée en appel ; qu'en l'espèce, les requérants avaient entamé l'exécution forcée en vertu du jugement n°07/2002 du 28 mai 2002 rendu par le tribunal de Bongouanou et assorti d'exécution provisoire; que cette exécution ne concernait pas l'adjudication d'immeuble; qu'il suit qu'en confirmant l'ordonnance n°5799 du 24 décembre 2003 ayant suspendu partiellement l'exécution forcée entreprise alors même que la régularité de la saisie attribution pratiquée n'a pas été mise en cause, l'arrêt attaqué a violé l'article 32 de 1'Acte uniforme susvisé et encourt de ce fait cassation; qu'il échet en conséquence de casser ledit arrêt et d'évoquer sans qu'il soit besoin d'examiner le second moyen...

Sur l'évocation

Attendu que par exploit d'huissier en date du 26 décembre 2003 les ayants droit de K.O.K. ont relevé appel de l'ordonnance n° 5799 rendue le 24 décembre 2003 par la juridiction présidentielle du tribunal de première instance d'Abidjan; qu'ils demandent d'infirmer ladite ordonnance en toutes ses dispositions, d'ordonner le paiement intégral, à leur endroit, du montant des condamnations résultant du jugement n° 07/2002 rendu le 28 mai 2002 par le tribunal de Bongouanou et d'assortir cette condamnation d'une astreinte comminatoire de 1.000.000 de francs par jour de retard à compter de la signification de l'arrêt à intervenir; qu'au soutien de leur demande, les appelants affirment que le juge des référés a méconnu sa compétence car il ne peut suspendre, en aucune manière, l'exécution déjà entamée d'une décision rendue par les juges du fond ; qu'en suspendant le paiement ordonné par le tribunal de Bongouanou, le juge des référés a violé l'article 32 de l'Acte uniforme OHADA relatif aux procédures simplifiées de recouvrement et des voies d'exécution ;

Attendu que la SIDAM, intimée, soutient pour sa part, que le juge des référés du tribunal d'Abidjan n'a pas outrepassé ses compétences comme tentent de le faire admettre les appelants ; qu'à aucun moment, il n'a suspendu l'exécution d'une décision de justice et que bien au contraire, il a ordonné l'exécution de cette décision ; que le juge des référés est tout à fait compétent pour ordonner que la somme à laquelle 1'une des parties est condamnée soit versée à un séquestre alors surtout que les appelants n'offrent aucune garantie de solvabilité ;

Sur la demande de paiement intégral du montant des condamnations résultant du jugement n°07/2002 du 28 mai 2002 du tribunal de Bongouanou

Attendu que pour les mêmes motifs que ceux sur le fondement desquels l'arrêt attaqué a été cassé, il y a lieu d'infirmer l'ordonnance n°5799 rendue le 24 décembre 2003 par la juridiction présidentielle du tribunal de première instance d'Abidjan et d'autoriser les ayants droit de K.O.K. à poursuivre l'exécution entreprise ;

Sur l'astreinte

Attendu que 1es ayants droit ayant été autorisés à poursuivre l'exécution entreprise jusqu'à son terme, il n'y a pas lieu à astreinte…

OBSERVATIONS

Quelle circonstance suspendra la poursuite contre vents et marées d'une exécution provisoire commencée ? Après avoir refusé les défenses à exécution provisoire, voici que la CCJA rejette une demande de suspension fondée sur le versement des sommes contestées à un séquestre. Les faits de l'espèce ne présentaient aucune originalité. Le sieur K.O.K. est décédé des suites d'un accident de la circulation. Ses ayants droit ont saisi le tribunal de Bongouanou afin d'obtenir des dommages et intérêts. Ceux-ci leur sont accordés par une décision condamnant solidairement l'auteur de l'accident et son assureur, la SIDAM, à concurrence de 7.622.588 francs cfa. En plus, la décision est assortie de l'exécution provisoire. Ladite exécution est entreprise par le moyen d'une saisie attribution de créances effectuée le 1er décembre 2003.

Estimant pour sa part que le jugement a commis une erreur dans la liquidation des droits des victimes en surévaluant les indemnités dont le montant exact aurait dû être de 1.368.815 francs, la SIDAM assigne les bénéficiaires de l'exécution provisoire devant le juge des référés du tribunal de première instance d'Abidjan afin que celui-ci ordonne le règlement non de la somme objet de la première condamnation, mais plutôt celui de la « somme non contestée » de 1.368.815 francs ». En outre, elle souhaite déposer le solde de la condamnation mal calculée par le tribunal, entre les mains d'un séquestre, les créanciers ne présentant pour elle aucune garantie de solvabilité. Par ordonnance n°5799 du 24 décembre 2003, le juge des référés accède à tous les chefs de la demande de la SIDAM : celle-ci doit verser la somme de 1.368.815 francs aux ayants droit de K.O.K. et déposer le solde auprès de la CARPA, séquestre chargé de le conserver jusqu'au règlement définitif du litige. Cette ordonnance du juge des référés est confirmée en tous points par la cour d'appel d'Abidjan dans un arrêt du 04 mai 2004. C'est cette confirmation qui a incité les ayants droit de K.O.K. à saisir la CCJA par un pourvoi le 27 juillet 2004.

Devant la CCJA, les demandeurs au pourvoi invoquent l'article 32 de l'Acte uniforme OHADA portant organisation des procédures simplifiées de recouvrement et des voies d'exécution. Pour eux, cette disposition a été violée parce que la poursuite de l'exécution qu'elle prévoit n'est pas « facultative pour la juridiction saisie » qui ne peut « choisir de l'interrompre à son gré ». Au contraire, soutiennent-ils, ce texte laisse la faculté de poursuivre ou non l'exécution forcée sur la base d'un titre exécutoire par provision à la seule appréciation de la partie poursuivante, à l'exclusion du débiteur et du juge. La réponse du juge, plus ou moins prévisible, est d'une rare clarté. Pour lui, en ordonnant le versement du solde de la condamnation à un séquestre alors même que le créancier par le fait de l'exécution accepte le risque d'une réparation en cas d'infirmation de la décision, le juge des référés a partiellement suspendu l'exécution, ce qui contrevient à l'article 32 précité.

De l'ensemble de ces éléments, on comprend que c'est faussement que la situation incite à penser que la difficulté juridique à trancher était relative à la correction d'une erreur commise par le premier juge et aux mesures conservatoires devant permettre d'éviter de compromettre la situation en attendant la correction de cette erreur. En réalité, la question de droit qui était soumise à la CCJA était relative à la suspension d'une exécution provisoire déjà entamée.

Cette question n'est pas nouvelle. En effet, elle a été posée pour la première fois dans la célèbre affaire des époux Karnib (*CCJA, arrêt n°02/2001 du 11 oct. 2001, ohadata, J-02-06 ; Rev. Cam. Dr. Aff. n°10 janvier mars 2002, p. 7)*. En effet, dans cette affaire, les époux Karnib avaient formé pourvoi en cassation contre une ordonnance du premier président de la cour d'appel d'Abidjan, ayant prononcé la suspension de l'exécution forcée entreprise en vertu d'un jugement du tribunal de grande d'instance d'Abengourou condamnant la société Générale de banques en Côte d'Ivoire (SGBCI) à leur payer la somme de 858.486.327 francs cfa, avec exécution provisoire à concurrence de 683.486.327 francs cfa. Ils reprochaient notamment à ladite ordonnance d'avoir suspendu l'exécution forcée de la décision assortie de l'exécution provisoire entamée par une signification commandement, alors qu'en vertu des articles 32 de l'AUPSRVE et 10 du Traité OHADA les juges ivoiriens ne pouvaient plus, sans violer ces textes, faire application des articles 181 et 182 du Code de procédure civile interne sur les défenses à exécution au bénéficiaire d'un titre exécutoire par provision qui a entamé l'exécution, l'article 32 susvisé n'autorisant aucune interruption de l'exécution. La haute juridiction communautaire leur a donné gain de cause en estimant que l'article 32 de l'Acte Uniforme « n'autorisait aucune interruption de l'exécution ». Elle fut alors si critiquée (*V. notamment : S. Minou, Regards sur l'arrêt Karnib, RCDA n°10 janvier mars 2002, p. 27 ; F. Ipanda, L'arrêt Karnib : Une révolution ? Question d'interprétation, RCDA n°10 préc., p. 41 ; C. Dogue, note sous arrêt n°02/2001 du 11 oct. 2001 Actualités juridiques de l'association ivoirienne pour le développement du droit, n°28, juin 2002, p.5.)* que très rapidement elle a assoupli sa jurisprudence. Désormais, elle prône une distinction selon que l'exécution forcée est engagée ou non. Dans le premier cas, elle décide que l'article 32 interdit toute suspension de l'exécution tandis que dans le second, une cour d'appel nationale peut l'arrêter au moyen des défenses à exécution.

L'aspect non encore connu de la CCJA et qui confère son intérêt à l'affaire des ayants droit de K.O.K. ce sont les circonstances refusées comme causes susceptibles de provoquer une suspension d'une exécution provisoire commencée. Cet autre refus de la cour communautaire de l'OHADA conduit à une certitude désormais incontestable : le rejet systématique de toute suspension de cette modalité de l'exécution forcée (I). Mais cette certitude provoque une certaine inquiétude si l'on restitue à l'article 32 le contenu qui paraît être celui souhaité par les rédacteurs de l'AUPSRVE (II).

I. La certitude : le refus par la CCJA de toute suspension d'une exécution provisoire commencée

La CCJA rejette toute suspension d'une exécution provisoire déjà entamée. Jusqu'à la présente affaire, on avait connu l'interdiction pure et simple des défenses à exécution susceptibles d'être ordonnées par les présidents des cours d'appel nationales, quelle que soit la raison invoquée pour les solliciter. L'affaire commentée confirme cette tendance en précisant que même la correction, à titre conservatoire, « d'une erreur de calcul » du premier juge ne peut fonder une suspension de l'exécution (A). En sus, elle précise que le versement du montant de la condamnation entre les mains d'un séquestre constitue une suspension de l'exécution et qu'elle ne peut l'admettre (B).

A. L'argument invoqué par les demandeurs au pourvoi pour se soustraire à l'exécution provisoire est l'erreur du premier juge dans la liquidation des droits des ayants droit de K.O.K. Cet argument fait penser qu'un barème prévu par la loi et connu de toutes les parties (sans doute celui du Code CIMA) a dû être mal appliqué. Pour les demandeurs, au lieu de 7.622.588 francs cfa, l'indemnité due aux bénéficiaires de l'exécution provisoire était plutôt de 1.368.815 francs cfa.

La procédure normale qui s'offrait aux défendeurs au pourvoi était une demande en vue d'obtenir des défenses à exécution provisoire. Mais, à l'égard de ces défenses, l'issue finale de la cause devant la CCJA était connue d'avance : quelle que soit la raison invoquée, la Haute juridiction communautaire interdit depuis une série d'arrêts rendus le 19 juin 2003 *(CCJA, arrêts n° 12, 13 et 14/2003, du 19 juin 2003, Juridis Périodique n°58, commentaires F. Teppi Kolloko et S. Souop, p. 107 à 118)* leur prononcé par les juridictions d'appel nationales contre une exécution *déjà commencée* comme c'était le cas en l'espèce. Il restait donc soit à subir l'exécution en attendant la décision de la Cour d'appel sur le fond, soit à trouver une parade juridique suffisamment ingénieuse qui arrêterait l'exécution sans constituer des défenses à exécution.

Cette parade, ils ont cru l'avoir trouvée en utilisant la procédure de référé. Devant ce juge, ils ont invoqué l'erreur commise par le tribunal dans la liquidation de l'indemnité due aux ayants droit de K.O.K. Mais, cette procédure n'était sans doute pas la plus indiquée.

La notion d'erreur en droit processuel doit être maniée avec suffisamment de circonspection. En effet, l'erreur contenue dans un jugement est soit intellectuelle, soit matérielle.

En général, l'erreur est intellectuelle lorsqu'elle concerne non la réalisation, mais la conception d'un acte (*Vocabulaire juridique H. Capitant, 6è éd., Quadrige, 2004, p. 492).*Quant à l'erreur matérielle, elle est une « inexactitude qui se glisse par inadvertance dans l'exécution d'une opération (ex. erreur de calcul) ou dans la rédaction d'un acte (ex. omission d'un nom) et qui appelle une simple rectification -sans nouvelle contestation- à partir des données en général évidentes qui permettent de redresser l'erreur ou de réparer l'omission » *(Ibid., p.569).* Certains auteurs la réduisent à une simple erreur de plume ou de frappe *(J. Héron et T. Le Bars, Droit judiciaire privé, Domat droit privé, 2007, n°360, p.291).* Par exemple, constitue une erreur matérielle, la mauvaise transcription du montant de la créance litigieuse (*Cass. civ. 2e, 23 sept. 1998, Bull. Civ. II, n°244).* Par extension, la cour de cassation française soumet à la procédure de rectification des erreurs matérielles, la correction des erreurs de calcul, même si pour la doctrine, il s'agit d'erreurs intellectuelles *(J. Héron et T. Le Bars, estiment en effet que « même lorsque l'erreur de calcul résulte de l'inattention, (par exemple on a oublié une retenue) elle ne constitue pas une erreur purement matérielle. C'est le cerveau qui, à tort, a indiqué à la main le chiffre qui figure sur le* *jugement. En d'autres termes, on a voulu écrire ce que l'on a effectivement écrit ». cf. Droit judiciaire privé, ibid. n° 360, p291, note n°178).*

Or le recours en rectification est adressé à la juridiction même dont émane la décision querellée. Les droits nationaux et les droits communautaires vont en ce sens. Ainsi, les recours en rectification contre les arrêts rendus par la Cour de justice de la CEMAC (articles *94 à 99 de l'acte additionnel relatif à la procédure devant la Chambre judiciaire de la CJC ; articles 44 à 46 de l'acte additionnel portant règles de procédure devant la Chambre des comptes de la cour de justice de la CEMAC)* et contre les arrêts émanant de la CCJA *(article 48 du Règlement de procédure de la CCJA)* relèvent de leur propre compétence. Dans les droits nationaux, la règle est généralement la même. Au Mali, les articles 469 et 470 du décret n°99-254/P-RM du 15 septembre 1999 portant Code de procédure civile, commerciale et sociale attribuent la compétence de principe pour la rectification d'une erreur matérielle ou d'une omission à la juridiction qui a rendu la décision *(cependant, ces dispositions précisent que dans le cas où la décision est frappée d'appel, la cour d'appel peut en connaître).* Au Cameroun, le Code de procédure civile est muet sur la question. Néanmoins, rien ne permet de penser que la solution serait différente. Dans ces conditions, il ya lieu de penser que les adversaires des ayants droit de K.O.K. auraient pu saisir le juge qui a rendu la décision contestée en vue de la rectification de l'erreur prétendument commise dans la liquidation de l'indemnité. Sans nul doute, ils auraient pu ainsi éviter les foudres de la CCJA. En effet, si c'est la juridiction qui a ordonné l'exécution provisoire qui en arrête le cours parce qu'elle a commis une erreur, la CCJA ne peut logiquement, si elle est saisie par la victime de cette exécution, exiger que l'exécution se poursuive alors que le juge qui l'a ordonnée a reconnu s'être trompé *(dans cette logique, pour éviter de perdre du temps, les défendeurs au pourvoi se seraient simplement abstenus de faire appel pour tout miser sur le recours en rectification).*

Au lieu de cette procédure simple, la SIDAM et son assuré ont préféré en engager une autre devant le juge des référés. Sans doute y avait-il urgence. Mais, en saisissant le juge des référés, ils l'ont amené à s'immiscer dans une exécution commencée. Or cette immixtion devait, au cas où ils obtenaient gain de cause comme cela a été le cas, se conclure par une interruption au moins partielle de l'exécution, même si en théorie, tout portait à croire qu'il ne s'agissait pas d'une véritable interruption.

B. Dans la présente espèce en effet, la mesure obtenue du juge des référés n'était ni une défense à exécution, ni une autre mesure tendant à dresser directement un obstacle à l'exécution provisoire du jugement. Il s'agissait simplement de la désignation d'un séquestre pour la conservation d'une partie des sommes d'argent auxquelles le débiteur avait été condamné. Cette mesure peut-elle s'analyser comme une technique tendant à arrêter une exécution ?

La réponse est loin d'être aisée. Par définition, le séquestre n'est qu'un dépositaire auquel est confié un bien litigieux ou saisi en attendant le règlement du litige qui s'y rapporte (*En ce sens, Vocabulaire juridique H. Capitant op. cit. p.841)*. Par conséquent le séquestre peut s'analyser comme un gardien chargé de conserver le bien à lui confié, jusqu'à ce que la destination du bien soit clairement établie par le juge saisi. Il en résulte que sa désignation n'arrête pas le cours du procès quant au fond du droit qu'elle tend justement à préserver en évitant les risques d'une conservation du bien par l'une des parties. Cette désignation peut être provoquée par toutes les parties au contentieux et parfois même par des tiers. D'ailleurs, certaines dispositions de l'AUPSRVE suggèrent aux parties de s'accorder pour le choisir et de ne solliciter une ordonnance sur requête qu'à défaut d'accord *(tel est le cas de l'article 79 relatif aux saisies conservatoires)*.

On comprend alors que le débiteur ait pensé à saisir le juge pour solliciter la désignation d'un séquestre. Mais, cette désignation, si elle n'arrête pas le cours du procès quant au fond, elle suspend le cours de l'exécution. Telle a été l'opinion de la CCJA. Cette opinion se justifie aisément. Lorsque la loi ou le juge décident que l'exécution provisoire est opportune dans un litige, c'est bien parce que la situation recèle une urgence certaine justifiant la nécessité pour le bénéficiaire de disposer immédiatement des sommes d'argent objet de la condamnation. Lorsqu'un séquestre est désigné, lesdites sommes lui échappent, dans la mesure où il en perd la disposition. Par conséquent, à ses yeux et sur un plan pratique, le paiement entre les mains du séquestre arrête l'exécution. Et, dans la logique de la jurisprudence de la CCJA, elle doit être découragée si elle intervient dans le cours d'une exécution commencée. D'ailleurs, si on l'admettait, on risquerait d'assister à une prolifération de demandes tendant à leur désignation, ce qui à terme, amoindrirait l'efficacité de l'exécution provisoire.

Néanmoins, on peut se demander si le risque d'insolvabilité ne peut pas justifier que le juge saisi accepte la désignation du séquestre. En effet, lorsque le bénéficiaire d'une exécution provisoire paraît d'une solvabilité douteuse ou d'une insolvabilité certaine eu égard au montant de la condamnation, la tentation peut être grande pour le débiteur de solliciter le versement des sommes entre les mains d'un séquestre. Mais, la lecture de l'article 32 ne laisse aucune chance à ce débiteur. Selon lui, l'exécution provisoire s'effectue « aux risques et périls du bénéficiaire », ce qui signifie, rigoureusement interprété, qu'il est le seul à pouvoir en apprécier les dangers et juger s'il les accepte ou s'il préfère s'entourer de précautions telles que le versement entre les mains d'un séquestre.

En outre, la Cour relève opportunément que la saisie-attribution n'a pas été contestée. De fait, si une telle contestation avait été élevée, l'intervention du séquestre aurait été justifiée. En effet, selon l'article 166 AUPSRVE, « en cas de contestation, toute partie peut demander à la juridiction compétente, sur requête, la désignation d'un séquestre, à qui le tiers saisi versera les sommes saisies ». Il en résulte que les défendeurs au pourvoi, plutôt que de saisir le juge des référés, auraient pu saisir celui du contentieux de l'exécution pour contester la saisie, en même temps qu'ils sollicitaient par requête la désignation du séquestre. Mais, la procédure aurait été de peu d'utilité pour eux. Car il est quasiment évident que la procédure devant le juge du contentieux de l'exécution se serait terminée avant que l'appel n'ait permis de réparer l'erreur qu'ils imputaient au premier juge.

II. L'inquiétude : l'extension excessive par la CCJA du domaine de l'article 32

L'affaire des ayants droit K.O.K s'inscrit dans un courant jurisprudentiel inauguré dans l'affaire des époux Karnib et réorienté dans les trois arrêts rendus le 19 juin 2003 avec pour résultat une lecture critiquable de l'article 32 (A). Ce courant jurisprudentiel étend, en effet de façon inquiétante, le contenu de cet article (B).

A. Dans l'affaire commentée, la cour, après avoir opportunément relevé que le litige ne concerne pas une adjudication d'immeuble, déclare que des dispositions de l'article 32, « il résulte que le titre exécutoire par provision *peut* donner lieu à une exécution forcée au seul choix du créancier poursuivant qui accepte le risque d'une condamnation à la réparation intégrale du préjudice causé au débiteur provisoirement condamné si la décision n'est pas ultérieurement confirmée en appel ».

De fait, en dehors du domaine de l'adjudication d'immeuble, l'exécution forcée peut être entreprise sur la base d'un titre provisoire. Et, logiquement, si aucune cause légale ne survient pour en interrompre la continuation, celle-ci peut être poursuivie jusqu'à son terme. En d'autres termes, au regard de l'alinéa 1 de l'article 32, l'utilisation du verbe *pouvoir* laisse comprendre que la poursuite de l'exécution n'est qu'une faculté que le créancier peut choisir d'exercer ou non. Dans l'affaire commentée, le pourvoi formé par les créanciers contre l'arrêt rendu par la Cour d'appel traduisait leur volonté de continuer l'exécution et l'acceptation par eux, des risques de l'exécution. Par conséquent, le recours à l'article 32 peut être justifié.

Cependant, cela signifie-t-il que toute interruption de l'exécution provisoire est prohibée ? Autrement posée, cette question renvoie à celle de savoir si la demande du créancier tendant à obtenir la continuation d'une exécution provisoire doit être nécessairement sanctionnée par une issue favorable.

Dans son principe, l'exécution provisoire est certes un avantage pour le gagnant en première instance, puisqu'elle lui permet d'obtenir une prompte exécution du jugement, sans avoir à attendre l'expiration du délai de recours, ni le jugement du recours. Mais, force est de reconnaître que cet avantage n'est appréciable que lorsque le gagnant est à la fois solvable et de bonne foi. Car cette exécution peut « être dommageable au perdant en première instance qui peut encore gagner sur le recours après avoir perdu devant les premiers juges ; (dans la mesure où) il lui faudra obtenir la restitution de ce qu'il avait payé en vertu de l'exécution provisoire et ce ne sera pas toujours facile, ni même possible : entre-temps, l'*accipiens* aura pu disparaître ou devenir insolvable sans compter l'application d'intérêts moratoires à la somme restituable » *(E. Jeuland et L. Cadiet, Droit judiciaire privé, 4ème éd., Litec, n° 743, p.471).*

A cause de ce risque, le droit français, permet au premier président de la cour d'appel d'arrêter l'exécution provisoire lorsqu'elle a été simplement ordonnée, c'est-à-dire lorsqu'elle n'est pas de droit, à condition qu'elle ait été ordonnée dans une matière où la loi l'interdit ou qu'elle risque d'entraîner des conséquences manifestement excessives (*Ibid, n°824, p.516*). Dans cette dernière hypothèse, le risque s'apprécie « en lui-même, au regard de la situation du débiteur de l'exécution provisoire, de ses facultés de paiement, ou de remboursement, comme par exemple l'irréversibilité des conséquences de l'exécution, au regard aussi de la situation du créancier de l'exécution provisoire et, notamment, du risque de restitution sinon impossible, du moins difficile en cas d'infirmation du jugement » *(E. Jeuland et L. Cadiet, op. cit., n°824, p.516. Il ne saurait par exemple fonder son appréciation du risque sur les chances de succès ou d'échec de l'appel, ni se fonder sur une erreur grossière commise par les premiers juges : Cass. civ. 2ème, 13 mars 1996, JCP 1996, IV, 1046).* D'ailleurs, la décision interrompant l'exécution provisoire n'a pas d'effet rétroactif. En plus, elle n'a pas pour conséquence d'annuler les actes d'exécution accomplis ou les paiements effectués antérieurement *(Cass. civ. 2ème, 24 sept. 1997, Procédures 1997, n°258, obs. R. Perrot).*

Lorsque l'exécution provisoire est de droit, le premier président de la cour d'appel peut également l'arrêter s'il y a violation manifeste du principe du contradictoire ou de l'article 12 CPC français ou, encore si l'exécution risque d'entraîner des conséquences excessives.

Il en résulte qu'en toute occurrence, lorsque l'exécution provisoire *risque d'entraîner des conséquences excessives,* elle peut être arrêtée par le premier président de la cour d'appel. Certains droits nationaux des Etats membres de l'OHADA vont dans le même sens *(V. notamment : art. 181 et 182 Code de procédure civile ivoirien sur les défenses à exécution et art. 4 de la loi camerounaise n°97/018 du 7 août 1997 modifiant celle n°92/008 du 14 août 1992 relative à l'exécution des décisions de justice en matière non répressive).* Cette solution n'a rien de choquant. Au contraire, elle permet simplement de tenir compte du fait que dans l'exécution forcée effectuée en attente de la confirmation de la décision au fond comme dans toute autre exécution forcée, certaines considérations peuvent justifier qu'elle soit provisoirement stoppée. En d'autres termes, ce n'est pas parce que l'exécution est effectuée à titre provisoire qu'elle doit nécessairement être achevée. D'ailleurs, cette modalité de l'exécution présente, pour des raisons évidentes, plus de dangers que l'exécution à titre définitif. En s'interrogeant sur le point de savoir si l'on devait en faire fi et continuer l'exécution, M. Diallo *(La CCJA et le contentieux des actes uniformes, Penant, n°850/2005, p. 22)* en a relevé deux, à savoir « lorsque l'exécution est de nature à troubler l'ordre public » et lorsqu'elle est susceptible d'entraîner « un préjudice irréparable dans un Etat partie » (*notamment lorsque l'exécution place le débiteur dans une situation désespérée qui ne lui laisse aucun espoir d'être remboursé un jour*). En tout cas, a priori, rien ne permet de croire que l'article 32 peut fonder une réponse affirmative à cette question.

B. Avant l'affaire des époux Karnib il était difficile de penser que la CCJA déclarerait que l'article 32 « n'autorise aucune interruption de l'exécution », pour en faire le fondement de la continuation à tout prix, de l'exécution provisoire. Même si, à la suite de critiques acerbes de la doctrine *(V. notamment : C. Dogue, Une nouveauté déplorable : la prohibition des défenses à exécution provisoire, ohadata, D-02-23; dans le même sens : S. Souop, note sous CCJA, arrêt n°002/2001 du 11 oct. 2001, Juridis Périodique, n°54, p. 102.)*, elle a atténué sa jurisprudence (*telles sont les leçons à tirer n° 12, 13 et 14/2003, du 19 juin 2003 de la CCJA, Juridis Périodique n°58, commentaire F. Teppi Kolloko et S. Souop, p. 107 à 118)* en prônant une distinction selon que l'exécution forcée est engagée ou non *(dans le premier cas, une cour d'appel nationale ne peut plus interrompre l'exécution au moyen de défenses à exécution provisoire. Si de telles défenses sont ordonnées, elles contreviennent à l'article 32 et la CCJA va casser l'arrêt y relatif et ordonner la continuation de l'exécution*), cette atténuation crée au moins autant de problèmes qu'elle en résout.

D'une part, l'achèvement de l'exécution provisoire devient une sorte de prix de la course. Car en faisant échapper aux premiers présidents des cours d'appels nationales la connaissance du contentieux des défenses à exécution lorsque cette exécution a commencé, la CCJA oblige, « les débiteurs d'un titre exécutoire par provision à faire preuve d'une très grande réactivité pour introduire des procédures de défense ou de sursis à exécution à la minute où ils se savent l'objet d'une décision avec exécution provisoire » *(B. Diallo, note sous CCJA, arrêt n°1/2005 du 21 janv. 2005, CS c/Société Chronopost International Côte d'ivoire, Penant, n°852/2005, p. 409).*

D'autre part, le critère établi est des plus flous. Il aurait une justification d'ordre économique. Selon M. Oliveira *(A. Oliveira, Influence de la jurisprudence internationale, http://.www.ahjucaf.fr.)* vice-président de la CCJA, l'interprétation *(pour cet auteur, l'interprétation est d'ordre téléologique, c'est-à-dire qu'elle s'est appuyée sur la finalité du texte)* de l'article 32 est conforme à l'esprit de l'AUPSRVE dans la mesure où « la revalorisation du titre exécutoire est attractive pour l'investissement ». On peut en convenir. Mais, toutes les difficultés ne seront pas résolues pour autant. De fait, quand doit-on considérer l'exécution forcée comme entamée ? La détermination du moment où l'exécution est considérée comme ayant commencé se fera-t-elle conformément à chaque droit national ou au droit communautaire ? (*En ce sens : B. Diallo, note préc.)*

En outre, en dépit de cette atténuation, la question demeure de savoir si la CCJA devait recourir à cette disposition pour ordonner que l'exécution provisoire soit, à tout prix, « poursuivie » jusqu'à son terme.

Si l'on revisite l'alinéa 2, qui est utilisé par la cour dans l'affaire des ayants droit de K.O.K. comme dans les autres, on peut lire « l'exécution est alors poursuivie aux risques du créancier, à charge pour celui-ci, si le titre est ultérieurement modifié, de réparer intégralement le préjudice causé par cette exécution sans qu'il y ait lieu de relever de faute de sa part ».

Au vrai, tout porte à croire que ce texte consacrant une « solution classique » (*A. M. Assi-Asso, commentaire de l'AUPSRVE, in Code annoté OHADA, Juriscope, 2002)* n'avait pas pour objet de réglementer les défenses à exécution provisoire. Il visait simplement à préciser, d'une part, qu'en cas d'exécution provisoire, le créancier prenait un risque qu'il devait ultérieurement assumer en cas d'infirmation par le juge d'appel du jugement exécuté, en réparant le préjudice subi par la victime de l'exécution au moyen d'une *restitutio in intégrum*. D'autre part -c'est le plus important-, il visait à interdire au juge saisi du procès tendant à mettre les parties au même et semblable état où elles se trouvaient avant l'exécution provisoire, de rechercher une faute de la part de celui qui a procédé à ladite exécution *(Cela ne signifie pas qu'une faute ne peut pas être commise lors d'une exécution provisoire. Celle-ci serait alors une attitude ou un comportement distinct du simple fait de l'exécution.).*

De manière plus détaillée, les rédacteurs du texte recherchaient apparemment trois objectifs. Tout d'abord, ils ont sans doute souhaité préciser la charge des risques de l'exécution provisoire. De manière univoque et logique, cette charge incombe au créancier.

Ensuite, ils ont certainement voulu préciser la principale conséquence d'une modification ultérieure du titre exécuté à titre provisoire : l'obligation de réparer intégralement le préjudice causé par cette exécution (*En réalité, le droit à réparation s'entend de l'obligation de restituer le débiteur dans ses droits en nature ou par équivalent, de l'obligation de payer les intérêts moratoires courants dès notification de l'arrêt d'appel infirmant le jugement exécuté à titre provisoire, de l'obligation de réparer les conséquences dommageables de l'exécution, telles que l'indemnisation du manque à gagner. En ce sens : A. Moreau, L'exécution provisoire, un avantage dangereux pour le créancier poursuivant, D. 2006, point de vue, p. 525).*

Enfin, ils ont souhaité encadrer cette obligation de réparer le préjudice né de l'exécution provisoire en précisant qu'elle doit être mise en œuvre sans qu'il y ait lieu de relever une faute de la part du bénéficiaire de l'exécution provisoire.

Les deux derniers éléments méritent une attention particulière. D'une part, le préjudice visé par l'article 32 peut être la simple privation subie par la victime de l'exécution provisoire vis-à-vis de son bien. Par exemple, pour les exécutions provisoires portant sur des sommes d'argent, la cour de cassation française soumet les restitutions aux dispositions de l'article 1153 du Code civil.

Par conséquent, le bénéficiaire de l'exécution n'est tenu que de restituer les sommes reçues et il ne doit les intérêts moratoires qu'à compter du moment où ces sommes lui sont réclamées c'est-à-dire en pratique, à partir de la notification de l'arrêt d'appel. Pour la Cour de cassation, cette solution se justifie par le fait que dans les obligations de paiement de sommes d'argent, « le préjudice découlant de la seule exécution d'une décision exécutoire à titre provisoire, ultérieurement anéantie, s'analyse comme un retard dans l'exécution et ne peut être réparé que par des intérêts au taux légal dus à compter de la notification valant mise en demeure » *(Cass. civ. 2ème, 15 mai 2003, RTD Civ. 2003, p. 548, obs. R. Perrot).*

D'autre part, le dernier élément de l'article 32 précise la nature de la responsabilité encourue par le bénéficiaire de l'exécution provisoire. Il s'agit d'une responsabilité objective. Cette position des rédacteurs de l'AUPSRVE permettait d'éviter le régime dualiste *(J. Héron et T. Le Bars, Droit judiciaire privé, n°521 et s. pp. 412 et s.)* du droit français. Selon ce dernier en effet, une distinction est établie entre un régime particulier concernant les restitutions des créances de sommes d'argent *(Ce régime est fondé sur l'article 1153 C.civ.)* et un régime général né de l'article 31, alinéa 2 de la loi du 9 juillet 1991 relative aux procédures civiles d'exécution *(Ce texte énonce à propos de l'exécution provisoire qu'elle est « poursuivie aux risques du créancier »)* et de l'article 19 de la loi du 3 juillet 1967 relative à la cour de cassation *(Cette loi dispose que l'exécution d'une décision frappée d'un pourvoi ne pourra « donner lieu qu'à restitution » et ne pourra « en aucun cas être imputée de faute »).*Vis-à-vis de ce dernier, la jurisprudence a bâti un système complexe à double détente faisant le départ entre l'exécution provisoire d'une décision frappée d'un recours suspensif et celle d'une décision susceptible d'un recours non suspensif. Dans ce dernier cas, seule « la preuve d'une faute peut conduire dans les termes de l'article 1382 du Code civil, à sa condamnation à réparer les conséquences dommageables de cette exécution » (*J. Héron et T. Le Bars, Droit judiciaire privé, n° 521 et s. pp. 412 et s. Ces auteurs ajoutent qu'en pratique, on n'imagine que l'hypothèse d'un abus de droit.*). En revanche, dans le premier cas qui a inspiré les rédacteurs de l'article 32, la responsabilité retenue est une responsabilité sans faute.

Curieusement, en prenant prétexte du verbe « poursuivre » (*Dans ce sens, A. Ouattara, La législation ivoirienne sur les défenses à exécution provisoire à l'épreuve du droit communautaire de l'OHADA relatif aux voies d'exécution : survivance ou extinction ?, ohadata D-07-05)* employé par les rédacteurs de l'Acte uniforme, la CCJA a conclu que l'article 32 n'autorisait pas les juridictions nationales à accorder des défenses à exécution provisoire dès lors que celle-ci a commencé. Pourtant, ainsi que l'écrit fort opportunément M. Ouattara, « l'expression poursuivie (devait) être entendue au sens de entreprendre ou mettre en œuvre ». Elle ne devait nullement être considérée dans sa connotation littéraire qui renvoie au verbe « continuer » et qui peut se comprendre comme une action engagée qui doit être conduite jusqu'à son terme.

En conséquence, l'interprétation donnée de l'article 32 est excessive. Pour présenter simplement les choses, cette disposition signifiait que si le créancier a entrepris ou effectué l'exécution notamment lorsque son adversaire n'a pas pu obtenir des défenses, sa responsabilité est régie par l'article 32. En d'autrestermes, cette disposition, si elle peut bien être invoquée lorsque la question de l'acceptation des risques de l'exécution est en cause, elle ne devait en rien être mise à contribution pour la question des défenses à exécution.

En l'adoptant pour faire obstacle à ces défenses à exécution, la CCJA s'est trompée sur « la nature et l'objectif des défenses à exécution. S'opposer à une exécution consiste nécessairement à s'en prendre aux actes d'exécution pour les faire annuler en les prétendant irréguliers. Cela se fait par voie, largement réglementée par l'OHADA, de contestation. En revanche, les défenses à exécution provisoire ont un autre objectif : elles visent non pas l'acte d'exécution, mais, le titre exécutoire dont elles ne réclament que le caractère exécutoire soit vérifié. (...) Dans la décision que (le premier président de la Cour d'appel) rend, il ne dit pas que l'exécution est irrégulière (ce qui serait contraire à l'article 32 du texte OHADA), il dit que l'exécution provisoire a été mal à propos ordonnée (hors des cas prévus par la loi ou sans urgence caractérisée) » *(C. Dogue, Une nouveauté déplorable : la prohibition des défenses à exécution provisoire, ohadata, D-02-23; dans le même sens : S. Souop, note sous CCJA, arrêt n°002/2001 du 11 oct. 2001, Juridis Périodique, n°54, p. 102. En effet, lorsque la Cour statue en matière de défenses à exécution provisoire, elle ne fait que vérifier si l'exécution provisoire ordonnée et donc contentieuse l'a été en respect des conditions de droit interne ; ce qui n'a aucun rapport avec le fond du droit mettant en cause la violation du droit uniforme et qui seront ultérieurement examinées par la cour statuant au fond).*

Or le recours à l'article 32 et l'interprétation que lui donne la CCJA a pour effet d'ériger la Haute juridiction communautaire en contrôleur de la continuation de l'exécution provisoire entamée *(V. notamment : CCJA, arrêt n°1/2006 du 9 mars 2006, ohadata, J-07-08. Dans cette affaire, la Haute juridiction a cassé une ordonnance du Premier Président de la Cour d'Appel d'Abidjan qui avait suspendu l'exécution de deux saisies-attribution. Dans le même sens : CCJA, arrêt n°8/2006 du 9 mars 2006, ohadata, J-07-15.)* et de priver le premier président de la cour d'appel d'un pouvoir que les droits nationaux de l'exécution provisoire lui avaient opportunément reconnu et que le droit OHADA ne semblait pas lui avoir renié.

Une chose est l'acceptation des risques d'une exécution anticipée par le créancier et qui, étant conforme à l'article 32, justifie que cette exécution soit continuée, une autre est de dire que cette disposition prive toute autorité juridictionnelle interne du pouvoir d'interférer dans une exécution provisoire commencée. Ni l'article 32, ni aucune autre disposition actuelle du droit OHADA ne devrait logiquement être interprétée comme ayant dessaisi ces autorités. Et si l'interprétation actuelle de l'article 32 venait à se maintenir, les dangers inhérents aux excès de l'exécution provisoire ne seront jamais conjurés.

Joseph Fometeu,
Maître de Conférences, Université de Ngaoundéré.

1ère espèce : CCJA, arrêt n°015/2006, 29 juin 2006
C.D. c/ Société Ivoirienne d'Assurances Mutuelles dite SIDAM

2ème espèce : CCJA, arrêt n°029/2004, 15 juillet 2004
Fadiga Nadiani c/ Bank of africa Côte d'Ivoire dite BOA-CI

1. CCJA, arrêt n°015, 29 juin 2006, C.D. c/ Société Ivoirienne d'Assurances Mutuelles dite SIDAM

(...)

Sur le moyen unique

Vu l'Acte uniforme portant organisation des procédures simplifiés de recouvrement et des voies d'exécution ;

Attendu qu'il est reproché à l'arrêt attaqué d'avoir violé la loi ou commis une erreur dans l'application ou l'interprétation de la loi, en particulier l'article 11 de l'Acte uniforme susvisé en ce que ledit article disposant que « l'opposant est tenu à peine de déchéance et dans le même acte que celui de l'opposition :

- de signifier son recours à toutes les parties et au greffe de la juridiction ayant rendu la décision d'injonction de payer ;
- de servir assignation à comparaître devant la juridiction compétente à une date fixe qui ne saurait excéder le délai de trente jours à compter de l'opposition », la cour d'appel, pour infirmer le jugement n° 983 du 28 novembre 2001, dont appel, et annuler l'ordonnance d'injonction de payer n° 9849 en date du 27 avril 2001, a estimé que « la créance poursuivie n'est point contractuelle au sens des articles 1er et suivants de l'Acte uniforme, mais née d'un quasi-délit et, comme telle, est recouvrée suivant la procédure spéciale édictée par le code CIMA » ; qu'en statuant ainsi alors que l'article 11 précité ne fait pas cette distinction, la cour d'appel a manifestement erré ; qu'en effet, selon le requérant, le problème posé en l'espèce ne consistait pas en la recherche de la nature de la créance recouvrée, mais en l'exercice régulier de la voie de recours par la SIDAM ; que si Monsieur C.D, pour le recouvrement d'une créance née d'un quasi-délit, a procédé selon la procédure d'injonction de payer, il était loisible à la SIDAM d'exercer régulièrement son opposition contre la décision de condamnation ; que l'irrégularité de son opposition entrainant déchéance, il s'ensuit qu'on ne saurait valablement considérer qu'il ya eu opposition, de sorte que la décision du tribunal se justifie pleinement

contrairement à celle de la cour qui viole « gravement » les dispositions de l'article 11 sus énoncé de l'Acte uniforme susvisé, lequel ne prévoit pas la distinction faite par la ccour d'appel à savoir que la déchéance n'est relevée que si la créance poursuivie est contractuelle ; qu'il s'ensuit que l'arrêt attaqué mérite d'être cassé ;

Mais attendu s'il est vrai que l'article 11 de l'Acte uniforme susvisé sanctionne de déchéance l'opposant qui, dans le même acte que celui de l'opposition, n'a pas signifié son recours à toutes les parties et au greffe de la juridiction ayant rendu la décision d'injonction de payer et n'a pas servi assignation à comparaître devant la juridiction compétente à date fixe qui ne saurait excéder le délai de trente jours à compter de l'opposition, l'application de cette disposition ne saurait toutefois être envisagée que dans le cadre d'une procédure d'injonction de payer régulièrement introduite et qui est conforme, quant à la nature même de la créance recouvrée, aux prescriptions de l'article 2 dudit Acte uniforme selon lequel cette procédure ne peut être introduite que lorsque la créance dont il s'agit a une cause contractuelle et lorsque l'engagement résulte de l'émission ou de l'acceptation de tout effet de commerce, ou d'un chèque dont la provision s'est révélée inexistante ou insuffisante ;

Attendu en l'espèce qu'il ne peut être contesté que la créance dont le recouvrement est poursuivi par la présente procédure d'injonction de payer ne revêt aucun caractère contractuel ; qu'en effet, le fait juridique constituant le fondement direct et immédiat du droit réclamé par le requérant, en d'autres termes, la cause de sa demande, a pour socle l'accident de la circulation et ses conséquences dommageables dont son fils C.D fut victime ; que cet accident, qui est un quasi-délit, fonde l'action civile en réparation régie par les règles de la responsabilité civile ; que dès lors, la réclamation du requérant n'obéissant pas aux prescriptions de l'article 2 précité de l'Acte uniforme susvisé, celui-ci, par conséquent, ne pouvait ni exercer la procédure d'injonction de payer, ni, a fortiori, reprocher à l'arrêt attaqué « d'avoir violé la loi ou commis une erreur dans l'application ou l'interprétation de la loi, en particulier l'article 11 de l'Acte uniforme » susvisé ; d'où il suit que le pourvoi est irrecevable...

2. CCJA, arrêt n°029, 15 juillet 2004, Fadiga Nadiani c/ Bank of africa Côte d'Ivoire dite BOA-CI

(...)

Sur le premier moyen

Vu l'article 1er de l'Acte uniforme portant organisation des procédures simplifiées de recouvrement et des voies d'exécution ;

Attendu qu'il est fait grief à l'arrêt attaqué d'avoir violé l'article 1er de l'Acte uniforme susvisé en ce que la cour d'appel a, à tort, estimé la créance de la BOA-CI certaine, liquide et exigible alors qu'il est constant, selon le moyen, que toute clôture de compte bancaire doit être faite contradictoirement par les parties, que faute de le faire, la créance doit être considérée comme non liquide, c'est-à-dire indéterminée dans son quantum ; que l'article 1er de l'Acte uniforme précité dispose que le recouvrement d'une créance certaine, liquide et exigible peut être demandé suivant la procédure d'injonction de payer ; que le défaut d'une seule de ces conditions doit entrainer le rejet de la requête aux fins d'injonction de payer ; qu'en restituant à l'ordonnance querellée son plein et entier effet, toujours selon le moyen, la cour d'appel d'Abidjan a violé l'article 1er de l'Acte uniforme précité ;

Attendu qu'aux termes de l'article 1er de l'Acte uniforme susvisé, « le recouvrement d'une créance certaine, liquide et exigible peut être demandé suivant la procédure d'injonction de payer » ;

Attendu qu'il résulte de l'examen des pièces du dossier de la procédure que la créance dont le recouvrement est poursuivi par la banque BOA-CI auprès de Mademoiselle F. provient des divers concours financiers accordés par ladite banque à la société UNIPACI ; que Mademoiselle F., par acte sous seing privé en date du 11 décembre 1990, s'est portée caution solidaire de la dette qu'aurait la société UNIPACI à l'égard de la BOA-CI avec renonciation expresse au bénéfice de discussion et de division ; que dans ledit acte de cautionnement, Mademoiselle F. s'est formellement engagée à payer « à première demande et sans pouvoir différer le paiement, ni soulever de contestation pour quelques motifs que ce soient les sommes dues par le débiteur » ;

Attendu qu'ayant entrepris de recouvrer la créance dont la société UNIPACI lui restait redevable, la BOA-CI a d'abord vainement interpellé celle-ci avant de se tourner vers la caution, Mademoiselle F. qui conteste la régularité de la procédure d'injonction de payer engagée à son encontre pour défaut de liquidité de la créance dont le recouvrement est poursuivi ;

Mais attendu que le dossier de la procédure révèle que des documents relatifs au montant de la créance de la BOA-CI dont le recouvrement est poursuivi, notamment les lettres des 18 mai et 15 juin 2000, les relevés et arrêtés du compte de la société UNIPACI des 30 juin et 31 décembre 2000 adressés par la BOA-CI à UNIPACI et la réponse de celle-ci, par lettre du 12 juillet 2000, ont été échangés de manière contradictoire entre la BOA-CI et la société UNIPACI, que l'un des documents sus-indiqués, à savoir la lettre de la BOA-CI du 15 juin 2000, qui mentionne le solde débiteur du compte de la société UNIPACI, est signée des mains propres de Mademoiselle F., en qualité de sous-directeur de la BOA-CI ; que c'est après avoir examiné et souverainement apprécié ces différentes pièces versées au dossier de la procédure, notamment les lettres et l'acte de cautionnement du 11 décembre 1990, que la cour d'appel d'Abidjan a considéré « que la créance de la BOA-CI est certaine, liquide, exigible et qu'elle est en droit de poursuivre Mademoiselle F. pour le paiement de celle-ci » ; qu'il suit que ce premier moyen n'est pas fondé et doit être rejeté...

OBSERVATIONS

Pour obtenir le recouvrement de son dû, le créancier peut être conduit à exercer une action en justice, qui lui permettra notamment d'obtenir le titre exécutoire qui peut lui faire défaut. A cet effet, il dispose d'une option : il peut opter soit pour les procédures de droit commun, soit recourir aux procédures simplifiées de recouvrement.

Cette seconde voie, à la différence de la première, offre l'avantage d'être brèves, plus simples et moins coûteuses. L'Acte uniforme portant organisation des procédures simplifiées de recouvrement et des voies d'exécution a prévu et réglementé deux procédures de cette nature à savoir : l'injonction de payer et l'injonction de délivrer ou de restituer un meuble corporel déterminé. Si cette dernière est une innovation de l'Acte uniforme, la première elle, existait déjà dans la plupart des législations antérieures des Etats-parties (*C'est notamment le cas du Cameroun où elle avait été réglementée successivement par le décret du 25 août 1937 et ses différents textes modificatifs du 18 septembre 1954, la loi n° 89/021 du 29 décembre 1989 abrogeant le précédent texte, la loi n° 96/10 du 05 août 1996 modifiant et complétant certaines dispositions de la loi de 1989*). Le droit OHADA n'a donc fait que la consolider (C. *Mezanou, les procédures simplifiées de recouvrement dans le droit OHADA, Mémoire de Maîtrise, Université de Dschang, 1998, p. 3*).

Comme par le passé, l'injonction de payer est une procédure qui continue d'être réservée au créancier de somme d'argent. Seulement, la nouvelle réglementation a revisité (*F. Anoukaha et A. D. Tjouen, les procédures simplifiées de recouvrement et les voies d'exécution en OHADA, PUA, 1999, p. 7*) son régime notamment en ce qui concerne les conditions requises de la créance pouvant la fonder. Celles-ci ont fait et continuent de faire l'objet d'un abondant et riche contentieux au niveau de la Cour commune de justice et d'arbitrage. Les arrêts C.D c/ Société ivoirienne des assurances mutuelles dite SIDAM (*CCJA, 1ère chambre, arrêt n° 15 du 29 juin 2006, le Juris-Ohada n° 4/2006, p. 22*) et Fadiga Nadiani c/ Bank of Africa - Côte d'Ivoire dite BOA-CI (*CCJA, arrêt n° 29 du 15 juillet 2004, le Juris-Ohada n° 3/2004*) nous offrent une bonne occasion de faire une synthèse de la question.

Dans la première espèce, le litige opposait le père d'un jeune enfant victime d'un grave accident de la circulation ayant entrainé l'amputation d'un de ses membres inférieurs, à la société qui assurait le véhicule automobile ayant causé ledit accident. Une transaction intervenue entre les parties conformément aux dispositions du code des assurances avait abouti au paiement par l'assureur d'une somme de 6 127 844 francs cfa au père de la victime qui s'était par ailleurs engagé à ne formuler aucune autre réclamation à l'avenir. Celui-ci ne tiendra pas sa promesse puisque arguant de ce que cette transaction n'avait jusque-là abouti qu'à un règlement partiel des préjudices subis par son fils, il va environ deux ans après, faire mettre l'assureur en demeure de lui verser la somme principale de 8 507 500 francs cfa représentant le montant de sa créance en principal sous réserve des frais, intérêts et celui des dépens subséquents à la procédure. L'assureur ayant refusé de payer, il va demander et obtenir du président du tribunal de première instance d'Abidjan une ordonnance d'injonction de payer contre laquelle l'assureur a formé opposition, laquelle a abouti à la rétractation de l'ordonnance. Le père de la victime, sans faire de recours contre le jugement de rétractation, va de nouveau demander et obtenir du même juge une autre ordonnance d'injonction de payer. Bien évidemment, l'assureur fit de nouveau opposition. Celle-ci fut rejetée au motif qu'il était déchu de son opposition en ce qu'il n'a pas respecté le formalisme exigé dans l'exercice de cette voie de recours (*Voir art. 11 de l'AUPSRVE*). Ce jugement a été infirmé en appel. C'est alors que le père de la victime s'est pourvu en cassation devant la Cour suprême de Côte d'Ivoire qui s'est dessaisie de l'affaire au profit de la CCJA. Pour cette dernière, l'appréciation de la régularité ou non de l'opposition exercée suppose au préalable que l'on soit dans le cadre d'une procédure d'injonction de payer régulièrement introduite et qui est conforme quant à la nature de la créance recouvrée, aux prescriptions de l'Acte uniforme (*art.* 2). En sanctionnant le pourvoi par l'irrecevabilité plutôt que par un rejet au fond, la CCJA semble s'être placée sur le terrain de la compétence matérielle du juge et non sur celle du bien ou du mal fondé de la prétention.

Dans la seconde espèce, La Bank of africa Côte d'Ivoire dite BOA-CI avait accordé divers concours financiers à une société dénommée UNIPACI. Mademoiselle F., sous-directeur à la BOA-CI, s'était portée caution solidaire de la dette qu'aurait à l'égard de cette banque, l'entreprise emprunteuse. Elle s'était engagée notamment de manière formelle dans l'acte de caution à payer « à première demande et sans pouvoir différer le paiement, ni soulever de contestation pour quelques motifs que ce soient les sommes dues par le débiteur ». Ayant entrepris de recouvrer la créance dont la société UNIPACI restait redevable et face à la résistance de celle-ci, la BOA-CI s'est tournée vers la caution, Mademoiselle F. contre qui elle a obtenu une ordonnance d'injonction de payer. Sur opposition de la caution, cette ordonnance était rétractée. Le juge d'appel saisi a infirmé le jugement, restituant à l'ordonnance son plein et entier effet. Mademoiselle F. s'est alors pourvue en cassation devant la CCJA. Elle conteste la régularité de la procédure d'injonction de payer engagée à son encontre pour défaut de liquidité de la créance poursuivie.

Les problèmes qui émergent de ces deux arrêts sont certes différents, mais complémentaires. En effet, tous deux sont relatifs aux conditions exigées d'une créance pour pouvoir fonder valablement une injonction de payer. Le premier a trait à l'origine de la créance (I) tandis que le second concerne les caractères qu'elle doit revêtir (II).

I. L'origine de la créance pouvant fonder l'injonction de payer

La procédure d'injonction de payer n'est recevable que si la créance dont le recouvrement est poursuivi tire son origine de certaines sources bien définies (A). Toute autre créance étrangère à ces sources en est exclue (B).

A. Les créances admises : les créances contractuelles et cambiaires

Aux termes de l'article 2 de l'AUPSRCVE, la procédure d'injonction de payer peut-être introduite lorsque la créance a une cause contractuelle ou lorsque l'engagement résulte de l'émission ou de l'acceptation de tout effet de commerce ou d'un chèque dont la provision s'est révélée inexistante ou insuffisante. Il ressort de cette disposition que la créance pouvant fonder l'injonction de payer doit trouver son origine dans deux sources. La CCJA rappelle que celles-ci ne sont nullement cumulatives, mais plutôt alternatives et il suffit que la créance tire son origine de l'une d'elles pour faire l'objet de cette procédure (*Voir arrêt n° 001/2003 du 30 janvier 2003, affaire Société Négoce Ivoire c/ BICICI).* C'est dire que l'injonction de payer n'est possible que si la créance dont le recouvrement est poursuivi est soit de source contractuelle (1), soit de source cambiaire (2).

1. La créance de nature contractuelle

Une créance peut faire l'objet d'une procédure d'injonction de payer si elle résulte d'une relation contractuelle entre le créancier et le débiteur (*Voir CCJA, arrêt n° 21 du 17 juin 2004, affaire SDV-CI c/ Rial Trading*). La référence à une « relation contractuelle » suppose l'existence d'un acte juridique fondé sur un accord de volontés. Ce qui conduit naturellement à exclure du domaine d'application de cette procédure les créances résultant d'un engagement unilatéral de volonté. La nature civile ou commerciale de cet acte est indifférente. Ce qui importe, c'est que la créance qui en découle soit une créance de somme d'argent (*Voir CCJA, arrêt n° 21 du 17 juin 2004, affaire SDV-CI c/ Rial Trading, préc.,)* ; peu importe son montant, le droit OHADA (comme d'ailleurs la loi camerounaise de 1989) n'ayant pas prévu de restriction par rapport au montant de la créance à recouvrer.

Généralement, cette créance résulte des contrats nommés tels que la vente (*Voir par ex. : CCJA, arrêt n° 017/2002 du 27 juin 2002, Sté El Nasr import-export c/ Ali Darwiche, Le Juris-ohadata n° 4/2002, oct.-déc. 2002, Recueil de jurisprudence de la CCJA, n° spécial, janv. 2003, p. 33 et s.*), le contrat d'entreprise (*Voir par ex. : CCJA, arrêt n° 26 du 15 juillet 2004, affaire Sté Djaman et Cie c/ Entreprise nationale de télécommunication dite ENATELCOM, Le Juris-OHADA nº 4/2004, oct-déc. 2004, p. 10, Recueil de jurisprudence de la CCJA nº 4, juil..-déc. 2004, p. 23 et s.; CCJA, arrêt nº 21 du 17 juin 2004, SDV-CI c/ Rial Trading, préc.),* le contrat d'assurance *(Voir par ex. : CCJA, 1ère chambre, arrêt nº 28 du 7 avril 2005, affaire Société de transport Fandasso c/ Société ivoirienne d'assurances mutuelles dite SIDAM 2, Le Juris-ohada nº 3/2005 p. 37, Recueil de jurisprudence de la CCJA nº 5, janv.-juin 2005, vol. 2, p. 3 et s.),* le contrat de transport, le louage, le dépôt, le mandat, la bail, le prêt.

C'est de ce dernier type de contrat que résultait la créance dont le recouvrement était poursuivi par l'injonction de payer dans la 2ème espèce faisant l'objet de ce commentaire. Dans cette affaire en effet, la créance que la banque réclamait découlait de divers concours financiers c'est-à-dire des prêts qu'elle avait accordés à l'entreprise défaillante.

La créance pouvant fonder l'injonction de payer peut également résulter de certains contrats innomés tels que le crédit-bail *(Voir par ex. : CCJA, arrêt nº 19/2003 du 06 novembre 2003, affaire Société générale de financement par crédit-bail dite SOGEFIBAIL c/ Monsieur Dramera Mamadou)*, la convention de compte *(Voir par ex. : CCJA, arrêt nº 020/2005 du 31 mars 2005, affaire Nouvelle scierie de l'Indénié dite N.S.I Sarl c/ SOGEFIBAIL).*

Il arrive très souvent que les parties, pour désigner leur accord, utilisent des termes ou expressions qui laissent planer le doute sur sa nature contractuelle tels que « protocole d'accord » (*Voir par ex. CCJA, 1ère chambre, arrêt nº 9 du 29 juin 2006, affaire F.K.A c/ H.A.M, le Juris-Ohada nº 4/2006, p. 2*), « déclaration d'intention » (*Voir TGI Ouagadougou, 8 janvier 2003, SSA c/ Télécel Fasoet Télécel international, Revue Burkinabé de droit nº 43-44, 1er et 2ème semestres 2003, p. 143, note Pierre Meyer*), « lettre d'intention » ou « protocole d'intention ». D'ailleurs, la partie à l'encontre de laquelle une procédure d'injonction de payer est engagée en vue du recouvrement d'une créance fondée sur un acte ainsi libellé n'hésite pas à lui dénier la nature d'un contrat afin d'obtenir le rejet de la demande (*Voir TGI Ouagadougou, préc.*). Dans ce cas, le juge saisi a l'obligation d'interpréter l'acte en question en tenant compte de la commune intention des parties (*Ibid.*). Le juge doit s'attacher à l'analyse réelle de leur accord pour savoir s'il s'agit d'une simple déclaration d'honneur ou s'il s'agit véritablement d'un contrat. Cette dernière qualification doit prévaloir dès lors que le contenu de l'acte constate un engagement ferme (*P. Meyer, note sous TGI de Ouagadougou, préc.*). Ainsi, ce n'est pas parce que les parties n'ont pas qualifié leurs relations de contractuelles que le juge doit se refuser à retenir une qualification contractuelle (*Ibid.*). Il n'est pas lié par le « titre » donné au contrat par les parties (*A. Bénabent, Droit civil, les contrats spéciaux, 2e éd., Montchrestien, 1995, p. 6*).

Le juge doit donc vérifier que la créance dont on veut poursuivre le recouvrement par l'injonction de payer qui lui est demandée tire son origine d'un contrat. Cependant, cette opération s'avère inutile dès lors que la créance a une source cambiaire.

2. La créance de nature cambiaire

Il ressort de l'article 2, alinéa 1er, 2° que la procédure d'injonction de payer peut être introduite dès lors que la créance dont le recouvrement est poursuivi prend la nature d'un engagement résultant de l'émission ou de l'acceptation d'un effet de commerce ou d'un chèque dont la provision s'est révélée inexistante ou insuffisante. Dans ce cas, il n'est plus besoin de vérifier si la créance a une nature contractuelle ou pas (*Voir CCJA, arrêt n° 001/2003 du 30 janvier 2003, n° ohadata, J-03-109*).

En ce qui concerne les effets de commerce, l'Acte Uniforme OHADA a apporté deux innovations par rapport à certaines législations nationales antérieures (*par exemple la loi camerounaise de 1989*). D'une part, il réalise une extension de l'application de l'injonction de payer à tous les effets de commerce. En effet, alors que l'ancienne législation camerounaise comme d'ailleurs celles d'autres pays africains ne visait que la lettre de change et le billet à ordre, l'Acte uniforme de manière générique s'intéresse à « tout effet de commerce ». Il en résulte que sont désormais concernées non seulement les créances résultant d'une lettre de change ou d'un billet à ordre, mais aussi celle résultant d'un warrant ou bordereau de nantissement de stocks (*voir F. Anoukaha et A. D. Tjouen, les procédures simplifiées de recouvrement et les voies d'exécution en OHADA, préc., p 10)*. D'autre part, il précise que l'engagement, objet de la procédure d'injonction de payer, peut résulter soit de l'émission, soit de l'acceptation de l'effet de commerce. Mais au fond, cette distinction entre l'émission et l'acceptation de l'effet de commerce ne concerne que la lettre de change et au surplus semble superflue car il aurait suffi au législateur de viser le cas unique de l'émission de l'effet de commerce pour justifier la procédure d'injonction de payer (*Ibid., p. 11*).

S'agissant du chèque, l'Acte uniforme n'innove pas en lui accordant le bénéfice de l'injonction de payer, car c'était déjà le cas dans la loi camerounaise de 1989. Seulement, le législateur précise qu'il doit s'agir d'engagement résultant d'un chèque dont la provision s'est révélée inexistante ou insuffisante. Pour la doctrine, le juge devrait assimiler aux deux hypothèses visées, toutes celles dans lesquelles la situation du compte ne permet pas le paiement parce que la provision a été rendue indisponible. Par exemple, lorsque le compte a fait l'objet d'une saisie postérieurement à l'émission du chèque ou que le débiteur a fait l'objet d'une procédure collective d'apurement du passif (*Ibid., p. 13*). Cependant, l'inexistence ou l'insuffisance de la provision ne doit pas consister dans la simple mention portée par le banquier sur un bout de papier, mais d'un protêt régulièrement établi selon les règles en vigueur (*Voir B. Brou Kouassi. La pratique des procédures simplifiées de recouvrement issues de l'Acte uniforme portant procédures simplifiées de recouvrement de créances et des voies d'exécution, 1ère communication présentée au Séminaire du 12 mai 2007 à Grand Bassam, ohadata D-07-22*).

Au final, ne sont admises à la procédure d'injonction de payer que les créances ayant soit une cause contractuelle, soit une cause cambiaire. Cette exigence a pour conséquence d'exclure les créances provenant d'autres sources.

B. Les créances exclues

L'interprétation *a contrario* de l'article 2 alinéa 1er, 1° de l'Acte uniforme conduit à exclure du domaine d'application de la procédure d'injonction de payer les créances de sources quasi-délictuelle et délictuelle d'une part (1) et de sources quasi-contractuelle ou légale d'autre part (2).

1. Les créances de nature quasi-délictuelle ou délictuelle

Ne peuvent fonder l'injonction de payer les créances fondées sur un quasi-délit ou sur un délit.

Le quasi-délit renvoie à tout acte dommageable, illicite, accompli par imprudence ou négligence sans intention de causer un dommage. C'est notamment le cas d'un accident. Ainsi, les créances d'indemnisation des conséquences dommageables d'un accident dues sur l'auteur ou sur son assureur sont exclues de la procédure d'injonction de payer (*voir F. Anoukaha et A. D. Tjouen, les procédures simplifiées de recouvrement et les voies d'exécution en OHADA, préc., p 9).*

C'est dans ce sens qu'a décidé la CCJA dans la première espèce objet de ce commentaire. La cour relève en substance que : « Attendu en l'espèce qu'il ne peut-être contesté que la créance dont le recouvrement est poursuivi par la présente procédure d'injonction de payer ne revêt aucun caractère contractuel ; qu'en effet, le fait juridique constituant le fondement direct et immédiat du droit réclamé par le requérant, en d'autres termes, la cause de sa demande, a pour socle l'accident de la circulation et les conséquences dommageables dont son fils a été victime ; que cet accident, qui est un quasi-délit, fonde l'action civile en réparation régie par les règles de la responsabilité civile ; (...), celui-ci, par conséquent, ne pouvait ni exercer la procédure d'injonction de payer, (...) ». (*Voir dans le même sens, CA d'Abidjan, arrêt n° 221 du 20 février 2001, p. 361 et s., note M. Brou Kouakou*).

On doit néanmoins reprocher à la CCJA de n'avoir pas suffisamment nuancé son propos. Elle s'est limitée à la nature initiale de la créance dans son ensemble, sans tenir compte des modalités ultérieures dont une partie elle a fait l'objet. En effet, si la créance était délictuelle à l'origine, elle a évolué vers une nature contractuelle par la suite, en ceci qu'elle a fait l'objet d'un accord de volonté ayant abouti à une transaction. Cette évolution a à notre sens fait perdre à la créance, du moins pour celle objet de la transaction, sa nature initiale pour devenir contractuelle. Et la doctrine a depuis soutenue que « si les créances d'indemnisation des victimes d'accident dues sur l'assureur ne peuvent fonder l'injonction de payer, c'est tant que celles-ci ne résultent pas d'une transaction » (*voir F. Anoukaha et A. D. Tjouen, les procédures simplifiées de recouvrement et les voies d'exécution en OHADA, préc., p. 9*). Cette solution se justifie par le fait qu'à partir du moment où est intervenue une transaction conformément aux dispositions de code des assurances CIMA, la créance de la victime n'est plus délictuelle mais contractuelle puisqu'elle résulte d'une transaction qui est elle-même un contrat (*J. Issa-Sayegh, observations sous CCJA, 1ère chambre, arrêt n° 15 du 29 juin 2006 (1ère espèce)*).

Par contre, en poussant un peu plus loin l'analyse, on doit noter que la créance excipée par le demandeur devant les juges était extérieure à l'objet de la négociation. En effet, l'indemnité désormais contractuelle de 6.127.844 avait déjà été entièrement payée. Et elle était sensée couvrir tous les dommages, y compris l'acquisition des prothèses qui devait se faire à la diligence du représentant de la victime. Or, la somme réclamée devant les juges constituait une prétention toute nouvelle et unilatérale, donc douteuse et qui de ce fait ne pouvait être considérée comme certaine, liquide et exigible. C'est donc à bon droit qu'elle a conservé sa nature initiale qui en fait un délit.

Le délit, par opposition au quasi-délit renvoie à tout acte dommageable, illicite, accompli avec l'intention de causer le dommage. Les créances ayant pour objet la réparation du préjudice causé par un acte de cette nature ne peuvent fonder une injonction de payer, tout comme les créances de sources quasi-contractuelle ou légale.

2. Les créances de nature quasi-contractuelle ou légale

L'exigence de l'origine contractuelle de la créance conduit à exclure du domaine de l'injonction de payer les créances ayant une cause quasi-contractuelle (*A.-M. H. Assi-Esso, N. Diouf, Recouvrement des créances, Coll. Droit uniforme africain, Bruylant, Bruxelles, 2002, p. 14*). Il s'agit notamment des créances résultant de la gestion d'affaires, du paiement de l'indu et de l'enrichissement sans cause même établi.

Il en est de même des créances de source légale. Il s'est en effet par exemple posé devant la CCJA le problème de savoir si les prélèvements de TVA retenus à la source et reversées à l'administration fiscale peuvent justifier l'engagement d'une procédure d'injonction de payer. La réponse est négative car pour la cour, « *il s'agit d'une obligation de source légale et non conventionnelle* » (*Voir CCJA, arrêt n° 020/2007 du 31 mai 2007, Recueil de jurisprudence de la CCJA, pp. 221-223*). Cette solution s'imposait à l'évidence. C'est pourquoi, elle a rejeté la demande ce d'autant qu'en plus, celle-ci ne remplissait pas les caractères exigés par la loi.

II. Les caractères de la créance pouvant fonder l'injonction de payer

A l'instar des solutions consacrées antérieurement par les législations des Etats-parties, l'Acte uniforme n'autorise le recours à l'injonction de payer que pour les créances réunissant trois caractères précis qu'il convient dans un premier temps de présenter (A) avant de voir comment ils sont appréciés (B).

A. Les trois caractères exigés

Il ressort des dispositions de l'article 1er de l'AUPSRVE qu'une créance ne peut être recouvrée suivant la procédure d'injonction de payer que si elle est à la fois certaine, liquide et exigible. Les caractères exigés d'une créance admise à fonder l'injonction de payer sont donc la certitude (1), la liquidité (2) et l'exigibilité (3).

1. Le caractère de certitude

Le juge appelé à connaitre de la requête d'injonction de payer ne peut accéder à la demande qui lui est présentée que si, et seulement si, elle est en son fondement d'une certitude absolue (*P. G. Pougoué, Commentaire de la loi n° 89/029 du 29 décembre 1989, Juridis Info n° 3, spécial 1990, p. 39*).

Cette exigence de certitude de la créance implique qu'elle ne doit souffrir d'aucune contestation quant à son existence. La CCJA elle-même rappelle d'une part que « la créance est certaine lorsque son existence ne souffre d'aucune contestation dès lors qu'elle tire son essence d'une relation contractuelle non contestée par les parties » (*Voir par ex. : CCJA, arrêt n°19/2003 du 06 novembre 2003, affaire Société générale de financement par crédit-bail dite SOGEFIBAIL c/ Monsieur Dramer Mamadou*, préc.) et d'autre part que « *la créance peut faire l'objet d'une injonction de payer dès lors que le principe de la dette n'est pas contestée* » (*Voir CCJA, arrêt n° 017/2008 du 24 avril 2008*).

L'exigence de la certitude de la créance implique l'impossibilité de recourir à la procédure d'injonction de payer pour les créances futures, éventuelles ou hypothétiques, dès lors qu'en général, elles ne sont pas aussi liquides.

2. Le caractère de liquidité

L'Acte uniforme pose qu'une créance ne peut faire l'objet d'une injonction de payer que si en plus d'être certaine, elle est liquide c'est-à-dire déterminée dans son montant. Il faut savoir non seulement ce qui est dû, mais combien est dû. Autrement dit, la liquidité doit s'apprécier en argent (*voir F. Anoukaha et A. D. Tjouen, les procédures simplifiées de recouvrement et les voies d'exécution en OHADA, préc., p. 9*). Ce caractère peut à lui seul, expliquer pourquoi les créances délictuelles ne peuvent satisfaire les exigences légales du recours à la procédure simplifiée. L'indétermination de leur montant interdit au juge de les admettre au rang des créances pouvant fonder une injonction de payer.

La CCJA précise que « *la créance est liquide dès que son quantum est déterminé dans sa quantité, en d'autres termes, chiffré* » (*Voir par ex : CCJA, arrêt n° 21 du 17 juin 2004, Affaire SDV-CI c/ Rial Trading, préc. ; arrêt n° 017/2002 du 27 juin 2002, Sté El Nasr import-export c/ Sté Dolomies de Côte-d'Ivoire dite DDCI, Le Juris-ohada n° 4/2002, p. 47*).

Il est donc interdit au juge d'ordonner une injonction de payer si la valeur de la dette est encore à déterminer, à dires d'experts par exemple (*P. G. Pougoué, Commentaire de la loi n° 89/029 du 29 décembre 1989, préc., p. 39*).

Il ne suffit pas cependant qu'une créance soit certaine et liquide pour fonder l'injonction de payer. Encore faut-il qu'elle soit exigible.

3. Le caractère d'exigibilité

Une créance exigible est celle qui est arrivée à échéance. En d'autres termes, comme le précise la CCJA, « la créance est exigible lorsque le débiteur ne peut se prévaloir d'aucun délai ou condition susceptibles d'en retarder ou d'en empêcher l'exécution » ou plus précisément « si le débiteur ne se prévaut ni d'un terme conventionnel ni d'un moratoire, seuls cas, s'ils existent, pouvant constituer un obstacle à l'exigibilité de la créance » (*Voir CCJA, arrêt n° 21 du 17 juin 2004, affaire SDV-CI c/ Rial Trading, préc.*).

L'exigence du caractère exigible conduit aussi à exclure du domaine de l'injonction de payer les créances affectées d'une condition suspensive ou d'un terme suspensif ou les créances simplement éventuelles.

En fin de compte, le demandeur en injonction de payer doit s'assurer que sa créance réunit les caractères de certitude, de liquidité et d'exigibilité. De toutes les façons, il reviendra au juge de les apprécier afin de s'assurer que la créance les remplit effectivement.

B. L'appréciation de l'existence des caractères exigés d'une créance pouvant fonder l'injonction de payer

Il appartient au juge saisi d'une demande d'injonction de payer de vérifier que la créance dont le recouvrement est poursuivi revêt les trois caractères de certitude, de liquidité et d'exigibilité. Pour cela, il doit s'appuyer sur les différentes pièces justificatives produites par le créancier à l'appui de sa requête.

Lorsque la créance a une nature cambiaire, l'appréciation de l'existence ou non de ces caractères s'avère plus aisée pour le juge. En effet, le principe du titre littéral et celui de l'inopposabilité des exceptions qui font que le porteur de l'effet soit créancier de chacun des signataires, rendent en eux-mêmes, la créance certaine et liquide, puisque l'effet porte une valeur chiffrée (*P. G. Pougoué, Commentaire de la loi n° 89/029 du 29 décembre 1989, préc., p. 39*). Reste alors à vérifier si la créance est exigible ; ce qui en général ne pose pas de problème.

Toutefois, il s'est posé devant la CCJA le problème de savoir si la créance résultant d'une lettre de change impayée dont le protêt a été dressé hors délai légal répond aux exigences de certitude, de liquidité et d'exigibilité fondant une injonction de payer. Pour la cour, « en application des dispositions légales internes régissant les effets de commerce, le protêt obtenu hors délai fait perdre le recours cambiaire et les caractères certain, liquide et exigible de la créance » (*Voir CCJA, arrêt n° 008/2007 du 15 mars 2007, Recueil de Jurisprudence de la CCJA, n° 9, janv.-juin 2007, p. 28 et s.*).

S'agissant d'une créance de nature contractuelle, il s'est posé dans la seconde espèce à la base de ce commentaire, la question de savoir si les relevés et arrêtés de comptes échangés contradictoirement entre les parties peuvent permettre d'établir les caractères exigés d'une créance justifiant une procédure d'injonction de payer. Dans cette affaire, la caution poursuivie en paiement contestait la régularité de la procédure engagée à son encontre particulièrement pour défaut de liquidité de la créance. Or la cour relève que des documents relatifs au montant de la créance, notamment les lettres, les relevés et arrêtés du compte adressés par la BOA-CI, société créancière à la société débitrice UNIPACI et la réponse de celle-ci par lettre, ont été échangés de manière contradictoire entre les deux parties. Elle relève en plus que l'un des documents sus indiqués, qui mentionne le solde débiteur du compte de la société débitrice, est signé des mains propres de Mademoiselle F., la caution, en sa qualité de sous-directeur de la banque créancière.

Dès lors, Mademoiselle F. qui s'était portée caution, ne pouvait sans être de mauvaise foi invoquer le défaut de liquidité de la créance alors qu'il existait un document qui déterminait son montant ; document qui au surplus avait été signé par elle en tant que sous-directeur de la banque et échangé contradictoirement avec la société débitrice. C'est donc à bon droit que la Cour a décidé que la créance remplissait les caractères de certitude, de liquidité et d'exigibilité.

De même, on peut se demander si l'on peut conclure à l'inexistence, ne serait-ce que partielle de ces caractères dès lors que dans sa requête aux fins d'injonction de payer, le créancier n'inclut pas les intérêts et les frais dans le montant de la somme réclamée. Cette question tire son intérêt du fait que l'Acte uniforme fait obligation au requérant, à peine d'irrecevabilité de la requête, de préciser le montant de la somme réclamée avec le décompte de ses différents éléments. Saisie d'une affaire portant sur un problème de cette nature, la CCJA décide à juste titre qu' « il ne peut être fait mention au stade de la requête des intérêts et des frais, lesquels ne pourront être calculés qu'à la suite de la décision de condamnation découlant de la requête introduite » (*Voir CCJA, arrêt n° 013/2007 du 29 mars 2007, Recueil de Jurisprudence de la CCJA, n° 9, janv.-juin 2007, p. 35 et s.).*

Quoi qu'il en soit, la CCJA exige des juges une saine appréciation des éléments du dossier afin de constater l'existence ou non de ces caractères. Ils doivent par conséquent se garder de dénaturer le contenu des obligations conventionnelles liant les parties (*F. Onana Etoundi, La problématique de l'Unification de la jurisprudence par la Cour commune de justice et d'arbitrage, Coll. « Pratique et contentieux de droit communautaire », éd. "Droit au service du développement", février 2008, p. 313*). Ils doivent en outre expliquer dans leurs décisions les éléments sur lesquels ils se sont appuyés pour conclure à l'existence ou non de chacun de ces caractères (*Voir CCJA, arrêt n° 26 du 15 juillet 2004, ohadata J-05-169*).

C'est dire au final que l'appréciation des caractères de la créance pouvant fonder une procédure d'injonction de payer n'est ni discrétionnaire, ni arbitraire. En tout cas, la célérité attendue de cette procédure suppose nécessairement que la situation soit empreinte d'évidence.

Moïse Timtchueng,
Chargé de cours, Université de Dschang.

CCJA, arrêt n°020/2006, 26 octobre 2006
Komenan Kouadio Christophe, Hallar Ginette Wenceslas Roseline, épouse Komenan c/ Banque Internationale pour le Commerce et l'Industrie de Côte d'Ivoire dite BICICI

(...)

Sur le premier moyen

Vu les dispositions de l'article 165 de l'Acte uniforme portant organisation des procédures simplifiées de recouvrement de créances et des voies d'exécution ;

Attendu qu'il est reproché à l'arrêt attaqué d'avoir violé l'article 165 de l'Acte uniforme susvisé en ce que, pour confirmer le jugement querellé, la cour d'appel a retenu d'une part, que l'huissier de justice, de par son statut, n'a pas besoin d'un mandat spécial pour percevoir le montant des condamnations dès lors qu'il est porteur de la grosse de la décision, d'autre part, que les dispositions de l'article 165 de l'Acte uniforme susvisé concernent manifestement les personnes autres que les huissiers de justice alors que, selon le moyen, en premier lieu, il ne résulte guère de l'économe même dudit article une telle exemption de l'huissier de justice de l'obligation de justifier d'un pouvoir spécial, la généralité des termes du texte s'opposant à ce qu'une catégorie déterminée de personnes puisse ou soit soustraite à son application, et en second lieu, le texte sur lequel s'appuie le jugement confirmé par l'arrêt querellé a été abrogé en conséquence de l'abrogation de la loi dont-il était le décret d'application ; qu'en décidant donc comme elle l'a fait, la Cour d'appel d'Abidjan a violé la lettre et l'esprit des dispositions du texte susvisé par errance dans son interprétation et son application, et son arrêt encourt de ce fait cassation ;

Attendu qu'aux termes de l'article 165 de l'Acte uniforme susvisé, « le paiement est effectué contre quittance entre les mains du créancier saisissant ou de son mandataire justifiant d'un pouvoir spécial qui en informe immédiatement son mandant.

Dans la limite des sommes versées, ce paiement éteint l'obligation du débiteur et celle du tiers saisi » ;

Mais attendu qu'en effet, l'huissier de justice, de part son statut d'officier ministériel et d'officier public chargé des significations et de l'exécution forcée des actes publics, n'a pas besoin de justifier de la part du créancier, d'un mandat exprès de saisir ou d'encaisser, la remise à lui du jugement ou de l'acte valant pouvoir pour toute exécution pour laquelle il n'est pas exigé de pouvoir spécial ; qu'à cet effet, l'article 29 décret n° 69-243 du 9 juin 1969 fixant les modalités d'application de la loi portant statut des huissiers de justice lequel, en l'espèce, n'a pas encore été abrogé, contrairement à ce que soutiennent les requérants, dispose qu' « en matière de recouvrement judiciaire, la remise des actes ou décisions à l'huissier de justice, vaut mandat d'encaisser sauf preuve contraire » ; qu'en l'espèce, il n'est pas contesté que l'huissier instrumentaire ayant pratiqué la saisie-attribution au profit des époux Komenan a fait sommation à la BICICI d'avoir à « payer immédiatement et sans délai aux requérants des mains de moi huissier, porteur des présents, ayant charge de recevoir et pouvoir de donner bonne et valable quittance, le montant de la saisie… » ; que la BICICI ayant payé entre les mains de l'huissier sur la base d'un mandat légal, il ne saurait lui être reproché de s'être conformé à la sommation de ce dernier ; qu'en statuant comme elle l'a fait, la cour d'appel d'Abidjan n'a en rien violé l'article 165 sus énoncé de l'Acte uniforme susvisé ; qu'il suit que ce premier moyen doit être rejeté comme non fondé (…) ;

OBSERVATIONS

La saisie-attribution des créances permet à un créancier de saisir entre les mains d'un tiers les créances portant sur une somme d'argent autre que les créances de rémunération du travail et de se les faire attribuer. Mettant en présence le créancier saisissant, le débiteur saisi et le tiers saisi, elle commence par la saisie (*voir les articles 153 et 157 de l'AUPSRVE*), se poursuit par la dénonciation de cette dernière au débiteur (*voir l'article 160 de l'AUPSRVE*) et se termine par le paiement (*voir les articles 164 à 168 de l'AUPSRVE)* qui implique deux principaux acteurs : le saisissant et le tiers saisi *(sur l'ensemble, voir Pougoué P.-G. et Teppi Kolloko F., La saisie attribution des créances OHADA, Yaoundé, PUA, coll. Vade-mecum, 2005, p. 38 et s.*).

Le saisissant peut se faire représenter, même au moment du paiement. Ainsi, l'article 62 al.1 du décret français n° 92-755 du 31 juillet 1992 indique que « celui qui a reçu le paiement en donne quittance au tiers saisi et en informe le débiteur ». Plus précis, l'article 165 al.1 de l'AUPSRVE dispose que « le paiement est effectué contre quittance entre les mains du créancier saisissant ou de son mandataire justifiant d'un pouvoir spécial qui en informe immédiatement son mandant ».

L'exigence d'un mandat ou d'un pouvoir spécial lorsque le paiement n'est pas effectué entre les mains du créancier saisissant s'explique parfaitement. Dans la limite des sommes versées, le paiement n'éteint l'obligation du débiteur et du tiers saisi que s'il atteint le saisissant (*voir l'article 165 al.2 de l'AUPSRVE et l'article 62 al.2 du décret français du 31 juillet 1992*). Personne ne comprendrait qu'un tiers saisi, sans justificatif valable, paye entre les mains d'un tiers. Sa responsabilité pourrait sans doute être engagée.

La question s'est pourtant posée de savoir si un paiement pouvait valablement être effectué entre les mains de l'huissier instrumentaire. Sur ce point, l'arrêt rapporté rendu par la première chambre de la Cour commune de justice et d'arbitrage le 26 octobre 2006 ne passera pas inaperçu. Le tiers saisi n'a pas à s'inquiéter lorsqu'il paye entre les mains de l'huissier de justice. Mais en serait-on là si un couple n'en avait donné l'occasion en exposant au grand jour son désir excessif d'accumuler ?

Les faits sont relativement simples. Par exploit du 25 juillet 2001, les époux Komenan avaient pratiqué une saisie attribution de créances à l'encontre de la société SICOGI et entre les mains de la Banque internationale pour le commerce et l'industrie de la Côte d'ivoire dite BICICI. Dès réception de la signification du certificat de non-contestation de la saisie le 18 septembre 2001 avec sommation de payer les causes de la saisie entre les mains de l'huissier contre quittance, la BICICI s'est exécutée en émettant un chèque au nom de l'huissier instrumentant pour le compte des époux Komenan, le 24 septembre de la même année.

Contestant ce paiement au motif que l'huissier de justice n'était pas titulaire d'un pouvoir spécial comme l'exige l'article 165 al.1 de l'AUPSRVE, ceux-ci ont refusé de recevoir ledit chèque. Prenant acte, la BICICI fît délivrer un autre chèque au nom de Monsieur Komenan. Mais estimant qu'ils avaient subi un préjudice parce que la Banque a accusé un retard pour délivrer à leur ordre le chèque de règlement, les créanciers saisissants ont sollicité du tribunal de première instance d'Abidjan la condamnation de la BICICI au paiement de dommages-intérêts. Concluant au débouté des demandeurs, cette dernière qui estimait avoir agi en toute légalité a demandé reconventionnellement la condamnation des époux Komenan pour procédure abusive. Approuvant le premier juge, la cour d'appel d'Abidjan a indiqué que « l'huissier de justice, de par son statut, n'a pas besoin d'un mandat spécial pour percevoir le montant des condamnations dès lors qu'il est porteur de la grosse de la décision et que les dispositions de l'article 165 de l'AUPSRVE concernent manifestement les personnes autres que les huissiers de justice » (*arrêt n°248 du 7 mars 2003*).

Les époux Komenan forment alors un pourvoi en cassation contre l'arrêt d'appel. Ils soutiennent que la cour a violé la lettre et l'esprit l'article 165 al. 1 de l'Acte uniforme portant organisation des procédures simplifiées de recouvrement et des voies d'exécution. A la suite des juges du fond, la Cour commune de justice et d'arbitrage avait à se prononcer sur la question de savoir si le règlement des causes de la saisie à l'huissier instrumentaire nécessite la preuve par ce dernier d'un pouvoir spécial au sens de l'article 165 al. 1 de l'AUPSRVE.

Y apportant réponse, la Haute juridiction affirme à son tour que « l'huissier de justice, de par son statut d'officier ministériel et d'officier public chargé des significations et de l'exécution forcée des actes publics, n'a pas besoin de justifier de la part du créancier, d'un mandat exprès de saisir ou d'encaisser, la remise à lui du jugement ou de l'acte valant pouvoir pour toute exécution pour laquelle il n'est pas exigé de pouvoir spécial ».
A l'examen, deux leçons majeures peuvent être tirées de cet extrait, la première étant la conséquence de la seconde. L'arrêt du 26 octobre 2006 pose le principe selon lequel l'huissier de justice est un mandataire spécial (I). Le paiement effectué entre ses mains est valable (II).

I. L'huissier de justice est mandataire du saisissant

Le mandat est l'acte par lequel une personne donne à une autre le pouvoir de faire quelque chose pour elle et en son nom (*voir l'article 1984 al.1 du Code civil*). Ce contrat qui ne se forme que par l'acceptation du mandataire est en principe révocable au gré du mandant (*voir les articles 2003 et s. du Code civil*).

Général lorsqu'il concerne toutes les affaires du mandant, il est dit spécial lorsqu'il est seulement donné pour une ou plusieurs affaires ou opérations déterminées. Il est parfois exigé par la loi, pour les actes graves (*voir l'article 1987 du Code civil*). Est donc mandataire spécial celui qui, dans un mandat spécial, reçoit du mandant pouvoir et mission d'agir ou d'accomplir, en son nom et pour son compte, un ou des actes juridiques précis. Il est tenu d'accomplir les missions qui lui ont été confiées, dans le strict respect des termes du contrat (*voir l'article 1989 du Code civil*) et de rendre compte à son mandant (*articles 1991 et s. du Code civil*). Ce dernier est responsable de ses actes (*voir les articles 1998 à 2002 du Code civil*).

Ainsi, tout mandat spécial devrait être exprès et écrit, afin de fournir des indications détaillées au sujet du bénéficiaire et définir clairement ses missions. De ce point de vue, on s'attend à ce que le mandat donné à un huissier de justice ou à toute autre personne pour recevoir paiement des mains du tiers saisi dans une procédure de saisie-attribution soit spécial au sens de l'article 165 al.1 de l'AUPSRVE, c'est-à-dire exprès et écrit. Cependant cela est-il encore nécessaire lorsqu'un tel mandat est en même temps légal ?

Le mandat est dit légal lorsque le pouvoir de représentation est conféré par la loi à des personnes dites représentants légaux. C'est le cas du tuteur d'un mineur, de l'administrateur général dans une société anonyme avec administrateur général (*voir l'article de l'article 494 de l'Acte uniforme OHADA relatif au droit des sociétés commerciales et du groupement d'intérêt économique*), du président directeur général ou du directeur général d'une société anonyme avec conseil d'administration (*voir les articles 465 et 487al.1 de l'Acte uniforme OHADA relatif au droit des sociétés commerciales et du groupement d'intérêt économique*) ou, plus globalement, des dirigeants sociaux.

La loi ou les statuts précisent les missions dévolues au mandataire légal qui, seul, peut les accomplir (*sur l'ensemble, voir CCJA, arrêt n°22/2003 du 06 novembre 2003, Biao Côte d'Ivoire c. Nouvelle scierie d'Agnibilekro et autres, Rec. n°2, juillet-décembre 2003, pp.13-17 ; CCJA, arrêt n°033/2007 du 22 novembre 2007, Cotracom et Aminata Youssouf c. Biao-CI, Rec. n°10, juillet-décembre 2007, pp.23 et s. ; dans cet ouvrage, le commentaire de Kuaté Tameghé S.S. et Amougui Galoua P. sous CCJA, première chambre, arrêt n°042/2008 du 17 juillet 2008, Société Lev-Côte d'Ivoire dite Lev-CI c. Monsieur Peled Nathan*).

La régularité d'un mandat spécial dépend donc de son origine. Quelle est l'origine du mandat de l'huissier de justice en matière de signification et d'exécution forcée? Pourquoi n'aurait-il plus besoin d'un mandat exprès pour saisir ou encaisser ?

On a relevé que « le monopole de l'huissier de justice se limite à l'exécution des opérations dont il a été chargé » et que « sans mandat du créancier... l'huissier de justice ne peut rien » (*Perrot R., « La réforme des procédures civiles d'exécution », propos recueillis par Mignon-Gardet M., LPA, 6 janvier 1993, n°3, pp. 8-9*). Il a même été ajouté que, « dans cette mesure, l'huissier de justice présente cette originalité d'être un officier ministériel investi par la loi d'une parcelle de l'autorité publique » et que, par conséquent, « quand il instrumente pour faire exécuter un jugement, il est porteur d'un ordre du juge qu'il est chargé de faire respecter. Cette particularité lui conférant tout à la fois des prérogatives qui lui sont propres et corrélativement des devoirs spécifiques qui ne doivent en rien au contrat de mandat et qui peuvent même lui être antinomiques » (*Ibid.*).

Dans cette perspective, l'une des vérités que l'arrêt n°020/2006 au centre de l'analyse révèle c'est qu'en matière d'exécution forcée le mandat spécial accordé à l'huissier de justice ne dépend pas uniquement du mandant, notamment le créancier saisissant. Il dépend également du statut de cet officier ministériel. Si les missions de ce dernier sont clairement définies par la loi et les règlements, doit-on encore les spécifier de façon expresse ou écrite lorsqu'on le sollicite dans le cadre de ses missions légales ou statutaires?

Cette question s'est déjà posée et a nourri une controverse doctrinale (*Kuaté Tameghé S.S., La protection du débiteur dans les procédures individuelles d'exécution, L'Harmattan, coll. Logiques juridiques, Paris 2004, p. 54. Voir aussi Dufour O., « Huissier de justice : une profession en voie de rénovation ? », LPA, 2 juin 1999, p.3 et s.; Nicod B., « L'huissier de justice, quel partenaire ? », Gaz. Pal. 7-9 mars 1999, p. 2 et s.*). Il s'agissait en réalité de dire si l'huissier de justice agit en tant qu'agent public ou en tant que mandataire du saisissant.

Si pour certains auteurs l'huissier de justice est mandataire ou représentant conventionnel de son client (*Assi-Esso A.-M. H. et Diouf N., op.cit. n°61 ; Crosio A., « Les habits neufs des recouvreurs de créances (décret n° 96-112 du 18 décembre 1996) », LPA n°16, 5 fév. 1997, p. 12*), d'autres lui contestent cette qualité (*Renault M.-H., « Les diligences de l'huissier de justice en matière de signification », Droit et procédures, n°4, 2001, p. 219*).

Selon les premiers, l'huissier qui opère de manière libérale, n'instrumente en principe que lorsqu'il a été requis. Cela peut être vérifié en droit camerounais si l'on convoque certaines dispositions du statut des huissiers de justice modifié et complété par le décret du 22 février 1985. Il s'agit notamment de l'article 20 al.1 selon les termes duquel « les huissiers sont appelés à assurer leur ministère toutes les fois qu'ils en sont requis par les particuliers... » ; de l'article 20 al.2 d'après lequel « l'huissier doit immédiatement aviser du résultat de ses diligences la partie qui l'a requis et, le cas échéant, lui verser aussitôt le produit des poursuites exercées » ; de l'article 22 qui donne à croire que « les huissiers ... ne peuvent faire aucun acte au nom d'une partie sans un pouvoir exprès ». En pratique, il est requis au moment où le créancier lui remet le titre exécutoire.

Pour d'autres, l'huissier de justice agit non en tant que mandataire du créancier, mais en tant qu'agent public, investi d'une mission qui relève du droit public. Cette thèse tient parfaitement si on se réfère au mandatement donné par la formule exécutoire (*au Cameroun, cette formule se trouve à l'article 61 du Code de procédure civile et commerciale modifié par les ordonnances n°72/4 du 26 août 1972,n°72/21 du 19 octobre 1972 et n°2006/015 du 29 décembre 2006 portant organisation judiciaire*). Ici, l'ordre est donné, au nom du peuple, par le président de la République, aux huissiers de justice et agents d'exécution d'exécuter les titres exécutoires.

Cette thèse tient également si on considère l'aggravation de la responsabilité pénale de l'huissier par son assimilation au fonctionnaire (*voir l'article 89 du Code pénal camerounais*), si on prend en compte les conditions d'accès à la profession (*voir les articles 5 et s. du décret camerounais n°79/448 du 5 novembre 1979 portant réglementation des fonctions et fixant le statut des huissiers modifié par le décret n°85/238 du 22 février 1985 et 98/170 du 27 août 1998*) et de cessation des fonctions (*article 50, ibid.*), si on ne perd pas de vue que l'admission en stage (*article 8 al.1, ibid.),*la création et l'attribution des charges (*article 3 al.1, ibid.*) sont décidées par décret ; que la tutelle de l'administration à qui est confiée le pouvoir disciplinaire est omniprésente, notamment à travers le pouvoir de direction et le contrôle du ministère public (*voir les articles 40 à 49, ibid.).*

En réalité, l'arrêt du 26 octobre 2006 rapporté semble combiner ces deux thèses.

Le second argument de la cour est favorable à la première thèse. La CCJA juge que « la remise [à l'huissier] du jugement ou de l'acte [vaut] pouvoir pour toute exécution pour laquelle il n'est pas exigé de pouvoir spécial ». Ceci signifie que l'huissier n'est pas dispensé du mandat en tant que tel.

En faveur de la seconde thèse, il décide dans le premier volet de son attendu que « l'huissier de justice, de par son statut d'officier ministériel et officier public, chargé des significations et de l'exécution des actes publics, n'a pas besoin de justifier de la part du créancier, un mandat exprès de saisir ou d'encaisser ».

La position de la CCJA peut ainsi se résumer en une phrase : la remise expresse d'un acte ou d'un titre exécutoire à un huissier de justice, alors qu'on connaît son statut et ses missions, vaut pouvoir pour toute exécution pour laquelle on ne saurait exiger un pouvoir spécial. Dès lors, l'huissier de justice désigné apparaît d'office comme un mandataire spécial du créancier saisissant, son mandat étant connu d'avance.

Pour plusieurs raisons, cette attitude médiane ne peut ne pas être approuvée.

Elle rejoint le vœu d'une partie de la doctrine (*Kuaté Tameghé S.S., op.cit. n°45 ; Dahan G., L'acte, l'huissier de justice et sa signature, Ann. Loy. n° 3, mars 2002, p. 554 ; Dymant M., « De la saisie des meubles en général et du domicile en particulier », G.P. 1996-2, doctr. p. 897*). En effet, considérant le fait que d'une part l'huissier n'agit que sur réquisition, qu'il est rémunéré et qu'il gère librement son étude ; d'autre part qu'il est un auxiliaire de justice nommé par le président de la République et qu'il exerce sous le contrôle de l'autorité administrative, ces auteurs trouvent convenable de retenir que cet officier ministériel appartient à la catégorie des sémi-libéraux.

Elle est conforme aux prescriptions de nombre de législations des Etats membres de l'OHADA.

Prenons en compte l'argument tiré du statut et des missions de l'huissier de justice. L'article 1er de l'ordonnance n° 45-2592 du 2 novembre 1945 ne lui confère-t-il pas, sauf dérogation spéciale, le monopole pour mener toute mesure d'exécution forcée ? Le législateur français, par exemple, indique que « Seuls peuvent procéder à l'exécution forcée et aux « saisies conservatoires » les huissiers de justice chargés de l'exécution » (*Voir l'article 18 al. 1 de la loi française du 9 juillet 1991*). Dans les Etats-parties à l'OHADA le monopole de la signification et de l'exécution des décisions de justice appartient à l'huissier de justice (*En droit camerounais par exemple, voir le décret n°79-449 du 5 novembre 1979 modifié par celui n°85-236 du 22 février 1985 portant réglementation des fonctions et fixant le statut des huissiers de justice. En droit guinéen, voir l'article 1er de l'arrêté n°4023/MJ/86 du 12 juillet 1986 portant statut des huissiers de justice en Guinée Conakry qui dispose que* « les huissiers de justice sont des officiers ministériels qui ont seuls qualité pour signifier les actes et les exploits, et mettre à exécution les décisions de justice ainsi que les actes ou titres en forme exécutoire »).

Considérons l'argument est tiré de la remise du titre exécutoire. L'article 29 du décret n°69-243 du 9 juin 1969 fixant les modalités d'application de la loi ivoirienne portant statuts des huissiers de justice ne dispose-t-il pas qu' « en matière de recouvrement judiciaire, la remise des actes ou décisions à l'huissier de justice, vaut mandat d'encaisser sauf preuve contraire » ? Dans le même sens, l'article 294 du Code de procédure civile et commerciale applicable au Cameroun ne dispose-t-il pas que « la remise de l'acte ou du jugement à l'huissier de justice ou à l'agent d'exécution vaudra pouvoir pour toute exécution autre que la saisie immobilière pour laquelle il sera besoin d'un pouvoir spécial ». On peut aussi rappeler que le créancier saisissant qui remet volontairement la grosse élit domicile à l'étude de l'huissier de justice.

Cela réservé, la question peut cependant encore être posée de savoir si, lors la remise du titre exécutoire à l'huissier de justice, le saisissant peut indiquer qu'il encaissera personnellement le produit de l'exécution. L'AUPSRVE n'y apporte pas réponse. Mais En se référant au droit interne et spécialement à la théorie civiliste du mandat, une réponse affirmative s'impose. C'est du moins ce que semble retenir l'arrêt commenté lorsqu'il invoque l'article 29 du décret n°68-243 du 9 juin 1969 fixant les modalités d'application de la loi ivoirienne portant statut des huissiers de justice. Ce texte dispose en substance qu'en matière de recouvrement judiciaire, la remise des actes ou décisions à l'huissier de justice vaut mandat d'encaisser sauf preuve contraire.

Sur un plan purement pratique il ne sera pas facile d'émettre une telle réserve, pour diverses raisons. Elle pourrait dénoter en premier lieu un manque de confiance à son huissier. Elle imposera ensuite au saisissant ou à son avocat de prévenir le tiers saisi de l'existence de réserves. Sans quoi, le paiement effectué entre les mains de l'huissier de justice est valable.

II. Le paiement effectué entre les mains de l'huissier de justice est valable

Dans une procédure de saisie-attribution, l'idéal est que le paiement soit fait entre les mains du saisissant. Mais dans la pratique, les tiers saisis se libèrent des causes de la saisie en tirant un chèque au profit de l'huissier saisissant (*voir TPI de Yaoundé centre administratif, ordonnance n°232 du 8 janvier 2004, Bénédicta Ngu Biaka c. Bicec, note Gatsi J.*) ou en déposant des espèces contre décharge à l'étude de celui-ci. Ils le font sur la base de la sommation qui leur est généralement faite, « d'avoir à payer immédiatement et sans délai aux requérants des mains de moi huissier, porteur des présents, ayant charge de recevoir et pouvoir de donner bonne et valable quittance, le montant de la saisie… »

N'empêche que parfois, nombres de saisissants redoutent la distraction des fonds payés entre les mains des huissiers de justice. Un tel paiement est-il valable si ce dernier ne justifie pas d'un pouvoir spécial ?

La réponse de la CCJA est affirmative. Elle confirme la position de certaines juridictions de fond qui, pour déclarer non fondée l'action du saisissant relevaient à juste titre « qu'après avoir observé les obligations mentionnées à l'article 156 de l'AUPSRVE, la banque justifiait avoir tiré un chèque au profit de l'huissier de la saisissante » (*voir TPI de Yaoundé centre administratif, ordonnance n°232 du 8 janvier 2004, Ibid.*). Dès lors, mandataire spécial, l'huissier de justice porteur du titre exécutoire peut recevoir, des mains du tiers saisi, le paiement des sommes saisies-attribuées. La responsabilité du tiers saisi ne saurait être engagée vis-à-vis du saisissant pour le compte duquel l'exécution a été entreprise.

Plusieurs raisons militent en faveur de cette solution.

Un climat de confiance devrait régner entre ceux-ci. Principal acteur des voies d'exécution l'huissier de justice est ferment de l'Etat de droit (*Wandji Kamga A.-D., Le droit à l'exécution forcée, réflexion à partir des systèmes juridiques camerounais et français, Thèse de Doctorat Phd.,Yaoundé II/Limoges, mai 2009, p. 226*). Avant d'entrer en fonction, il prête serment devant la juridiction compétente (*voir l'article 18 du décret camerounais n°79/448 du 5 novembre 1979 portant réglementation des fonctions et fixant le statut des huissiers modifié par le décret n°85/238 du 22 février 1985 et 98/170 du 27 août 1998 ; ou l'article 6 de l'arrêté n°4023/MJ/86 du 12 juillet 1986 portant statut des huissiers de justice en Guinée Conakry*).

En tant que serviteur de la loi, il a un devoir général de diligence vis-à-vis de son client. Après l'exécution, interdiction lui est faite d'utiliser les fonds récoltés à des fins personnelles. Il a l'obligation de les verser intégralement aux ayants droits ; est astreint à une comptabilité qui se manifeste par la tenue des livres obligatoires, notamment un répertoire général en matière civile et un répertoire général en matière pénale, un livre journal, un grand livre et un carnet de souche (*voir Mounyol à Mboussi, « Regard sur la profession d'huissier de justice au Cameroun, 1998, pp.99 et s.*). Il doit en outre souscrire une police d'assurance couvrant les dommages qui résulteraient de ses propres fautes et de celles de ses préposés ; ouvrir, dans un établissement bancaire, un compte réservé au dépôt des sommes détenues pour le compte des clients (*pour les modalités de la tenue de ces livres et la gestion de ce compte, voir par exemple, en droit camerounais, les articles 26 et s. décret n°79/448 du 5 novembre 1979 portant réglementation des fonctions et fixant le statut des huissiers modifié par le décret n°85/238 du 22 février 1985 et 98/170 du 27 août 1998*).

Il convient cependant de bien comprendre la position de la Cour commune de justice et d'arbitrage dans l'arrêt rapporté du 26 octobre 2006. Elle ne dit pas que tout huissier de justice est habilité à recevoir paiement, de délivrer quittance et d'informer le créancier saisissant, alors même qu'il n'a pas été mandaté pour le faire. Elle relève qu'en raison de son statut et de ses missions légales, on ne peut plus exiger de lui un pouvoir spécial au sens de l'article invoqué.

Les saisissants demandaient la condamnation de la banque au paiement des dommages-intérêts en réparation du préjudice subi du fait qu'elle avait d'abord tiré le chèque de paiement au nom de l'huissier instrumentaire. C'est plutôt les époux Komenan qui ont été condamnés pour procédure abusive. On ne pouvait reprocher à la BICICI d'avoir « payé entre les mains de l'huissier sur la base d'un mandat légal » ou « de d'être conformé à la sommation de ce dernier », porteur du titre exécutoire. Dès lors, tout paiement fait à un huissier autre que celui à qui le créancier saisissant à remis le titre exécutoire est nul.

Reste à se demander si la solution retenue par cet arrêt peut s'étendre à d'autres mandataires, particulièrement les avocats et conseils des parties bénéficiaires des condamnations. Commentant l'arrêt de la cour d'appel d'Abidjan ultérieurement confirmée par la CCJA du 26 octobre 2006, une doctrine autorisée a estimé que « la réponse doit être affirmative » (*Pougoué P.-G. et Teppi Kolloko F., op.cit. p. 48*). Pour elle, sauf réserves expresses du client, l'avocat constitué poursuit l'exécution des décisions de justice, reçoit les paiements et donne valable quittance à charge pour lui de reverser les fonds perçus à son mandant *(en ce sens, voir l'article 1er al.2 de la loi camerounaise n°90/059 du 19 décembre 1990 portant organisation de la profession d'avocat).* « C'est ce qui, entre autres, justifie l'obligation pour tout avocat d'être titulaire d'un compte « client » chargé de recevoir et de conserver les fonds qui ne lui sont pas propres » et qu'il est tenu, sous peine de poursuites disciplinaires, de verser au client concerné dans un délai maximum d'un mois (*voir l'article 37 de la loi camerounaise n°90/059 du 19 décembre 1990 portant organisation de la profession d'avocat*). A cela s'ajoute le fait qu'en général c'est l'avocat, représentant du créancier, qui remet le titre exécutoire à l'huissier de justice.

La solution semble être la même sous d'autres cieux. En France par exemple, l'article 420 du Code de procédure civile prescrit que « l'avocat ou l'avoué remplit les obligations de son mandat sans nouveau pouvoir jusqu'à l'exécution du jugement pourvu que celle-ci soit entreprise moins d'un an après que ce jugement soit passé en force de chose jugée ». L'alinéa 2 de ce texte ajoute que « ces dispositions ne font pas obstacle au paiement direct à la partie de ce qui lui est dû ».

Mais étant donné que les avocats n'ont pas le statut d'officier ministériel et d'officier public, qu'ils n'ont pas le monopole de l'exécution des décisions de justice et autres titres exécutoires, qu'ils ne sont pas toujours commis pas le justiciable (*c'est le cas des avocats commis ou désignés d'office*), et que l'article 165 al.1 de l'AUPSRVE ne pose pas cette exception, seule l'intervention de la Cour commune de justice et d'arbitrage pourra fixer définitivement le tiers saisi. En attendant, la prudence recommande à ce dernier d'exiger la présentation d'un pouvoir spécial avant tout paiement entre les mains d'un mandataire autre que l'huissier de justice. Sa responsabilité pourrait être engagée non seulement envers le saisissant, mais aussi envers le débiteur saisi. En revanche, elle ne peut être engagée au cas de paiement entre les mains du créancier saisissant, d'un représentant légal ou d'un huissier à qui la grosse a été remise. C'est qu'en effet, le droit OHADA met à la charge du tiers saisi des obligations dont l'inobservation peut entraîner des sanctions (*voir dans cet ouvrage, Fometeu J. et Levoa Awona S.-P., observations sous CCJA, arrêt n°09/2005, affaire Société Afrocom-CI c/ Citibank, Juris ohada, n°1/2005, janvier-mars 2005, p.28, Recueil de jurisprudence de la CCJA, n°5, janvier-juin 2005, volume 1, p.56, ohadata J-05-191 et CCJA, arrêt n°10/2007 du 15 mars 2007, affaire Société Ecobank Côte d'Ivoire c/ Société Dalyna Voyages Travel Agency, Receuil de jurisprudence de la CCJA, n°9, janvier-juin 2007, pp.75 et s.*). Au moment de la saisie, on peut citer : l'interdiction de faire obstacle à l'exécution (*voir l'article 38 de l'AUPSRVE*) ; l'obligation de déclarer ce qu'il détient pour le compte de l'endetté ou ce qui lui est dû (*voir les articles 81 et 156 al.1 de l'AUPSRVE*) ; l'interdiction de disposer, après signification de l'acte de saisie, des sommes dans la limite de ce qu'il doit au débiteur (*voir l'article 157al.4 de l'AUPSRVE*).

Les tribunaux font une application sévère de ces règles. Ainsi ont-ils condamné un tiers saisi au paiement des causes de l'exécution au motif que, sans motif légitime, il n'avait fait aucune déclaration exigée par la loi suite à une saisie conservatoire pratiquée entre ses mains et ultérieurement convertie en saisie-attribution (*voir TPI Douala Ndokoti, ordonnance n°057/06-07 du 23 novembre 2006, Compagnie financière de l'estuaire (Cofinest) c. Tamba Gabriel, obs. Gatsi J.*). Un autre l'a été, pour avoir fait sa déclaration, non pas à l'huissier ou à l'agent d'exécution, mais au greffier et, en dehors du délai imparti par l'article 156 de l'AUPSRVE (*CCJA, arrêt n°027/2005 du 7 avril 2005, affaire Société nationale d'assurances dite SONAR c. Projet d'appui à la création des petites et moyennes entreprises dite PAPME*) ; un autre tiers saisi a du payer les causes de la saisie ainsi que des dommages-intérêts pour déclaration inexacte (*voir Cour d'appel d'Abidjan, arrêt n°214 du 6 février 2004, dame Koffi Amenan et 7 autres ayants droits de Kouadio Kan c. Ouédrago Osseni, Alliance africaine d'assurances, SGBCI*). Quand même il ne serait tenu au jour de la saisie à aucune obligation envers le débiteur, le tiers entre les mains duquel est pratiquée une saisie-attribution, qui ne satisfait pas à l'obligation légale de renseignement encourt une condamnation au paiement de dommages-intérêts (*voir CCJA,* n° 009/2005, 27 janvier 2005, Rec. *CCJA n° 5,* janv. - juin 2005, vol. 1, pp. 57 et s. ; *Cass. 2è civ, 24 mars 2005 n°474, Pelle c. Pitot, RJDA, 7/05 n°887*).

Cette sévérité des juges ne doit cependant pas faire illusion. En effet, lorsque la saisie-attribution des créances pratiquée est nulle, il n'y a pas lieu de prononcer une condamnation du tiers saisi au paiement de dommages intérêts pour résistance abusive (*CCJA, arrêt n°008/2002 du 21 mars 2002, Société Palmafrique c. Konan Bally Kouakou*).

Alain-Douglas Wandji Kamga,
Assistant, Université de Yaoundé II.

CCJA, arrêt n°001/2005, 27 janvier 2005
Chérif Souleymane c/ Société Chronopost International Côte d'Ivoire

(...)

Attendu qu'il résulte des pièces du dossier de la procédure que le 22 avril 1996,Monsieur C.S s'était rendu à Cocody, au comptoir EMS, pour y déposer un colis de 50 grammes contenant des chèques, numéraires et divers documents pour être expédiés à Mademoiselle L demeurant, 8265 Fabre, appartement 4 à Montréal (Québec Canada) ; que jusqu'au 05 juin 1996 le colis n'étant pas remis à la destinataire, sommation était faite, par exploit d'huissier, à EMS d'avoir, immédiatement et sans délai, à indiquer où se trouvait ledit colis avec les justificatifs à l'appui; que par ordonnance n° 330/96 en date du 05 août 1996 du juge des référés du tribunal de première instance d'Abidjan, EMS avait, à la demande de C.S, été mise en demeure d'avoir à indiquer sans délai où se trouvait le colis avec les justificatifs à l'appui et ce sous astreinte comminatoire de 500 000 francs par jour de retard; que EMS ne s'étant toujours pas exécuté, C.S assignait la SIPE et EMS en liquidation d'astreinte et par jugement n° 98 en date du 09 décembre 1999, le tribunal d'Abidjan liquidait alors l'astreinte à la somme de 44.450.000 francs cfa et ordonnait l'exécution provisoire pour la somme de 22.225.000 francs cfa ; que sur appel de Monsieur C.S, la cour d'appel d'Abidjan rendait l'arrêt n° 1246 en date du 09 novembre 2001 infirmant le jugement querellé et liquidant l'astreinte prononcée individuellement et solidairement à l'encontre des sociétés SIPE, EMS et Chronopost international Côte d'Ivoire; que par exploit d'huissier en date du 03 mai 2002, Chronopost international Côte d'Ivoire se pourvoyait en cassation contre l'arrêt n° 1246 suscité et parallèlement saisissait le président de la cour suprême, lequel sur le fondement de l'article 214 du code ivoirien de procédure civile, commerciale et administrative, ordonnait la suspension de l'exécution de l'arrêt no1246 précité et autorisait Chronopost international Côte d'Ivoire à assigner C.S à l'audience du 13 juin 2002 devant la Chambre judiciaire afin qu'il soit statué sur la continuation des poursuites; que par arrêt n° 19/2002 en date du 13 juin 2002, dont pourvoi, la chambre judiciaire ordonnait la discontinuation des poursuites entreprises contre la société Chronopost international Côte d'Ivoire en vertu de l'arrêt n°1246 en date du 09 novembre 2001 rendu par la cour d'appel d'Abidjan;

Attendu que l'arrêt n°19/2002 rendu le 13 juin 2002 par la cour Suprême de Côte d'Ivoire et contre lequel Monsieur C.S. s'est pourvu en cassation est une mesure provisoire prise sur «requête aux fins de sursis à l'exécution de l'arrêt n°

1246 rendu le 09 novembre 2001 par la cour d'appel d'Abidjan» en application, non pas d'un Acte uniforme ou d'un Règlement prévu au Traité de l'OHADA, mais plutôt des dispositions de l'article 214 du Code ivoirien de procédure civile, commerciale et administrative; que la procédure ainsi introduite et qui a abouti à l'arrêt attaqué n'avait pas pour objet de suspendre une exécution forcée déjà engagée mais d'empêcher qu'une telle exécution puisse être entreprise; qu'il suit que ledit arrêt n'entre pas dans la catégorie des décisions spécifiées aux alinéas 3 et 4 sus énoncés de l'article 14 du Traité susvisé et ne peut donc faire l'objet de recours en cassation devant la cour de céans; qu'il s'ensuit que ladite cour doit se déclarer incompétente pour statuer sur le recours introduit par C.S (...)

OBSERVATIONS

Contrairement aux apparences, l'incompétence de la CCJA n'est pas toujours facile à établir. Pour s'en convaincre, il suffit de s'intéresser à l'arrêt n° 001/2005 du 27 janvier 2005 rendu par la haute juridiction communautaire dans l'affaire opposant Chérif Souleymane à la société Chronopost International Côte d'Ivoire. Voici les faits et la procédure :

Le 22 avril 1996, M. C.S. s'est rendu à Cocody en Côte d'Ivoire, au comptoir de l'agence postale "EMS", pour y déposer un colis de 50 grammes contenant des chèques, numéraires et divers documents afin qu'ils soient expédiés à Mlle L. demeurant à Montréal au Canada. Le 5 juin 1996, le colis n'étant toujours pas remis à la destinataire, EMS a reçu sommation d'avoir, immédiatement et sans délai, à indiquer où il se trouvait.

A la demande de M. C.S., le juge des référés du tribunal de première instance d'Abidjan, par ordonnance n° 330/96 en date du 5 août 1996, a mis "EMS" en demeure d'avoir à indiquer sans délai où se trouvait le colis avec justificatifs à l'appui et ce sous astreinte comminatoire de 500.000 francs par jour de retard. EMS ne s'étant toujours pas exécuté, M. C.S. a assigné la SIPE et EMS en liquidation d'astreinte et par jugement n° 98 en date du 9 décembre 1999, le TPI d'Abidjan a liquidé l'astreinte à la somme de 44.450.000 francs cfa et ordonné l'exécution provisoire pour la somme de 22.225.000 francs cfa. Sur appel de M. C.S., la cour d'appel d'Abidjan a rendu l'arrêt n° 1246 en date du 9 novembre 2001 liquidant l'astreinte prononcée individuellement et solidairement à l'encontre des sociétés SIPE, EMS et CICI.

Le 3 mai 2002, la société Chronopost international Côte d'Ivoire (CICI) s'est pourvue en cassation contre l'arrêt n° 1246 précité. Parallèlement, elle a saisi le président de la cour suprême de Côte d'Ivoire, lequel sur le fondement de l'article 214 du code ivoirien de procédure civile, commerciale et administrative, a ordonné la suspension de l'exécution de l'arrêt de la cour d'appel et autorisé la CICI à assigner M. C.S. à l'audience du 13 juin 2002 devant la chambre judiciaire de la cour suprême afin qu'il soit statué sur la continuation des poursuites. A la date prévue, la chambre judiciaire a rendu l'arrêt n° 19/2002 ordonnant « la discontinuation des poursuites entreprises contre la société CICI » en vertu de l'arrêt rendu par la cour d'appel d'Abidjan le 9 novembre 2001.

Le 14 avril 2003, M. C.S. s'est pourvu en cassation devant la CCJA contre l'arrêt de la cour suprême de Côte d'Ivoire ordonnant le sursis à exécution de l'arrêt de la cour d'appel. Mais la société CICI a soulevé l'incompétence de la CCJA. Se déclarant manifestement incompétente à statuer, la Haute juridiction a raisonné en ces termes : « (...) Attendu que l'arrêt n° 19/2002 rendu le 13 juin 2002 par la cour suprême de Côte d'Ivoire et contre lequel M. C.S. s'est pourvu en cassation est une mesure provisoire prise sur requête aux fins de sursis à exécution de l'arrêt n° 1246 rendu le 9 novembre 2001 par la cour d'appel d'Abidjan en application, non pas d'un Acte uniforme ou d'un règlement prévu au Traité OHADA, mais plutôt des dispositions de l'article 214 du code ivoirien de procédure civile, commerciale et administrative ; que la procédure ainsi introduite et qui a abouti à l'arrêt attaqué n'avait pas pour objet de suspendre une exécution forcée déjà engagée mais d'empêcher qu'une telle exécution puisse être entreprise ; qu'il suit que ledit arrêt n'entre pas dans la catégorie des décisions spécifiées aux alinéas 3 et 4 sus énoncés de l'article 14 du Traité susvisé et ne peut donc faire l'objet de recours en cassation devant la cour de céans ; (...) »

Il ressort de cette affaire que la CCJA, comme toute juridiction, se doit de préciser d'abord sa compétence avant d'examiner le litige au fond. Mais quelquefois elle se déclare incompétente sans qu'on comprenne toujours comment le droit OHADA a réglementé cette question. Une double interrogation se pose alors à laquelle nous tenterons de répondre dans les développements qui suivront : Quelles sont les hypothèses d'incompétence de la CCJA ? (I) et quel est le régime de cette incompétence ? (II)

I. Les hypothèses d'incompétence de la CCJA

L'incompétence de la CCJA est toujours subordonnée à des hypothèses. Le Traité OHADA semble avoir bien spécifié le domaine de compétence de la CCJA : il s'agit des matières prévues à l'article 2 dudit Traité (*Cet article dispose que les matières concernées sont : Le droit des sociétés et le statut juridique des commerçants, le recouvrement des créances, les sûretés et les voies d'exécution, le régime du redressement des entreprises et de la liquidation judiciaire, le droit de l'arbitrage, le droit du travail, le droit comptable, le droit de la vente et des transports*) dont certaines sont déjà entrées en vigueur et auxquelles s'ajouteront au fur et à mesure d'autres et celles prévues à l'article 1er de la décision du conseil des ministres n° 002/2001/CM du 23 mars 2001 relative au programme d'harmonisation du droit des affaires en Afrique (*droit de la concurrence, droit bancaire, droit de la propriété intellectuelle, du droit des sociétés civiles, droit des sociétés coopératives et mutualistes, droit des contrats, du droit de la preuve*). Un supplément d'explications est toutefois nécessaire.

A priori la Haute cour n'est incompétente que lorsqu'un droit autre que le droit OHADA est soulevé. Pour en arriver là, le législateur communautaire a pris soin d'écarter soit implicitement soit expressément la matière concernée de la compétence de la CCJA.

Il a procédé de manière implicite à l'article 14 du Traité, lequel prévoit que la CCJA se prononce sur les décisions rendues par les juridictions inférieures qui sont susceptibles de pourvoi en cassation dans toutes les affaires soulevant des questions relatives à l'application des Actes uniformes et des règlements au Traité à l'exception des décisions appliquant des sanctions pénales. De cette prescription, il se déduit que les affaires portant sur le droit interne et celles en lien avec l'application des sanctions pénales relèvent de l'incompétence de la Haute juridiction. A eux s'ajoutent les litiges portant sur un droit communautaire autre que celui issu du traité de Port-Louis (par exemple, le droit issu du code CIMA, de la CEMAC).

Le législateur a également procédé de manière explicite dans les dispositions de l'article 16 du Traité qui exclut clairement les procédures d'exécution même si le cas porte sur le droit OHADA. La CCJA a fait bonne application de cette règle dans l'affaire ayant donné lieu à l'ordonnance du 9 mars 2004 (*ordonnance n° 4/2004, ohadata J-05-276*). Elle devait se prononcer sur le litige opposant la société Induschimie SA, requérante, à Madame Mermoz Roch Pauline et autres. La requérante avait saisi la cour d'une demande de sursis à l'exécution d'un arrêt de la cour d'appel d'Abidjan. Celle-ci s'est déclarée manifestement incompétente à statuer car, motiva-t-elle, aucune disposition des textes OHADA ne lui permet d'ordonner le sursis à l'exécution d'une décision rendue par une juridiction nationale.

En réalité, la CCJA a fait là une interprétation extensive de l'article 16 du Traité qui, excluant sa compétence en matière de procédure d'exécution, s'est limité au cas de la saisine préalable de la juridiction suprême nationale. Par sa décision n°4/2004, la CCJA veut donc affirmer que même lorsqu'elle est saisie d'une procédure d'exécution de la décision d'une juridiction inférieure, elle est incompétente à statuer sur le litige ; ce d'autant plus qu'il existe un juge spécifique de l'exécution désigné par l'article 49 de l'Acte uniforme portant organisation des procédures simplifiées de recouvrement et voies d'exécution. Ce juge, on ne le sait que trop, est le président de la juridiction statuant en matière d'urgence prévu par le droit interne de chaque Etat. La Haute cour communautaire a clairement réaffirmé cette position dans son arrêt du 27 janvier 2005 (*arrêt nº 001/2005, Le Juris-ohada nº 1/2005, janvier-mars 2005, p. 2, ohadata J-05-183*) en ces termes : « *L'interprétation rigoureuse de l'article 16 du Traité permet d'affirmer que le contentieux relatif à l'exécution d'une décision échappe à [sa] compétence pour être dévolu à celle des juridictions nationales même en cas de saisine de la [CCJA] et aucune disposition du Traité n'ayant prévu la procédure de sursis à exécution d'une décision de justice, [elle ne peut connaître d'un tel cas].* »

Certes, la CCJA est incompétente lorsqu'un droit différent du droit OHADA est en causee, mais elle a démontré que même en cas d'évocation du droit OHADA, la même sanction est possible. Il suffit pour cela que les dispositions exploitées par la partie soient inutiles, c'est-à-dire sans intérêt pour le litige. Ce cas de figure a été à l'origine de l'ordonnance du 13 juin 2001 (*n° 2/2001, ohadata J-03-125*) rendue dans une affaire opposant la CNPS du Cameroun et M. Ehongo Alexandre à la SARL Pamol plantations Ltd. Le 21 décembre 1999, la société Pamol s'était pourvue en cassation devant la cour suprême du Cameroun contre la décision d'une juridiction de fond. Le 26 octobre 2000, Maître Ehongo Alexandre et la CNPS avaient déposé *in limine litis* devant la même juridiction, une requête aux fins d'incompétence et de renvoi de la cause et des parties devant la CCJA. Face au silence gardé par la cour suprême, la CCJA était saisie le 9 avril 2001 par Maître Ehongo Alexandre qui invoquait à l'appui de sa requête deux moyens de droit tirés des articles 15 de l'ordonnance n° 72/06 du 26 août 1972 fixant l'organisation de ladite cour ainsi que l'article 18 du Traité OHADA. La Cour commune de justice et d'arbitrage rejeta ce recours au motif que l'art. 18 du Traité était inapproprié dès lors que les parties pouvaient saisir la cour suprême du Cameroun « conformément à l'art 15(3) de l'ordonnance camerounaise n° 72/06 du 26 août 1972 sus-citée ».

Lorsque les hypothèses d'incompétence de la CCJA sont identifiées, il faut ensuite s'interroger sur le régime de cette incompétence.

II. Le régime de l'incompétence de la CCJA

Selon les termes de l'article 17 du Traité OHADA, « *L'incompétence manifeste de la cour commune de justice et d'arbitrage peut être soulevée d'office ou par toute partie au litige* in limine litis. » L'analyse de ce texte suscite de nombreuses interrogations qui peuvent être regroupées autour de trois problématiques : tout d'abord, qui peut soulever l'incompétence de la CCJA ? Ensuite à quel moment peut-elle être soulevée ? Enfin, comment identifier l'incompétence manifeste ?

Sur la première question il faut croire à la suite d'une lecture au second degré de l'arrêt Chronopost, mais surtout des indications que fournit l'article 17 précité, que toutes les parties au litige ainsi que le juge ont la possibilité de soulever l'incompétence de la CCJA. Il s'agit là d'une règle classique en procédure civile. Les professeurs Jean Vincent et Serge Guinchard (*Procédure civile, 24e éd., Dalloz, p. 314*) insistent « sur cette double idée que la compétence d'une juridiction peut toujours être contestée par un plaideur et qu'une juridiction peut toujours procéder à la vérification de sa propre compétence sauf dans les éventualités où sur un renvoi, la compétence s'impose à la fois aux deux parties et aux juges. » Sur ce point, et malgré la précision de l'article 17 du Traité sur le caractère manifeste de l'incompétence de la CCJA, elle doit pouvoir être soulevée soit par le juge, soit par les parties ou par les deux à la fois.

A quel moment cette incompétence peut-elle être soulevée ? Avant tout débat au fond ? Pendant les débats devant le juge ? Pour apporter réponses à de telles préoccupations, il convient d'abord et avant tout de préciser qu'il s'agit de la compétence d'attribution car en tant que unique juridiction suprême à statuer sur le droit OHADA dans l'espace communautaire, la compétence territoriale n'est pas en cause. Cela réservé, l'article 17 du Traité suggère de distinguer selon que l'incompétence soit manifeste ou qu'elle ne le soit pas. Dans le premier cas, elle peut être soulevée d'office par le juge ou par les parties *in limine litis*. On le constate, le législateur n'emploie pas le verbe "*devoir*" mais le verbe "*pouvoir*". Est-ce à dire que l'incompétence manifeste de la CCJA peut aussi être soulevée lors des débats au fond ? A notre avis, elle devrait être soulevée soit par le juge soit par les parties, en tout cas *in limine litis* même si elle n'est pas manifeste. La solution a le mérite d'éviter que lors des débats au fond, l'une des parties sentant le procès lui échapper, use de cette exception pour s'engager dans le dilatoire. Au demeurant, elle permettrait de contenir les lenteurs de l'appareil judiciaire dans des proportions raisonnables.

Il peut cependant arriver que cette incompétence soit difficile à établir parce qu'elle n'est pas manifeste, si bien que la CCJA ne puisse pas la soulever d'office. Mais encore faut-il pouvoir appréhender la notion d'incompétence manifeste. La question est d'autant plus sérieuse que CCJA elle-même semble avoir parfois du mal à donner des orientations à ce niveau.

On peut estimer que l'incompétence de la Cour commune de justice et d'arbitrage est manifeste lorsqu'elle est dépourvue de toute ambiguïté. Il doit apparaître clairement que le litige opposant les parties et qui est porté devant elle relève des cas qui ne portent pas sur le droit OHADA. Les arrêts n° 016/2003 du 29 juillet 2003 (*ohadata J-04-110*) et 014/2004 du 18 mars 2004 (*ohadata J-04-299*) démontrent bien la difficulté pour la Haute juridiction à se déclarer manifestement incompétente malgré les garanties prévues par le législateur. Dans l'arrêt n° 016/2003 du 29 juillet 2003 par exemple, la société Africof et Monsieur Z.N. avaient saisi la haute juridiction par un pourvoi en cassation de l'arrêt de la cour d'appel d'Abidjan, lequel avait donné raison à la SGBCI dans un litige opposant les parties. La défenderesse au pourvoi, demanda à la cour de se déclarer manifestement incompétente au motif que l'affaire est sans rapport avec l'Acte uniforme sur le droit des sociétés, qu'elle a vocation à donner lieu à l'application des règles concernant la personnalité juridique ou, si l'on préfère, le droit des personnes. La CCJA se déclara inapte à apprécier le caractère manifeste de son incompétence sans un examen approfondi du pourvoi, donc en réalité sans procéder à une analyse des faits.

A bien regarder, il apparaît que si le législateur a prévu les cas de son incompétence manifeste, la tâche la plus difficile pour la CCJA est encore de se rassurer que le litige porté à sa connaissance ne rentre pas effectivement dans les matières exclues et qui ont été recensées. C'est sans doute l'une des raisons pour lesquelles le législateur communautaire l'a aidée en lui conférant, à l'article 14 al.5 du traité, le pouvoir d'évocation (c'est-à-dire le pouvoir d'examiner les faits) ; l'érigeant du coup, d'après une partie de la doctrine, en un troisième degré de juridiction (*Félix Onana Etoundi et Jean Michel Mbock Biumla, Cinq ans de jurisprudence commentée de la cour commune de justice et d'arbitrage de l'OHADA (1999-2004), 1ère éd., Presses de l'AMA 2005, p. 19 ; Alex-François Tjouen, Les rapports entre les juridictions suprêmes nationales et la Cour commune de justice et d'Arbitrage de l'OHADA, thèse, Paris II, 2006, Ière partie, pp. 67 et s.*). Cette disposition compréhensible est surtout originale car la tradition a toujours voulu que les juridictions suprêmes francophones (la CCJA en étant techniquement une jusqu'à ce jour) soient des juges du droit qui ne le mêlent pas aux faits. D'ailleurs, même en examinant les faits, la CCJA se comporte d'abord comme un juge de droit qui, face à l'impossibilité de statuer sans examen des faits, les évoque. C'est pourquoi une autre tendance doctrinale la considère comme une juridiction de cassation "particulière" (*Eugène Assepo Assi, La cour commune de justice et d'arbitrage de l'OHADA : un troisième degré de juridiction ?, RIDC, n° 4, octobre-décembre 2005, p. 955 ; Voir dans le même sens Joseph Issa-Sayegh et Jacqueline Lohoues-Oble, Harmonisation du droit des affaires OHADA, collection Droit uniforme africain, éd. Bruylant, Bruxelles, 2002, n° 437 ; Bakary Diallo, Réflexions sur le pouvoir d'évocation, Penant n° 858, 2007, pp. 40 et s.*). C'est une attitude qu'elle a l'obligation d'adopter en cas de cassation (article 14(5), Traité). Son pouvoir d'évocation est cependant limité à l'examen des moyens de droit mélangés de fait ou non : elle est manifestement incompétente à statuer sur les moyens de pur fait. Cela a notamment été rappelé dans l'ordonnance du président de l'auguste juridiction, n° 002/2000 du 26 avril 2000, *ohadata, J-03-123*, dans l'affaire opposant M. Samba Sow à PETROCA. Sans doute faudrait-il indiquer que, dans cette espèce, M. Samba Sow avait saisi la cour d'un recours relatif au litige l'opposant à la PETROCA, aux fins d'obtenir, d'une part, la réévaluation du montant du loyer payable à elle ; d'autre part, la confirmation de l'arrêt rendu le 13 septembre 1991 par la cour d'appel de Bangui. Mais le requérant n'avait invoqué à l'appui de son recours en cassation devant la CCJA, « aucun moyen de droit tiré de l'interprétation ou de l'application d'un Acte uniforme de l'OHADA ou d'un règlement prévu au Traité ». Son recours fut rejeté motif pris de ce que la CCJA est « manifestement incompétente pour connaître de la demande du requérant ».

Mais la CCJA a dû user de son pouvoir d'évocation en d'autres circonstances : après s'être déclarée inapte à apprécier le caractère manifeste de son incompétence dans l'arrêt n° 016/2003 précitée, elle a décidé de joindre l'exception au fond. Il faut dire que cette procédure est prévue par l'art 32(1) du Règlement de procédure devant la CCJA. Contrairement à l'art 14(5), elle ne lui est pas imposée, mais proposée, en ces termes : « toute exception à la compétence de la cour ou à la recevabilité du recours doit être présentée dans le délai fixé pour le dépôt de la première pièce de procédure émanant de la partie soulevant l'exception. La cour *peut* statuer distinctement sur l'exception ou la joindre au fond ». Si elle estime que le caractère manifeste de son incompétence peut être apprécié sans jonction, elle est libre de décider de ne pas s'en servir : c'est son pouvoir discrétionnaire qui lui permet de pallier la difficulté, en tant que juge suprême francophone, de ne pouvoir apprécier le caractère manifeste ou non de son incompétence.

Bien plus, la CCJA est si embarrassée par la notion d'incompétence manifeste qu'elle préfère parfois éviter le qualificatif. C'est du moins ce que révèle l'arrêt n° 014/2004 du 18 mars 2004 précité. Ici, la société Berdam international, se prévalant d'un préjudice causé par une faute professionnelle de la BIAO-CI, a obtenu de la cour d'appel d'Abidjan la condamnation de ladite banque au paiement de la somme de 134.000.000 frs à son profit. La banque s'est pourvue en cassation devant la cour suprême de Côte d'Ivoire. Deux semaines plus tard, la Berdam international a entrepris de pratiquer une saisie vente (sur les biens de la BIAO) qui n'a pas abouti à cause d'une ordonnance du président de la chambre judiciaire de la cour suprême suspendant l'exécution de l'arrêt d'appel. La société Berdam international a alors formé un recours en cassation de ladite ordonnance devant la CCJA. La BIAO-CI, défenderesse audit pourvoi, a soulevé l'incompétence de la haute juridiction communautaire. Invitée à se prononcée sur cette incompétence, la cour s'est livrée à des explications assez compliquées et floues : « Attendu que (...) la procédure introduite (...) et qui a abouti à l'ordonnance attaquée n'avait pas pour objet de suspendre une exécution forcée déjà engagée, mais plutôt d'empêcher qu'une telle exécution puisse avoir lieu ; Attendu qu'il ressort de tout ce qui précède que, la cour de céans doit se déclarer incompétente ».

En définitive, malgré l'effort du législateur communautaire de clarifier son domaine de compétence, la CCJA a assez souvent du mal à constater qu'elle est manifestement incompétente. Quelques-uns admettent ce flottement sur la base de cette idée répandue selon laquelle si les affaires se suivent, elles ne se ressemblent pas.

Alex Tjouen,
Assistant, Université de Yaoundé II.

1ère espèce : CCJA, arrêt n°009/2005, 27 janvier 2005
Société Afrocom - CI c/ Citibank

2ème espèce : CCJA, arrêt n°010/2007, 15 mars 2007
Société Ecobank Côte d'Ivoire c/ Société Dalyna Voyages Travel Agency

1. CCJA, arrêt n°009/2005, 27 janvier 2005, Société Afrocom - CI c/ Citibank

(...)

Vu les dispositions des articles 13,14 et 15 du Traité relatif à l'harmonisation du droit des affaires en Afrique

Vu les dispositions du Règlement de procédure de la Cour commune de justice et d'arbitrage de l'OHADA ;

Attendu qu'il ressort des pièces du dossier de la procédure que la société Afrocom-CI a, par exploit en date du 5 juillet 1999, pratiqué une saisie attribution des créances à l'encontre de Monsieur DN entre les mains de Citibank; que la banque sus-dénommée a, par exploit intitulé « aux fins de rectification de déclaration», signifié le 19 juillet 1999 à la Société requérante que le compte bancaire sur lequel portait sa déclaration mentionnée dans le procès-verbal de des créances en ces termes « compte n° 617151006 créditeur de francs cfa 14 696 545 sauf réserve des opérations en cours » avait comme titulaire Monsieur DA et non pas Monsieur DN le débiteur saisi, lequel ne détenait aucun compte ouvert dans ses livres ; que par jugement en date du 16 mai 2001, le tribunal de première instance d'Abidjan a condamné Citibank à payer à la société requérante les causes de la saisie sur le fondement de l'article 156 de l'Acte uniforme portant organisation des procédures couvrement et des voies d'exécution ; que sur appel de Citibank, la cour a infirmé le jugement susvisé par arrêt n° 584 en date du 03 mai 2002, dont pourvoi ;

Sur le moyen unique pris en ses deux branches

Vu l'article 156 de l'Acte uniforme portant organisation des procédures simplifiées de recouvrement et des voies d'exécution ;

Attendu que la société Afrocom-CI fait grief à l'arrêt infirmatif attaqué de l'avoir débouté de sa demande de confirmation pure et simple du jugement entrepris, alors, selon le pourvoi, d'une part, que le simple fait que Citibank ait rectifié sa déclaration est la preuve de son inexactitude sans qu'il y ait lieu de considérer si cette rectification était « volontaire ou non» ; qu'en retenant qu'il n'y a pas eu de déclaration inexacte concernant le débiteur de Afrocom- CI mais simplement une erreur sur les identités, erreur commise de bonne foi », la Cour d'appel a violé l'alinéa 2 de l'article 156 de l'Acte uniforme susvisé et alors, d'autre part, que l'obligation de renseignement pesant sur le « tiers » existe même si celui-ci ne doit rien au débiteur ; qu'en voulant subordonner l'application de l'article 156 à des rapports préexistants entre Citibank et Monsieur DN « alors que le texte cite toute déclaration inexacte», la Cour d'appel a, à nouveau, violé la même disposition ;

Attendu que l'article 156 sus énoncé de l'Acte uniforme susvisé dispose que : « Le tiers saisi est tenu de déclarer au créancier l'étendue de ses obligations à l'égard du débiteur ainsi que les modalités qui pourraient les affecter et, s'il y a lieu, les cessions de créances, délégations et saisies antérieures. Il doit communiquer copie des pièces justificatives. Ces déclarations et communications doivent être faites sur le champ à l'huissier ou l'agent d'exécution et mentionnées dans l'acte de saisie ou, au plus tard, dans les cinq jours si l'acte n'est pas signifié à personne. Toute déclaration inexacte, incomplète ou tardive expose le tiers saisi à être condamné au paiement des causes de la saisie, sans préjudice d'une condamnation au paiement de dommages-intérêts » ;

Attendu que les dispositions précitées s'appliquent exclusivement au tiers saisi, terme désignant la personne qui détient des sommes d'argent dues au débiteur saisi en vertu d'un pouvoir propre et indépendant, même si elle les détient pour le compte d'autrui ;

Attendu en l'espèce qu'ayant retenu par un motif non critiqué par le pourvoi que Citibank n'est pas tiers saisi, ce dont il résulte que les dispositions de l'article 156 précité ayant prévu que la déclaration inexacte, faite par le tiers saisi, expose celui-ci à être déclaré débiteur des causes de la saisie, ne sont pas applicables à Citibank, et ce même si l'inexactitude de sa déclaration avait été établie, la cour d'appel d'Abidjan a, par ce seul motif, légalement justifié sa décision; d'où il suit que le moyen ne peut être accueilli…

2. CCJA, arrêt n°010/2007, 15 mars 2007, Société Ecobank Côte d'Ivoire c/ Société Dalyna Voyages Travel Agency

(…)

Vu les dispositions des articles 13, 14 et 15 du Traité relatif à l'harmonisation du droit des affaires en Afrique ;

Vu le Règlement de procédure de la Cour commune de justice et d'arbitrage de l'OHADA ;

Attendu qu'il ressort des pièces du dossier de la procédure que suite à des relations d'affaires, la Société les voyageurs réunis a tiré plusieurs chèques au profit de la société Dalyna voyages travel agency en paiement des prestations fournis par celle-ci ; que présentés à l'encaissement, lesdits chèques, d'un montant de 10.409.500 francs cfa, sont revenus impayés ; que par exploit du 06 mars 2001, la société Dalyna voyages travel agency a pratiqué une saisie conservatoire de créances sur le compte bancaire de la Société les Voyageurs Réunis logé à la société Ecobank-Côte d'Ivoire ; que celle-ci, alléguant l'absence de protêt, s'opposait à ladite saisie ; que la société Dalyna voyages travel agency, par exploit en date du 16 mars 2001, assignait la société Ecobank-Côte d'Ivoire devant le tribunal de première instance d'Abidjan aux fins d'entendre condamner cette dernière « au paiement de la somme représentant la cause de la saisie conservatoire » ; que par jugement n° 534/Civ-7A en date du 11 juillet 2001, ledit tribunal condamnait la susnommée à lui payer la somme de 10.409.500 francs cfa, cause de la saisie précitée ; que par exploit en date du 07 avril 2003, la société Ecobank-Côte d'Ivoire ayant relevé appel, par arrêt n°685 en date du 30 mai 2003, la cour d'appel d'Abidjan confirmait le jugement entrepris ; que par « exploit aux fins de pourvoi en cassation comportant assignation à comparaître » en date du 16 juillet 2003, la société Ecobank-Côte d'Ivoire formait un pourvoi en cassation contre l'arrêt précité devant la cour Suprême de Côte d'Ivoire, laquelle, par arrêt n°171/04 du 11 mars 2004 s'est dessaisie du dossier de la procédure au profit de la cour de céans ;

Sur le troisième moyen

Attendu qu'il est reproché à l'arrêt attaqué d'avoir violé l'article 81 de l'Acte uniforme portant organisation des procédures simplifiées de recouvrement et des voies d'exécution, en ce que la société Ecobank-Côte d'Ivoire ayant soulevé « in limine litis » l'irrecevabilité de la demande en condamnation des causes de la saisie aux motifs que la saisie conservatoire n'avait pas été convertie en saisie-attribution, la cour d'appel a rejeté cet argument en énonçant qu'il ne s'agissait pas en l'espèce de conversion de la saisie conservatoire en saisie-attribution mais de paiement des causes de la saisie par le tiers saisi ; qu'une telle motivation viole l'article 81 susvisé ; qu'en effet, l'obligation de garantie mise à la charge du tiers saisi est distincte selon qu'il s'agit de la saisie-attribution ou de la saisie conservatoire ; que si dans la première, cette obligation a pour objet le montant des sommes réclamées par le créancier saisissant, on ne peut retenir cette solution pour la seconde car ni l'étendue ni même l'existence des droits du créancier ne sont établis avec certitude au moment de la saisie ; que la garantie ne peut porter que sur les sommes pour lesquelles le débiteur est condamné et ces sommes ne sont connues que lorsque la saisie conservatoire est convertie en saisie-attribution ; que c'est la raison pour laquelle l'article 81 dudit Acte uniforme stipule que le tiers saisi s'expose à payer les sommes pour lesquelles la saisie a été pratiquée si celle-ci est convertie en saisie-attribution et si cela n'est pas fait, le créancier saisissant ne peut demander la condamnation du tiers saisi au paiement d'une créance qui n'est pas encore établie ; que la cour d'appel, en affirmant qu'il s'agit simplement de condamner le tiers saisi au payement des causes de la saisie conservatoire, sans qu'il n'y ait lieu à conversion de celle-ci en saisie-attribution, s'est mépris sur le sens de l'article 81 et en a fait une mauvaise interprétation ; que de ce fait, son arrêt encourt cassation pour erreur dans l'interprétation de la loi ;

Attendu que l'article 81, alinéa 1, de l'Acte uniforme précité dispose que « le tiers saisi qui, sans motif légitime, ne fournit pas les renseignements prévus, s'expose à devoir payer les sommes pour lesquelles la saisie à été pratiquée si celle-ci est convertie en saisie-attribution, sauf son recours contre le débiteur. » ;

Attendu en l'espèce, que pour confirmer le jugement n°534/Civ.7A rendu le 11 juillet 2001 par le tribunal de première instance d'Abidjan qui a condamné la requérante au paiement « des causes de la saisie », la cour d'appel a considéré que « ...la saisie-attribution n'est exigée par le texte susvisé que lorsqu'il s'agit de demander le paiement des sommes conservatoirement saisies...qu'en l'espèce, il s'agit pour l'instant de condamner le tiers saisi aux causes de la saisie ; qu'il n'est donc pas besoin d'exiger la conversion de la saisie conservatoire [de créances] pratiquée en saisie-attribution ; qu'une telle mesure ne s'imposera qu'au moment de solliciter d'Ecobank le paiement effectif des sommes dues.. » ; qu'en statuant ainsi alors que l'article 81, alinéa 1, susénoncé de l'acte uniforme susvisé soumet la condamnation du tiers saisi au paiement des causes de la saisie à la condition préalable d'une conversion de la saisie conservatoire de créances en saisie-attribution et qu'en l'espèce, le créancier saisissant n'ayant pas requis et fait opérer cette conversion conformément aux prescriptions procédurales énoncées par ailleurs aux articles 82, 83 et 84 du même Acte uniforme, desquels il ressort que seule cette conversion, en permettant l'attribution immédiate de la créance au créancier saisissant , lui ouvrait droit au paiement ultérieur et éventuel des causes de la saisie conservatoire de créances, l'arrêt confirmatif attaqué encourt les reproches visés au moyen ; qu'il échet en conséquence de le casser et d'évoquer sans qu'il soit besoin d'examiner le premier et le deuxième moyen ;

Sur l'évocation

Attendu que par exploit en date 07 avril 2003, la société Ecobank-Côte d'Ivoire a relevé appel du jugement n°534/Civ 7A rendu le 11 juillet 2001 par le tribunal de première instance d'Abidjan et dont le dispositif est ainsi conçu : « Statuant publiquement, contradictoirement, en matière civile et en premier ressort :

- Déclare la société Dalyna voyages travel agency recevable en son action ;
- L'y dit partiellement fondée ;
- Condamne la société Ecobank à lui payer la somme de 10.409.500 francs ;
- Dit n'y avoir lieu à exécution provisoire ;
- Condamne la Société Ecobank aux dépens » ;

Attendu que dans son « acte d'appel valant premières conclusions » en date 07 avril 2003, l'appelante, sous la plume de ses conseils, la SCPA Ahoussou, Konan et associés, avocats à la cour, a, entre autres chefs de demandes, présenté une exception tendant à « l'irrecevabilité de l'action de la société Dalyna voyages travel agency » aux motifs que la saisie dont se prévaut cette dernière est une saisie conservatoire qui n'a pas été convertie en saisie-attribution ; que le tiers saisi, en application de l'article 81 de l'Acte uniforme précité, ne peut être poursuivi en paiement des causes de la saisie que si la saisie conservatoire est convertie en saisie-attribution ; que tel n'étant pas le cas en l'espèce, l'action en paiement des causes de ladite saisie conservatoire non convertie en saisie-attribution est irrecevable ;

Attendu qu'à cet égard, la société Dalyna voyages travel agency, intimée, sous la plume de ses conseils, la SCPA Assamoi et N'cho-Katchire, avocats à la cour, soutient en substance dans ses conclusions en date du 30 avril 2003 que « .... cette action ne viole en aucun cas les dispositions du Code de procédure civile ; que la société Dalyna voyages travel agency remplit pleinement les conditions de l'article précité ; que c'est donc à bon droit que le tribunal a déclaré recevable son action ; qu'il plaira à la cour confirmer le jugement tant sur ce point que sur le fond. » ;

Sur la recevabilité de la demande de l'appelante

Attendu que pour les mêmes motifs que ceux relevés lors de l'examen de moyen de cassation retenu, il échet d'infirmer en toutes ses dispositions le jugement entrepris et, statuant à nouveau, de déclarer la demande de paiement des causes de la saisie formulée par l'intimée, la société Dalyna voyages travel agency, à l'encontre du tiers saisi, la société Ecobank-Côte d'Ivoire, appelante, irrecevable...

OBSERVATIONS

La saisie-attribution est une voie d'exécution qui permet à un créancier muni d'un titre exécutoire, de saisir entre les mains d'un tiers, les créances de son débiteur portant sur une somme d'argent *(Cf. Pougoué P.-G. et Teppi Kolloko F., La saisie attribution des créances OHADA, Yaoundé, PUA, coll. Vade-mecum, 2005, p.7 ; Assi-Esso A.-M. H. et Diouf N., OHADA Recouvrement des créances, Bruxelles, Bruylant, coll. Droit uniforme africain, 2002, n°325. La saisie-attribution ne doit cependant pas être confondue avec la saisie des rémunérations. Dans cette dernière, le débiteur saisi doit nécessairement avoir la qualité de salarié, à quelque titre ou en quelque lieu que ce soit, vis-à-vis d'un ou plusieurs employeurs (article 174 de l'AUPSRVE). Quant au tiers saisi, il doit avoir la qualité d'employeur. En ce qui concerne la créance objet de la saisie, elle est constituée des sommes dues à titre de rémunération quel qu'en soit le montant (article 174 de l'AUPSRVE). Enfin, sur le plan procédural, les principales particularités de la saisie des rémunérations se situent à deux niveaux. En premier lieu, la saisie des rémunérations ne peut intervenir qu'après échec d'une tentative de conciliation entre le créancier et l'employé, débiteur saisi (articles 179 et s. de l'AUPSRVE). En second lieu,et selon les prescriptions de l'article 175 de l'AUPSRVE,les rémunérations ne peuvent faire l'objet d'une saisie conservatoire).* Elle fait intervenir trois sujets : le créancier saisissant, le débiteur saisi et le tiers saisi.

Dans cette saisie, le tiers saisi joue un rôle fondamental à cause de la détention par lui, de sommes d'argent appartenant au débiteur saisi. Les deux arrêts ci-dessus rapportés permettent de constater que l'identification de ce tiers et sa collaboration au cours de la saisie conditionnent largement l'efficacité de la procédure initiée par le créancier.

Dans la première espèce, les faits étaient les suivants : la société Afrocom-ci a pratiqué le 5 juillet 1999, une saisie-attribution des créances à l'encontre de M. DN et entre les mains de Citibank. Le 19 juillet 1999, par exploit intitulé « aux fins de rectification de déclaration », Citibank informe la société Afrocom de ce que le compte n°617151006 créditeur de 14. 696. 545 francs cfa qu'elle avait déclaré comme appartenant à M. DN, avait plutôt comme titulaire, M. DA. Dans un jugement rendu le 16 mai 2001, le tribunal de première instance d'Abidjan condamne Citibank à payer à Afrocom les causes de la saisie. A l'appui de sa décision, le tribunal invoque l'article 156 de l'AUPSRVE, texte qui condamne le tiers saisi, en cas de déclaration inexacte, au paiement des causes de la saisie. Sur appel interjeté par Citibank, la cour d'appel infirme le jugement du tribunal d'Abidjan. Selon la cour d'appel d'Abidjan en effet, Citibank qui n'est pas tiers saisi ne peut se voir appliquer les dispositions de l'article 156 de l'AUPSRVE. La Société Afrocom forme alors un pourvoi en cassation contre l'arrêt de la cour d'appel d'Abidjan. Au soutien de son pourvoi, elle invoque le fait que l'obligation de renseignement qui pèse sur le tiers existe, même si celui-ci ne doit rien au débiteur.

La question posée à la CCJA était donc relative à l'identification des critères qui permettent de déterminer la qualité de tiers saisi dans une saisie-attribution. Par rapport à cette interrogation, la cour affirme que, dans une saisie-attribution, le tiers saisi désigne toute personne qui détient des sommes d'argent pour le débiteur saisi, en vertu d'un pouvoir propre et indépendant. Sur la base de ces différents éléments, la CCJA dénie à Citibank la qualité de tiers saisi et conclut à l'inapplication des dispositions de l'article 156 de l'AUPSRVE à cette banque.

Dans la deuxième espèce, les faits étaient tout aussi simples : suite à des relations d'affaires, la société Les voyageurs réunis tire plusieurs chèques au profit de la société Dalyna Voyages Travel Agency en paiement des prestations fournies par celle-ci. Présentés à l'encaissement, lesdits chèques, d'un montant de 10.409.500 francs cfa, sont revenus impayés. Par exploit du 6 mars 2001, la société Dalyna Voyages pratique une saisie conservatoire des créances sur le compte bancaire de la société Les voyageurs réunis logé à la société Ecobank-Côte d'Ivoire. Cette dernière, alléguant l'absence de protêt, s'oppose à ladite saisie. Le 16 mars 2001, la société Dalyna voyages saisit le tribunal de première instance d'Abidjan aux fins d'obtenir la condamnation d'Ecobank au paiement des causes de la saisie conservatoire. Dans un jugement rendu le 11 juin 2001, le tribunal de première instance d'Abidjan condamne Ecobank au paiement des causes de la saisie conservatoire. Suite à un appel interjeté par Ecobank, le jugement du tribunal de première instance d'Abidjan est confirmé par un arrêt de la Cour d'appel de la même localité en date du 30 mai 2003. Ecobank forme aussitôt un pourvoi en cassation devant la cour suprême de Côte d'Ivoire qui renvoie l'affaire devant la CCJA.Dans son pourvoi, Ecobank soulève l'irrecevabilité de la demande en condamnation aux causes de la saisie au motif que la saisie conservatoire n'avait pas été convertie en saisie-attribution.

Dans cette affaire, la question posée, qui peut s'analyser comme un complément utile au problème soulevé dans la première espèce, était relative à la principale sanction encourue par le tiers en cas de défaillance vis-à-vis de ses obligations, à savoir sa condamnation au paiement des causes de la saisie. Cette condamnation est-elle subordonnée à la conversion de la saisie conservatoire en saisie-attribution ? A cette interrogation, la CCJA répond par l'affirmative et donne gain de cause à Ecobank en déclarant irrecevable la demande en condamnation aux causes de la saisie formée par la société Dalyna Voyages.

Il en résulte que les deux arrêts commentés, apportent d'utiles précisions sur la qualité de tiers saisi (I) et sur les obligations du tiers saisi (II) dans la saisie-attribution.

I. La qualité de tiers saisi dans la saisie-attribution

Dans son arrêt du 27 janvier 2005, la CCJA relève deux critères complémentaires qui permettent l'identification du tiers saisi dans la saisie-attribution. Pour elle, le tiers saisi est celui qui détient des sommes d'argent pour le compte du débiteur (A) en vertu d'un pouvoir propre et indépendant (B).

A. La détention de sommes d'argent pour le compte du débiteur

L'arrêt du 27 janvier 2005 a offert à la CCJA, l'occasion de préciser que pour être tiers saisi dans une saisie-attribution, il faut être débiteur, à l'égard du débiteur poursuivi, d'une somme d'argent *(V° article 153 de l'AUPSRVE).* En d'autres termes, dans cette procédure d'exécution, le tiers saisi doit être le débiteur du débiteur saisi. Tel est le cas du locataire du débiteur tenu envers ce dernier au paiement de loyers *(V° Assi-Esso A.-M. H et Diouf N., op. cit., n°329-3)*. Tel est aussi le cas des établissements bancaires auxquels il faut assimiler les établissements de micro-finance qui foisonnent actuellement dans les villes des pays de la zone OHADA, et les caisses d'épargne postales. Tel est également le cas des officiers ministériels tels que les commissaires priseurs détenant des fonds provenant d'une vente aux enchères ou des avocats détenant des fonds pour le compte de leurs clients. Dans cette perspective, il va de soi qu'une société ne peut être tiers saisi que si elle est effectivement débitrice de l'associé saisi *(V° Donnier M. et Donnier J.-B., Voies d'exécution et procédures de distribution, Paris, Litec, 6e éd., 2001, n° 909)*. S'il est établi que le tiers saisi n'est pas le débiteur du débiteur saisi, la saisie pratiquée est nulle et le tiers est fondé à solliciter de la juridiction compétente la mainlevée d'une telle mesure d'exécution *(V° Assi-Esso A.-M. H. et Diouf N., op. cit.,n°329-3 ; Abidjan, arrêt du 5 juillet 2002, affaire Mme Grunitzky Geneviève ex-épouse Ekra c/ M. Mohamed Taieb Kettani, ohadata J-03-285 ; Abidjan, arrêt n°979 du 15 juillet 2003, affaire SGBCI c/ SCI-CCI et 24 autres, ohadata J-03-273 ; CCJA, arrêt n°12 du 18 avril 2002, affaire Total Fina Elf c/ Sté Cotracom, ohadata J-02-65.)*.

L'objet de la créance du débiteur vis-à-vis du tiers doit nécessairement être une somme d'argent à l'exclusion de tout autre meuble *(V° Pougoué P.G. et Teppi Kolloko F., op. cit., p.21)*. Cette précision permet de démarquer la saisie-attribution de l'ancienne saisie-arrêt. En effet, dans l'ancien droit, la saisie-arrêt permettait de poursuivre le tiers qui détenait non seulement les sommes d'argent appartenant au débiteur poursuivi, mais aussi, tout bien meuble corporel *(V° Anoukaha F., Tjouen A.D., Les procédures simplifiées de recouvrement et les voies d'exécution en OHADA, Yaoundé, PUA, coll. Droit uniforme, 1999, n°75)*. Sous le régime de l'OHADA, seule la poursuite des sommes d'argent appartenant au débiteur et se trouvant entre les mains d'un tiers relève de la saisie-attribution. Quant à celle des biens meubles corporels elle relève de la procédure générale de saisie-vente. Cette dernière a donc été étendue de manière à permettre de poursuivre la mise sous mains de justice de tout bien meuble corporel appartenant au débiteur, qu'il se trouve entre les mains d'un tiers ou entre les mains du débiteur lui-même. Simplement, quelques règles particulières ont été ajoutées pour tenir compte du respect des droits fondamentaux du tiers et des contraintes inhérentes à la détention du bien par ce tiers (*cf. articles 105 et suivants de l'AUPSRVE)*.

Toutefois, il ne suffit pas qu'une saisie porte sur des sommes d'argent appartenant au débiteur saisi et se trouvant entre les mains d'un tiers pour qu'on soit en présence d'une saisie-attribution. Ainsi, lorsque la mesure d'exécution forcée est pratiquée sur un compte bancaire alimenté par les salaires du débiteur saisi, c'est plutôt la saisie des rémunérations qui doit être pratiquée *(V° article 153 de l'AUPSRVE ; Assi-Esso A.-M. H. et Diouf N., OHADA Recouvrement des créances, op. cit., n°325.)*. Aussi, une saisie-attribution pratiquée sur un tel compte est-elle irrégulière et mainlevée doit par conséquent en être ordonnée *(V° TPI de Yaoundé Centre Administratif, ord. n°819/c du 13 juillet 2004, affaire Ella Ndo Jean Paul et Me Balla c/ Ella Ndo née Okoa Géneviève et autres, ohadata J-04-419).*

Dans l'affaire société Afrocom, Citibank qui ne détenait pas de sommes d'argent appartenant à M. DN, le débiteur saisi, ne pouvait pas logiquement avoir la qualité de tiers saisi. Elle devait plutôt être considérée comme personne étrangère à la procédure d'exécution entreprise *(V° CCJA, arrêt n° n° 16/2005 du 24 février 2005, Sabbah Afif Youssef et autres contre Madame Guity née Karidjatou Tassabedo et Société de commerce général du centre, dite CGC, observations Kuaté Tameghé Sylvain Sorel, cet ouvrage).* Par conséquent, les dispositions de l'article 156 de l'AUPSRVE étaient inapplicables à l'établissement bancaire poursuivi. En revanche, dans l'affaire Dalyna Voyages, la société Ecobank devait être considérée comme débiteur du débiteur saisi, dans la mesure où elle détenait des sommes d'argent appartenant à la société Les voyageurs réunis. Ecobank ne pouvait cependant pas, pour cette seule raison, être considéré comme tiers saisi. Cette qualité ne pouvait lui être reconnue que si en plus, elle détenait les sommes d'argent appartenant à la société Les voyageurs réunis en vertu d'un pouvoir propre et indépendant.

B. La détention de sommes d'argent en vertu d'un pouvoir propre et indépendant

La personne qui détient les sommes d'argent du débiteur doit effectivement avoir la qualité de tiers à l'égard de ce dernier. En d'autres termes, pour être tiers saisi, il faut être extérieur au rapport de droit existant entre le créancier saisissant et le débiteur saisi *(V° Donnier M et Donnier J.-B., op.cit., n° 903).* Par conséquent, la seule détention des sommes d'argent appartenant au débiteur saisi ne suffit pas à conférer à une personne la qualité de tiers saisi. Il faut encore, comme l'énonce la CCJA dans l'affaire société Afrocom, qu'il s'agisse d'une détention en vertu d'un pouvoir propre et indépendant *(V° aussi Pougoué P.G., et Teppi Kolloko F., La saisie attribution des créances OHADA, op. cit., p. 21).*

La détention en vertu d'un pouvoir propre et indépendant est celle qui permet au tiers saisi de s'opposer éventuellement à une demande en restitution du débiteur saisi. D'une manière générale, on considère qu'une personne a la qualité de tiers par rapport au débiteur saisi lorsque ce dernier ne peut prendre possession des sommes qui lui sont dues sans recourir à une action en justice *(V° Vincent J. et Prévault J., Voies d'exécution et procédures de distribution, Paris, Dalloz, 17e éd., 1993, n°137.).* Cela suppose que le tiers détenteur des sommes d'argent du débiteur saisi ne doit pas être lié à ce dernier par un lien de subordination *(V° Pougoué P.G., Kolloko F., op. cit,. p.21).* Ainsi, le salarié du débiteur saisi, parce que lié à ce dernier par un lien de subordination, ne peut être tiers saisi *(V° Assi-Esso A.-M. H. et Diouf N., op. cit., n° 329-1).* Dans la même logique, le représentant légal ou conventionnel du débiteur saisi qui agit au nom et pour le compte de ce dernier, ne peut avoir la qualité de tiers saisi. Tel est le cas de l'avocat, du notaire ou du représentant légal du débiteur mineur *(Ibid.).* Ne peuvent non plus avoir la qualité de tiers saisi, le caissier, un encaisseur de fonds ou le banquier qui se contente de louer un coffre au débiteur saisi car ce dernier a la latitude de disposer comme il l'entend des sommes d'argent se trouvant entre les mains de ces personnes *(V° Donnier M. et Donnier J.-B., op. cit., n° 905 ; Vincent J., Prévault J., ibid.).* En revanche, peuvent avoir la qualité de tiers saisi, le banquier du débiteur saisi ou un séquestre. Peuvent également avoir la qualité de tiers saisi, le représentant légal ou conventionnel du débiteur saisi, à condition qu'ils détiennent les sommes d'argent du débiteur saisi en vertu d'un pouvoir propre et autonome. Enfin, en application de l'article 106, alinéa 2, la qualité de tiers peut être reconnue au créancier lui-même, qui détiendrait des fonds pour le compte du débiteur *(Dans cette hypothèse, on parle de saisie sur soi-même. Il est important de relever que, la validité de la saisie sur soi-même, expressément admise par la loi en matière de saisie-vente, fait l'objet d'une controverse doctrinale dans la saisie-attribution. Selon une première thèse soutenue par les professeurs Diouf et Assi-Esso, une telle procédure est parfaitement valable. Pour eux, « …si le créancier saisissant se retrouve à la fois créancier et débiteur du débiteur saisi, il peut faire pratiquer une saisie-attribution des sommes dues par lui au saisi en se fondant sur la dette réciproque de celui-ci à son égard en attendant de faire jouer les règles de la compensation légale ». V° Assi-Esso A.-M. H. et Diouf N., op. cit., n°329-2. Selon une seconde thèse défendue par le professeur Pougoué et M. Teppi Kolloko, « ce point de vue…ne cadre pas avec les particularités de la saisie attribution des créances de l'OHADA. » Ces auteurs estiment que la saisie sur soi-même ne devrait être valable qu'en matière de saisie conservatoire des créances et qu'il faut l'exclure en matière de saisie-attribution. Ils justifient leur approche par le fait que l'article 153 de l'AUPSRVE n'autorise la saisie-attribution que lorsque le créancier est titulaire d'un titre exécutoire constatant une créance liquide et exigible. Or, « si les deux dettes réciproques sont constatées dans des titre exécutoires, la compensation légale joue de plein droit par la seule force de la loi, même à l'insu des débiteurs (art. 1290 CC), jusqu'à concurrence de la dette la plus faible sans qu'on ait besoin d'envisager une mesure d'exécution sur soi-même. V° Pougoué P.G., et Teppi Kolloko F., op. cit,. p.22.).*

Dans la seconde espèce rapportée, Ecobank qui était le banquier de la société Les voyageurs réunis pouvait être considérée comme détenant les sommes d'argent appartenant à cette dernière, en vertu d'un pouvoir propre et indépendant. En revanche, dans la première, Citibank n'était pas le débiteur du débiteur saisi. Par conséquent, la question de la détention en vertu d'un pouvoir propre et indépendant ne méritait pas d'être posée à son sujet. Par ailleurs, n'étant pas tiers saisi, Citibank ne devait pas logiquement être soumise aux obligations du tiers saisi dans la saisie-attribution.

II. Les obligations du tiers saisi dans la saisie-attribution

Le droit OHADA a mis à la charge du tiers saisi un certain nombre d'obligations (A) dont l'inobservation expose à des sanctions relativement importantes (B).

A. Le contenu des obligations du tiers saisi

L'article 156, alinéa 1er de l'AUPSRVE dispose que : « le tiers saisi est tenu de déclarer au créancier l'étendue de ses obligations à l'égard du débiteur ainsi que les modalités qui pourraient les affecter et, s'il y a lieu, les cessions de créance, délégations ou saisies antérieures. Il doit communiquer copie des pièces justificatives ». Ce texte consacre ce que la doctrine appelle l'obligation de déclaration du tiers saisi *(V° par exemple, Assi-Asso A.-M. H. et Diouf N., op. cit., n°345-1 ; Bakary Diallo, note sous CCJA, arrêt n° 009/2005 du 27 janvier 2005, Société Afrocom-ci c/ Citibank, Penant, n°854, pp. 89 et s.).*

En vertu de cette obligation, le tiers saisi doit d'abord renseigner l'huissier ou l'agent d'exécution sur l'étendue de ses obligations à l'égard du débiteur saisi. Dans cette perspective, le tiers saisi doit communiquer à l'huissier ou l'agent d'exécution, tous les événements antérieurs qui auraient eu des conséquences sur l'existence ou l'étendue de son obligation à l'égard du débiteur saisi : cessions de créance, délégations, saisies antérieures, etc. L'obligation de déclaration impose ensuite au tiers saisi de renseigner l'huissier ou l'agent d'exécution sur les modalités qui affecteraient son obligation à l'égard du débiteur saisi : solidarité, condition résolutoire, etc. Lorsque la saisie est pratiquée entre les mains d'un établissement bancaire ou d'un établissement financier assimilé *(Exemple : les centres de chèques postaux, les caisses d'épargne et de crédit)*, l'établissement est tenu de déclarer la nature du ou des comptes du débiteur *(Les comptes pouvant faire l'objet d'une saisie-attribution ou d'une saisie conservatoire des créances sont les comptes de dépôt, les comptes d'épargne, les comptes courants. La saisie peut, en outre, porter sur un compte dont deux personnes ou plus, sont cotitulaires. Tel est le cas du compte-joint. En revanche, sont exclus de la saisie-attribution, les comptes des titres qui ne peuvent être saisis que par la procédure de saisie des droits d'associés et valeurs mobilières. V° Pougoué P.-G. et Teppi Kolloko F., op. cit,. pp.49-51 ; Assi-Esso A.-M. H. et Diouf N., op. cit., n°359.)* ainsi que leur solde au jour de la saisie *(V° article 161, alinéa 1er de l'AUPSRVE)*. La déclaration du banquier, tiers saisi, sur le solde des comptes du débiteur est provisoire, dans la mesure où, dans un délai de 15 jours ouvrables suivant la saisie, ledit solde peut être affecté à l'avantage ou au préjudice du saisissant par un certain nombre d'opérations limitativement énumérées et antérieures à la saisie (*Les opérations suivantes peuvent affecter le solde du compte du débiteur saisi : -Au crédit :les remises faites antérieurement, en vue de leur encaissement, de chèques ou d'effets de commerce, non encore portées au compte. -Au débit : l'imputation de chèques remis à l'encaissement ou portés au crédit du compte antérieurement à la saisie et revenus impayés ; les retraits par billetterie effectués antérieurement à la saisie et les paiements par carte, dés lors que leurs bénéficiaires ont été effectivement crédités antérieurement à la saisie. V° article 161, alinéa 2 (a) et (b) de l'AUPSRVE*). Ce délai est porté à un mois si l'opération de régularisation du solde consiste dans la contrepassation des effets de commerce remis à l'escompte et non payés à leur présentation ou à leur échéance lorsque celle-ci est postérieure à la saisie *(V° article 161, alinéa 2 de l'AUPSRVE)*.

L'obligation de déclaration du tiers saisi existe, même si la saisie pratiquée est une saisie conservatoire des créances *(V° Assi-Esso A.-M. H. et Diouf N., op. cit., n°216)*. L'article 80 de l'AUPSRVE est sans équivoque à ce sujet lorsqu'il dispose que : « le tiers saisi est tenu de fournir à l'huissier ou à l'agent d'exécution les renseignements prévus à l'article 156 ci-après... »

Selon la loi communautaire, les divers renseignements qui doivent être fournis par le tiers saisi doivent être accompagnés de pièces justificatives. Cette obligation est valable aussi bien pour la saisie conservatoire des créances *(V° article 80 in fine de l'AUPSRVE)* que pour la saisie-attribution *(V° article 156, alinéa 1er in fine de l'AUPSRVE)*. En outre, les diverses informations exigées du tiers saisi doivent être fournies sur le champ à l'huissier ou l'agent d'exécution ou au plus tard, dans les 5 jours si l'acte de saisie n'a pas été signifié à personne *(V° article 156 al.2 de l'AUPSRVE)*.

En dehors de l'obligation de déclaration, il est par ailleurs interdit au tiers saisi de disposer, après signification de l'acte de saisie, des sommes saisies dans la limite de ce qu'il doit au débiteur *(V° article 157-4 de l'AUPSRVE ; cf. Abidjan, ch. civ. et com., arrêt n°729 du 2 juillet 2004, SONITRA c/ Sté SEEE et autres, ohadata J-05-325)*. De manière générale, la loi communautaire interdit au tiers saisi de faire obstacle à une procédure de saisie-attribution ou de saisie conservatoire des créances. Il doit apporter son concours au déroulement de ces différentes procédures de saisie lorsqu'il est légalement requis *(V° article 38 de l'AUPSRVE)*.

Dans la phase du paiement, l'obligation du tiers saisi consiste à remettre au créancier saisissant les sommes mises sous mains de justice. Ce paiement ne peut, en principe, intervenir qu'à l'expiration du délai d'un mois *(Les délais prévus dans l'AUPSRVE étant des délais francs (article 335), ni le premier jour, ni le dernier jour de ce délai ne sont pris en compte dans la computation. Par conséquent, si une saisie-attribution est dénoncée le 2 juillet 2001, le délai de contestation expire le 4 août 2001, et non le 3 août de la même année comme retenu par la cour d'appel. V° CCJA, arrêt n°17 du 29 mars 2004, affaire Batim-ci c/ Société GIC, ohadata J-04-302)* imparti au débiteur saisi pour contester la saisie *(Ainsi, si le tiers saisi a été assigné devant le tribunal en contestation de la saisie-attribution, l'obligation de paiement n'existe point. V° Tribunal régional hors classe de Dakar, Jugement du 7 octobre 2002, affaire Mamadou Diawara, Cheikh Fall c/ SGBS et La Lonase, ohadata J-03-215. L'action en contestation de la saisie-attribution introduite hors délai par le débiteur saisi est irrecevable (article 170, alinéa 1er de l'AUPSRVE). En revanche, en l'absence de disposition législative dans ce sens, cette action ne saurait être irrecevable au motif que le tiers saisi n'a pas été appelé à la cause (V° article 170, alinéa 2 de l'AUPSRVE ; CCJA, arrêt n°3 du 10 janvier 2002, affaire Société ivoirienne d'emballage métallique dite SIEM c/ Sté Atou et BICICI, ohadata J-02-25, obs. J. Issa-Sayegh). La sanction envisageable en pareille hypothèse serait l'inopposabilité au tiers saisi du jugement à intervenir (V° J. Issa-Sayegh, obs. précitées)).* C'est pourquoi l'article 164, alinéa 1er de l'AUPSRVE subordonne le paiement du tiers saisi à la présentation d'un certificat du greffe attestant qu'aucune contestation n'a été formée dans le mois suivant la dénonciation de la saisie au débiteur *(V° Tribunal régional hors classe de Dakar, ord. de référé n°1691 du 23 décembre 2002, affaire Mobil oil c/ SARL Atlas P. Fish, ohadata J-03-185. Si le greffier délivre en lieu et place d'un certificat de non contestation, une attestation de non opposition, le tiers saisi est également tenu de procéder au paiement, dès lors que le contenu de l'attestation de non opposition délivrée est conforme à l'esprit des dispositions de l'article 164 de l'AUPSRVE. V° dans ce sens, TGI de Bobo-Dioulasso, ord. de référé n°001 du 17 janvier 2003, Kindo Marcel c/ Banque internationale pour le commerce, l'industrie et l'agriculture du Burkina (BICIA-B), ohadata J-04-47. Le paiement intervenu avant l'expiration du délai de contestation imparti au débiteur saisi, alors que le tiers saisi ne produit pas un écrit du débiteur déclarant ne pas contester la saisie, est irrégulier, et par conséquent non libératoire pour le tiers saisi. V° Abidjan, arrêt n°1039 du 30 juillet 2002, affaire Société ATCI c/ Les tisserins TCA, ohadata J-03-288.)* ou à la présentation de la décision exécutoire de la juridiction rejetant la contestation *(V° Tribunal régional hors classe de Dakar, ord. de référé n°1487 du 22 septembre 2003, affaire Abdou Cissé et autres c/ Citibank, ohadata J-04-33).* Si la partie saisissante n'a présenté ni un certificat du greffe attestant qu'aucune contestation n'a été formée dans le délai d'un mois, ni une décision exécutoire de la juridiction rejetant la contestation, le tiers saisi est fondé à refuser de procéder au paiement *(Dans ce sens, v° CCJA, arrêt n°015 du 29 avril 2004, affaire société Energie du Mali dite EDM-SA c/ Jean Idriss Koita, ohadata J-04-300.).* Exceptionnellement, le tiers saisi peut procéder au paiement avant l'expiration du délai de contestation si le débiteur a déclaré par écrit ne pas contester la saisie *(V° article 164, alinéa 2 de l'AUPSRVE).* Le tiers saisi effectue son paiement, contre quittance, entre les mains du créancier saisissant ou de son mandataire justifiant d'un pouvoir spécial *(Article 165 de l'AUPSRVE).* La jurisprudence admet néanmoins que le paiement puisse valablement être fait entre les mains de l'huissier instrumentaire, alors que ce dernier ne justifie pas d'un mandat spécial. Selon la cour d'appel d'Abidjan en effet, « ... L'huissier de justice, de par son statut, n'a pas besoin d'un mandat spécial pour percevoir le montant des condamnations dès lors qu'il est porteur de la grosse de la décision. Il est donc manifeste que les dispositions de l'article 165 de l'Acte uniforme concernent les personnes autres que l'huissier de justice.» *(V° Abidjan, arrêt n°248 du 7 mars 2003, affaire Komenan Kouadio Christophe et un autre c/ BICICI, ohadata J-03-242).* Commentant cette décision ultérieurement confirmée par la CCJA, *(arrêt n°20 du 26 octobre 2006, Recueil de jurisprudence de la CCJA, n°8 juillet-décembre 2006, pp.23 et s.),* le professeur Pougoué et M. Teppi Kolloko estiment qu'une telle solution pourrait, sans difficulté, être étendue aux avocats, conseils des parties bénéficiaires des condamnations *(V° Pougoué P.-G. et Teppi Kolloko F., op. cit,. p.48).* Lorsque la saisie porte sur des créances à exécution successive (*Exemple : les loyers*), la loi prévoit que le tiers saisi se libère au fur et à mesure des échéances. A l'image de ce qui est prévu pour les créances à exécution instantanée, le tiers saisi se libère, contre quittance, entre les mains du créancier saisissant ou de son mandataire muni d'un pouvoir spécial *(V° article 167 de l'AUPSRVE).*

Dans l'affaire société Afrocom-ci, Citibank s'est d'abord comportée comme un véritable tiers. En effet, elle a d'abord reconnu devoir des sommes d'argent au débiteur saisi. Puis, vérification faite, elle s'est rendue compte qu'elle s'était trompée et que le compte qu'elle avait attribué à « DN » avait plutôt « DA » comme titulaire. Elle en a informé le saisissant par un exploit dit « de rectification de déclaration ». La cour d'appel d'Abidjan et la CCJA estiment que dans ces circonstances, Citibank ne peut avoir la qualité de tiers saisi, dans la mesure où elle n'est pas débitrice du débiteur poursuivi. Par conséquent, étant personne étrangère à la procédure d'exécution, elle ne peut être soumise à la sanction encourue par le tiers partie prenante, en cas de défaillance vis-à-vis de ses obligations.

B. La sanction de la défaillance du tiers saisi

La défaillance du tiers saisi dans l'exécution des obligations mises à sa charge l'expose à des sanctions. Selon l'article 156, alinéa 2 *in fine* de l'AUPSRVE, le tiers saisi est défaillant lorsqu'il a procédé à une déclaration inexacte, incomplète *(Ainsi, le tiers saisi qui se contente d'indiquer que le débiteur saisi n'est pas un salarié, mais perçoit de sa part des commissions, sans renseigner l'huissier sur l'étendue de la créance du débiteur saisi et sur les modalités pouvant l'affecter, réalise une déclaration incomplète. V° Abidjan, arrêt n°1250, affaire Nationale d'assurance c/ Kouakou Kpan Thérèse, ohadata J-03-306. Effectue également une déclaration incomplète le tiers saisi qui omet de signaler à l'agent d'exécution une précédente saisie sur le compte du débiteur saisi. V° Niamey, ch. civ., arrêt n°62 du 8 mai 2002, Ecobank Niger c/ Snar Leyma et dame Hadiza Hassan, ohadata J-03-253, obs. J. Issa-Sayegh)* ou tardive *(V° par exemple TGI du Wouri, jugement civil n°524 du 19 septembre 2002, affaire société Générale de coopération pour l'Epargne et le financement au Cameroun (GECEFIC) c/ Directeur Général des Etablissements GEDEPA-CADEB-*

EGECI et Directeur général de camrail, ohadata J-04-218). Le tiers saisi est également défaillant lorsque, en violation de l'article 38 de l'Acte uniforme portant organisation des procédures simplifiées de recouvrement et des voies d'exécution, il a refusé d'apporter son concours à une mesure d'exécution, en résistant à recevoir un acte de saisie *(V° Abidjan, arrêt n°1049 du 25 juillet 2003, affaire Induschimie c/ Mme Merzoz Pauline et autres, ohadata J-03-343.).* Le tiers saisi est encore défaillant lorsque, à la suite de la présentation d'une attestation de non opposition (équivalente à un certificat de non contestation) délivrée par le greffier, il refuse de procéder au paiement des sommes qu'il a reconnu devoir ou dont il a été jugé débiteur (*V° TGI de Bobo-Dioulasso, ord. de référé n°001 du 17 janvier 2003, Kindo Marcel c/ Banque internationale pour le commerce, l'industrie et l'agriculture du Burkina (BICIA-B), op.cit.).* Pour une partie de la doctrine qu'il convient d'approuver, devrait également être assimilés à la défaillance, le refus de déclaration ou le silence gardé par le tiers saisi *(V° Assi-Esso A.-M. H. et Diouf N., op. cit., n°345-1).* Au-delà de la violation des prescriptions légales, la jurisprudence estime également que le tiers saisi est défaillant lorsqu'il a agi avec une certaine légèreté. Tel est le cas du tiers saisi qui paye le créancier, malgré l'existence d'une procédure de suspension d'exécution provisoire initiée contre le titre ayant servi à pratiquer la saisie-attribution *(V° Abidjan, arrêt n°48 du 8 mai 2001, affaire Texaco-ci c/ SIB, ohadata J-02-81).*

Le tiers qui ne se conforme pas à son obligation de déclaration s'expose à une condamnation au paiement des causes de la saisie, sans préjudice d'une condamnation au paiement des dommages-intérêts *(V° article 156, alinéa 2 in fine et article 38 in fine de l'AUPSRVE. Par exemple, dans une espèce, la CCJA a approuvé les premiers juges d'avoir condamné le tiers saisi à des dommages-intérêts parce que ce dernier s'est abstenu de toute déclaration sur l'étendue de ses obligations à l'égard du débiteur saisi et sur les modalités éventuelles qui les affectaient : V° CCJA, arrêt n°13 du 29 juin 2006, affaire Agence d'exécution de travaux d'intérêt public pour l'emploi dite AGETIPE-Mali c/ Société Smeets et Zonen, Recueil de jurisprudence de la CCJA, n°7, janvier-juin 2006, pp.70 et s. Dans une autre espèce, le tiers saisi a été condamné au paiement de la créance objet de la saisie pour avoir manqué à son obligation de déclaration de trois manières. Premièrement, sa déclaration, au lieu d'être faite à l'huissier ou à l'agent d'exécution avait plutôt été faite au greffe. Deuxièmement, cette déclaration avait été faite hors délai. Troisièmement, la déclaration du tiers saisi n'était accompagnée d'aucune pièce justificative. V° CCJA, 1ère ch., arrêt n°27 du 7 avril 2005, affaire Société nationale d'assurances et de réassurances dite SONAR c/ Projet d'appui à la création des petites et moyennes entreprises dite PAPME, ohadata J-05-379. Pour d'autres cas d'application dans la jurisprudence, v° : Abidjan, arrêt n°1250, affaire Nationale d'assurance c/ Kouakou Kpan Thérèse, op. cit. ; TGI du Wouri, jugement civil n°524 du 19 septembre 2002, op. cit. ; Abidjan, arrêt n°214 du 6 février 2004, affaire Dame Koffi Amenan et sept autres ayants droit de Kouadio Kan c/ Ouedraogo Osseni, Alliance africaine d'assurances, SGBCI ; Abidjan, arrêt n°937 du 11 juillet 2003, Ahou N'guessan c/ La caisse autonome d'amortissement, ohadata J-03-340 ; etc.).*

Si la violation de l'obligation de déclaration du tiers saisi prend la forme d'un refus de déclaration, le juge peut le contraindre à s'exécuter moyennant astreinte (*V° Assi-Esso A.-M. H. et Diouf N., op. cit., n°345-1)*.

Quant au tiers saisi qui fait obstacle au déroulement d'une saisie-attribution, il peut non seulement être condamné sous astreinte à apporter son concours à la mesure d'exécution initiée par le créancier, mais également au paiement des causes de la saisie et à des dommages-intérêts *(V° Abidjan, arrêt n°1049 du 25 juillet 2003, affaire Induschimie c/ Mme Merzoz Pauline et autres, op. cit. ; CCJA, arrêt n°006 du 30 mars 2006, affaire société Indus-chimie c/ Mme Mermoz Roche Pauline et autres, Recueil de jurisprudence de la CCJA, n°7, janvier-juin 2006, pp.28-31.)*

Lorsque le tiers saisi refuse de procéder au paiement des sommes qu'il a reconnu devoir ou dont il a été jugé débiteur, la juridiction compétente délivre contre lui un titre exécutoire *(V° article 168 de l'AUPSRVE)*, éventuellement assorti d'une astreinte *(V° Pougoué P.G. et Teppi Kolloko F., op. cit,. p.66)*. C'est ainsi que dans une espèce, le tiers saisi qui refusait de procéder au paiement des sommes qu'il avait reconnu devoir, alors que le créancier saisissant produisait une attestation de non opposition équivalente à un certificat de non contestation, avait été condamné par le juge à le faire moyennant astreinte (*V° TGI de Bobo-Dioulasso, ord. de référé n°001 du 17 janvier 2003, Kindo Marcel c/ Banque internationale pour le commerce, l'industrie et l'agriculture du Burkina (BICIA-B), op.cit.*). Dans une autre espèce, le tiers saisi qui refusait de payer au créancier saisi les sommes qu'il avait reconnu devoir au débiteur saisi, alors que le créancier poursuivant produisait un jugement définitif (confirmé par un certificat de non opposition ni d'appel) ayant débouté le débiteur saisi de son action en contestation de la saisie, avait également été condamné à le faire moyennant astreinte *(V° Tribunal régional hors classe de Dakar, ord. du 19 mai 2003, Thierno Mane et autres c/ SENELEC et SDE, ohadata J-03-214)*. Dans le même sens, un tiers saisi qui refusait de procéder au paiement, alors que le créancier saisissant produisait un certificat de non contestation délivré par le greffier avait été condamné au paiement des causes de la saisie *(V° CCJA, arrêt n°23 du 30 avril 2008, affaire société Loteny télécom SA c/ société Insurances Broker Association dite Ibas SARL.)*

En revanche, le tiers saisi ne peut être condamné au paiement des causes de la saisie s'il n'a pas reconnu devoir de sommes d'argent au débiteur saisi, ou si le créancier poursuivant ne produit pas une décision judiciaire qui établit la qualité de débiteur du tiers saisi à l'égard du débiteur saisi. Ainsi, dans une espèce, la CCJA a désapprouvé les premiers juges d'avoir condamné une société, tiers saisi, sous astreinte, au paiement des causes de la saisie, alors que l'acte de saisie ne comportait aucune déclaration, ni communication de pièces justificatives de l'étendue des obligations de cette dernière à l'égard du débiteur saisi *(V° CCJA, arrêt n°008 du 21 mars 2002, affaire société Palmafrique c/ Etienne Konan Bally Kouakou, ohadata J-02-163. Selon la CCJA en effet, « ...il résulte du procès verbal de saisie-attribution que la Société Palmafrique n'a jamais reconnu devoir une quelconque somme à la Palmcodasi et c'est donc véritablement à tort qu'injonction lui est faite de se libérer de sommes qu'elle ne détient pas et, ce, sous astreinte»).*

La condamnation du tiers saisi aux causes de la saisie est sans doute excessive en ce qu'elle met à la charge d'une personne non tenue, l'obligation de payer la dette. Il n'en demeure pas moins qu'elle constitue d'une part, la meilleure mesure comminatoire pour contraindre le tiers à s'exécuter et, d'autre part, la sanction la plus appropriée pour permettre au créancier d'obtenir la satisfaction qui risque de lui échapper par la faute du tiers.

Après avoir payé au créancier saisissant les causes de la saisie, le tiers saisi dispose, à l'encontre du débiteur saisi, d'une action récursoire *(V° article 38 in fine de l'AUPSRVE).* Dans un arrêt n°019 du 24 avril 2008, affaire Maître Bohoussou Juliette contre Banque Internationale pour le Commerce et l'industrie de Côte d'Ivoire dite BICICI, la CCJA a précisé que l'aboutissement de cette action est uniquement subordonné au paiement des causes de la saisie par le tiers saisi. Par conséquent, la faute commise par ce dernier ou l'absence de faute du débiteur saisi n'ont aucune influence sur l'aboutissement de cette action.

Les sanctions applicables au tiers saisi concernent aussi bien la saisie-attribution que la saisie conservatoire de créances. Dans cette dernière en effet, le tiers saisi qui ne respecte pas son obligation de déclaration s'expose au paiement des causes de la saisie *(V° Assi-Esso A.-M. H. et Diouf N., op. cit., n° 216. Pour un cas d'application par le juge, v° TPI de Douala Ndokoti, ord. n°057/06-07 du 23 novembre 2006, affaire Compagnie financière de l'estuaire (Cofinest) c/ Tamba Gabriel, op. cit.).* Cette sanction n'est applicable que si la saisie conservatoire des créances a été convertie en saisie-attribution *(V° article 81 al. 1er de l'AUPSRVE),* ce qui, bien évidemment postule l'obtention par le créancier poursuivant, d'un titre exécutoire. *(Un jugement ne peut être considéré comme un titre exécutoire que s'il a été signifié à la partie condamnée et si un certificat non appel et de non opposition est produit. En conséquence, un procès verbal de conversion consécutif à un jugement frappé d'opposition doit être annulé. V° TGI du Mfoundi, jugement civil n°483 du 24 mai 2000, affaire SCB-CL c/ Kouma Mva, BEAC, Me Kédi, ohadata J-04-215.).* La conversion de la saisie conservatoire de créances en saisie-attribution doit se faire par acte extrajudiciaire conformément à l'article 82 de l'AUPSRVE. Aucune procédure en validation de la saisie conservatoire devant le juge n'est exigée. *(Par conséquent, toute juridiction saisie d'une action en conversion de la saisie conservatoire en saisie-attribution doit se déclarer incompétente. V° TGI du Wouri, jugement civil n°524 du 19 septembre 2002, op. cit. ; Tribunal régional hors classe de Dakar, Audience publique et ordinaire du 12 septembre 2000 n°1599, affaire Entreprise générale africaine c/ SARL CEGES, ohadata J-04-477, obs. Ndiaw Diouf).* L'acte de conversion de la saisie conservatoire en saisie-attribution doit être signifié au débiteur saisi. Ce dernier dispose, à compter de cette signification, d'un délai de

15 jours pour contester l'acte de conversion devant la juridiction de son domicile ou du lieu où il demeure *(V° article 83 de l'Acte uniforme portant organisation des procédures simplifiées de recouvrement et des voies d'exécution. Seul le débiteur saisi dispose du droit d'introduire une action en contestation de l'acte de conversion. Un tel droit est refusé au tiers saisi qui n'a ni qualité, ni intérêt pour exercer une telle action. V° Section du tribunal de Toumodi, jugement n°29 du 31 juillet 2001, affaire SGBCI c/ C, ohadata J-05-194).* Passé ce délai, l'opposition formée par le débiteur saisi contre l'acte de conversion est irrecevable *(V° TPI de Bafoussam, ord. de référé n°3 du 17 octobre 2003, affaire Galeries de l'ouest SARL c/ Nguessi Marcel, BICEC, CBC, Afriland first bank et Me Guy Efon).* En l'absence de contestation, le tiers saisi effectue le paiement au créancier ou à son mandataire, sur présentation d'un certificat du greffe attestant l'absence de contestation. Le tiers saisi peut procéder au paiement avant l'expiration du délai de contestation accordé au débiteur saisi si ce dernier déclare par écrit ne pas contester l'acte de conversion *(V° article 83, alinéas 3 et 4 de l'AUPSRVE).*

En l'absence de conversion de la saisie conservatoire en saisie-attribution, l'action en paiement des causes de la saisie initiée par le créancier saisissant est irrecevable. Dans l'affaire société Ecobank, avant même d'avoir converti la saisie conservatoire des créances en saisie-attribution, la société Dalyna voyages avait introduit une action en paiement des causes de la saisie à l'encontre de la société Ecobank. C'est donc à bon droit qu'une telle action a été rejetée par la CCJA.

Dans l'affaire société Afrocom, les dispositions de l'article 156, alinéa 2 *in fine* qui visent le tiers saisi n'étaient pas applicables à Citibank qui était une personne complètement étrangère à la saisie *(sur cette qualité de personne étrangère à la saisie, S.S. Kuaté Tameghé, note sous CCJA, arrêt n° 16/2005 du 24 février 2005, Sabbah Afif Youssef et autres contre Madame Guity née Karidjatou Tassabedo et Société de commerce général du centre, op. cit.).* C'est donc logiquement que la cour d'appel d'Abidjan d'abord, la CCJA ensuite, ont décidé que les dispositions de l'article 156 de l'AUPSRVE étaient inapplicables à Citibank.

On peut néanmoins regretter que la société Afrocom qui reconnaît d'ailleurs implicitement *(Cette société reconnaît en effet que Citibank ne devait rien à M. DN.)* que Citibank n'était pas tiers saisi, ne soit pas allée jusqu'au bout de son raisonnement. Après avoir constaté que Citibank n'était pas tiers saisi, la société Afrocom se devait de tirer toutes les conséquences de cette situation. Ainsi, au lieu de fonder son action sur l'article 156 de l'AUPSRVE, elle aurait plutôt dû viser la violation de l'article 38 du même texte. En rappel, aux termes de l'article 38 de l'AU, « Les tiers ne peuvent faire obstacle aux procédures en vue de l'exécution ou de la conservation des créances. Ils doivent y apporter leur concours lorsqu'ils en sont légalement requis. Tout manquement par eux à ces obligations peut entraîner leur condamnation à verser des dommages-intérêts… ». Il revenait par conséquent à la société Afrocom de poser clairement au juge la question de savoir si l'erreur étonnamment grossière commise par

Citibank sur l'identité du titulaire d'un compte ouvert dans ses livres pouvait constituer un manquement aux obligations qui lui incombaient, dès lors qu'elle était légalement requise. Il faut espérer que dans l'avenir, l'occasion sera donnée à la CCJA de répondre à cette question.

Joseph Fometeu,
Maître de Conférences, Université de Ngaoundéré ;

Serge-Patrick Levoa Awona,
Assistant, Université de Ngaoundéré.

1ère espèce : CCJA, arrêt n°016/2005, 24 février 2005
Sabbah Afif Youssef et autres c/ Madame Guity née Karidjatou Tassabedo et Société de commerce général du centre dite CGC

2ème espèce : CCJA, arrêt n°011/2008, 27 mars 2008
Société Técram Transit c/ Mademoiselle N'gbesso Berthe Eliane

1. CCJA, arrêt n°016/2005, 24 février 2005, Sabbah Afif Youssef et autres c/ Madame Guity née Karidjatou Tassabedo et Société de commerce général du centre dite CGC

(...)

Sur le moyen unique

Vu l'article 141 alinéa 1 de l'Acte uniforme portant organisation des procédures simplifiées de recouvrement et des voies d'exécution ;

Attendu qu'aux termes de cette disposition, « Le tiers qui se prétend propriétaire d'un bien saisi peut demander à la juridiction compétente d'en ordonner la distraction » ;

Attendu que le tiers visé par cette disposition s'entend de toute personne étrangère à la saisie-vente ;

Attendu que Sabbah Afif Youssef et autres reprochent à l'arrêt attaqué d'avoir déclaré mal fondée leur demande en distraction de biens saisis, au motif qu'ils n'étaient pas tiers au sens de l'article 141, alinéa 1, de l'Acte uniforme susvisé, alors que « la société
CGC, étant une personne morale, les personnes physiques fussent-elles des associés, ont une personnalité juridique distincte. Qu'elles demeurent tiers à la personne morale pendant le temps que celle-ci existe » ; qu'en statuant ainsi la cour d'appel n'a pas donné de base légale à sa décision ;

Attendu, en l'espèce, que pour écarter l'action en distraction des biens formée par Sabbah Afif Youssef et autres, la cour d'appel de Bouaké s'est bornée à relever « qu'en l'espèce aucun tiers n'a initié une telle action » ; qu'en se déterminant ainsi sans si l'arrêt n° 25 du 02 février 2000 constituant le titre exécutoire sur le fondement duquel Madame Guity née Karidjatou Tassabedo a pratiqué la saisie-vente à l'encontre de la société CGC avait également condamné Sabbah Afif Youssef et autres au paiement de la créance, cause de la saisie, la Cour d'appel n'a pas donné base légale à sa décision ; qu'il y a lieu de casser l'arrêt attaqué et d'évoquer ;

Sur l'évocation

(...)

Attendu que l'arrêt n° 25 du 02 février constituant le titre exécutoire en vertu duquel Madame Guity née Karidjatou Tassebedo a pratiqué la saisie-vente des biens à l'encontre de la société CGC dispose que c'est cette dernière qui est condamnée au paiement de la créance, cause de ladite mesure d'exécution forcée ; qu'en l'absence, dans cette décision, de disposition condamnant Sabbah Afif Youssef et autres au paiement de la même créance, il y a lieu de les considérer comme étant des tiers par rapport à la procédure d'exécution forcée initiée par la partie saisissante susnommée, motif pris de ce qu'ils ne sont pas débiteurs de la créance réclamée ;

Attendu que la distraction des biens saisis ne peut être ordonnée au profit du tiers revendiquant que si celui-ci apporte la preuve que les biens saisis étaient sa propriété ;

Attendu que Sabbah Afif Youssef et autres ont produit des cartes grises attestant que les véhicules automobiles dont ils réclament la distraction sont immatriculés en leur nom ;

Attendu qu'il y a lieu par conséquent d'ordonner d'une part au profit des susnommés la distraction des véhicules automobiles saisis, et d'autre part, la continuation des poursuites de la procédure de saisie-vente sur les autres biens saisis ;

... Attendu que Madame Guity née Karidjatou Tassebedo ne rapporte pas la preuve que l'action initiée par Sabbah Afif Youssef et autres avait un objet autre que la distraction des biens saisis ; qu'il y a lieu de la débouter de sa demande de dommages-intérêts...

2. CCJA, arrêt n°011/2008, 27 mars 2008, Société Técram Transit c/ Mademoiselle N'gbesso Berthe Eliane

(...)

Sur le premier moyen

Attendu qu'il est reproché à l'arrêt attaqué d'avoir violé l'article 142 de l'Acte uniforme portant organisation des procédures simplifiées de recouvrement et des voies d'exécution, en ce que d'après ce texte, après la vente des biens saisis, seule peut alors être exercée l'action en revendication ; qu'en l'espèce, l'arrêt attaqué ayant constaté que les biens saisis avaient été déjà vendus, n'en a pas tiré les conséquences juridiques qui en découlaient à savoir que :

- Mademoiselle N'gbesso Berthe Eliane ne pouvait plus demander la restitution desdits biens à la société Técram Transit, sauf à mettre ainsi à sa charge une obligation impossible dans la mesure où celle-ci n'était pas en possession desdits biens.

- La seule action que pouvait exercer la susnommé était l'action en revendication ; la Cour d'appel aurait donc du inviter Mademoiselle N'gbesso Berthe Eliane à exercer une telle action pour solliciter la restitution querellée ; qu'elle ne l'a cependant pas fait ; qu'en se contentant de dire que le commandement de restituer et de payer querellé était irrégulier, son arrêt est mal fondé et doit être cassé ;

Mais attendu que s'il est vrai que l'article 142 de l'Acte uniforme susvisé dispose que « l'action en distraction cesse d'être recevable après la date des biens saisis ; seule peut, alors, être exercée l'action en revendication », l'article 139 dudit Acte uniforme spécifie que « les demandes relatives à la propriété ou à la saisissabilité ne font pas obstacle à la saisie mais suspendent la procédure pour les biens saisis qui en sont l'objet » ; qu'en l'espèce, dans sa requête en date du 09 janvier 2003, la défenderesse au pourvoi sollicitait « d'ordonner la distraction et la restitution des biens enlevés » par la requérante, ce à quoi a fait droit la décision précitée à l'encontre de la société Técram Transit qui n'a usé à son encontre d'aucune voie de recours ; que la vente des biens saisis ayant eu lieu le 11 janvier 2003, comme l'atteste le « procès-verbal de vente » versé au dossier, en application des dispositions sus énoncées de l'article 139, la procédure de vente aurait du être suspendue par la requête précitée de la défenderesse au pourvoi datée du 09 janvier 2003 et dont la société Técram Transit ne pouvait ignorer l'existence puisque c'est précisément cette requête qui est à la base de l'ordonnance » de référé n° 424 du 30 janvier 2003 ayant déclaré « nul le procès verbal de recollement suivi de vente en date du 31 décembre 2002 » et « ordonné la mainlevée » de la saisie ; qu'en conséquence, la violation prétendue de l'article 142, excipée par la requérante, ne saurait prospérer ; qu'il y a donc lieu de rejeter ce moyen comme étant non fondé...

Sur le troisième moyen

Attendu qu'il est reproché à l'arrêt attaqué d'avoir violé les articles 91 et 92 de l'Acte uniforme précité en ce que lesdits articles ayant respectivement prévu que tout commandement préalable de payer doit être fondé sur un titre exécutoire constatant une créance liquide et exigible, et les mentions devant obligatoirement figurer audit commandement préalable, la cour de céans « constatera » que le commandement querellé comporte réclamation du paiement de la somme de 10 000 000 francs cfa qui représenterait la valeur vénale des objets enlevés et dont la restitution serait réclamée outre celle de 86 950 francs cfa à titre de frais de procédure, celle de 250 000 francs cfa à titre d'émoluments d'huissier et 30 950 francs cfa, coût dudit commandement, alors que la défenderesse au pourvoi ne justifiait d'aucun titre exécutoire condamnant la société Técram Transit à lui payer quelque somme que ce soit ; que l'ordonnance de référé n° 424 du 30 janvier 2003 dont se prévaut ladite défenderesse ne comportant aucune condamnation au paiement d'une quelconque somme d'argent, il échera, ayant statué comme il l'a fait, de casser l'arrêt attaqué ;

Mais attendu que les articles 91 et 92 de l'Acte uniforme précité, visés au moyen, régissent, entre autres, la saisie-vente et en particulier le commandement de payer préalable à cette saisie ; qu'en l'espèce, il ressort des pièces du dossier que c'est en exécution d'une ordonnance d'injonction de payer, en l'occurrence, l'ordonnance n° 9142 rendue par le président du tribunal de première instance d'Abidjan le 08 août 2001 et condamnant la société Challenger international à payer à la société Técram Transit la somme principale de 6 002 185 francs cfa, outre les intérêts et frais, pour des opérations de transit non réglées, que cette dernière a diligenté contre son débiteur une procédure de saisie-vente qui, en définitive, a été indûment exécutée sur les biens meubles corporels appartenant à la défenderesse au pourvoi, laquelle était étrangère au contentieux opposant les deux sociétés ; que ladite défenderesse ayant demandé et obtenu l'ordonnance de référé n° 424 rendue le 30 janvier 2003 par le président du tribunal de première instance d'Abidjan ordonnant la mainlevée sur les biens saisis et d'ailleurs vendus avant le prononcé de l'ordonnance susvisée, dans ces circonstances, le commandement de restituer du 17 juin 2003 consécutif à cette décision mentionnant, d'une part, l'obligation par la requérante de restituer lesdits biens ou à défaut de payer leur valeur vénale et leurs accessoires et, d'autre part, n'ayant pas été établi dans le cadre d'une saisie-vente, ce qui eut pu donner lieu à l'application des textes visés au moyen, ne pouvait par suite avoir violé ceux-ci ; d'où il suit que le moyen n'est pas fondé et doit être rejeté ...

OBSERVATIONS

On pourrait soutenir, avec une marge réduite d'erreur, que les années 2005 et 2008 constitueront des repères décisifs de l'histoire jeune, mais en dents de scie, de l'action en distraction. En effet, c'est dans ses arrêts n° 016/2005 et n° 011/2008, rendus respectivement le 24 février 2005 et le 27 mars 2008, que la Cour commune de justice et d'arbitrage a définitivement dessiné les traits saillants du régime de la distraction des biens mis sous main de justice.

A l'origine du premier de ces arrêts, on retrouve des faits quelconques : sur la base d'une décision de la cour d'appel de Bouaké en date du 02 février 2000, décision ayant condamné la Société de commerce général du Centre à lui payer diverses sommes d'argent à la suite de son licenciement, Dame Guity avait opté de procéder, le 25 avril de la même année, à la saisie-vente de meubles se trouvant au siège de ladite entreprise. Saisi par Sabbah Afif Youssef et autres d'une demande en distraction de l'ensemble des biens mis sous main de justice, le tribunal de Toumodi ordonna la restitution à leur profit de quelques-uns d'entre eux. Insatisfaits, les demandeurs et le défendeur portèrent l'affaire devant la cour d'appel de Bouaké qui, par un arrêt rendu le 21 mars 2000, infirma partiellement la décision querellée. Estimant être des tiers à la saisie, au sens de l'article 141 alinéa 1 de l'Acte uniforme portant organisation des procédures simplifiées de recouvrement et des voies d'exécution, Sabbah Afif Youssef et consorts ne se contentèrent pas de cette issue. Aussi initièrent-ils un pourvoi contre l'arrêt de la cour d'appel de Bouaké.

Les données du second arrêt, elles aussi, sont anodines : le 31 décembre 2002, Mlle Ngbesso Berthe Eliane, commerçante exploitant un fonds de commerce dénommé « Cave de Sion » reçoit la visite d'un huissier de justice qui, après avoir dressé un procès-verbal de recollement, enlève séance tenante divers biens mobiliers corporels. L'exploit de saisie laissé entre ses mains mentionne que l'exécution a été entreprise par la société Técram Transit, pour le recouvrement de sommes d'argent dues au titre d'opérations de transit non réglées par la société Challenger International. Arguant que l'entreprise débitrice lui était inconnue, Mlle N'gbesso Berthe introduisit une action en mainlevée de la saisie engagée et en distraction des objets enlevés. Par ordonnance n° 424 datée du 30 janvier 2003, le président du tribunal de première instance d'Abidjan accueillit favorablement sa demande. Sur le fondement de cette ordonnance signifiée le 05 mars 2003, elle fit servir à Técram Transit, le 17 juin 2003, un commandement aux fins de restitution des boissons et effets de bureau mis sous main de justice. Técram attaqua ledit commandement et obtint en référé, le 16 juillet 2003, son annulation. Sur appel interjeté par Mlle Ngbesso, la cour d'appel d'Abidjan infirma l'ordonnance d'annulation. C'est cet arrêt qui devait être déféré devant la Cour commune de justice et d'arbitrage, par la société Técram Transit.

Bien que distincts, les problèmes soumis à la Haute juridiction communautaire étaient complémentaires dans ces différentes affaires. En effet, dans l'arrêt de cassation du 24 février, le débat portait essentiellement sur le point de savoir qui peut avoir accès à l'action en distraction. Dans l'arrêt de rejet du 27 mars 2008 en revanche, il s'agissait moins de savoir qui a qualité pour mobiliser cette voie de droit que de déterminer les suites qui devraient lui être réservées.

Au fond, ces problèmes n'étaient pas nouveaux dans le contexte spécifique de l'exécution forcée portant sur des biens corporels. En effet, les contestations relatives à la propriété des objets mis sous main de justice avaient déjà par le passé donné lieu à une jurisprudence relativement abondante devant les juridictions nationales. Pourtant, paradoxalement, l'intervention de la Cour commune de justice et d'arbitrage était attendue. C'est que, à regarder de près, les solutions dégagées n'ont pas toujours été homogènes. Pour ne s'en tenir qu'à ces exemples, elles ont parfois eu du mal à indiquer nettement les titulaires des actions en distraction ou en nullité ; à déterminer les frontières des contestations relatives à la propriété, celles des litiges en lien avec la saisissabilité, celles des différends en rapport avec la validité des actes de procédure (*CCJA, n° 060/2005, Dirabou Yves Joël et 3 autres c. soc. Les terres nobles, dite Ternob, Rec., juil. déc. 2005, p. 92 et s. ; TPI Dschang, n° 18, 26 fev. 2004, Zoleko Ngimpieba Mathurin c. Me Magloire Vougmo, administrateur de la succession Guimfack Guillaume, www.ohadata.com, ohadata J-05-107 ; CA Daloa, n° 82-04, 31 mars 2004, Akanan Haissan Abdallah c. Monzei Beydoun et Kansou Ali, juriscope.org ; TPI Abidjan, ord. n° 813, 26 fév. 2003, Hassana Dramera et Demba Nené c. SIB, inédit ; TGI Bobo-Dioulasso, ord. n° 92, 1er août 2003, Sidibé Ali c. Sanou Missa, www.ohadata.com, ohadata J-04-152 ; TPI Abidjan, ord. n° 5906, 30 déc. 2003, Dieng Adja Hina c. Fall Aziz, inédit ; CA Dakar, 4 janv. 2001, Soc. Africars c. GIE Al Zar et Mourtada Cissé, www.ohadata.com, ohadata J-03-58, obs. N. Diouf ; TRH Dakar, n° 160, 23 janv. 2001, Omar Guèye c. Aminata Dramé et autres, www.ohadata.com, ohadata J-05-94, obs. J. Issa-Sayegh ; TRH Dakar, n° 1363, 11 juil. 2000, Aminata Guèye c. Mbar Fall et autres, www.ohadata.com, ohadata J-03-160, obs. N. Diouf; Douala, n° 122/REF, 25 sept. 2000, Soc. Gemat Sarl c. Soc. Mobil oil Cameroun, www.ohadata.com, ohadata J-04-225*).

Quoi qu'il en soit, apportant réponse aux questions portées à sa connaissance, la Cour commune de justice et d'arbitrage a eu l'occasion, d'une part, de préciser les conditions de l'action en distraction (I) ; d'autre part, d'indiquer quelles en sont les issues.

I. Les conditions d'exercice de l'action en distraction

Elles sont, pour l'essentiel, au nombre de deux. Tout d'abord, celui qui entend exercer l'action en distraction doit être étranger à la saisie pratiquée par le créancier. Ensuite, il doit joindre à sa demande les éléments susceptibles de convaincre de sa propriété sur le bien saisi.

A. La qualité d'étranger à la saisie

Il n'est plus discuté, depuis la prescription consignée à l'article 2093 du Code civil, que quiconque s'est obligé personnellement, est tenu de remplir son engagement sur tous ses biens mobiliers et immobiliers, présents et à venir. Dès lors, s'il se trouve que le débiteur soit défaillant, le créancier devrait pouvoir le contraindre à exécuter ses obligations à son égard en ayant recours soit à une mesure conservatoire, soit plus radicalement à une mesure d'exécution.

Si, sur le plan des principes, seuls peuvent être mis sous main de justice les effets de l'endetté, il n'est pas surprenant que les rédacteurs de l'Acte uniforme aient exclu des saisies les biens appartenant à des tiers. Le moyen le plus efficace d'atteindre ce résultat consistait à permettre à l'individu dont les biens ont indûment appréhendés de s'adresser au juge afin d'obtenir de ce dernier leur mise à l'écart. Aussi l'article 141 alinéa 1 de l'Acte uniforme portant organisation des procédures simplifiées de recouvrement et des voies d'exécution prescrit-il que « le tiers qui se prétend propriétaire d'un bien saisi peut demander à la juridiction compétente d'en ordonner distraction ».

La question s'est très vite posée de savoir qui peut prétendre avoir la qualité de tiers et, par contrecoup, pouvoir à ce titre intenter l'action en distraction reconnue et organisée par le législateur.

L'arrêt du 27 mars 2008 y a timidement apporté réponse en décidant, implicitement, que l'accès à cette voie de droit suppose que la partie débitrice soit « totalement inconnue» par le tiers dont les biens ont été atteints par l'exécution engagée par le créancier. Mais c'est véritablement à l'arrêt Sabbah Afif Youssef et autres que le mérite revient d'avoir rappelé les règles en visant ouvertement l'article 141 alinéa 1 et en posant que « le tiers visé par cette disposition s'entend de toute personne étrangère à la saisie vente ». Sans doute faudrait-il, pour accéder à une meilleure compréhension de la solution retenue, indiquer qu'il était reproché aux juges d'appel d'avoir déclaré mal fondée la demande en distraction des auteurs du pourvoi en se bornant à relever péremptoirement qu'aucun tiers n'avait initié l'action. A regarder de près, cela revenait à soutenir que ceux qui entendaient obtenir la distraction des biens étaient finalement parties à la saisie-vente ayant occasionné le litige. C'est précisément cette analyse qui est rejetée par la Cour commune. D'après elle, il aurait fallu, avant de tirer une conclusion, quelle qu'elle soit, s'intéresser au contenu de la décision de la cour d'appel de Bouaké ayant fondé la mise des biens sous main de justice. Soit cet arrêt condamnait concomitamment la Société de commerce général du centre et Sabbah Afif Youssef et consorts au paiement de l'indemnité de licenciement, auquel cas ils ne pouvaient prétendre avoir la qualité de tiers ; soit cet arrêt ne visait comme débiteur de la créance réclamée que la Société de commerce général du centre et, dans ce cas de figure, il était inconcevable qu'il soit porté atteinte aux biens des demandeurs au pourvoi.

Linéaire à première vue, cette construction devrait cependant être accueillie avec prudence. C'est qu'en effet, une lecture au second degré des faits incline à penser que les auteurs de la revendication étaient associés de l'entreprise ayant licencié son employée, laquelle avait eu recours à la saisie-vente pour obtenir le paiement de l'indemnité consécutive à ce licenciement. A supposer que tel fut le cas, il est certain, en première approximation, que l'application de la règle de l'autonomie patrimoniale de la société permettait d'obtenir la même solution. En effet, il est unanimement admis de nos jours que, dans le cadre d'une entreprise exploitée en société, le patrimoine de la société doit être distingué de celui des associés (*CA Abidjan, n° 10, 9 janv. 2004, BIAO-CI c. Bureau Véritas, www.ohadata.com, ohadata J-07-74 ; CA Abidjan, 13 janv. 2004, Caisse d'assistance médicale c. Edoukon Kouamé et autres, www.ohadata.com, ohadata J-05-257; TPI Bafoussam, ord. n° 32, 23 janv. 2004, Soc. Tal Business SA c. Me Tchoua Yves et Mbang Idrissa, www.ohadata.com, ohadata J-05-03 ; TPI Bafoussam, ord. n° 45, 5 mars 2004, Mouafo Mathieu c. SOCOTA Sarl et Foaleng née Mafo Marie, www.ohadata.com, ohadata J-05-09 ; TPI Dschang, 29 mars 2001, Fogue Augustin c. Ngueguim André, Juridis Périodique n° 48, oct. - déc. 2001, p. 65 et s., note Timtchueng M. ; CA Dakar, arrêt n° 139, 13 mars 2003, SOGEI Sarl et autres c. Soc. Immo-Tropic et autres, www.ohadata.com, ohadata J-03-174 ; CA Littoral, n° 122/REF, 25 sept. 2000, Soc. Gemat Sarl c. Soc. Mobil oil Cameroun, www.ohadata.com, ohadata J-04-225).* Toutefois, et on ne l'ignore pas non plus, cette règle connaît de nombreuses atténuations. A titre d'exemple, les articles 872, 873 et 874 de l'Acte uniforme relatif au droit des sociétés commerciales et du groupement d'intérêt économique, dès après avoir relevé que ce groupement jouit d'une personnalité juridique, prescrivent que ses créateurs sont tenus solidairement des dettes de celui-ci sur leur patrimoine propre. Dans le même esprit, et s'agissant de la société en nom collectif, bien que la règle de l'autonomie patrimoniale soit affirmée ici, l'article 271 du même Acte uniforme énonce que « les créanciers… peuvent poursuivre le paiement des dettes sociales contre un associé soixante jours au moins après avoir vainement mis en demeure la société par acte extrajudiciaire ». On doit en inférer qu'il peut arriver, en cours de vie sociale, que les participants à la société aient à répondre des dettes de l'entreprise. Même à supposer que l'entreprise endettée n'appartienne pas à la catégorie des sociétés en nom collectif ou du groupement d'intérêt économique, il peut encore se trouver, à supposer que l'associé gérant se soit porté caution au moment de la naissance de la dette, que les poursuites puissent être orientées vers lui si l'entreprise n'honore pas son engagement. Pareillement, dans l'hypothèse d'une transformation, la règle est bien assise qui veut que les obligations contractées par l'entreprise sous son ancienne forme subsistent sous la nouvelle forme (article 186 alinéa 1). La situation est d'ailleurs à peu près la même aux cas de fusion ou de scission, puisque les articles 189 et 190 de l'Acte uniforme relatif au droit des sociétés commerciales et du GIE soulignent, chacun à son troisième alinéa, qu'il y a transmission universelle du patrimoine de la ou des sociétés qui disparaissent au profit des sociétés existantes ou créées, et donc que les secondes se substituent aux premières dans l'ensemble de leurs droits et obligations. Enfin, à la cessation de l'activité de l'entreprise, les sociétaires ont, d'après la rédaction de l'article 54-3°de l'Acte uniforme précité, l'obligation de contribuer aux pertes dans les conditions prévues pour chaque type de société (*CA Abidjan, n° 27, 13 janv. 2004, Caisse d'assistance médicale de Côte d'Ivoire c. Soc. AMS-CI et ayants droits de E., www.ohadata.com, ohadata J-05-179; CA Abidjan, n° 27, 13 janv. 2004, Caisse d'assistance médicale de Côte d'Ivoire c. Edoukon Kouame et autres, www.ohadata.com, ohadata J-05-257; CA Dakar, n° 282, 13 fév. 2004, ENEDIS c. Soc. OCTIDE Industries, SIFCA-JAG, SOIMEXY, www.ohadata.com, ohadata J-05-319 ; CA Dakar, 16 janv. 2003, CNCAS c. Aliou Dieye, www.ohadata.com, ohadata J-03-146 ; TRHC*

Dakar, n° 634, 10 avril 2002, Tobacco marketing consultant c. Jean-Marc Dares, BAT-BRITCO, www.ohadata.com, ohadata J-05-95).

Si la règle est que seul a qualité pour agir en distraction celui qui n'est pas débiteur de la créance réclamée, trois observations sont à faire.

La première observation, littérale, c'est que le débiteur ne devrait pas pouvoir exercer cette action. L'Acte uniforme lui réserve seulement, aux articles 140 et 144, la latitude de demander la nullité des saisies portant sur les objets dont il n'est pas propriétaire. La jurisprudence de la CCJA aussi bien que celle des juridictions nationales applique rigoureusement ces principes (*CCJA, n° 13, 29 juin 2006, Agence d'exécution des travaux d'intérêt public pour l'emploi c. Soc. Smeets et Zonen, www.ohadata.com, ohadata J-07-27; CCJA, arrêt n° 006/2004 du 08 janvier 2004, Walley Goly Kouamé Clément c. Kouadio Amana Monique, Rec. n° 3, janv. juin 2004, pp. 56 et s.; CA Abidjan, n° 765, 06 juil. 2004, Fall Aziz c. Dieng Adja Hina, ép. Zakka, www.ohada.com, ohadata J-05-323 ; CA Daloa, n° 09, 8 janv. 2003, Laboratoire Han-Photo c. Kouan Clinan Antoine, juriscope.org ; CA Abidjan, n° 39, 14 janv. 2003, Cissé Massita épouse Sissoko c. Inza Ouattara, www.ohadata.com, ohadata J-03-236 ; CA Abidjan, n° 206, 23 fév. 2003, Jean Quirie c. Le Montparnasse, www.ohadata.com, ohadata J-03-296 ; CA Abidjan, n° 981, 15 juil. 2003, Soc. SIB c. Hassana Dramera et Demba Nene, www.ohadata.com, ohadata J-03-274 ; TGI Bobo-Dioulasso, ord. n° 111, 19 sept. 2003, Gnissien Kalfara c. Bah Madany, www.ohadata.com, ohadata J-04-150 ; CA Abidjan, n° 1399, 16 déc. 2003, S… c. C… www.ohada.com, ohadata J-05-367 obs. J. Issa-Sayegh ; CA Abidjan, n° 784, 21 juin 2002, Soc. ADCI c. Ets Etimco, www.ohadata.com, ohadata J-03-14 ; CA Bouaké, n° 77/2001, 16 mai 2001, CNDJ, Z…c. K…., Rec n° 2/2002, avril - juin 2002, p. 29 et s., www.ohadata.com, ohadata J-02-97 ; CA Littoral, n° 122/REF, 25 sept. 2000, Soc. Gemat Sarl c. Soc. Mobil, préc.).*

La deuxième observation, non moins importante, c'est que l'action en distraction ne devrait pouvoir être exercée ni par le créancier, ni par l'huissier de justice ou l'agent d'exécution. Si cette précision s'impose, ce n'est pas sans raison : l'article 143 de l'Acte uniforme reconnaît à ces derniers le droit d'initier les contestations relatives à la saisissabilité, lesquelles se distinguent du cas de l'action en distraction où seul peut s'adresser au juge le tiers dont les biens ont indûment été mis sous main de justice (*CA Daloa, n° 82-04, 31 mars 2004, Akanan Haissan Abdallah c. Monzei Beydoun et Kansou Ali, préc. ; TRH Dakar, n° 160, 23 janv. 2001, Omar Guèye c. Aminata Dramé et autres, www.ohadata.com, ohadata J-05-94.)*

Enfin, et cela ne doit pas être négligé, l'action en distraction ne profite pas qu'à celui qui peut réclamer la propriété d'un meuble frappé d'indisponibilité par une mesure d'exécution. L'article 308 de l'Acte uniforme portant organisation des procédures simplifiées de recouvrement et des voies d'exécution conforte cette idée lorsqu'il énonce que « le tiers qui se prétend propriétaire d'un immeuble saisi et qui n'est tenu ni personnellement de la dette, ni réellement sur l'immeuble, peut, pour le soustraire à la saisie, former une demande en distraction… ». Il lui appartient seulement d'indiquer les éléments sur lesquels se fonde le droit de propriété dont il se prévaut.

B. La preuve du droit de propriété du demandeur à l'action

Selon les termes de l'article 141 alinéa 1 de l'Acte uniforme portant organisation des procédures simplifiées de recouvrement et des voies d'exécution, seul devrait avoir recours à l'action en distraction, « le tiers qui se prétend propriétaire d'un bien saisi ». Le sens de la formule est univoque : la mobilisation de cette voie de droit suppose non seulement qu'une saisie ait préalablement été entreprise et qu'un procès-verbal l'ait constaté ; mais surtout qu'elle ait indûment donné lieu à la mise sous main de justice de biens dont le débiteur n'a pas la propriété (*TRH Dakar, ord. n° 1333, 1er sept. 2004, Claire Ndiaye c. RTI Gd-Dakar, Ndeye T.F. Lo, www.ohadata.com, ohadata J-04-39 ; CA Dakar, n° 86, 20 fév. 2003, Leila Younis c. SGBS et Aly Younis, www.ohadata.com, ohadata J-03-172 ; TRH Dakar, n° 218, 31 janv. 2001, Yves Philippe c. Soc. AKF et autres, www.ohadata.com, ohadata J-05-91 ; CA Bouaké, n°61/2000, 04 avril 2001, Forrair Michel et la STIB c. Sanga Posper et Levy Marcel, www.ohada.com, ohadata J-06-69).*

A dire vrai, il ne suffit pas, pour obtenir gain de cause, que l'initiateur de l'action en distraction se borne à alléguer que ses biens ont été inclus dans l'assiette d'une saisie à laquelle il n'était pas impliqué. Encore faudrait-il, et cela est opportunément rappelé à l'article 141 alinéa 2, que la demande précise les éléments sur lesquels se fonde le droit de propriété invoqué. A cet égard, il est notoirement connu, notamment sur la foi de l'orientation générale inscrite à l'article 5 de l'Acte uniforme relatif au droit commercial général, que la preuve devrait pouvoir être administrée par tout *moyen (CCJA, n° 53/2005, 15 déc. 2005, Rec. n° 6, juil. déc. 2005, p. 35 ; implicitement, n° 010/2002, 21 mars 2002, Rec. spécial, janv. 2003, p. 23 et s. ; TRH Dakar, n° 16, 05 janv. 1999, Pierre-Marie et Victorine Bassene c. Saliou Diouf et autres, www.ohada.com, ohadata J-05-93).* Il se comprend alors, dans les arrêts de la Cour commune de justice et d'arbitrage au centre de l'analyse, que les auteurs de l'action en revendication aient eu recours, pour établir la preuve de leur propriété sur les biens frappés d'indisponibilité, à divers procédés de preuve.

Dans la décision du 24 février en particulier, après avoir cassé l'arrêt de la cour d'appel de Bouaké, les juges de la CCJA ordonnaient la distraction au profit de Sabbah Ali Youssef et consorts des véhicules automobiles saisis en faisant appel, pour motiver leur décision, à l'argument selon lequel le susnommé et les personnes agissant à ses côtés avaient produit des cartes grises attestant que les véhicules à l'origine de la querelle étaient immatriculés en leur nom. Le raisonnement est logique : si, ainsi que semblait prétendre la partie adverse, les automobiles avaient appartenu à la société à la suite notamment d'un apport en pleine propriété fait par les demandeurs au pourvoi, la dénomination de cette dernière aurait dû apparaître sur ces différents documents. A l'inverse, si la société avait seulement le bénéfice de la jouissance de ces derniers, les véhicules ne pouvaient aucunement être atteints par la saisie vente engagée par le créancier de l'entreprise. En effet, dans l'hypothèse d'un apport en jouissance, il est constant que, sur le bien apporté, la relation de l'apporteur avec la société est semblable à celle d'un bailleur avec son locataire. Par voie de conséquence, le bien demeure juridiquement dans le patrimoine de l'associé et a vocation à échapper à l'exécution mise en œuvre par les créanciers de l'entreprise.

Dans l'arrêt du 27 mars 2008, le tiers a eu moins de difficultés sur le terrain de la preuve. Il est parvenu aisément à convaincre les juges du fonds de sa qualité en attirant l'attention sur le fait que l'exploit de saisie mentionnait sans ambiguïté que l'exécution forcée vise la Société Challenger International, et qu'il était étranger au contentieux ayant opposé cette dernière au créancier. D'ailleurs, le défendeur au pourvoi ne contestait nullement que le demandeur ait eu la qualité de tiers à la saisie-vente. Il soutenait seulement que l'action en distraction n'avait pas été exercée avant la vente des objets saisis ainsi que le prévoit l'article 142 de l'Acte uniforme.

En tout état de cause, et c'est l'un des enseignements qui se révèle à l'issue de la confrontation des données des différentes affaires examinées, les difficultés rencontrées par ceux qui sont appelés à prouver leur droit de propriété sur les biens saisis ne sont pas identiques. Dans quelques cas de figure, l'existence d'une présomption pourrait rendre plus ou moins ardue la tâche du tiers. Il en pourrait aller ainsi, au cas de communauté de biens, lorsque celle-ci n'a pas encore été liquidée malgré la dissolution du mariage ; en cas de séparation de biens, lorsqu'un objet a été conjointement acquis par des époux pendant leur cohabitation ou encore lorsqu'aucun époux n'est parvenu à justifier d'une propriété exclusive; dans une vente affectée d'une clause de réserve de propriété, lorsque l'objet vendu est saisi par un créancier de l'acquéreur n'ayant pas encore réglé en totalité le vendeur ; lorsque des effets ont été saisis dans un fonds de commerce immatriculé au nom du débiteur et où le créancier se prévaut de la règle inscrite à l'article 2279 alinéa 1 du Code civil ; lorsque des biens mobiliers ont été appréhendés dans une maison d'habitation louée par un tiers à la procédure ; lorsque l'exécution a été réalisée en d'autres mains que celles de l'endetté ; lorsque l'objet saisi est indivis : *CCJA, n° 003/2008, 28 fév. 2008, Mohamed Taïeb Kettani c. Grunitzky Victoria Geneviève, inédit ; CCJA, n° 025/2008, 30 avril 2008, SGBCI c. Konan Marie-Aimée et Konan Kouadio Camille, inédit ; CCJA, n° 52/2005, 15 déc. 2005, Bouho Kossia Edith c. Kouadio Kouassi Jonas préc.; CA Abidjan, n° 91, 20 janv. 2004, Orsot Sonah Ludovic c. Soc. Sidis-Sanroh et Dame Orsot Sanroh, www.ohadata.com, ohadata J-04-486; CA Abidjan, n° 39, 14 janv. 2003, Cissé Massita épouse Sissoko c. Inza Ouattara, préc. ; CA Dakar, n° 86, 20 fév. 2003, Leila Younis c. SGBS et Aly Younis, préc. ; CA Dakar, arrêt n° 139, 13 mars 2003, SOGEI Sarl et autres c. Soc. Immo-Tropic et autres, préc. ;*

TRH Dakar, n° 160, 23 janv. 2001, Omar Guèye c. Aminata Dramé et autres, www.ohadata.com, ohadata J-05-94 ; TRH Dakar, 15 janv. 2003, Soc. Sénégalaise Hôtel c. Receveur du Centre des grandes entreprises et autres, www.ohadata.com, ohadata J-03-56 ; TRH Dakar, n° 16, 05 janv. 1999, Pierre-Marie et Victorine Bassene c. Saliou Diouf et autres, préc. ; Civ., 7 nov. 1995, D. 1996, p. 451)

Sauf à observer, ainsi que le suggèrent explicitement les arrêts commentés, que les éléments de preuve versés au débat par le demandeur en distraction et visant à établir qu'il est propriétaire des objets réclamés ne lient pas le juge. C'est dire que les pièces produites devront être appréciées, souverainement, par les juridictions du fond. Disposant d'un tel pouvoir, elles sont tout naturellement recevables à estimer que ces pièces ne sont pas suffisamment probantes parce que leur sincérité n'est pas certaine, parce qu'elles ne renseignent pas suffisamment sur l'origine ou le mode d'acquisition de la propriété alléguée... S'abstiendraient-elles d'ailleurs de motiver leur décision que celle-ci ne manquerait pas d'être cassée. La CCJA et les juridictions nationales se montrent très fermes sur ce point en rappelant, en de telles circonstances, « qu'il est de principe qu'une décision de justice doit se suffire à elle-même » ; que dans le cadre particulier de l'action en distraction, la seule et laconique référence aux factures, bons de commande ou autres documents tenant lieu de preuve viole les dispositions de l'article 141, lequel prescrit d'analyser ou d'apprécier les moyens et arguments des parties avant de se déterminer : *TPI Douala-Ndokoti, ord. n° 43/07, 08 fév. 2007, Soc. Sel Cameroun SA dite Selcam c. Ets Djiekam et CCC SA, www.ohadata.com, ohadata J-07-96 ; TPI Bafoussam, ord. n° 28, 14 janv. 2005, Madiekun c. Ets Takou Roger et Tchinde Zacharie, www.ohadata.com, ohadata J-05-142 ; CCJA, n° 52/2005, 15 déc. 2005, Bouho Kossia Edith c. Kouadio Kouassi Jonas, préc. Dans le même sens : CCJA, n° 006/2004 du 08 janvier 2004, préc. ; TGI Bobo-Dioulasso, ord. n° 10 bis, 24 janv. 2003, Sana Hassane c. Zerbo Ali, www.ohadata.com, ohadata J-04-50 ; CA Abidjan, n° 1092, 29 juil. 2003, Kouassi Gérard et autres c. Bintou Coulibaly et autres, www.ohadata.com, ohadata J-03-334 ; TRH Dakar, ord. n° 1333, 1er sept. 2004, Claire Ndiaye c. RTI Gd-Dakar, Ndeye T.F. Lo, préc. ; TRH Dakar, n° 1576, 6 oct. 2003, Lydia Sambou c. Comptoir Canari Sarl, www.ohadata.com, ohadata J-04-261 ; TRH Dakar, ord. n° 1500, 29 sept. 2003, Abass Aïdara Niang c. Hasna Hussein Yassine, www.ohadata.com, ohadata J-04-30 ; TRH Dakar, ord. n° 1497, 29 sept. 2003, Alioune Samb et Mamadou Kaba c. Mohamed Konté et Mbaya Samb, www.ohadata.com, ohadata J-04-31 ; TRH Dakar, ord. n° 1335, 1er sept. 2003, Djiby A. Dieng c. Thierno Diene et autres, www.ohadata.com, ohadata J-04-37 ; TRH Dakar, ord. n° 1611, 13 oct. 2003, Aminata Fall c. SFE, Aloyse Ndong, Mamadou Cora Fall, www.ohadata.com, ohadata J-04-28 ; TRH Dakar, n° 1501, 29 déc. 2003, Maguette Fall c. Hasna Yasine et Papa Samba Niang, www.ohadata.com, ohadata J-04-29 ; TRH Dakar, ord. n° 117, 15 janv. 2002, Ali Mehsein c. Soc. Ulman et Jamal Saleh, www.ohadata.com, ohadata J-04-159, obs. N. Diouf ; TRH Dakar, n° 37, 3 janv. 2001, dames Karfa Sané et Diabou Dième c. Mass Sène, Maître Diaga Pouye Cissé et Moussa Kaba, www.ohadata.com, ohadata J-05-88 ; TRH Dakar, n° 96, 17 janv. 2001, Sonam c. M. le Receveur des taxes indirectes et autres, www.ohadata.com, ohadata J-05-92, obs. J. Issa-Sayegh ; TRH Dakar, n° 226, 31 janv. 2001, SOGEI Sarl et autres c. Immo Tropic Sarl et autres, www.ohadata.com, ohadata J-04-158, obs. N. Diouf ; TRH Dakar, 3 juil. 2001, Macel Xavier Venn et Béatrice Adjovi c. BICIS et autres, www.ohadata.com, ohadata J-04-480 ; TRH Dakar, n° 1363, 11 juil. 2000, Aminata Guèye c. Mbar Fall et autres, préc. ; TRH Dakar, n° 1500, 25 juil. 2000, SOSECHAL/CRISTAGEL c. M. le Directeur des impôts et domaines et autres, www.ohadata.com, ohadata J-03-64, obs. N. Diouf).*

II. Le dénouement de l'action en distraction

Si l'on occulte la question de la pertinence des éléments de preuve versés au dossier, l'issue de l'action en distraction est fortement tributaire du moment auquel la demande est présentée. Dès lors, il importe de distinguer selon que l'action ait été introduite avant la vente du bien revendiqué ou qu'elle ait été présentée après ce moment.

A. ... introduite avant la vente

L'hypothèse de la distraction poursuivie avant la vente, amiable ou forcée, est celle que le législateur encourage tacitement. A preuve, il est clairement indiqué, à l'article 142 de l'Acte uniforme portant organisation des procédures simplifiées de recouvrement et des voies d'exécution, que la requête devient irrecevable après la vente.

Au fond, et pour reprendre une formule empruntée à Messieurs Véron et Nicod (*Voies d'exécution et procédures de distribution, A. Colin, 2e édition, Paris, 1998, p. 1998, p. 70)*, l'issue de l'action n'est pas de celles qui sont très compliquées. En premier lieu, le président de la juridiction saisie pourrait, à la suite de l'appréciation du dossier, et après avoir appelé le débiteur, reconnaître la propriété du tiers sur le bien dont il déclare avoir la propriété. En semblable occurrence, la saisie devient sans effet s'agissant des biens revendiqués. En deuxième lieu, le président de la juridiction appelée à se prononcer sur la demande en distraction pourrait, à la suite de l'exercice de son pouvoir souverain d'appréciation, rejeter celle-ci. Dans ce cas de figure, l'exécution devrait pouvoir se poursuivre telle qu'elle a été engagée, sans qu'un bien quelconque puisse être soustrait de l'assiette de la saisie déterminée par le procès verbal en ayant fait le constat.

Dans les arrêts de la CCJA examinés, et singulièrement dans l'affaire Tecram Transit c. N'gbesso Berthe Eliane, la première solution a prévalu. En effet, la Haute juridiction communautaire a rejetté ici le moyen soulevé dans le pourvoi en s'appuyant sur l'article 139 selon les termes duquel, « les demandes relatives à la propriété... ne font pas obstacle à la saisie, mais suspendent la procédure pour les biens saisis qui en font l'objet ». A son sens, l'action en distraction introduite par la défenderesse aurait dû être suspendue dès le 09 janvier 2003, date des poursuites visant à exclure de l'assiette de la saisie les objets n'appartenant pas au débiteur. Que la vente des objets dont la distraction était réclamée soit survenue deux jours après la demande, soit le 11 janvier 2003 d'après les renseignements fournis par le procès verbal d'adjudication, ne pouvait que constituer une violation de l'article 139 de l'Acte uniforme, lequel ne subordonne nullement la suspension partielle de la saisie à la décision que le juge de l'exécution rendra plutard. Dès que la demande en vue de la distraction a été introduite, et surtout signifiée aux protagonistes de l'exécution, les biens qu'elle concerne devraient automatiquement être mis à l'écart et, parallèlement, leur vente différée (*CA Dakar, n° 16, 28 nov. 2008, SGBS c. Sarl Alafifa et Saim Orion, www.ohada.com, ohadata J-03-86 ; TPI Douala-Ndokoti, ord. n° 43/07, 08 fév. 2007, Soc. Sel Cameroun SA dite Selcam c. Ets Djiekam et CCC SA, préc. ; TPI Bafoussam, ord. n° 28, 14 janv. 2005, Madiekun c. Ets Takou Roger et Tchinde Zacharie, préc. ; TPI Bafoussam, ord. n° 45, 5 mars 2004, Mouafo Mathieu c. SOCOTA Sarl et Foaleng née Mafo Marie, préc. ; CA Abidjan, n° 206, 23 fév. 2003, Jean Quirie c. Le Montparnasse, préc. ; CA Abidjan, n° 1119, 8 août 2003, Cie d'assurances Les Tisserins c. Kettani Mohamed Kacem et autres, www.ohadata.com, ohadata J-03-335; TGI Bobo-Dioulasso, ord. n° 107, 28 août 2003, Gnissien Kalfara c. Bah Madany, www.ohadata.com, ohadata J-04-149, obs. anonymes ; TRH Dakar, ord. n° 1334, 1er sept. 2003, Fary Ndiaye c. CBAO, www.ohadata.com, ohadata J-04-38; CA Dakar, 4 janv. 2001, Soc. Africars c. GIE Al Zar et Mourtada Cissé, préc. ; TRH Dakar, ord. n° 1442, 18 juil. 2000, Modou Kébé c. Soc. Transports Bourdier, préc.*).

S'il est constant, lorsque l'action en distraction a été intentée, que la saisie devrait être suspendue pour les objets mis sous main de justice qui en sont l'objet, on peut néanmoins encore s'interroger sur le sort de ces biens entre le moment où le juge de l'exécution est saisi et celui où sa décision intervient. Le problème est tranché dans les différentes prévisions de l'Acte uniforme consacrées aux effets de l'acte d'exécution, notamment aux articles 36 alinéas 1 et 2, 56, 64 (6), 100 (6), 103. La règle est, à quelques exceptions près, que cet acte rend les biens indisponibles soit entre les mains de l'endetté lorsque l'exécution s'est opérée chez lui, soit chez le tiers saisi au cas où les objets saisis ne se trouvent pas entre les mains du débiteur. Il s'ensuit qu'en attendant une décision sur les mérites de la distraction réclamée, ces personnes devraient assurer la garde des biens mis à l'écart (*CA Centre, n° 372/Civ., 3 sept. 1999, Dame Tonye Batchom c. Liquidation ex TAA, RCDA n° 4, juil. - sept. 2000, p. 137 et s.; TPI Yaoundé, ord. n° 173, 23 nov. 2000, Atangana Atangana Joseph Marie c. Choumessi Emilienne et autres, RCDA n° 5, oct. – déc. 2000, p. 184 et s. ; CA Littoral, n° 77/REF, 9 juin 1999, Milla Lydia, RCDA n° 2, janv. - mars 2000, p. 28, note F. Ipanda ; TRHC Dakar, n° 547, 06 mai 2002, Pape Ousmane Samb c. Atif Fuad Aziz, www.ohadata.com, ohadata J-05-97 ; CA Abidjan, n° 86, 20 janv. 2004, Soc. SCI Les Elfes c. Ugoji Musa Schike, www.ohadata.com, ohadata J-05-259 ; Contra : TR Niamey, n° 435, 3 oct. 2001, www.ohadata.com, ohadata J-02-70, obs. J. Issa-Sayegh. Adde : S.S. Kuaté Tameghé, La protection du débiteur dans les procédures individuelles d'exécution, l'Harmattan, Paris, 2004, p. 127 et s., n° 142 ; « Les pouvoirs du débiteur sur les biens saisis : une lecture à partir du système OHADA des voies d'exécution », Revue de droit international et de droit comparé, 2007-2, p. 203 et s.)*

A l'évidence, le dénouement de l'action ne manquera que rarement d'avoir des conséquences sur le terrain de la responsabilité civile. C'est que, dans l'hypothèse où elle est fructueuse et où il est reconnu que quelques-uns des objets saisis n'auraient jamais dû l'être, le tiers revendiquant pourrait être recevable à soutenir qu'il a subi un préjudice découlant notamment de l'atteinte portée à son droit de propriété. Pareillement, dans l'hypothèse inverse où l'action ne prospère pas et où l'exécution a vocation à se poursuivre, le créancier pourrait estimer que le blocage des objets sur lesquels il entendait obtenir au plus vite le paiement lui a causé un tort qu'il convient de réparer. La réparation requise pourrait aisément être obtenue s'il est établi une collusion entre l'endetté et le tiers afin de réduire les chances du créancier d'obtenir le paiement, s'il est certain que les preuves de sa propriété versées au débat par le tiers sont fausses ou ont été fabriquées ; plus globalement, si la mauvaise foi du demandeur agissant en distraction est avérée (*TPI Douala-Ndokoti, ord. n° 43/07, 08 fév. 2007, Soc. Sel Cameroun SA dite Selcam c. Ets Djiekam et CCC SA, préc .; TPI Bafoussam, ord. n° 32, 23 janv. 2004, Soc. Tal Business SA c. Me Tchoua Yves et Mbang Idrissa, préc. ; TRH Dakar, 15 janv. 2003, Soc. Sénégalaise Hôtel c. Receveur du centre des grandes entreprises et autres, www.ohadata.com, ohadata J-03-66 ; TRH Dakar, ord. n° 1611, 13 oct. 2003, Aminata Fall c. SFE, Aloyse Ndong, Mamadou Cora Fall, préc. ; TRH Dakar, ord. n° 117, 15 janv. 2002, Ali Mehsein c. Soc. Ulman et Jamal Saleh, préc. ; TRH Dakar, n° 37, 3 janv. 2001, dames Karfa Sané et Diabou Dième c. Mass Sène, Maître Diaga Pouye Cissé et Moussa Kaba, préc. ; TRH Dakar, 3 juil. 2001, Marcel Xavier Venn et Béatrice Adjovi c. BICIS et autres, www.ohadata.com, ohadata J-04-480)*. On comprend alors, dans l'arrêt du 24 février, que la CCJA ait été appelée, incidemment il est vrai, à se prononcer sur la demande en vue de dommages intérêts formulée par le créancier qui estimait que l'action en distraction était exclusivement dictée par la volonté de retarder la vente des objets saisis et qu'elle reposait sur des titres de propriété douteux réunis pour les besoins de cette cause. Ayant finalement ordonné la mise à l'écart des biens rendus indisponibles par l'exécution litigieuse, il aurait été étonnant que la Haute juridiction communautaire ne déboute pas le créancier de sa demande tendant à obtenir des dommages-intérêts.

On l'aura deviné, dans l'hypothèse où la distraction est rejetée, il devrait encore être possible d'engager la responsabilité pénale du demandeur, notamment si les documents produits pour convaincre de sa propriété sur les biens à mettre à l'écart de l'exécution s'avèrent faux. Ce cas de figure devrait davantage être rencontré lorsque l'action en distraction est engagée à contretemps.

B. ...introduite après la vente

L'article 142 de l'Acte uniforme pose clairement en règle que l'action en distraction cesse d'être recevable après la vente des objets saisis. Si donc l'adjudication a déjà eu lieu, la voie de droit que constitue la distraction sera automatiquement fermée ; le tiers qui prétend être propriétaire d'un objet indûment frappé par une saisie ne devrait plus avoir recours qu'à l'action en revendication. Etant entendu, sur le plan des principes, que la vente aboutit à transférer la propriété ou à tout le moins la détention de la chose à l'acquéreur, il est assez évident que l'action en revendication sera le plus souvent orientée contre ce dernier. En semblable occurrence, de deux choses l'une : soit le tiers dispose d'un titre exécutoire, et alors il pourrait avoir recours à la saisie revendication ; soit il n'en possède pas, et alors il lui revient de s'intéresser à la voie de l'injonction de restituer ou à la solution moins tortueuse de la saisie revendication, laquelle requiert une autorisation préalable délivrée sur requête par le juge compétent.

Dans les arrêts commentés, et plus étroitement dans l'affaire opposant Tecram Transit à N'gbesso Berthe Eliane, la situation était loin d'être simple pour donner lieu à l'application des règles exposés à l'article 142 précité. Certes la distraction avait été poursuivie avant la vente, mais la mesure d'exécution entreprise n'avait pas été suspendue s'agissant des biens visés dans la demande. La conséquence en a été qu'ils ont été vendus longtemps avant le prononcé de la décision donnant gain de cause au revendiquant. Rappelant cet état de fait, le créancier a cru bon, dans son pourvoi, d'évoquer la violation de l'article 142 qui, selon lui, n'autorise plus que le recours à l'action en revendication. S'en tenant à une interprétation fidèle de l'article 139 qui gèle l'exécution relativement aux biens dont la mise à l'écart est demandée, la Cour commune de justice et d'arbitrage a rejeté le moyen comme étant non fondé (*la jurisprudence de la Cour d'appel d'Abidjan est assise sur ce point : n° 1119, 8 août 2003, Cie d'assurances Les Tisserins c. Kettani Mohamed Kacem et autres, www.ohadata.com, ohadata J-03-335 ; n° 1036, 30 juil. 2002, Ouattara Idrissa c. Soc. Coastal Trading Compagny, dite CTC, www.ohadata.com, ohadata J-03-303 ; n° 829, 11 juil. 2000, Coulibaly Kadhy Touré et Guibado Guillaume c. Yorokpa Agbodo Séraphin, www.ohada.com, ohadata J-06-120)*.

D'une rigueur difficilement contestable, la solution aurait cependant pu créer plus de problèmes qu'elle n'en a résolu. Il faut en effet rappeler deux choses : d'une part que, dans le texte de l'arrêt, le tiers avait, sur la base d'une ordonnance de référé ayant favorablement accueilli sa requête en distraction, servi au créancier saisissant, par exploit d'huissier en date du 17 juin 2003, un commandement aux fins de restituer. D'autre part, que les objets dont la restitution était requise, constitués notamment de lots de boissons, avaient été vendus dès le 11 janvier 2003. Si, selon toute vraisemblance, les boissons avaient été consommées, et à supposer qu'il se soit agi de vins rares, la question de l'efficacité de l'action en distraction admise devait immanquablement se poser. Fort heureusement, l'obstacle a été surmonté par le tiers qui, soupçonnant qu'il était peu probable que les biens lui soient finalement restitués, a pris le parti de réclamer la restitution des objets indûment appréhendés ou, à défaut, la valeur vénale de ceux-ci. C'est cette branche de sa requête qui va permettre de dénouer la difficulté : elle conduit la haute juridiction communautaire à s'opposer aux vues du demandeur au pourvoi lorsqu'il entend faire constater que le tiers ne justifiait d'aucun titre exécutoire mettant à sa charge une quelconque somme d'argent.

Les zones d'ombres ont-elles pour autant été totalement aplanies ? A moins de faire le choix d'une autosatisfaction puérile, on ne peut pas, sans réserve, répondre par l'affirmative à cette préoccupation. C'est qu'en réalité, de nombreux autres obstacles existent qui pourraient, s'il manque de vigilance, priver le demandeur à l'action en revendication de ce qu'il en attend. Par exemple, l'acquéreur de l'objet vendu à l'amiable ou aux enchères publiques pourrait tenter de s'opposer à la restitution en s'agrippant à l'énoncé assez connu de l'article 2279 alinéa 1 du Code civil d'après lequel « en fait de meubles, possession vaut titre ». Le propriétaire revendiquant qui, dans ce cas de figure, perd de vue que le bénéfice de la présomption appelée suppose une possession régulière, court alors le risque de perdre le procès. Il faudra donc en guise de réplique, pour s'éviter un tel désagrément et écarter l'application de l'article 2279 alinéa 1, évoquer les vices de la possession énumérés aux articles 2229 et suivants de ce même code, en particulier la clandestinité, l'équivoque, la violence (*Toulouse, 9 juin 1998, Juris-Data, n° 045840 ; Civ. 2ème, 10 nov. 1998, Juris-Data, n° 004256 ; Civ. 1ère, 7 juin 1995, D. 1996, somm., p. 56, obs. A. Robert ; 15 fév. 1995, Defrénois 1995.1117, obs. C. Atias ; Civ. 3è, 15 fév. 1995, Defrénois 1995.1117, obs. C. Atias ; Civ. 1ère, 9 déc. 1986, Bull. civ. I, n° 291 ; Paris, 11 mai 1957, D. 1957, p. 658*). Il faudra également, cela a déjà été souligné, se souvenir que la liberté de la preuve est reconnue dans le contexte de la revendication, spécialement en matière mobilière. C'est du moins ce qui se déduit d'une jurisprudence récente de la Cour de cassation française lorsqu'elle admet que le revendiquant puisse évoquer à l'appui de ses prétentions non seulement les articles 1315 ou 1341 du Code civil, mais surtout l'article 544 du même code qui, lui, permet d'établir sa propriété au-delà de l'hypothèse somme toute simpliste d'un achat, par exemple au cas de bénéfice d'une libéralité où il n'existe pas à proprement parler une relation contractuelle entre l'auteur et le destinataire de l'objet donné *(Civ. 1ère, 27 nov. 2001, D. 2002, p. 119, note Y. Chartier; Civ. 1ère, 11 janv. 2000, D. 2001, p. 890, obs. A. Donnier).*

Cela dit, l'action en revendication n'est pas la seule voie de recours à la disposition de l'individu dont les biens ont été mis en vente à la suite d'une saisie à laquelle il était étranger. En effet il est stipulé, à l'article 142 alinéa 2 de l'Acte uniforme portant organisation des procédures simplifiées de recouvrement et des voies d'exécution, que « le tiers reconnu propriétaire d'un bien déjà vendu peut, jusqu'à la distribution des sommes produites par la vente, en distraire le prix non diminué des frais ». A dire vrai, l'efficacité de cette voie de droit dépendra fortement du nombre de créanciers et de leur aptitude à s'entendre. La raison en est que, lorsqu'il n'y a qu'un créancier, le produit de la vente devrait lui être remis dans un délai de quinze jours, au plus tard, à compter du versement du produit de la vente. A l'inverse, s'il se trouve qu'il y ait plusieurs créanciers, il leur revient, dans un premier temps, de s'accorder sur une répartition consensuelle du prix. La distribution ne pourrait donc être retardée et profiter au tiers revendiquant que si ces derniers ne sont pas parvenus à un accord car alors, une procédure relativement longue s'ouvre devant le président de la juridiction du lieu où la vente a eu lieu.

Au demeurant, rien n'empêche que l'étranger à la saisie dont les biens ont été vendus à cette occasion poursuive le débiteur sur le fondement des règles du droit commun, notamment par le truchement de l'enrichissement sans cause. En effet, à regarder de près, il apparaît ici que l'endetté paye finalement ce qu'il doit à la suite de la mise en vente d'une chose ne lui appartenant pas.

Sylvain Sorel Kuaté Tameghé,
Chargé de cours, Université de Yaoundé II Soa.

1ère espèce : CCJA, arrêt n°026, 7 avril 2005
Bou Chebel Malek c/ La station Mobil de Yamoussoukro

2ème espèce : CCJA, arrêt n°009/ 2002, 21 mars 2002
Me Bohoussou G. Juliette c/ Société Ivoire Coton

1. CCJA, arrêt n°026, 7 avril 2005, Bou Chebel Malek c/ La station Mobil de Yamoussoukro

(...)

Sur le premier moyen

Vu les articles 7 alinéa 2, 8 alinéa 2 et 9 de l'Acte uniforme portant organisation des procédures simplifiées de recouvrement et des voies d'exécution ;

Attendu que les dispositions susvisées prescrivent respectivement que « La décision portant injonction de payer est non avenue si elle n'a pas été signifiée dans les trois mois de sa date » ; « Sous la même sanction (de nullité) la signification indique la juridiction devant laquelle elle (l'opposition) doit être portée... » ; « Le recours ordinaire de la décision d'injonction de payer est l'opposition. Celle-ci est portée devant la juridiction compétente dont le président a rendu la décision portant injonction de payer » ;

Attendu, en l'espèce, qu'il n'est pas contesté, d'une part, que l'exploit de signification de l'ordonnance d'injonction de payer n° 15/2000 du 4 février 2000 contenait la reproduction intégrale de l'article 9 alinéa 2 de l'Acte uniforme portant organisation des procédures simplifiées de recouvrement et des voies d'exécution ; que, d'autre part, Monsieur Bou Chebel Maleck avait lui-même saisi la juridiction compétente constituée par la Section du tribunal de Toumodi ; qu'en l'espèce, l'erreur dans la désignation de la juridiction compétente reprochée à l'exploit de signification de l'ordonnance d'injonction de payer par Monsieur Bou Chebel Maleck a été réparée par les indications contenues dans l'article 9 susénoncé de l'Acte uniforme susvisé, intégralement reproduit dans ledit exploit, lequel est par conséquent conforme aux prescriptions de l'article 8 alinéa 2 susvisé et est régulier ; d'où il suit que l'arrêt attaqué ayant frappé de nullité l'exploit de signification de l'ordonnance d'injonction de payer doit, quelles que soient les conséquences qu'il a tirées de cette sanction, être cassé ; qu'il y a lieu d'évoquer ;

Sur l'évocation

(...) Attendu que Monsieur Bou Chebel Maleck fait valoir :

Que l'exploit de signification de l'ordonnance d'injonction de payer susvisée a indiqué comme juridiction compétente pour connaître de l'opposition le président de Section du tribunal de Toumodi au lieu de la Section du tribunal de Toumodi, ceci en violation de l'article 9 de l'Acte uniforme portant organisation des procédures simplifiées de recouvrement et des voies d'exécution, et qu'étant frappée de nullité, ladite ordonnance doit être considérée comme n'ayant jamais été signifiée ;

Que dès lors, en application de l'article 7 alinéa 2 du nième Acte uniforme, lequel prévoit que la décision portant injonction de payer est non avenue si elle n'a pas été signifiée dans le délai de trois mois à compter de sa date, l'ordonnance en cause est caduque puisque du 4 février 2000 à la date de sa signification, il s'est écoulé plus de trois mois ;

Attendu que la station Mobil de Yamoussoukro soutient en réplique que l'ordonnance d'injonction de payer susvisée n'est pas caduque, Monsieur Bou Chebel Maleck ayant porté son opposition à ladite décision devant la juridiction compétente, en l'occurrence la Section du tribunal de Toumodi en dépit des erreurs matérielles reprochées audit exploit ;

Attendu que l'article 7 alinéa 2 de l'Acte uniforme susvisé dispose que « La décision portant injonction de payer est non avenue si elle n'a pas été signifiée dans les trois mois de sa date » ;

Attendu, en l'espèce, qu'il ressort de l'exploit intitulé « Notification d'injonction de payer avec commandement de payer », que celui-ci a été signifié à Monsieur Bou Chebel Maleck le 12 février 2000, soit dans le délai de signification de l'ordonnance d'injonction de payer rendue le 4 février 2000, lequel, par application de l'article 7 alinéa 2 sus énoncé de l'Acte uniforme susvisé, expirait le 4 mai 2000 ; que par suite l'appelant n'est pas fondé à soutenir que l'ordonnance d'injonction de payer était caduque ...

Attendu que Monsieur Bou Chebel Maleck fait valoir, d'une part, que la requête aux fins d'injonction de payer ayant abouti à l'ordonnance susvisée avait été présentée par la station Mobil de Yamoussoukro qui n'est ni une personne morale ni une personne physique, que d'autre part, à supposer qu'elle soit une personne morale, sa forme, sa dénomination, son siège ne sont pas indiqués dans l'exploit de signification ; qu'il soutient qu'en l'absence de ces indications prévues par l'article 4 de l'Acte uniforme susvisé, la requête est irrecevable ;

Attendu que la station Mobil de Yamoussoukro soutient en réplique que les griefs formés par l'appelant sont non fondés dans la mesure où, étant une entreprise individuelle, elle emprunte à son exploitant sa personnalité, son nom, son siège, autant d'éléments qui apparaissent dans la requête contestée ;

Attendu que les éléments d'identification prévus par l'article 4 de l'Acte uniforme susvisé, selon lequel la requête contient à peine d'irrecevabilité les noms, prénoms, profession et domiciles des parties … siège social, ne peuvent être, en ce qui concerne une entreprise individuelle, que ceux empruntés à l'exploitant personnel du fonds, en l'occurrence Monsieur Attar ; qu'en conséquence, ladite requête est régulière et recevable (…).

2. CCJA, arrêt n°009/ 2002, 21 mars 2002, Me Bohoussou G. Juliette c/ Société Ivoire Coton

(…)

Sur le premier moyen

Vu l'article 27 de l'Acte uniforme portant sur le droit commercial ;

Vu l'article 27 de l'Acte uniforme relatif au droit des sociétés commerciales et du groupement d'intérêt économique ;

Attendu qu'il est fait grief à l'arrêt attaqué d'avoir violé l'article 2 de l'Acte uniforme portant sur le droit commercial général en ce que, pour admettre la recevabilité de l'opposition en date du 04 février 2000 diligentée par la société Ivoire Coton, la cour d'appel d'Abidjan a estimé que la signification (…) était nulle pour n'avoir pas été faite au siège social de la société Ivoire Coton situé à Bouaké, alors que, selon la requérante, ledit siège social ne pouvait être situé en un autre lieu qu'à Abidjan, lieu de l'immatriculation de cette société au registre du commerce et du crédit mobilier conformément aux dispositions de l'article 27 de l'Acte uniforme susvisé, qui dispose : « les sociétés et autres personnes morales doivent requérir leur immatriculation dans le mois de leur constitution, auprès du registre du commerce et du crédit mobilier de la juridiction dans le ressort de laquelle est situé le siège social » ;

Mais attendu que, même si au moment de la constitution de la société Ivoire Coton, son siège social était situé à Abidjan, lieu de son immatriculation au registre du commerce et du crédit mobilier, aux termes de l'article 27 de l'Acte uniforme relatif au droit des sociétés commerciales et du groupement d'intérêt économique, le siège social peut être modifié, pour chaque forme de société, dans les conditions prévues par ledit Acte uniforme pour la modification des statuts ; qu'en affirmant que le siège social d'Ivoire Coton se trouve à Bouaké à la suite d'un transfert, comme indiqué dans l'acte de cession rédigé par la requérante elle-même (…), la cour d'appel n'a violé aucune disposition de l'article 27 de l'Acte uniforme (…), qu'il s'ensuit que le moyen n'est pas fondé ;

Sur le second moyen

Vu l'article 26 de l'Acte uniforme relatif au droit des sociétés commerciales et du groupement d'intérêt économique ;

Attendu qu'il est également fait grief à l'arrêt attaqué d'avoir violé l'article 26 de l'Acte uniforme relatif au droit des sociétés commerciales et du groupement d'intérêt économique en ce que la cour d'appel, pour justifier autrement sa décision, a considéré que la signification faite à la société Ivoire Coton en ses bureaux sis à Abidjan...était entachée de nullité en ce sens que le siège de ladite société, avant son transfert à Bouaké, était bien au 62 Boulevard Victor Schoelcher à Cocody, alors qu'il résulte, selon la requérante, de l'analyse des différents courriers en provenance de ladite société que l'indication de celle-ci à Abidjan était constituée par l'adresse suivante « Boulevard de Marseille, ...face CHU Treichville... », ce qui signifie que même si le siège social statutaire ... était à Abidjan Cocody ou à Bouaké, l'adresse mise à la disposition des tiers était celle d'Abidjan Treichville, siège de la société où l'ordonnance d'injonction de payer avait été valablement signifiée ; qu'en refusant de l'admettre et de juger le bénéfice de l'article 26 de l'Acte uniforme susvisé aux termes duquel « les tiers peuvent se prévaloir du siège statutaire mais celui-ci ne leur est pas opposable par la société si le siège réel est situé en un autre lieu », l'arrêt attaqué a violé ledit article et encourt cassation ;

Mais attendu qu'en retenant, après examen des différentes pièces du dossier, qu'aucun élément de celui-ci ne permet d'affirmer que les bureaux de Treichville constituent le siège réel de la société Ivoire Coton et qu'en tout état de cause, le siège social de ladite société, avant d'être transféré à Bouaké était bien au 62 Boulevard Victor Schoelcher à Abidjan-Cocody, la cour d'appel a souverainement apprécié les faits ; qu'il s'ensuit que le moyen doit être rejeté comme étant non fondé...

OBSERVATIONS

La signification se définit comme la notification faite par un huissier de justice, qui consiste en la remise de la copie d'un acte de procédure à son destinataire (G. Cornu, *Vocabulaire juridique. Association Henri Capitant*, PUF, Paris, 1997). Elle peut être faite, lorsqu'il n'a pas été possible d'atteindre personnellement le destinataire, à son domicile ou à sa résidence, à toute personne présente, au gardien de l'immeuble, en dernier lieu à tout voisin. Elle peut aussi l'être au Procureur lorsque le destinataire n'a ni domicile, ni résidence, ni lieu de travail connus ou qu'il demeure à l'étranger.

L'importance de cette formalité n'est plus à démontrer car, c'est de son accomplissement que partiront certains délais pour comparaître ou pour former une voie de recours. Toute la place accordée à la signification par le législateur OHADA, dans l'application des procédures simplifiées de recouvrement et voies d'exécution, est ainsi justifiée.

La CCJA a eu à connaître de la nullité de l'exploit de signification, sous divers angles : absence de certains éléments qu'il devrait contenir (identité de la personne du débiteur, siège social de la personne morale) ; inobservation des exigences en rapport avec le délai et le lieu de la signification.

Le contenu de l'exploit de signification conforte, en pratique, les articles 7, 8 et 9 de l'Acte uniforme portant organisation des procédures simplifiées de recouvrement et des voies d'exécution. L'affaire *Bou Chebel Malek* l'illustre bien et la relation des faits met en relief ses enjeux juridiques.

Par une ordonnance du 4 février 2000 du président du tribunal de Toumodi, Monsieur Bou Chebel Maleck avait été enjoint de payer à la station Mobil de Yamoussoukro une somme de 2.724.964 francs cfa. L'ordonnance d'injonction de payer lui est signifiée le 12 février 2000. Il s'y oppose dans les délais, mais celle-ci est déclarée mal fondée. Le président du tribunal de Toumodi le condamne à payer 3.235.010 francs cfa, rajoutant ainsi des dommages intérêts. Mécontent, il fait appel de cette ordonnance. Malheureusement pour lui, la cour d'appel rend un arrêt confirmatif le 24 janvier 2001. Bou Chebel Maleck se pourvoit en cassation. Il reproche aux juges d'appel de n'avoir pas constaté la caducité de l'exploit de signification de l'ordonnance d'injonction de payer et d'avoir décidé qu'en pareil cas, le délai d'opposition (15 jours) est réputé n'avoir jamais couru. La station Mobil de Yamoussoukro soutient pour sa part que l'ordonnance d'injonction de payer n'est pas caduque, le demandeur au pourvoi ayant porté son opposition dans les délais ; qu'elle n'est pas nulle pour violation des formalités des articles 8 alinéa 2 et 9 alinéa 2 de l'Acte uniforme portant organisation des procédures simplifiées de recouvrement et des voies d'exécution, en dépit des erreurs matérielles reprochées audit exploit.

Invitée à départager les plaideurs, la CCJA considère que la signification de l'ordonnance d'injonction de payer ayant été faite dans les délais de trois mois, l'appelant ne saurait soutenir que l'ordonnance d'injonction de payer était caduque ; que le fait pour Bou Chebel Maleck d'avoir saisi personnellement la juridiction compétente avait réparé l'erreur matérielle reprochée au créancier.

A l'analyse, le problème soumis à la Haute juridiction était relatif au contenu et surtout à la sanction des insuffisances de l'acte de signification de la décision d'injonction de payer.

Dans l'arrêt Me Bohoussou G. Juliette contre Société Ivoire Coton, la signification de l'ordonnance soulevait plus spécifiquement la question du lieu de signification. Ici en effet, il était reproché à un arrêt d'appel d'avoir violé l'article 27 de l'Acte uniforme relatif au droit commercial général et l'article 27 de l'Acte uniforme relatif au droit des sociétés commerciales, lesquels régissent le lieu de situation du siège social y compris dans l'hypothèse d'un changement ou d'un transfert de celui-ci, et déclinent les conséquences que l'on doit en tirer. En réalité, les faits ici étaient complexes. A la requête de Me Bohoussou, une ordonnance d'injonction de payer avait été servie à la société Ivoire coton, à une adresse située à Treichville. Or selon elle, son siège ne se trouvait plus à

Abidjan, boulevard Schoelcher à Cocody, mais à Bouaké. Pour considérer l'adresse de Treichville comme celle du siège réel de l'entreprise Ivoire coton, Me Bohoussou invoque les renseignements que portent divers documents en provenance de cette société à destination des tiers, qui indiquent son adresse à cet endroit. La société Ivoire coton a vite fait de soutenir le contraire et demande l'annulation de la signification de l'injonction de payer faite à Treichville.

A bien regarder, le débat ici portait sur le point de savoir dans quelle mesure l'adresse de Treichville pouvait être qualifiée de siège réel et donc valider la signification qui y a eu lieu, alors que la société invoquait son siège statutaire.

Y apportant réponse, la CCJA donne raison à Ivoire coton. Elle motive sa décision en convoquant l'article 26 de l'Acte uniforme relatif au droit des sociétés commerciales qui règlemente l'opposabilité du siège réel aux tiers et l'article 27 du même Acte uniforme qui, pour sa part, envisage les modalités de modification du siège d'une société commerciale.

Au total, deux leçons sont à retenir. La première concernent le contenu de l'exploit de signification ; la seconde les modalités de la signification proprement dite.

I. Le contenu de l'exploit de signification

L'exploit est un acte d'huissier de justice destiné à assurer l'accomplissement d'une formalité. Le contenu de l'exploit de signification d'une ordonnance portant injonction de payer est déterminé par l'article 8 de l'Acte uniforme relatif aux procédures simplifiées de recouvrement et des voies d'exécution. Entre autres, il doit contenir la sommation d'avoir à payer la somme prévu par l'ordonnance d'injonction de payer, les moyens de défense, notamment l'opposition (délai pour former opposition, juridiction compétente, les formes selon lesquelles elle doit être faite), etc (*CCJA, arrêt n°044/2005, affaire Société de transport aérien middle east Air Liban dite MEA contre Mme Kamagate Mangnale, Recueil de jurisprudence de la CCJA, n°6, juin-décembre 2005, p. 29, Le juris ohada n°1/2006, p. 11).*

Dans l'arrêt n° 026 du 7 avril 2005, l'exploit de signification ne renseignait ni au sujet de la juridiction compétente, ni au sujet de l'identité du requérant.

Pour comprendre la question de l'absence d'indication de la juridiction compétente, il faut revenir sur les arguments avancés par Bou Chebel. Pour sa défense, il convoque l'article 9 de l'Acte uniforme portant organisation des procédures simplifiées de recouvrement et des voies d'exécution ainsi rédigé : « *le recours ordinaire contre la décision d'injonction de payer est l'opposition. Celle-ci est portée* devant la juridiction compétente dont le président a rendu la décision d'injonction de payer. *L'opposition est formée par acte extrajudiciaire*». S'appuyant sur cette disposition légale, il soutient que l'exploit de signification de l'ordonnance d'injonction de payer susvisé a indiqué comme juridiction compétente pour connaître de l'opposition « le président de la section du tribunal de Toumodi » au lieu de la « section du tribunal de Toumodi », que ladite ordonnance doit être frappée de nullité et considérée comme n'ayant jamais été signifiée. Un arrêt de la cour d'appel de Bouaké (n° 52-2001, 21 mars 2001) avait déjà relevé cette confusion au sujet de la juridiction compétente dans une espèce où une juridiction présidentielle avait été saisie de l'opposition, mais où c'est le tribunal lui-même qui avait finalement statué. Les juges n'avaient pas manqué de sanctionner par la nullité l'auto saisine du tribunal de Korhogo et renvoyé la cause et les parties devant le président du tribunal de première instance de ce ressort.

En tout état de cause, ce qui rend intéressant ce moyen de défense, c'est la persistance du sieur Bou Chebel Maleck à vouloir faire constater que l'exploit était nul. La réaction de la CCJA est sans appel. Elle décide que malgré l'erreur matérielle à laquelle il est fait allusion par le demandeur, ce dernier a lui-même saisi la juridiction compétente constituée par la « section du tribunal de Toumodi ». A cela s'ajoute, observe-t-elle, que l'exploit de signification avait reproduit intégralement l'article 9, lequel renseigne lui aussi au sujet de la juridiction à par le débiteur qui entend s'opposer. En conséquence, sa conclusion est que l'erreur commise avait été réparée.

La CCJA a adopté une démarche similaire dans l'affaire Société de transport aérien middle east Airlines Air Liban précitée. Au delà des faits de l'espèce, le demandeur au pourvoi avait soulevé la nullité d'un exploit de signification portant injonction de payer en arguant que cet exploit ne contenait pas les intérêts et frais de greffe conformément aux exigences de l'article 8 alinéa 1 de l'Acte uniforme portant organisation des procédures simplifiées de recouvrement et des voies d'exécution. A la suite de la cour d'appel, la haute juridiction commune considéra que cette insuffisance n'entachait pas la validité de l'acte concerné. Pour soutenir sa décision, elle fit valoir que la mention omise n' était pas une condition de validité de l'exploit, surtout que le créancier pourrait ne demander que le principal de la créance sans s'intéresser aux accessoires de celle-ci (*rapprocher de CA d'Abidjan, n° 772 du 13 juin 2003, M. Aman Ayaye J.B. contre M. Assy Ossey C., ohadata, J-03-293 ; CA Abidjan, arrêt n° 644 du 14 mai 2002, CL-Télécom contre M. Aka Brou E., ohadata, J-03-286 ; CA Abidjan, arrêt n° 710 du 02 juin 2000, Léopold Stanislas contre Ngoua Koffi, ohadata J-06-127 ; TGI Ouagadougou, jugement n° 364 du 20 août 2003, CNPS contre La société professionnelle Stanley Mortgage Guarantee, ohadata, J-04-253 ; TGI Ouagadougou, jugement du 16 juillet 2003, Société SATP Sarl contre Entreprise Bationo, ohadata, J-04-256. Voir surtout, dans cet ouvrage, le commentaire de M. Timtchueng sous CCJA, arrêt n° 11/2002 du 28 mars 2002, Société M. contre DDCI et n° 012 du 18 mars 2004, affaire BCN contre H.).*

Dans les deux affaires, le raisonnement de la CCJA interpelle. Il aboutit, par un argument par équipollent, à sauver de la nullité un acte juridique qui n'a pas respecté les formes prescrites par le législateur. Il s'en infère que la violation d'une formalité prescrite sous la menace d'une sanction sera couverte au cas où une formalité équivalente a été adoptée, en particulier par celui qui aurait pu invoquer la nullité. D'aucuns pourraient même soutenir que la cour adosse son raisonnement sur la règle bien connue de l'estoppel, laquelle interdit à une partie au procès de se contredire.

Quoi qu'il en puisse être, dans la deuxième affaire, la CCJA fait une lecture davantage subtile du formalisme de l'article 8 alinéa 1 de l'Acte uniforme portant organisation des procédures simplifiées de recouvrement et des voies d'exécution. Elle décide en effet que cette absence n'entache pas la validité de l'acte de signification de l'ordonnance d'injonction de payer. La solution retenue n'est pas basée sur la lettre du texte visé, puisqu'il y est indiqué que cet acte devra comporter les mentions qui y sont énumérées « à peine de nullité ». Cette hardiesse du juge communautaire ne peut ne pas être encouragée. En effet, s'il est louable de se soucier de la protection du débiteur dans le contexte singulier du recouvrement forcé, il n'en reste pas moins que cette protection ne devrait pas servir, à tous les prix, à faire obstacle à ce que le créancier reçoive ce qui lui revient lorsque le résultat à atteinte à travers l'accomplissement d'un acte de procédure l'a été.

Ceci réservé, la question du respect du formalisme légal demeure posée. Ce moyen de défense de Monsieur Bou Chebel Maleck amène d'ailleurs à réfléchir sur la sanction de la violation de l'article 9 de l'Acte uniforme portant organisation des procédures simplifiées de recouvrement et des voies d'exécution. Doit-on appliquer la nullité prévue à l'article 8 du même texte ? On comprend toute la gêne du demandeur dans la formulation de son moyen. La nullité que règlemente l'article 8 de l'Acte uniforme punit tout manquement lors de la signification de la décision portant injonction de payer. Or à l'article 9 il est plutôt question de l'exercice de l'opposition, notamment l'indication de la juridiction devant laquelle ce recours doit être porté, à savoir celle dont le président a rendu la décision d'injonction de payer. Bien que la juridiction compétente soit la même dans les deux hypothèses, il y a lieu de relever que cet article 9 ne concerne pas directement le contenu de l'exploit de signification. Par conséquent, la sanction du choix de la juridiction compétente ne peut pas être la nullité prévue à l'article 8. C'est peut-être cette difficulté qui a amené la CCJA à admettre la réparation de l'erreur.

En ce qui concerne l'absence d'indication de l'identité du requérant, Monsieur Bou Chebel Maleck soutient que la requête aux fins d'injonction de payer ayant abouti à l'ordonnance susvisée avait été présentée par la station Mobil de Yamoussoukro qui n'est ni une personne morale, ni une personne physique. Il ajoute qu'en supposant qu'elle soit une personne morale, sa forme, sa dénomination, son siège, ne sont pas indiqués dans l'exploit de l'huissier. Et en l'absence de ces indications prévues par l'article 4 de l'Acte uniforme, la requête est irrecevable.

La station Mobil de Yamoussoukro en observant réplique que les griefs formés sont non fondés dans la mesure où étant une entreprise individuelle, elle emprunte à son exploitant sa personnalité, son nom, son siège, autant d'éléments qui apparaissent dans la requête contestée.

Au vu de ces éléments, la CCJA déclare la requête régulière et recevable. Toutefois, la question reste posée de savoir quels sont les critères d'identification d'une entreprise individuelle qui doivent figurer dans la requête, en application de l'article 4(1).

Aux termes dudit article, « la requête doit contenir à peine d'irrecevabilité (...) pour ce qui concerne les personnes morales, leurs formes, leur dénomination et leur siège social ». Mais qu'entend-on par personne morale ? S'agit-il d'une société commerciale détenue par un seul associé ou d'un fonds de commerce qui se confond avec la personne du commerçant qui l'exploite ?

La question est pertinente en ce sens que l'entreprise n'est pas un terme juridique mais économique. Une certaine doctrine a toujours voulu lui reconnaître une personnalité juridique, sans succès (*sur ces controverses, cf. J. Paillusseau, La société anonyme : technique d'organisation de l'entreprise, LGDJ 1967 ; Qu'est-ce l'entreprise ? In L'entreprise : nouveaux rapports, Economica, Paris, 1987, p. 11 ; B. Mercadal, La notion d'entreprise, Mélanges J. Derruppé 1991, p. 9 ; G. Roujou de Boubée, Essai sur l'acte juridique collectif, LGDJ, Paris, 1961).*

S'il s'agit d'une société unipersonnelle, elle devrait avoir sa personnalité juridique avec les attributs nécessaires qui ne sauraient être confondus avec celle de son associé unique. Dans cette hypothèse, les éléments à fournir devraient être ceux de la société. Mais lorsqu'il s'agit d'une entreprise individuelle, elle est confondue avec la personne de celui qui l'assume. Toutefois, les éléments d'identification à fournir au registre du commerce et du crédit mobilier ne sont pas uniquement ceux qui sont propres à celui-ci, notamment, l'adresse. L'article 21-2(a) de l'Acte uniforme relatif au droit commercial général exige qu'il renseigne sur l'adresse du principal établissement. On peut en déduire que l'adresse du siège social qu'exige l'article 4-1 peut ne pas être la même que celle du domicile du commerçant.

A l'évidence, la Cour commune n'a pas été assez rigoureuse ici. Elle aurait dû insister sur le fait que les éléments à fournir lorsqu'il s'agit d'entreprises individuelles sont ceux que le commerçant a pu produire lors de sa déclaration aux impôts ou au registre du commerce et du crédit mobilier.

II. L'acte de signification

La CCJA a eu à se prononcer sur l'acte de signification lui même, notamment sur le lieu de signification de l'ordonnance d'injonction de payer et le délai de signification.

Dans les affaires Bou Chebel et Bohoussou, la question du lieu de signification se posait différemment, sur les fondements des articles 9 et 7 de l'Acte uniforme portant organisation des procédures simplifiées de recouvrement et des voies d'exécution d'une part, de l'article 27 de l'Acte uniforme relatif au droit commercial général d'autre part. La subtilité utilisée par la CCJA à chaque fois mérite attention.

Dans le premier cas, il était reproché à la station Mobil de Yamoussoukro de n'avoir pas porté son opposition devant la juridiction compétente dont le président a rendu la décision d'injonction de payer, conformément à l'article 9 de l'Acte uniforme. Cette dernière avait saisi de son opposition « le président de la section du tribunal de Toumodi » en lieu et place de « la section du tribunal de Toumodi ». Monsieur Bou Chebel Maleck espérait que le juge déclarerait cette opposition nulle, pour violation de cette formalité. La CCJA a pris une position qui peut sembler réaliste, en estimant que le demandeur au pourvoi avait lui-même déjà réparé cette erreur matérielle et saisi la juridiction compétente. Il faut se rappeler quel était l'enjeu ici et ne pas perdre de vue qu'il existe un lien assez fort entre les articles 8 alinéa 2 et 9. Au fond, la loi oblige le créancier qui a obtenu une ordonnance d'injonction de payer, en la signifiant au débiteur, à peine de nullité, d'indiquer le délai dans lequel l'opposition doit être formée, la juridiction devant laquelle elle sera portée et les formes selon lesquelles elle devra être faite. Il revient donc au créancier de guider le débiteur, de lui faciliter la tâche en quelque sorte. Si l'endetté n'obtient pas ces informations, il lui est permis de requérir la nullité de la signification de la décision d'injonction de payer, sur le fondement de l'article 8 alinéa 2 de l'Acte uniforme.

Le respect du lieu de signification se posait aussi dans l'arrêt du 21 mars 2002 opposant Me Bohoussou à la société Ivoire coton, à la lumière de l'article 27 de l'Acte uniforme relatif au droit des sociétés commerciales et du groupement d'intérêt économique. Cette entreprise soutenait avoir déplacé son siège social d'Abidjan à Bouaké. Mais étant entendu que le courrier provenant d'elle donnait à penser que son adresse se trouve au boulevard de Marseille face CHU Treichville, Me Bohoussou avait signifié à cette adresse l'ordonnance d'injonction de payer. Ivoire Coton demandait la nullité de l'exploit de signification car n'ayant pas été faite à son siège social à Bouaké. Se posait alors la question de savoir si on était en présence d'un siège réel différent du siège statutaire qui aurait justifié l'application de l'article 26 AUSCGIE.

La CCJA donne raison au défendeur au pourvoi en se fondant sur deux arguments : tout d'abord, aucun élément ne permettait au créancier de soutenir sa logique selon laquelle les bureaux de Treichville constituaient le siège réel et, selon les prescriptions de l'article 26 de l'Acte uniforme relatif au droit des sociétés commerciales et du groupement d'intérêt économique, ce siège réel devrait conduire à reléguer à un plan inférieur le siège statutaire. Ensuite, même à supposer qu'il y ait eu transfert du siège de l'entreprise d'une ville vers une autre, le siège statutaire qui dans la logique du raisonnement du défendeur devait prévaloir ne se trouvait pas à Treichville.

La leçon à tirer de cette affaire est simple : les actes de procédure concernant la société devraient être signifiés à son siège social, lequel est indiqué au registre du commerce et du crédit mobilier. Si ces précautions avaient été prises par Me Bohoussou il aurait signifié à Bouaké ou à Abidjan bld Schoelcher au cas où la modification de cet élément dans le registre du commerce n'aurait pas été effectuée. L'article 26 de l'Acte uniforme relatif au droit des sociétés commerciales permet de faire la distinction entre le siège réel et le siège fictif. On était loin de cette hypothèse car le caractère fictif du siège statutaire n'était pas démontré.

Venant enfin à au délai de signification, dans l'arrêt n° 026 du 7 avril 2005, l'un des arguments développé consistait à dire que l'acte de signification encourt nullité, par application de l'article 7 alinéa 2 de l'Acte uniforme portant organisation des procédures simplifiées de recouvrement et des voies d'exécution dont la rédaction est la suivante : « ....La décision portant injonction de payer est non avenue si elle n'a pas été signifiée dans les trois mois de sa date ». Bou Chebel Maleck soutenait que le délai de 3 mois avait expiré. Pourtant il se trouve qu'il avait été notifié quelques jours après que l'ordonnance ait été rendue, presque deux mois et demi avant le délai d'expiration.

Ce qui est davantage intéressant ici c'est la sanction de la violation de ce délai de trois mois. L'article 7 alinéa 2 prescrit que la décision portant injonction de payer est « non avenue ». Par cette formule, le législateur OHADA fait certainement référence à la caducité de l'ordonnance d'injonction de payer. Ce qui est sanctionné c'est l'inaction du créancier qui n'a pas réagi dans le délai imparti. Cette caducité est à distinguer de la nullité de l'ordonnance d'injonction de payer qui ne pourrait être fondée que sur un vice entachant à l'origine sa validité. En conséquence, le créancier devrait pouvoir à nouveau saisir la juridiction pour obtenir une nouvelle ordonnance. Cette rigueur est nécessaire au bon déroulement de la procédure engagée et contribue à rendre le procès équitable.

Robert Nemedeu,
Maître de conférences Agrégé, Université de Yaoundé II.

CCJA, arrêt n°035/2005, 02 juin 2005
Madame Khouri Marie c/ Société Hyjazi Samih et Hassan dite Induschimie et Société générale de banques en Côte d'Ivoire dite SGBCI

(...)

Sur le second moyen

Vu l'article 39 de l'Acte uniforme portant organisation des procédures simplifiées de recouvrement et des voies d'exécution ;

Attendu qu'il est fait grief à l'arrêt attaqué d'avoir violé l'article 39 de l'Acte uniforme susvisé en ce que la cour d'appel d'Abidjan, pour statuer comme elle l'a fait, a considéré que « eu égard aux difficultés de trésorerie liées à la guerre dans le pays qui entrave l'écoulement de sa production et dans le souci de permettre à dame Khouri de percevoir de manière régulière sa créance », elle « ramène à 1 000 000 francs cfa la somme que Induschimie doit lui verser chaque mois, jusqu'à épuisement du montant total de la condamnation » alors que selon le moyen, « pour accorder une mesure de délai de grâce, le juge doit nécessairement tenir compte de la situation des deux parties en litige, alors que dans le cas d'espèce, la cour d'appel à simplement estimé qu'eu égard aux difficultés de trésorerie liées à la guerre dans le pays, la société Induschimie devait bénéficier d'une mesure de délai de grâce ; qu'une telle appréciation relève d'une situation générale de crise et elle ne tient objectivement pas compte de la situation personnelle de la société Induschimie car en période de crise, toutes les entreprises ne connaissent pas forcément des difficultés de trésorerie ; que pour ce faire et pour accorder une telle mesure à la société Induschimie pour le payement de sa dette, la cour aurait du s'appuyer sur des preuves matérielles attestant des difficultés de trésorerie de cette dernière, lesquelles preuves n'ont jamais été produites au débat par le bénéficiaire de la mesure du délai de grâce » ; que par ailleurs la cour d'appel, toujours selon le moyen, n'a pas tenu compte de sa situation financière pour accorder le délai de grâce à son ex-employeur ; qu'en effet, depuis le 10 mars 1999, date de la requête introductive d'instance jusqu'à ce jour soit 4 ans, elle n'a pas reçu alors qu'elle est au chômage le moindre règlement de ses droits de rupture et dommage intérêts prononcés par l'arrêt dont l'exécution est poursuivie parce que par des moyens dilatoires la société Induschimie tente de se soustraire à l'exécution des termes de la décision de condamnation obtenue à son encontre ; qu'enfin, et toujours selon le moyen, le paiement mensuel de la somme de 1 000 000 francs cfa ordonné par la cour d'appel permet de constater que le règlement du montant de la créance s'élevant à ce jour à 30 358 908 francs cfa se fera dans un délai de plus de trente mois, soit au-delà du délai maximum prévu par l'article 39 ;

Attendu qu'aux termes de l'article 39 de l'Acte uniforme sus-visé, « le débiteur ne peut forcer le créancier à recevoir en partie le paiement d'une dette, même divisible.

Toutefois, compte tenu de la situation du débiteur et en considération des besoins du créancier, la juridiction compétente peut, sauf pour les dettes d'aliments et les dettes cambiaires, reporter ou échelonner le paiement des sommes dues dans la limite d'une année. Elle peut également décider que les paiements s'imputeront d'abord sur le capital.

Elle peut en outre subordonner ces mesures à l'accomplissement par le débiteur d'acte propres à faciliter ou à garantir le paiement de la dette. »

Attendu, en l'espèce, qu'il résulte de l'examen des pièces du dossier de la procédure que pour accorder le délai de grâce à la société Induschimie pour le paiement de sa dette à l'égard de Madame Khouri Marie, la cour d'appel a retenu, pour motiver sa décision, que la « société Induschimie est disposée à faire face à sa dette mais eu égard aux difficultés de trésorerie liées à la guerre dans le pays qui entrave l'écoulement de sa production et dans le souci de permettre à Dame Khouri de percevoir de manière régulière sa créance, la cour ramène à 1 000 000 francs cfa la somme que Induschimie doit lui verser chaque mois jusqu'a épuisement du montant total de la condamnation » ; que la cour d'appel, dans cette motivation de sa décision, n'a fait état, ni donné son appréciation des besoins de la créancière, Madame Khouri, se bornant à indiquer que c'est pour permettre à celle ci de percevoir régulièrement sa créance qu'elle ramène à 1 000 000 francs cfa la somme à payer par Induschimie ; que ce faisant , la cour d'appel d'Abidjan ne s'est pas conformée aux dispositions de l'article 39 sus énoncé de l'Acte uniforme précité ; que de même, en ramenant à 1 000 000 francs cfa le montant de la somme à verser mensuellement par Induschimie à Madame Khouri dont la créance totale en principal, intérêts et frais s'élève à 28 910 515 francs cfa, la cour d'appel d'Abidjan à décidé d'échelonner le paiement des sommes dues au delà de « la limite d'une année » fixée par l'article 39 précité ;

Attendu qu'il résulte de tout ce qui précède qu'il échet de casser l'arrêt n° 464 rendu le 18 avril 2003 par la cour d'appel d'Abidjan pour violation de la loi et, sans qu'il soit besoin d'examiner le premier moyen du pourvoi, d'évoquer ;

Sur l'évocation

...Vu l'article 154 de l'Acte uniforme portant organisation des procédures simplifiées de recouvrement et des voies d'exécution ;

Attendu que Madame Khouri Marie sollicite, d'une part le maintient de la saisie-attribution de créances pratiquée le 08 octobre 2001 et dont la mainlevée a été ordonnée par le juge des référés du tribunal de première instance d'Abidjan en violation des articles 154 et 164 de l'Acte uniforme susvisé et, d'autre part, le rejet de la mesure de délai de grâce accordée à Induschimie en violation desdits articles ;

Attendu qu'aux termes de l'article 154 de l'Acte uniforme susvisé, « l'acte de saisie emporte, à concurrence des sommes pour lesquelles elle est pratiquée ainsi que tous ses accessoires, mais pour ce montant seulement, attribution immédiate au profit du saisissant de la créance saisie disponible entre les mains du tiers.

Les sommes saisies sont rendues indisponibles par l'acte de saisie.

Cet acte rend le tiers personnellement débiteur des causes de la saisie dans la limite de son obligation. »

Attendu que la saisie-attribution des créances pratiquée le 08 octobre 2001 par Madame Khouri Marie entre les mains de la SGBCI-Vridi au préjudice de la société Induschimie a fait l'objet de contestation de la part de celle-ci ; que lesdites contestations ont été tranchées par l'arrêt n°148 du 29 janvier 2002 par lequel la cour d'appel d'Abidjan à infirmé en toutes ses dispositions l'ordonnance de référé n°4375 du 25 octobre 2001 puis ordonné le maintient de ladite saisie-attribution ; que ledit arrêt 148 du 29 janvier 2002 n'a pas fait l'objet de recours dans le délai légal et est devenu définitif ; que les contestations tranchées par le dispositif de l'arrêt n° 148 ne peuvent plus être à nouveau soulevées sans violer le principe de l'autorité de chose jugée et sans violer l'article 154 sus énoncé de l'Acte uniforme susvisé ; que par ailleurs l'effet attributif immédiat de la saisie attribution entraînant transfert instantané de la créance saisie disponible dans le patrimoine du saisissant, le juge de l'exécution ne peut pas suspendre les effets de ladite saisie-attribution en accordant des délais de paiement ; qu'il suit qu'il faut dire et juger que la saisie-attribution de créance pratiquée le 08 octobre 2001 au préjudice de la société Induschimie est maintenue et que la mesure de délai de grâce accordée à Induschimie est annulée ;

(...) Attendu que Induschimie, dans ses conclusions d'appel incident en date du 14 mars 2003, rejette les arguments de Madame Khouri Marie relativement à la violation de l'article 154 de l'Acte uniforme portant organisation des procédures simplifiées de recouvrement et des voies d'exécution et soutient qu' « au moment de la prise de décision par le juge des référés du tribunal de première instance d'Abidjan, aucun paiement effectif n'avait eu lieu et que le juge des référés pouvait ordonner une libération par tempérament, le transfert juridique des sommes dans le patrimoine créancier saisissant n'intervenant qu'en cas de paiement effectif ; qu'il est des sommes dans le patrimoine du créancier saisissant n'intervenant qu'en cas de paiement effectif, qu'il est erroné d'évoquer la violation de l'article 154 de l'Acte uniforme portant organisation des procédures simplifiées de recouvrement et des voies d'exécution » ; qu'elle ajoute que « du fait de la guerre, elle ne peut ni exporter ni écouler sur place sa production au point que sa trésorerie actuelle ne peut supporter qu'un million de francs cfa par mois jusqu'à l'extinction de la dette ; qu'elle demande donc à la cour de réformer l'ordonnance dans ce sens » ;

Attendu que pour les mêmes motifs que ceux sur le fondement desquels il à été fait droit ci dessus aux demandes de maintient de la saisie attribution du 08 octobre 2001 et de rejet de la mesure de délai de grâce, il y'a lieu de rejeter la demande de Induschimie…

OBSERVATIONS

Les juristes ne le savent que trop, il n'est pas question plus grave que celle de savoir si les tribunaux peuvent avoir à intervenir, en matière contractuelle ou extracontractuelle, pour une raison ou une autre, pour différer l'exécution d'une obligation. Toujours est-il que cette question est de tous les temps et a tendance à être plus fréquemment posée dans les contextes de difficultés économiques. Il n'est donc pas surprenant qu'elle ait été au centre de débats devant la Cour commune de justice et d'arbitrage à l'occasion de l'audience du 02 juin 2005 ayant donné lieu à l'arrêt n° 35/2005 du même jour.

Les données de l'affaire sont, c'est le moins que l'on puisse dire, singulières. Mise en chômage par son employeur, la société Induschimie, dame Khouri Marie avait obtenu la condamnation de ce dernier à lui payer d'importantes sommes d'argent. Sur la base d'un titre exécutoire représenté par l'arrêt de la Cour d'appel d'Abidjan n° 447 rendu le 17 mai 2001, elle pratiqua une saisie-attribution des créances de son employeur entre les mains de la Société générale de banques en Côte d'Ivoire. Nonobstant le caractère définitif de l'arrêt ayant fondé les poursuites, Induschimie parvint à obtenir du juge des référés du Tribunal de première instance d'Abidjan, par ordonnance n° 745 du 20 février 2003, un délai de grâce comportant un échéancier en vue de l'apurement de sa dette à raison de 1 500 000 de francs cfa par mois, en même temps que la mainlevée de la saisie entreprise. Sur appel contre cette décision, Madame Khouri fut déboutée de ses prétentions par la cour d'appel de la même ville qui, le 18 avril 2003, réforma l'ordonnance querellée et ramena à 1 000 000 de francs cfa la somme à lui verser mensuellement jusqu'à l'extinction de la dette de l'employeur d'hier. C'est contre cet arrêt qu'un pourvoi fût formé devant la Cour commune de justice et d'arbitrage.

Au soutien de son action, Madame Khouri fit valoir deux séries d'arguments. Tout d'abord, relevait-elle, la décision d'octroi du délai de grâce n'a pas, contrairement à ce qu'incline à penser l'article 39 alinéa 2 de l'Acte uniforme portant organisation des procédures simplifiées de recouvrement et des voies d'exécution, pris en considération ses besoins en tant que créancier. Ensuite, soutenait-elle, l'application du calendrier de paiement arrêté par les juges d'appel a comme conséquence de faire en sorte que ce qui est dû ne soit payé en totalité qu'au terme de trente mois, ce qui n'est pas non plus conforme aux prescriptions de l'article 39 alinéa 2 précité lequel n'envisage l'échelonnement des paiements que dans la limite d'une année.

La querelle portait donc sur le point de savoir à quelles conditions et sous quelles modalités le délai de grâce devrait être octroyé à celui qui en fait la demande.

Y apportant réponse, la Cour commune de justice et d'arbitrage estime qu'il échet de « ... casser l'arrêt de la cour d'appel d'Abidjan pour violation de la loi », et évoque. Deux leçons sont à retenir de cet arrêt. La première concerne les conditions de l'attribution du délai de grâce (I) ; la seconde est relative aux modalités de la grâce octroyée, c'est-à-dire à l'aménagement de la dette dont le paiement est différé (II).

I. Les conditions de l'attribution du délai de grâce

A défaut d'exécution volontaire, tout créancier peut, quelle que soit la nature de sa créance, contraindre le débiteur défaillant à s'exécuter. L'endetté ne devrait pas pouvoir l'obliger à recevoir en partie le paiement, y compris dans l'hypothèse d'une dette divisible.

En tant qu'elle constitue une atténuation à ce principe cardinal du droit des procédures forcées de recouvrement, l'attribution d'un délai de grâce suppose le respect scrupuleux des conditions fixées à l'article 39 de l'Acte uniforme relatif aux procédures simplifiées de recouvrement et des voies d'exécution. La première, explicite, incite à tenir compte de la situation personnelle du créancier et celle du débiteur ; la seconde, implicite, suggère de ne pas prendre en considération l'environnement socio-économique ayant cours où se trouvent l'un ou l'autre.

A.- Lorsque le débiteur saisit un magistrat d'une demande visant à obtenir un délai de grâce, il lui revient d'indiquer les raisons pour lesquelles il n'a pas été possible d'exécuter son obligation et, au-delà, d'apporter la preuve de ses déclarations ou de sa bonne foi. Le plus couramment, à l'effet de se conformer à ces exigences ou convaincre de sa bonne foi, celui-ci établira deux choses. D'une part que, dans le contexte de la relation d'affaires l'unissant au créancier, il a toujours tenu ses engagements et ne conteste d'ailleurs pas l'existence de la créance de son vis-à-vis. D'autre part que, s'il ne lui est pas possible de s'exécuter en tout ou en partie cette fois-ci, c'est parce que des évènements malheureux sont survenus qui ont déjoué ses prévisions en rendant le paiement ruineux ; ses difficultés ou son insolvabilité sont donc passagers

(TGI Mifi, n° 12/Civ, 2 mars 1999, Transafricaine assurance c. Saah Dominique et Noundou Victor, Juridis Périodique n° 48, oct. - déc. 2001, p. 68 ; TPI Lomé, 11 fév. 2000, Ets Polytra c. AFD, www.ohada.com, ohadata J-02-39 ; TPI Yaoundé, ord. n° 181/C, 23 nov. 2000, Tonye Batchom et SERAC SARL c. SRC, RCDA n° 5, oct.- déc. 2000, p. 172 et s. ; TR Niamey, n° 435, 3 oct. 2001, Hamani Yaye c. Boubakary Maïga Adamou, www.ohada.com, ohadata J-02-70, obs. Issa Sayegh J. ; TPI Cotonou, n° 028/00-2ème C-Com, 13 juin 2002, Akelemon Victorien c. Sté B.P.S. Bénin, www.ohada.com, ohadata J-04-289; TPI Dschang, ord.n° 08/ORD, 13 nov. 2003, Tsadja Georges c. Compagnie financière de l'estuaire, www.ohada.com, ohadata J-05-108 ; TGI Bobo-Dioulasso, ord. n°62, 16 mai 2003, Sankara Konaté Haoua c. Sanon Maténé, www.ohada.com, ohadata J-04-153 ; CA Cotonou, n° 163, 21 juin 2001, Soc. G.H Bénin c. Soc. industrielle Lesffres, www.ohada.com, ohadata J-06-73 ; CA N'djamena, n° 441/99, 07 oct. 1999 SGCE/PP c. Financial bank Tchad, www.ohada.com, ohadata J-06-73; CA Abidjan, n° 88, 20 janv. 2004, Cissé Yao Jules c. Assa Bernard Brou Yao, www.ohada.com, ohadata J-04-485 ; CCJA, n° 002/2003, 30 janv. 2003, SDV-CI c. CIVEXIM, Rec. n°1, janv.- juin 2003, p. 36 et s.)

En de telles circonstances, et étant entendu que le débiteur ne saurait se prévaloir d'un droit au délai de grâce, il n'est plus discuté que le juge dispose d'un pouvoir souverain d'appréciation de la demande portée à sa connaissance *(CA Centre, n° 370/Civ, 14 juil. 2000, SGBC c. Ndjampa Richard, RCDA n°6, janv. - mars 2001, p. 159 et s. ; TPI Cotonou, 15 juil. 2002, SIEA Bénin c. Cobenam, www.ohada.com, ohadata J-05-300, obs. Diouf N. ; TPI Cotonou, 31 juil. 2002, Sté Sessig Gbede et Cie c. Bank of Africa, www.ohada.com, ohadata J-05-299, obs. Diouf N. ; CCJA, n° 002/2003, 30 janv. 2003, SDV-CI c. CIVEXIM, préc. ; CCJA, n° 025/2004, 15 juil. 2004, Dame Mondaju Jacqueline c./ SCB-CL Cameroun, Rec. n° 4, juil.-déc 2004, p. 17 et s.).*

La décision du magistrat ne devrait cependant pas être arbitraire. C'est en tout cas ce que donnait déjà à penser l'article 1244 alinéa 2 du Code civil, lequel invite celui-ci à user de son pouvoir souverain d'appréciation « avec une grande réserve ». Il en a été inféré que, saisi d'une requête visant à obtenir un délai de grâce, le juge est tenu de motiver sa décision, en particulier lorsqu'elle accorde le bénéfice de cette mesure de faveur. A l'appui de cet avis, on a relevé que le différé de paiement perturbe au sens où il empêche le créancier d'être immédiatement restauré dans la totalité de ses droits en lui imposant de recevoir sa créance par fractions. La règle étant que nul ne devrait être contraint à obtenir en partie le paiement d'une dette, même divisible, il importe que celui-ci sache avec minutie quelles raisons ont poussé à l'accorder. A cet argument est venu s'ajouter un autre attirant l'attention sur le caractère judiciaire de cette mesure et, parallèlement, sur les instructions du code de procédure civile et des textes portant organisation judiciaire; instructions relatives, entre autres, au contenu des jugements et des arrêts.

L'interrogation est alors de savoir si, pour se prononcer sur les mérites de la demande et satisfaire à l'obligation de motiver lui incombant, le magistrat auquel un délai de grâce est réclamé devra s'en tenir aux seules difficultés rencontrées par l'endetté ou, au contraire, s'il devra concilier les difficultés exposées par celui-ci avec les besoins du créancier.

La réponse à cette préoccupation est inscrite à l'article 39 de l'Acte uniforme portant organisation des procédures simplifiées de recouvrement et des voies d'exécution. En son alinéa 2, ce texte invite très explicitement le juge à ne se prononcer que « *compte tenu de la situation du débiteur et en considération des besoins du créancier* ». La formule ne souffre d'aucune ambiguïté et est de compréhension aisée : désormais, l'octroi de délais de grâce devra forcément concilier les intérêts du demandeur et ceux du défendeur. En cela, elle se distingue de la logique du Code civil (en vigueur dans nombre d'Etats africains) qui, certes, mentionne la nécessité d'user du pouvoir d'appréciation de la demande de cette mesure avec la plus grande réserve, mais prescrit explicitement, comme élément devant servir à cette opération intellectuelle, la seule « considération de la position du débiteur ».

Dans l'espèce portée à la connaissance de la Cour commune, il n'est pas contestable que les juges du fond avaient tenu compte de la situation de la partie endettée. A leur sens, l'octroi du délai de grâce s'imposait en raison des difficultés de trésorerie rencontrées par Induschimie, difficultés tenant à ce que l'entreprise n'avait pas pu écouler sa production du fait de la guerre civile survenue en République de Côte d'Ivoire où se trouve son siège social. L'hypothèse peut d'ailleurs être formulée selon laquelle c'est cette attention accordée aux besoins du débiteur qui a conduit, en appel, à ramener de 1 500 000 à 1 000 000 francs le montant de la somme à verser mensuellement au créancier.

Reste à se demander, cela réservé, si la « condition » du créancier a également été prise en compte dans l'appréciation de l'opportunité de l'octroi d'un répit à son vis-à-vis. Le texte de l'arrêt ne permet pas d'y apporter une réponse de manière tranchée. Sa lecture révèle que les juges ont mentionné dans leur décision « le souci de permettre à Madame Khouri de percevoir de manière régulière sa créance ». Il ajoute cependant, et cela attire l'attention, qu'en se bornant simplement à signaler que c'est pour permettre à Dame Khouri d'obtenir le paiement, « la cour d'appel, dans cette motivation de sa décision, n'a fait état ni donné son appréciation des besoins de la créancière ». Au total, la juridiction appelée à octroyer le délai de grâce a bel et bien motivé sa décision. Cependant, évoquer la nécessité d'aboutir au paiement n'est pas se prononcer sur le point de savoir si l'attribution de la mesure de faveur sollicitée n'est pas susceptible d'atterrer gravement l'intérêt du créancier. Ne s'étant pas inquiétée à ce sujet au moment d'exercer le pouvoir modérateur qui est le sien, la Cour d'appel a violé les prescriptions de l'article 39 alinéa 2 de l'Acte uniforme portant organisation des procédures simplifiées de recouvrement et des voies d'exécution.

La solution ne peut ne pas être approuvée. Si l'on devait s'en tenir aux seuls obstacles rencontrés par l'endetté lors de l'évaluation de l'opportunité d'accorder des délais de grâce, il est sûr que le souci d'humanité ou de justice recherché par ceux qui ont conçu cette mesure de faveur s'avèrerait finalement préjudiciable au créancier. Les conséquences de ce renversement inattendu seraient redoutables. En premier lieu, conscient de ce qu'il pourrait toujours accéder à cette faveur en apportant la preuve qu'il est disposé à payer, mais que l'inexécution tient à ce que sa situation financière a été obérée par un évènement quelconque, le débiteur pourrait succomber à la tentation de fournir un minimum d'effort afin d'honorer ses engagements. Ensuite, et en deuxième lieu, l'observation de la vie économique révèle que ceux qui l'animent ont tantôt la casquette de créancier, tantôt la posture du débiteur. Aussi bien, un délai fallacieusement obtenu pourrait ruiner celui qui a compté sur ce qui lui est dû pour envisager d'exécuter ses obligations à l'égard de tiers. Enfin, dans des cas de figure comme ceux de l'arrêt analysé où le créancier était en chômage depuis de nombreuses années sans avoir reçu le moindre règlement des indemnités de rupture de son contrat par l'ex-employeur qui, lui, réclamait des délais de grâce, le scénario est kafkaien : le nourricier meurt de famine au profit de celui qui est nourri. D'où le propos d'un auteur selon lequel « l'image du pélican apportant son cœur à sa progéniture ne relève pas du droit, lequel s'en tient à des considérations plus quotidiennes et moins héroïques » (Théry Ph., « Beati esurientes... les aliments devant la Cour de cassation », in *Le juge entre deux millénaires, Mélanges offerts à Pierre Drai*, Dalloz, Paris 2000, p. 648). Le bon sens invite à ne songer aux intérêts de l'endetté qu'autant que la survie du créancier n'est pas mise en péril par des considérations en rapport avec la générosité et l'équité. Par voie de conséquence, s'il se trouve que l'un et l'autre soient en situation de grande détresse, le débiteur devrait être sacrifié.

A dire vrai, le raisonnement appelant à ne pas perdre de vue la situation du créancier s'insère dans une politique jurisprudentielle plutôt assise. Des mesures de grâce ont ainsi pu être accordées dans des espèces où le créancier disposait d'une épargne importante et n'avait aucun projet d'investissement ; où la proposition du débiteur était à l'avantage du poursuivant et où l'exécution pouvait être retardée sans que ce dernier subisse un préjudice ; où, tenu au courant de la requête du débiteur, le créancier s'était abstenu de comparaître et de conclure ; où, le créancier ayant pris part à l'audience, ne s'opposait pas à l'octroi de tels délais ou y avait donné son aval. Le demandeur d'un différé de paiement a même pu être débouté parce que la partie adverse, elle-même commerçante et veuve avec plusieurs enfants à charge, avait comme unique source de revenus le fruit de sa petite activité commerciale *(TPI Lomé, 11 fév. 2000, Ets Polytra c. AFD, op cit.; TPI Cotonou, 15 juil. 2002, SIEA Bénin c. COBENAM préc.; TPI Cotonou, 31 juil. 2002, Sté Sessig Gbede et Cie c. Bank of Africa, www.ohada.com, ohadata J-05-299, obs. Diouf N. ; TGI Bobo-Dioulasso, ord. n°62, 16 mai 2003, préc. ; TPI Mbouda, ord. n° 07, 07 sept. 2004, Sté Caplabam c. Tadjou Martin, www.ohada.com, ohadata J-07-54).*

B.- En tout état de cause, il ne fait pas de doute, du moins si l'on s'en tient à la construction esquissée à l'article 39 alinéa 2 sus évoqué, qu'il ne doit être tenu compte que de la situation du débiteur et de la condition du créancier. Cela revient à reconnaître que le juge devrait, en quelque sorte, être indifférent à l'environnement socio-économique global. Au fond, à défaut de ne pas s'y intéresser, il ne devrait s'y référer au moment d'apprécier l'opportunité d'octroyer ou de refuser des délais de grâce que si cet environnement peut servir à mieux comprendre les difficultés auxquelles le débiteur prétend être confronté. Dans cette optique, et par contamination analogique, le même contexte socio-économique devrait encore, dans la même affaire, permettre de s'instruire au sujet de l'état des besoins du créancier qui, cela a été relevé, ne doit nullement être négligé. Si cette attitude s'impose, ce n'est pas sans raisons. Le constat peut en effet être fait qu'il y aurait quelque injustice à estimer les difficultés de l'endetté au regard du contexte général de crise en cours dans un pays, puis de se situer dans un autre cadre ou de s'en remettre à un autre standard pour jauger les besoins du créancier vivant dans le même Etat voire dans la même sous région. Pareillement, il peut être ardu de convaincre, en période de crise économique ou sociale, que tous les sujets de droit, spécialement ceux appartenant à la catégorie des opérateurs économiques, connaissent des tensions de trésorerie susceptibles de constituer un obstacle à ce que chacun d'entre eux puisse exécuter les différentes obligations dont il est tenu. C'est du moins ce qu'a estimé la Cour commune de justice et d'arbitrage en accueillant l'argument de la demanderesse au pourvoi lorsqu'elle soutient que l'appréciation de l'opportunité de l'octroi du délai de grâce faite par les juges du fond relève d'une situation générale de crise et ne tient objectivement pas compte de la situation personnelle de Induschimie *(en sens contraire, voir cependant TGI Ouagadougou, n°027, 29 janv. 2003, Balima Abdou c/ Bureau des mines et de la géologie du Burkina, www.ohada.com, ohadata J-04-335).*

Sauf à observer, pour en finir, que :

- Conscients de ce que l'opération consistant à peser les intérêts du créancier intransigeant et ceux du débiteur malheureux et de bonne foi peut néanmoins encore, dans des cas isolés, être par trop favorable au dernier, les rédacteurs de l'Acte uniforme ont permis à la juridiction devant laquelle le délai de grâce a été réclamé, de subordonner son attribution à l'accomplissement, par l'endetté, d'actes propres à faciliter ou à garantir le paiement de la dette. Allant plus loin et précisant le sens de cette règle exposée à l'article 39 alinéa 3, ils rappellent, cette fois-là à l'article 40, que « le dépôt ou la consignation de sommes, effets ou valeur, ordonné par voie de justice à titre de garantie ou à titre conservatoire, confère le droit de préférence du créancier gagiste ». Dans le prolongement de cette règle, il est d'ailleurs utilement inscrit à l'article 265 de l'Acte uniforme que si le débiteur justifie que le revenu net et libre de ses immeubles pendant deux années peut permettre d'éteindre sa dette, et s'il en offre délégation au créancier, un sursis peut lui être accordé *(CA N'djamena, n° 441/99, 07 oct. 1999, SGCE/PP c. Financial bank Tchad, www.ohada.com, ohadata J-*

06-60; CA Cotonou, n° 163, 21 juin 2001, Soc. G.H Bénin c. Soc. industrielle Lesffres préc.; TGI Mfoundi, n° 141, 10 janv. 2002, Ongolo Jean Pierre c. BICEC, www.ohada.com, ohadata J-04-242 ; CA Centre, n° 211/Civ., 15 mai 2002, Tagne Olivier c. Tchugo Adrienne et autres, www.ohada.com, ohadata J-04-465 ; CCJA, n° 002/2003, 30 janv. 2003, SDV-CI c. CIVEXIM, préc.)

- La question a été débattue de savoir s'il peut être envisagé un alourdissement des conditions à remplir pour obtenir le report ou l'échelonnement d'un paiement. Par exemple, peut-on subordonner le succès de la demande du débiteur à la preuve qu'il a régulièrement respecté les échéances et s'est acquitté d'une partie importante de la dette, notamment de la moitié de celle-ci ? Peut-il être décidé que seul accèdera au bénéfice d'un différé de paiement celui qui ne conteste pas le montant de ce qui est réclamé ? Ramant à contre courant de la position de quelques juges du fond *(TPI Yaoundé, ord. n° 181/C, 23 nov. 2000 préc.)*, la Cour commune y a répondu par la négative. D'après elle, déroge à l'article 39 alinéa 2 tout projet de loi instituant des conditions nouvelles pour l'obtention d'un délai de grâce car il restreint les droits de l'endetté et diminue les pouvoirs du juge. A l'appui de son point de vue dans cet avis, la CCJA rappelle : le contenu de l'article 10 du traité OHADA affirmant la force obligatoire des Actes uniformes et leur supériorité sur le droit interne ; mais aussi les dispositions des articles 336 et 337 de l'Acte uniforme relatif aux procédures simplifiées de recouvrement et des voies d'exécution, lesquels excluent la possibilité d'une dérogation dans les matières qu'il régit *(CCJA, avis n° 002/99/EP, 13 oct. 1999, Rec., n° spécial, janv. 2003, p. 71 et s.)*

- Si toute dette commerciale peut obtenir le bénéfice d'un délai de grâce, dans quelques cas de figure, il est formellement interdit qu'une demande visant à obtenir cette mesure puisse être favorablement reçue. Sont expressément exclues, prévoit l'article 39 alinéa 2, les dettes d'aliments et les dettes découlant des effets de commerce : lettres de change, billets à ordre, chèques. Avant de différer l'échéance, la juridiction saisie devra donc s'assurer que la dette litigieuse n'a ni un caractère alimentaire, ni une connotation cambiaire *(TPI Yaoundé, ord. n° 1127, 2 sept. 1999, RCDA n°2, janv. – mars 2000, p. 37, obs. Ipanda F. ; TPI Yaoundé, ord. n° 1158/C, 14 sept. 1999, RCDA n° 2, janv. – mars 2000, p. 38, obs. Ipanda F. ; TPI Dschang, ord. n° 19, 7 juin 2001, Wamba Pierre c. Sté d'épargne et de crédit Sc Nking, Juridis Périodique n° 48, oct. déc. 2001, p. 67 ; TGI Ouagadougou, ord. n° 002, 14 janv. 2002, Ouedraogo Cyriaque c. SOFBI, www.ohada.com, ohadata J-0-45 ; TPI Cotonou, 7 nov. 2002, Sté Faghohoun et fils c. A dokanto Nicolas et autres, www.ohada.com, ohadata J-05-307, obs. Diouf N. ; CA Abidjan, n° 36, 10 janv. 2003, SIGS c. CFAO-CI, www.ohada.com, ohadata J-03-277 ; TPI Banganté, ord. n° 10/ord du 06 mai 2004, SAAR c. Teina Pascal, www.ohada.com, ohadata J-05-164 ; C.A. N'djamena, n° 441/99, 07 oct. 1999, SGCE/PP c. Financial bank Tchad, préc. Adde : CCJA, n° 002/2003, 30 janv. 2003, SDV-CI c. CIVEXIM, préc.).*

- Il a été souligné que l'article 39 alinéa 2 ne devrait pas permettre d'accorder le délai de grâce qu'il aménage en matière civile ou, plus globalement, dans les matières n'ayant pas encore été harmonisées. Les tenants de cette thèse s'appuient en particulier sur les objectifs de l'OHADA insérés à l'article 1 du Traité du 17 octobre 1993, sur le champs de l'harmonisation du droit des affaires ébauché à l'article 2 du même traité, sur la jurisprudence de la Cour commune de justice et d'arbitrage donnant à comprendre qu'elle n'a pas à recevoir ou à examiner des recours sans lien avec le droit communautaire et plus spécialement avec les Actes uniformes ou les Règlements déjà entrés en vigueur *(004/2003/CCJA, 27 mars 2003, Fofana Mamadou c. Potey Pah Blaise, Rec. n° 1, janv.- juin. 2003, p. 10 et s. ; n° 009/2004, 26 fév. 2004, Assitz Neya Coulibaly c. Soc. Rank Xeros-CI, Rec. n° 3, janv.- juin. 2004, p. 19 et s. ; n° 019/2004, 14 juin 2004, SOGAM c. SONAM et autres, Rec. n° 3, janv.- juin. 2004, p. 34 et s ; n° 023/2004, 17 juin 2004, PDCI-RDA c. Sté J&A SARL, Rec. n° 3, janv.- juin. 2004, p. 40 et s.; n° 014/2005, 24 fév. 2005, Brou Kouassi Bertin c. Koffi Asse et SGBCI, Rec. n° 5, janv.- juin. 2005, p. 37 et s. ; n° 036/2005, 02 juin 2005, Soc. Chronopost c. Chérif Souleymane, Rec. n° 5, janv.-juin 2005, p. 52 et s. ; n°55/2005, 15 déc. 2005, SEMOS SA c/ BETRA, Rec. n° 6, juil. - déc. 2005, p. 100 et s. ; n° 010/2005, 29 juin 2006, SERAC c. BRECG SARL, Rec. n° 7, janv.- juin 2006, p. 16 et s. ; n° 032/2006, 28 déc. 2006, Nouvelle scierie Serve et autres c. Vincent Pierre Lokrou, Rec. n° 8, juil.- déc. 2006, p. 12 et s. ; n° 024/2007, 31 mai 2007, Wague Bocar c. SOCIMAT CI, Rec. n° 9, janv.- juin 2007, p. 53 et s. ; n° 038/2007, 22 nov. 2007, Eboua Kouakou et autres c. Soc. Union africaine, Rec. n° 10, juil.- déc. 2007, p. 8 et s.). Dans un arrêt n° 001/2006 du 9 mars 2006, Société Abidjan catering SA c. Ly Moussa (Rec. n° 7, janv. -juin 2006, p. 50 et s.).*

Dans la logique du raisonnement qui précède, la Haute juridiction a même assez ouvertement soutenu qu'elle ne peut accorder un délai de grâce que dans la mesure où le fondement juridique de la demande est issu de l'Acte uniforme portant organisation des procédures simplifiées de recouvrement et des voies d'exécution. Ce point de vue a été exprimé dans l'arrêt Société Delmas Vieljeux déjà cité *(n° 002, 30 janv. 2003)* où il est écrit, mot pour mot : « l'article 39... permet à la juridiction compétente... de reporter ou d'échelonner le paiement des sommes dues par le débiteur dans l'hypothèse où celui-ci est poursuivi en recouvrement de sa créance, ce qui n'est pas le cas en l'espèce... ». Dans l'espèce en cause ayant donné lieu à cet extrait de l'arrêt de cassation de la CCJA, il était clairement reproché à une ordonnance du président de la Cour suprême de Côte d'Ivoire d'avoir autorisé le maintien d'un débiteur dans des locaux loués et de lui avoir octroyé une grâce alors, selon le pourvoi, que ce dernier ne faisait l'objet d'aucune mesure d'exécution forcée visant au recouvrement d'une créance. La demanderesse, suivie par la Cour, concluait que c'est uniquement à l'occasion de telles mesures de contrainte que les dispositions de l'article 39 devraient servir à soutenir la requête introduite pour obtenir un délai de grâce. Dans le même sens, de nombreuses juridictions nationales ont admis la licéité des clauses de baux stipulant qu'à défaut de payer un seul terme du loyer le contrat sera résilié de plein droit après commandement non suivi d'effet, et décidé que de telles stipulations ne sont néanmoins pas compatibles avec le contenu de l'article 39 alinéa 2 *(CS du Cameroun, n°158/CC, 15 sept. 1983, Njembélé Ekalle Piddy c. Consorts Eyoum Toube Guillaume, RCD n° 29, 1985, p. 248 et s. ; Les grandes décisions de la jurisprudence civile Camerounaise, Bamenda, 2008, p. 236 et s., note F. Anoukaha).* Esquissant un bilan de ces solutions jurisprudentielles, un auteur a lucidement conclu qu'il faudrait considérer que l'article 1244 survit soit au cas où on se situe en matière civile, soit lorsque des délais de grâce ont été demandés avant le déclenchement de l'une de ces procédures forcées de recouvrement que l'Acte uniforme y relatif reconnait et organise (*Essama J. A., « Les délais de grâce avec l'entrée en vigueur de l'Acte uniforme portant voies d'exécution », RASJ, vol. 1, n° 3, 2003, p. 155)*. A l'évidence, ce bilan invite à l'analyse de l'aménagement du différé de paiement.

II. L'aménagement du différé de paiement

A en croire les rédacteurs de l'article 39 de l'Acte uniforme portant organisation des procédures simplifiées de recouvrement et des voies d'exécution, les mesures que le magistrat saisi d'une demande en vue d'un délai de grâce pourrait prendre sont, pour l'essentiel, de deux ordres.

A.- Tout d'abord, il peut « reporter ou échelonner le paiement des sommes dues ».

Dire que le juge peut reporter le paiement des sommes dues revient à reconnaître que ce dernier peut prendre le parti de renvoyer à plus tard le paiement. A regarder de près, l'endetté aura à acquitter à une date déterminée, et d'un trait, la totalité de sa dette. Le « moratoire » dont il a le bénéfice aboutira, dans ce cas de figure particulier, à différer l'exigibilité de la dette déjà échue et dont l'exécution forcée a été engagée par le créancier.

Dire que le juge peut échelonner le paiement signifie qu'il lui est loisible d'arrêter non plus que le paiement s'opèrera d'un coup à une date fixe, mais qu'il s'effectuera par tranches successives selon une cadence qu'il lui revient encore d'indiquer. Plutôt que d'avoir à payer en bloc à telle période, le débiteur paiera donc, sur telle période, telle ou telle somme à telle ou telle fréquence. Cette compréhension de l'idée que charrie l'échelonnement a à son actif de distinguer le délai de grâce du moratoire qui (si l'on met à l'écart le fait qu'il est directement accordé par la loi dans des circonstances exceptionnelles) vise le report de l'échéance d'une dette non encore échue et, dès lors, concerne moins la suspension de l'exécution forcée proprement dite que le renvoi à une date ultérieure du droit de réclamer le paiement. L'intérêt d'une telle distinction apparaît nettement si l'on ne perd pas de vue qu'il pourrait être décidé que la dette sera payable en plusieurs échéances s'étalant dans le temps, mais que la première traite devra être acquittée séance tenante. En semblable occurrence, il ne semble pas faire de doute que le créancier devrait pouvoir, à l'immédiat, avoir recours aux voies d'exécution afin d'obtenir le paiement du premier acompte. A l'inverse, le reliquat ne pourrait être exigé que plus tard. Aussi bien, celui qui après avoir reçu le paiement de la première tranche de la dette tenterait de mettre en œuvre une saisie à fins non conservatoires, court le risque de s'entendre dire qu'il a prématurément mobilisé cette voie de droit. Ainsi en a décidé la CCJA dans l'arrêt n° 013/2005, 24 fév. 2005, Loteny Télécom SA c. Koffi Sahouot, *Rec. n° 5, janv. – juin 2005, p. 30 et s.*

Quoi qu'il en soit, dans l'affaire portée devant la Cour commune et ayant donné lieu à l'arrêt du 2 juin 2005 au centre de l'analyse, les juges du fond avaient choisi la seconde voie consistant à échelonner le paiement. Toutefois, n'ayant pas respecté d'autres exigences préalables qui seules mettent à l'abri d'une censure éventuelle de la Haute juridiction communautaire, leur décision d'octroyer le délai de grâce a inévitablement été méconnue. La conséquence naturelle en est le maintien de la saisie- attribution initiée par le créancier et redoutée par le débiteur qui, pour l'anéantir, avait cru bon de solliciter la mesure de faveur finalement annulée.

Au fond, il était peu probable que l'arrêt de la cour d'appel d'Abidjan soit confirmé. Il n'est que de rappeler, pour en convaincre, qu'un précédent arrêt de la même juridiction, rendu le 29 janvier 2002, avait ordonné la poursuite de la saisie-attribution pratiquée en octobre 2001 par Dame Khouri. Dès lors, on ne pouvait admettre le report ou l'échelonnement de la dette sans méconnaître l'autorité de la chose jugée et l'effet attributif immédiat de la saisie-attribution proclamé par l'article 154 de l'Acte uniforme et affirmé avec force, à maintes reprises, par la Cour commune de justice et d'arbitrage *(CCJA, n° 023/2008, 30 avril 2008, Soc. Loteny Télécom SA c. Soc. Ibas SARL, inédit ; n° 027/2004, 15 juil. 2004, Mobil oil Côte d'Ivoire c. Les Centaures routiers et autres, Rec. n° 4, juil. déc. 2004, p. 28 et s., cet ouvrage, commentaire Robert Nemeudeu).*

On peut néanmoins encore se demander quel critère conduit à opter pour le report ou pour l'échelonnement du paiement. Comme le législateur napoléonien, les rédacteurs de l'Acte uniforme portant organisation des procédures simplifiées de recouvrement et des voies d'exécution n'ont pas permis d'apporter une réponse à cette préoccupation. L'examen au second degré de quelques-unes des décisions émanant des juridictions nationales amène cependant aux hypothèses suivantes : lorsque la situation de l'endetté n'est pas reluisante et que sa faculté de remboursement paraît importante au regard de la valeur de la dette et de ses sources de revenus, la voie du report s'impose généralement. A l'inverse, lorsque le débiteur connaît des difficultés financières et que ses gains sont modérés, il est presque toujours envisagé un échelonnement *(TPI Cotonou, 7 nov. 2002, Sté Fagbohoun et Fils c. Adjali Séverin, www.ohada.com, ohadata J-05-312, obs. Diouf N. Adde : CCJA, n° 002/2003, 30 janv. 2003, SDV-CI c. CIVEXIM, préc.)*

B.- Ensuite, le magistrat saisi d'une demande de délais de grâce et qui entend l'accorder ne saurait se borner à suspendre les poursuites dirigées contre le débiteur. Il est tenu de délimiter le calendrier de paiement. A ce sujet, l'Acte uniforme pose en règle que l'échéancier d'apurement de la dette devra s'étaler « dans la limite d'une année ». L'expression doit être bien comprise : il appartient aux juges du fond et à eux seuls, dans le cadre de l'exercice de leur pouvoir prétorien, de ventiler le paiement dans le délai maximum d'un an arrêté à l'article 39. A la réflexion, l'appréciation de la durée ou de l'espacement du délai de grâce devrait être tributaire d'éléments tels que l'état de la trésorerie du débiteur, le montant de la dette, le degré de bonne foi de l'endetté, l'intensité de l'effort fourni pour s'exécuter, la nature de l'obstacle ayant empêché d'honorer l'engagement pris *(CA Bouaké, n° 117, 18 juil. 2001, B. c. B. et J., www.ohada.com, ohadata J-03-200 ; CA Abidjan, n° 88, 20 janv. 2004, Cissé Yao Jules c. Assa Bernard Brou Yao, www.ohada.com, ohadata J-04-485. Adde : CA Centre, n° 370/Civ, 14 juil. 2000, SGBC c. Ndjampa Richard, préc. ; TPI Cotonou, 15 juil. 2002, SIEA Bénin c. Cobenam, préc. ; TPI Cotonou, 31 juil. 2002, Sté Sessig Gbede et Cie c. Bank of Africa, préc.)*

Reste à savoir si la dispense de payer à l'immédiat ce qui est dû peut être renouvelée par la juridiction qui l'a accordée. Au cas où le choix serait de reporter plutôt que d'échelonner la dette, il semble, du moins à s'en tenir à la jurisprudence française, que l'on puisse accorder de nouveaux délais de grâce au débiteur dès lors que ceux qui lui ont précédemment été attribués se sont avérés courts et insuffisants. La rallonge suppose donc que la somme des périodes de répit soit inférieure à la limite plafond légal d'un an *(Cass. Ass. plén., 30 avril 1964, JCP G 1964.II.13735, note Esmein)*. Par conséquent, il est inconcevable, dans la même affaire, qu'il puisse être accordé un différé de paiement à celui qui a déjà par le passé eu un répit d'une durée d'un an et n'a pas respecté les échéances arrêtées. Le juge qui déciderait autrement se verrait à coup sûr reprocher d'avoir violé la loi : *TPI Cotonou, n° 030/1ère Ch com., 21 oct. 2002, Cercle consulaire mutuelle c. Degbelo et autres www.ohada.com, ohadata J-06-146 ; CA Bouaké, n° 85/2000, 24 mai 2001, Koné Souleymane c. Société Peryssac Afric-auto, www.ohada.com, ohadata J-06-129.*

Dans l'affaire opposant Dame Khouri à son ex employeur, il saute aux yeux qu'en ramenant de 1 500 000 à 1 000 000 francs cfa le montant de la somme à verser mensuellement par le débiteur, la limite plafond d'une année n'aurait jamais été respectée. En effet, ainsi que l'indique fort à propos le pourvoi, la dette n'aurait pu être totalement éteinte qu'au terme du trente unième mois. C'est donc sans surprise que le délai de grâce accordé par les juridictions du fond a été rejeté. Même tacitement, la jurisprudence de la Cour commune de justice et d'arbitrage se consolide sur ce point *(CCJA, n° 002/2003, 30 janv. 2003, préc.)*

Cela dit, il convient encore de souligner fermement :

- que la règle posée à l'article 39, alinéa 2, rompt radicalement avec les orientations de la version du Code civil en vigueur dans bon nombre d'Etats membres de l'OHADA. En effet, l'article 1244 alinéa 2 de ce code donne à comprendre que le magistrat saisi par le débiteur accorde des « délais modérés pour le paiement » ; ce qui implique que celui-ci dispose d'une marge de manœuvre plus grande que celle prévue en droit communautaire concernant la détermination de l'échéancier de paiement. Il s'ensuit que le plafond d'une année peut être dépassé sans qu'on soit recevable à soutenir sérieusement que la modération à laquelle le juge est convié a été méconnue *(implicitement, CA Centre, n° 370/Civ, 14 juil. 2000, op cit.).*

- que, dans le droit des procédures collectives, le jugement homologuant un concordat peut valider des délais plus longs. S'agissant par exemple du règlement préventif, ils peuvent aller jusqu'à trois ans lorsque ceux qui ont vocation à les subir ne sont pas des créanciers de salaires (article 15-2, Acte uniforme portant organisation des procédures collectives d'apurement du passif)

- que, si le juge qui dispense le débiteur d'exécuter immédiatement son obligation est tenu de reporter ou de fractionner le paiement dans la fourchette d'une année, des hésitations subsistent au sujet du point de départ de ce délai. Ce flottement, on l'imagine, tient au silence du législateur OHADA. Malheureusement, le recours aux droits nationaux n'est pas plus éclairant, tant les codes de procédure civile des Etats manquent parfois de précision. Au Cameroun par exemple, l'article 44 dudit code discrimine selon la nature de la décision octroyant cette faveur. Le délai court du jour du jugement, si elle est contradictoire; il court de la date de la signification, si elle est rendue par défaut *(Voir Essama J. A., op cit., p. 159).*

- que, si la demande du délai de grâce n'avait pas été remise en cause par la Cour commune dans l'affaire examinée, le créancier aurait encore pu se mettre à l'abri d'une éventuelle insolvabilité du débiteur en s'orientant vers une mesure conservatoire. Cette voie de droit aurait été particulièrement efficace au cas où le délai accordé se serait avéré de courte durée car le créancier détenait visiblement, de longue date, un titre exécutoire. Même à supposer que ce dernier n'ait pas eu de titre exécutoire, l'attitude du débiteur consistant à demander et à obtenir une mesure de grâce aurait encore suffi à convaincre, d'une part de ce que la créance est au moins fondée en son principe, d'autre part de ce qu'il existe bel et bien des circonstances de nature à en menacer le recouvrement *(Paris, 3 mars 1970, JCP 1970.16330, concl. Barnicaud).* A ces conditions précisément, l'article 54 de l'Acte uniforme portant organisation des procédures simplifiées de recouvrement et des voies d'exécution permet d'accéder aux saisies ayant un caractère conservatoire (*Cf. Kuaté Tameghé S.S., La protection du débiteur dans les procédures individuelles d'exécution, L'Harmattan, Paris, 2004, pp. 284 et s.)*

- que le report ou l'échelonnement de la dette dans la limite d'une année n'empêche pas, dans ce laps de temps, que la compensation se produise entre les protagonistes. S'il en va ainsi, c'est parce que le délai de grâce diffère le recours aux voies d'exécution dans un contexte où la dette est déjà échue et exigible. Par conséquent, si l'endetté en vient à être titulaire d'une créance contre son créancier, une extinction des deux obligations devrait avoir lieu par le biais de la compensation qui a vocation à s'opérer de plein droit. La règle ne contrarie nullement les effets escomptés de la grâce accordée : si la suspension de l'exécution forcée trouve sa justification dans l'impossibilité de payer à l'immédiat, il serait difficile de faire admettre, si le débiteur devient à son tour créancier, qu'on l'autorise à mettre sous main de justice les biens appartenant à son vis-à-vis sans avoir lui-même désintéressé ce dernier.

- que, étant entendu que l'octroi de mesures de grâce donne lieu à l'échelonnement du paiement ou au report d'échéance afin de permettre à l'endetté de payer ultérieurement, il n'est pas étrange de lire, à l'article 39 alinéa 2 et d'ailleurs aussi dans l'arrêt commenté de la Cour commune de justice et d'arbitrage, que la juridiction saisie d'une telle demande peut « décider que les paiements s'imputeront d'abord sur le capital ». Quelque peu énigmatique, l'assertion renvoie non seulement aux accessoires qui ont pu grever la dette avant l'octroi de la grâce, mais davantage aux intérêts découlant de l'étalement dans le temps des crédits bancaires. Elle contraint par contrecoup à déterminer la portion de la dette qui, en premier lieu, pourrait être éteinte. Le droit OHADA laisse ce pouvoir à la discrétion de la juridiction à l'origine du différé de l'exécution *(CA Cotonou, n° 209/2001, 12 juillet 2001, Sté G.C.I.S. c. B.B.D., www.ohada.com, ohadata J-06-74).* Au cas où celle-ci prend effectivement le parti d'imputer sur le capital, le coût de la dette sera finalement moins onéreux et son poids allégé car toute réduction de ce qui était initialement à payer aboutit corrélativement à minorer les intérêts que pouvait générer la dette du fait notamment d'une stipulation de la convention de crédit. A dire vrai, la profondeur de la règle énoncée à l'article 39 alinéa 2 ne peut véritablement être cernée que par référence aux articles 1253 et suivants du Code civil, lesquels proposent, pour l'imputation des paiements, une sorte de hiérarchie : aux parties revient la charge de déterminer l'ordre ; à défaut, il appartient à l'endetté de choisir sur quelle dette procéder à l'imputation. Toutefois, indique avec autorité l'article 1254, le débiteur n'exerce pas cette prérogative à l'emporte pièce. Il ne peut point, sans le consentement du créancier, défalquer le paiement sur le capital par préférence aux arrérages ou intérêts : « le paiement fait sur le capital et intérêts, mais qui n'est point intégral, s'impute d'abord sur les intérêts ». En d'autres termes, l'acquittement partiel d'une dette ayant porté intérêts devrait prioritairement diminuer cet accessoire de la dette. Seul l'accord du créancier pourrait autoriser de défalquer sur le capital par préférence aux intérêts.

- qu'il est concevable, lorsque le débiteur a obtenu le bénéfice d'un répit et n'a pas payé à son terme, que sa responsabilité civile puisse être engagée. Cela devrait pouvoir être aisé si le créancier établit que cette faveur n'a été obtenue qu'à la suite de subterfuges, que l'endetté n'ignorait pas dès le départ qu'il n'avait aucune chance de régler sa dette, qu'aucune pénalité n'a été retenue à la charge de ce dernier dans la décision lui octroyant le délais de grâce *(dans ce sens, Martor B., Pilkington N. et autres, Le droit uniforme des affaires issu de l'OHADA, Litec, Paris, 2004, p. 164, n° 804)*.

Kuaté Tameghé Sylvain Sorel,
Chargé de cours à l'Université de Yaoundé II Soa.

1ère espèce : CCJA, arrêt n°039, 2 juin 2005
Drabo Bia et autres c/ Madame Touré Magbé

2ème espèce : CCJA, arrêt n°012/2002, 18 avril 2002, Total Fina Elf c/Sté Cotracom

1. CCJA, arrêt n°039, 2 juin 2005, Drabo Bia et autres c/ Madame Touré Magbé

(...)

Vu les dispositions des articles 13 et 14 du Traité relatif à l'harmonisation du droit des affaires en Afrique ;

Vu les dispositions du Règlement de procédure de la Cour commune de justice et d'arbitrage de l'OHADA ;

Attendu qu'il ressort des pièces du dossier de la procédure que par jugement de défaut n°23Q5/CS3 rendu le 24 novembre 1999 par le tribunal du travail d'Abidjan, l'entreprise GTEC appartenant à Madame Touré Magbé a été condamnée à payer à ses anciens employés diverses sommes d'argent à titre de dommages et intérêts pour licenciement abusif; que sur opposition de l'entreprise GTEC, le tribunal de travail d'Abidjan a, le 26 avril 2000, confirmé le jugement de défaut ; que sur appel, toujours de l'entreprise GTEC, la cour d'appel d'Abidjan a confirmé le jugement entrepris par arrêt n° 395 du 3 mai 2001 ; que, suite à une procédure d'opposition en appel, la cour d'appel d'Abidjan a, par arrêt social contradictoire n°723 rendu le 26 juillet 2001, infirmé en toutes ses dispositions l'arrêt social n° 395 du 03 mai 2001 ayant confirmé le jugement social itératif défaut du 26 avril 2000 ; que sur pourvoi de Drago Bia et consorts, la cour suprême de Côte d'Ivoire a, par arrêt n° 21 0/03 rendu le 17 avril 2003, cassé et annulé l'arrêt n° 723 du 26 juillet 2001 querellé, déclaré irrecevable l'opposition de l'entreprise GTEC formée contre l'arrêt n° 395 rendu le 03 mai 2001 par la cour d'appel d'Abidjan ; qu'en vertu de la grosse de l'arrêt de cassation régulièrement signifié, Drago Bia et consorts ont servi un commandement de payer à Madame Touré Magbé ; que celle-ci, sur le fondement de l'article 221 du Code ivoirien de procédure civile, commerciale et administrative, a saisi le président de la cour suprême aux fins de déclarer l'exécution entreprise inopposable à son égard ; que, par ordonnance n° 09/2004 du 19 janvier 2004 dont pourvoi, la juridiction présidentielle de la cour Suprême de Côte d'Ivoire a fait droit à la demande de Madame Touré Magbé et dit que l'exécution des décisions entreprises sera dirigée contre l'entreprise GTEC et non contre Dame Touré Magbé ;

Sur le moyen unique

Vu l'article 49 de l'Acte uniforme portant organisation des procédures simplifiées de recouvrement et des voies d'exécution;

Attendu qu'il est fait grief à l'ordonnance attaquée d'avoir violé l'article 49 de l'Acte uniforme susvisé en ce qu'elle s'est prononcée sur une question relative à une difficulté d'exécution sur le fondement de l'article 221 du Code ivoirien de procédure civile, commerciale et administrative alors que, selon le moyen, celle-ci relève de la compétence du juge du contentieux de l'exécution en vertu de l'article 49 de l'Acte uniforme susvisé ; que la cour de céans doit annuler purement et simplement l'ordonnance n° 009/2004 du 19 janvier 2004 rendue par la juridiction présidentielle de la cour Suprême de Côte d'Ivoire;

Attendu qu'aux termes de l'article 49 de l'Acte uniforme susvisé, «la juridiction compétente pour statuer sur tout litige ou toute demande relative à une mesure d'exécution forcée ou à une saisie conservatoire est le président de la juridiction statuant en matière d'urgence ou le magistrat délégué par lui. Sa décision est susceptible d'appel dans un délai de quinze jours à compter de son prononcé. Le délai d'appel comme l'exercice de cette voie de recours n'ont pas un caractère suspensif, sauf décision contraire spécialement motivée du président de la juridiction compétente» ;

Attendu qu'il ressort des dispositions sus énoncées de l'article 49 de l'Acte uniforme susvisé que tout litige relatif à une mesure d'exécution forcée relève, quelle que soit l'origine du titre exécutoire en vertu duquel elle est poursuivie, de la compétence préalable du Président de la juridiction statuant en matière d'urgence et en premier ressort ou du magistrat délégué par lui; qu'il s'ensuit qu'en l'espèce, le juge compétent pour connaître des difficultés relatives à l'exécution de l'arrêt n°210/03 du 17 avril 2003 est le président du tribunal de première instance d'Abidjan-Plateau ou le magistrat délégué par lui ; qu'il en résulte qu'en retenant sa compétence et en rendant l'ordonnance attaquée, la juridiction présidentielle de la cour suprême de Côte d'Ivoire a méconnu les dispositions susmentionnées et exposé sa décision à l'annulation ; qu'il échet, en conséquence, d'annuler l'ordonnance n°009/2004 du 19 janvier 2004 rendue par la juridiction présidentielle de la cour suprême de Côte d'Ivoire...

2. CCJA, arrêt n°012/2002, 18 avril 2002, Total Fina Elf c/Sté Cotracom

(...)

Sur le premier moyen pris en ses première et troisième branches

Vu l'Acte uniforme portant organisation des procédures simplifiées de recouvrement et des voies d'exécution ;

Vu l'article 10 du Traité susvisé ;

Attendu que le pourvoi fait grief à l'ordonnance attaquée d'avoir violé l'article 336 de l'Acte uniforme portant organisation des procédures simplifiées de recouvrement et des voies d'exécution en ce que le livre II dudit Acte uniforme intitulé « voies d'exécution » ayant réglé de façon totale et définitive en cette matière les problèmes liés à l'exécution des décisions de justice, dès lors, l'article 221 nouveau du Code ivoirien de procédure civile, commerciale et administrative qui règle les cas d'urgence, les référés et les cas de difficultés d'exécution, ne pouvait valablement s'appliquer, ledit article prescrivant que les difficultés d'exécution sont réglées par le président du tribunal, le premier président de la cour d'appel ou le président de la cour Suprême, selon que la décision à exécuter émane respectivement du tribunal, de la cour d'appel ou de la cour suprême ; que c'est en application de ce texte que la société Cotracom aurait saisi le premier président de la cour d'appel d'Abidjan à l'effet d'ordonner la mainlevée de la saisie-attribution de créances pratiquée par la requérante entre les mains de Maître Agnès Ouangui, tiers saisi ; qu'en « statuant sur cette action, le premier président de la cour d'appel d'Abidjan a passé outre l'argument d'incompétence et/ou d'irrecevabilité soulevé en vertu de l'application des dispositions de l'Acte uniforme précité en lieu et place du Code ivoirien de procédure civile, commerciale et administrative, en matière d'exécution, pour ordonner la mainlevée de ladite saisie » ; que ce faisant, cette juridiction a violé les dispositions de l'Acte uniforme et en conséquence, sa décision, qui n'a par ailleurs pas respecté le principe du double degré de juridiction, doit être annulée ;

Attendu que pour ordonner la mainlevée de la saisie-attribution pratiquée le 24 janvier 2001 par la société Elf Côte d'Ivoire entre les mains du cabinet d'avocats Agnès Ouangui, tiers saisi, au préjudice de la société Cotracom, débiteur saisi, le premier président de la cour d'appel d'Abidjan, après avoir relevé que le « titre fondant la saisie de Elf Côte d'Ivoire est bien l'arrêt d'appel du 17 juin 1983 », a déclaré la juridiction des référés de la cour d'appel d'Abidjan compétente aux motifs que « les dispositions de l'article 337 [de l'Acte uniforme portant organisation des procédures simplifiées de recouvrement et des voies d'exécution] qui ne prévoient pas les cas d'urgence, n'enlèvent pas compétence au juge des référés en matière d'urgence, comme en l'espèce où l'urgence résulte de ce qu'il est fait reproche au créancier d'avoir saisi des biens n'appartenant pas à son débiteur, la mesure [de mainlevée] devant tendre à voir réduire, sinon à supprimer un préjudice qui s'aggrave de jour en jour... » ;

Attendu que les articles 336 et 337 de l'Acte uniforme précité disposent respectivement que celui-ci « abroge toutes les dispositions relatives aux matières qu'il concerne dans les Etats parties » et qu'il « sera applicable aux mesures conservatoires, mesures d'exécution forcée et procédures de recouvrement engagées après son entrée en vigueur » ;

Attendu que l'Acte uniforme susvisé contient aussi bien des lois de fond que de procédure qui, en la matière, ont seules vocation à s'appliquer dans les Etats parties ; qu'ainsi, en matière de compétence juridictionnelle, l'article 49 de l'Acte uniforme précité édicte en substance que « la juridiction compétente pour statuer sur tout litige ou toute autre demande relative à une mesure d'exécution forcée ou à une saisie conservatoire est le président de la juridiction statuant en matière d'urgence ou le magistrat délégué par lui... » ; qu'en outre, s'agissant de la contestation de la saisie-attribution pratiquée par la société Elf Côte d'Ivoire, les articles 170 et 172 du même Acte uniforme disposent : « A peine d'irrecevabilité, les contestations sont portées, devant la juridiction compétente, par voie d'assignation, dans le délai d'un mois à compter de la dénonciation de la saisie au débiteur. Le tiers saisi est appelé à l'instance de contestation. Le débiteur saisi qui n'aurait pas élevé de contestations dans le délai prescrit peut agir en répétition de l'indu devant la juridiction du fond compétente selon les règles applicables à cette action » ;

« La décision de la juridiction tranchant la contestation est susceptible d'appel dans les quinze (15) jours de sa notification... » ;

Attendu qu'il s'infère des dispositions ci-dessus citées, d'une part, que l'article 49 de l'Acte uniforme susvisé qui a attribué compétence au président de la juridiction statuant en matière d'urgence pour connaître de « tout litige » ou de «toute autre demande relative à une mesure d'exécution forcée » inclut les « cas d'urgence » qu'invoque l'ordonnance attaquée ; que, d'autre part, l'article 172 du même Acte uniforme a institué le double degré de juridiction ;

Attendu par ailleurs que l'article 10 du Traité relatif à l'harmonisation du droit des affaires en Afrique prescrit que « les Actes uniformes sont directement applicables et obligatoires dans les Etats parties nonobstant toute disposition contraire de droit interne, antérieure ou postérieure. » ; qu'il s'ensuit que seules étaient applicables en l'espèce, les dispositions sus-énoncées de l'Acte uniforme précité ; qu'en se déclarant, à tort, compétent, au motif que ledit Acte uniforme « ne prévoit pas les cas d'urgence », le premier président de la cour d'appel d'Abidjan a violé les dispositions susvisées ; qu'il échet en conséquence de casser l'ordonnance attaquée et d'évoquer, sans qu'il y ait lieu de se prononcer sur la seconde branche du premier moyen et sur le second moyen ;

Sur l'évocation

Attendu que par requête en date du 24 janvier 2001, la société Cotracom a saisi le premier président de la cour d'appel d'Abidjan à l'effet de voir ordonner la mainlevée de la saisie-attribution de créances pratiquée par la société Elf Côte d'Ivoire entre les mains du cabinet d'avocats Agnès Ouangui et portant sur les fonds que celui-ci détiendrait pour son compte ; que pour soutenir son action, la société Cotracom expose que ladite saisie a été faite pour paiement de la somme de 201.790.003 francs résultant d'une condamnation aux termes du jugement n°2700 du 02 juillet 1981 rendu par le tribunal de première instance d'Abidjan et de l' arrêt n°693 rendu le 17 juin 1983 par la cour d'appel d'Abidjan ; qu'elle précise que les titres de condamnation servant de fondement à cette saisie ont été obtenus dans une instance opposant la société Elf Côte d'Ivoire à la société Cetrac dont elle est distincte, de sorte que la société Elf oil Côte d'Ivoire ne pouvait saisir des sommes d'argent n'appartenant pas à son débiteur, les sociétés Cotracom et Cetrac étant juridiquement différentes tel qu'il ressort du jugement n°378 rendu le 31 janvier 1984 par le tribunal de première instance d'Abidjan confirmé par l'Arrêt n°549 rendu le 31 mai 1985 par la cour d'appel d'Abidjan ; que cela est si vrai, que la société Elf Côte d'Ivoire a été condamnée au paiement de dommages intérêts à son profit par arrêt n°751 rendu le 14 avril 1995 par la cour d'appel d'Abidjan pour avoir vendu ses biens en exécution d'une décision de condamnation rendue à l'encontre de la société Cetrac ; que par suite, la saisie pratiquée étant injuste, elle en sollicite la mainlevée ;

Attendu, que pour sa part, la société Elf oil Côte d'Ivoire a d'abord excipé de l'irrecevabilité de l'action de la société Cotracom comme hâtive, en ce qu'elle est intervenue alors que la saisie n'était pas encore réalisée, la déclaration affirmative de la partie saisie n'étant pas faite ; qu'elle a soutenu ensuite que la juridiction des référés de la cour d'appel est incompétente pour connaître de la cause et que seule la juridiction présidentielle du tribunal l'était, par respect du principe du double degré de juridiction et, ce, par application des dispositions de l'article 337 de l'Acte uniforme susvisé abrogeant celles des articles 221 du Code ivoirien de procédure civile, commerciale et administrative ; qu'enfin, elle a fait observer qu'ayant procédé à une première saisie dont l'instance en validation est toujours pendante devant le tribunal, la juridiction des référés de la cour d'appel reste, là encore, incompétente pour statuer dans la présente cause ; que subsidiairement, au fond, elle a indiqué que « l'absence de similitude » entre les sociétés Cotracom et Cetrac n'empêchait pas son action dès lors qu'il y a une collusion entre les deux sociétés, ce qui oblige la société Cotracom à payer pour ce que la société Cetrac doit ; qu'il convient donc, selon elle, de déclarer l'action de la société Cotracom mal fondée ;

Attendu qu'en réplique, la société Cotracom a soutenu, d'une part, que les dispositions de l'article 337 de l'Acte uniforme susvisé n'enlevaient pas compétence au juge des référés statuant en matière d'urgence, comme en l'espèce, l'urgence se caractérisant par la saisie de biens n'appartenant pas à son débiteur ; que, d'autre part, elle a précisé que l'instance en validation de saisie ne pouvait constituer un titre fondant la saisie pratiquée, tout comme les procès en cours, initiés par la société Elf Côte d'Ivoire pour tenter d'établir une collusion entre les sociétés Cotracom et Cetrac, ne pouvaient servir comme titres exécutoires, de sorte qu'au total, la saisie critiquée a été pratiquée en l'absence de titres exécutoires, d'où la mainlevée présentement demandée ;

Sur la compétence de la juridiction des référés de la cour d'appel

Attendu qu'il a été indiqué ci-dessus qu'en se déclarant compétent, le premier président de la cour d'appel d'Abidjan a violé les dispositions de l'Acte uniforme portant organisation des procédures simplifiées de recouvrement et des voies d'exécution, notamment en ses articles 49, 170 et 172, qui étaient applicables en la cause ;

Attendu qu'en l'espèce la cour d'appel aurait dû renvoyer les parties devant les juridictions de première instance ;

Mais attendu qu'aux termes du dernier alinéa de l'article 14 du Traité susvisé, « en cas de cassation, elle (la cour commune de justice et d'arbitrage de l'OHADA) évoque et statue sur le fond. »...

OBSERVATIONS

Innombrables, sont les décisions rendues par la Cour commune de justice et d'arbitrage en matière de difficultés d'exécution et spécialement sur la question de la juridiction compétente pour connaître de ces difficultés. L'arrêt n°39 du 2 juin 2005 et celui n°12/2002 du 18 avril 2002 rendus par cette Haute juridiction communautaire s'inscrivent dans cette série qui se poursuit depuis leur prononcé. Relativement à la première espèce commentée si les faits étaient relativement banaux seules la procédure et la motivation du juge présentaient un intérêt certain.

Par rapport aux faits, l'entreprise GTEC appartenant à Madame Touré Magbé a licencié plusieurs de ses salariés qui par la suite, ont intenté contre elle une action en justice. Cette action va ouvrir une procédure fortement ponctuée. En effet, devant le tribunal du travail d'Abidjan, l'entreprise est condamnée par défaut à payer à ses anciens employés (sept au total) diverses sommes d'argent à titre de dommages et intérêts pour licenciement abusif. Sur opposition de l'entreprise, le tribunal confirme le jugement par défaut par un jugement rendu sur itératif défaut. Non content de cette situation, l'employeur saisi la cour d'appel d'Abidjan qui confirme, par un nouveau défaut contre l'appelant, le jugement entrepris. Une nouvelle opposition, de l'entreprise, est formée. Elle conduit à un arrêt contradictoire qui infirme en toutes ses dispositions l'arrêt rendu par défaut et ayant confirmé le second jugement du tribunal du travail d'Abidjan. Les ex salariés forment alors un pourvoi en cassation dirigé vers la cour suprême de Côte d'Ivoire. Celle-ci, par arrêt n°210/03 rendu le 17 avril 2003, casse et annule l'arrêt de la cour d'appel en déclarant que l'opposition de l'Entreprise GTEC était irrecevable. Ils croient la procédure terminée et lèvent la grosse de l'arrêt de cassation qu'ils signifient « régulièrement ». Puis, ils servent un commandement de payer à Madame Touré Magbé. Celle-ci, s'appuyant sur l'article 221 du Code ivoirien de procédure civile, commerciale et administrative, saisit le Président de la cour suprême aux fins de déclarer l'exécution entreprise inopposable à son égard. Ce président fait droit à sa demande, et, par ordonnance n°09/2004 du 19 janvier 2004, il déclare que l'exécution des décisions entreprises sera dirigée contre l'entreprise GTEC et non contre Dame Touré Magbé. De nouveau, un pourvoi est formé. Cette fois, les ex salariés de GTEC saisissent la Cour commune de justice et d'arbitrage pour s'entendre dire que le premier président de la cour suprême de Côte d'Ivoire n'a pas compétence pour statuer en matière de difficultés d'exécution, l'article 49 AUPSRVE ayant rendu inapplicable l'article 221 du Code ivoirien de procédure civile, commerciale et administrative.

La Haute juridiction communautaire lui donne gain de cause. Pour elle, la compétence en cette matière relève, quelle que soit l'origine du titre exécutoire en vertu duquel l'exécution est poursuivie, « de la compétence préalable du président de la juridiction statuant en matière d'urgence et en premier ressort ou du magistrat délégué par lui ».

Dans la deuxième espèce, les faits présentaient un intérêt plus important. La société Total Fina Elf, créancière de la société Cetrac en vertu d'un titre exécutoire a pratiqué une saisie attribution entre les mains d'un cabinet d'avocats sur une créance appartenant à une autre société (Cotracom), au motif que les deux sociétés appartiendraient à la même personne et qu'il y aurait une collusion frauduleuse entre elles. La société Cotracom saisit alors la cour d'appel d'Abidjan qui, statuant en référé, ordonne la mainlevée de cette saisie, sur le fondement des articles 142 et 221 du Code ivoirien de procédure civile. En guise de riposte, la société Total Fina Elf saisit à son tour la Cour suprême de Côte d'Ivoire pour violation, par la cour d'appel d'Abidjan, des dispositions sus-citées du Code ivoirien de procédure civile et du double degré de juridiction. Son pourvoi est rejeté. Elle en forme un autre fondé sur le grief de violation du double degré de juridiction et sur la violation de l'article 336 de l'AUPSRVE, adressé cette fois à CCJA.

Celle-ci répond sans équivoque. Pour elle, l'Acte uniforme portant voies d'exécution « contient aussi bien des lois de fond que de procédure qui, en la matière, ont seules vocation à s'appliquer dans les Etats parties ». La conséquence qu'elle en tire est toute simple : le Code de procédure civile ivoirien ne devait nullement s'appliquer au cas d'espèce pour fonder la désignation du président de la cour d'appel comme juge compétent pour connaître d'un quelconque contentieux de l'exécution.

Dès lors, on comprend que même si des débats intéressants peuvent être ouverts à propos des deux arrêts rapportés, la difficulté principale soumise au juge résidait simplement dans l'identification de la juridiction compétente pour connaître d'une difficulté d'exécution. Pour y répondre, la cour communautaire commence par renier cette compétence à tous présidents des juridictions supérieures, c'est-à-dire au président de la cour d'appel et au président de la cour suprême dont les décisions ne sont pas susceptibles d'appel (I). Ensuite, la CCJA détermine de façon précise la juridiction d'instance qui est habilitée à en connaître. Là aussi, l'affaire GTEC, l'affaire Total Fina Elf, leurs devancières et leurs successeurs incitent à croire que cette compétence peut être étendue à tous les présidents de juridictions dont les décisions sont susceptibles d'appel (II).

I. La négation de la connaissance des difficultés d'exécution par les présidents des juridictions supérieures

L'affaire GTEC commentée est l'un des arrêts, assez nombreux, dans lesquels la CCJA renie au premier président d'une juridiction nationale de cassation, la compétence pour connaître des difficultés d'exécution. En effet, dans l'arrêt commenté comme dans plusieurs autres *(V. par exemple : CCJA, arrêts n°013/2008 du 27 mars 2008, inédit ; arrêts n°035/2007 et n°039/2007 du 22 novembre 2007, Recueil, de jurisprudence de la CCJA, n° 10, juillet-décembre 2007, p. 69 et s., p. 74 et s.),* la Cour communautaire annule pour cause d'incompétence les arrêts rendus par ces premiers présidents. Il en va de même pour ceux rendus par les présidents des cours d'appel, ainsi que l'illustre l'affaire Total Fina Elf. Dans les espèces relatives à la négation de la compétence en matière de difficultés d'exécution aux présidents des juridictions supérieures, la motivation est quasiment identique. Pour la CCJA, ces litiges relèvent, « quelle que soit l'origine du titre exécutoire dont l'exécution est entreprise, de la compétence préalable du président de la juridiction statuant en matière d'urgence et en premier ressort ou de son délégué ».

Cette motivation fournit un argumentaire suffisant en lui-même.

Le premier aspect de cet argumentaire est relatif à la situation dans laquelle le titre exécutoire émane d'une juridiction autre que celle dont le juge de l'exécution est le président. En visant expressément l'origine du titre, la CCJA entend condamner toute désignation d'un autre juge au motif que la matière ayant conduit à la décision dont l'exécution est difficultueuse ressortit du domaine de compétence d'une autre juridiction, ou que la décision émane d'une juridiction supérieure dans la hiérarchie judiciaire, à celle du « président de la juridiction statuant en matière d'urgence ».

Cette solution ne varie pas, même si le droit national a prévu expressément que d'autres présidents pouvaient connaître de ce contentieux. Dans l'affaire GTEC par exemple, la CCJA relève que l'article 221 du Code de procédure civile, commerciale et administrative de Côte d'ivoire qui reconnaît la compétence en cette matière au premier président de la Cour suprême de ce pays est devenu inapplicable à cause de l'article 49 AUPSRVE. Dans l'affaire Total Fina Elf, les mêmes dispositions ont été écartées en ce qu'elles confèrent également cette compétence au président de la cour d'appel. Il devrait en être de même pour la loi camerounaise n°2007/01 du 19 avril 2007 instituant un juge du contentieux de l'exécution et fixant les conditions de l'exécution au Cameroun, des décisions judiciaires et actes publics étrangers ainsi que des sentences arbitrales étrangères *(Cameroon Tribune n°8834/5033 du vendredi 20 avril 2007, p.13*) qui attribue la connaissance du contentieux de l'exécution au Président du tribunal de première instance pour tout titre autre que ceux émanant des tribunaux de grande instance et des juridictions supérieures. Au Président du tribunal de grande instance justement, il attribue la compétence pour le contentieux de ses propres jugements et, aux premiers présidents des Cours d'appel et de la Cour suprême, il laisse les difficultés d'exécution de leurs propres arrêts.

La solution prônée par la CCJA est aisée à justifier. Le juge de l'exécution n'examine jamais la chose tranchée par la décision dont l'exécution soulève des difficultés. Il se contente de gérer les questions de fond soulevées à propos de l'exécution et non celles de fond tirées des droits consacrés par le titre dont l'exécution est querellée.

Son intervention n'est sollicitée que lorsqu'une contestation est soulevée à l'occasion d'une exécution. Toutes les exécutions qui ne connaissent pas de difficultés ne lui sont pas déférées, pas plus que ne lui sont soumises les contestations qui ne surviennent pas à l'occasion d'une exécution (ou d'une mesure conservatoire). Cela signifie qu'il ne peut intervenir sur le contenu même du titre qui échappe à sa compétence (*R. Tendler, Les voies d'exécution, éd. Ellipses, 1998, p.45*).

Dans ce contexte où il ne s'agit que de régler les problèmes survenus à l'occasion de l'exécution, la répartition des compétences matérielles entre les juridictions et la hiérarchie judiciaire ne présente plus les mêmes enjeux. Un juge même inférieur dans la hiérarchie judiciaire peut très bien connaître de toutes les difficultés, l'appel ayant d'ailleurs été ouvert contre sa décision par l'article 49, alinéa 2, de l'AUPSRVE, pour corriger d'éventuelles erreurs d'appréciation.

Enfin, en visant le « premier ressort », la CCJA entend réitérer la nécessité de pouvoir faire appel de la décision rendue par le juge de l'exécution pour se conformer à l'alinéa 2 de l'article 49. L'organisation de ce recours est impossible lorsque la juridiction saisie comme juge de l'exécution est le premier président de la cour d'appel ou celui de la cour suprême. Or l'intérêt qui se rattache à la création d'une telle voie de recours à un type de litige est, on le sait, d'une importance indéniable. Elle implique la reconnaissance du double degré de juridiction, lequel offre la possibilité de provoquer un nouvel examen intégral du litige *(Pour le Pr. F. Anoukaha, le principe du double degré de juridiction est d'ailleurs en passe d'être érigé en droit fondamental de l'homme. Cf. : commentaire de la loi n°2006/015 du 29 décembre 2006 portant organisation judiciaire, Juridis périodique n°68, oct.-nov-déc. 2006, p. 54.)*

Dans la deuxième espèce commentée, le demandeur au pourvoi a expressément invoqué la violation du principe du double degré de juridiction, qui selon lui était violé lorsque la juridiction statuant sur la difficulté d'exécution était le président de la cour d'appel. La CCJA lui a donné gain de cause, en se fondant non seulement sur les articles 49, 170, 172 et 337 de l'AUPSRVE et sur l'article 10 du traité OHADA.

Cette solution doit être soutenue sans aucune réserve. Et aucun argument réel ne devrait en venir à bout. Dans l'affaire Total par exemple, le juge d'appel avait reconnu sa compétence en estimant que « les dispositions de l'article 337 (de l'Acte uniforme portant organisation des procédures simplifiées de recouvrement et des voies d'exécution) qui ne prévoient pas les cas d'urgence, n'enlèvent pas compétence au juge des référés en matière d'urgence... ». Cet argument a été logiquement balayé par la CCJA, pour laquelle l'article 49 inclut les « cas d'urgence ».

D'ailleurs, il est impossible d'admettre une solution contraire sans violer la règle du double degré de juridiction. De fait, dans les pays où les législateurs nationaux s'obstinent à attribuer la compétence en cette matière aux présidents des juridictions supérieures, les voies de recours contre les décisions de ces juridictions, lorsqu'elles existent, sont logiquement autres que l'appel. A l'article 3, alinéa 5, de la loi camerounaise de 2007 précitée, on peut lire par exemple que « lorsque le juge du contentieux de l'exécution est le Président de la cour d'appel ou le magistrat que celui-ci a délégué à cet effet, sa décision est susceptible de pourvoi dans un délai de 15 jours de son prononcé ». Et, à l'alinéa 6, le texte dispose que « lorsque le juge du contentieux de l'exécution est le premier président de la cour suprême ou le magistrat qu'il a délégué à cet effet, sa décision est insusceptible de recours ». Cette méconnaissance de l'appel exigé par l'alinéa 2 de l'article 49 AUPSRVE est intolérable pour la Cour commune de justice et d'arbitrage. Saisie d'un litige dans lequel la juridiction des référés de la cour d'appel d'Abidjan avait ordonné mainlevée d'une saisie-attribution, elle a estimé que le fait pour une juridiction d'appel de statuer en cette matière viole le double degré de juridiction institué en l'espèce par l'article 172 de l'AUPSRVE (*CCJA, arrêt n°012/2002 du 18 avril 2002, Rec. CCJA, numéro spécial, Janv. 2003, p. 53).*

II. L'affirmation de la connaissance des difficultés d'exécution par les présidents des juridictions inférieures

L'affaire GTEC et l'affaire Total Fina Elf ont offert à la CCJA, l'occasion de réaffirmer sa vision de la juridiction positivement compétente pour connaître des difficultés d'exécution.

En effet, la Haute juridiction s'est donnée la peine, dans chacune des espèces, de préciser la juridiction compétente à la fois sur le plan matériel et sur le plan territorial. Pour elle, la juridiction compétente dans le litige à elle soumis est le président du tribunal de première instance d'Abidjan-Plateau ou le magistrat délégué par lui. Cet effort de précision fournit par la CCJA est constant. Chaque fois qu'elle est saisie d'un litige relatif au contentieux de l'exécution, elle prend la peine d'identifier la juridiction de l'exécution qui est compétente pour connaître du litige.

Dans une espèce semblable à l'affaire Total commentée, où la compétence du juge des référés du tribunal de première instance de Douala était en cause relativement au contentieux de l'exécution, elle a pris le soin de préciser que ce juge n'avait pas excédé ses pouvoirs (*CCJA, arrêt n°006 et 008/2002, du 21 mars 2002, Recueil de jurisprudence de la CCJA, numéro spécial, Janvier 2003, pp.42 et 49. Dans le même sens et reconnaissant que le « le Président du TPI d'Abidjan, statuant en référé d'heure à heure, était bien compétent pour statuer en matière de contestation de saisie attribution de créances… » : CCJA, arrêt n°17/2003 du 09/10/2003, Ohadata J-04-120.)*

Dans deux autres datées du 22 novembre 2007, elle déclare expressément, comme dans l'affaire GTEC, « qu'en application de l'article 49, le juge compétent (…) est le président du tribunal de première instance d'Abidjan-plateau » *(CCJA, arrêts n°35 et 39/2007 du 22 novembre 2007, Rec. CCJA, n°10, juill.-déc. 2007, pp. 69 et 74*). Enfin, dans une espèce plus récente, elle se contente de rappeler que le contentieux de difficultés d'exécution « relève de la compétence préalable du président de la juridiction statuant en matière d'urgence et en premier ressort ou par son délégué » (*CCJA, arrêt n°013/2008 du 27 mars 2008, John Wofa-Kye Amour c/ Ecobank Burkina SA).*

Cette précision de la CCJA permet de constater que pour elle, la juridiction compétente en instance pour connaître des difficultés d'exécution peut être indifféremment le juge des référés, le président d'un tribunal de première instance, le président de la juridiction statuant en matière d'urgence, et même, de façon générale, comme l'affirme a cour dans l'affaire Total, « les juridictions de première instance ». Peu importe la couleur du chat…dit-on !

Peut-on en déduire qu'au fond, le critère primordial pour la CCJA est simplement la possibilité d'organiser l'appel contre la décision du juge du contentieux de l'exécution et que toutes les juridictions d'instance ou leurs présidents peuvent être investis du pouvoir de connaître du contentieux de l'exécution ?

La tentation est grande, de répondre par l'affirmative. Si on y cède, l'interprétation présentera quelques avantages. Par exemple, le débat sur la mise en œuvre des Actes uniformes OHADA, relativement à l'organisation judiciaire interne des Etats deviendrait sans véritable incidence pratique, au moins pour ce qui concerne l'article 49 AUPSRVE. En effet, la question s'est posée de savoir quelle est, en général, la marge d'autonomie que conservent les législateurs nationaux avec l'avènement de l'OHADA. Il s'agit de savoir si ces législateurs ont la faculté de créer des juridictions qui, dans leur entendement, contribuent à mettre en œuvre les Actes uniformes. La doctrine a pensé que les Etats membres de l'OHADA disposent bien de ce pouvoir. Pour elle, « les Actes Uniformes n'ont pas cherché à harmoniser l'organisation administrative et judiciaire des Etats membres » (*B. Martor, N. Pilkington, D. Sellers et S. Thouvenot, Le droit uniforme africain des affaires issu de l'OHADA, Litec, 2004, n°98, p.25. Dans le même sens : J. Issa-Sayegh, Quelques aspects techniques de l'intégration juridique : l'exemple de Actes uniformes OHADA, Revue de Droit Uniforme, 1999-1, n°14 et 24, ohada.com. Dans le même sens : F. Anoukaaha, commentaire préc., pp. 45 et 54*), car « l'OHADA, comme toute organisation d'intégration juridique, laisse aux Etats, leur autonomie institutionnelle et procédurale » *(A. Ndzuenkeu, note sous TPI Douala-Bonanjo, ord. référé n° 392 du 26 février 2003 ; TPI Garoua, ord. référé n°09/R du 16 janvier 2002, TPI Yaoundé-Ekounou, ord. référé n°31 du 07 novembre 2002 ; Juridis périodique n°57, p.51.)*

Cet important courant doctrinal déduit des termes génériques employés par l'Acte uniforme, une liberté absolue accordée aux législateurs nationaux en matière d'organisation judiciaire (*La seule limite étant, pour le cas d'espèce, l'obligation de réserver la possibilité d'interjeter appel de la décision du juge de l'exécution*).

Mais, cette interprétation large serait gênante pour plusieurs raisons.

La première résulte du texte de l'article 49 lui-même, tel qu'il était entendu à l'aube de l'OHADA par la CCJA. Pour, reprendre les mots de cette juridiction rappelant le critère légal d'identification de la juridiction des saisies conservatoires et des difficultés d'exécution, ce texte laissait croire qu'il devait s'agir de « la juridiction des urgences telle que déterminée par l'organisation judiciaire de chaque Etat membre de l'OHADA » (*En ce sens : S. Minou, La juridiction prévue à l'article 49 de l'Acte uniforme n°6 portant organisation des procédures simplifiées de recouvrement et des voies d'exécution est-elle le juge des référés au Cameroun ?, Juridis périodique n°62, avr.-mai-juin 2005, p.97*). Cela signifie que la Haute cour affirmait que la juridiction à retenir devait être celle reconnue par l'ordre juridictionnel interne de chaque Etat, comme compétente en matière d'urgence. Or en retenant aujourd'hui tantôt la compétence du juge des référés, tantôt celle des autres juridictions ou présidents, la CCJA semble occulter l'exigence formulée par l'article 49, de confier la connaissance du contentieux de l'exécution au « *président de la juridiction statuant en matière d'urgence* ». Interprétée rigoureusement, cette disposition postulait un comportement à triple détente dans les Etats membres. Dans les pays, où une juridiction de l'urgence existe, le Président de cette juridiction devait être désigné comme juge unique de l'exécution. Dans le cas où une telle juridiction est, non un tribunal au sens institutionnel, mais, un Président comme dans la plupart de pays où la seule juridiction institutionnelle de l'urgence est le juge des référés, aucun choix ne s'offrait véritablement : seul ce juge pouvait répondre aux exigences de l'article 49. Enfin, si, par extraordinaire, aucune juridiction n'était institutionnellement investie de la compétence en matière d'urgence, le législateur national pouvait la créer et investir son Président comme juge de l'exécution.

La deuxième raison concerne la reconnaissance de cette compétence à certains juges, notamment celui des référés. Dans l'affaire GTEC la question de la compétence du juge des référés n'a pas été débattue, la cour s'étant contentée d'affirmer avec force que le juge compétent est « le président du tribunal de première instance d'Abidjan-Plateau ou le magistrat délégué par lui ». Il en est allé de même dans l'affaire Total, où la cour s'est contentée de déclarer que le juge d'appel aurait dû renvoyer les parties devant les juges de première instance.

Cependant, en scrutant l'ensemble de la jurisprudence de la CCJA, on constate que lorsqu'elle est saisie d'un litige dans lequel le juge national a refusé de statuer en se référant aux limités traditionnellement reconnues aux pouvoirs du juge des référés, elle répond de façon univoque que : « méconnaît sa compétence, le président du tribunal de première instance qui, statuant en référé d'heure à heure, se déclare incompétent à connaître de la contestation formée à l'encontre de la saisie attribution, aux motifs que le code de procédure civile fait interdiction aux ordonnances de référé, de faire grief à une décision rendue par une juridiction supérieure… » (*CCJA, arrêt n° 17/2003 du 09/10/2003, ohadata J-04-120)*. Cette option pousse à penser que le juge des référés doit opérer une véritable mutation dans son office.

Il est vrai, certains auteurs ont très tôt, avalisé le choix du juge des référés comme juge du contentieux de l'exécution de l'article 49 *(P.G. Pougoué et F. Teppi Kolloko, La saisie-attribution des créances en OHADA, coll. Vade-mecum, PUA, Yaoundé 2005, p. 74. Dans le même sens : F. Anoukaha et A.D. Tjouen, Les procédures simplifiées de recouvrement et les voies d'exécution, coll. Droit Uniforme, PUA, Yaoundé, 1999, p. 26 ; Me F. Ipanda, note sous TPI Yaoundé, jugements n°508/RC et n°550 des 04 et 15 mai 2000 ; ord. n°590 du 25 avril 2000 et n°618 du 04 mai 2000, RCDA n° 4, p.85 ; J. Issa-Sayegh, Quelques aspects techniques de l'intégration juridique : l'exemple de Actes uniformes OHADA, préc., note n°37, Revue de droit uniforme, 1999).*

Mais, logiquement, le juge des référés ne devrait pas être investi au titre de l'article 49 AUPSRVE car ce juge ne connaît que du provisoire et, comme le savent tous les processualistes, il ne doit en aucun cas préjudicier au principal *(A moins d'opérer la mutation sus-évoquée. Or vis-à-vis de celle-ci, l'attitude de la CCJA fait penser qu'elle devrait aller de soi, ce qui est loin d'être admissible compte tenu des textes et des principes généraux de procédure en vigueur dans les Etats parties, et que l'AUPSRVE ne semblait pas avoir remis en cause)*. Au contraire, le juge de l'article 49 est, eu égard aux pouvoirs que lui reconnaît le texte communautaire, un véritable juge du principal. Par conséquent, sa décision vide définitivement le contentieux pour la question qui lui est soumise alors que celle du juge des référés renvoie toujours les parties « à se pourvoir au principal… » *(Dans leur dispositif, toutes les ordonnances de référé renvoient « les parties à se pourvoir au principal ainsi qu'elles aviseront »).*

A cause de cette limitation du pouvoir du juge des référés *(En réalité, la thèse de l'investiture du juge des référés, est porteuse d'une certaine contradiction d'ailleurs reconnue par ses propres défenseurs. Certains on en effet écrit que, « saisi comme juge des référés dans une matière ressortissant de l'article 49, il ne peut que se déclarer incompétent ». cf. : P.G. Pougoué et F. Teppi Kolloko, La saisie-attribution des créances en OHADA, op. cit., p. 75.),* le juge de l'exécution devrait être « une juridiction autonome qui resterait bien distincte de toutes les autres juridictions du premier degré » *(A. Ndzuenkeu, note préc. Dans le même sens : S. Minou, op. cit ; H. Tchantchou, op. cit. Telle paraît également être l'opinion de M. Soh in La situation du salarié dans les procédures d'exécution ou le difficile équilibre des intérêts en présence, Juridis périodique n°49, janv-fév.-mars 2002, p. 101).* Ce pourrait bien être le président qui assure dans l'organisation judiciaire interne la compétence en matière de référé, mais, sous le couvert d'une casquette de juge du principal. Et dans tous les cas, ce juge ne devrait pas être appelé « juge des référés », l'expression étant juridiquement connotée.

La dernière raison pour laquelle l'interprétation large de la juridiction de l'exécution serait gênante concerne le contenu à donner à l'expression « juridictions d'instance » employée dans la deuxième espèce commentée. Cette expression signifie-t-elle que toute juridiction d'instance ou tout président de juridiction d'instance peut être désigné comme juge de l'exécution ? Pour donner de l'intérêt à cette question, il faut, se demander si dans les Etats où il existe des juridictions de première et de grande instance, la compétence en cette matière peut revenir simultanément à ces juridictions ou à leurs présidents. Certains auteurs répondent par l'affirmative. Ainsi, pour le Professeur Anoukaha *(F. Anoukaha, commentaire préc),* « il est admis en sémantique et sémiotique, que l'article singulier défini peut être utilisé comme générique dans des contextes précis. On parle alors du singulier typifiant ou exemplaire selon le cas ». Sur cette base, plusieurs juridictions d'instance ou leurs présidents peuvent être compétents. D'autres auteurs en revanche estiment qu'en utilisant « *un article défini singulier pour désigner la juridiction compétente, le législateur communautaire s'est refusé de partager la compétence entre plusieurs juridictions* » *(H. Tchantchou, Le contentieux de l'exécution et des saisies dans le nouveau droit OHADA, préc., le législateur communautaire s'est refusé de partager la compétence entre plusieurs juridictions).* La première approche crée une difficulté qui demeure non résolue : les juridictions compétentes seront-elles saisies selon les règles traditionnelles de répartition des compétences entre le tribunal de première instance et celui de grande instance ?

Quant à la seconde, elle épouse la « tendance législative moderne » *(J. Vincent et J. Prévault, Voies d'exécution et procédures de distribution, 17ème éd., Dalloz, 1993, n°53, pp. 35 et 36)* qui tend à instituer un juge unique de l'exécution. En effet, un auteur trouve que, « de la formule très large de l'article 49, on note un désir d'unification de la procédure en matière de saisie conservatoire ou de mesures d'exécution forcée » *(Me Ipanda, note sous TPI Yaoundé, jugements n°508/RC et n°550 des 04 et 15 mai 2000 ; ord. référé n°590 du 25 avril 2000 et n°618 du 04 mai 2000, RCDA n°4, p. 101. Apparemment dans le même sens, A. M. Assi-Esso écrit que « les fonctions de juge de l'exécution sont exercées par le Président de la juridiction compétente ». Cf. commentaire sous l'article 49, in Code annoté OHADA, Juriscope, 2000)*. Ce désir a été inspiré au législateur OHADA, par le droit français de l'exécution issu de la réforme de 1991 et 1992, qui a fourni l'essentiel du contenu de l'Acte uniforme relatif aux voies d'exécution *(En ce qui concerne particulièrement le juge de l'exécution, l'article L. 213-5-1 du nouveau Code de l'organisation judiciaire dispose que « les fonctions de juge de l'exécution sont exercées par le Président du tribunal de grande* instance ». *L'art. L. 213-6 précise que « ce juge connaît, de manière exclusive, des difficultés relatives aux titres exécutoires et des contestations qui s'élèvent à l'occasion de l'exécution forcée, même si elles portent sur le fond du droit, à moins qu'elles n'échappent à la compétence du juge judiciaire. Dans les mêmes conditions, il autorise les mesures conservatoires et connaît des contestations relatives à leur mise en œuvre »*. Il se justifie amplement par un souci d'efficacité et de célérité, dans la mesure où par la concentration entre les mains d'un même magistrat de l'ensemble du processus, le suivi du déroulement de l'exécution est meilleur (*sur l'ensemble de la question, voir J. Fometeu, Le juge de l'exécution au pluriel ou la parturition au Cameroun de l'article 49 de l'Acte Uniforme portant voies d'exécution R. I.D.C. n°1/2008, p. 19).*

Par conséquent, il ya lieu d'espérer que la CCJA va un jour comprendre qu'en continuant dans la voie de la compréhension large de la juridiction de l'exécution qu'elle semble avoir tracé, elle heurte de front certains principes de procédure et que l'orientation qui préserve ces principes est bien l'identification d'une juridiction qui satisfait rigoureusement aux exigences de l'article 49.

Joseph Fometeu,
Maître de Conférences, Université de Ngaoundéré.

1ère espèce : CCJA, arrêt n°041/2005, 07 juillet 2005
Société Ben International Ship Suppliers dite Benis Conseil c/ Etablissement Kouassi N'dah

2ème espèce : CCJA, arrêt n°057/2005, 22 décembre 2005
SGBC c/ Monsieur Essoh Grégoire

1. CCJA, arrêt n°041/2005, 07 juillet 2005, Société Ben International Ship Suppliers dite Ben Iss Conseil c/ Etablissement Kouassi N'dah

(...)

Sur le moyen unique

Vu les articles 10 et 335 de l'Acte uniforme portant organisation des procédures simplifiées de recouvrement et des voies d'exécution ;

Attendu qu'il est fait grief à l'arrêt attaqué d'avoir violé les articles 10 et 335 de l'Acte uniforme susvisé en ce que la cour d'appel d'Abidjan, pour confirmer le jugement entrepris par substitution de motifs, a considéré qu' « il n'est pas contesté que l'ordonnance d'injonction de payer a été signifiée à personne à la date du 30 mars 2001 de sorte que le 15ème jour pour faire opposition est le 14 avril 2001 ; s'il est en outre exact que le samedi 14 avril 2001 n'est point un jour ouvrable en Côte d'Ivoire, il demeure que le demandeur en opposition n'avait que le lundi 16 avril 2001, jour suivant le dimanche pour former son recours ; ainsi, en initiant son opposition le mardi 17 avril 2001, la société Ben a agi hors des délais imposés par l'Acte uniforme OHADA portant organisation des procédures simplifiées de recouvrement et des voies d'exécution ; il s'ensuit donc de confirmer le jugement querellé par substitution de motifs » ;

Attendu que les articles 10 alinéa 1 et 335 de l'Acte uniforme susvisé disposent respectivement que « l'opposition doit être formée dans les quinze jours qui suivent la signification de la décision portant injonction de payer. Le délai est augmenté éventuellement des délais de distance » et que « les délais prévus dans le présent Acte uniforme sont des délais francs » ;

Attendu que de l'analyse combinée des dispositions sus-énoncées des articles 10 et 335 de l'Acte uniforme susvisé, il ressort que le délai de quinze jours imparti pour faire opposition est un délai franc ;

Qu'il est de principe en matière de computation de délai franc, que celle-ci ne doit prendre en compte ni le premier jour (dies a quo) ni le dernier jour (dies ad quem) ;

Attendu, en l'espèce, qu'il est constant comme résultant de l'examen des pièces du dossier de la procédure, que l'ordonnance d'injonction de payer n°2554/01 rendue le 29 mars 2001 par le juge des référés du TPI d'Abidjan a été signifiée à personne le 30 mars 2001 ; qu'après la signification à lui faite le 30 mars 2001, la société Ben Iss a formé opposition devant le TPI d'Abidjan le 17 avril 2001 ; que ladite opposition a été déclarée irrecevable par le premier juge, puis par la suite par la cour d'appel d'Abidjan par l'arrêt attaqué, au motif qu'elle est intervenue « hors des délais légaux imposés par l'Acte uniforme portant organisation des procédures simplifiées de recouvrement » ; qu'en statuant comme elle l'a fait, alors que d'une part, le délai imparti de 15 jours est un délai franc dont la computation exclut les premier dernier jours, et d'autre part, le lundi 16 avril 2001, lundi de Pâques, était un jour férié chômé en Côte-d'Ivoire, ce qui reportait au 17 avril 2001 à minuit le terme du délai dont disposait la société Ben Iss pour faire régulièrement opposition, la cour d'appel d'Abidjan a violé les articles 10 et 335 sus énoncés de l'Acte uniforme susvisé et exposé son arrêt à la cassation (...).

2. CCJA, arrêt n°057/2005, 22 décembre 2005, SGBC c/ Monsieur Essoh Grégoire

(...)

Attendu que la SGBC, demanderesse au pourvoi, demande à la cour de céans de déclarer le mémoire en réponse de Monsieur Essoh Grégoire irrecevable, au motif que le recours en cassation lui ayant été signifié à son domicile le 27 novembre 2003, son mémoire en réponse en date du 18 février 2004 n'a été reçu au greffe de la cour que le 05 mars 2004 ; que ledit mémoire a été déposé tardivement au regard des articles 27-2 (in fine) et 30 (1) du Règlement de procédure de la cour ;

Attendu qu'aux termes des articles 25.5 du Règlement de procédure de la CCJA et 1er de la décision n°002/99/CCJA du 04 février 1999 de la même cour, « les délais de procédure, en raison de la distance, sont établis par une décision de la cour publiée au Journal Officiel de l'OHADA » et « sauf si les parties ont leur résidence habituelle en Côte-d'Ivoire, les délais de procédure sont augmentés, en raison de la distance, comme suit :

- en Afrique Centrale : de vingt jours ;
- (...) ;

Attendu qu'en l'espèce, Monsieur Essoh Grégoire, étant domicilié à Melong au Cameroun, il ya lieu d'ajouter, en application des dispositions sus-énoncées, au délai de trois mois prévu à l'article 30.1 du Règlement de procédure pour le dépôt du mémoire en réponse, celui de vingt et un jours prévu par la décision n°002/99/CCJA du 04 février 1999 sus-indiquée ; qu'ayant reçu signification du recours en cassation le 27 novembre 2003 et ayant déposé à la cour son mémoire en réponse le 05 mars 2004, Monsieur Essoh Grégoire se trouve largement dans les délais légaux ; qu'en conséquence, il y a lieu de déclarer recevable le mémoire en réponse déposé par celui-ci (...).

OBSERVATIONS

Les concepteurs du droit OHADA n'avaient, certainement pas, pour souci premier de toucher à l'organisation judiciaire ainsi qu'au droit processuel de chacun des Etats membres. Cette précaution ne pouvait être totale dès lors que le recouvrement forcé des créances figurait dans ses objectifs comme l'un des plus primordiaux. Sa mise en œuvre interpelle forcément les règles de procédure. Il en est de même, d'ailleurs, de la plupart des actes uniformes. La création de la CCJA, en tant qu'instance Suprême qui casse et qui évoque, s'est accompagnée d'un dispositif procédural approprié.

La question des délais de procédure est d'importance car il y va du souci d'effectivité de la justice. Dans son approche la plus variée, la CCJA a eu à connaître du contentieux relatif aux délais de procédure, tant en termes de computation de délais dits francs (affaire Ben Iss) que des délais de distance (affaire SGBC). Une brève relation des faits conditionne la meilleure compréhension des questions juridiques posées dans les arrêts n°041/2005 du 07 juillet 2005 et arrêt n°057/2005 du 22 décembre 2005 au centre de l'analyse.

La particularité de l'affaire Société Ben Iss...c/ Etablissement Kouassi N'dah dite « affaire Ben Iss » est qu'elle porte sur la contestation de la procédure de recouvrement d'une créance que cet établissement aurait sur la société concernée. Ce n'est point le montant de la créance qui est contesté que la procédure de recouvrement.

Dans le détail, l'établissement Kouassi a engagé la procédure d'injonction de payer contre la Société Ben Iss. Cette dernière a formé opposition. La question principale est celle de savoir si cette opposition a été faite dans les délais de 15 jours conformément à l'article 10 de l'Acte uniforme portant organisation des procédures simplifiées de recouvrement et des voies d'exécution. Le fait que la période à computer couvrait les jours fériés et non fériés rendait tout intérêt à cet arrêt. Selon l'établissement Kouassi, l'opposition de « Ben Iss », introduite 17 jours après la signification de l'ordonnance d'injonction de payer, devait être déclarée irrecevable.

Quant à la Société Ben Iss, elle estime avoir introduit son opposition le dernier jour, compte tenu des jours fériés et non ouvrables. A son sens, la question sa recevabilité ne se posait pas, l'article 335 de l'Acte uniforme ayant clairement indiqué que les délais en la matière sont des francs.

Le débat portait sur la computation des délais dits francs, en application des articles 10 et 335 de l'Acte uniforme portant organisation des procédures simplifiées de recouvrement et des voies d'exécution. En cassant l'arrêt de la cour d'appel qui avait retenu que l'opposition est intervenue hors délais, la CCJA fournit des indications au sujet de la computation.

Le son de cloche raisonne un peu différemment dans l'affaire qui met aux prises la Société générale de banques au Cameroun et Monsieur Essoh Grégoire dans le contexte d'une saisie immobilière caractérisée comme on le sait par une procédure particulière, laquelle est asses formaliste.

La SGBC a en effet entrepris de pratiquer une saisie sur un immeuble appartenant à Monsieur Essoh, suite à une créance impayée de 107.775.996 francs cfa. Pour les besoins de cette saisie, elle a fait délivrer un commandement de payer (certainement hypothéqué). Le débiteur n'a pas réagi dans les 20 jours suivant le commandement. Après avoir rédigé le cahier des charges, le créancier l'a déposé auprès du greffe du TGI du Moungo à Nkongsamba le 1er août 2000, puis invité Monsieur Essoh, comme l'exige la loi, dès le lendemain, à en prendre connaissance. Celui-ci va insérer ses dires et observations non datés dans le cahier des charges, mais à l'audience du 1er février 2001.

Un jugement est rendu le 03 janvier 2002 par le tribunal de grande instance de Nkongsamba, après réquisitions du Ministère public déposées au greffe. Il déclare irrecevables les dires et observations du Sieur Essoh, car insérés tardivement dans le cahier des charges. Surtout, il annule la saisie immobilière au seul motif « que c'est à bon droit que le Ministère Public a requis dans la présente cause et ses arguments méritent d'être retenus », alors qu'il a requis hors délai.

La SGBC se pourvoit en cassation et demande de déclarer irrecevable le mémoire en réponse de Mr Essoh pour inobservation du délai de procédure, au regard de l'article 25.5 du Règlement de procédure CCJA ; de constater que la décision du tribunal de grande instance de Nkongsamba qui annule la saisie immobilière viole l'article 311 de l'Acte uniforme portant organisation des procédures simplifiées de recouvrement et des voies d'exécution. Il fallait donc, ici, décliner les règles qui s'appliquent au calcul des délais de distance.

A supposer qu'il faille faire le point, deux questions ont été résolues dans les arrêts n° 041/2005 du 07 juillet 2005 et n° 057/2005 du 22 décembre 2005 : la computation du délai dit franc (I) et celle du délai de distance (II).

I. La computation du délai dit franc de l'article 10 AUPSRVE

Aux termes de l'article 335 de l'Acte uniforme portant organisation des procédures simplifiées de recouvrement et des voies d'exécution, les délais prévus dans ce texte sont des délais francs. D'après le Vocabulaire juridique dit « Le Cornu », le délai franc est ce qualificatif naguère donné au délai de procédure dans le calcul duquel n'étaient compris, ni le jour de l'acte, de l'évènement, de la décision ou de la notification qui les faisaient courir, ni contrairement à la règle actuelle, le jour de l'échéance (le délai étant allongé d'un jour). En d'autres termes, le dies ad quo (le premier jour de l'acte) et le dies ad quem (dernier jour du délai) ne comptent pas.

L'opposition à une décision d'injonction de payer doit se faire dans un délai de 15 jours qui suit la signification de la décision portant injonction de payer (article 10, AUPSRVE). Toutefois, si le débiteur n'a pas reçu personnellement la signification de cette décision, l'opposition est recevable jusqu'à l'expiration du délai de 15 jours suivant le premier acte signifié à personne ou, à défaut, suivant la première mesure d'exécution ayant pour effet de rendre indisponible en tout ou en partie les biens du débiteur. Tenant compte de ces subtilités, la signification, point de départ du délai d'opposition, sera certainement source de contentieux futurs (*Onana E., La problématique de la jurisprudence par la Cour commune de justice et d'arbitrage, éd. DSD, p. 316)*

S'il faut s'en tenir uniquement à la computation du délai franc, il sera observé que l'ordonnance portant injonction de payer n'a pas été signifiée à personne à la date du 31 mars 2001. La société Ben Iss a formé opposition le 17 avril 2001 et le TPI d'Abidjan, par jugement du 18 avril 2001 a déclaré l'opposition irrecevable. L'établissement Kouassi soutient que la société Benis avait jusqu'au 14 avril 2001 pour élever son opposition, c'est-à-dire le 15è jour. Il fait observer à la cour d'appel que ce 14 avril 2001 correspondait à un samedi, jour non ouvrable en Côte-d'Ivoire ainsi que le dimanche 15 avril 2001. Par conséquent la société Ben Iss devait, selon lui, s'opposition à l'ordonnance portant injonction de payer au plus tard le lundi 16 avril 2001. Appelée à se prononcer sur l'appel introduit par la société Bonis, la cour d'appel déclare son appel irrecevable, au motif qu'elle est intervenue « *hors des délais légaux imposés par l'Acte uniforme portant procédure simplifiée de recouvrement* ».

Avant de revenir sur l'argument de la société Bonis par rapport au jour férié, il faut relever le fait que la computation du délai de 15 jours ne posait pas un problème en tant que tel dans l'esprit de l'Etablissement Kouassi. Pour s'appuyer sur le cas d'espèce, dans l'hypothèse où il n'y avait pas eu de férié, le délai étant franc, le 30 mars 2001, date de signification ne devait pas compter. De même que le 15è jour, date d'expiration du délai qui correspondait au 14 avril 2001, n'avait pas été compté par l'établissement Kouassi. Cela voulait dire que le 15 avril 2001 devait être le dernier jour pour faire opposition. Et c'est à juste titre qu'il a pensé que samedi et dimanche n'étant pas ouvrables, la date d'expiration devait être repoussée au 16 avril 2001.

La cour d'appel s'est laissée convaincre par ce raisonnement et a rejeté l'opposition de la société Benis. La CCJA vient lui rappeler que le férié du 16 avril 2001 devait être pris en considération.

Précisément, la particularité de cette hypothèse est à relever. Le lundi étant déclaré férié, la société Ben Iss ne pouvait pas introduire son opposition. Elle ne l'a fait que le lendemain, mardi, jour ouvrable. La CCJA rappelle avec force que la prorogation du dies ad quem devait se faire jusqu'au mardi, jour ouvrable après le samedi, le dimanche et le jour férié.

Il y a lieu de souligner que le jour férié a été pris en considération parce qu'il se situait à la fin du délai de 15 jours. Par contre, lorsque l'un des jours du délai est férié (à l'intérieur du délai), il est compté de la même manière qu'un jour ordinaire. Si donc le jour férié avait été compris entre le deuxième et le quatorzième jour, on n'en aurait pas tenu compte.

Sauf à observer, cela réservé que l'OHADA aurait pu être plus précis comme le droit français. En effet, il est inscrit à l'article 642 alinéa 2 du nouveau code de procédure civile appliqué dans cet Etat que « *le délai qui expirerait normalement un samedi, un dimanche ou un jour férié ou chômé, est prorogé jusqu'au premier jour ouvrable suivant* ». Cette règle vaut d'ailleurs aussi pour les délais calculés en heure ; elle a survécu à la réforme intervenue sur la computation des délais.

Le problème pourra cependant encore être posé, dans l'espace OHADA, de savoir quelle compréhension doit-on avoir des termes « jour férié » ou « jour chômé « (*en ce sens, cf. CA d'Abidjan, 25 janv. 2002, arrêt n° 125, Société CTOP contre Société Lavegarde, ohadata J-03-78 à propos de l'expiration du délai légal le jour où a été déclaré le couvre-feu*). C'est que, si l'on admet que dans la plupart des pays membres de l'Organisation que les jours fériés, le samedi et le dimanche sont chômés sont ces jours pendant lesquels le travail est suspendu, il peut arriver qu'il en aille autrement. Il suffit d'envisager l'hypothèse où il existerait des jours de trêve pour certaines entreprises seulement du fait notamment des usages ou des conventions collectives. Il suffit encore d'envisager l'hypothèse de journées chômées mais qui ne seraient pas fériés dans certains des pays membres. Quoi qu'il en soit et en attendant que le problème se pose devant les tribunaux, on devrait considérer que seuls les jours chômés, en vertu d'une loi ou d'un règlement, devront être pris en retenus. Cela ne fait pas obstacle à ce que des difficultés surgissent lorsqu'il faut insérer les délais de distance dans la computation.

II. La computation des délais de distance devant la CCJA

La computation des délais de distance devant la CCJA tenait en compte trois éléments : le délai de procédure de l'article 25-1 du Règlement de procédure de la cour ; la décision de la haute juridiction rendue en vertu de l'article 25-5 du Règlement et l'article 311 de l'Acte uniforme portant organisation des procédures simplifiées de recouvrement et des voies d'exécution.

L'article 25-1 du Règlement de procédure gouverne la computation des délais de procédure devant la CCJA. On peut faire le résumé suivant de cet article : l'alinéa 1 confère le caractère non franc à ce délai de procédure (le jour de l'acte n'est pas compris dans le délai) ; l'alinéa 2, au-delà du mode de computation quand il s'agit du délai exprimé en mois ou en année, prescrit surtout que ce délai expire le dernier jour du mois ; l'alinéa 3 indique que les jours fériés légaux, les samedis et les dimanches sont compris dans les délais. Bien évidemment, lorsque le décompte prend fin un samedi, un dimanche ou un jour férié légal, le dernier jour du délai est prorogé jusqu'au premier jour ouvrable suivant (alinéa 4).

L'article 311 AUPSRVE, dans le cadre des demandes en annulation relevant des incidents de la saisie immobilière, prescrit que les moyens de nullité, tant en la forme qu'au fond contre la procédure qui précède l'audience éventuelle, doivent être soulevés, à peine de déchéance, par un dire annexé au cahier de charges, 5 jours au plus tard avant la date fixée pour cette audience (...). En application de cet article, les dires et observations du saisi avaient été déclarés irrecevables pour non respect du délai de 5 jours. A sa grande surprise, les réquisitions tardives du Ministère public avaient été reçues au motif que « c'est à bon droit que le Ministère public requis dans la présente cause, et ses arguments méritent d'être retenus ». En toute logique, la CCJA casse et évoque au motif que, dans le cadre de cette procédure, la communication du Ministère public ne saurait être qualifiée de dires et observations.

La décision de la Cour commune de justice et d'arbitrage doit bien être comprise. Elle confirme l'irrecevabilité des dires et observations insérés dans le cahier des charges par Monsieur Essoh car hors le délai de 5 jours, rejette la demande tendant à l'annulation de la procédure de saisie immobilière introduite par lui. Ceci peut se comprendre car le Ministère public n'avait pas qualité pour communiquer ses dires et observations dans le cahier des charges avant 5 jours, et donc son intervention ne pouvait justifier l'annulation de la procédure. C'est donc à juste titre qu'il est ordonné la continuation des poursuites devant le tribunal de grande instance du Moungo (*sur cette même question, voir CCJA, n°003/2002 du 10 janv. 2002, affaire Société ivoirienne d'emballage métallique c. Société Atou et Banque ivoirienne pour le commerce et l'industrie, Rec. CCJA spéc., janvier 2003, p. 39 et s. ; n°016/2004 du 29 avril 2004, affaire Scierie d'Agnibilekrou Wahab Nouhad dite SDA, Wahab Nouhad Rachid c. Hassan Sahly, commenté dans cet ouvrage par Moïse Timtchueng).*

Mais l'autre aspect de la question était lié au fait que la SGBC souhaitait voir déclarer irrecevable le mémoire en réponse de Monsieur Essoh, pour non respect du délai de l'article 27-2 et 30.1 du Règlement de procédure CCJA. Sur la question, l'article 30.1 du Règlement de procédure prescrit un délai de 3 mois pour présenter un mémoire en réponse devant la juridiction nationale, délai qui court à compter de la signification du recours. Or, le mémoire en réponse de Monsieur Essoh avait été adressé à la Cour commune de justice et d'arbitrage. L'article 25-5 du règlement de procédure prévoit que les délais de procédure, en raison de la distance sont établis par une décision de la cour publiée au Journal officiel de l'OHADA. Effectivement, l'article 1er de la décision n°002/99/CCJA du 04 février 1999 dispose que, « sauf si les parties ont leur résidence habituelle en Côte-d'Ivoire, les délais de procédure sont augmentés, en raison de la distance, comme suit :

- en Afrique centrale : de 21 jours (…) ».

Or dans le cas d'espèce, la SGBC souhaitait voir la cour déclarer irrecevable le mémoire en réponse de Monsieur Essoh car le pourvoi lui avait été signifié à son domicile le 27 novembre 2003. Son mémoire en réponse, daté du 18 février 2004 n'a été reçu au greffe de la Cour commune de justice et d'arbitrage que le 05 mars 2004 alors qu'il aurait dû y être déposé au plus tard le 27 février 2004. La CCJA approuve le raisonnement et tient un calcul plus détaillé : au délai initial de trois mois s'ajoutent 21 jours au titre des délais de distance. En conséquence, elle juge que Mr Essoh avait jusqu'au 20 mars 2004 pour réagir.

Robert Nemedeu,
Maître de conférences Agrégé, Université de Yaoundé II.

CCJA, arrêt n°043/2005, 07 juillet 2005, Aziablévi Yovo c/ Société Togo Télécom

(...)

Sur le premier moyen

« Attendu que l'exécution forcée et les mesures conservatoires ne sont pas applicables aux personnes qui bénéficient de l'immunité d'exécution.

Toutefois, les dettes certaines, liquides et exigibles des personnes morales de droit public ou des entreprises publiques, quelles qu'en soient la forme et la mission donnent lieu à compensation avec les dettes également certaines, liquides et exigibles dont quiconque sera tenues envers elles, sous réserve de réciprocité ;

Attendu que de l'analyse des dispositions sus énoncées, il ressort, contrairement aux allégations des requérants, qu'en énonçant en son alinéa 1er que « l'exécution forcée et les mesures conservatoires ne sont pas applicables aux personnes qui bénéficient d'une immunité d'exécution » et en son alinéa 2 que « toutefois, les dettes certaines, liquides et exigibles des personnes morales de droit public ou des entreprises publiques, quelles qu'en soient la forme et la mission, donnent lieu à compensation avec les dettes également certaines, liquides et exigibles dont quiconque sera tenu envers elles, sous réserve de réciprocité », l'article 30 de l'Acte uniforme sus visé pose audit alinéa 1er, le principe général de l'immunité d'exécution des personnes morales de droit public et en atténue les conséquences audit alinéa 2 à travers le procédé de la compensation des dettes ; que ladite compensation, qui s'applique aux personnes morales de droit public et aux entreprises publiques, ne peut s'analyser que comme un tempérament au principe de l'immunité d'exécution qui leur bénéficie en vertu de l'alinéa 1er dudit texte ; qu'il suit qu'en jugeant que « l'article 30 alinéa 1er de l'Acte uniforme susvisé pose le principe d'immunité d'exécution, et que les entreprises publiques, catégorie dans laquelle est classée Togo Télécom, figurent dans l'énumération des sociétés contre lesquelles s'applique la compensation, il n'y a aucun doute à l'égard de cette dernière sur sa qualité de bénéficiaire de l'immunité », la Cour de Lomé n'a point erré dans l'interprétation dudit article et donc point violé celui-ci ; qu'il échet en conséquence de rejeter ce premier moyen ». ...

Sur le second moyen

« Attendu en l'espèce que l'article 2 de la loi togolaise n° 090/126 du 04 décembre 1990 portant réforme du cadre institutionnel et juridique des entreprises publiques dont la violation est invoquée par les demandeurs au pourvoi, dispose que « les règles du droit privé, notamment celles du droit civil, du droit du travail et du droit commercial, y compris les règles relatives aux contrats et à la faillite sont applicables aux entreprises publiques dans la mesure où il n'y est pas dérogé par la présente loi. Les entreprises publiques sont soumises aux règles du plan comptable national. La réglementation générale sur la comptabilité publique ne leur est pas applicable » ; que les dites dispositions du droit interne togolais, qui soustraient les entreprises publiques du régime de droit public pour les soumettre au droit privé, privent celles-ci, notamment de l'immunité d'exécution attachée à leur statut d'entreprises publiques ; que ce faisant, elles contrarient les dispositions de l'article 30 de l'Acte uniforme susvisé qui consacre ce principe d'immunité d'exécution des entreprises publiques alors même que, d'une part, l'article 336 dudit Acte uniforme a expressément abrogé « toute les dispositions relatives aux matières qu'il concerne dans les Etats parties » et, d'autre part, que l'article 10 du Traité susvisé dispose que « les Actes uniformes sont directement applicables et obligatoires dans les Etats parties nonobstant toute disposition contraire de droit interne, antérieure ou postérieure ; qu'au regard des dispositions de ces deux articles du droit uniforme OHADA, seul est applicable en l'espèce, l'article 30, alinéas 1er et 2, de l'Acte uniforme sur les voies d'exécution ; qu'ainsi, en considérant que « la décision déférée porte sur une matière relevant des domaines indiqués dans ledit Acte [acte uniforme sur les voies d'exécution] qui ne peut que recevoir application » pour conclure que la Société Togo Télécom, en sa qualité d'entreprise publique, bénéficie de l'immunité d'exécution conformément à l'article 30 alinéa 1er et 2, dudit Acte uniforme, la cour d'appel de Lomé a fait une saine application de la loi et confirmé à bon droit l'ordonnance querellée...

OBSERVATIONS

L'immunité d'exécution des personnes morales de droit public est-elle absolue ou relative ? Plus précisément, bénéficie t-elle à une personne morale de droit public, faisant du commerce, soumise aux règles de la comptabilité privée et au droit privé ? C'est sur ce débat qui a passionné la doctrine étrangère *(Lire notamment Gaudemet, « La saisie des biens des établissements publics : nouveaux développements de la question », Gaz. Pal. 1984, II. 565 ; Delvolvé, « L'exécution des décisions de justice par l'administration : Etudes et documents du Conseil d'Etat, 1983-*

1984, p. 131 ; Denoix De Saint-Marc, note au D. 1985, II. 174 ; Amselek, « Les personnes publiques sans comptable public et le principe de l'insaisissabilité des biens des personnes publiques, J.C.P. 1986, I. 3236) que la Cour commune de justice et d'arbitrage était invitée à prendre position dans cet arrêt.

Les faits sont les suivants : en exécution d'un arrêt rendu le 10 juillet 2003 par la Chambre sociale de la cour d'appel de Lomé, condamnant la Société Togo Télécom à leur payer la somme de 118970213 francs cfa, les sieurs Aziablévi Yovo et autres ont fait pratiquer une saisie-attribution de créance entre les mains des divers établissements de Lomé sur les compte de cette entreprise publique. Estimant que cette saisie-attribution viole l'Acte uniforme portant organisation des procédures simplifiées de recouvrement et des voies d'exécution qui lui accorde une immunité d'exécution, Togo Télécom sollicita du président du tribunal de première instance de Lomé sa mainlevée. Celui-ci fît droit à sa demande et le juge d'appel confirma la solution. Dans leur pourvoi sollicitant la cassation de l'arrêt confirmatif, les créanciers saisissants soutenaient que l'immunité d'exécution des personnes morales de droit public tient compte de leur statut, qu'elle ne s'applique nullement aux entreprises publiques qui, parce qu'elles font du commerce, ne sont pas soumises aux règles du droit public, mais du droit privé. Ils soutenaient spécialement que les entreprises publiques togolaises ne sauraient bénéficier de pareille immunité parce que la loi n°090126 du 04 décembre 1990 de ce pays portant réforme du cadre institutionnel et juridique des entreprises publiques les soumet aux règles du droit privé, notamment du droit civil, du droit du travail, du droit commercial, du droit des procédures collectives d'apurement du passif.

On l'a relevé, la Cour commune de justice et d'arbitrage avait à se prononcer sur le point de savoir si l'immunité d'exécution des personnes morales de droit public s'applique aux entreprises publiques. En rejetant le pourvoi formé contre l'arrêt de la cour d'appel de Lomé, la haute juridiction a répondu affirmativement. Pour arriver à cette réponse, elle a immédiatement écarté l'application de la loi togolaise en rappelant que « les Actes uniformes sont directement applicables et obligatoires dans les Etats parties nonobstant toute disposition contraire de droit interne antérieur ou postérieur ». Bien qu'importante, cette observation relative aux conflits entre les Actes uniformes et le droit interne des Etats n'a été abordée par le juge que pour rechercher des éléments de réponse à la question de savoir si les entreprises publiques bénéficient de l'immunité d'exécution.

Pour comprendre cet arrêt qui est une des premières applications par la Cour commune de justice et d'arbitrage de l'article 30 de l'Acte uniforme OHADA portant organisation des procédures simplifiées de recouvrement et des voies d'exécution, il faut partir de ce que l'immunité d'exécution est une faveur exceptionnelle de la loi en vertu de laquelle certains débiteurs ne peuvent faire l'objet d'une exécution forcée. Bien que relevant de la même inspiration que l'insaisissabilité *(Sur ce point, voir CCJA, arrêt n°011/2006 du 29 juin 2006, Rec. n° 7, janv. – juin 2006, pp. 66 et s.)* elle s'en sépare par son caractère personnel puisqu'elle est orientée vers les personnes et non pas vers les biens. Elle s'en sépare aussi par le fait qu'elle interdit toute mesure de contrainte contre le débiteur alors que l'insaisissabilité empêche seulement le créancier d'aller jusqu'au bout. *(Cf. M. Donnier, Voies d'exécution et procédures de distribution, 5ème édition, Paris, Litec, 1999, p. 71 ; S.S. Kuaté Tameghé, La protection du débiteur dans les procédures individuelles d'exécution, préf. F. Overstake, Coll. Logiques juridiques, L'Harmattan, pp. 323 et s. ; B. Nicod, « Immunités et insaisissabilité », Les Petites affiches, 6 janv. 1993, pp. 19 et s.).* L'immunité d'exécution n'existe que si elle est prévue par un texte. L'article 30 la consacre au bénéfice des personnes morales de droit public, sans clairement indiquer lesquelles. On a soutenu que ce silence est un renvoi implicite à la compétence des législations nationales *(N. Diouf, « commentaire Acte uniforme portant organisation des procédures simplifiées de recouvrement et voies d'exécution », in, OHADA, Traité et actes uniformes commentés, 3ème édit. Juriscope, 2008, p. 773).* Mais par cet arrêt, la Cour commune de justice et d'arbitrage propose une autre lecture. Elle prend expressément position sur le débat relatif aux personnes morales bénéficiaires de l'immunité d'exécution (I), mais implicitement donne des indications sur la compréhension par la Cour de sa mission d'interprétation des actes uniformes OHADA (II).

I. L'explicite : la détermination des bénéficiaires de l'immunité d'exécution

La détermination des bénéficiaires de l'immunité d'exécution n'est pas nouvelle en jurisprudence. Un vieil arrêt rendu en France *(Req. 19 février 1929, D. 1929, 1ère partie, p. 73, note R. Savatier, arrêt utilisable en vertu de la règle de la succession d'Etat par la plupart des anciennes colonies et pupilles de la France)* la tranchait en distinguant selon que les personnes morales font ou non du commerce, assument ou non une mission de service public. L'immunité ne profitant qu'à celles qui ne font pas du commerce ou à celles qui assument une mission de service public. Dans cet arrêt, la Cour commune de justice et d'arbitrage rappelle la distinction en utilisant les expressions « personnes morales de droit public et entreprises publiques » consacrées par l'article 30 de l'Acte uniforme OHADA portant organisation des procédures simplifiées de recouvrement et voies d'exécution, mais pour élargir le champ des bénéficiaires de l'immunité d'exécution. Pour la haute juridiction, ce sont à la fois les personnes morales de droit public au sens strict (A) et les entreprises publiques (B).

A. Les bénéficiaires classiques : les personnes morales de droit public au sens strict

Dans le premier attendu majeur de l'arrêt analysé, la Cour commune de justice et d'arbitrage énonce : « ...l'article 30 de l'acte uniforme susvisé pose audit alinéa 1er, le principe général de l'immunité d'exécution des personnes morales de droit public et en atténue les conséquences audit alinéa 2 à travers le procédé de la compensation des dettes ; que ladite compensation, qui s'applique aux personnes morales de droit public et aux entreprises publiques, ne peut s'analyser que comme un tempérament au principe de l'immunité d'exécution qui leur bénéficie ». Par cette formule, la haute juridiction rappelle que l'immunité de juridiction de l'article 30 de l'Acte uniforme bénéficie d'abord et surtout aux personnes morales de droit public.

Mais qu'entend t-on par personne morale de droit public ? On peut dans une première approximation soutenir qu'il s'agit des groupements dotés de la personnalité juridique assumant une mission de service public ou d'intérêt général. Mais le critère ne serait pas suffisant, car il existe des groupements privés assumant des missions de service public et d'intérêt général. A l'opposée, il existe des établissements de droit public assumant des missions qui n'ont aucun lien avec le service public ou l'intérêt général comme Togo Télécom dans le présent arrêt.

Sans doute faut-il compulser le droit interne de chaque Etat comme le suggère la doctrine *(S.S. Kuaté Tameghé, La protection du débiteur dans les procédures individuelles d'exécution, op. cit. pp. 344 et s. J. Du Bois de Gaudusson, « Identification des entreprises publiques », Encyclopédie juridique de l'Afrique, t. XII, EJA, NEA 1982, pp. 201 et s)* pour déterminer les « personnes morales de droit public ». Mais il existe des certitudes. Rentrent incontestablement dans la catégorie, en droit interne : l'Etat, les collectivités infra étatiques, les établissements publics administratifs même dotés de l'autonomie financière *(sur ce point cf. Tribunal régional de Niamey, ordonnance de référé n°164 du 7 août 2001, CMB c/ Ibrahima Bara Amadou ; Ordonnance de référé n°12/ord du 11 septembre 2000 du président du Tribunal de première instance de Dschang, Université de Dschang c/ Tonyé Dieudonné, Revue camerounaise de l'arbitrage, n°18, juillet-août-septembre 2002, p. 13)*. En droit international : les Etats étrangers et avec eux leurs agents diplomatiques, les organisations internationales. Plusieurs arguments justifient ces certitudes : sur le plan international, on soutient que l'exécution forcée sur un Etat étranger porterait atteinte à sa souveraineté et à son indépendance. Sur le plan interne on a d'abord fait valoir que les personnes morales de droit public sont toujours solvables et que leurs créanciers, assurés d'être payés n'ont pas besoin de recourir à des mesures d'exécution. On a ensuite soutenu que le souci est d'éviter que les saisies ne perturbent les règles de la comptabilité publique. Ces arguments bien que contestés permettent de situer les personnes morales de droit public qui relèvent exclusivement du droit public des personnes morales mixtes et des entreprises publiques qui, relevant des règles de la comptabilité privée et n'assurant pas forcément des missions d'intérêt général, peuvent être valablement succomber aux procédures forcées de recouvrement.

Sans doute la distinction entre les personnes morales de droit public et les entreprises publique faite par l'Acte uniforme était-elle destinée à exclure les deuxièmes du bénéfice de l'immunité de saisie, ce qui serait logique. Mais contre toute attente, la Cour commune de justice et d'arbitrage l'utilise pour bien faire apparaître une nouvelle catégorie de bénéficiaires de l'immunité d'exécution, autrement dit pour élargir la catégorie de bénéficiaires de l'immunité d'exécution.

B. Les bénéficiaires nouveaux : les entreprises publiques

L'Acte uniforme ne donne aucune définition de l'entreprise publique. Mais en la situant par rapport aux personnes morales de droit public auxquelles il les oppose, on peut soutenir que l'entreprise publique est une personne morale de droit public qui n'a pas pour objectif prioritaire des missions de service public ou qui n'est pas régie par les règles de la comptabilité publique. On range notamment ici les établissements publics à caractère industriel et commercial.

Une telle entreprise bénéficie t-elle de l'immunité d'exécution ?

La question s'est très tôt posée dans l'ordre international et elle a reçu une réponse négative en jurisprudence. Dans un arrêt rendu le 19 février 1929 (*Req. 19 février 1929, D. 1929, 1ère partie, p. 73, note R. Savatier*), la chambre des requêtes de la Cour de cassation avait admis une saisie pratiquée sur les biens de la représentation commerciale de l'ancienne URSS en France dès lors qu'il s'agissait d'engagements résultant d'actes de commerce. L'idée sous-tendant cette décision était que l'Etat étranger qui se comporte comme un simple commerçant renonce sur ce plan, à sa souveraineté et accepte implicitement d'être soumis au droit commun de l'exécution. Mais disait-on, encore faut-il pour cela que les fonds commerciaux soient séparés des fonds diplomatiques. En suivant la logique de cette décision confirmée après par plusieurs arrêts en France (*Cass. Civ. 1ère, 14 mars 1984, Eurodif, J.C.P. 1984, II. 20205, concl. Gulphe, note Synvet ; D. 1984, II. 629, rapp. Fabre, note Robert ; Cass. Civ. 1ère, 13 mars 1985, Air Algérie, J.C.P. 1986, II. 20525, concl. Gulphe ; Cass. Civ. 1ère, 1er oct. 1985, Sonatrach, J.C.P. 1986, II. 20566, concl. Gulphe, note Synvet ; Cass. Civ. 1ère, 6 juill. 1988, Bull. civ. I, n° 227 ; 4 janv. 1995, D. 1995, inf. rap. p. 59*), il apparaît que l'immunité ne profite aux personnes morales de droit que parce qu'elles accomplissement des missions de service public et qu'elles sont protégées par le souci de ne pas perturber les règles de la comptabilité publique. Autrement dit, lorsque l'entreprise n'est pas soumise à la comptabilité publique ou qu'elle n'accomplit pas une mission de service public elle ne bénéficie plus de l'immunité de saisie. C'est sur la base d'une telle distinction que les demandeurs au pourvoi sollicitaient l'exécution forcée contre Togo Télécom. Pour eux, le Togo, pour rendre compétitives ses entreprises publiques, les a soustraites au droit public pour les soumettre au droit privé. D'après l'article 2 de la loi togolaise n°90/126 du 04 décembre 1990, « les règles du droit privé, notamment celles du droit civil, du droit du travail et du droit commercial, y compris les règles relatives aux contrats et à la faillite sont applicables aux entreprises publiques (...). Les entreprises publiques sont soumises aux règles du plan comptable national ». Soumises à la comptabilité privée et surtout, n'assumant pas une mission de service public, elles ne font plus partie des bénéficiaires de l'immunité d'exécution et peuvent de ce fait subir les voies d'exécution.

Rejetant cette argumentation logique, la cour prend une position difficilement défendable. Abandonnant toute distinction, elle pose que Togo Télécom, entreprise de téléphonie qui accomplit des actes de commerce à titre de profession habituelle et régie par les règles de la comptabilité privée fait partie des entreprises bénéficiant de l'immunité d'exécution du seul fait qu'elle est classée dans la catégorie personnes morales de droit public. Pour la cour, il suffit que les capitaux de l'entreprise soient détenus en majorité ou en totalité par l'Etat pour qu'elle bénéficie de l'immunité de saisie.

Cette position donne des indications implicites sur la compréhension par la cour de sa mission d'interprétation des actes uniformes.

II. L'implicite : des indications sur la compréhension par la Cour de sa mission d'interprétation des actes uniformes OHADA

En faisant sans distinction des personnes morales publiques les bénéficiaires de l'immunité d'exécution, la Cour commune de justice et d'arbitrage met en exergue son attachement à la lettre des actes uniformes OHADA (A), mais rend une décision contraire à leur esprit (B).

A. L'attachement à la lettre des actes uniformes

Appelé à se prononcer sur l'inclusion ou non des entreprises publiques dans la catégorie des bénéficiaires de l'immunité d'exécution, la Cour commune de justice et d'arbitrage a validé l'arrêt de la cour d'appel de Lomé d'après lequel : « l'article 30 alinéa 1er de l'Acte uniforme susvisé pose le principe d'immunité d'exécution et que les entreprises publiques, catégorie dans laquelle est classée Togo Télécom, figurent dans l'énumération des sociétés contre lesquelles s'appliquent la compensation, il n'y aucun doute à l'égard de cette dernière sur sa qualité de bénéficiaire de l'immunité d'exécution ». Une telle position indique comment la Haute juridiction comprend la mission que lui confie l'article 14 alinéa 1er du Traité du 17 octobre 1993 relatif à l'harmonisation du droit des affaires en Afrique. D'après ce texte, « La Cour commune de justice et d'arbitrage assure dans les Etats parties l'interprétation et l'application commune du présent traité, des actes pris pour son application et des actes uniformes ». Le texte confie aux juges une mission d'interprétation, suivie de celle d'application. La première est la plus déterminante, car elle peut conditionner la seconde. En l'espèce le débat portait sur l'interprétation, donc sur l'opération juridique consistant à discerner le véritable sens d'un texte *(Vocabulaire juridique de l'Association Capitant, par G. Cornu, Paris, Quadrige- PUF, 2007, p. 510)*. Plusieurs méthodes d'interprétation des textes sont utilisables, parmi lesquelles la méthode littérale qui s'attache à la lettre du texte et la méthode téléologique qui recherche la finalité de la norme. En refusant de se préoccuper du point de savoir si l'immunité d'exécution doit être accordée aux personnes morales accomplissant des missions de service public, soumises aux règles de la comptabilité publique et refusée à celles relevant du droit privé, la Cour commune de justice et d'arbitrage s'en tient à une interprétation littérale de l'Acte uniforme. Une telle approche de l'interprétation des textes est dangereuse car elle concède au législateur les pouvoirs les plus absolus sans que le juge ne puisse attirer son attention sur ses éventuelles erreurs. C'est la consécration officielle d'un légicentrisme qui a contribué à freiner le développement d'un droit reflétant son environnement d'application en Afrique. C'est une démarche curieuse dès lors que, comme en l'espèce, elle est contraire à l'esprit général du droit OHADA.

B. L'éloignement de l'esprit général des actes uniformes OHADA

Les Actes uniformes OHADA ont fait leur apparition dans le paysage juridique africain pour mettre un terme à l'insécurité juridique et judiciaire en vigueur dans les Etats parties au traité instituant l'Organisation pour l'harmonisation du droit des affaires en Afrique et surtout pour faciliter le développement des investissements. Les différents actes uniformes portent les traces de cet objectif. Sans doute se préoccupent-ils de la protection des débiteurs, mais c'est pour mieux assurer le recouvrement des créances. L'objectif central est donc de favoriser le crédit et l'investissement. Peut-on le faire en mettant un débiteur à l'abri de l'exécution forcée ? La réponse positive en faveur des personnes morales de droit public assurant des missions de service public et soumises aux règles de la comptabilité publique résulte de leur impossibilité d'être déclarées en faillite et de leur solvabilité présumée. Mais peut-on en dire de même des personnes morales qui comme Togo Télécom en l'espèce sont selon les dispositions de l'article 2 de la loi togolaise du 4 décembre 1990 soumises au droit civil, au droit du travail, au droit commercial y compris les règles relatives aux contrats et à la faillite ? Une lecture de l'article 30 de l'Acte uniforme portant organisation des procédures simplifiées de recouvrement et voies d'exécution conforme à l'esprit général des actes uniformes aurait dû conduire le juge à exclure Togo Télécom de la liste de bénéficiaires de l'immunité d'exécution. En ne le faisant pas, la haute Cour a favorisé de manière injustifiée un commerçant au détriment de ses partenaires. Une telle solution est de nature à limiter les transactions avec de telles entreprises et à entraver le développement des affaires. Il est souhaitable que la Haute juridiction, dans sa mission d'interprétation, se souvienne régulièrement de l'esprit général du droit issu du traité OHADA. Elle prendrait ses responsabilités et contribuerait ainsi à une application effective des Actes uniformes et du droit.

Pierre Etienne Kenfack,
Chargé de cours, Université de Yaoundé II Soa.

CCJA, arrêt n°001/2004, 8 janvier 2004
Société Générale de Banques au Cameroun dite SGBC c/ Kamgang Marcel et Société d'Exploitation Hôtelière du Cameroun dite Hollywood Hotel

(...)

Vu l'article 154 de l'Acte uniforme portant organisation des procédures simplifiées de recouvrement et des voies d'exécution ;

(...)

Attendu que l'article 154 alinéa 1er de l'Acte uniforme susvisé dispose que « l'acte de saisie emporte, à concurrence des sommes pour lesquelles elle est pratiquée ainsi que tous ses accessoires, mais pour ce montant seulement, attribution immédiate au profit du saisissant de la créance saisie, disponible entre les mains du tiers » ;

Attendu en l'espèce que pour donner effet à la saisie-attribution de créances pratiquée le 27 août 1999 par Hollywood Hôtel et Kamgang Marcel au préjudice de la succession Paul Soppo Priso, débiteur saisi, entre les mains de la SGBC, tiers saisi, la cour d'appel a relevé « qu'il résulte de ses propres déclarations (celles de la SGBC) que les bons de caisse détenus par elle constituent un avoir de la succession Paul Soppo Priso ; que de même elle (la SGBC) affirme qu'ils sont échus donc à terme depuis le 25 avril 1996 et détenus à 1'heure actuelle par un héritier présomptif ; ... que par ces affirmations la SGBC reconnaît que les bons en question arrivés à terme sont en possession d'un ayant-droit de la Succession par conséquent font partie du patrimoine successoral ce qu'elle feint d'ignorer lorsqu'elle exprime son inquiétude par un double paiement; qu'au demeurant il résulte qu'à la date de leur échéance le 25 avril 1996 ceux-ci étaient automatiquement, en l'absence de preuve d'une quelconque cession, redevenus disponibles dans le patrimoine de [leur] souscripteur Paul Soppo Priso, lequel n'est décédé qu'un mois plus tard le 25 mai 1996 ; que, par conséquent, ceux -ci font effectivement partie de la masse successorale objet de la saisie et c'est à tort que la SGBC refuse d'en reverser le montant au saisissant » ;

Attendu qu'en déduisant des déclarations affirmatives de la SGBC, tiers saisi, d'une part, que « les bons de caisse détenus par elle constituent un avoir de la succession Paul Soppo Priso...qu'ils sont échus donc à terme depuis le 25 avril 1996 et détenus à l'heure actuelle par un héritier présomptif... ; que par ces affirmations la SGBC reconnaît que les bons en question arrivés à terme sont en possession d'un ayant droit de la succession par conséquent font partie de la masse successorale, objet de la saisie » et, d'autre part, que lesdits bons de caisse

« étaient automatiquement, en l'absence de preuve d'une quelconque cession, redevenus disponibles dans le patrimoine de leur souscripteur Paul Soppo Priso, lequel n'est décédé qu'un mois plus tard, le 25 mai 1996 », la cour d'appel ne pouvait décider que « c'est à tort que celle-ci refuse d'en reverser le montant au saisissant » sans rechercher la situation précise de ces bons de caisse échus au porteur dès lors que ni « l'héritier présomptif » censé les détenir n'a été identifié, ni à fortiori n'a été déterminé le titre de détention de celui-ci de sorte que la situation desdits bons de caisse demeure toujours litigieuse et incertaine ; que dans ces circonstances, il ne saurait être soutenu sans preuve que du seul fait de leur arrivée à échéance, les bons précités étaient « automatiquement » disponibles dans le patrimoine de leur souscripteur et « font partie » de la masse successorale, objet de la saisie, alors même qu'ayant vocation à circuler et étant susceptibles de transmission par simple tradition matérielle sans aucune formalité, leur appartenance à ladite succession n'a pas été établie ; qu'il s'ensuit qu'en statuant comme elle l'a fait alors que rien ne lui permettait de décider que les bons au porteur échus dont s'agit étaient des éléments de la masse successorale encore disponibles entre les mains du tiers saisi au jour de la saisie tel que le prescrit l'article 154 de l'Acte uniforme susvisé, la cour d'appel a violé ledit article ; qu'il échet en conséquence de casser l'arrêt attaqué et d'évoquer sans qu'il soit besoin d'examiner les autres moyens…

Sur l'évocation

(…)

Attendu que les saisies susmentionnées sont postérieures à celles pratiquées dans la présente procédure, lesquelles concernent deux saisies-attributions de francs cfa 423 521 700 et 89 176 676 effectuées le 27 août 1999 par Maître Tekeu Victor, huissier de justice à la requête de Hollywood Hôtel et de Kamgang Marcel; que dans la mesure où il a été décidé ci-dessus de la limitation des effets desdites saisies au seul montant du compte chèque de francs cfa 3 398 141, il y a lieu de constater que par rapport aux autres saisissants, Hollywood Hôtel et Kamgang Marcel étaient premiers saisissants et il échet en conséquence de les déclarer seuls attributaires dudit montant conformément à l'article 155 alinéa 2 de l'Acte uniforme susvisé qui dispose en substance que «la signification ultérieure d'autres saisies ou de toute autre mesure de prélèvement, même émanant de créanciers privilégiés, ne remettent pas en cause cette attribution…

OBSERVATIONS

La succession Soppo Priso était déjà une véritable mine pour les juristes camerounais. Elle le devient pour les africains de l'aire géographique que couvre l'OHADA. Devant la barre, c'est désormais la Société générale des banques au Cameroun, dite SGBC, qui est opposée à Monsieur Kamgang Marcel et à la société Hollywood Hôtel. Dans son arrêt n°001/2004, rendu le 8 janvier 2004, la CCJA en a rapporté les faits ainsi qu'il suit :

La succession Paul Soppo Priso était débitrice de Hollywood Hotel, Kamgang Marcel et bien d'autres créanciers d'importantes sommes d'argent. Elle a été condamnée, sous astreinte, à régler sa dette. Le 21 octobre 1998, le juge des référés du TPI de Douala a liquidé l'astreinte et évalué à 65.000.000 et à 308.500.000 francs cfa les sommes dues.

Pour procéder au recouvrement du principal et de l'accessoire de la dette, Hollywood Hotel et Kamkang Marcel pratiquèrent, le 27 août 1999, des saisies attribution des avoirs de la succession Paul Soppo Priso se trouvant entre les mains de différents établissements bancaires de Douala, dont la SGBC. A cette banque, ces avoirs étaient composés de livres de comptes chèques dont le solde était de 3.398.141 francs cfa, jadis souscrits « au porteur » par feu Paul Soppo Priso et échus depuis le 25 avril 1996.

Tenus au courant des saisies, les ayants droit du de cujus assignèrent les créanciers en mainlevée devant le juge des référés du TPI de Douala. Malheureusement, leur action devait être déclarée non fondée par une ordonnance en date du 31 mai 2000. En conséquence, le juge des référés ordonna le paiement par la SGBC, au profit des saisissants, des causes des saisies sous astreinte de 500.000 francs par jour de retard à compter de la signification de sa décision. Suite à l'appel formé entre autres par les ayants droit de Soppo Priso, la cour d'appel du Littoral confirma la décision du président du tribunal de première instance concernant le paiement par la banque tiers saisie des sommes dues. Insatisfaite, la banque se pourvut en cassation devant la CCJA qui décida qu'« il y a lieu de constater que par rapport aux autres saisissants, Hollywood Hotel et Kamgang Marcel étaient premiers saisissants et il échet en conséquence de les déclarer seuls attributaires ».

A regarder de près, la Haute juridiction se livre ici à deux opérations complémentaires. Elle détermine l'assiette de la saisie attribution (I) ; puis, et logiquement, les bénéficiaires de celle-ci (II).

I. La composition de l'assiette de la saisie-attribution

Aux termes de l'article 153 de l'AUPSRVE, la saisie attribution n'est ouverte au créancier que si son titre exécutoire (*sur l'exigence du titre exécutoire, CCJA, n° 009/2008, 27 mars 2008, Société Côte d'Ivoire Télécom c. Société Loteny Télécom, commenté dans cet ouvrage. Egalement, Abidjan, n° 441, 441, 4 avril 2000 ; Abidjan, n° 226, 15 février 2000*) constate une créance liquide et exigible. Ces conditions ne suffisent cependant pas à permettre de pratiquer cette saisie particulière. Les créances dont le recouvrement est envisagé par le truchement de cette voie doivent encore appartenir au débiteur d'une part, être disponibles entre les mains du tiers d'autre part.

La question de disponibilité de la créance ne se pose pas vraiment dans l'arrêt n° 001/2004 du 8 janvier 2008. Par contre, la qualité de propriétaire du bien reconnue au débiteur est au centre de la querelle ici. Elle apparaît assez nettement lorsqu'on s'intéresse à la question de savoir de quoi se compose l'assiette de la saisie-attribution. La réponse n'est pas simple à donner compte tenu des nombreuses difficultés qui existent et qui sont à la fois classiques et spécifiques à l'affaire Soppo Priso.

S'agissant des difficultés classiques, il est clairement établi que la saisie entre les mains du tiers porte parfois sur des biens dont le débiteur n'est pas exclusivement propriétaire parce que certains d'entre eux appartiennent à quelqu'un d'autre qui a pu, lui aussi, les confier au même tiers. L'huissier peut alors commettre une erreur sur les biens à saisir, laquelle appellera des contestations (*TPI Lomé, jugement n° 161 du 11 février 2000, ohadata J-02-39*). La procédure à suivre pour être rétabli dans ses droits par la personne lésée ne sera pas la même selon que la contestation émane de la personne endetté ou selon qu'elle émane d'un tiers. S'il s'agit du débiteur, il réclamera la nullité (*article 140, AUPSRVE. Pour une bonne application, CCJA, n° 060/2005, Dirabou Yves Joël et 3 autres c. soc. Les terres nobles, dite Ternob, Rec., juil. déc. 2005, p. 92 et s.*). S'il s'agit du tiers propriétaire, deux hypothèses seront à distinguer : si l'incident est soulevé avant la vente, il faudra avoir recours, en vertu de l'article 141 de l'AUPSRVE, à l'*action en distraction* des objets saisis à tort. Cette action a pour objet de faire échapper à la saisie, le bien appartenant au tiers. Si le tiers n'invoque son droit de propriété qu'après la vente, il devra plutôt engager une *action en revendication*. Mais le retour du bien sera plus difficile dans ce cas du fait notamment de la protection que les articles 2279 et 2280 du code civil offrent à l'acquéreur (*sur l'ensemble, voir, dans cet ouvrage, les commentaires sous CCJA, n° 16/2005 du 24 février 2005, Sabbah Afif Youssef et autres contre Madame Guity née Karidjatou Tassabedo et Société de commerce général du centre ; n° 11/2008 du 27 mars 2008, Société Técram Transit contre Mademoiselle N'gbesso Berthe Eliane)*.

Une difficulté moins simple à régler ressort de l'affaire Soppo Priso. Ici, le défunt ayant laissé entre autres biens, des bons de caisse "au porteur" la préoccupation était de savoir à qui revient la propriété de ces bons.

Juridiquement, par application de la règle de la transmission par simple tradition, un bon de caisse "au porteur" appartient à celui qui en a la maîtrise effective. (*Dans ce sens, lire Ph. Delebecque et M. Germain, Traité de droit commercial, tome 2, 14e éd., 1994, nos 1773 et 2365*). La situation se complexifie pourtant lorsqu'on se retrouve dans l'hypothèse d'une succession. En semblable occurrence, il faut en effet savoir si le bon détenu par un héritier présomptif devient sa propriété ou, au contraire, s'il en est possesseur ou détenteur précaire.

Sur le plan des principes, la propriété suppose, selon les termes de l'article 544 du code civil, « le droit de jouir et de disposer des choses de la manière la plus absolue ... ». Le propriétaire a donc un ensemble complet de prérogatives qui lui permettent de tirer du bien « toutes les virtualités » : l'*usus* et le *fructus* qui constituent la jouissance, et *l'abusus* ou le droit de disposer.

Quant à la possession, elle requiert un *corpus* et un *animus*. Le *corpus* est l'élément matériel de la possession. Il renvoie à la jouissance d'une chose ou d'un droit. C'est en quelque sorte l'usufruit sur le bien entendu ici comme « l'exercice effectif d'une puissance sur la chose, un acte ou une série d'actes, manifestant le droit que l'on possède » (*P. Malaurie et L. Aynès, Les biens, op. cit., p. 140*). L'*animus*, lui, est l'élément intentionnel de la possession, la volonté de s'affirmer en tant que maître. « Il ne s'agit plus seulement de se conduire comme un propriétaire, mais de s'affirmer comme propriétaire, agir en tant que tel » (*G. Cornu, Droit civil, introduction, les personnes, les biens, 12e éd., Montchrestien, Paris, 2005, p. 479*).

Appliqué au bon de caisse "au porteur", celui qui en a la maîtrise effective ne devrait plus être considéré comme un possesseur, y compris dans le cas de figure où il ne se conduit pas comme tel, c'est-à-dire malgré le défaut d'*animus*. Il a la qualité de propriétaire ainsi que l'a pensé la Cour commune de justice et d'arbitrage.

Mais, étant entendu qu'il s'agissait d'un héritier présomptif, on peut encore se demander à partir de quel moment et comment le bon de caisse peut être considéré comme se trouvant entre ses mains. Est-ce du vivant du défunt ou à sa mort ?

Du vivant du défunt, le bon est la propriété de celui qui en a la maîtrise, quelque soit le moyen d'acquisition (don, vente, vol, ...). Il peut cependant arriver que, sentant sa mort prochaine, le mourant le confie à un héritier présomptif pour le compte de la succession future. Sachant que la propriété d'un bien, contrairement à la possession n'exige pas le *corpus*, doit-on alors considérer que ce bon appartient toujours à celui qui l'a confié ? La réponse peut n'être pas difficile à produire lorsqu'on se souvient de la règle de la transmission par simple transfert matériel sans aucune formalité. A la lumière de ce principe, il est aisé d'imaginer que le gardien du bon devrait être considéré comme en ayant la propriété. Malheureusement, les données n'étaient pas aussi simples dans l'espèce commentée. La difficulté tenait précisément à ce que, à la mort du propriétaire primitif, le bon était tombé entre les mains de l'héritier présomptif avant le partage de la succession. On se demandait alors ce qu'il advient de lui.

La Haute cour estime que la règle précitée de la transmission par simple transfert matériel a vocation à s'appliquer. Cette solution heurte naturellement la règle de la transmission immédiate de la succession par le seul effet de la mort, laquelle postule que la propriété des biens du défunt est immédiatement transférée à la succession dès l'instant du décès, en attendant les modalités pratiques de partage. Cela se traduit par l'expression « *le mort saisit le vif* », fondée sur l'idée de la continuation de la personne de l'individu décédé (*Ph. Malaurie, Les successions, les libéralités, éd. Cujas, 1993, pp. 11 et s.*).

Quoi qu'il en soit, si les deux règles ont un point commun, à savoir que le bien n'appartient plus au défunt, elles s'opposent tout de même dans leurs effets. Selon la règle de la transmission par simple transfert matériel, le bon détenu par l'héritier présomptif lui appartient. A l'inverse, selon le principe de la transmission immédiate, l'héritier n'est que le gardien matériel en attendant le partage. Tiraillée entre ces options, la CCJA a fait un choix et retenu la première solution à défaut de preuve de l'appartenance du bien à la succession. La conséquence en a été tirée que le bon ne pouvait nullement faire partie de l'assiette de la saisie du compte de feu Soppo Priso. Restait alors à déterminer le bénéficiaire de la saisie-attribution.

II. Le bénéficiaire privilégié de la saisie-attribution

A en croire l'article 2093 du code civil, les biens du débiteur sont le gage commun de ses créanciers, et le prix se distribue entre eux par contribution. La loi n'entendant favoriser aucun créancier, chacun est en concours avec l'autre. Il s'ensuit que, si les biens du débiteur sont insuffisants pour désintéresser tous les créanciers, chacun supportera une perte au prorata de sa créance. (*P. Delebecque et F.-J. Pansier, Droit des obligations, Régime général, 4e éd., Litec, 2007, p. 36*).

La règle égalitaire de l'article 2093 a cependant des limites. La plus classique est celle qui consiste à accorder une priorité aux les créanciers titulaires de sûretés. Avec l'entrée en vigueur de l'Acte uniforme portant organisation des procédures simplifiées de recouvrement et des voies d'exécution, une autre limite a été affirmée avec d'avantage d'autorité, celle qui voudrait que le créancier premier saisissant soit privilégié à ses semblables. L'article 155(2) de cet texte est en rédigé de la manière suivante : « La signification ultérieure d'autres saisies ou toute autre mesure de prélèvement, même émanant de créanciers privilégiés, ne remettent pas en cause l'attribution, sans préjudice des dispositions organisant les procédures collectives. »

Comment comprendre qu'une première saisie pratiquée par un créancier, chirographaire de surcroit, puisse faire échec à d'autres voies d'exécution initiées par des créanciers munis de sûretés?

Pour quelques-uns, l'attribution exclusive au profit du premier saisissant vise à supprimer l'incident du concours dans le cadre de ce qui, autrefois, était connu sous l'appellation de saisie- arrêt (*M. Donnier et J.-B. Donnier, Voies d'exécution et procédures de distribution, 7e éd., Litec, 2003, p. 374*). Pour d'autres, le souci de récompenser le premier saisissant pourrait, à lui tout seul, permettre d'admettre les conséquences de. En cela le contenu de l'article 155(2) de l'AUPSRVE rappelle d'ailleurs étrangement le mécanisme de l'action paulienne ou, plus radicalement, celui de l'action oblique. Parce qu'il est possible que le débiteur ait frauduleusement fait sortir des sommes d'argent de son patrimoine, parce qu'il est concevable qu'il ait négligé de procéder au recouvrement de sa créance dans un contexte où il était lui-même endetté, il est dans l'ordre des choses que le créancier qui a agi obtienne prioritairement le paiement de ce qui lui revient.

Si le paiement est le prix de la course, on ne peut ne pas s'interroger sur l'opportunité de l'attribution immédiate dans l'hypothèse où les autres créances susceptibles de justifier des poursuites ont soit un caractère alimentaire, soit une connotation fiscale. Une telle préoccupation permet d'abord et avant tout de réaliser que la CCJA n'avait pas vraiment le choix en décidant de l'attribution des créances de la succession Soppo Priso aux premiers saisissants Hollywood Hotel et Kamgang Marcel, cela d'autant plus qu'il n' y a « pas de privilège sans texte ». Mais la solution ne manque pas non plus d'embarrasser, pour diverses raisons.

D'abord elle encourage la négligence. En effet, l'attribution immédiate au profit du saisissant n'est pas de nature à inciter celui qui conclut un contrat d'envisager que le débiteur ne puisse pas s'exécuter et, par conséquent, exiger de lui telle ou telle sûreté. A partir du moment où il sait qu'il suffit de s'intéresser au plus vite à la saisie attribution pour obtenir le paiement au cas où l'endetté aurait d'autres créanciers, à partir du moment où l'effort de celui qui a voulu s'octroyer une sûreté peut s'avérer inutile si son débiteur ne paye pas spontanément, il vaut mieux être à l'affût de l'échéance et, à ce moment précis, s'intéresser au plus vite à la saisie-attribution entre les mains du débiteur du débiteur.

Ensuite le privilège de la rapidité supprime malheureusement le droit de préférence dans les cas de créances alimentaires ou fiscales. Comment imaginer par exemple que, dans un contexte de grande pauvreté que ceux qui ont été privés d'aliments du fait de la récalcitrance du débiteur ne puissent plus s'en prévaloir ?

Enfin, la rapidité encourage la fraude car de manière discrétionnaire, le débiteur peut décider de choisir le créancier à privilégier. Il suffit, pour s'en convaincre, de considérer l'hypothèse où un débiteur aurait de multiples créanciers comme c'était le cas dans l'arrêt de la CCJA du 8 janvier 2008, et où les avoirs de celui-ci ne peuvent pas permettre de satisfaire celles des créances qui seront bientôt échues. L'endetté en attente d'un virement bancaire qui souhaite privilégier l'un de ses créanciers n'ayant pas de garantie pourrait simplement le prévenir de sa situation financière. Il en résultera que, tenu au courant de cette situation, le créancier s'activera à signifier une saisie-attribution à la banque qui tient son compte. Ce faisant, il aura le bénéfice du privilège que l'article 155 réserve au premier du premier saisissant consistant à le mettre à l'abri du concours avec les autres.

On peut cependant se demander si l'information donnée par le débiteur ne pourrait pas être assimilée à un acte de fraude que l'action paulienne permet de combattre. A n'en pas douter, une réponse positive s'impose. Mais cette réponse occasionne immédiatement deux difficultés. La première est la difficulté qu'il y aurait d'établir que le créancier premier saisissant a agi en fraude des droits d'autres créanciers. La deuxième difficulté, liée à la première, est celle qui consisterait à convaincre du caractère frauduleux de l'acte consistant à donner une information à autrui. On peut en effet estimer que le débiteur est libre de choisir d'informer officieusement l'un ou l'autre créancier de sa soudaine insolvabilité sans qu'il en résulte pour ce dernier une quelconque sanction. Le raisonnement devrait spécialement pouvoir être accueilli dans l'hypothèse où le premier saisissant n'a pas poussé le débiteur à lui révéler l'information ayant permis de saisir au plus vite sa créance entre les mains du tiers saisi.

Quoi qu'il en puisse être, de telles analyses n'atténuent pas la qualité de la décision commentée ; la Cour commune de justice et d'arbitrage ayant strictement appliqué la loi. En effet, si selon l'adage, il n'existe « pas de privilège sans texte », il est clair que le privilège que consacre l'article 155 alinéa 2 de l'Acte uniforme relatif aux procédures simplifiées de recouvrement et aux voies d'exécution se devait d'être rappelé. C'est ce qui a été fait dans cette espèce où plusieurs saisies ayant été pratiquées entre les mains de la Société générale de banques au préjudice de la succession de Paul Soppo Priso, la CCJA a décidé d'attribuer les avoirs rendus indisponibles à Kamgang Marcel et Hollywood Hôtel, premiers saisissants.

Alex Tjouen,
Assistant, Université de Yaoundé II.

1ère espèce : CCJA, arrêt n°016/2004, 29 avril 2004
Scierie d'Agnibilékrou (S.D.A.) c/ M. Hassan Sahly (H. S)

2ème espèce : CCJA, arrêt n°002/2002, 10 janvier 2002
Société Pari mutuel urbain du Mali (PMU-Mali) c/ Marcel Koné

1. CCJA, arrêt n°016/2004, 29 avril 2004, Scierie d'Agnibilékrou (S.D.A.) c/ M. Hassan Sahly (H. S.)

(...)

Sur le moyen unique pris en ses deux branches

Vu les articles 11, alinéa 1er et 10, alinéa 1er, de l'Acte uniforme portant organisation des procédures simplifiées de recouvrement et des voies d'exécution ;

Vu l'article 34, alinéa 2, du code ivoirien de procédure civile, commerciale et administrative ;

Attendu qu'il est fait grief à l'arrêt attaqué d'avoir violé la loi ou fait une erreur dans son application ou son interprétation en ce que d'une part, la cour d'appel, pour rejeter la demande des requérants, s'est fondée sur l'article 11 alinéa 1er de l'Acte uniforme portant organisation des procédures simplifiées de recouvrement et des voies d'exécution, dont elle n'a pas fait une saine application, pour avoir conclu que la société SDA et Monsieur W. ne contestent pas avoir signifié leur exploit d'opposition respectivement le 19 mai 1999 au créancier, Monsieur H., et le 20 mai 1999 au greffier en chef du tribunal d'Abengourou ; il y a donc deux actes séparés, ce qui dès lors est manifeste de la violation de la disposition précitée alors que, selon les requérants, une bonne lecture de cette disposition suppose au minimum que l'exploit d'opposition vise les différentes parties impliquées dans la procédure à savoir les parties principales (débiteur et créancier), le greffier en chef près le Tribunal qui a rendu la décision ainsi que l'huissier instrumentaire qui a délivré l'exploit de notification de l'ordonnance ; que cette disposition n'impose pas à l'huissier d'accomplir toutes les diligences dans le même exploit, mais qu'il y vise au moins tous les destinataires légalement définis et cela est d'autant plus justifié que l'accomplissement de ces diligences le même jour et dans le même exploit est rendu impossible lorsque tous les destinataires de celui-ci ne résident pas dans le même lieu comme cela est le cas en l'espèce ; que d'autre part, pour justifier la confirmation du jugement rendu sur opposition, l'arrêt attaqué énonce que le délai pour former opposition est prescrit du fait que les différentes parties visées dans l'exploit n'ont pas reçu signification le même jour ; par conséquent il n'y a pas lieu d'opérer une quelconque distinction quant au délai de notification de l'opposition aux parties et au greffe, alors que, toujours selon les requérants, à travers cette motivation, le juge d'appel a fait une mauvaise interprétation de la loi notamment de l'article 10, alinéa 1er, de l'Acte uniforme sus indiqué ; qu'en effet soutiennent-ils :

- d'une part il y a eu en l'espèce méconnaissance flagrante par le juge d'appel, du principe suivant lequel la recevabilité d'une action en justice ne s'apprécie qu'à l'égard des parties au procès (sous entendues parties principales) ayant la qualité de demandeur, soit celle de défendeur au procès lesquelles doivent être distinguées des tiers qui ne sont nullement concernés par l'instance et les décisions qui en découlent et que s'agissant de la procédure d'injonction de payer, les parties principales sont le débiteur et le créancier de sorte que le greffier en chef et l'huissier instrumentaire, bien qu'étant légalement désignés, ne perdent pas leur qualité de tiers, étant entendu que leur présence dans la procédure ne répond qu'au souci de la nécessité de l'accomplissement de certaines formalités administratives ;

- d'autre part, l'acte d'opposition servi dans les délais à Monsieur H. le 19 mai 1999 a pour effet d'interrompre les délais de recours de sorte que l'exploit d'opposition servi le 20 mai 1999 au greffe du Tribunal était bien recevable ;

- Enfin il convient de préciser que « l'article 10 du Traité OHADA portant procédure de recouvrement simplifié des créances » indique que le délai de quinze jours pour former opposition est augmenté éventuellement des délais de distance et en cette matière, l'article 34, alinéa 2, du code ivoirien de procédure civile prescrit un délai de quinze jours si le destinataire est domicilié dans un autre ressort. Monsieur W étant domicilié à Abidjan- Marcory, Boulevard du Gabon, il bénéficie du délai de distance de quinze jours et avait jusqu'au 04 juin 1999 pour former opposition contre l'ordonnance d'injonction de payer querellée. S'agissant d'une condamnation solidaire, les délais de recours d'une partie profitent aux autres parties ;

Attendu qu'aux termes des articles 11, alinéa 1er, et 10, alinéa 1er, de l'Acte uniforme susvisé, « l'opposant est tenu, à peine de déchéance et dans le même acte que celui de l'opposition, - de signifier son recours à toutes les parties et au greffe de la juridiction ayant rendu la décision d'injonction de payer ; - de servir assignation à comparaître devant la juridiction compétente à une date fixe qui ne saurait excéder le délai de trente jours à compter de l'opposition » et « l'opposition doit être formée dans les quinze jours qui suivent la signification de la décision portant injonction de payer. Le délai est augmenté éventuellement, des délais de distances ;

Attendu qu'aux termes de l'article 34, alinéa 2, du code ivoirien de procédure civile, commerciale et administrative « ce délai est augmenté d'un délai de distance de quinze jours si le destinataire est domicilié dans un autre ressort et de deux mois s'il demeure hors du territoire de la République » ;

Attendu qu'il ressort de l'analyse des textes sus- énoncés, qu'il est fait obligation à l'opposant, d'une part, à peine de déchéance, de faire sur un même acte à la fois l'opposition à l'ordonnance d'injonction de payer, la signification de cette opposition aux parties et au greffe de la juridiction ayant rendu la décision d'injonction de payer et l'assignation à comparaître devant la juridiction compétente à une date qui ne saurait excéder le délai de trente jours à compter de l'opposition et, d'autre part, de former l'opposition dans un délai de quinze jours à compter de la signification de l'ordonnance d'injonction de payer, délai auquel il faut ajouter celui de quinze jours ou de deux mois selon le cas lorsque le destinataire de l'opposition se trouve dans un autre ressort que celui de l'opposant ;

Attendu qu'en l'espèce, la scierie d'Agnibilékrou et Monsieur W d'une part et Monsieur H. d'autre part, ont élu domicile en l'étude de leurs conseils qui sont respectivement la SCPA Kanga-Olaye & associés demeurant à Abidjan et Maître M'baïpor Adèle N'guémé demeurant à Abidjan, alors que le greffe de la juridiction qui a rendu l'ordonnance d'injonction de payer attaquée est situé à Abengourou ; que c'est pour cette raison que la scierie d'Agnibilékrou Wahab Nouhad et Monsieur W. ont été contraints, pour signifier leur opposition à Monsieur H. et au greffier en chef du tribunal d'Abengourou, lesquels se trouvent dans des ressorts différents, d'avoir recours à des actes distincts mais comportant les mêmes mentions ; que si pour la signification de l'opposition à l'ordonnance d'injonction de payer à Monsieur H., lequel se trouve dans le même ressort qu'eux, les opposants doivent respecter le délai de quinze jours prévu à l'article 10, alinéa 1er de l'acte uniforme sus- énoncé, il y a lieu d'ajouter, en ce qui concerne l'acte d'opposition à délaisser au greffier en chef d'Abengourou se trouvant dans un autre ressort, le délai de distance de quinze jours prévu à l'article 34, alinéa 2, du code ivoirien de procédure civile, commerciale et administrative ; qu'en conséquence l'ordonnance d'injonction de payer ayant été signifiée aux opposants le 03 mai 1999, l'opposition devait être signifiée à Monsieur H. au plus tard le 19 mai 1999 et au Greffier en chef d'Abengourou au plus tard le 04 juin 1999 ;

Attendu qu'il ressort de tout ce qui précède qu'en déclarant qu' « il apparaît à la lumière des pièces produites au débat, que la SDA et W. ont signifié à H. leur acte d'opposition, le 19 mai 1999, après que l'ordonnance d'injonction de payer leur a été notifiée le 03 mai 1999... ledit constat est corroboré par les écritures mêmes de la SDA et W. dans lesquels ceux-ci ont reconnu avoir fait signifier leur acte d'opposition audit greffier en chef à une date excédant le délai de 15 jours... le faisant, la SDA et W. ont méconnu les dispositions du texte de la loi plus haut cité, en ce que l'acte d'opposition a été non seulement entrepris dans des exploits séparés, mais également à une date excédant le délai de quinze jours imparti pour tous les destinataires légalement désignés. Ce n'est qu'à juste titre que la SDA et W. entendent opérer une distinction quant au délai de notification de l'opposition aux parties et au greffe... en effet tous les destinataires de l'acte d'opposition énumérés à l'article 11 de l'acte uniforme sur le recouvrement simplifié de créance doivent recevoir leur notification dans le même délai de 15 jours sauf à faire application du délai de distance, ce qui, en l'espèce, ne fut le cas pour le greffier en chef... » ; la cour d'appel a commis une erreur dans l'interprétation des articles 11, alinéa 1er, et 10, alinéa 1er, de l'Acte uniforme sus- énoncé ; qu'en conséquence il y a lieu de casser l'arrêt n° 655 rendu le 25 mai 2000 par la cour d'appel d'Abidjan et d'évoquer ;

Sur l'évocation

Attendu que par exploit d'huissier en date du 19 août 1999, la SDA et Monsieur W. ont interjeté appel du jugement n° 72/99 en date du 29 juillet 1999 du tribunal de première instance d'Abengourou ayant déclaré Monsieur W. et la Scierie d'Agnibilékrou irrecevables en leur action et restitué à l'ordonnance n° 212/99 rendu le 14 avril par le président du tribunal de première instance d'Abengourou son plein et entier effet ;

Attendu que la scierie d'Agnibilékrou Wahad Nouhal et Monsieur W. demandent à la cour d'annuler le jugement n°72/99 du 29 juillet 1999 du tribunal d'Abengourou et après évocation, de déclarer recevable l'opposition à l'ordonnance d'injonction de payer n° 212/99 du 14 avril 1999 citée ci-dessus et en conséquence, de rétracter ladite ordonnance aux motifs que :

- le tribunal a voilé l'article 106 du code ivoirien de procédure civile pour avoir omis de communiquer le dossier au ministère public, s'agissant d'un litige dont l'intérêt financier excède la somme de 25.000.000 francs cfa ;

- la requête de Monsieur H. est irrecevable pour violation et l'article 4, alinéa 2 paragraphes 1 et 2, de l'Acte uniforme portant organisation des procédures simplifiées de recouvrement et des voies d'exécution ; la créance invoquée n'existe pas à l'égard de Monsieur W. car d'une part, aucun document attestant qu'il doit de l'argent à titre personnel à Monsieur H. n'a été produit et d'autre part, Monsieur W. ne s'est pas porté garant de la dette de la Scierie d'Agnibilékrou ;

Attendu que Monsieur H. soutient, d'une part, qu'il est constant que la non communication d'un dossier au Ministère public par le tribunal n'a jamais été cause de nullité d'un jugement en l'état actuel du droit positif en Côte d'Ivoire, et que le jugement, dont la nullité est demandée, a été rendu en application d'un texte spécial ayant valeur supérieure à la loi nationale, à savoir l'Acte uniforme portant organisation des procédures simplifiées de recouvrement et des voies d'exécution, lequel Acte en son Livre 1, Titre 1 portant injonction de payer ne prévoit aucune communication du dossier au Ministère public et ce quelque soit l'intérêt du litige ; d'autre part, à supposer que le premier juge fut tenu de se conformer à l'article 106 du code ivoirien de procédure civile et qu'il eût omis de transmettre le dossier au Ministère public, la SDA et Monsieur W. auraient dû se conformer aux dispositions de l'alinéa 4 du même article 106 à savoir saisir par requête le tribunal de première instance afin que le Ministère public pût prendre ses réquisitions et non la cour d'appel pour palier ce vice ;

Sur la demande en annulation du jugement n° 72/99 en date du 29 juillet 1999 pour violation de l'article 106 du Code ivoirien de procédure civile, commerciale et administrative

Attendu qu'il résulte de l'analyse des dispositions combinées des articles 1 à 27, 336 et 337 de l'Acte uniforme portant organisation des procédures simplifiées recouvrement et des voies d'exécution que celui-ci contient des règles de fond et de procédure qui ont seules vocation à s'appliquer aux procédures d'injonction de payer engagées après son entrée en vigueur ; que dans la mise en œuvre de celles-ci, ledit Acte uniforme n'ayant pas prévu de procédure de communication de la cause au Ministère public, telle que fixée à l'article 106 du code ivoirien de procédure civile, commerciale et administrative, il s'ensuit que cette disposition de droit interne, au demeurant contraire à la lettre et à l'esprit des dispositions de l'Acte uniforme susvisé, n'est pas applicable au litige ayant donné lieu au jugement n° 72/99 du 29 juillet 1999 dont appel ; qu'en conséquence la demande de nullité dudit jugement sur ce point doit être rejetée ;

Sur la recevabilité de l'opposition

Attendu que pour les mêmes motifs que ceux ci-dessus développés lors de l'examen du moyen unique de cassation, il y a lieu de déclarer recevable, comme étant formée dans le délai, l'opposition à l'ordonnance n° 212/99 du 14 avril 1999 rendue par le président du tribunal de première instance d'Abengourou et en conséquence d'infirmer le jugement entrepris en toutes ses dispositions ;

Sur la recevabilité de la requête aux fins d'injonction de payer pour violation de l'article 4, alinéa paragraphes 1 et 2, de l'Acte uniforme portant organisation des procédures simplifiées de recouvrement et des voies d'exécution

Attendu que l'article 4, alinéa 2 paragraphes et 1 et 2 de l'acte uniforme sus indiqué exige que la requête formée aux fins d'injonction de payer contienne, à peine d'irrecevabilité

1- Les noms, prénoms, professions et domiciles des parties ou, pour les personnes morales, leurs forme, dénomination et siège social ;

2- L'indication précise du montant de la somme réclamée avec le décompte des différents éléments de la créance ainsi que le fondement de celle-ci ;

Attendu que dans la requête aux fins d'injonction de payer adressée au président du tribunal d'Abengourou, Monsieur H. s'est contenté d'une part, de mentionner comme information sur les parties adverses « la Scierie d'Agnibilékrou, BP 39 Agnibilékrou, représentée par Monsieur W. et, d'autre part, de joindre à sa requête quatre contrats de location et vingt factures, sans avoir fait le décompte des différents éléments de la créance dans la requête ; qu'il s'ensuit qu'en agissant comme il l'a fait, Monsieur H. n'a pas respecté les prescriptions de l'article 4, alinéa 2 de l'Acte uniforme sus- énoncées ; que dès lors, la requête aux fins d'injonction de payer est irrecevable et en conséquence l'ordonnance n°212/99 du 14 avril 1999 qui a fait droit à ladite requête doit être rétractée ;

Sur la demande de condamnation solidaire de la scierie d'Agnibilekrou Wahad Nouhad et de Monsieur W.

Attendu que la requête aux fins d'injonction de payer de Monsieur H. étant irrecevable et l'ordonnance n°212/99 du 14 avril 1999 devant de ce fait être rétractée, la demande tendant à la condamnation solidaire de la scierie Wahab Nouhad et de Monsieur W. est sans objet...

2. CCJA, arrêt n° 2/2002, 10 janvier 2002, Société Pari mutuel urbain du Mali (PMU-Mali) c/ Marcel Koné

(...)

Vu les dispositions des articles 10, 13 et 14 du Traité relatif à l'harmonisation du droit des affaires en Afrique ;

Vu l'Acte Uniforme portant organisation des procédures simplifiées de recouvrement et des voies d'exécution ;

Vu le Règlement de procédure de la Cour commune de justice et d'arbitrage de l'OHADA ;

Attendu qu'il est fait grief au jugement, dont pourvoi, d'avoir violé l'article 1er de l'acte uniforme susvisé, en ce que le Tribunal de commerce de Bamako (Mali) a confirmé une ordonnance d'injonction de payer délivrée le 29 août 2000 par le président dudit tribunal, en vue du recouvrement d'une créance qui « n'existe même pas » alors même que, selon ledit article 1er, le recours à une telle procédure n'est possible que pour le recouvrement d'une créance certaine, liquide et exigible ;

Attendu que le Traité relatif à l'harmonisation du droit des affaires en Afrique dispose en son article 14 que « saisie par la voie du recours en cassation, la cour se prononce sur les décisions rendues par les juridictions d'appel des Etats parties dans toutes les affaires soulevant des questions relatives à l'application des Actes uniformes et des règlements prévus au présent Traité à l'exception des décisions appliquant des sanctions pénales. Elle se prononce dans les mêmes conditions sur les décisions non susceptibles d'appel rendues par toute juridiction des Etats parties dans les mêmes contentieux... »

Attendu qu'aux termes de l'article 10 du traité susvisé, « les Actes uniformes sont directement applicables et obligatoires dans les Etats parties nonobstant toute disposition contraire de droit interne, antérieure ou postérieure » ; que l'Acte uniforme portant organisation des procédures simplifiées de recouvrement et des voies d'exécution prévoit en son article 15 que « la décision rendue sur opposition [à une ordonnance d'injonction de payer] est susceptible d'appel dans les conditions du droit national de chaque Etat partie » ;

Attendu que l'examen des pièces du dossier de la procédure révèle que le jugement n° 62 du 31 janvier 2001 du Tribunal de commerce de Bamako, objet du présent pourvoi, est une décision rendue sur opposition à une ordonnance d'injonction de payer; qu'en application de l'article 15 sus-énoncé de l'Acte uniforme susvisé, ledit jugement est susceptible d'appel dans les conditions du droit national du Mali; que le jugement, dont pourvoi, n'étant donc ni une décision rendue par une juridiction d'appel malienne, ni une décision non susceptible d'appel prononcée par toute autre juridiction malienne, c'est en violation des dispositions sus-énoncées de l'article 14 du traité institutif de l'OHADA qu'il a fait l'objet de pourvoi en cassation devant la cour de céans ; que dès lors ledit pourvoi doit être déclaré irrecevable…

OBSERVATIONS

L'injonction de payer est une procédure particulière dérogatoire au droit commun, instituée afin de permettre le recouvrement des créances à travers une voie simplifiée et rapide. A l'origine, son domaine était uniquement limité au recouvrement des petites créances commerciales (*Voir le décret-loi du 25 août 1937 rendu applicable en Afrique occidentale française le 18 septembre 1954*), mais a été par la suite étendu au recouvrement des créances civiles quelqu'en soit le montant (*Voir en droit camerounais, la loi n° 89/021 du 29 décembre 1989 fixant une procédure simplifiée de recouvrement des créances civiles et commerciales, modifiée et complétée par la loi n° 96/10 du 05 août 1996. En droit ivoirien, voir la loi n° 70-484 du 03 août 1970 relative au recouvrement des créances civiles et commerciales, modifiée par la loi n° 83-875 du 02 août 1983 et par la loi 93-669 du 09 août 1993*), à condition que la créance soit certaine, liquide et exigible (*art. 1er, Acte uniforme portant organisation des procédures simplifiées de recouvrement et des voies d'exécution*). Il est intéressant de noter que, si la décision d'injonction de payer est délivrée par le président de la juridiction compétente, le créancier peut demander que l'ordonnance soit revêtue de la formule exécutoire, sauf pour le débiteur à exercer les voies de recours qui lui sont ouvertes selon les prescriptions fixées par l'Acte uniforme portant organisation des procédures simplifiées de recouvrement et des voies d'exécution. Les deux arrêts ci-dessus sont des illustrations fort significatives de l'importance qui s'attache au respect de ces prescriptions.

Dans la première espèce, le président du tribunal de première instance d'Abengourou en Côte d'Ivoire avait rendu une ordonnance le 14 avril 1999, enjoignant la Scierie d'Agnibilékrou et M. W. d'avoir à payer la somme principale de 52.120.468 francs cfa, outre les intérêts et frais afférents à la procédure. L'ordonnance d'injonction de payer leur ayant été délivrée le 03 mai 1999, les débiteurs formèrent opposition et la signifièrent par des actes distincts, respectivement, le 19 mai 1999 au créancier et le 20 mai 1999 au Greffier en chef du tribunal de première instance d'Abengourou. Par un jugement rendu le 20 juillet 1999, le TPI d'Abengourou déclara l'opposition irrecevable. Il conviendrait de relever dans cette espèce que le créancier et les débiteurs avaient élus domicile en l'étude de leurs conseils respectifs à Abidjan, dans un ressort différent de la juridiction d'Abengourou saisie. Les débiteurs interjetèrent appel devant la cour d'appel d'Abidjan qui, par un arrêt du 26 mai 2000, confirma le jugement rendu sur opposition. Pour statuer ainsi, la cour d'appel d'Abidjan se fondait sur une interprétation des dispositions conjointes des articles 10 al. 1er et 11 al. 1er de l'AUPSRVE et de l'article 34 al. 2 du code ivoirien de procédure civile. Elle relevait notamment que l'acte d'opposition avait été non seulement entrepris par des exploits différents, mais également à une date excédant le délai de 15 jours imparti pour tous les destinataires légalement assignés. Il faut croire que cette interprétation n'a pas séduit la CCJA puisque, suite au pourvoi exercé par les débiteurs insatisfaits, la décision de la cour d'appel d'Abidjan fut cassée par l'arrêt de la CCJA du 29 avril 2004, reproduit ci-dessus.

Les faits de la deuxième espèce sont d'une grande simplicité. Monsieur Koné avait obtenu à l'encontre du Pari Mutuel Urbain du Mali (PMU-Mali) une ordonnance d'injonction de payer délivrée le 29 août 2000 par le Président du tribunal de commerce de Bamako. Le PMU fit opposition contre ladite ordonnance. Statuant contradictoirement et en dernier ressort, le tribunal de commerce de Bamako rejeta l'opposition. Le PMU-Mali se pourvut en cassation devant la CCJA contre le jugement du tribunal de commerce. Mais son pourvoi est déclaré irrecevable par un Arrêt du 10 janvier 2002. Pour décider ainsi, la Haute juridiction relève qu'en application de l'article 15 de l'AUPSRVE, la décision attaquée doit être soit une décision rendue par une juridiction d'appel malienne, soit une décision non susceptible d'appel.

Les deux arrêts de la CCJA ci-dessus cités soulèvent la problématique de la régularité des voies de recours en matière d'injonction de payer. Au regard des solutions dégagées ci-dessus, il se dégage que, d'une part, l'opposition s'affirme comme étant la voie de recours ordinaire en matière d'injonction de payer (I). D'autre part, la CCJA soulève une controverse quant à l'exercice des autres voies de recours. En l'occurrence, elle ne rassure pas sur la portée réelle qui s'attache à l'exercice de l'appel. S'agit-il d'une voie de recours incontournable pour la suite de la procédure contentieuse en matière d'injonction de payer ? (II).

I. L'opposition, voie de recours ordinaire contre l'ordonnance d'injonction de payer

L'opposition en matière d'injonction de payer ne doit pas être confondue avec l'opposition de droit commun qui obéit à un régime distinct. Cette solution s'écarte des solutions adoptées antérieurement par les législateurs sénégalais et burkinabé (*V. Assi-Esso A.-M. et Diouf N., Recouvrement des créances, Bruylant, Bruxelles, 2002, p. 20, n°27*), mais aussi par le législateur camerounais qui prévoyait comme voie de recours le contredit (*Voir art. 6 al. 3 et 7 de la loi camerounaise n° 89/021 du 29 décembre 1989 fixant une procédure simplifiée de recouvrement des créances civiles et commerciales, modifiée et complétée par la loi n° 96/10 du 05 août 1996, in Code de procédure civile et commerciale, 2ème éd., 2001, Minos, Yaoundé, pp. 267 et ss*). Le législateur OHADA a clairement changé le visage du recours en consacrant le caractère exclusif de l'opposition (*Art. 9, AUPSRVE*). En ce sens, les juges ont pu relever que le recours ordinaire contre la décision d'injonction de payer étant l'opposition, le contredit formé selon la législation nationale ne peut valablement saisir le tribunal et doit être déclaré irrecevable (*TGI Ouagadougou, jugement n° 236 du 17 mars 1999, Sanou S. Michel c/ Hien Yirkou Lazare, inédit ; TPI de Bafoussam, jugement n° 01/civ du 06 octobre 2000, Fomo Philippe c/ Ets Citec-Toile d'Avion, inédit*). L'opposition est donc l'unique voie de recours admise contre une ordonnance d'injonction de payer. Mais son succès dépend principalement du respect tant des délais prescrits (A) que des formes exigées (B).

A. Les délais de l'opposition

Des arrêts ci-dessus rapportés, il ressort clairement que la CCJA est très regardante sur le respect des délais qui conditionne la recevabilité de l'opposition. Autrement dit, l'opposition formée hors délai doit être déclarée irrecevable (*CA d'Abidjan, arrêt n° 979 du 27 octobre 2000, Akkarah Assim c/ Sté Agip-CI ; TPI de Yaoundé, jugement n° 350/c du 06 mars 2003, Zambo Ntouba c/ Mme Atoh Akam Anastasie ; TPI de Bafoussam, jugement n° 04 du 24 octobre 2003, Tagne Abel c/ Cameroon motors industries ; CA du centre (Yaoundé), arrêt n° 403/civ du 27 juillet 2003, La commune urbaine d'arrondissement de Yaoundé 1er c/ Batoum*

Joseph ; CA d'Abidjan, arrêt n° 411 du 05 mars 2004, Safreci c/ société STCA ; inédits). En effet, en vertu de l'article 10 alinéa 1 de l'AUPSRVE, « l'opposition doit être formée dans les quinze jours qui suivent la signification de la décision portant injonction de payer. Le délai est augmenté, éventuellement, des délais de distance ». L'opposant est tenu de respecter le délai initial (1) et le cas échéant, pourrait bénéficier d'une prorogation des délais de recours (2).

1. Le délai initial

Le délai d'opposition prévu par l'article 10 alinéa 1er est de 15 jours à compter de la signification de l'ordonnance d'injonction de payer au débiteur. Il faut dire que dans le projet initial de l'Acte uniforme, ce délai était d'un mois (*s'inspirant ainsi de la position adoptée par le législateur français en l'art. 1412 du Code de procédure civile*). Ce raccourcissement du délai traduit la volonté des Etats parties de rendre les voies de recours en matière d'injonction de payer plus rapides que dans la procédure de droit commun (*Assi-Esso A.-M. et Diouf N., op. cit., p. 21, n° 29*). Quoiqu'il en soit, la CCJA est constante dans l'application de ces dispositions de l'Acte uniforme. Ainsi décide-t-elle qu'est faite dans les délais prescrits par l'AUPSRVE, l'opposition formée le 29 décembre 1999 contre une ordonnance d'injonction de payer rendue le 06 décembre 1999 et signifiée le 15 décembre 1999, soit 14 jours après la signification *(n°11/2002 du 28 mars 2002, société M. c/ DDCI, Le Juris-Ohada, n°4/2002, octobre -novembre -décembre 2002, p. 38)*. De même, dans le premier arrêt ci-dessus reproduit du 29 avril 2004, la date de signification de l'opposition effectuée le 19 mai 1999 par la société SDA et M. W. à M. H. n'est nullement contestée. L'ordonnance d'injonction de payer ayant été notifiée le 03 mai 1999, il commençait à courir le lendemain, soit le 04 mai 1999. Il faut inscrire cette interprétation dans la nature des délais d'opposition. En effet, le délai prévu par l'article 10 de l'AUPSRVE est un délai franc (*CA d'Abidjan, arrêt n°438 du 24 avril 2001, Adiko Adrien c/ Adje Kadjo Valentin, inédit ; TPI de Douala Ndokoti, jugement n°83 du 08 mai 2008, Dr. Jean-Marie Ngank et Ets Pescado c/ société Sottrans, inédit)*. Dans la computation du délai, en conséquence, le jour où s'est produit l'évènement qui lui sert de point de départ (*dies a quo*) et le jour où il vient à expiration (*dies ad quem*) ne sont pas comptés. D'ailleurs, l'article 335 de l'AUPSRVE le précise clairement : « Les délais prévus dans le présent Acte uniforme sont des délais francs ». Dans ces conditions, si le dernier jour est un jour férié, le terme est reporté au lendemain à minuit. La CCJA établit sur ce fondement que, pour une signification faite le 30 mars 2001, l'opposition est recevable jusqu'au 17 avril à minuit, le 15 étant déclaré férié et chômé (*arrêt n°041/2005 du 07 juillet 2005, société Ben international ship suppliers dite Ben Iss c/ Etablissement Kouassi N'dah, Rec. de jurisprudence de la CCJA, n° 6, juin-décembre 2005, p. 65, obs. R. Nemedeu dans cet ouvrage*). Encore faudrait-il que l'ordonnance ait été signifiée à personne car sinon, il y a lieu de proroger les délais de l'opposition.

2. Les prorogations du délai d'opposition

La première hypothèse dans laquelle l'on peut assister à une extension du délai d'opposition est relative à la prise en compte des délais de distance. C'est le cas lorsque le destinataire de l'opposition se trouve dans un autre ressort que celui de l'opposant. Le législateur OHADA n'a pas formellement fixé des délais de distance. Il en résulte que c'est aux législations nationales qu'il revient de déterminer la consistance de ces délais. L'article 34 alinéa 2 du Code ivoirien de procédure civile, commerciale et administrative prescrit un délai supplémentaire de 15 jours si le destinataire est domicilié dans un autre ressort que celui d'Abidjan et de deux mois s'il demeure hors du territoire de la République ivoirienne. C'est en application de cette disposition que le juge de la CCJA, dans son arrêt du 29 avril 2004, admet pour justifier la recevabilité de l'opposition et casser la décision de la Cour d'appel d'Abidjan que, si tous les destinataires de l'acte d'opposition doivent recevoir leur notification dans le même délai de 15 jours, encore faudrait-il y ajouter le délai de distance de 15 jours, étant entendu que l'un des destinataires se trouve dans un ressort différent de celui de l'opposant. Par ailleurs, la CCJA a eu à se prononcer, par un arrêt du 19 juillet 2007 (*n°026/2007, affaire Blue Road Shipping Ltd et autres c/ Transways Enterprises SA et Acilly Isles Navigation SA, Rec. de jurisprudence de la CCJA, n°10, juillet-décembre 2007, p. 32*), sur la mise en œuvre des délais de distance lorsque le destinataire est domicilié à l'étranger. En l'espèce, elle estime que les destinataires de l'acte d'opposition étant domiciliés en dehors du territoire de la République de Guinée, la seule date à prendre en considération comme point de départ du délai d'opposition est celle à laquelle l'ordonnance a été portée à la connaissance de ces derniers à Chypre, soit le 30 avril 2003. Par conséquent, ils disposaient d'un délai de 15 jours francs à compter de cette date pour former opposition, délai auquel il fallait ajouter celui de distance en vertu de l'article 10 de l'AUPSRVE. Encourt donc la cassation l'arrêt confirmatif de la Cour d'appel qui déclare l'opposition faite le 15 mai 2003 irrecevable pour forclusion.

Cette solution est, dans le principe, celle également retenue en droit camerounais (*Voir art. 66 du code camerounais de procédure civile et commerciale*). Le code camerounais de procédure civile prévoit en ses articles 14 et 15 des délais supplémentaires qui varient selon que le destinataire de l'acte est domicilié dans les autres parties du Cameroun ou qu'il demeure hors du territoire national, ces délais pouvant être doublés en cas de guerre. Plus précisément encore, en vertu du Code de procédure civile camerounais (*Art. 64 al. 2*), en cas de pluralité de défendeurs susceptibles d'être cités à différents délais, l'on ne doit tenir compte que du délai le plus long.

La seconde hypothèse renvoie au cas où le débiteur n'a pas personnellement reçu la signification de la décision portant injonction de payer. Exceptionnellement, l'opposition est alors recevable jusqu'à l'expiration du délai de 15 jours suivant le premier acte signifié à personne ou, à défaut, suivant la première mesure d'exécution ayant pour effet de rendre indisponible en tout ou partie les biens du débiteur (*Art. 10 al. 2, AUPSRVE*). Dans ces hypothèses, le délai d'opposition court à compter de la connaissance effective par le débiteur de l'ordonnance d'injonction de payer. Cette date pourrait correspondre au moment où une mesure d'exécution est portée à la connaissance du débiteur (*Cass. civ.,16 septembre 2002, RTD civ. 2003.142, obs. Perrot*) ; encore faudrait-il que la mesure d'exécution soit régulière (*CA Abidjan, arrêt n° 527 du 20 mai 2005, STEIDF Sarl c/ Sté SNC Fatima ; CA Daloa, arrêt n° 122 bis/04 du 02 juin 2004, Ty Setemohi François c/ Côte d'Ivoire Télécom SA*). Si malgré l'augmentation des délais, l'opposant ne s'est pas manifesté à temps, sa demande encours l'irrecevabilité.

B. Les formes de l'opposition

L'opposition est formée par acte extrajudiciaire (*art. 9, al. 2, AUPSRVE*). Il faut entendre par ces termes non seulement l'exploit d'huissier, mais également la lettre recommandée comme en droit français (*Voir art. 1415 al. 2 du nouveau code français de procédure civile*) et comme dans certains droits nationaux (*Voir pour le droit camerounais Akam Akam A., note sous CA Yaoundé, arrêt n° 30/CC du 12 novembre 1993, affaire Banque unie de crédit et M. Lélé Gustave c/ Tékam Maurice, in Lex Lata, n° 026, Mai 1996, p. 4*), le législateur OHADA ayant eu à cœur de limiter les frais procéduraux (*Assi-Esso A.-M., Diouf N., op. cit., p. 20, n° 28*). L'Acte uniforme portant organisation des procédures simplifiées de recouvrement et des voies d'exécution fait reposer sur l'opposant des obligations qu'il doit respecter à peine de déchéance. En vertu de l'article 11, « l'opposant est tenu, à peine de déchéance, et dans le même acte que celui de l'opposition :

- de signifier son recours à toutes les parties et au greffe de la juridiction ayant rendu la décision d'injonction de payer ;
- de servir assignation à comparaître devant la juridiction compétente à une date fixe qui ne saurait excéder le délai de trente jours à compter de l'opposition ».

La CCJA a donc en application de cet article reconnu l'obligation de l'opposant de signifier l'opposition (1) et d'assigner à comparaître devant la juridiction compétente (2).

1. La signification de l'opposition

La signification doit être adressée à des personnes précises, suivant certaines modalités.

En ce qui concerne les destinataires, la signification est adressée à toutes les parties au litige. S'il y a plus d'un adversaire, l'opposant doit signifier à chacun son recours, faute de quoi il pourrait être déchu de son droit de faire opposition (*TGI de Bobo Dioulasso, jugement n° 115 du 19 mai 2004, Sté Nouvelle Citec c/ Sifex ; TGI de Ouagadougou, jugement n° 524 du 28 décembre 2005, Kambou Sansan Patrice c/ Kabré Dramane ; TGI de Ouagadougou, jugement n° 030/06 du 08 janvier 2006, Traoré Sada c/ Organisation catholique pour le développement et la solidarité ; inédits*). L'autre destinataire de la signification est le greffe de la juridiction ayant rendu la décision d'injonction de payer. Dans tous les cas, il appartient à l'opposant de fournir la preuve éventuelle de la signification de son recours en produisant l'exploit y relatif ; faute de fournir cette preuve, il encourt le rejet de son opposition (*Tribunal régional hors classe de Dakar, jugement n° 2740, Simone Damado c/ Alioune Ndjouck, inédit*). Si l'un des destinataires de la signification a été lésé, l'opposant encourt la déchéance de son droit de faire opposition. Il a ainsi été jugé que, lorsque l'opposition n'est signifiée que devant le greffe du tribunal et non à l'adversaire, il y a lieu de déclarer l'opposant déchu de son droit de faire opposition ; ce qui dispense le tribunal de l'obligation d'examiner les moyens invoqués, notamment l'exception d'incompétence fondée sur l'existence d'une convention d'arbitrage (*CA de Ouagadougou, arrêt n° 15 du 16 janvier 2004, Société Lafchal c/ Compaoré K. Saïdou*). Par contre, la Haute juridiction semble adopter une position différente lorsque c'est au greffe que l'opposition n'a pas été signifiée. Dans un arrêt du 30 avril 2008 (*CCJA, 2ème Chambre, arrêt n° 024/2008 du 30 avril 2008, Banque internationale du Cameroun pour l'épargne et le crédit dite Bicec c/ Succession Sunjo Justin*), elle admet l'argument d'une requérante selon lequel la déchéance prévue à l'article 11 est relative et ne vise qu'à empêcher le greffier en chef de délivrer un certificat de non opposition à la partie qui voudrait s'en prévaloir aux fins d'obtention de la formule exécutoire. De plus, le fait pour la requérante d'avoir signifié son acte d'opposition à son adversaire et non au greffe n'est pas suffisant à faire prononcer contre elle la déchéance, car il est matériellement impossible pour un huissier de notifier dans la même copie l'acte aux parties et au greffe, l'exigence de servir dans le même acte ne pouvant se vérifier que dans l'original que détient l'huissier ou dans la copie destinée à l'opposant lui-même. Une telle argumentation ne semble cependant admissible que dans la mesure où la signification a été exercée dans les délais légaux à l'égard de tous les destinataires.

Quant aux modalités, la signification aux parties et au greffe doit être effectuée à peine de déchéance dans le même acte. L'arrêt de la CCJA du 29 avril 2004 adopte une interprétation originale à ce niveau. Il fonde la cassation de l'arrêt de la cour d'appel d'Abidjan en souscrivant à l'argument des demandeurs au pourvoi selon lequel : « La scierie d'Agnibilékro W. et Monsieur W. d'une part et Monsieur H. d'autre part, ont élu domicile en l'étude de leurs conseils (...) demeurant à Abidjan alors que le greffe de la juridiction qui a rendu l'ordonnance d'injonction de payer attaquée est située à Abengourou ; que c'est pour cette raison que la scierie d'Agnibilékrou W. et Monsieur W. ont été contraints, pour signifier leur opposition à Monsieur H. et au greffier en chef du tribunal d'Abengourou, lesquels se trouvent dans des ressorts différents, d'avoir recours à des actes distincts mais comportant les mêmes mentions ». La CCJA admet donc que lorsque l'opposition doit être signifiée à des personnes qui se trouvent dans des ressorts différents, l'opposant peut avoir recours à des actes distincts mais comportant les mêmes mentions. La même solution semble possible quand bien même les destinataires se trouveraient dans le même ressort (*CCJA, 2ème Chambre, arrêt n° 024/2008 du 30 avril 2008, ibid)*.

2. L'assignation à comparaître devant la juridiction compétente

C'est la 2ème obligation imposée à l'opposant. Il faut préciser préalablement que la juridiction compétente pour connaître de l'opposition est celle dont le président a rendu la décision d'injonction de payer, et ce à l'exclusion de toute autre juridiction (*CA d'Abidjan, arrêt du 09 mai 2000, Sté Palmafrique c/ Géant Sarl ; TPI Bafoussam, jugement n° 08/civ du 27 octobre 2000, Tagne Nguéko Emmanuel c/ Sikavig, inédits*). Par conséquent, en saisissant le président et non le tribunal de l'opposition à l'ordonnance, le requérant n'a pas respecté les dispositions légales et son opposition doit être déclarée irrecevable (*TPI de Dschang, jugement n° 46/civ. du 12 juillet 2004, Dongmo Etienne c/ Azangué Bernard, inédit*), de même que l'ordonnance d'injonction de payer, prise par le tribunal et non par son président doit également être annulée en cas d'opposition (*TGI Ouagadougou, jugement n° 416/2005 du 28 septembre 2005, La Sté sahel compagnie (SOSACO) c/ Mme Kaboré Henriette, inédit*). Par contre, la précision dans l'exploit de signification de l'ordonnance d'injonction de payer que celle-ci a été « rendue le 17 décembre 2001 par le Vice-président du tribunal de première instance d'Abidjan » et que « l'opposition doit être portée devant la juridiction compétente dont le Président a rendu la décision d'injonction de payer » constituent des mentions suffisantes pour désigner la juridiction compétente et ce, d'autant plus que l'opposant a effectivement et à juste titre formé opposition devant le tribunal de première instance d'Abidjan (*CCJA, arrêt n° 017/2008 du 24 avril 2008, Back home international Sarl c/ Cameroon airlines SA*).

Cela étant, le non-respect du délai de 30 jours à compter de l'opposition, prescrit pour servir assignation à comparaître, est sanctionné de déchéance, quelque soit le sort du recours auquel l'assignation se rattache. C'est ainsi que la CCJA décide que l'assignation à comparaître n'étant recevable qu'autant que le recours auquel elle se rattache, à savoir l'opposition, est recevable, viole l'article 11, le tribunal qui refuse de prononcer la déchéance alors même qu'il s'est écoulé 37 jours entre la date de l'opposition et la date d'ajournement (*CCJA, arrêt n° 049/2005 du 21 juillet 2005, affaire Nomel Meless Patrice c/ Lorng De Pierre, Rec. de jurisprudence de la CCJA, n° 6, juin. décembre 2005, p. 69*). La décision de la juridiction saisie sur opposition se substitue à la décision d'injonction de payer et est en principe susceptible d'appel. Mais si l'on veut poursuivre la procédure contentieuse après la décision rendue sur opposition, doit-on nécessairement former appel ? La CCJA en répondant par l'affirmative soulève une controverse qu'il conviendrait à présent d'analyser.

II. L'appel, voie de recours obligatoire pour la suite de la procédure contentieuse en matière d'injonction de payer ?

En vertu de l'article 15 de l'AUPSRVE, la décision rendue sur opposition est susceptible d'appel (*pour application, voir : CA Abidjan, arrêt n° 754 du 02 juillet 2004, Ahokponou Toussaint, Mme Baba Lou Irie épse Ahokponou c/ Sté Ivoire Motor et Serge Safinnikoff ; CA Ouagadougou, arrêt n° 64 du 07 mai 2004, B.P.I et Sawadogo R. Daniel c/ B.C.B ; CA Bobo Dioulasso, arrêt n° 29 du 03 mars 2002, Guitti Moussa c/ Sté Midco trade international, inédits*). De toute évidence, le principe de l'appel est admis en matière d'injonction de payer (A). Mais quelle en est la portée (B) ?

A. L'admission de l'appel

Transcendant certaines controverses anciennes, le législateur OHADA, bien suivi en cela par la jurisprudence, consacre comme condition préalable à l'appel en matière d'injonction de payer l'exercice de l'opposition (1). C'est lorsque ce préalable est respecté que l'appel peut valablement être accueilli (2).

1. Le préalable de l'opposition

En vertu de l'article 16 alinéa 1 de l'AUPSRVE, en l'absence d'opposition dans les 15 jours de la signification de la décision portant injonction de payer ou, en cas de désistement du débiteur qui a formé opposition, le créancier peut demander l'apposition de la formule exécutoire sur cette décision. « Celle-ci produit tous les effets d'une décision contradictoire et n'est pas susceptible d'appel » (*art. 16 al. 2*). Ce faisant, le législateur tranche nettement le débat, qui a suscité diverses réponses dans le droit et la pratique judiciaire antérieurs (*Voir sur l'évolution de la question Akam Akam A., op. cit., pp. 5-6*), sur le point de savoir si le débiteur qui n'a pas formé opposition peut néanmoins faire appel contre l'ordonnance d'injonction de payer. Encore faudrait-il que les conditions d'exercice du droit d'appel soient respectées.

2. L'exercice proprement dit de l'appel

L'appel doit être exercé dans les conditions du droit national de chaque Etat partie. La seule exigence de l'article 15 de l'AUPSRVE est relative au délai d'appel. Ce délai est de 30 jours à compter de la date de cette décision. Par conséquent, est irrecevable un appel formé le 1er septembre 2000 contre un jugement rendu le 31 juillet 2000 sur opposition à une ordonnance d'injonction de payer, le requérant disposant jusqu'au 30 août 2000 inclus pour relever régulièrement appel (*CCJA, n° 19/2002, 31 octobre 2002,Soc. générale de financement par crédit-bail dite Sogefibail c/ Monsieur Hassana Dramera, Rec. de jurisprudence CCJA spécial, janvier 2003, p. 63. Dans le même sens, sur l'irrecevabilité d'un appel formé plus de quatre jours après le délai légal : CCJA, n° 3/2006, K. née D.A.B c/ D.B.E, Le Juris-Ohada n° 3/2006, p. 8 ; CA de l'Ouest, jugement n° 29/CIV du 13 nov. 2002, Société Buns's c/ Ndam Moussa ; CA du Centre, arrêt n° 369/Civ du 25 sept. 2002, SNI c/ SCT ; CA du Centre, n° 469/CIV, 20 août 2003, CNPS c/ Société civile professionnelle Stanley mortgage guarantee ; CA du Centre, n° 309/civ,2 mai 2003, Nya née Keutcha Marthe c/ Fovinké Nestor ; CA d'Abidjan, arrêt n° 375 du 02 février 2004, Abou Ka c/ Bagayoko Abas ; CA de Bouaké, arrêt n° 93 du 20 juin 2001, Sté L.T c/ A. ; CA de Bouaké, arrêt n° 5 du 05 janv. 2001, MKC c/ Société T.N.T ; CA de Bouaké, n° 97 du 27 juin 2000, J.D.A c/ L.K ; CA de Bouaké, arrêt n° 75 du 16 mai 2001, Dame B… c/ P., Le Juris-Ohada n° 3/2003, juillet-septembre 2003, p. 57 ; CA du Littoral, n° 114/CC du 28 mai 2004, Dame Moutymbo Annette c/ Njitock Sosso Colette, inédit*). Dès lors, l'arrêt de la cour d'appel qui déclare recevable un tel appel encourt la cassation.

Mais le délai d'appel de 30 jours prévu par le législateur OHADA a été critiqué comme pouvant constituer un moyen dilatoire qui détruit la célérité recherchée dans l'institution de cette procédure qui se veut simplifiée et sommaire (*Assi-Esso A.M., Diouf N., op. cit., p. 22, n° 31*). Cette analyse doit être approuvée. Le retour à un délai plus court tel que celui de 15 jours prévu par le droit camerounais (*art. 11 al. 3, loi n° 89/021 du 29 décembre 1989 fixant une procédure simplifiée de recouvrement des créances civiles et commerciales, modifiée et complétée par la loi n° 96/10 du 05 août 1996*) serait mieux approprié. Pour le reste, les conditions de l'appel sont régies par le droit national. En droit camerounais, la cour d'appel est tenue de vider sa saisine dans les 30 jours suivant la première audience, l'instruction de la cause étant faite en Chambre de conseil. Certains auteurs ont cependant regretté que ce délai ne soit pas assorti de sanctions. Cette absence de rigueur dans le délai imposé aux juges pour statuer contribue à faire obstacle à la célérité dans le recouvrement des créances (*Voir Jiogué G., Tchantcou H., « Observations sur la loi n° 96/10 du 05 août 1996 modifiant et complétant la loi n° 89/021 du 29 décembre 1989 fixant une procédure simplifiée de recouvrement des créances civiles et commerciales », in Lex Lata n° 031, octobre 1996, p. 6*). Il conviendrait à présent de s'interroger sur l'impact de l'appel quant à la suite de la procédure.

B. La portée de l'appel : un passage obligatoire pour l'exercice d'un pourvoi devant la CCJA ?

L'arrêt n° 002/2002 de la CCJA du 10 janvier 2002 étonne par sa solution. Il semble subordonner l'exercice du pourvoi en cassation contre une décision rendue par les juridictions nationales à l'exercice d'un appel. Mais s'agit-il bien là de la volonté du législateur OHADA ? Deux cas de figure peuvent se présenter selon qu'un appel a été exercé ou non.

En premier lieu, en vertu de l'article 14 alinéa 3 du Traité révisé relatif à l'harmonisation du droit des affaires en Afrique, « saisie par la voie du recours en cassation, la cour se prononce sur les décisions rendues par les juridictions d'appel des Etats parties dans toutes les affaires soulevant des questions relatives à l'application des Actes uniformes et des règlements prévus au présent Traité, à l'exception des décisions appliquant des sanctions pénales ». La solution dans ce cas est donc bien claire. Tous les arrêts rendus par les juridictions d'appel suite à la décision des juridictions inférieures saisies sur opposition à une décision d'injonction de payer peuvent faire l'objet d'un recours en cassation devant la CCJA.

Lorsqu'un appel n'a pas été exercé, deux questions peuvent encore être soulevées. En premier lieu, l'ordonnance d'injonction de payer qui n'a pas fait l'objet d'opposition peut-elle faire l'objet d'un pourvoi en cassation devant la CCJA ? A notre connaissance, la CCJA ne s'est pas encore prononcé sur ce cas de figure. L'on pourrait néanmoins s'en référer à la jurisprudence de la cour de cassation française pour trouver solution à ce problème. Cette dernière rejette de manière constante ces pourvois en rappelant que l'unique voie de recours contre l'ordonnance d'injonction de payer est l'opposition (*Voir par exemple Civ. 6 octobre 1976, Bull. Cass., II, n°270, p. 212 ; Civ. 16 mai 1977, Gaz. Pal., 12 janvier 1978*). A l'inverse, la cour de cassation admet la recevabilité de la tierce opposition (*Civ. 1ère, 10 déc. 1991, RTD civ. 1992.649, obs. Perrot*) ainsi que le pourvoi en cassation, si l'opposition n'est plus recevable et s'il critique seulement les conditions d'application de la formule exécutoire (*Civ. 2ème, 29 nov. 1995, Bull. civ. II, n° 292; 28 fév. 1996, RTD civ. 1996.471, obs. Perrot*).

En second lieu, la décision rendue sur opposition à une ordonnance d'injonction de payer et en dernier ressort peut-elle faire l'objet d'un pourvoi en cassation ? La CCJA rejette, une telle solution. En effet, dans son arrêt du 10 janvier 2002 elle déclare irrecevable un pourvoi en cassation, motif pris de ce que « le jugement, dont pourvoi n'étant donc ni une décision rendue par une cour d'appel malienne, ni une décision non susceptible d'appel prononcée par toute autre juridiction malienne, c'est en violation des dispositions sus-énoncées de l'article 14 du Traité institutif de l'OHADA qu'il a fait pourvoi en cassation devant la cour de céans ». Rappelons qu'en vertu de l'article 14 alinéa 4 du Traité de l'OHADA, la CCJA « se prononce dans les mêmes conditions sur les décisions non susceptibles d'appel rendues par toute juridiction des Etats parties dans les mêmes contentieux ». Or dans le cas d'espèce, la décision du Tribunal de commerce de Bamako n'était pas susceptible d'appel en vertu du droit malien (*L'article 6 de la loi n° 057 du 22 août 2000 dispose, s'agissant des Tribunaux de commerce au Mali, « qu'ils jugent en dernier ressort toutes les demandes dont le principal n'excède pas la valeur de francs cfa 5.000.000 »)*. Ainsi que le relève fort pertinemment Maître Abdoul Wahab Berthe, « à l'évidence, il y a, pour le moins, méconnaissance des textes maliens en matière de compétence des tribunaux de commerce, encore que la décision objet du pourvoi indique elle-même qu'elle est rendue en dernier ressort » (*Berthe A. W., « Commentaire de l'arrêt n° 002 du 10 janvier 2002 de la Cour commune de justice et d'arbitrage », ohadata, D-02-21*). Les règles de compétence concernant le degré de juridiction étant d'ordre public, le demandeur au pourvoi ne pouvait pas exercer un appel.

Finalement, la CCJA semble vouloir imposer, nonobstant les dispositions des législations nationales, que dans une matière réglementée par l'OHADA, où un recours est prévu, les Etats ne peuvent pas disposer autrement. En d'autres termes, l'AUPSRVE ayant prévu la possibilité de faire appel, il ne serait plus possible pour les législateurs nationaux d'envisager en matière d'injonction de payer qu'une décision rendue sur opposition à une injonction de payer le soit en dernier ressort. Si le législateur OHADA a permis de lever le voile sur pas mal d'inquiétudes en ce qui concerne les voies de recours en matière d'injonction de payer, certaines lacunes peuvent encore être décelées. La portée attachée à l'exercice de l'appel, telle qu'elle résulte de l'interprétation de la CCJA n'en n'est pas la moindre. Pour le moins, l'on peut douter de la pertinence de cette interprétation au regard tant du traité OHADA que de l'AUPSRVE. Et la révision de ce traité en 2008 n'aura pas contribué à étouffer la question de l'impossibilité de recours contre les décisions de la C.C.J.A., même en cas d'erreur manifeste.

Moïse Timtchueng,
Chargé de cours, Université de Dschang.

CCJA, arrêt n°032/2004, 4 novembre 2004
Société EBURNEA c/ Compagnie d'assurances Les Tisserins SATCA

(...)

Vu les dispositions des articles 13, 14 et 15 du traité relatif à l'harmonisation du droit des affaires en Afrique ;

Vu les dispositions du règlement de procédure de la Cour commune de justice et d'arbitrage ;

Attendu qu'il ressort des pièces du dossier de la procédure que la société EBURNEA, souscrit divers "contrats d'assurances maladie groupe" auprès de la Compagnie d'assurances les Tisserins SATCA SA ; que sur les différentes primes dues, la société EBURNEA SA n'avait réglé que la somme de 17.000.000 francs et pour le reliquat, elle avait un échéancier à raison de 2.000.000 francs par mois ; que face à l'inertie de la débitrice, la Compagnie d'assurances les Tisserins SATCA SA avait sollicité et obtenu du président de première instance d'Abidjan l'ordonnance d'injonction de payer n° 7082/2000 du 24 novembre 2000 condamnant la société EBURNEA SA, le tribunal de première instance d'Abidjan avait, par jugement n° 581/CIV2B1 en date du 28 mai 2001, confirmé et rendu à l'ordonnance querellée ses pleins et entiers effets ; que sur appel de la même EBURNEA SA la cour d'appel d'Abidjan a, par arrêt n° 163 en date du 1er février 2002 dont pourvoi, confirmé le jugement attaqué en toutes ses dispositions ;

Sur les deux moyens réunis

Attendu qu'il est fait grief à l'arrêt attaqué, d'une part, violé la loi ou commis une erreur dans son application ou son interprétation et, d'autre part, omis de statuer en ce la cour d'appel, pour rejeter la demande de la Société EBURNEA SA fondée sur la violation de l'article 1er de l'Acte uniforme portant organisation des procédures simplifiées de recouvrement et des voies d'exécution, a retenu "qu'en l'espèce la certitude de la créance apparaît dans la lettre du 14 juillet 2000 dans laquelle l'appelante a proposé un échéancier de règlement. Que dès lors que le caractère certain de celle-ci ne fait l'ombre d'aucun doute, échet-il de confirmer le jugement" alors que selon la requérante, "le bien fondé de l'action de la Compagnie d'assurances les Tisserins s'est fondée sur la certitude de la créance, or cette condition seule n'est pas que la créance soit liquide et exigible" ; que toujours selon la requérante, en statuant ainsi, la cour d'appel a non seulement violé la loi dans son application ou son interprétation, mais également a omis de statuer sur les conditions cumulatives prescrites par ladite loi ; qu'en effet, la procédure prévue à l'article 1er de l'Acte uniforme sus-indiqué ne peut être mise en œuvre que si la créance dont le recouvrement est poursuivi, remplit les conditions de certitude, de liquidité et d'exigibilité prescrites par ledit article ;

Mais attendu qu'il ne résulte ni des pièces du dossier de la procédure, ni de la décision attaquée que le moyen tiré de la non liquidité et de la non exigibilité de la créance de la Compagnie d'assurances les Tisserins a été soutenu tant devant le tribunal que devant la cour d'appel; que ce moyen nouveau, mélangé de fait et de droit doit être déclaré irrecevable; qu'il suit également que le moyen tiré de l'omission de statuer n'est pas recevable; qu'en conséquence, il y a lieu de rejeter le pourvoi (...)

OBSERVATIONS

L'omission est-elle toujours pardonnable ? Le religieux répondrait assurément par l'affirmative. Mais le juriste se doit d'être plus prudent car entre la morale religieuse et la logique juridique, il y a quelquefois divergence. Dans le cadre d'une procédure judiciaire par exemple, il arrive que l'une des parties au litige ne soulève pas tous les moyens nécessaires à la défense de sa cause devant les juridictions inférieures et se réveille brusquement devant le juge suprême. C'est ce qui est arrivé devant la CCJA dans l'affaire opposant la société EBURNEA à la Compagnie d'assurances Les Tisserins SATCA.

La société EBURNEA avait souscrit divers « contrats d'assurances maladie groupe » auprès de la Compagnie d'assurances Les Tisserins SATCA. Mais sur les différentes primes dues, elle n'avait réglé que la somme de 17.000.000 francs cfa et pour le reliquat, elle avait un échéancier à raison de 2.000.000 frncs cfa par mois.

Face à l'inertie, la Compagnie d'assurances Les Tisserins avait sollicité et obtenu du président du tribunal de première instance d'Abidjan, le 24 novembre 2000, une ordonnance d'injonction de payer portant sur la somme de 32.912.000 francs cfa. Sur opposition de la société EBURNEA, le tribunal de première instance d'Abidjan avait, par jugement en date du 28 mai 2001, confirmé et rendu à l'ordonnance querellée ses pleins et entiers effets. Sans surprise, elle interjeta appel de cette dernière décision, mais fut éconduite par le juge d'appel d'Abidjan le 1er février 2002.

Espérant sans doute un meilleur sort, elle introduisit un pourvoi devant la Cour commune de justice et d'arbitrage. Pour obtenir le résultat escompté, elle développa deux moyens de cassation. Elle reprochait à l'arrêt attaqué d'avoir, d'une part, violé la loi ou commis une erreur dans son application ou son interprétation ; d'autre part, d'avoir omis de statuer sur les conditions cumulatives relatives à la créance et prescrites par l'article 1er de l'Acte uniforme portant organisation des procédures simplifiées de recouvrement et des voies d'exécution.

Mais il est apparu devant la CCJA, à l'examen des pièces du dossier de la procédure et de la décision attaquée, que le moyen tiré de la non-liquidité et de la non-exigibilité de la créance de la compagnie d'assurances Les Tisserins n'a été soutenu ni devant le tribunal ni devant la cour d'appel, donc en réalité qu'il s'agissait là d'un moyen nouveau.

On l'aura compris, la question à résoudre était celle de savoir de savoir quel est le sort réservé aux moyens nouveaux soulevés devant la Cour commune de justice et d'arbitrage ?

Appelée à y répondre, la Haute juridiction rejette le pourvoi a rejeté le pourvoi décide « *que ce moyen nouveau mélangé de fait et de droit doit être déclaré irrecevable ; qu'il suit également que le moyen tiré de l'omission de statuer n'est pas recevable* ».

De cet extrait, il apparaît que si les moyens nouveaux sont en principe irrecevables devant la CCJA (I), quelques-uns d'entre eux peuvent exceptionnellement être reçus par elle (II).

I. Le principe : l'irrecevabilité des moyens nouveaux devant la CCJA

Il importe, d'entrée de jeu, de procéder à des mises au point notionnelles au sujet du « moyen », du « moyen nouveau », avant de s'intéresser à sa reçevabilité.

La doctrine est partagée quant à la définition du "*moyen*". Pour certains auteurs, il est « l'énonciation d'un fait, d'un acte ou d'un texte, d'où, par un raisonnement juridique, on prétend déduire le bien-fondé d'une demande ou d'une défense. » (*Voullet, Le défaut de réponse à conclusions, J.C.P. 1965.I.1912*). Pour d'autres, elle serait la façon ou les façons de parvenir au jugement en alléguant aussi bien le fait que le droit (*Martin, La notion de moyen, J.C.P. 1976.I.2768*). Une troisième tendance, davantage convaincante, présente les moyens comme « tout ce qui peut servir à justifier les prétentions des parties, leurs demandes, sans les modifier, ainsi des modes de preuves nouveaux, ou encore des nouveaux modes d'extinctions d'une obligation. » (*J. Vincent et S. Guinchard, Procédure civile, 24e éd., Paris, Dalloz, p. 865*).

Ainsi défini, le moyen se distingue de *la demande* et de *l'argument*. La demande, encore appelée prétention, renvoie au vœu formulé, au désir exprimé au juge par une partie ou un tiers, de voir appliquer au litige une règle de droit, un fait, ou les deux à la fois. Le moyen peut donc s'entendre comme la motivation de la demande. Il peut aussi être de pur droit, de pur fait, ou mélangé de fait et de droit.

Le moyen se distingue également de *l'argument* qui est, en quelque sorte, la preuve apportée à l'appui de la motivation. L'argument peut aussi être de pur droit, de pur fait, mélangé de fait et de droit.

Le moyen est normalement soulevé dès l'instance devant les juridictions de premier ressort. Il demeure le même jusqu'à l'exercice du pourvoi en cassation. S'il s'avère qu'il change ou s'il se trouve qu'il n'ait jamais été soulevé, il devra être considéré comme nouveau.

Le moyen nouveau peut donc être désigné comme celui qui n'a pas été soulevé devant les juges du fond ou celui qui, soulevé en première instance n'a pas été repris devant le juge d'appel (*J. Vincent, S. Guinchard, op. cit., pp. 926-927*). Le critère de nouveauté peut par exemple être un changement de motif, c'est-à-dire de fondement juridique ou de cause. Si ce changement constitue un moyen nouveau, il n'aboutit cependant pas toujours à une prétention nouvelle car celle-ci n'apparait que dans l'hypothèse d'un changement de partie, de qualité, ou d'objet de la réclamation (*Rennes, 16 mai 1973, J.C.P. 1974.IV.17 ; civ. 11 juin 1975, J.C.P. 1975.IV.249*). Dans ce sens, l'article 565 du NCPC français dispose que « les prétentions ne sont pas nouvelles dès lors qu'elles tendent aux mêmes fins que celles soumises au premier juge, même si leur fondement juridique est différent. »

Selon l'adage *Tantum devolutum, quantum judicatum, il n'est dévolu qu'autant qu'il a été jugé* par les premiers juges : c'est l'un des corollaires du principe de l'immutabilité du litige consacré en droit français par l'article 564 du NCPC en ces termes : « Les parties ne peuvent soumettre à la cour [d'appel] des prétentions nouvelles. » (*Lire dans ce sens Boyreau, De la prohibition des demandes nouvelles en appel, thèse, Bordeaux, 1945*). Cette règle se justifie par l'idée qu'il serait illogique de modifier en cour d'appel, les éléments du débat engagé en première instance. « La censure de la juridiction supérieure ne peut s'exercer que sur le terrain exact où l'on avait placé les juges de première instance. Par ailleurs, présenter une prétention nouvelle en appel conduirait à la faire échapper à la filière du double degré de juridiction que la loi a imposée, dans un but de sélection, pour éviter l'encombrement des juridictions supérieures. » (*J. Vincent, S. Guinchard, op. cit., p. 864*).

Au total, à bien regarder, le rejet de la demande nouvelle s'explique ou se justifie non seulement par le souci d'éviter des incohérences, mais surtout de ne pas troubler le déroulement normal du procès. En effet, l'admission d'une telle prétention conduirait à créer un nouveau litige. Or le procès débute en première instance et non en appel où la préoccupation semble se réduire à la vérification des conditions dans lesquelles les premiers juges ont accompli leur mission.

La règle de l'irrecevabilité de moyens nouveaux n'est cependant pas d'application stricte. En effet, de nombreuses législations nationales prévoient des atténuations à celle-ci, l'idée étant de s'assurer qu'une application rigoureuse du principe n'aboutisse à une « absurdité ». Ces atténuations visent notamment les demandes reconventionnelles, les demandes destinées à opposer la compensation, ou encore celles destinées à faire juger les questions nées de l'intervention d'un tiers...

Si le droit tolère quelques demandes nouvelles en appel, tous les moyens sont par contre admis tant qu'ils respectent le canevas des demandes examinées depuis le premier ressort. Cependant devant la Cour suprême, les choses changent. Le moyen nouveau, autant que la demande nouvelle, ne pourrait pas prospérer car en règle générale et contrairement à l'appel, le pourvoi en cassation n'a pas d'effet dévolutif ; la totalité du litige soumis aux juridictions inférieures ne lui est pas portée.

Etant une juridiction suprême, la CCJA ne peut être saisie que si les moyens qu'elle découvre ont déjà été soulevés et examinés devant les juridictions inférieures. Si de nouveaux moyens lui sont soumis, elle les juge irrecevables car sa mission principale en tant que juge suprême est de veiller à ce que le droit OHADA soulevé dans le litige soit bien interprété et appliqué. Mais encore faut-il préciser la phase pendant laquelle elle examine le moyen. La lecture de la jurisprudence de la Haute cour communautaire permet de constater qu'en cas de cassation, elle procède par deux phases : d'une part, la phase d'examen du pourvoi pendant laquelle elle analyse les règles juridiques applicables ; d'autre part la phase d'évocation à l'occasion de laquelle elle reçoit et examine les faits déjà exposés afin de trouver la solution juridique appropriée au litige opposant les plaideurs.

Lorsqu'ils sont nouveaux, deux sortes de moyens sont irrecevables devant la CCJA : ceux mélangés de fait et de droit dans la phase d'examen du pourvoi ; ceux de pur fait quelque soit la phase. Se pose alors la question de savoir pourquoi la réception de certains moyens plutôt que d'autres en fonction de telle ou telle phase du procès ?

On peut penser que les moyens mélangés de fait et de droit sont irrecevables dans la phase d'examen du pourvoi parce que les magistrats font une application stricte et juste de l'article 14(5) du traité. On le sait que trop, ce texte ne reconnaît le pouvoir d'évocation à la CCJA que lorsque la décision attaquée est cassée. En d'autres termes, tant qu'elle demeure à l'étape de l'appréciation du pourvoi comme ce fut le cas dans l'arrêt n° 32/2004 du 4 novembre 2004 opposant la société EBURNEA à Les Tisserins, elle est encore juge de droit et dès lors ne peut et ne doit pas examiner les faits. A ce stade, elle ne se comporte pas encore comme un troisième degré de juridiction car elle ne se prononce pas directement sur le litige lui-même, mais sur l'arrêt qui est contesté devant elle. *(E. Assepo Assi, La cour commune de justice et d'arbitrage de l'OHADA : un troisième degré de juridiction ? RIDC, n° 4, octobre-décembre 2005, p. 955 ; J. Issa-Sayegh, J. Lohoues-Oble, Harmonisation du droit des affaires OHADA, collection Droit uniforme africain, éd. Bruylant, Bruxelles, 2002, n° 437).* On comprend tout le sens du propos du Doyen Perdriau qui, pour expliquer l'irrecevabilité d'un moyen "contraire" et donc nouveau, observe « qu'il serait inadmissible que la cour de cassation ait à juger autre chose que ce qui avait été demandé aux juges du fond, et il serait autant injuste qu'incompréhensible que ceux-ci soient censurés pour ne pas s'être prononcés en dehors du cadre où le litige avait été situé. » *(A. Perdriau, note sous Cass., 2e civ., 2 mars 2000, JCP 2000. II. 10285).*

A l'inverse, un moyen ancien, quel qu'il soit à l'exception des moyens de pur fait, devrait être reçu devant la juridiction suprême dotée ou non du pouvoir d'évocation. Rien de surprenant à cela car le juge suprême est avant tout juge du droit. Lorsqu'il est saisi d'un moyen de pur droit, il se contente de vérifier que la règle juridique a été correctement appliquée. Lorsqu'il est saisi d'un moyen mélangé de fait et de droit déjà examiné par les tribunaux inférieurs, en plus de contrôler la bonne interprétation de la règle juridique, il s'assure simplement qu'elle est bien appliquée dans les faits de l'espèce et dont il ne contrôle plus la dénaturation. Cela dit, il s'assure cependant que ces faits ont déjà été examinés par les juridictions inférieures. En effet, s'il se trouve que ces dernières n'aient pas eu à se prononcer à la suite de leur examen, il deviendra évident que le moyen est nouveau. La sanction sera alors l'irrecevabilité.

Dans l'arrêt du 4 novembre au centre de l'analyse, la CCJA avait été saisie pour statuer pour la première fois aussi bien sur la violation de la loi par la cour d'appel (moyen de droit) que sur la démonstration de la non-exigibilité et la non- liquidité de la créance de la Compagnie d'assurances Les Tisserins (moyen de fait). La condition de nouveauté étant remplie, la haute juridiction ne pouvait ne pas déclarer le moyen irrecevable et, par suite, rejeter le pourvoi.

Si la solution retenue est celle qui précède, il n'en reste pas moins qu'il était possible, notamment sur la base déjà esquissée de la définition du « moyen nouveau », de se limiter à constater dans cette affaire que ce moyen était identifié. Il se comprend assez mal, en effet, que la Cour commune de justice et d'arbitrage ait jugé qu'il est en plus mélangé de fait et de droit. Cela d'autant plus, précisément, qu'elle s'intéresse en priorité au droit et donc que si elle est saisie de moyens mélangés de fait et de droit, elle devrait déclarer le premier irrecevable dans la phase d'examen du pourvoi. Or, dans sa configuration actuelle, l'arrêt commenté ne peut véritablement être cerné que par celui qui parvient à savoir à quelle phase le juge a pris cette décision. Etait-il déjà entrain d'évoquer ou alors examinait-il encore le pourvoi ?

Quant aux moyens de pur fait, ce sont ceux qui portent uniquement sur la matérialité des faits. Ils ne relèvent pas de la compétence de la CCJA parce qu'elle est avant tout une juridiction suprême. Elle ne peut donc se soustraire à sa fonction principale qui est de veiller au respect du droit uniforme, d'assurer l'unité de la jurisprudence communautaire en stabilisant la jurisprudence des juridictions inférieures (*Selon les promoteurs de l'OHADA, l'uniformité de la jurisprudence OHADA assurée par la formation plénière de la CCJA est l'une des garanties de la sécurité juridique puisque des divergences peuvent exister entre plusieurs juridictions nationales de fond ou suprêmes chargées d'appliquer les Actes uniformes. L'ensemble de la doctrine résume justement ces arguments en soutenant qu'« un droit uniforme appelle une jurisprudence uniforme. » voit not. D. Abarchi, La supranationalité de l'Organisation pour l'harmonisation en Afrique du droit des affaires (OHADA), www.ohada.com; S.S. Kuaté Tameghé, La cour commune de justice et d'arbitrage de l'OHADA, Débats n° 65, mai-juin 2009, p. 15 et s.).* Par voie de conséquence, lorsqu'elle est saisie de moyens (nouveaux ou non) de pur fait, elle ne manque pas de conclure à leur irrecevabilité. Cette attitude est constante, puisque la cour avait déjà avant l'arrêt société EBURNEA contre Les Tisserins, dans une affaire où étaient invoqués de pur fait pour lui demander de faire respecter le droit, jugé ce qui suit : « *Attendu que ce moyen, qui est vague et imprécis et ne vise aucun texte qui aurait été violé ou faussement appliqué, est irrecevable ; qu'il y a lieu en conséquence de rejeter le pourvoi* ».

Le principe de l'irrecevabilité des moyens nouveaux comporte cependant quelques exceptions dont une transparaît en filigrane dans l'un des attendus de l'arrêt de la CCJA.

II. L'exception : la recevabilité de certains moyens nouveaux

La CCJA affirme à travers l'arrêt rapporté qu'elle n'autorise pas les plaideurs à lui présenter « *un moyen nouveau mélangé de fait et de droit* ». *A contrario*, d'autres moyens nouveaux auraient été jugés recevables.

Il s'agit tout d'abord de moyens nouveaux touchant à l'ordre public. De tels moyens qui peuvent être soulevés d'office, pourvu, comme l'atteste la jurisprudence française qui semble bien assise sur ce point (*depuis Req. 12 décembre 1871, D.P., 1872.I.316*), qu'ils résultent des pièces déjà produites devant les premiers juges.

Il s'agit ensuite, en droit français, des moyens nés de la décision attaquée (art. 619 al. 2-2 NCPC). Dans ce cas, ce sont des moyens dirigés contre une disposition de l'arrêt qui ne pourrait être critiquée avant qu'il fût rendu. C'est le cas par exemple du moyen fondé sur un vice de forme de la décision attaquée (*Civ. 2e, 29 mars 1971, Bull. civ. II, n°138*) ; c'est aussi le cas d'une minute qui ne serait pas conforme au prononcé. L'intéressé peut alors s'inscrire en faux pour la première fois devant la cour de cassation qui ne statuera cependant pas sur le faux. « Si la demande lui paraît sérieusement fondée, il renverra la connaissance de l'affaire à une juridiction de rang égal à celle qui a rendu la décision arguée de faux. Pendant qu'on jugera le faux, la procédure restera pendante devant la cour de cassation. » (*J.* Vincent, *S. Guinchard, op. cit., p. 927*). La raison du recours au sursis plutôt que l'amission du moyen nouveau n'est pas bien compliquée. Elle tient à ce que dans cette dernière hypothèse on est en présence non seulement d'un moyen ; mais aussi d'une demande nouvelle.

Il s'agit enfin des moyens de pur droit, présentés comme ceux-là qui excluent la matérialité des faits, le contrôle de leur qualification ou de leur dénaturation (*Jean Vincent, S. Guinchard, op. cit., p. 390*). Devant la CCJA, ces moyens ne mettent en jeu aucun fait qui ne soit constaté par la décision attaquée. Ainsi le moyen développé par le pourvoi de la société EBURNEA n'était pas de pur droit, puisque les faits qui auraient pu aboutir à la qualification de la liquidité et de l'exigibilité de la créance de la Compagnie d'assurances Les Tisserins n'avaient pas été constatés souverainement par les juges du fond.

La justification du moyen de pur droit doit donc s'opérer sans qu'il soit besoin de mettre en œuvre des faits autres que ceux suffisamment établis dans le débat au fond. Par contre, ayant la mission de dire le droit, le juge peut toujours suppléer d'office les moyens de pur droit. Mais une condition s'impose dans ce cas : le nouveau moyen doit « nécessairement être dans la cause » (*Lire notes sous Cass. 2e civ., 12 juin 1970, Bull. civ. II, n°207 ; Cass. Com., 26 octobre 1983, Bull. civ. IV, n°280*).

La distinction du moyen de pur droit et du moyen mélangé de fait et de droit dépend en réalité du contenu de l'arrêt attaqué. Lorsque le moyen n'invite le juge suprême qu'à interpréter la règle de droit, il s'agit d'un moyen de pur droit. Dans le cas contraire, ce moyen est mélangé de fait et de droit. Mais, en règle générale, les moyens de pur droit sont rares. Il est en effet difficile pour les parties et le juge de soulever et examiner exclusivement les règles juridiques sans tenir compte des faits de l'espèce. L'intimité du lien qui unit le droit aux faits est donc indéniable. Si les faits peuvent se passer du droit, l'établissement des règles juridiques par contre est inspiré des faits et de l'évolution de la société. Il arrive pourtant que soit soulevé ce type de moyens devant le juge suprême. Son rôle consiste alors non pas à vérifier que les juges inférieurs ont appliqué la règle de droit aux faits de l'espèce, mais que cette règle a été bien interprétée. Qu'ils soient de pur droit ou mélangés de fait ou de droit, les moyens sont recevables devant la CCJA. Par contre la plupart des moyens nouveaux sont jugés irrecevables comme étant mélangés de fait et de droit.

La CCJA n'est cependant pas une juridiction suprême ordinaire car elle est dotée du pouvoir d'évocation en cas de cassation (*dans ce sens B. Diallo, Réflexions sur le pouvoir d'évocation, Penant no 858, 2007, pp. 40 et s.*). Lorsqu'elle casse la décision contestée, au lieu de renvoyer l'affaire et les parties devant la juridiction de renvoi comme cela est de coutume devant les juridictions suprêmes francophones (*coutume qui tend cependant à disparaître à la lecture des nouvelles lois nationales africaines relatives au pourvoi. Aux termes de l'art 67 (2) de la nouvelle loi camerounaise no 2006/016 du 29 décembre 2006 fixant l'organisation et le fonctionnement de la cour suprême, « Lorsque la chambre [judiciaire] casse et annule la décision qui lui est déférée, elle évoque et statue... ». L'article 28 nouveau de la loi ivoirienne n° 97-243 du 25 avril 1997 dispose également que « en cas de cassation, la chambre judiciaire évoque l'affaire dont elle est saisie* »), elle statue elle-même sur l'ensemble des moyens développés.

Classiquement, lorsqu'il y a cassation, la juridiction de renvoi est saisie de l'ensemble du litige. La procédure n'est pas figée : la procédure antérieure à l'arrêt cassé se trouve maintenue : elle reprend et se poursuit devant la juridiction de renvoi, avec la même liberté et selon les mêmes règles que celles qui s'imposaient aux parties devant la juridiction ayant rendu la décision cassée (*Cass. 3e civ., 8 avril 1987, Bull. civ. III, p.49*), c'est-à-dire avec la possibilité entre autres d'examiner les moyens nouveaux de pur droit et mélangés de droit et de fait (*aux termes de l'article 632 du nouveau code de procédure civile français par exemple, devant la juridiction de renvoi, « les parties peuvent invoquer de nouveaux moyens à l'appui de leurs prétentions* »). C'est seulement à défaut de moyens nouveaux que les parties sont réputées s'en tenir aux moyens qu'elles avaient soumis à la première juridiction.

Or, la CCJA ne s'intéresse pas aux faits dans la phase d'appréciation du pourvoi. Lorsque les juges examinent le pourvoi, ils sont dépourvus de la possibilité d'analyser les faits, le pouvoir d'évocation surgissant juste lorsqu'ils ont cassé la décision attaquée (il s'agit là d'une interprétation de l'article 14(5) du traité). Cela surprend lorsqu'on sait que ce sont les mêmes juges qui statuent à l'étape de l'examen du pourvoi et à celle de l'évocation. On le comprend d'autant moins que compréhensible que dans le souci d'une bonne administration de la justice, il est difficile de concevoir que la CCJA, après avoir rédigé la première partie de son arrêt (c'est-à-dire celle relative à l'examen du pourvoi), convoque à nouveau les plaideurs après cassation pour examiner certains moyens nouveaux mélangés de fait et de droit pourtant rejetés dans cette première partie par application des prévisions de l'article 14(5) du Traité. Exploités dans cette phase, ces moyens auraient peut-être pu conduire au rejet du pourvoi par confirmation de la décision de la juridiction de fond sur la base de dispositions juridiques non exploitées.

Alex Tjouen,
Assistant, Université de Yaoundé II.

1ère espèce : CCJA, arrêt n°007, 21 mars 2002
CCAR c/ ayants-droit Worokotang Mbatang et Muching David

2ème espèce : CCJA, arrêt n°028, 15 juillet 2004
Mobil Oil Côte-D'ivoire c/ Les Centaures routiers, Caisse automobile des règlements pécuniaires des avocats dite CARPA, Me Adou Hyacinthe

1. CCJA, arrêt n°007, 21 mars 2002, CCAR c/ ayants-droit Worokotang Mbatang et ayants-droit Muching David

(...)

Sur les deux moyens réunis

(...) Attendu qu'aux termes de l'article 154 alinéa 1er de l'Acte uniforme portant organisation des procédures simplifiées de recouvrement et des voies d'exécution, « *l'acte de saisie emporte, à concurrence des sommes pour lesquelles elle est pratiquée, ainsi que tous ses accessoires, mais pour ce montant seulement, attribution immédiate au profit du saisissant de la créance saisie, disponible entre les mains du tiers* » ;

Qu'aux termes de l'article 157 alinéa 2-3 du même Acte uniforme, « cet acte (de saisie) contient à peine de nullité :

3°) le décompte distinct des sommes réclamées en principal, frais et intérêts échus, majorés d'une provision pour les intérêts à échoir dans le délai d'un mois prévu pour élever une contestation » ;

Attendu que la saisie-attribution pratiquée le 28 décembre 1999 étant faite en exécution de la grosse de l'arrêt n° 491/P du 02 juin 1998 condamnant la CCAR à payer aux ayants droit de Worokotang la somme de 19.046.340 francs cfa et aux ayants droit de Muching la somme de 17.296.310 francs cfa, les intérêts échus qui devaient figurer sur l'acte de saisie, en application de l'article 157 alinéa 2-3 sus-indiqué devaient être les intérêts de droit qui découleraient de cette condamnation du 02 juin 1998 et non les intérêts découlant de plein droit d'une quelconque offre d'indemnité, en application du code CIMA ;

Attendu qu'en déclarant donc « qu'il résulte de l'acte querellé qu'un décompte précis du principal par les appelants a été effectué (19.046.340 francs et 19.046.340francsF-sic), également celui des frais d'exécution forcée tels que prévus par l'article 47 de l'Acte uniforme (7.200.000 francs de frais, 1.081.535 francs de droit de TVA et 200.000 francs de coût de l'acte pour chacun des deux appelants), celui des intérêts à échoir dans un délai d'un mois (369.983 F pour chacun des deux appelants) et des intérêts de plein droit échus majorés au double du taux de l'usure à compter de l'expiration du délai et jusqu'au jour de l'offre devenue définitive, conformément aux dispositions des articles 231 et 233 du code CIMA (16.418.212 francs pour chacun des appelants) », la cour d'appel a inclus dans le décompte, des sommes qui ne sont ni prévues par l'arrêt de condamnation n°491/P du 02 juin 1998 ayant servi de base à la saisie-attribution, ni des accessoires du principal, mais plutôt des intérêts découlant de plein droit de l'application du code CIMA et a ainsi violé les dispositions des articles 154 et 157 de l'Acte uniforme sus-indiqué ; qu'il y a lieu dès lors de casser l'arrêt attaqué et d'évoquer ; (...).

Sur l'évocation

(...) Attendu que dans le cas d'espèce et tel qu'il ressort de l'énumération chiffrée ci-dessus, saisie-attribution a été pratiquée non seulement sur les sommes dues en principal (...) et leurs accessoires, telles qu'elles découlent de l'arrêt de condamnation (...), mais également sur des sommes qui ne pouvaient être considérées comme les accessoires du principal (...) qui sont en réalité des pénalités découlant de l'offre d'indemnité prévue par le code CIMA ; que ladite saisie-attribution ayant donc été pratiquée en partie sur des sommes non prévues par l'arrêt de condamnation ayant servi de base à la saisie, soit en violation de l'article 154 sus-énoncé, il y a lieu d'annuler le procès-verbal constatant ladite saisie-attribution et d'ordonner la mainlevée de la saisie pratiquée, avec toutes les conséquences de droit (...).

2. CCJA, arrêt n° 028, 15 juillet 2004, Mobil Oil Côte-D'ivoire c/ Les Centaures routiers, Caisse automobile des règlements pécuniaires des avocats dite CARPA, Me Adou Hyacinthe

(...)

Sur le second moyen

(...)

Attendu que pour rejeter la demande de mainlevée de la société Mobil oil Côte d'Ivoire relative à la saisie attribution de créance pratiquée à son préjudice le 13 novembre 2001 par la société les Centaures routiers, la cour d'appel qui s'est bornée à affirmer qu' « il résulte de productions que s'il y a eu plusieurs saisies, il n'apparaît nullement qu'il y a eu paiement corrélatif. Dès lors, la saisie du 13 novembre 2001 n'est pas abusive et ne viole pas les dispositions de l'article 154 de l'Acte uniforme sur les voies d'exécution...il convient de dire que la demande de mainlevée formulée par Mobil oil n'est pas fondée ; elle doit être en conséquence rejetée... » sans se prononcer sur les saisies attributions antérieures des 23, janvier, 26 et 28 février, 12 juin, 28 juillet et 1er août 2001 à la suite desquelles les tiers saisis avaient déclaré devoir la somme de 5 763 027 544 francs cfa, laquelle couvre largement la créance cause de la saisie s'élevant en principal, intérêts et frais à 844 518 582 francs cfa, n'a pas mis la cour de céans en mesure d'exercer son droit de contrôle ; qu'il échet en conséquence de casser l'arrêt attaqué et d'évoquer sans qu'il soit besoin d'examiner le premier moyen ;

Sur l'évocation

(...) Attendu qu'il ressort de l'analyse de l'article 154 de l'Acte uniforme portant organisation des procédures simplifiées de recouvrement et des voies d'exécution que l'acte de saisie-attribution rend indisponible la créance saisie-attribuée et emporte attribution immédiate et de plein droit de celle-ci au créancier saisissant, lequel devient ainsi créancier du tiers-saisi, qu'il résulte de ce transfert immédiat que la somme, objet de la saisie, est affectée de droit au saisissant et que ni la signification ultérieure d'autres saisies, ni toute autre mesure de prélèvement, même émanant de créanciers privilégiés, ne peuvent remettre en cause cette attribution ;

Attendu qu'en l'espèce, la société Les Centaures routiers avait déjà effectué plusieurs saisies-attributions entre les mains de divers tiers, lesquels avaient déclaré devoir la somme globale de 5.763.027.544 francs cfa ; que cette somme couvre largement le montant des sommes dont le recouvrement est recherché et s'élevant en principal, intérêts et frais à 844.518.582 francs cfa ; que le créancier saisissant, la société Les Centaures routiers, ne démontrant pas qu'il n'a pas pu se faire payer par les tiers-saisis pour quelque raison que ce soit, ne pouvait en l'état pratiquer d'autres saisies-attributions à l'encontre de son débiteur la société Mobil oil Côte-d'Ivoire, qu'il y a lieu dès lors d'ordonner la mainlevée de la saisie-attribution pratiquée le 13 novembre 2001 entre les mains de la CARPA (...)

OBSERVATIONS

La détermination de l'assiette de la saisie est une question au cœur de toutes les procédures d'exécution forcée. Si on recourt à la force légale pour le recouvrement d'une créance, c'est parce qu'elle est exigible, liquide et certaine. Mais cela n'est pas suffisant. Le débiteur doit être informé des détails du montant que lui réclame le créancier. Il peut s'avérer qu'il ait oublié de payer sa dette ; mais aussi, le créancier peut avoir bénéficié des clauses de pénalité, des majorations d'intérêts, etc ... Le créancier ne peut donc pas mettre sous main de justice n'importe quel montant ; la saisie doit porter uniquement sur des éléments précis que règlemente la loi.

Bien évidemment, l'assiette de la saisie peut susciter la question de l'immunité d'exécution (*sur ce point, voir dans cet ouvrage le commentaire de P.E. Kenfack sous CCJA, arrêt n° 043/2005 du 07 juillet 2005, Aziablévi Yovo c. Société Togo Télécom. Egalement, CCJA, n°011/2006 du 29 juin 2006, Centre national de recherche agronomique c. AFFE- Côte d'Ivoire sécurité sarl, Rec. n° 7, janv. - juin 2006, p. 66 et s.*) et, plus fondamentalement, celle des biens insaisissables. Mais à dire vrai, il s'agit de questions différentes car les objets insaisissables sont ceux qui ne devraient jamais être saisis en raison de leur caractère alimentaire, de leur indisponibilité juridique, de leur utilité pour l'endetté, de leur caractère extrapatrimonial (*voir S.S. Kuaté Tameghé, La protection du débiteur dans les procédures individuelles d'exécution, l'Harmattan, Paris, 2004, n° 105 et s., p. 97 et s.*). A l'inverse, l'assiette de la saisie renvoie à la base matérielle sur laquelle porte le droit de saisir et qui concourt à délimiter concrètement ce droit. Dans le cadre spécifique de la saisie attribution, elle désigne cette somme d'argent que vise la saisie.

Le montant de la créance peut varier entre la naissance de la créance et le moment de la saisie-attribution. S'il en va ainsi, c'est parce qu'au montant principal de la dette s'ajoutent des accessoires qui peuvent provenir des pénalités, des intérêts moratoires, des frais qui se sont rajoutés entretemps. Cela pose des problèmes en pratique, car le débiteur voulant faire feu de tout bois pour fragiliser la procédure dirigée contre lui, n'hésite pas à contester le montant de la créance saisie. Il a un droit d'information sur l'assiette de la créance qui lui est réclamée, lequel droit est d'ailleurs consacré par une lecture a contrario de l'article 157 alinéa 3 de l'Acte uniforme portant organisation des procédures simplifiées de recouvrement et des voies d'exécution qui sanctionne de nullité l'acte de saisie ne satisfaisant pas à ces conditions.

Dans une démarche préventive, le législateur OHADA dispose à l'article 154 AUPSRVE :

« L'acte de saisie emporte, à concurrence des sommes pour lesquelles elle est pratiquée ainsi que tous ses accessoires, mais pour ce montant seulement, attribution immédiate au profit du saisissant de la créance saisie, disponible entre les mains du tiers.

Les sommes saisies sont rendues indisponibles par l'acte de saisie.

Cet acte rend les tiers personnellement débiteur des causes de la saisie dans la limite de son obligation ».

Cette disposition règle plus d'une question : les effets juridiques de la saisie-attribution des créances, l'assiette de la saisie, le sort des sommes saisies et la responsabilité des tiers qui peuvent être condamnés aux causes de la saisie.

L'assiette de la saisie est matérialisée par la périphrase suivante : « l'acte de saisie emporte, *à concurrence des sommes pour lesquelles elle pratiquée ainsi que tous les accessoires, mais pour ce montant seulement,* (...) ». L'interprétation de cette formule révèle clairement que l'assiette de la saisie comprend les sommes pour lesquelles elle est pratiquée (le principal) ainsi que tous les accessoires. C'est dire en d'autres termes que, dès que le tiers saisi a payé totalement le montant de la créance figurant sur l'acte de saisie, il ne pourrait plus être tenu pour une autre somme d'argent (en ce sens, CA d'Abidjan, arrêt n°82, Société Wackenhut c. Ecobank, *ohadata J-04-492*).

Dans les deux arrêts rapportés, la CCJA était interpelée au sujet de ce qui est à saisir dans le cadre d'une saisie-attribution, mais sous deux angles différents : la contestation des sommes accessoires réclamées (l'origine des sommes accessoires au montant principal de la créance, le régime juridique des frais de l'exécution forcée) ; l'adéquation entre les différentes saisies opérées et la créance réclamée.

Dans l'affaire CCAR contre ayants droit Worokotang et ayants droit Muching, les défendeurs venaient aux droits de leurs défunts parents, décédés dans un accident de circulation. La compagnie d'assurances avait été condamnée par un arrêt de la cour d'appel de Douala du 02 juin 1998, devenu définitif, à payer les sommes dues en principal de 19.046.340 francs cfa aux ayants droit Worokotang ; 17.296.264 francs cfa aux ayants droit Muching, outre les frais et les dépens accessoires. A la suite de cette condamnation, La CCAR, fit une offre volontaire de paiement du principal non contesté de la créance liquidée (36.342.650 francs cfa) à l'huissier représentant les ayants droit, le 23 février 2001. Ce dernier refusa de prendre le chèque car il s'agit d'un solde de tout compte. Mais le 15 mars 2001, l'huissier finit par l'accepter à titre d'acompte. Le 28 décembre 1999, un acte de saisie était dressé, comportant outre les sommes dues en principal, des intérêts à échoir dans le délai d'un mois, des frais pour un montant de 13.700.000 francs, un droit de recette en faveur de l'huissier poursuivant (1.081.535 francs cfa), la TVA sur le droit de recette, le coût de l'acte. La Compagnie camerounaise d'assurances et de réassurances contesta ces chiffres pour différentes raisons : les frais sont d'un montant très élevé et n'étaient absolument pas justifiés ; le coût de l'acte a été réclamé pour chaque groupe d'ayants droit alors qu'il n'y a qu'un seul acte de saisie ; le droit de recette réclamé en faveur de l'huissier poursuivant n'est accompagné d'aucun décompte et viole l'article 47 de l'Acte uniforme portant organisation des procédures simplifiées de recouvrement et des voies d'exécution qui renvoie à la règlementation nationale. Au surplus, selon la CCAR, ces frais ne sont pas nécessaires à la date de la saisie (28 décembre 1999) puisqu'elle avait fait une offre de paiement notifiée aux créanciers dès le 28 septembre 1999.

La compagnie d'assurances obtint la mainlevée de cette saisie. Sur appel formé par les ayants-droit Worokotang, la cour d'appel de Douala infirma la décision du premier juge et ordonna au tiers saisi, la Société générale de banques au Cameroun, de payer toutes les causes de la saisie telles que décrites plus haut, sous astreinte de 500.000 francs par jour de retard, à compter de la signification de son arrêt.

La CCAR se pourvoit en cassation sur deux moyens : violation de l'article 47 AUPSRVE s'agissant du décompte précis du principal et des frais d'exécution ; violation des articles 154 et 157 AUPSRVE car les ayants-droit s'étaient trompés sur l'origine des accessoires censés accompagner le principal, lesquels ne découlaient pas du code CIMA mais de la décision judiciaire condamnant l'assureur.

Dans l'affaire « Mobil oil Côte-d'Ivoire contre Les Centaures routiers, CARPA », la demanderesse avait été condamnée à payer à la défenderesse la somme principale de 1.109.000.000 francs cfa, outre les intérêts et les frais de procédure. Pour le recouvrement de cette somme, le créancier (Les Centaures routiers) avait procédé à une saisie-attribution des créances appartenant au débiteur auprès de différentes institutions bancaires et avait pu immobiliser ainsi 5.703.027.544 francs. Mais comme cela ne suffisait pas, il avait fait pratiquer une autre saisie-attribution de créance appartenant à son débiteur auprès de la CARPA. La société Mobil oil Côte-d'Ivoire demanda au juge des référés de constater que le montant de la créance réclamé avait déjà été couvert par les précédentes saisies et d'ordonner en conséquence la mainlevée de la dernière saisie-attribution auprès de la CARPA. Sa demande fut déclarée, dans un premier temps, irrecevable. Après qu'elle soit revenue à la charge devant le même juge, elle fut déboutée. Plutard, la cour d'appel confirma la décision du premier juge au motif que malgré l'existence de plusieurs saisies, il n'apparait nulle part qu'il y a eu paiement corrélatif. Après avoir cassé et évoqué les faits, la CCJA constate la violation de l'article 154 de l'Acte uniforme portant organisation des procédures simplifiées de recouvrement et des voies d'exécution, en ces termes : « la société Les Centaures routiers avait déjà effectué plusieurs saisies-attributions entre les mains dee divers tiers, lesquels déclaraient devoir la somme globale de 5.763.027.544 francs cfa ; que cette somme couvre largement le montant des sommes dont le recouvrement est recherché et s'élevant en principal, intérêts et frais à 844.518.582 francs cfa ; que le créancier, saisissant (...) ne démontrant pas qu'il n'a pas pu se faire payer par les tiers-saisis pour quelque raison que ce soit, ne pouvait en l'état, pratiquer d'autres saisies-attributions à l'encontre de son débiteur la société Mobil oil Côte d'Ivoire, qu'il y a lieu d'ordonner la mainlevée de la saisie-attribution pratiquée (...) entre les mains de la CARPA ». En d'autres termes, la multiplication des saisies-attributions n'est pas valable si le montant à recouvrer peut déjà l'être.

Il n'est pas sans intérêt de revenir sur les deux problèmes juridiques posés, à savoir le montant des accessoires et la nécessaire adéquation entre les différentes saisies-attributions et le montant de la créance réclamée.

I. La détermination de l'assiette de la saisie-attribution

La question de l'assiette de la saisie se posait dans l'arrêt CCAR contre ayants droit Worokotang et ayants droit Muching en termes voilés. La Compagnie camerounaise d'assurances et de réassurances contestait non seulement l'origine des sommes accessoires exigées, mais aussi l'opportunité et les justificatifs des frais de l'exécution exposés. De telles contestations amenaient à réfléchir sur le régime juridique des frais de l'exécution forcée.

A cet égard, l'article 47 AUPSRVE dispose : « les frais de l'exécution forcée sont à la charge du débiteur sauf s'il est manifeste qu'ils n'étaient pas nécessaires au moment où ils ont été exposés. Sauf s'ils concernent un acte dont l'accomplissement est prévu par la loi nationale de chaque Etat partie ou par le présent Acte uniforme ou autorisé par la juridiction compétente, les frais de recouvrement entrepris sans titre exécutoire restent à la charge du créancier. A la demande de ce dernier, la juridiction compétente peut, cependant, mettre tout ou partie des frais exposés, à la charge du débiteur de mauvaise foi ».

Ce texte tente d'apporter réponse à la préoccupation de savoir comment s'apprécie l'opportunité des frais de l'exécution forcée, mais aussi à la préoccupation de savoir à qui incombe ces frais.

Lorsque le créancier saisissant revendique le paiement des frais de l'exécution forcée, il revient au juge de dire s'ils étaient ou non opportuns. A supposer qu'ils aient été utiles, ils seront supportés par le l'endetté. Les frais de recouvrement entrepris sans titre exécutoire resteront cependant à la charge du créancier. Mais, à la demande de ce dernier, la juridiction compétente peut mettre tout ou partie de ceux-ci à la charge de l'endetté s'il est de mauvaise foi.

Sauf à observer que la loi ne va pas plus loin pour préciser de quels frais il s'agit. S'agit-il simplement des sommes déjà et effectivement exposées (en lien avec la dénonciation, le certificat de non-contestation, la signification de ce certificat, etc.) ou des frais à exposer (notamment ceux qui seraient en lien avec une mainlevée à survenir) ? Il est difficile d'apporter une réponse tranchée. On comprend alors pourquoi était débattue la question du bien-fondé des frais de l'exécution forcée exposés ainsi que celle de la production des justificatifs. En effet, sur le fondement de l'article 47 précité, le créancier avait inclus dans l'acte de saisie une somme de 13.700.000 francs, au titre des frais de l'exécution. Le débiteur contestait précisément, d'une part, le bien-fondé des frais exposés, et d'autre part, l'absence de production des justificatifs desdites dépenses.

Sur la question du bien-fondé des frais exposés, la Compagnie camerounaise d'assurances et de réassurances s'était engagée, à la suite de la décision la condamnant, à verser le principal de la somme réclamée et avait tenu informé le créancier. Cette offre volontaire de paiement signifiait, a contrario, que le créancier ne devrait pas occasionner des frais de saisie-attribution pour le recouvrement. C'est en toute logique que le débiteur s'étonne que le créancier se soit empressé trois mois après qu'il l'ait invité à venir percevoir les fonds, d'engager une saisie ayant donné lieu aux frais de procédure exposés. Le raisonnement ne manquait pas de cohérence. Effectivement, en application de l'article 47 AUPSRVE, les frais de l'exécution forcée sont à la charge du débiteur. Mais, on ne le sait que trop, il doit s'agir de l'hypothèse dans laquelle le débiteur refuse de s'exécuter. Si dans ce cas, la compagnie d'assurance avait fait une offre volontaire de paiement, cela n'aurait pas été surprenant que la cour condamnât le créancier à supporter les frais de l'exécution forcée. Malheureusement, elle ne s'est pas prononcée sur cet aspect, puisqu'elle a annulé la saisie-attribution à l'origine du contentieux porté à sa connaissance. On peut croire qu'elle aurait exonéré la CCAR des frais de procédure, du moins pour le recouvrement du principal de la créance.

En tout état de cause, l'exigence des pièces justificatives par la CCAR est fondée. Lorsque le créancier saisissant fait figurer un montant de 13.700.000 francs dans l'acte de saisie-attribution, le débiteur ne saurait se contenter de l'argument selon lequel il s'agit des frais exigés par la loi. La logique la plus simple voudrait que le saisissant fournisse au débiteur les pièces justificatives d'un tel montant. Bien que la CCJA ne se soit pas attardée sur ce point, il ne fait pas de doute que c'est une invitation adressée aux auxiliaires de justice à plus de transparence dans l'exercice de leurs missions. Le débiteur a des droits que l'exigence de transparence concourait à garantir, ce qui est un gage de fiabilité de la justice et une expression de sécurité des justiciables.

Si les arrêts commentés permettent d'avoir une idée assez précise au sujet du principal, ils permettent aussi de savoir quelle devrait être l'origine des accessoires de la créance susceptibles d'accroître l'assiette de la saisie. Dans l'espèce du 21 mars 2002, la cour d'appel de Douala avait, pour calculer les intérêts de plein droit échus majoré au double du taux de l'usure, à compter de l'expiration du délai et jusqu'au jour de l'offre devenue définitive, conformément aux articles 231 et 233 du code CIMA. La CCJA observe que cette juridiction s'est basée sur des sommes qui ne pouvaient être considérées comme l'accessoire du principal, lesquelles sont en réalité des pénalités découlant de l'offre d'indemnité prévues par le Code CIMA. La saisie-attribution avait donc été pratiquée en partie sur des sommes non prévues par l'arrêt de condamnation ayant servi de base à la saisie.

Pour mieux comprendre le raisonnement de la Haute cour, il faut revenir sur les termes des articles 231 et 233 du Code CIMA. Leur combinaison permet de dire qu'en cas de décès de la victime d'un accident de circulation terrestre, l'assureur devrait, ainsi que le prescrit l'article 268 du même code, présenter une offre d'indemnisation aux ayants droit dans les huit jours du décès. A défaut d'une telle offre, le montant de l'indemnité produit intérêt de plein droit au double du taux de l'escompte, dans la limite du taux de l'usure, à compter de l'expiration du délai et jusqu'au jour de l'offre devenue définitive. Il en résulte que cet intérêt produit n'a rien à voir avec les intérêts échus mentionnés à l'article 157 alinéa 3 de l'Acte uniforme portant organisation des procédures simplifiées de recouvrement et des voies d'exécution. Le premier relève du Code CIMA tandis que les seconds découlent de l'exécution forcée. Au-delà, l'intérêt prévu par le Code CIMA est imposé par le juge et non par l'huissier de justice. Il ne revenait donc pas à la CCJA de statuer sur cet intérêt qui relève d'un autre ordre juridique. Cela semble d'autant plus probable qu'on peut imaginer quel aurait été son embarras dans l'hypothèse d'une contestation portant sur le montant des pénalités dues. C'est peut-être cela qui l'a davantage orienté vers l'adéquation entre les saisies-attributions multiples et le montant de la créance exigé.

II. Le cantonnement de la saisie-attribution à ses causes

Pour recouvrer une créance donnée, combien de saisies-attributions sont-elles nécessaires ? La réponse est simple et découle de cet arrêt : si une première saisie-attribution permet de couvrir le montant réclamé, il faut s'en contenter. Une deuxième saisie-attribution ne serait nécessaire que si malgré la première saisie-attribution, le créancier rencontre des difficultés qui font obstacle à ce qu'il reçoive le paiement de ce qui lui est dû (*sur ces questions, voir not. CA Littoral, n° 76/REF, 24 mai 1999, Dame Mantoh Jeanne c. CCAR et Tchofor, RCDA n° 2, janv.-mars 2000, p. 19 et s., obs. F. Ipanda ; TPI Libreville, n° 234/2001/2002, Assinco c. Diallo Mamadou, ohadata, J-02-126, obs. J. Issa-Sayegh ; TPI Yaoundé, ord. n° 1135, 7 sept. 1999, société Geacam c. Belombé Vivette et autres, RCDA n° 3, avril-mai 2000, p. 67 et s.)*

Si le principe des saisies multiples ne parait pas avoir été remis en cause dans cet arrêt, il reste que l'on s'y est interrogé au sujet de l'effet juridique de la saisie-attribution. L'urgence de cette mise au point se dessine dans le raisonnement de la cour d'appel qui déclare « *que s'il résulte des productions qu'il y a eu plusieurs saisies, il n'apparait nullement qu'il y a eu paiement corrélatif, que dès lors qu'il n'y a pas eu paiement corrélatif, la saisie-attribution de créance du 13 novembre n'est pas abusive…* ».

La CCJA qualifie, à juste titre, les différentes saisies de « logique de nuisance », donnant ainsi raison enfin au débiteur. La société Les Centaures routiers réclamait en tout et pour tout une somme de 844.518.582 francs et avait, après ces multiples saisies-attributions, immobilisé près de 5.763.027.544 francs. La CCJA convoque l'article 154 de l'Acte uniforme qui dispose que la saisie-attribution emporte, à concurrence des sommes pour lesquelles elle est pratiquée, mais pour ce montant seulement, attribution immédiate au profit du saisissant de la créance saisie, disponible entre les mains du tiers. Dans la limite de ce qui est dû au débiteur, cette attribution des sommes devenues indisponibles rend le tiers-saisi personnellement débiteur des causes de la saisie. Ces sommes sont affectées de droit au saisissant et ni la signification ultérieure d'autres saisies, ni toute autre mesure de prélèvement, même émanant des créanciers privilégiés, ne peuvent remettre en cause l'attribution.

Tout est dit dans cette argumentation de la CCJA, qui reprend d'ailleurs un texte très clair. Ce qui pose problème pour la compréhension de ce mécanisme, c'est qu'à l'issu de l'acte de saisie-attribution, le créancier saisissant devient propriétaire instantanément et sans dépossession du tiers saisi. C'est l'une des garanties de ce moyen d'exécution forcée. A partir de ce moment, c'est le tiers saisi qui devient débiteur du créancier saisissant. Le créancier doit, effectivement, le sommer de lui payer la somme en question. Et s'il rencontre des difficultés face au tiers saisi, il a le choix, soit de contraindre ce dernier à s'exécuter, soit de procéder à une nouvelle saisie-attribution de créances du débiteur initial. Dans ce cas donc, les saisies multiples peuvent se justifier.

Toutefois, le débiteur n'est pas totalement condamné dans cette procédure de saisie-attribution. Il dispose d'un délai d'un mois, à partir de la dénonciation à lui de la saisie, pour formuler sa contestation (article 170, AUPSRVE). S'il est de bonne foi et s'il estime que la saisie-attribution est fondée, il peut déclarer par écrit ne pas la contester, ce qui aboutira au paiement avant le délai de contestation (article 164, AUPSRVE). Par contre, s'il élève des contestations dans ce délai, le juge est obligé de les prendre en considération. Cela n'empêche qu'il puisse ordonner un paiement provisoire s'il le juge nécessaire ou sans risque (article 171, AUPSRVE).

Robert Nemedeu,
Maître de conférences Agrégé, Université de Yaoundé II.

1ère espèce : CCJA, arrêt n°011/2002, 28 mars 2002
Société M. c/ DDCI

2ème espèce : CCJA, arrêt n°012/2004, 18 mars 2004
BCN c/ H.

1. CCJA, arrêt n° 011/2002, 28 mars 2002, Société M. c/ DDCI

(...)
Sur le premier moyen, pris en sa première branche

Vu l'article 246 alinéa 1-2° du code ivoirien de procédure civile, commerciale et administrative ;

Vu l'article 25 de l'Acte uniforme relatif au droit des sociétés commerciales et du groupement d'intérêt économique ;

Attendu que le pourvoi fait grief à l'arrêt attaqué d'avoir fait une mauvaise application de l'alinéa 1-2° de l'article 246 du code ivoirien de procédure civile, commerciale et administrative et de l'article 25 de l'Acte uniforme relatif au droit des sociétés commerciales et du groupement d'intérêt économique, en ce que la cour d'appel a retenu « que l'absence de l'indication du domicile du représentant légal de la société D. et D. de Côte d'Ivoire et de l'imprécision du siège social de ladite société est suffisamment suppléée par l'élection de domicile faite par la société DDCI en l'étude de son conseil, de sorte que le moyen tiré de la violation des dispositions des articles 246 alinéas 2 et 25 du Traité OHADA (sic) relatif aux recouvrements de créance, n'apparaît pas fondé et doit être comme tel » (sic), alors que dans l'acte du représentant légal de la société, ledit acte mentionnant simplement que le siège social est à Abidjan Vridi, zone industrielle, 01 BP 3552 Abidjan 01 ; que ladite société agit aux poursuites et diligences de son représentant légal, Monsieur A., président directeur général, de nationalité française, demeurant en cette qualité au siège de ladite société ; et que selon le requérant, « il est de doctrine et de jurisprudence moderne que le domicile d'un représentant légal, tel dans le cas d'espèce, doit être différent de celui du siège de la société » ;

Mais attendu qu'aux termes de l'alinéa 1-2° de l'article 246 du code ivoirien de procédure civile, commerciale et administrative susvisé, « les exploits dressés par les huissiers de justice contiennent notamment :
- le nom du requérant, ses prénoms, profession, nationalité et domicile réel ou élu, et le cas échéant, les nom, prénoms, profession et domicile de son

représentant légal ou statutaire ; si le requérant est une personne physique, la date et le lieu de sa naissance » ; qu'aux termes de l'article 25 de l'Acte uniforme susvisé, « le siège social ne peut pas être constitué uniquement par une domiciliation à une boîte postale. Il doit être localisé par une adresse ou une indication géographique suffisamment précise » ;

Attendu qu'il ne résulte d'aucune des dispositions citées ci-dessus que l'indication du domicile du représentant d'une société et les précisions relatives à son siège social dans les exploits dressés par les huissiers de justice soient des mentions prescrites à peine de nullité ; que l'absence de ces mentions ne peut, dès lors, être sanctionnée par la nullité qu'à la condition que le requérant rapporte la preuve que ladite absence lui ait causé un quelconque préjudice ; que la requérante n'ayant pas rapporté la preuve de l'existence d'un quelconque préjudice subi par elle, il y a lieu de déclarer le moyen tiré de la violation des articles 246 alinéa 1 et 2° et 25 sus-indiqués, non fondé et de le rejeter ;

(...)

Sur le second moyen

Vu l'article 11 de l'Acte uniforme portant organisation des procédures simplifiées de recouvrement et des voies d'exécution ; Attendu que le pourvoi fait grief à l'arrêt attaqué d'avoir « péché par la violation des formes légales prescrites à peine de nullité ou de déchéance » par l'article 11 de l'Acte uniforme portant organisation des procédures simplifiées de recouvrement et des voies d'exécution, en décidant « que la notification au greffe faite dans l'original de l'exploit d'opposition, comme en l'espèce, est en conformité avec le texte précité, de sorte que le moyen manquant de pertinence sera rejeté également » ;

Mais attendu qu'aux termes de l'article 11 de l'Acte uniforme portant organisation des procédures simplifiées de recouvrement et des voies d'exécution, « l'opposant est tenu, à peine de déchéance et dans le même acte que celui de l'opposition : - de signifier son recours à toutes les parties et au greffe de la juridiction ayant rendu la décision d'injonction de payer ; - de servir assignation à comparaître devant la juridiction compétente à une date fixe qui ne saurait excéder le délai de trente jours à compter de l'opposition » ; que ledit article n'impose donc pas que les notifications faites aux parties figurent obligatoirement sur la copie de l'exploit délaissée au greffe de la juridiction ayant rendu la décision d'injonction de payer et vice-versa, la seule obligation à la charge de l'opposant étant de signifier son recours et de servir assignation dans le même acte ; que par conséquent, en décidant que l'exploit de notification délaissé à la société, M. est en conformité avec l'article 11 susmentionné, la cour d'appel n'a en rien violé ledit article ; qu'il s'ensuit que le pourvoi doit également être rejeté sur ce point ...

2. CCJA, arrêt n°012/2004, 18 mars 2004, affaire BCN c/ H.

(...)

Sur le moyen unique

Vu l'article 100 de l'Acte uniforme portant organisation des procédures simplifiées de recouvrement et des voies d'exécution ;

Attendu qu'il est reproché à l'arrêt attaqué d'avoir violé l'article 100.5) et .11) de l'Acte uniforme susvisé en ce que ces dispositions prescrivant respectivement que l'acte de saisie vente doit contenir à peine de nullité «si le débiteur est présent, la déclaration de celui-ci au sujet d'une éventuelle saisie antérieure des mêmes biens» et «la reproduction des articles 143 à 146 ci-après» ; en l'espèce, l'acte de saisie-vente délaissé ne contient ni la déclaration du débiteur au sujet d'une éventuelle saisie antérieure, encore moins la reproduction des articles 143 à 146 ; que le juge, dans ses motivations, a lui-même constaté que les formalités ci-dessus spécifiées n'ont pas été accomplies ; qu'au lieu d'en tirer les conséquences, c'est-à-dire prononcer la nullité de l'acte de saisie, le juge s'est plutôt « évertué » à justifier les omissions des mentions de l'article 100.5) et .11) qu'il a précédemment reconnues, ce qui ne lui était pas demandé ; que par ailleurs, la nullité prescrite par ledit article est une nullité de «plein droit» pour laquelle il n'est pas nécessaire d'apporter la preuve d'un grief ; que le juge doit, dès lors qu'il constate l'absence de l'une des mentions prescrites, prononcer la nullité de l'acte ; qu'en ne le faisant pas, les juges de la cour d'appel ont violé l'article 100.5) et .11) et l'arrêt attaqué mérite de ce fait d'être censuré ;

Attendu que l'article 100 de l'Acte uniforme dispose : « l'huissier ou l'agent d'exécution dresse un inventaire des biens.

L'acte de saisie contient, à peine de nullité (...)

5) Si le débiteur est présent, la déclaration de celui-ci au sujet d'une éventuelle saisie antérieure des mêmes biens ; (...)

11) la reproduction des articles 143 à 146 ci-après.» ;

Attendu en effet que l'examen du «procès-verbal de saisie-vente» en date du 25 janvier 2002 établi par l'huissier instrumentaire à la requête de Monsieur H., défendeur au pourvoi, révèle que ledit acte ne mentionne ni la déclaration de la BCN au sujet d'une éventuelle saisie antérieure des mêmes biens ni ne contient la reproduction des articles 143 à 146 de l'Acte uniforme susvisé; que ces mentions étant, selon les termes mêmes de l'article 100.5) et .11) sus énoncé, prescrites à peine de nullité, leur absence ou omission dans ledit acte rend celui-ci nul sans qu'il soit besoin, pour prononcer cette nullité, de rechercher la preuve d'un quelconque grief ou préjudice ;

Attendu que pour débouter la BCN de ses demandes de nullité de l'acte de saisie-vente et de mainlevée de ladite saisie, la cour d'appel, après avoir relevé «qu'effectivement il ne résulte pas du procès-verbal de saisie que la mention prévue à l'article *[100.5)* et 11)] ait été portée et que s'agissant de la reproduction des articles 143 à 146, le procès-verbal mentionne qu'une photocopie des dispositions de ces articles est jointe sans jamais l'annexer; », et par suite, «qu'il y a lieu de constater que les formalités prévues à l'article [100.5 et .11)] ne sont pas remplies », a cependant soutenu, d'une part, que les omissions des mentions de l'article *[100.5)* et .11)] constituent ... des erreurs de rédaction de l'acte de saisie», qu' ' « il n' y a eu qu'oubli à annexer la photocopie des articles 143 et 146 d'autant plus que l'acte de saisie mentionne que la photocopie en sera jointe ;», et d'autre part, «qu'en tout état de cause, la BCN n'apporte pas la preuve de l'existence d'une saisie antérieure, ni celle de la non présentation de sa demande en nullité, avant la vente, situations qui peuvent lui porter préjudice... » ;

Attendu qu'en statuant ainsi alors, d'une part, qu'elle devait non pas justifier les omissions qu'elle a constatées dans l'acte de saisie-vente, mais plutôt sanctionner celles-ci en prononçant la nullité dudit acte et alors, d'autre part, que contrairement à ses énonciations, l'article 100 de l'Acte uniforme susvisé n'a assorti la nullité qu'il a prévue d'aucune exigence de preuve d'un grief ou préjudice, la cour d'appel a violé ledit article ; qu'il échet en conséquence de casser l'arrêt attaqué et d'évoquer ;

Sur l'évocation

Vu les articles 136 et 144 de l'Acte uniforme susvisé ;

Attendu que par exploit en date du 20 mars 2002 la BCN a relevé appel de l'ordonnance de référé n° 63 rendue le 19 mars 2002 par le président du tribunal régional de Niamey; que le dispositif de cette ordonnance est le suivant :

«Statuant publiquement, contradictoirement, en matière de référé et en premier ressort, - reçoit BCN en sa requête ; - la déboute au fond ; - la condamne aux dépens.»

Attendu qu'au soutien de son appel, la BCN soulève la violation de l'article 100.5) et .11) de l'Acte uniforme portant organisation des procédures simplifiées de recouvrement et des voies d'exécution en ce que l'acte de saisie-vente établi à son préjudice à la requête de Monsieur H. -ne contient respectivement ni «la déclaration du débiteur, s'il est présent, au sujet d'une éventuelle saisie antérieure des mêmes biens» ni « la reproduction des articles 143 à 146» ; que ces mentions devant être intégralement reproduites dans ledit acte, à peine de nullité, dès lors leur absence doit entraîner la nullité de l'acte de saisie ainsi que celle de la saisie-vente dont elle demande également la mainlevée ;

Attendu que pour sa part, Monsieur H., intimé, conclut à la confirmation de l'ordonnance entreprise motif pris de ce que les nullités invoquées par l'appelante n'ont aucune incidence sur la validité des saisies pratiquées en vertu d'un titre exécutoire ; Attendu que pour les mêmes motifs que ceux ci-dessus développés lors de l'examen du moyen unique de cassation, il y a lieu d'infirmer l'ordonnance entreprise ; que l'acte de saisie en date du 25 janvier 2002 étant nul, la saisie-vente pratiquée par Monsieur H. est également nulle et il y a lieu dès lors d'en ordonner la mainlevée…

OBSERVATIONS

En cas d'irrégularité des actes de procédure, la sanction à laquelle l'on pense en premier lieu est la nullité. Encore faudrait-il déterminer les hypothèses dans lesquelles cette nullité peut être prononcée. Le régime des nullités tel que prévu dans le droit OHADA envisage tantôt que la nullité soit prononcée de plein droit, tantôt qu'elle soit subordonnée à l'existence d'un préjudice. Les deux arrêts de la Cour commune de justice et d'arbitrage ci-dessus cités illustrent clairement cette dualité de régime.

Dans le premier arrêt, la société M. se pourvoit en cassation contre l'arrêt de la Cour d'Appel d'Abidjan (*CA Abidjan, 3ème Chambre civile et commerciale, arrêt n° 101 du 19 janvier 2001*) qui a rétracté l'ordonnance d'injonction de payer condamnant la société D. à lui payer une somme d'argent. En effet, elle reproche à la cour d'appel de n'avoir pas annulé l'exploit d'huissier qui ne contenait ni l'indication du domicile du représentant légal de la société D., ni les précisions relatives à son siège social. Selon la requérante, la décision de la cour d'appel viole l'article 246 alinéa 1-2 du code ivoirien de procédure civile et l'article 25 de l'Acte uniforme relatif au droit des sociétés commerciales et du groupement d'intérêt économique.

Dans le deuxième arrêt, M. H. procède à la saisie des biens meubles appartenant à la Société Banque Commerciale du Niger (BCN) en exécution de décisions de justice faisant naître à son profit des créances contre cette dernière. La BCN porte l'affaire devant le président du tribunal régional de Niamey statuant en matière de référé afin que ladite saisie soit annulée et la mainlevée ordonnée. Débouté de ses prétentions par l'Ordonnance n° 063 du 19 mars 2002, elle interjette appel devant la cour d'appel de Niamey sans plus de succès (*arrêt n°52 du 10 avril 2002*). Sans démordre, la BCN se pourvoit en cassation devant la CCJA au motif que l'arrêt de lacour d'appel de Niamey a été rendu en violation des articles 100.5) et 11) de l'Acte uniforme portant organisation des procédures simplifiées de recouvrement et des voies d'exécution. Selon la BCN, l'acte de saisie-vente ne contient ni la déclaration du débiteur au sujet d'une éventuelle saisie antérieure, ni la reproduction des articles 143 à 146 de l'AUPSRVE, toutes formalités exigées à peine de nullité.

Dans les deux espèces, la CCJA était appelée à se prononcer sur le point de savoir si l'omission de certaines formalités devrait nécessairement entraîner la nullité des actes de procédures visés.

La réponse apportée par la haute cour à la question diffère selon les hypothèses. Dans la première espèce, elle décide que lorsque la nullité n'est pas formellement prévue, son prononcé est subordonné à l'existence d'un préjudice ; dans la deuxième espèce, elle pose que lorsque la nullité est prescrite de plein droit, elle doit être prononcée sans qu'il soit besoin d'apporter la preuve d'un grief ou préjudice. Ce faisant, la CCJA proclame que le juge est obligé de prononcer les nullités textuelles (I), mais qu'en dehors de ces hypothèses, le prononcé de la nullité est subordonnée à la preuve préalable de l'existence d'un grief (II).

I. L'obligation du juge de prononcer les nullités de « plein droit » en cas d'irrégularité des actes de procédure

Saisi d'une demande en nullité d'un acte de saisie, le juge doit systématiquement prononcer la sanction lorsque celle-ci est expressément prévue par l'AUPSRVE (A). Dans cette hypothèse, il est tout à fait inopérant de rechercher la preuve de l'existence d'un grief ou préjudice (B).

A. Le caractère systématique du prononcé de la nullité

Le débiteur saisi a la possibilité de demander la nullité de la saisie en arguant de la violation des conditions de fond ou des conditions de forme de la saisie-vente. Par exemple, le débiteur saisi peut se prévaloir de l'extinction de la dette par l'effet d'un paiement antérieur, de la compensation ou de la prescription. Il peut aussi demander la nullité de la saisie parce qu'une ou plusieurs des mentions légales ont été omises dans les différents actes. Tel est le cas notamment dans l'arrêt de la CCJA du 18 mars 2004. En effet, l'article 100.5) et 11) qu'il est reproché à la cour d'appel de Niamey d'avoir violé, prévoit expressément que, lorsque les opérations de saisie sont effectuées entre les mains du débiteur, « l'huissier ou l'agent d'exécution dresse un inventaire des biens. L'acte de saisie contient à peine de nullité : (…) 5) si le débiteur est présent, la déclaration de celui-ci au sujet d'une éventuelle saisie antérieure des mêmes biens ; (…) 11) la reproduction des dispositions des articles 143 à 146 ci-après ». La décision de la cour d'appel de Niamey constate d'ailleurs que ces différentes formalités n'ont pas été accomplies. Ainsi qu'elle le relève « effectivement », il ne résulte pas du procès-verbal de saisie que la mention prévue à l'article 100.5) et 11) ait été portée et s'agissant de la reproduction des articles 143 à 146, « le procès-verbal mentionne qu'une photocopie des dispositions de ces articles est jointe sans jamais l'annexer ». La cour d'appel en conclut naturellement que les formalités prévues à l'article précité ne sont pas remplies.

Il lui incombait dès lors, de manière systématique, de prononcer la nullité de l'acte de saisie sans autre forme de procédure. En ne l'ayant pas fait, il a privé sa décision de base légale et c'est pour cela que la CCJA a dû la casser. L'on peut entrevoir en filigrane dans l'arrêt du 28 mars 2002 une solution identique. En décidant que l'indication du domicile du représentant d'une société et les précisions relatives à son siège social dans les exploits dressés par les huissiers de justice ne sont pas des mentions prescrites à peine de nullité, la CCJA signifie que si cela avait été le cas, la nullité devrait systématiquement être prononcée.

En réalité, la solution de la CCJA n'innove pas. Elle s'inscrit en droite ligne de l'interprétation adoptée par la haute juridiction dans son Avis n° 1/99/JN du 7 juillet 1999 rendu sur la même question. La CCJA y précisait que : « l'Acte uniforme portant organisation des procédures simplifiées de recouvrement et des voies d'exécution a expressément prévu que l'inobservation de certaines formalités prescrites est sanctionnée par la nullité ». Cette position est constamment suivie par la jurisprudence (*Voir par exemple CCJA, arrêt n° 08 du 26 février 2004, affaire BCN c/ HBN, Recueil de jurisprudence de la CCJA, n°3, janvier-juin 2004, p. 90*). Les formalités prescrites à l'article 100 de l'AUPSRVE à peine de nullité s'inscrivent dans un vaste éventail de près de 50 articles sur les 334 que compte l'Acte Uniforme, et qui sanctionnent par la nullité la violation des mentions obligatoires (*Voir Ipanda F., « Le régime des nullités des actes de procédure depuis l'entrée en vigueur de l'Acte uniforme portant organisation des procédures simplifiées de recouvrement et des voies d'exécution », in Revue camerounaise du droit des affaires, janv-mars 2001, p. 36*). En tout état de cause, la législation OHADA semble donner à la règle « *pas de nullité sans texte* » un contenu large. Si la nullité pour être prononcée doit avoir été prévue par la loi, il faut encore s'assurer que la nullité sera « *toujours* » prononcée chaque fois que les textes en disposent ainsi. Elle devra être prononcée même en l'absence de preuve d'un quelconque grief qu'aurait éventuellement subi le débiteur saisi.

B. L'indifférence de la preuve de l'existence d'un grief ou préjudice

Dans les hypothèses où la nullité est prévue de plein droit, il n'est nécessaire ni pour les parties ni pour le juge de rechercher la preuve de l'existence d'un préjudice ou grief.

S'agissant d'un cas de nullité textuelle, le débiteur saisi n'a pas à démontrer pour invoquer la nullité, qu'il a subi un préjudice du fait de l'irrégularité qui entache l'acte de saisie attaqué. Cette démonstration est inopérante, que l'on soit en présence d'un vice de forme ou d'un vice de fond. Il ne saurait lui être reproché de n'avoir pas apporté la preuve du préjudice subi alors que l'Acte uniforme ne lui impose pas cette obligation. C'est cette argumentation que retient à juste titre la CCJA pour casser la décision de la cour d'appel de Niamey qui reprochait à la BCN de n'avoir pas apporté la preuve de l'existence d'une saisie antérieure, ni celle de la non présentation de sa demande en nullité avant la vente, situations qui peuvent lui porter préjudice. Le législateur OHADA s'écarte ainsi de la position adoptée par certaines législations nationales antérieures dans l'espace OHADA et par le législateur français actuel. En vertu de ces législations (notamment le nouveau code de procédure civile français), les nullités pour vice de forme ne peuvent être prononcées que si deux conditions cumulatives sont réunies. D'une part, il faut qu'un texte le prévoie expressément, sauf l'hypothèse de l'inobservation d'une formalité substantielle ou d'ordre public. En ce sens, les juges camerounais décident que l'omission de la demeure ou l'indication d'une demeure inexacte du défendeur dans un exploit d'ajournement constitue la violation d'une formalité substantielle ; l'assignation litigieuse doit être déclarée nulle et par voie de conséquence toute la procédure postérieure audit exploit (*C.S., arrêt n° 19/cc du 21 novembre 1973, RCD n° 8, 1975, p. 171*). De même, ils décident qu'en application de l'article 39 du Code de procédure civile et commerciale (CPCC) camerounais, la non reproduction du dispositif des conclusions dans l'arrêt ou le jugement est prescrite à peine de nullité (*C.S., arrêt n° 31/cc du 24 décembre 1981, RCD Série 2, n° 21-22, p. 132*) ou encore que les arrêts de défense à exécution sont des décisions de justice et doivent être motivés en fait et en droit, à peine de nullité d'ordre public (*C.S., arrêt n° 27/cc du 09 novembre 1995, inédit*). D'autre part, la nullité ne peut être prononcée qu'à la charge pour l'adversaire qui l'invoque, de prouver le grief que lui cause l'irrégularité, *même lorsqu'il s'agit d'une formalité substantielle ou d'ordre public.* On le constate, le prononcé de la nullité n'est pas automatique même lorsqu'elle est textuelle, le législateur français ayant pris le soin d'insister sur l'exigence d'un préjudice en vertu de la règle « pas de nullité sans grief ». La solution est différente s'il s'agit d'une irrégularité de fond. Dans cette hypothèse, l'acte de procédure entaché de vice devra être annulé sans que celui qui les invoque ait à justifier d'un grief et alors même que la nullité ne résulterait d'aucune disposition expresse. Dans cette hypothèse, sont donc écartées à la fois la règle « pas de nullité sans texte » et la règle « pas de nullité sans grief » (*Voir par exemple Couchez G., Procédure civile, 14e édition, Sirey, 2006, pp. 189-196*). La distinction ainsi opérée dans le régime des nullités selon qu'il s'agit d'un vice de forme ou d'un vice de fond n'a pas été consacrée par le législateur OHADA.

Il faut dire que le litige opposant la BCN à M. H. a donné lieu à un précédent arrêt de la CCJA qui par un *arrêt n° 08 du 26 février 2004,* s'est prononcé de manière fort illustrative en ce sens. Il conviendrait de remarquer que les arguments des parties à l'occasion de cette affaire étaient différents de ceux de l'arrêt du 18 mars, quoiqu'au fond le problème soit passablement identique. En l'espèce, la saisie attribution des créances pratiquée par le sieur H. au préjudice de la BCN avait été dénoncée à cette dernière par acte d'huissier.

Pour attaquer cet acte de dénonciation, la BCN se prévaut de ce qu'en vertu de l'article 160(2) de l'AUPSRVE, il doit contenir à peine de nullité la mention de la date d'expiration du délai de contestation d'un mois suivant la signification de l'acte et la désignation de la juridiction devant laquelle les contestations pourront être portées. Par un arrêt confirmatif n° 41 du 20 mars 2002, la cour d'appel de Niamey déboute la BCN de ses prétentions au motif que : « les imprécisions qu'invoque la BCN constituent des vices de forme ; que les nullités de forme y compris substantielles comportent une condition de mise en œuvre à savoir l'exigence de la preuve d'un grief causé à celui qui se prévaut de la nullité » et qu' « ayant comparu devant la juridiction compétente dans les délais légaux, la BCN ne peut valablement invoquer une quelconque nullité de l'acte de saisie attribution qu'autant qu'elle allègue et démontre le préjudice que lui ont causé les vices qu'elle allègue ». La Haute Juridiction Communautaire casse énergiquement cette décision. Elle déclare que la nullité qui sanctionne la violation de l'article 160(2) est « une nullité de plein droit pour laquelle il n'est pas nécessaire d'apporter la preuve d'un grief causé par l'absence de ces mentions, le juge devant, dès lors qu'il constate leur absence, prononcer la nullité de l'acte ». Le législateur OHADA s'attache donc particulièrement et sans aucune limitation principe du prononcé de la nullité textuelle qui doit s'imposer au juge. La CCJA ajoute en ce sens que l'article 160.2 « n'a assorti la nullité qu'il a prévue d'aucune exigence de preuve d'un grief ou préjudice ».

Dans le sillage de cette même position, la CCJA précise par l'arrêt du 28 mars 2002 qu'il est inopérant pour le juge de rechercher si les omissions constatées dans l'acte de saisie ont porté préjudice au débiteur saisi. En décidant que « les omissions des mentions de l'article [100.5) et .11)] constituent... des erreurs de rédaction de l'acte de saisie [et] qu'il n'y a eu qu'oubli à annexer la photocopie des articles 143 et 146... », les juges du fond ont justifié les irrégularités commises au lieu de les sanctionner purement et simplement ainsi que l'exige l'Acte Uniforme. Or dans les hypothèses de nullités de plein droit, la CCJA a eu à affirmer sa position de manière claire et tranchée dans l'avis de 1999 précité : « (...) Le juge doit prononcer la nullité lorsqu'elle est invoquée s'il constate que la formalité prescrite n'a pas été observée, sans qu'il soit besoin de rechercher la preuve d'un quelconque préjudice ». L'obligation ainsi faite au juge de prononcer systématiquement les nullités textuelles le confine à un rôle marginal. Il devient en quelque sorte, pour reprendre les termes de Me Ipanda, « un simple distributeur automatique des nullités » sans réel pouvoir d'appréciation (*Ipanda F., op. cit., p. 47*). C'est que, la nullité demeure la règle en matière d'irrégularité des actes de procédures et ce n'est que de manière subsidiaire que son prononcé est subordonné à la preuve de l'existence d'un grief.

II. L'exigence subsidiaire d'un grief dans les autres cas de nullités

En dehors des hypothèses de nullités systématiques, le législateur OHADA a prévu que d'autres irrégularités pouvaient être sanctionnées de nullité, à condition que la preuve de l'existence d'un préjudice soit apportée, admettant ainsi la règle « pas de nullité sans grief » (A). Encore faudrait-il s'assurer que le champ d'application de la règle est suffisamment étendu pour permettre au juge de retrouver son pouvoir d'appréciation (B).

A. L'admission de la règle « pas de nullité sans grief »

En l'absence de disposition expresse, la nullité perd son caractère automatique. Elle ne peut plus être prononcée qu'à la condition que soit apportée la preuve du préjudice subi du fait de l'irrégularité d'un acte de procédure. Il revient à la partie qui invoque la nullité de l'acte de rapporter cette preuve (*voir par exemple C.S. du Cameroun, arrêt du 14 août 1980, RCD Série 2, n° 23-24, 1982, pp. 95-99 ; C.S., arrêt n° 60/cc du 28 février 1991, inédit ; C.S., arrêt n° 128/cc du 22 août 1991, inédit*). C'est à ce titre que la CCJA rejette la demande en nullité de la société M. qui n'a pas rapporté la preuve de l'existence d'un quelconque préjudice qu'elle aurait subi du fait du non respect des prescriptions contenues dans les textes qu'elle invoque. Dans le même sens, la Haute Cour a eu à décider que les requérants ne justifiant pas du préjudice subi par eux du fait de la désignation d'un autre huissier pour procéder à une saisie immobilière, ne peuvent donc pas obtenir la nullité du commandement de saisie (*CCJA, 2ème Chambre, arrêt n° 2 du 9 mars 2006, affaire Monsieur L.E., Société camerounaise de transformation dite SOCATRAF c/ Caisse commune d'épargne et d'investissement, dite CCEI-Bank SA, Ohadata J-07-09*). La règle semble ainsi admettre une nullité relative qui ne profiterait qu'à la partie qui l'invoque et qui justifie du préjudice subi par elle. Cette dernière peut d'ailleurs toujours y renoncer. En revanche, l'adversaire qui est à l'origine de la cause de nullité ne peut pas s'en prévaloir. Le juge ne peut davantage soulever d'office cette nullité.

On peut voir dans cette admission, certes pas générale, de la règle « pas de nullité sans grief », un souci du législateur OHADA d'assurer la sécurité juridique nécessaire au déploiement des investissements dans l'espace. C'est que, il faudrait éviter qu'une partie de mauvaise foi, cherchant à retarder ou à interrompre le cours du procès, oblige une juridiction à annuler un acte alors qu'elle n'a subi aucun préjudice du fait de l'irrégularité commise. La perspective d'une telle hypothèse est d'ailleurs l'un des éléments pertinents dont la réforme de la procédure civile en France et dans certains pays d'Afrique francophone avant l'AUPSRVE de 1998 a entendu tenir compte notamment en vue de corriger le caractère automatique des nullités dans les cas où cette sanction est édictée par la loi (*Couchez G., op. cit., pp. 190-191 ; Ipanda F., op. cit., pp. 37-44*). En vertu de l'article 602 du Code camerounais de procédure civile et commerciale (CPCC), « sauf les cas où les lois ou décrets en disposent autrement, les nullités d'exploits ou actes de procédure sont facultatifs pour le juge qui peut toujours les accueillir ou les rejeter ». Il en résulte qu'aucun acte de procédure ne peut être déclaré nul lorsque la nullité n'en est pas formellement prévue par la loi (*Voir par exemple C.S.C.O., arrêt n° 66 du 27 juin 1972, Bull. n° 26, p. 3640*). La règle laisse une place significative au pouvoir d'appréciation du juge. Encore faudrait-il que la nullité ne soit pas invoquée tardivement, au risque d'encourir l'irrecevabilité (*En jurisprudence camerounaise, voir C.S., arrêt n°6/cc du 24 décembre 1963 ; C.S., arrêt n° 42/cc du 21 janvier 1969 ; C.S., arrêt n°62/cc du 10 juillet 1986, inédits*). En même temps, la subordination de la nullité des actes à la démonstration du préjudice que le requérant pourrait prétendre avoir subi permet d'éviter l'arbitraire des juges. Les juges camerounais précisent que, parce qu'il appartient au demandeur à l'action d'apporter la preuve des faits ou droits dont il entend se prévaloir, les juges du fond n'ont pas à se substituer aux parties dans la conduite de leur action (*C.S.C.O, arrêt n°103/L du 7 avril 1970, Bull. n° 22, p. 2691*).

Il y a lieu de penser, pour le moins, que la marge de manœuvre des juges dans le droit OHADA laisse entrevoir un risque très réduit d'arbitraire au regard du champ d'application limité de la règle.

B. La limitation du champ d'application de la règle « pas de nullité sans grief »

Que la nullité ne puisse pas être prononcée en l'absence de préjudice ne signifie pas que chaque fois que le préjudice est clairement démontré, le juge a le devoir de prononcer la sanction. Le législateur OHADA a énuméré des hypothèses « limitatives » dans lesquelles la nullité peut sanctionner le non-respect d'une formalité prescrite dès lors que la preuve de l'existence d'un préjudice ou grief est apportée. C'est ce que rappelle l'avis de la CCJA de 1999 : « Pour quelques unes de ces formalités limitativement énumérées, [la] nullité ne peut être prononcée que si l'irrégularité a eu pour effet de causer un préjudice aux intérêts de celui qui l'invoque ».

Les formalités dont il s'agit sont énumérées à l'article 297 de l'AUPSRVE qui, en fait, renvoie à une série de dispositions du même acte uniforme. En vertu de cet article, « les délais prévus aux articles 259, 266, 268, 269, 276, 281, 287, 288 alinéas 7 et 8 ci-dessus sont prescrits à peine de déchéance. Les formalités prévues par ces textes et par les articles 254, 267 et 277 ci-dessus ne sont sanctionnées par la nullité que si l'irrégularité a eu pour effet de causer un préjudice aux intérêts de celui qui l'invoque ». La position de cette disposition dans l'AUPSRVE suscite la critique de certains auteurs qui ont pu y voir la consécration d'une théorie générale des nullités instituée par le législateur OHADA en matière de voies d'exécution (*Issa-Sayegh J., Pougoué P.G., Sawadogo F.M., dir., Traités et actes uniformes commentés et annotés, 3e édition, Juriscope, 2008, p. 855*). En réalité, il faut noter que l'article 297 a été placé dans les dispositions propres à la saisie immobilière. Il en résulte qu'il ne s'agit pas d'une règle de portée générale (*Assi-EssoA.M., Diouf N., Recouvrement des créances, Bruylant, Bruxelles, 2002, p. 236, n° 557*). En effet, si le législateur avait entendu faire de l'article 297 une règle ayant une portée générale, donc applicable aussi bien en matière immobilière qu'en matière mobilière, il l'aurait certainement placé dans les dispositions communes à toutes les saisies. L'on peut se demander, néanmoins, si le juge peut prononcer la nullité lorsque, en matière mobilière, un acte non sanctionné de nullité de plein droit cause un préjudice à l'une des parties au litige.

En principe, la réponse est négative. Il résulte aussi bien de la lettre de l'AUPSRVE que de l'interprétation donnée par la CCJA dans son avis de 1999 que la nullité ne peut être prononcée en l'absence de texte, les hypothèses appelant à l'application de la règle « pas de nullité sans grief » ayant été elles aussi limitativement énumérées.

En même temps, l'on ne saurait occulter l'embarras que suscite une telle approche. Le dispositif même de l'Arrêt du 28 mars 2002 est hautement éloquent. Ainsi précise-t-il que, puisqu'il ne résulte ni de l'article 246 alinéa 1-2° ni de l'article 25 de l'Acte uniforme relatif au droit des sociétés commerciales et du groupement d'intérêt économique « que l'indication du domicile du représentant d'une société et les précisions relatives à son siège social dans les exploits dressés par les huissiers de justice soient des mentions prescrites à peine de nullité », « l'absence de ces mentions ne peut, dès lors, être sanctionnée par la nullité qu'à la condition que le requérant rapporte la preuve que ladite absence lui ai causé un quelconque préjudice » (nous soulignons). Ce dispositif semble suggérer comme règle générale que la nullité est toujours possible lorsque l'irrégularité d'un vice de forme a causé préjudice au requérant. Ce qui conduirait à reléguer au second plan la règle « pas de nullité sans texte » au bénéfice de la règle « pas de nullité sans grief ». Mais il parait douteux qu'une telle interprétation puisse prévaloir en l'absence d'une révision appropriée des textes de l'OHADA en ce sens (*avis n° 001/99/JN du 7 juillet 1999, Ohadata J-02-01, obs. J. Issa-Sayegh*).

Faut-il interpréter le choix du législateur OHADA comme la consécration d'un système trop rigide ? L'enjeu, classique, est d'établir un certain équilibre à défaut d'un équilibre certain, entre les inconvénients résultant de la consécration d'une nullité systématique en cas d'irrégularité des actes de procédure, traduction d'un formalisme que d'aucuns pourraient juger excessif, et l'arbitraire qui résulterait de l'octroi de pouvoirs étendus au juge dans l'appréciation des circonstances pouvant entraîner la nullité. Peut-être serait-il judicieux que le législateur revisite sa position à la lumière des enjeux sécuritaires qui ont présidé à l'adoption des textes de l'OHADA.

Moïse Timtchueng,
Chargé de cours, Université de Dschang.

TABLE ANALYTIQUE DES MATIERES

L'Harmattan, Italia
Via Degli Artisti 15 ; 10124 Torino

L'Harmattan Hongrie
Könyvesbolt ; Kossuth L. u. 14-16
1053 Budapest

L'Harmattan Burkina Faso
Rue 15.167 Route du Pô Patte d'oie
12 BP 226
Ouagadougou 12
(00226) 76 59 79 86

Espace L'Harmattan Kinshasa
Faculté des Sciences Sociales,
Politiques et Administratives
BP243, KIN XI ; Université de Kinshasa

L'Harmattan Guinée
Almamya Rue KA 028
En face du restaurant le cèdre
OKB agency BP 3470 Conakry
(00224) 60 20 85 08
harmattanguinee@yahoo.fr

L'Harmattan Côte d'Ivoire
M. Etien N'dah Ahmon
Résidence Karl / cité des arts
Abidjan-Cocody 03 BP 1588 Abidjan 03
(00225) 05 77 87 31

L'Harmattan Mauritanie
Espace El Kettab du livre francophone
N° 472 avenue Palais des Congrès
BP 316 Nouakchott
(00222) 63 25 980

L'Harmattan Cameroun
Immeuble Olympia face à la Camair
BP 11486 Yaoundé
(237) 458.67.00/976.61.66
harmattancam@yahoo.fr

L'Harmattan Sénégal
« Villa Rose », rue de Diourbel X G, Point E
BP 45034 Dakar FANN
(00221) 33 825 98 58 / 77 242 25 08
senharmattan@gmail.com

Achevé d'imprimer par Corlet Numérique - 14110 Condé-sur-Noireau
N° d'Imprimeur : 849383 - Novembre 2018 - Imprimé en France

www.ingramcontent.com/pod-product-compliance
Lightning Source LLC
LaVergne TN
LVHW011216061026
849535LV00001BA/48
* 9 7 8 2 2 9 6 1 2 1 5 8 4 *